진보당 형사사건기록 1
(제1심 공판기록)

경북대학교 아시아연구소 한국현대사사료 총서

진보당 형사사건기록 1
(제1심 공판기록)

초판 1쇄 발행 2023년 2월 20일

편저자	전현수
발행인	윤관백
발행처	선인

등 록	제5-77호(1998.11.4)
주 소	서울시 양천구 남부순환로 48길 1(신월동 163-1) 1층
전 화	02)718-6252 / 6257
팩 스	02)718-6253
E-mail	sunin72@chol.com

정가 65,000원

ISBN 979-11-6068-788-0 94900
ISBN 979-11-6068-787-3 (세트)

경북대학교 아시아연구소
한국현대사사료 총서

진보당 형사사건기록 1

(제1심 공판기록)

전현수 편저

■ 이 저서(사료집)는 2022년 대한민국 교육부와 한국연구재단의 지원을 받아 수행된 연구이다. (NRF-2022S1A5C2A02092181)

■ 이 사료집에 수록된 원본 기록은 국가기록원에 소장된 진보당 형사사건기록이다. 국가기록원은 경북대학교 아시아연구소 연구팀에 진보당 형사사건기록을 학술연구 목적으로 제공할 때 대법원 규칙에 따른 "판결서 등의 열람 및 복사를 위한 비실명 처리 기준"에 의거하여 사건관계인의 성명, 연락처 등 개인정보 사항을 비실명 처리하였다. 그런데 1999년 죽산 조봉암기념사업회가 『죽산 조봉암전집』 4권을 출간하면서 공소장, 1심 판결문, 변호인 변론 요지, 항소이유서, 상고이유서, 3심 판결문의 전체 혹은 일부를 수록하였는데, 이 과정에서 진보당사건관계인 모두의 개인정보가 거의 대부분 공개되었다. 연구팀은 국가기록원에서 제공받은 진보당 형사사건기록 중 공판기록의 출간을 준비하면서 연구자들과 독자들의 편의를 위해서 비실명 처리된 사건관계인의 성명 등 개인정보 사항을 『죽산 조봉암전집』 4권을 참고하여 복원하였다.

▌ 사진자료 ▐

진보당사건과 관련 구속적부심사를 받고 있는 조봉암(『경향신문』)

구속적부심사를 받고 있는 진보당사건 피의자들(『동아일보』)

진보당사건 제5회 공판 광경(『경향신문』)

진보당사건과 관련하여 법정에 선 조봉암과 관련자들(『경향신문』)

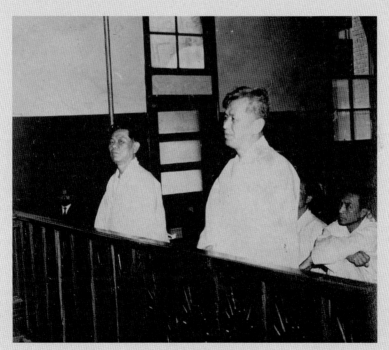

진보당사건과 관련하여 법정에 선 조봉암과 양명산(『경향신문』)

진보당사건 제1심 선고하는 재판관들[(좌로부터)배기호, 유병진, 이병용](『동아일보』)

법정진술을 위해 앞으로 나온 진보당 위원장 조봉암(『경향신문』)

진보당사건 제1심 언도공판 광경(『경향신문』)

진보당사건 제1심 언도공판 광경(『경향신문』)

제1심 언도공판에서 징역 5년을 선고받은 양명산(『경향신문』)

보석으로 석방된 진보당사건 관련자들
(좌로부터) 김달호, 윤길중, 박기출
(『경향신문』)

진보당사건 공판을 보기 위해 법정 앞에 운집한 군중들(『조선일보』)

진보당 제1심 판결에 항의하는 반공단체 시위(『동아일보』)

▲ 검찰, "조봉암, 양명산에 사형, 윤길중엔 무기형, 박기출, 김달호, 김기철, 이동화는 20년 징역형"구형(『경향신문』 1958.06.14)

◀ 구속적부심사 공개리 속개, 평화통일 싸고 검변논쟁(『동아일보』 1958.01.28)

진보당사건 어제 언도
(『동아일보』 1958.07.03)

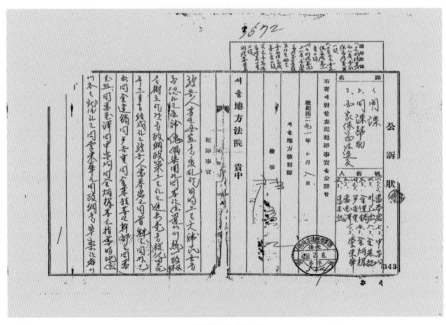

조봉암 외 공소장

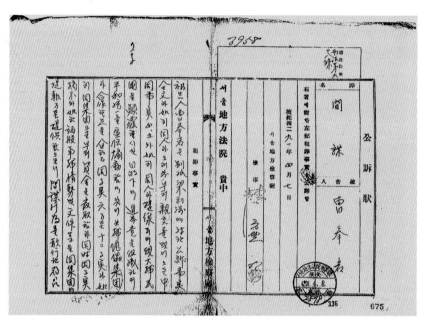

조봉암 공소장

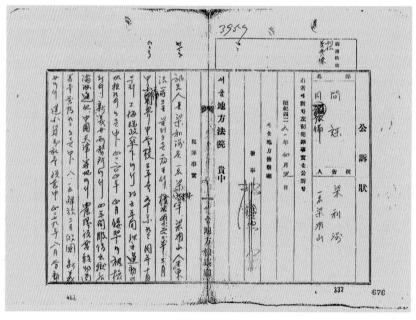

양이섭 공소장

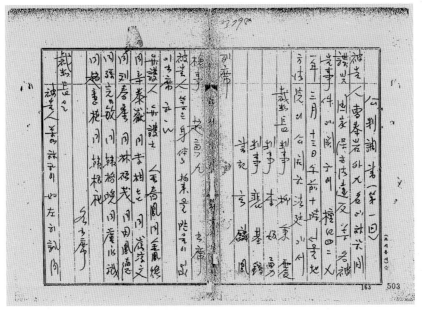

제1심 공판조서(제1회)

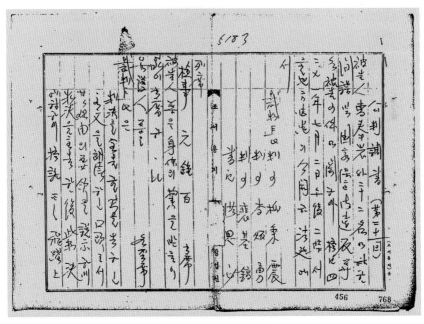

제1심 공판조서(제21회)

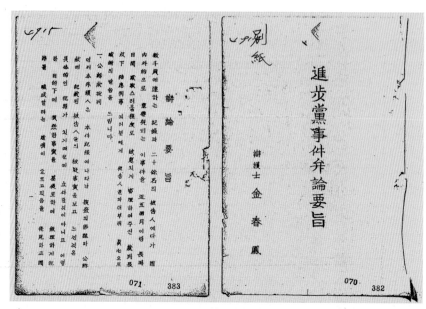

진보당사건 변론요지(김춘봉)

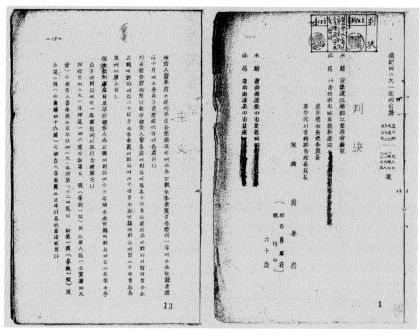

제1심 판결문

▌간 행 사 ▌

전현수(경북대학교 사학과 교수)

경북대학교 아시아연구소는 한국연구재단의 지원을 받아 인문사회연구소지원사업(연구주제－한국 민주화운동 사료 DB 구축, 연구기간－2019~2025년)을 수행하고 있다. 2019년 9월 시작하여 2022년 8월 종료된 1단계 사업에서는 국가기록원에 소장된 진보당 형사사건기록을 연구대상으로 하여 필사문서의 탈초, 주요기록의 해제 및 주석, 인명사전 및 메타데이터 작성 작업을 수행하였다. 1단계 사업의 연구 결과(진보당 형사사건기록 DB)는 조만간 한국연구재단을 통해 학계와 일반 시민들에게 공개될 것이다.

진보당 형사사건기록은 서울특별시경찰국과 육군특무부대의 수사기록, 서울지방검찰청의 수사기록, 서울지방법원·서울고등법원·대법원의 공판기록으로 구성되어 있다. 수사기록에는 의견서, 피의자 및 증인 신문조서, 수사보고 등이 수록되어 있다. 검찰 수사기록에는 법원에 제출하는 공소장이 추가된다. 공판기록에는 공판조서와 판결문 등이 수록되어 있다. 약 15,000장에 달하는 진보당 형사사건기록은 진보당사건에 관한 최대·최고의 정보자료를 제공해주는 사료의 보고(寶庫)라고 할 수 있다.

지금까지 진보당사건에 대한 연구는 주로 운동 주체 측에서 생산된 문헌이나 구술증언 그리고 신문·잡지 기사에 의거하였다. 국가 수사·사법기관에서 생산된 방대한 분량의 형사사건기록은 진보당사건 연구에서 거의 활용되지 못하였다. 그것은 진보당 형사사건기록이 대부분 판독이 난해한 국한문 필사문서로 생산되어 연구자들의 접근이 극도로 제약되었기 때문이다. 이 연구는 진보당 형사사건기록의 가독성(可讀性)을 획기적으로 향상시켜 사료적·학문적 활용을 촉진할 수 있을 것이다.

경북대학교 아시아연구소는 진보당 형사사건기록의 DB 구축과 동시에 형사사건기록 중에서 사료적 가치가 높은 주요 기록의 인쇄·출간 작업도 추진해 왔다.

지난 3년간 연구소는 진보당사건 공판기록의 출간 준비 작업에 많은 노력을 기울였다. 연구팀에서 공판기록의 출간에 최우선적인 주의를 기울인 것은 공소장, 공판조서, 판결문 등으로 이루어진 공판기록이 진보당사건의 발생, 전개, 결말에 이르는 전체 과정에 대한 정보를 가장 풍부하고 체계적으로 전달해 주는 기록이라고 판단하였기 때문이다.

공판기록은 검찰의 공소장, 서울지방법원에서 생산된 제1심 공판조서(제1~21회)와 판결문, 서울고등법원에서 생산된 제2심 공판조서(제1~14회)와 판결문, 31건의 상고이유서와 대법원 판결문 및 재심청구 관련 기록으로 구성되어 있다. 공판조서에는 공소사실과 관련해서 재판관과 피고인 사이에 전개된 질의응답이 상세히 기록되어 있다. 재판관은 신문 과정에서 증거로 채택된 진보당의 선언, 강령, 강령 전문, 조봉암 등 진보당 관계자들이 작성한 각종 문헌들을 광범위하게 인용하고 있다. 피고인 신문조서 등 수사기록도 상세히 언급하고 있다. 공판조서에는 상당한 분량에 달하는 변호인들의 변론도 수록되어 있다. 제1심 공판조서에는 진보당사건에 대한 김춘봉, 신태악, 김봉환 변호사의 변론이, 제2심 공판조서에는 양이섭 간첩사건에 대한 김봉환 변호사의 변론과 이동화에 대한 조헌식 변호사의 변론이 포함되어 있다.

상고이유서에는 제2심 판결에 불복하는 진보당 관계자들과 변호인들의 상고이유가 때론 사실적으로 때론 법리적으로 개진되어 있다. 대부분의 진보당 관계자들은 제2심 판결을 사실적으로 반박하는 상고이유를 밝혔는데, 법률가인 김달호와 윤길중의 상고이유서는 대단히 법리적으로 작성되어 있다. 특히 이동화에 대한 조헌식, 한근조, 이태희 변호사의 상고이유서, 조봉암, 김기철, 조규희에 대한 신태악 변호사의 상고이유서, 양이섭에 대한 김봉환 변호사의 상고이유서가 법리적으로 가장 논리정연하다. 이동화는 자신이 어떻게 마르크스·레닌주의에서 사회적 민주주의(민주사회주의)로 사상적 전환을 이루었는지를 역사적으로 서술한 상고취의서를 제출하였는데, 이 글은 한국 사회민주주의 역사에 길이 남을만한 명문(名文)이다.

제1심, 제2심, 대법원 판결문은 모두 피고인의 인적 사항을 제시하고 유무죄와 형량을 선고한 뒤 각 피고인에 대해 유무죄의 이유를 밝히고 있다. 원본 문서를 보면 제1심 판결문이 99쪽, 제2심 판결문이 110쪽 분량인데, 제3심 판결문은 1,047쪽에

달하는 방대한 분량이다. 제3심 판결문의 판결 이유에는 피고인 등의 성행지능(性行知能)과 환경에 대한 개술(槪述), 범행의 동기와 수단, 결과 개술, 상고이유, 재판부의 상고이유에 대한 심안(審按), 조봉암과 양이섭의 약력, 공소사실에 대한 판시가 상세히 기술되어 있다. 특히 상고이유에서는 31건에 달하는 상고이유서가 거의 대부분 수록되어 있다.

공판기록은 모두 국한문 혼용의 기록인데, 공판조서는 법원 서기가 필사로 작성하였고, 판결문은 필경사가 등사원지에 철필로 글씨를 써서 등사기로 인쇄하였다. 1957~1958년 생산된 진보당 형사사건기록은 용어와 지명 표기, 맞춤법, 띄어쓰기 등이 현재와 상이하다. 필사 및 등사인쇄 과정에서 오기(誤記)도 많이 나타났다. 단어나 어구 및 문장이 누락된 경우도 많다. 일부 기록은 그 의미를 파악할 수 없거나, 비식별처리가 되어 있어 판독이 불가능하다. 이러한 사정을 고려하여 연구팀은 탈초 작업을 국한문 필사·등사 문서를 한글 활자 문서로 전환시키는 기술적인 작업에 국한시키지 않고 의미 파악이 곤란한 원본 기록을 정확히 독해해서 기록 텍스트의 정본을 확정하는 작업으로 확장시키지 않으면 안 되었다.

진보당사건의 핵심 인물인 조봉암은 3·1운동에 참여하여 독립운동의 세례를 받은 후 민족독립의 방편으로 마르크스·레닌주의를 수용하였다. 이후 소련을 모델로 하는 독립국가를 건설하기 위해 노력하였지만, 1930년대 후반부터 스탈린주의적 전체주의 체제에 회의를 느껴 사상적 전환을 고민하기 시작하였다. 그는 해방 이후 조선공산당이 친소사대주의로 기울자 공산당과 결별하고 중도좌파적인 제3의 길을 추구하였다. 그는 대한민국 정부 수립에 참여해서 제헌헌법을 기초하는데 일조하고, 농림부장관으로서 농지개혁을 추진하여 평등지권(平等地權)을 실현하였다. 1956년 대통령선거에서는 혁신정치, 수탈 없는 경제체제, 평화통일을 호소하여 무려 216만여 표를 얻는 성과를 이루었다. 이후 조봉암은 진보당을 창당하여 한국 사회를 사회적 민주주의의 길로 이끌고자 하였다. 그러나 조봉암과 진보당의 실험은 1959년 7월 31일 조봉암이 당시 집권세력에 의해 사형에 처해지면서 중단되었다.

정치적 민주주의, 사회경제적 민주주의, 민주적 평화통일을 강령으로 하는 조봉암과 진보당의 사회적 민주주의는 한국현대사의 발전 전망을 선취한 것으로서 오늘날에도 한국 사회가 여전히 추구해야 할 과제로 남아 있다. 조봉암과 진보당의 사회적 민주주의의 유산을 정확하게 이해하고 계승하였다면 한국의 사회운동이 1980년대 이후 수십 년간 마르크스·레닌주의, 스탈린주의, 주체사상이라는 전체주의에 경도되어 시행착오를 거듭하다 몰락하는 비극을 맞지는 않았을 것이다. 이 사료집은 진보당의 사회적 민주주의에 대한 이해를 진전시키는데 기여할 수 있을 것이다.

진보당 형사사건기록의 DB 구축과 공판기록의 출간 작업이 결실을 맺게 된 것은 인문사회연구소지원사업에 참여한 연구원들과 대학원생들이 오랜 기간 연구에 헌신적으로 노력해온 덕분이다. 2019년 9월 이후 현재까지 아래와 같이 연구책임자 1명, 공동연구원 5명, 전임연구원 6명, 대학원생 16명, 학부생 2명, 행정연구원 1명, 총 31명이 연구 활동에 참여하였다.

연구책임자 - 전현수 교수(경북대학교 사학과)
공동연구원 - 노진철 교수(경북대 사회학과), 이정태 교수(경북대 정치외교학과), 강우진 교수(경북대 정치외교학과), 홍성구 교수(경북대 역사교육과), 황태진 교수(경북대 사학과)
전임연구원 - 박보영 박사, 김현주 박사, 강인구 박사, 정계향 박사, 윤정원 박사, 김윤미 박사
연구보조원 - 김순규, 박진영, 최용석, 홍준석, 최하은, 어미선, 이윤경, 이승현, 박진호, 김현지, 김선경, 최준형, 야마다 후미토, 권정희, 최보람, 김남규, 최보규, 신정윤
행정연구원 - 이미선

진보당사건 공판기록의 출간 작업에는 전현수, 박보영, 정계향, 윤정원, 김윤미, 김남규, 권정희, 박진영, 최용석, 홍준석, 최하은, 이윤경이 참가하였다. 전현수는 출간 작업 전 과정을 기획·총괄하였다. 김남규와 권정희는 원본 기록의 탈초 작업을 수행하였다. 박보영, 정계향, 윤정원, 김윤미, 박진영은 탈초 결과를 검수하여 기록 텍스트 정본 확정에 기여하였다. 정계향, 윤정원, 박보영은 공판기록 1, 2, 3권의 해제 집필에 참여하였다. 최용석과 홍준석은 진보당사건 관계자 인명사전을 작성하고, 출간을 위해 사진, 원본 기록 및 신문 자료를 선별하였다. 교정쇄

1~3교의 교열 작업에는 정계향, 윤정원, 김윤미, 박진영, 최용석, 홍준석, 최하은, 이윤경이 참여하였다.

국가기록원 소장 진보당 형사사건기록을 연구와 출판에 활용할 수 있게 배려해 준 국가기록원 서비스정책과에 감사드린다. 특히 오랜 기간 연구팀의 자료조사 및 자문 요청에 성실하게 응해준 국가기록정보센터 총괄 나창호 연구관께 심심한 감사의 말씀을 올린다.

연구팀의 연구활동과 공판기록 출간에 성원을 보내주신 (사)죽산조봉암선생기념사업회 이모세 회장, 주대환 부회장, 유수현 사무총장께도 감사의 말씀을 올린다. 조봉암 선생 관련 사료집 출간에 각별한 관심과 성원을 보내주신 고(故) 조호정 여사께도 감사의 말씀을 올리며, 삼가 고인의 명복을 기원한다.

어려운 여건임에도 불구하고 수지타산을 고려하지 않고 이 사료집을 흔쾌히 출간해 준 도서출판 선인 윤관백 사장께 깊이 감사드린다. 오랜 시간 편집 작업을 총괄해 준 이경남 팀장과 편집부 여러 선생께도 감사드린다. 표지를 잘 만들어 준 김민정 선생께 감사드린다.

2023년 2월

▌축 사 ▌

이모세(죽산조봉암선생기념사업회 회장)

전현수 교수를 비롯한 경북대 아시아연구소 박사님들의 노고에 감사드립니다.

국가기록원이 소장하고 있는 진보당 형사사건기록을 포함하여 총 44권의 진보당 관련 기록에 쌓인 먼지를 털어내고, 많은 연구자들과 후대의 학자들이 읽을 수 있도록 만들어주신 데 대하여 깊이 고개 숙여 감사드립니다.

아마 기록들은 전문가가 아닌 일반인들은 읽을 수 없는 상태로 있었을 것입니다. 법원 서기들이 급히 손으로 쓴 흘림체 글씨와 국한문 혼용체, 그리고 오늘날과는 사뭇 다른 문법, 어법, 표현으로 되어 있었을 것입니다. 그런데 이런 기록을 일일이 전문가박사님들이 탈초(脫草)하고 그 속에 있는 오탈자까지 잡아내어 주셨습니다.

세월이 너무나 많이 흘렀습니다. 당시 12살의 소년이었던 저가 77세의 노인이 되었으니 무려 65년의 세월이 흘렀습니다. 그동안 억울함의 피눈물과 한숨과 탄식도 다 허공에 흩어지고, 사건이 전개된 세세한 내력은 다 잊히고 말았습니다.

세상 사람들은 불편한 진실에 대해서는 망각하고 싶어 합니다. 그저 자신의 프레임 속에 들어오는 단순한 그림으로 기억하려 합니다. 하지만 누군가는 실제 복잡한 세계로 들어가 보아야 합니다. 그래야만 재해석이 가능하고, 역사에 대한 깊은 이해가 가능할 것이라 생각합니다.

저의 선친 이명하 선생을 비롯한 조봉암의 동지들은 다 돌아가시고, 죽산의 따님 조호정 여사마저 작년에 돌아가시고, 이제 그 사건의 단편이라도 기억을 가진 분들이 몇 분 남지 않았습니다. 정말 아스라이 역사가 된 것입니다.

진보당사건은 이제야말로 냉정한 역사학자들의 연구 대상으로 넘어간 것이 아닌가 싶습니다. 그런 의미에서 이번 작업은 시의적절하다고 할 수도 있을 것입니다. 다시 한 번 수고하신 모든 분들의 노고에 감사드립니다.

2023년 2월

▌ 진보당 형사사건기록 1심 공판기록 해제 ▌

정계향 · 전현수

1958년 1월 12일 서울특별시경찰국은 조봉암을 비롯하여 윤길중, 김달호 등 진보당 관계자들을 체포했다. 한 달이 조금 지난 2월 17일 서울지방검찰청은 조봉암 외 9인을 간첩, 간첩방조 및 국가보안법 위반 혐의로 기소했다. 3월 13일 진보당사건에 대한 1심 공판이 시작되었고, 7월 2일 21회 공판에서 판결이 선고되었다. 약 3달 반에 걸쳐 진행된 1심 공판은 서울지방법원 형사 제3부에서 담당했다. 재판장은 유병진(柳秉震), 좌우 배석판사는 이병용(李炳勇), 배기호(裵基鎬)였고, 담당검사는 조인구(趙寅九)였다. 1회 공판의 서기는 현인봉(玄麟鳳)이었는데, 2회부터는 홍사필(洪思必)로 바뀌었다. 1심 공판기록은 국가기록원에 소장되어 있다.

국가기록원은『진보당 형사사건기록』42권,『법원 결정서 철』1권,『판결문 원본』1권, 총 44권의 진보당 관련 기록을 소장하고 있다. 44권 중 13권부터 17권까지가 1심 공판과 관련된 기록이다. 공소장을 비롯하여, 1~21회의 공판조서, 진정서, 진술서, 진술조서, 각종 의견서, 우편 송달 증서, 통지서 등이 편철되어 있다. 대부분의 기록은 수기로 작성되었고, 국한문 혼용이긴 하나 한자의 비중이 매우 높고 흘림체로 되어 있어 독해하기 매우 어렵다. 1950년대에 생산된 기록이기 때문에 오늘날에는 사용하지 않는 지명이나 용어가 나오기도 하고, 지금의 문법과는 맞지 않는 표현도 자주 등장한다. 또 서기가 현장에서 기록하는 과정에서 오탈자가 발생하거나 내용상의 오류가 수정되지 않은 채 기재되기도 했다. 이에 전문가의 탈초 및 검수 작업을 거쳐 공판 관련 기록을 정리했다.

『진보당 형사사건기록 - 1심 공판기록』은 진보당사건의 1심 공판기록을 엮은 것이다. 13권부터 17권까지의 문서 중 우편 송달 증서나 통지서 등의 서식을 제외하고, 공소장, 공판조서, 추가 공소장, 진정서, 진술서, 진술조서, 각종 의견서 등을 정리했다. 13권에는 공소장과 추가공소장, 공판조서 1~4회까지, 14권에는 공판조서 5~7회까지, 15권에는 공판조서 8~10회까지가 수록되어 있다. 16권에는 공판조서 11~14회까지, 17권에는 공판조서 15~21회까지가 수록되어 있다. 그리고 44권에 1심부터 3심까지의 판결문이 수록되어 있는데 그중 1심 판결문을 17권 뒤에 이어서 정리했다. 공소장과 추가 공소장, 공판조서, 변론요지 등은 시간적인 순서에 따라 정리되어 있지만, 공판조서 중간에 삽입된 항고장이나 의견서, 진정서 등은 공판의 참고자료로 수록되었기 때문에 날짜순으로 정리되어 있지 않다. 독자의 이해를 돕기 위해, 이 책에서는 날짜순으로 문서를 재정렬했다. 각 문서의 주요 내용은 다음과 같다.

항고장 및 기각 의견서

원본 문서 편철상으로는 14회 공판조서 뒤에 나오지만, 날짜순으로는 가장 먼저 나온 문서로, 구속적부심사신청에 대한 변호인의 항고장과 재항고장, 그리고 이에 대한 법원의 기각 의견서이다. 1958년 1월 11일 조봉암, 윤길중, 박기출, 김달호, 조규희, 조규택, 김기철, 신창균에 대해 구속영장이 발부되었다. 1월 21일에 변호인이 구속 적부 심사 신청을 제기하였으나 1월 29일에 기각이 되었다. 1월 31일에 항고를 했는데 당시의 항고장이다. 법원은 2월 3일에 항고를 기각하는 의견서를 제출하였다.

공소장(1958년 2월 8일)

1958년 2월 8일에 제출된 조봉암 외 9인에 대한 최초 공소장으로, 서울지방법원은 같은 날 이를 접수했다. 여기에는 피고인들의 혐의 사실이 한 장 정도로 간략하게 서술되어 있다.

진술서

원본 문서 편철상으로 공소장 뒤에 3개의 진술서와 1개의 진술조서가 편철되어 있는데, 그중 가장 먼저 작성된 임 모 기자의 2월 15일자 진술서이다. 성균관대학교 재학 시절 이동화 교수로부터 사회주의에 대한 강의를 들었다면서 그 주요 내용을 언급하고 있다.

공소장(1958년 2월 17일)

1958년 2월 17일 조인구 검사는 기소 사실에 대해 상세한 내용을 담은 공소장을 법원에 제출했다. 조봉암은 간첩, 간첩방조, 국가보안법 위반 혐의로, 윤길중은 간첩방조와 국가보안법 위반 혐의로 구속되었다. 박기출, 김달호, 조규택, 조규희, 신창균, 김기철, 김병휘, 이동화는 모두 국가보안법 위반 혐의로 구속되었다. 공소장에는 이들 10인의 약력을 먼저 제시하고, 이후 공소사실을 적시했다. 조봉암의 경우 일제 시기 사회주의 계열의 독립운동, 해방 이후 공산당과의 결별, 제헌의원과 농림부장관 역임 등 경력 사항을 언급하고, 진보당을 결성하면서 핵심 이념으로 사회주의를 표방하고, 북측 인사들과 접촉하며 평화통일 방안을 마련하는 등 대한민국의 전복을 기도했다는 혐의를 들었다. 나머지 인물들에 대해서는 조봉암과 만나거나 진보당에 합류하게 된 계기, 진보당 내에서의 역할 등을 밝히고, 진보당 결당에 참여함으로써 대한민국을 전복하려 했다는 혐의를 제기했다.

재항고장

1958년 2월 17일에 작성된 조봉암을 비롯한 윤길중 등의 구속적부심사신청에 대한 재항고장이다. 1958년 1월 31일에 동일 사안에 대한 항고가 기각된바 있다.

진정서

1958년 2월 19일에 제출된 김달호의 진정서로, 그가 초안을 작성하고 변호인 김봉환이 재정리를 하였다. 기소된 사실에 대해 반박하고 진보당 이탈 의사를 피력했다.

진술서

진보당 사회부 부간사 안준표가 제출한 1958년 2월 24일자 진술서로, 이동화의 한국내외문제연구소를 방문했던 인물들에 대한 정보와 이동화로부터 들은 이야기 등에 대해 진술했다.

진술조서와 진술서

1958년 2월 25일자 진술조서와 진술서의 진술자는 토목업자 주탁이다. 그는 조규희와 같은 고향 출신으로, 조규희와 만난 자리에서 통일문제에 대해 이야기했던 일에 대해 진술했다.

진보당 탈당 성명서와 진정서

원본 문서 편철순으로는 5회 공판조서 뒤에 수록되어 있다. 1958년 2월 28일에 작성된 최희규의 진보당 탈당 성명서와 같은 해 3월 7일에 작성된 안경득의 진성서이다. 안경득의 진정서 역시 내용은 진보당 탈당에 관한 것이다. 두 사람 모두 서울형무소 수감 중 이 문서를 작성했다. 안경득과 최희규는 이명하와 함께 국가보안법 위반사건으로 기소되었다가 진보당사건과 병합해서 심리가 진행되면서, 진보당과의 관계가 중요하게 부상했는데, 자신을 보호하기 위해 진보당 탈당 의사를 피력한 것이다.

진정서

원본 문서 편철순으로는 1회 공판조서 뒤에 수록되어 있다. 1958년 3월 8일 박기출이 작성한 진정서로, 기소된 사실에 대해 반박하고 있다.

의견서

1958년 2월 17일에 제출된 조봉암 외 7명의 구속적부심사재항고에 대한 법원의 기각의견서이다. 1958년 3월 10일에 작성되었다.

공판조서 제1회(1958년 3월 13일)

1회 공판에서 재판장은 기소된 조봉암 등 피고인 10명에 대해 성명 및 주소를 확인하고, 검사의 기소 사실을 들은 후 다음 공판 일정을 정하고 폐정했다.

공판조서 제2회(1958년 3월 27일)

2회 공판에서 재판장은 이명하(李明河) 외 4인,[1] 정태영(鄭太榮),[2] 전세룡(全世龍) 외 1인[3]에 대한 국가보안법 위반 사건을 본건에 병합하여 심리하기로 결정했다. 이에 따라 3회 공판부터 피고인의 숫자가 18명으로 늘어났다. 2회 공판에서는 진보당의 창당 과정과 서상일과의 결별, 강령·정책, 통일문제연구위원회의 기능 등에 대한 재판장의 질문과 조봉암을 비롯한 피고인들의 답변이 있었다.

공판조서 제3회(1958년 4월 3일)

3회 공판에서 재판장은 이상두(李相斗)에 대한 국가보안법 위반 사건을 병합하여 심리하기로 결정했다. 이에 따라 4회 공판부터 피고인의 수는 19명으로 늘어났다. 3회 공판에서는 조봉암이 쓴 논문 「평화통일의 길」의 내용과 북한과의 관련에 대해 심리가 이루어졌다. 판사, 검사, 변호인 측이 모두 이에 대해 질문했고, 조봉암은 이 통일방안이 당론이 아니라 개인적 의견이고, 구체적인 안은 없다는 것을 강조했다.

추가 공소장

3회 공판조서 다음에는 추가 공소장 3건이 수록되어 있다. 4월 3일 제출된 공소장은 양이섭을 간첩 혐의로 기소하고 있다. 공소장에는 양이섭의 독립운동, 남북교역 활동, 북한의 지령과 자금의 수령 및 조봉암과의 접촉 등이 상세하게 기술되어 있다. 4월 7일에는 2건의 공소장이 제출되었는데, 이미 기소된 조봉암과 신창균·김기철에 대해 범죄사실이 추가되었다. 조봉암에 대해서는 양이섭과 접촉해 북한으로부터 자금을 받고, 남한정세 등의 문건을 북한에 제공했다는 범죄사실이 추가되었다. 양이섭이 공판에 출석한 것은 9회부터지만, 조봉암과 양이섭

---

1) 이명하 외 4인은 이명하, 최희규, 안경득, 박준길, 권대복이다. 검찰은 이들에 대해 '중립국 감시하에 남북총선거를 실시해 통일중앙정부를 수립할 것을 주장'하며 '국가변란을 기도'하고, 혁신정당을 조직하기 위한 활동을 했다는 사실을 들어 1958년 2월 24일 국가보안법 위반으로 공소를 제기했다.

2) 당시 동양통신사 기자였던 정태영은 '진보당 비밀당원으로서 서울시당 상무위원으로 있으면서 국가변혁을 목적으로 활동'하는 등의 국가보안법 위반 혐의로 1958년 1월 17일 구속되었다.

3) 전세룡 외 1인은 전세룡과 김정학이다. 전세룡은 진보당 조직부 부간사로 진보당 결성에 관여하고, 당원 명부를 비롯하여 진보당 관계 서류를 김정학의 집에 '은닉'하는 등 국가보안법을 위반했다는 혐의로 기소되었다.

을 엮으려는 시도는 이미 3회 공판 이후부터 시작되었음을 알 수 있다.

공판조서 제4회(1958년 4월 10일)

4회 공판에서는 진보당의 통일방안에 대한 심리가 집중적으로 이루어졌다. 특히 통일문제연구위원회의 구성과 역할에 대한 질문과 답변이 이어졌다.

공판조서 제5회(1958년 4월 17일)

3회 공판 이후 제기된 신창균과 김기철의 국가보안법 위반사건에 대한 추가 공소는 5회 공판에서 병합심리가 결정되었다. 5회 공판에서는 진보당 재정위원장 신창균에게 당비 및 비용 집행 문제를 질의하고, 김기철에게는 「북한 당국의 평화공세에 대한 진보당의 선언문(초안)」의 작성 경위, 내용, 진보당 관계자들의 반응 등에 대해 질문했다.

공판조서 제6회(1958년 4월 24일)

이동화가 진보당 강령 전문(前文)을 작성하게 된 경위와 그 주요 내용에 대한 문답이 진행되었다. 이동화는 우익사회주의 입장에서 작성했으며, 평화통일을 전제로 해서 작성한 것은 아니라고 진술했다. 이동화의 한국내외문제연구소 활동에 대해서도 문답이 이어졌다. 이상두와 이동화의 서신 왕래 및 그 내용에 대한 문답도 이루어졌다. 이후 이명하 외 4인에 대한 심리가 진행되었다. 이명하에 대해서는 6·25 당시 북에 협력한 경위, 진보당에 관계한 계기, 지역당 결성 과정에 대해서 문답이 진행되었다. 최희규, 박준길, 권대복에 대해서는 조봉암과의 관계, 진보당에 관여하게 된 계기, 활동 사항 등에 대한 심리가 이루어졌다. 권대복은 여명회 조직과 14개 대학의 회원 포섭 상황에 대해 답하고 여명회가 진보당과의 아무런 관계가 없다고 진술했다.

이명하의 감사장

6회 공판에서 재판장은 이명하에게 6·25 당시 부역 혐의에 대해 질문했다. 기독교에 침투하여 북한에 대한 지지 활동을 한 것이 아니냐는 것이다. 이명하는 이를 부인하며 1·4후퇴 이후 제주도로 피난을 갔다고 진술했다. 이명하는 대한

적십자사, 제주도지사, 제주군 서귀면 난민 일동, 대한예수교장로회 신도 일동으로부터 받은 4종의 감사장을 재판부에 제출했다. 이명하가 제주도에서 구호활동에 참여했다는 것을 증명하기 위해 제출한 것이다.

공판조서 제7회(1958년 5월 5일)

정태영에 대해 집중적인 신문이 이루어졌다. 정태영의 경력, 「실천적 제문제」의 집필 경위와 내용, 진보당에서의 활동, 여명회 회합에 참여한 경위 등에 대한 문답이 오갔다. 사회주의나 사회민주주의에 대해서 어떤 견해를 갖고 있는지 반복적으로 신문했다. 전세룡에 대해서는 조봉암과 만난 계기, 조직부 부간사로서의 당내 활동, 당원 명부의 보관 상황 등을 신문했다. 판사들은 진보당 비밀조직에 대해 계속 물었지만 전세룡은 지하비밀당이나 비밀서클에 대해서는 전면 부인했다. 김정학에게는 전세룡으로부터 비밀문건을 인수받았는지에 대해 물었고, 김정학은 단순 문건으로 생각해서 보관했다는 취지로 답했다. 전세룡은 조봉암을 처음 만났을 때 그가 반공적(反共的)인 언사를 했다고 말했고, 김정학은 전세룡에 대해 이북에서 반공투사로 활동했다고 진술했다.

공판조서 제8회(1958년 5월 8일)

전세룡과 김정학에게 진보당 문건을 은닉한 혐의에 대해 추궁했다. 이상두는 이동화에게 보낸 편지의 내용과 여명회 활동에 대해서 자세하게 진술했다. 이상두는 편지를 쓴 이유에 대해 '학생 시절의 공연한 정의감과 연구심' 때문이라고 말했고, 여명회 연구위원회 위원장이라는 혐의에 대해서도 부인했다. 윤길중에게는 진보당 준비위원회 의안부(議案部) 책임자로서 진보당 발기 준비에 대한 취지문과 강령 초안을 작성하게 된 경위, 강령의 내용, '평화통일' 구절에 대해 질문했다. 이동화에게는 강령 전문 중 '자본주의의 수정과 변혁'의 내용이 대한민국 체제에 대한 부정과 관련이 있는지 여부에 대해 질문했다. 변호인들은 김기철에게 선언문이 당론이 아닌 개인적 견해가 아닌지 질문했고, 김기철 역시 이에 동의하는 답변을 했다. 조봉암은 진보당을 사회민주주의 정당이 아닌 보수정당에 대항하는 혁신정당으로 평가했다. 이동화는 자본주의의 수정과 사회민주주의의 관련성에 대해 언급했다.

공판조서 제9회(1958년 5월 15일)

피고인들과 평화통일에 대한 문답을 이어갔다. 4월 8일자[4]로 추가 기소한 조봉암의 간첩 피고사건과 양이섭의 간첩 피고사건을 병합해서 심리할 것을 선언했다. 양이섭의 인적 사항, 경력, 월남한 동기, 남북교역 활동, 조봉암과의 만남, 월북 시 박일영의 지시사항 등에 대한 질의응답이 이루어졌다. 양이섭은 북한이 조봉암과 접촉하려 했던 이유는 조봉암이 사회민주주의 계열이기 때문에 이용하려 했을 것이라 추측했다. 조봉암과 양이섭의 대질신문도 있었다. 개인적인 원조 요청에 대해 양이섭은 인정했으나 조봉암은 부인했고, 양이섭이 북한 측의 지령을 받아 조봉암에게 자금을 전달했다는 양이섭의 주장에 대해 조봉암은 돈을 받은 것은 인정하면서도 돈의 출처와 북한 측의 지령에 대해서는 알지 못했다고 진술했다.

공판조서 제10회(1958년 5월 19일)

조봉암과 양이섭의 대질신문이 계속되었다. 양이섭은 신문사를 조속히 운영하고, 진보당의 조직을 확대하고, 혁신세력을 규합해 연합전선을 추진하라는 북한의 지령을 조봉암에게 전달했다고 진술했다. 자신은 조봉암과 북한 괴뢰 사이의 우체부 역할을 담당했을 뿐이라고 울면서 진술했다. 조봉암은 아서원에서 양이섭과 만난 것에 대해서는 인정했지만, 북측에 만년필과 편지를 전달해달라고 했다는 양이섭의 진술에 대해서는 전면 부인했다. 두 사람은 오간 돈의 액수나 진보당 관련 문서의 전달 이유 등에 대해서도 서로 다르게 진술했다. 이동현(李東賢)과 임신환(任信煥)의 국가보안법 위반사건을 병합해서 심리하기로 결정하고, 이동현과 조봉암의 대질신문을 진행했다. 이른바 '통방사건'이다. 양이섭에게 메모를 전해주면 빚을 갚도록 도와주겠다고 했다는 이동현의 진술에 대해 조봉암은 전면 부인했다.

---

[4] 공소장의 작성 시점은 4월 7일이지만, 법원에 접수된 날짜는 4월 8일이다. 앞의 추가 공소장과 날짜가 다른 것은 공판 과정에서는 법원에 접수된 날짜를 기준으로 했기 때문이다.

공판조서 제11회(1958년 5월 22일)

재판장은 양이섭에게 조봉암이 북한 지령을 수용했는지 여부에 대해 질문했다. 양이섭은 조봉암이 말하는 평화통일론이 북한의 이념과 같지 않고 북한의 뜻을 그대로 따른 것이 아니라 이용했다고 답했다. 검사와 배석판사는 김기철에게 진보당의 통일방안과 북한의 관련성을 물었는데, 김기철은 평화통일은 북한에 대한 호응이 아닌 대한민국의 발전을 위한 것이라고 답했다. 변호인들은 양이섭에게 유서에 조봉암 사건을 언급한 이유가 무엇인지, 특무대에서 유서 작성에 관여하지 않았는지, 27,000불을 어떻게 가져왔는지, 북한에 제공한 정보가 진보당 관련 내용뿐이었는지에 대해 질문했다. 양이섭은 스스로 살기 위해 유서를 써서 사실을 털어놓은 것이고, 북한에서 나올 때 몸수색이 없었으며, 북한에는 진보당 관련 정보만 제공했다고 답했다.

공판조서 제12회(1958년 5월 26일)

양이섭과 조봉암을 상대로 문답이 이어졌다. 재판장은 양이섭에게 대북교역의 주요 물품과 수입의 사용처에 대해 질문했고, 양이섭은 조봉암에게 선대하고, 남은 돈은 사업 투자와 부동산 구입에 썼다고 답했다. 재판장은 조봉암과 윤길중에게 5·15 정부통령 선거에 조봉암이 출마하게 된 경위에 대해 물었다. 특히 양이섭의 말을 듣고 출마를 결심했는지를 물었다. 윤길중은 이를 전면 부인했다. 변호인은 진보당의 정부통령 선거대책위원회 구성 시점과 양이섭이 북한에 진보당 상황을 보고했다는 시점이 서로 맞지 않는다고 지적했고, 양이섭은 기억 착오에 대해 언급했다. 조봉암은 양이섭이 자신을 속였으며 죄를 경감받기 위해 어떤 거래를 한 것이 아닌가 의문을 제기했다.

공판조서 제13회(1958년 5월 29일)

이정자(李貞子)에 대한 법령 제93호 위반 피고사건을 병합해서 심리하기로 결정하고 이정자에 대한 신문을 진행했다. 이정자는 달러 암거래상을 하게 된 경위와 양이섭과의 관계, 달러 환매 과정과 액수, 양이섭의 태도 등에 대해 답했다. 재판장은 피고인 신문을 종료하고 각 피고인에 대해 피의자 신문조서, 압수조서, 자공서, 진술서의 내용에 대해 인정하는지를 확인하고, 공판 과정에서 진술한 내용과 상치되는 부분에 대해서는 인정하지 않는다는 답을 들었다. 변호인과 검사는 증인과 증거물을 신청했고, 재판장은 신청된 증인과 증거물 중 일부를 채택했다.

공판조서 제14회(1958년 6월 5일)

이전 공판에서 이정자 건의 병합 심리가 결정되어 피고인이 23명으로 늘었다. 증인으로 신도성(愼道晟), 고정훈(高貞勳), 장성팔(張盛八), 정우갑(鄭禹甲), 박정호(朴正鎬), 엄숙진(嚴淑鎭)이 출석했다. 증인들의 인적사항 확인 후 본격적인 신문을 진행했다.

신도성은 진보당 추진위원회에서 의안부 책임을 맡았고 진보당 강령을 작성하는 데 관여한 인물이다. 공판에서는 강령 중에 평화통일이 들어간 경위와 평화통일의 구체적인 방안, 북한에 대한 인식 등에 대해 문답이 이루어졌다. 판사, 검사, 변호인 모두 질문을 했고, 특히 조인구 검사와는 날선 공방이 오고갔다.

장성팔은 양이섭에게 특무대에서 찾는다는 소식을 전한 인물이다. 재판장은 장성팔에게 양이섭과의 관계, 특무대 소식을 전하게 된 경위, 간첩 혐의 등에 대해 물었다. 장성팔은 후에 신문을 통해 내용을 알았을 뿐 당시에는 알지 못했다고 진술했다.

정우갑은 일본 병고현(兵庫縣) 이단시(伊丹市) 출신으로, 재일본조선인연맹(조련) 활동 경력을 갖고 있다. 재판장은 정우갑에게 재일본조선인총연합회(총련)에 속해 있는지 물었고, 정우갑은 조련과 총련이 별개의 조직이라고 답하며 총련 활동에 대해 전면 부인했다. 조봉암과 진보당 관계자들을 만난 것은 사실이나 평화통일이나 공산주의 노선에 대해 언급한 바가 없고 진보당 입당에 대해서도 사실무근이라고 밝혔다.

고정훈은 진보당 결당 과정에 참여한 인물로, 서상일이 조봉암과 결별할 때 함께 진보당을 떠나 민주혁신당의 선전부장이 되었다. 고정훈은 진보당에 대해 법적으로 문제가 없고 정강정책 역시 한국의 현실을 반영하고 있으나, 분단 상황을 고려하고 대중정당이 되기 위해서는 반공이념을 효과적으로 가미했으면 좋았을 것이라고 평가했다. 조인구 검사는 고정훈에게 진보당의 평화통일 주장과 「평화통일에의 길」 논문에 대해 의견을 물었는데, 고정훈은 야당인 진보당의 입장에서는 집권당의 무력통일에 대응하기 위해 충분히 가능한 정책이었다고 답했다. 진보당의 성격에 대해 묻는 변호인의 질문에, 진보당은 대한민국을 변란할 목적으로 조직된 결사가 결코 아니라고 말했다.

박정호는 월남한 인물로 간첩죄로 1심에서 유죄를 선고받았는데, 조봉암에 대해서는 아는 바가 없고, 대남간첩의 임무를 띠고 조봉암과 접촉한 사실도 없다고 진술했다.

군 첩보기관 소속이었던 엄숙진에 대해 신문할 때는 기밀사항의 유지를 위해 일반인을 퇴정시켰다. 재판장은 엄숙진에게 양이섭과의 관계, 양이섭의 남북교역에 동행한 일, 양이섭에 대한 감시, 반출반입 물자의 검사 등 양이섭의 활동에 대해 상세하게 질문했다. 양이섭에 대한 감시와 물품 검사에 대해 엄숙진은 양이섭 모르게 물품에 대한 수색이 진행되며, 자기뿐만 아니라 HID 차원에서 지속적으로 감시가 이루어졌다고 진술했다. 이는 11회 공판에서 몸수색은 없었다는 양이섭의 증언과 상치되는 진술이다.

공판조서 제15회(1958년 6월 12일)

한국상업은행 영업부장 대리 김종윤을 증인으로 채택해 수표발행 과정에 대해 신문했다. 조봉암과 윤길중에게 조봉암이 대통령 후보가 된 경위와 서상일과의 결별에 대해 재차 질문했다. 조봉암과 양이섭에게 북한 측의 지령이 진보당 활동과 관련이 있는지 여부와 두 사람 사이에 오고 간 진보당 관련 정보에 대해 신문했다.

추가 공소장

6월 13일 검찰은 '법령 제5호 위반'을 죄명으로 해서 조봉암을 추가 기소했다.

공판조서 제16회(1958년 6월 13일)

증거 신청 중 보류한 것에 대해 모두 각하하고, 사실심리 및 증거조사 종료를 선언했다.

공판조서 제17회(1958년 6월 17일)

변호인의 변론이 시작됐다. 김춘봉 변호사는 조봉암, 박기출, 윤길중을 위해 변론했고, 신태악 변호사는 조봉암, 조규희, 김기철을 위해 변론했다. 17회 공판부터는 조인구 검사 대신 원종백(元鍾百) 검사가 출석했다.

진보당사건 변론 요지

제17회 공판조서에는 변호인 김춘봉과 신태악의 변론 요지가 별지로 첨부되어 있다.

김춘봉 변호사는 진보당이 반국가적 집단이 아니며 진보당의 평화통일 정책 역시 대한민국의 국시를 위반한 것이 아니라고 주장했다. 조봉암의 논문이나 김기철의 선언문 초안도 국가 전복의 의도가 전혀 없으며 다소 불순한 내용이 있다고 하더라도 행동으로 옮기지 않고 연구나 발표에 그치는 한 처벌을 할 수는 없다고 보았다. 양이섭이 조봉암에게 제공한 자금은 북측의 자금이 아니라 양이섭 본인이 교역을 통해 취득한 것이고, 조봉암이 양이섭을 통해 제공했다는 자료는 간첩죄의 적용을 받을 만한 자료가 아니고, 설령 북측에 전달이 되었다 해도 그것은 조봉암의 의사와는 관계가 없었기 때문에 간첩죄 역시 성립하지 않는다고 주장했다.

신태악 변호사는 진보당사건이 혁신세력과 보수세력의 충돌로 인해 발생한 일종의 사화적 성격을 띤다고 주장했다. 그는 양이섭과 조봉암의 증언이 서로 상반되지만, 양이섭이 보충신문에서 이전에 거짓말을 했다는 사실을 자백한 일을 고려할 때 그의 증언은 도저히 신빙할 수 없다고 보았다. 그는 진보당의 정강정책을 살펴볼 때 공산당과 같이 폭력을 수단방법으로 하고 있지 않은 것으로 보아 공산당과 같은 계급정당이 아니라고 인정할 수 있다고 했다. 평화통일이라는 말을 북측이 사용한다고 해서 진보당의 평화통일 정책이 북과 내통한 것이라는 주장 역시 성립할 수 없다고 보았다.

공판조서 제18회(1958년 6월 18일)

변호인들의 변론이 이어졌다. 이상규 변호사는 조봉암과 윤길중을 위해, 윤용진 변호사는 양이섭을 위해, 한근조 변호사는 이동화를 위해, 김봉환 변호사는 박기출과 김달호를 위해 변론했다.

진보당사건 변론

제18회 공판조서에는 변호인 김봉환의 변론 요지문이 별지로 첨부되어 있다. 김봉환 변호사는 사건의 경위와 혁신세력 규합운동, 진보당 창당 과정, 박기출과 김달호의 진보당 관련 정도, 평화통일 문제, 조봉암의 논문, 김기철의 통일방안 등에 대해 논하며 피고인을 변호했다. 그는 본건 검거 당시는 조봉암의 논문과 진보당 강령정책 중 평화통일 문제만이 수사대상이 되고, 간첩 운운은 진보당 불법화 정책의 음폐책으로 하등의 증거 없이 당국이 발표한 데 불과한 것이라고 비판했다. 양이섭과 조봉암의 상반된 진술에 대해서는 특무대에서는 양이섭을 여관에 기거하게 하고 각종 유도심문을 계속했다고 보아 양이섭의 주장에 신빙성이 결여되어 있다고 보았다. 박기출과 김달호의 국가보안법 위반 혐의에 대해서는 진보당의 혁신정치에 관한 강령이나 정책은 공산주의의 폭력적 혁명 방법과는 판이하고 국가를 변란하거나 국헌을 변란할 목적과 위법이 전혀 없었다고 변론했다.

공판조서 제19회(1958년 6월 19일)

19회 공판에서도 변호인의 변론이 이어졌고, 이후 조봉암과 박기출이 최후 진술을 했다.

진정서

양이섭의 처 김귀동이 제출한 진정서이다. 엄숙진으로부터 재판장, 검사, 특무대 처장, 고영섭, 엄숙진 등이 양이섭의 공판 진행 건에 대해 상의한 일이 있다고 전해 듣고 공판 진행 중에 이렇게 할 수 있는가, 양이섭의 없는 죄를 뒤집어 쓴 것이 아닌가 생각하여 진정서를 제출하게 되었다고 쓰고 있다.

공판조서 제20회(1958년 6월 21일)

20회 공판에서는 김달호, 윤길중, 조규택, 조규희, 신창균, 김기철, 김병휘, 이동화, 이명하, 최희규, 인경득, 박준길, 권대복, 정태영이 최후 진술을 했다. 전세룡, 김정학, 이상두, 양이섭, 이동현, 임신환, 이정자는 할 말이 없다고 진술했다.

공판조서 제21회(1958년 7월 2일)

21회 공판에서 재판장은 주문을 낭독하고 판결을 선고했다.

1심 판결문

진보당형사사건기록 44권에 수록된 1심 판결문이다. 조봉암 외 22인의 인적 사항을 제시하고 유무죄와 형량을 선고한 한 후 각 피고인에 대해 유무죄의 이유를 밝히고 있다. 양이섭의 경우에는 유죄의 이유는 제시했지만, 무죄 이유에 대해서는 언급이 없다. 판결문 뒤에 김기철이 작성한 「북한 당국의 평화공세에 대한 진보당의 선언문(초안)」이 수록되어 있다. 판결문을 통해 피고인 별 기소 내용, 유무죄 여부, 형량을 정리하면 아래 표와 같다.

번호	이름	기소 내용	유무죄 여부	최종형량
1	조봉암	간첩	무죄	징역5년 권총과 실탄 몰수
		간첩방조	무죄	
		국가보안법 위반	유죄	
		법령 제5호 위반	유죄	
2	윤길중	간첩방조	무죄	무죄
		국가보안법 위반	무죄	
3	양이섭	간첩	무죄	징역5년
		국가보안법 위반	유죄	
4	전세룡	국가보안법 위반	무죄	징역10개월 집행유예2년
		증거인멸	유죄	
5	김정학	국가보안법 위반	무죄	징역1년 집행유예3년
		범인은닉 증거인멸	유죄	
6	이동현	국가보안법 위반	무죄	징역1년 권총과 실탄 몰수
		수뢰	유죄	
		증거인멸	무죄	
		법령 제5호 위반	유죄	
7	이정자	법령 제93호 위반	유죄	징역6개월, 집행유예1년
8	박기출	국가보안법 위반	무죄	무죄
9	김달호	국가보안법 위반	무죄	무죄

10	조규택	국가보안법 위반	무죄	무죄
11	조규희	국가보안법 위반	무죄	무죄
12	신창균	국가보안법 위반	무죄	무죄
13	김기철	국가보안법 위반	무죄	무죄
14	김병휘	국가보안법 위반	무죄	무죄
15	이동화	국가보안법 위반	무죄	무죄
16	정태영	국가보안법 위반	무죄	무죄
17	이명하	국가보안법 위반	무죄	무죄
18	최희규	국가보안법 위반	무죄	무죄
19	안경득	국가보안법 위반	무죄	무죄
20	박준길	국가보안법 위반	무죄	무죄
21	권대복	국가보안법 위반	무죄	무죄
22	이상두	국가보안법 위반	무죄	무죄
23	임신환	국가보안법 위반	무죄	무죄

이상이 진보당사건 1심 공판기록의 주요 내용이다. 진보당사건의 1심 공판은 조봉암 외 9인에 대한 기소로 출발했다. 그런데 공판 과정에서 관련 사건들에 대한 병합심리가 이뤄지면서 피고인 수가 23명으로 늘어났다. 1회부터 16회 공판까지는 조인구 검사가, 17회부터 21회공판까지는 원종백 검사가 참여했다. 16회 공판에서 검사 구형이 내려졌고, 17회 공판부터는 변호인의 변론과 피고인의 최후진술이 전개되었기 때문에 공판의 주요 과정은 조인구 검사가 담당했다고 할 수 있다.

1심 공판의 주요 쟁점은 진보당의 이적성(利敵性) 여부였다. 초기에는 공판이 진보당의 사회민주주의 이념과 평화통일론의 성격을 규명하는 데 초점이 맞춰졌다. 수사당국의 기본입장은 진보당이 마르크스·레닌주의에 입각하여 대한민국을 변란할 목적으로 조직되었다는 것이다. 공판 과정에서 재판부는 진보당의 선언문이나 강령 등이 '국가변란'을 기도하며 '북한 괴뢰집단의 목적하는 바에 호응'하는지 확인하고자 했다. 진보당의 정치노선이 좌경적이라는 것을 입증하기 위해 서상일과 결별하게 된 사정에 대해서 여러 차례 심리가 이루어졌다.

진보당의 평화통일론과 북한의 통일방안 사이의 유사점을 입증하기 위해서 평화통일 정책의 내용과 실천 방안, 북한 측 인사와의 접촉을 통한 교감 등에 대해 집중적인 심리가 이루어졌다. 조봉암의 「평화통일에의 길」과 박기출의 「강령서 전문」, 김기철의 「북한 당국의 평화공세에 대한 진보당의 선언문(초안)」에 대해서는 그 내용, 집필 의도, 주요 구절의 의미에 캐물었다. 통일문제연구위원회의 활동에 대해서도 집중적인 신문이 이루어졌다.

진보당 관계자들은 자본주의에 대한 수정을 통해 사회적 민주주의 국가를 건설하는 것이 진보당의 목적이라고 답하고, 계급투쟁이나 공산주의와의 관계를 부인했다. 피고인들은 평화통일이 북한의 주장에 호응한 것이 아니라고 주장하며 아직 구체적 방안이 마련되지 않았지만 대한민국의 평화를 위해서 필요한 것이라고 역설했다.

9회 공판부터 공판의 분위기가 변화했다. 양이섭에 대한 신문이 시작되면서 양이섭과 조봉암의 관계에 관심이 집중되었다. 특히 조봉암이 양이섭을 통해 북한으로부터 지령과 자금을 받았는지를 증명하는 것이 공판의 핵심이 되었다. 두 명의 피고인에 대해 여러 차례 대질신문이 이루어졌다. 양이섭과 조봉암의 진술은 서로 엇갈리는 부분이 많았고, 양이섭의 진술에서 몇 가지 모순점이 발견되기도 했다. 초반부에 진보당의 이적성을 문제 삼던 공판은 후반부로 갈수록 조봉암의 간첩 혐의를 다루는 데 집중했다. 조봉암은 시종일관 북한으로부터 지령이나 자금을 받은 바 없다고 주장했다.

검사는 조봉암과 양이섭에게 간첩 및 국가보안법 위반을 적용해서 사형을 구형하고, 윤길중에게는 국가보안법 위반과 간첩방조를 적용해 무기징역을 구형했다. 진보당 간부에게는 국가보안법 위반을 적용해 12년 이상의 실형을, 두 명의 간수부장에게는 징역 2년을 구형했다. 21회 공판에서 재판부는 조봉암에 대해 징역 5년을 선고했다. 국가보안법 위반은 유죄였으나 간첩 혐의는 무죄였다. 그 외 사건 관계자들에 대해서도 구형보다 낮은 실형을 선고했다.

재판부는 조봉암과 양이섭이 북한 괴뢰집단에 호응하여 대한민국의 변란 실행을 협의함으로써 국가보안법을 위반했다고 판단했지만, 두 사람의 행위를 진보당과는 분리해서 보았다. 진보당의 강령정책이 사회주의를 지향했다는 증거가 없고, 평화통일 방안 역시 헌법이나 법률의 절차를 취하여 수행될 수 있는 것이 아니므로 국헌에 위배된다고 할 수 없다고 판단했다. 재판부는 진보당의 평화통일

정책이 민주세력의 승리를 염두에 두고 있는 것으로서, 북한 괴뢰집단과의 야합 속에서 만들어졌다는 증거가 없다고 판단했다. 따라서 진보당이 대한민국을 변란할 목적으로 조직된 결사라고 볼 수 없다고 결론을 내렸다.

진보당사건의 1심 판결은 다음 날 주요 언론에 대대적으로 보도가 되었다. 『동아일보』는 몇 장의 스냅사진으로 선고 당시의 모습을 담아냈다.[5] 피고인들에게 무죄 선고가 내려질 때는 법정 안에서 박수와 환호성이 터져 나왔다. 7월 4일 오후 윤길중, 박기출, 김달호, 이동화 등 4명에 대한 보석 석방이 이루어졌고, 7월 9일에는 조봉암과 양이섭을 제외한 모든 피고인이 보석 석방되었다.[6] 그러나 후폭풍도 만만치 않았다. 7월 5일에는 반공청년 100여 명이 법원에 난입하여 '친공판사 유병진을 타도하자'라고 외치며 과격한 시위를 전개하는 등 소란이 벌어졌고, 시위 주모자 5명이 체포되기까지 했다.[7] 1심 재판장이었던 유병진 판사에 대해서는 민사부 판사로 전임 조치가 내려졌다가, 법관 임기 만료 후에 연임이 불발되면서 그는 결국 법원을 떠나게 되었다.[8]

1심 공판 이후에 발생한 여러 사건을 통해, 이승만 정권이 진보당사건을 어떻게 인식하고 있었는지, 이후 공판이 어떻게 진행될지에 대해서 추측할 수 있다. 검찰은 1심 공판 결과에 항소를 제기했고, 1958년 9월 4일 서울고등법원에서 2심 공판이 시작되었다.

---

[5] 「進步黨事件 判決公判 스냅」, 『동아일보』 1958년 7월 4일, 3면.

[6] 「都合 21名 保釋」, 『조선일보』 1958년 7월 10일, 2면.

[7] 「判決에 拒逆하는 示威隊」, 『동아일보』 1958년 7월 6일, 5면; 「進步黨事件 判決에 抗議示威 靑年들 法院에까지 亂入」, 『조선일보』 1958년 7월 6일, 3면; 「反共靑年들 判決抗拒『데모』 主謀者 五名을 緊急拘束」, 『동아일보』 1958년 7월 7일, 3면.

[8] 「思想·經濟專擔判事」, 『동아일보』 1958년 9월 5일, 3면; 「十二月十日字로 任期滿了된 法官」, 『경향신문』 1958년 12월 11일, 3면.

▌일러두기 _____

1. 진보당 형사사건기록은 국한문 필사문서로 생산되어 판독이 어렵다.

   이 책에서는 가독성을 높이기 위해 다음과 같은 탈초·편집 원칙을 적용하였다.

   ① 국한문혼용의 원본 문서를 한글 문서로 정서(正書)하고 한자 병기를 최소화하였다.

   ② 인명, 지명, 단체명을 비롯하여 주요 한자어의 경우 초출(初出)에만 한자를 병기하였다. 다만, 동명이인, 동음이의어, 생소한 용어 등에 대해서는 독해를 돕기 위해 초출 외에도 한자를 병기하였다.

   ③ 원본 문서의 용어법과 문법을 가능한 한 그대로 보존하였기 때문에 오늘날의 맞춤법 기준안에 따르면 오자이거나 비문인 경우가 다수 있다.

   ④ 필사문서의 특성상 원본 문서에 오기(誤記)가 많다. 수정 사항에 대해서는 각주를 달아 설명하였다.

   ⑤ 원본 문서에는 없지만 적절한 곳에 쉼표를 넣고, 띄어쓰기를 하고, 내용 단위로 문단을 구분하였다.

   ⑥ 인물, 사건, 법률 용어 등에 대해서는 초출에 각주를 달아 설명하였다.

   ⑦ 인명을 표기할 때는 두음법칙을 적용하였다.

   ⑧ 원본 문서에서 연도는 모두 단기(檀紀)로 표기되어 있는데, '단기' 글자는 모두 삭제하고 괄호 안에 서기 연도를 함께 표기하였다.

   ⑨ 괄호가 이중으로 삽입될 때, 바깥쪽은 대괄호([ ])로 표기하였다.

   ⑩ 엽(頁), 정(丁)은 책이나 문서의 면(쪽)을 의미하는데, 본문에서 한자가 병기되지 않은 '엽'과 '정'은 모두 면(쪽)을 의미한다.

   ⑪ 원본 문서 중 판독이 불가능한 문자는 '□'로 표기하였다.

   ⑫ 각 문서의 출전은 모두 국가기록원 소장 진보당형사사건기록으로, 예를 들어 13권 23쪽이라는 표기는 진보당형사사건기록 13권 23쪽이라는 의미이다.

2. 진보당사건 관계자의 약력은 부록「진보당사건 관계자 인명사전」에 기술하였고, 그 외의 인물에 대해서는 가능한 범위 안에서 각주를 통해 간단한 약력을 기술하였다.

3. 그 외의 맞춤법과 외래어 표기는 국립국어원의 용례를 따랐다.

4. 직접인용은 큰따옴표(" ")로, 간접인용과 강조는 작은따옴표(' ')로 표기하였다.

5. 사진과 그림에는 저작권을 표시하였다.

6. 단행본과 정기간행물, 신문은 겹낫표(『 』)로, 문서는 홑낫표(「 」)로, 법령은 홑화살괄호(〈 〉)로 표기하였다.

▌차 례 ▌

사진자료 / 5
간 행 사 / 17
축   사 / 22
해   제 / 23
일러두기 / 40

1. 항고장(抗告狀) — 윤길중 외 ··· 45
2. 의견서 — 윤길중 외 7인 ·· 47
3. 공소장 1958년 2월 8일 — 조봉암 외 ·································· 48
4. 공소장 — 조봉암 외 ·· 50
5. 재항고장 1958년 2월 17일 — 윤길중 외 ···························· 74
6. 진정서 1958년 2월 19일 — 김달호 ···································· 77
7. 진보당 탈당 성명서 1958년 2월 28일 — 최희규 ················· 86
8. 진정서 1958년 3월 7일 — 안경득 ······································ 88
9. 진정서 1958년 3월 8일 — 박기출 ······································ 90
10. 의견서 1958년 3월 10일 — 조봉암 외 7인 ······················ 102
11. 공판조서(제1회) 1958년 3월 13일 — 조봉암 외 9인 ··········· 103
12. 공판조서(제2회) 1958년 3월 27일 — 조봉암 외 9인 ··········· 107
13. 공판조서(제3회) 1958년 4월 3일 — 조봉암 외 17인 ··········· 126
14. 공소장 1958년 4월 3일 — 양이섭 ······································ 153
15. 공소장 1958년 4월 7일 — 조봉암 ······································ 165
16. 공소장 1958년 4월 7일 — 신창균, 김기철 ·························· 166
17. 공판조서(제4회) 1958년 4월 10일 — 조봉암 외 18인 ··········· 168

18. 공판조서(제5회) 1958년 4월 17일 – 조봉암 외 18인 ·················· 192

19. 공판조서(제6회) 1958년 4월 24일 – 조봉암 외 18인 ·················· 214

20. 감사장 – 이명하 ··· 237

21. 공판조서(제7회) 1958년 5월 5일 – 조봉암 외 18인 ···················· 240

22. 공판조서(제8회) 1958년 5월 8일 – 조봉암 외 18인 ···················· 266

23. 공판조서(제9회) 1958년 5월 15일 – 조봉암 외 18인 ·················· 288

24. 공판조서(제10회) 1958년 5월 19일 – 조봉암 외 19인 ················· 328

25. 공판조서(제11회) 1958년 5월 22일 – 조봉암 외 21인 ················· 365

26. 공판조서(제12회) 1958년 5월 26일 – 조봉암 외 21인 ················· 379

27. 공판조서(제13회) 1958년 5월 29일 – 조봉암 외 21인 ················· 389

28. 공판조서(제14회) 1958년 6월 5일 – 조봉암 외 22인 ·················· 399

29. 공판조서(제15회) 1958년 6월 12일 – 조봉암 외 22인 ················· 444

30. 추가 공소장 1958년 6월 13일 – 조봉암 ······························· 468

31. 공판조서(제16회) 1958년 6월 13일 – 조봉암 외 22인 ················· 469

32. 공판조서(제17회) 1958년 6월 17일 – 조봉암 외 22인 ················· 471

33. 진보당사건 변론 요지 – 김춘봉 ·· 473

34. 진보당사건 변론 (요지) 기록 – 신태악 ································· 506

35. 공판조서(제18회) 1958년 6월 18일 – 조봉암 외 22인 ················· 535

36. 진보당사건 변론 – 김봉환 ··· 537

37. 공판조서(제19회) 1958년 6월 19일 – 조봉암 외 22인 ················· 583

38. 진정서 1958년 6월 일 – 양이섭의 처 김귀동 ·························· 587

39. 공판조서(제20회) 1958년 6월 21일 – 조봉암 외 22인 ················· 589

40. 공판조서(제21회) 1958년 7월 2일 – 조봉암 외 22인 ·················· 618

41. 제1심 판결문 ··· 619

■ 진보당사건 관계자 인명사전 / 673

■ 찾아보기 / 705

제1심 공판기록

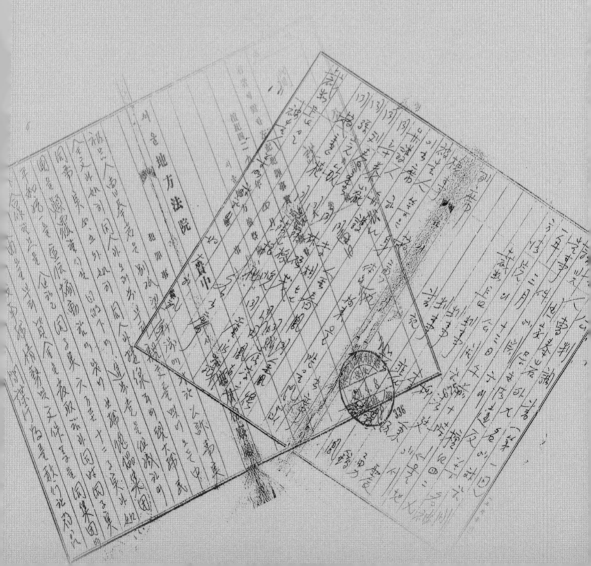

서울형무소 재감(在監)

피고자(항고인) 윤길중, 조봉암, 박기출, 김달호, 조규희, 조규택, 김기철, 신창균

우자(右者) 등에 대한 〈국가보안법〉 위반 피의사건에 관하여 서울지방검찰청 검사 조인구의 신청에 의하여 4291(1958)년 1월 11일 서울지방법원에서 발부한 구속영장에 대하여 동년 동월 21일 동원(同院)에 신체 구속 적부 심사 신청을 제기한바, 동원(同院)은 동년 동월 29일 항고인 등의 신청을 기각하였으므로 좌기(左記)와 여(如)한 이유로 항고하나이다.

항고 이유

一. 동 기각 이유 제1점으로 "피구속자 등은 진보당 간부로서 당내에 남북통일문제연구위원회를 설치하고 남북통일 방안으로 평화통일을 주장함에 있어서 비밀문서 등으로 북한 괴뢰집단이 표방하고 있는 평화통일 노선에 호응하여 대한민국을 무시하려는 혐의가 있다"고 한바,

첫째로, 법원이 비밀문서라고 지적한 검찰관 측 소명서류는 항고인 중 김기철 개인이 통일문제연구위원회에 제출하고자 작성한 사안(연구자료)으로 그것이 당이나 개인의 비밀문서가 될 수 없고, 또한 동인(同人) 이외에는 전연 모르는 사실이었다는 것은 심신(審訊) 시에도 명백히 된 바로, 설사 동인(同人)의 그러한 사고방식이 문제시된다고 할지라도 그것은 작성자 개인의 책임에 귀착할 것이며 항고인 전체의 구속 이유는 될 수 없을 것이며

둘째로 "괴뢰의 평화통일 노선에 호응하였다" 운운하고 있으나 심신 전체를 통하여 그와 같은 구절은 한 구절도 없고, 검찰관 자신도 주장하지 않은 사실을 법원이 자의(恣意)로 인정하였으며

셋째로 "대한민국을 무시할려는 혐의가 있다"고 하였으나 그 무시할려는 혐의란 무엇이며 무슨 자료로 그와 같은 판단을 한 것인지 이해키 난(難)하며

二. 동 기각 이유 제2점으로 "진보당 간부 일부 인사가 도피 중에 있는 사실 등을 미루어 증거인멸 및 도주의 우려가 있다"고 하였으나 진보당 간부로서 현재 도피 중에 있는 자가 없음은 물론, 본건 피의사실 자체가 이론적인 문제로 범죄의 혐의가 없고 또한 항고인 등은 일개 정당을 좌우하는 정치 지도자로 주거가 일정함으로 도주나 증거인멸의 우려가 없다는 것은 명백한 사실임으로 신체 구속 적부 심사 신청자에 의거하여 갱(更)히 심리하여 주심을 바라는 바임.

우(右) 〈형사소송법〉 제201조 6항에 의하여 항고함.

소명방법

一. 원심의 소명서류 일체를 원용(援用)함

4291년(1958년) 1월 31일
우(右) 변호인 변호사 신태악, 최순문, 최상진(崔尙珍),
임석무, 민운식(閔雲植), 김춘봉, 주도윤(朱燾允)

서울고등법원 귀중

[출전 : 16권 263~265쪽]

의견서

4291(1958)년 형항(刑抗) 제1호

의견서

피구속자 윤길중 외 7명
신청인 우(右) 변호인 변호사 김춘봉 외 12명

우(右) 피구속자 등에 대한 신체 구속 적법 여부 심사 신청에 대한 거(去) 1월 29일자 신청 기각 결정에 대하여 변호인 등으로부터 항고 신립(申立)이 있었는 바, 우(右) 항고는 그 이유 없다고 사료(思料)함.

4291(1958)년 2월 3일
서울지방법원 형사 제2부
재판장 판사 김재옥(金在沃), 판자 박용호(朴瑢浩), 판사 김형연(金瀅淵)

[출전 : 16권 266쪽]

죄명

1. 간첩
2. 간첩 방조
3. 국가보안법 위반

피고인명

일(一) 조봉암(曺奉岩) 1·2·3, 이(二) 박기출(朴己出) 3, 삼(三) 김달호(金達鎬) 3, 사(四) 윤길중(尹吉重) 2·3, 오(五) 조규택(曺圭澤) 3, 육(六) 조규희(曺圭熙) 3, 칠(七) 신창균(申昌均) 3, 팔(八) 김기철(金基喆) 3, 구(九) 김병휘(金炳輝) 3, 십(十) 이동화(李東華) 3

우자(右者)[1])에 대한 좌기(左記) 범죄사실을 공소함.

단기 4291(1958)년 2월 8일
서울지방검찰청
검사 조인구(趙寅九)

서울지방법원 귀중

범죄사실

피고인 등은 국가를 변란(變亂)할 목적으로 대한민국을 부인(否認)하고 북한 괴뢰집단과 동등한 위치에서 통일 정권을 수립할 것을 정강·정책으로 하는 진

---

[1]) 원본 문서는 세로쓰기로 오른쪽에서 왼쪽으로 기록했기 때문에, 앞에 나온 단어나 구절을 지칭할 때 우(右)를 사용했다. 이하에서는 우(右)에 대한 설명을 생략한다.

보당(進步黨)을 4289(1956)년 11월 10일 결성하고, 피고인 조봉암은 동 수괴로, 동 박기출, 동 김달호, 동 윤길중, 동 김기철 등은 간부로, 동 조규희, 동 조규택, 동 신창균, 동 김병휘 등은 지도적 지위에 각각 취임하고 동 이동화는 동 정강을 초안(草案)한 자이다.

[출전 : 13권 9쪽]

죄명

1. 간첩
2. 동 방조
3. 〈국가보안법〉 위반

피고인명

일(一) 조봉암 1·2·3, 이(二) 박기출 3, 삼(三) 김달호 3, 사(四) 윤길중 2·3, 오(五) 조규택 3, 육(六) 조규희 3, 칠(七) 신창균 3, 팔(八) 김기철 3, 구(九) 김병휘 3, 십(十) 이동화 3

적용법조

조봉암 〈형법〉 90조 〈국가보안법〉 제1조 제1항, 제3조
박기출, 김달호, 김기철, 윤길중 각 〈국가보안법〉 제1조 제1항, 제3조
윤길중 〈형법〉 98조
조규택, 조규희, 신창균, 김병휘 각 〈국가보안법〉 제1조 제2항, 제3조
이동화 〈형법〉 98조, 〈국가보안법〉 제3조

우자(右者)에 대한 좌기(左記) 범죄사실을 추가 공소함

4291(1958)년 2월 17일
서울지방검찰청
검사 조인구

서울지방법원 귀하

공소사실

피고인 조봉암은 경기도(京畿道) 강화군(江華郡) 강화읍(江華邑) 관청리(官廳里)에서 조창규(曺昌奎)의 차남으로 출생하여 12세 시 출생지 보통학교 4년을 거쳐, 동지(同地) 농업보습학교(農業補習學校) 2년을 수료하고 강화군청 급사(給仕) 고원(雇員)으로 지내다가 상경, YMCA 중학부 1년을 수료 후 도일(渡日)하여 4255 (1922)년도 일본국 동경(東京) 중앙대학(中央大學) 정경과(政經科) 1년을 4257(1924)년도에 소련 모스코바[2] 동방노력자공산대학(東方勞力者共産大學)[3] 2년을 각각 수료 후 국내외에서 공산 지하운동을 하다가 일본 관헌(官憲)에 피검(被檢) 8 · 15해방으로 석방되어 인천(仁川) 등지에서 계속하여 조선공산당 간부 등 지위를 역임 · 활약하고 4279(1946)년도에 조선공산당 대표 박헌영(朴憲永)의 반(反)볼세비키[4]적 소극(消極) 공산당 활동을 충고함으로서 출당되어 독자적으로 민족전선을 조직, 기(其) 간부로서 활동타가 4281(1948)년 5월경에 인천에서 국회의원으로 당선, 동년(同年)도 초대 농림부장관에 취임 7개월 만에 사임하고 4283(1950)년 5월 30일 제2대 국회의원에 피선(被選) 국회부의장을 거쳐 제2 · 3대 대통령에 입후보하였다가 낙선되고 4289(1956)년 11월 11일 소위 혁신세력을 자처하는 부류를 규합 · 망라하여 진보당을 결성, 동당(同黨) 위원장으로 취임, 현재에 지(至)한 자임.

피고인 박기출은 본적지에서 망부(亡父) 박주성(朴周成)의 장남으로 출생하여 16세 시 부산공립보통학교(釜山公立普通學校)를 졸업 21세 시 동래고보(東萊高普) 5학년을 졸업한 후 도일(度日), 일본국 동경의학전문학교(東京醫學專門學校) 입학, 26세 3월에 4학년을 졸업하고 본국에 돌아와 부산시립병원 외과의사로 취임 종사타가 4272(1939)년 10월경 재도일(再渡日), 구주대학(九州大學) 의학부 연구생으로 취학 중 4276(1943)년 7월경 동 대학에서 의학박사 학위를 수(受)하고 4277(1944)년 3월 귀국하여 부산시(釜山市) 초량동(草梁洞) 415에서 박 외과의원

---

2) '모스크바'를 말한다.

3) 코민테른이 공산주의 혁명가를 양성하기 위해 1921년 모스크바에 설립한 교육기관이다.

4) '볼셰비키'를 말한다.

을 자영(自營) 중 8·15해방과 동시에 경남 건준(建準)[5] 후생부장, 동년 9월 초순경 미군정청 경남도 보건후생부장으로 취임, 근무하다가 4279(1946)년 5월경 사임하고 4280(1947)년에 한글전용촉진위 경남도위원장, 민련(民聯)[6] 경남도위원장, 새한학회 이사장 등을 역임하고, 전현(前顯) 부산시 초량동 415에서 박 외과의원을 계속 경영하면서 4289(1956)년 11월 10일경 진보당 창당, 부위원장을 취임 현재에 지(至)한 자.

피고인 김달호는 본적지에서 망부(亡夫) 김익주(金翼周)의 4남으로 출생하여 상주보통학교(尙州普通學校)를 거쳐 서울 제2고등보통학교를 졸업, 21세 시 일본국 동경 중앙대학(中央大學) 법학부 1년에 입학 22세 시 일본 고등문관(高等文官) 사법과 시험에 합격하고 23세 시 동교(同校) 2학년을 중퇴, 귀국하여 대구지방법원(大邱地方法院) 동 법관시보에 피임(被任)하여 광주지방법원(光州地方法院) 판사 청주지방법원(淸州地方法院) 판사로 전임(轉任) 근무타가 사임하고, 29세 시 도일(渡日)하여 일본 중앙대학 법학부 제15연구실에서 영독어학(英獨語學)을 3년간 복습, 32세 시 귀국하여 도만(渡滿)하고 만주국 봉천성(奉天省) 봉천 시내에서 율사(律士)로 등록하고 개업 중 8·15해방으로 봉천 한국인조해위원회(韓國人調解委員會)[7] 위원장에 피선되어 한·중국인 간의 분쟁조정의 역할에 종사 중국 부(府)[8] 기관에 피검되었다가, 4280(1947)년 6월 초순경 천진을 경유 선편(船便)으로 귀국하여 동년 9월 일자미상 서울지방검찰청 검사 직무대리로 취임하였다가 4281(1948)년 3월에 서울고등검찰청 차장검사 겸 변호사 고시위원 및 법전편찬위원으로 약 6개월간 근무타가 동년 9월경 사임하고, 서울특별시 중구 을지로(乙支路) 1가 54에서 변호사업을 개업하고 6·25동란 중 계속 개업타가 1·4후퇴 당시 남하하여 부산시 동대신동(東大新洞)에 거주하면서 변호사업을 개업 중 수복(收復)하여 계속 개업타가 4287(1954)년 5월에 경북(慶北) 상주(尙州) 갑구에서

---

5) 여운형의 조선건국동맹을 중심으로 조직된 '조선건국준비위원회'를 말한다.

6) '민족자주연맹'을 말한다.

7) '조해(調解)'는 중재, 조정을 의미한다.

8) '국부(國府)'의 오기이다. 국부는 국민정부(國民政府)의 준말이다.

제3대 민의원에 당선되고 진보당 창당과 더불어 부위원장에 취임 현재에 지중(至中)인 자.

피고인 윤길중은 4249(1916)년 8월 본적지에서 농업 윤병후(尹炳厚)의 장남으로 출생하여 24세 일본대학(日本大學) 법과를 졸업한바, 23세 시 동 대학 재학 시 조선총독부 시행 변호사 시험 및 일본고등문관 행정과 동 사법과 시험에 각각 합격한 후 24세 시에 12월에 조선총독부 농림국 속관(屬官)에 피임 근무타가 전남(全南) 강진(康津) 및 무안(務安) 군수를 역임하고, 4278(1945)년 1월에 조선총독부 학무국 사무관으로 전임 근무 중 8·15해방으로 군정청(軍政廳) 문교부 교도과장에 취임 근무타가 동년 12월경 반탁운동 관계로 사임, 4279(1946)년 6월경 고(故) 신익희(申翼熙)와 공(共)히 국민대학(國民大學)을 창건하고 동교(同校) 재단이사 겸 법학교수로 종사 4279(1946)년 12월경 입법의원 법제국 기초과장과 총무과장을 역임하고 4281(1948)년 3월에 제헌국회 중앙선거위원회 선전부장에 피임 근무타가 동년 5월부터 4283(1950)년 5·30선거 시까지 제헌국회 헌법기초위원회 전문위원과 동 〈국회법〉 제조사국장[9] 등을 거쳐 제2대 민의원 의원 선거 시 강원도(江原道) 원주군(原州郡)에서 무소속으로 입후보 당선 국회 법제사법분과위원장으로 4285(1952)년 정치파동 시에 교섭단체 공화구락부(共和俱樂部) 소속으로서 내각책임제 개헌파로 활약하고, 8·15 제2대 정부통령선거 시 대통령 입후보자인 상(相) 피고인[10] 조봉암의 선거사무장에 종사하고 서울특별시 중구 북창동에서 변호사업을 개업하면서 5·15 제3대 정부통령선거 시 대통령 입후보자인 조봉암의 선거사무장에 종사함은 물론 4289(1956)년 11월 10일 진보당 창당과 동시 동당 중앙당부 간사장 및 통일문제연구위원회(統一問題研究委員會) 위원에 취임 현지중(現至中)인 자.

피고인 조규택은 황해도(黃海道) 신계군(新溪郡) 적여면(赤余面) 대평리(大坪

---

[9] '법제조사국장'의 오기이다.

[10] '상(相) 피고인'은 두 명의 피고인 중 한 사람의 피고인에 대한 나머지 다른 피고인을 지칭할 때 사용된다.

里) 639 조성환(曺成煥)의 차남으로 출생하여, 14세 시 적여공립보통학교(赤余公立普通學校)를 졸업 후 해주고보(海州高普) 2년을 중퇴한 후 단국대학(檀國大學) 정치과 2년에 편입하여 3년을 졸업하고, 4281(1948)년 12월 상순경 서울 중앙방송국 방송과 서기로 임명되어 근무 중 6·25사변 시 남하치 않고 경기도 용인 및 양평 등지를 전전하다가 수복(收復)하여 동 방송국에 계속 근무 중 4284(1954)년 10월경 주사(主事)로 승진, 4288(1958)년 10월경 동직(同職)을 사임하고 애국동지수호회(愛國同志授護會) 및 3·1정신선양회 사업에 종사타가, 진보당 창당 시 동당 중앙당 재정부 부간사 및 중앙상임위원회 부위원장에 피임 현재에 지(至)한 자.

피고인 조규희는 15세 시까지 한문 급(及) 조도전강의록(早稻田講義錄)을 자습하고 23세 시 도일(渡日)하여 동경도 중앙대학 법과 2학년에 입학, 재학 중 입학수속 절차 허위로 퇴학을 당하고 귀국하여 24세 시 함남공업사(咸南工業社)에 취직 26세 시 함북 성진 일본고주파중공업(日本高周坡重工業) 주식회사에 입사하여 28세 시 함남공업사에 전직(轉職) 근무 중 4278(1945)년 8월 14일 상경하여 서울 시내 『신조선보(新朝鮮報)』를 위시하여 『한성일보(漢城日報)』 정치부장, 동 편집부장, 동 편집부국장, 동 국장 대리 및 전임논설위원과 부산 항도신문사(港都新聞社) 편집국장 및 논설위원 등을 역임하고 4286(1953)년경에 상경하여 『한성일보』 편집국장 겸 논설위원으로 종사 중 재차 하부(下釜)하여 부산 한국매일신문사(韓國每日新聞社) 편집국장 겸 논설위원으로 있다가 동년 9월경 상경하여 신문, 잡지, 시사, 평론 등의 투고를 해오다가 자유신문사(自由新聞社) 편집국장에 피임 종사 중 4289년(1956) 11월 10일 진보당 창당과 동시 동당 선전간사에 피임, 현재에 지(至)한 자.

피고인 신창균은 20세 시 대전제일공립보통학교(大田第一公立普通學校) 및 충북(忠北) 영동공립보통학교(永同公立普通學校) 고등과 1년을 수료하고 23세 시 충북공립사범학교(公立師範學校) 제3학년을 졸업한 후, 충북 청주 청남학교(清南學校) 교사에 취임하여 기후(其後) 음성(陰城) 및 충주군(忠州郡) 엄정보통학교(嚴政普通學校) 교사 등을 역임타가, 33세 시 중국 광동성(廣東省) 중산시(中山市) 전력회사장(電力會社長) 및 광동시 전력회사 부사장 등으로 종사 중 소위 대동아

전쟁(大東亞戰爭)으로 동사(同社)를 폐사(廢社)한 후 4278(1945)년 3월 14일에 귀국하여 무위도식(無爲徒食) 중, 8·15해방으로 동년 12월경 인천시 금곡동(金谷洞) 소재 조선성냥주식회사 관리인으로 종사 4279(1946)년 4월경 한독당(韓獨黨)11)에 가입 중앙상임위원 겸 연락부장으로 취임 활동 중, 6·25사변을 당하여 남하치 않고 시내 중구 회현동(會賢洞)에서 은거하고 1·4후퇴 시 제주도(濟州道) 및 부산에 남하하였다가 수복 후 대전 소재 한미방직회사(韓美紡織會社) 건설에 종사하다가 4289(1956)년 3월경 진보당 추진위원회 연락부장에 4289(1956)년 11월 10일 진보당 창당 시 중앙당 재정위원장에 취임, 현재에 지(至)한 자.

피고인 김기철은 17세 시 함흥(咸興) 제일공립보통학교(第一公立普通學校)를 거처 20세 시 경성전기학교(京城電氣學校) 3년을, 23세 시 일본국 동경도 공전(工專) 상공부(商工部) 전기공학과 3년을 각각 졸업하고 귀국하여 홍전사(弘電社) 조선문사(朝鮮文社) 사원으로 피임(被任) 근무 중 25세 시 동사(同社) 흥남지점에 전임(轉任), 27세 시 동사(同社)를 사임하고 함흥 시내에서 박전사(博電社)를 자영(自營) 중 8·15해방으로 동사(同社)를 폐업하고 건국후원(建國後援) 함남청년회(咸南靑年會) 기획부장 겸 함남협회(咸南協會) 조직부장으로 활동하고, 4278(1945)년 12월 초순경 흥남 인민비료공장 중앙본부 조사계획부 총무국장에 피임 종사 중 사임하고, 4279(1946)년 3월 5일경 월남하여 원세훈(元世勳)의 소개로 좌우합작위원회에 입회함과 동시 민족자주연맹(民族自主聯盟) 교도 및 조사부장 민주한독당12) 중앙상집위원(中央常執委員) 동 선전부장 등으로 종사타가 4281(1948)년 4월경 평양 모란봉극장에서 개최된 남북협상에 민독당(民獨黨) 대표로 월북하였다가 월남 계속 민련 조사부장으로 활약 중 6·25사변이 발발하자 괴뢰 인위(人委)에 등록한 민련에 괴집(傀集)을 위한 집단으로 활약타가 1·4후퇴 시, 제주도, 부산 등지에서 전전하다가 제2대 정부통령선거 시 상(相) 피고인 조봉암의 선거사무소 사무차장 겸 선전부장으로 활동하고 4286(1953)년 5월경 상경하여 신당 조

---

11) '한국독립당'을 말한다.
12) 민주한독당은 1947년 6월 결성된 정당으로 한국독립당 내에서 미소공동위원회 참여를 지지하는 권태석(權泰錫)을 필두로 한 '민주파'가 중심이 되었다.

직에 상(相) 피고인 조봉암 및 서상일(徐相日) 등과 합작운동 중 5 · 15 제3대 정부통령선거에 대통령으로 입후보한 조봉암의 선거 시부터 선전 및 재정책으로 피임 활동하고 4289(1956)년 11월 10일 진보당 시 동당 통제부위원장 및 통일문제연구위원회 위원장 겸 동당 경기도당 위원장에 피임 현재에 지(至)한 자.

　　피고인 김병휘는 13세 시 북 박천공립보통학교(博川公立普通學校)를 졸업, 18세 시 신의주공립보통학교(新義州公立普通學校)를 거쳐 22세 시 도일(渡日)하여 일본대학(日本大學) 법과에 입학 동교 1년을 중퇴코 귀국하여 폐결핵을 치료타가, 4279(1946)년 4월경 월남(越南)하여 UP통신 기자로 약 6개월간 종사하고 홍익대학(弘益大學) 교수로 약 4년간 근무 중 6 · 25사변으로 부산, 대구(大邱)에 피난, 대전 덕소철도학교(德沼鐵道學校) 및 중앙철도고등기술학교(中央鐵道高等技術學校) 부교장(副校長)으로 약 2년간 근무타가 동교(同校)를 사임하고 대전 가정보육기술학교(家政保育技術學校) 교장으로 6개월, 4289(1956)년 11월 10일 진보당창당 시 동당 중앙당 교양간사 및 중앙위원 중앙상무위원 급(及) 동당 동일문세연구위원회 부위원장 등에 피임 현재에 지(至)한 자.

　　피고인 이동화는 4254(1921)년 3월에 평양(平壤) 숭덕소학교(崇德小學校) 4년 4258(1925)년 3월에 평양 광성고보(光成高普) 4년을 각각 졸업하고 동년 4월 도일(渡日)하여 일본 웅본현립중학(熊本縣立中學) 제제횡(濟濟黌) 4학년에 편입하여 4259(1926)년 3월에 동교 4년을 졸업하고, 4261(1928)년 일본 산구현(山口縣) 산구고등학교(山口高等學校) 문과 갑류(甲類)(3년)를 졸업한 후 계속하여 동경제국대학(東京帝國大學) 법학부 정치학과 3년을 졸업하고 약 1년간 동교(同校) 정치학연구실에서 정치학을 연구한 후 귀국하여, 4271(1938)년 1월부터 4274(1941)년 9월까지 서울 혜화전문(惠化專門)(현 동국대학(東國大學)) 사회과학 교수로 근무타가 〈치안유지법〉 위반으로 동년 9월부터 4275(1942)년 12월까지 서대문형무소에서 복역하고, 동년 12월부터 4278(1945)년 4월까지 본적지에서 실업경영 중인 주물공장(鑄物工場)과 농업에 재력(財力)하고 동년 4월부터 8월까지 서울 이화전문학교(梨花專門學校) 부속병원 사무장에 종사타가 8 · 15해방과 동시 건국동맹(建國同盟) 간부 및 건국준비위원회(建國準備委員會) 서기국 위원에 취임하고, 고(故)

여운형(呂運亨) 및 이만규(李萬圭),[13] 이상도(李相燾) 등과 제휴 활동하다가 4278(1945)년 9월에 월북 귀향하여 동년 12월경 평양에서 조선공산당에 가입하여 동월(同月) 중순부터 4279(1946)년 5월 말경까지 간에 『평양민보(平壤民報)』 및 민주조선사(民主朝鮮社)의 주필을 역임하고, 동년 10월경부터 4280(1947)년 2월까지 조소문화협회(朝蘇文化協會) 부위원장 겸 김일성대학(金日成大學) 강사로 종사하고 동년 4월부터 4283(1950)년 5월 초순경까지 동 대학 법학부 외교사 전임강사로 근무 중 1·4후퇴 직전 월남하여 동년 11월 하순경 백인엽(白仁燁) 중장 처남 박용래(朴用來)의 소개로 1년간 정보국 제5과에 재직 의병(依病) 제대하고, 4285(1952)년 5월부터 4286(1953)년 4월경까지 경북대학교(慶北大學校) 정치과 교수로, 기후(其後) 한국내외문제연구소장(韓國內外問題硏究所長)을 거쳐 4287(1954)년 4월에 성균관대학(成均館大學) 정치과 교수로 종사하면서 진보당 정강정책 및 선언문 등을 창안하고 민주혁신당(民主革新黨) 정치위원으로 취임 현재에 지(至)한 자 등인바,[14]

위선(爲先) 북한 괴뢰집단이 서기 1954년 4월 24일 소련의 지령에 의하여 남북한의 통일방안을 제시한 것을 보면 조선국회의 자유총선거를 준비 실시하며 남북조선(南北朝鮮) 간의 경제 및 문화 접근에 대한 조치를 취하기 위하여 조선민주주의인민공화국 최고인민회의와 대한민국 국회에 의하여 각각 선출된 남북조선 대표로써 전조선위원회(全朝鮮委員會)를 조직할 것, 전조선위원회의 당면과업 중 하나는 〈총선거법〉 초안을 준비하는 것임을 예견할 것, 전조선위원회는 조선민주주의인민공화국과 대한민국 간의 경제 및 문화교류, 즉 통상, 재정, 회계, 운수, 경계선 관계, 주민의 통행 및 서신 자유, 과학문화 교류 및 기타 관계를 설정하며 그를 발전시킬 대상을 즉시 취할 것, 전조선위원회가 전 〈조선총선거법〉에 따라 외세를 배제하고 자유스러운 조건 밑에서 총선거를 실시함에 도움을 주기 위하여 중립국 감시위원단을 조직하고 이 중립국 감시위원단으로 총선거를 감독할 것 등을 골자로 하는 것으로서,

---

13) 이만규(李萬珪)의 한자명이 오기된 것으로 보인다.

14) 정태영, 오유석, 권대복 편, 『죽산 조봉암 전집』 5(서울: 세명서관, 1999), 17~34쪽에도 공소장이 수록되어 있다. 그러나 위 책에 수록된 공소장에는 여기까지 내용이 누락되어 있다.

그는 대한민국을 유일한 합법적 정부로 인정한 UN의 권위를 무시하고 대한민국을 동 괴뢰와 동등한 위치에 두고 취급한 끝에 대한민국 해산의 방법으로 위장적인 동 괴뢰의 퇴거를 내세우면서 일방(一方) 총선거를 구실로 남북한의 왕래를 자유로이 하야 공산세력의 남침화를 노리고 일방 평화란 그의 독점물인 양 선전하야 6·25사변의 책임을 전가시키는 현혹적인 효과를 국민에게 주도코저 하는데 그 목적이 있는 한갓 흉계에 지나지 아니함이 지극히 명백하다 할 것이다.

제1 피고인 조봉암은

(1) 일즉이 강화군청 사환 및 고원 등으로 종사 중 3·1운동에 가담하여 1년간 징역 언도를 수(受)하고 서대문형무소에서 그 형을 종료하고 도일(渡日)하여 동경에서 소련공산당 볼세뵈크[15]혁명의 영향을 받고 공산주의 사상을 포지(抱持)하고 오던 중, 흑도회(黑濤會)[16]라는 비밀결사를 조직하고 사회주의 체제로의 한국 독립을 목표로 반일 투쟁을 하다가 귀국하야 김약수(金若水), 김찬(金燦), 이영(李英) 등과 함께 무산자동맹 및 시울청년회 등을 조직하고 오던 중 소련 코민테른의 지령으로 소련 벨그눼우진스크[17]에서 개최되는 해내외(海內外)의 조선공산당 연합대회에 참가하고, 조공조직총국(朝共組織總局) 대표로 모스크바에서 코민테른 간부들과 상의, 과거의 각종 크럽[18]을 발전적 해산하고 꼴부료[19](조선공산조직총국 확대강화) 조직 지령을 수(受)함과 동시에 모스크바 동방노력자공산대학에서 2년간 공산주의 실천에 대한 교양을 받고 해삼위(海參威)(우라지오스토크[20])에 조공조직총국을 설치 후 귀국하여 고려공청회(高麗共青會)를 조직코 국제공산청년회 지부에 가입, 동 대표로 활동하다가 노농총연맹(勞農總聯盟), 조선

---

15) '볼셰비키'을 말한다.

16) 1921년 일본 동경에서 조선인 유학생을 중심으로 조직된 단체로 무정부주의자들과 사회·공산주의자들이 참여한 단체이다.

17) '베르흐네우진스크'를 말한다. 현재의 울란우데이다.

18) '클럽'을 말한다.

19) '꼬르뷰로(Корбюро)'를 말한다. 코민테른 민족부 극동총국 산하의 조선 공산주의운동 지도기관이다.

20) '블라디보스토크'를 말한다.

청년총동맹(朝鮮靑年總同盟) 등 조직 동 문화부책으로 활동, 4258(1925)[21]년 5월
경 조선공산당을 조직 동당 간부로 취임하는 동시에 동년 모스크바공산대학 출
신인 김조이(金祚伊)와 결혼하는 일편(一便), 조공(朝共) 대표로 조동우(趙東祐)
와 같이 모스크바에 가서 코민테른과 협의 조공당(朝共黨)을 코민테른 한국지부
로 인준을 수(受)하는 동시에 동 코민테른의 지령에 의거 조공 만주총국을 조직
하고, 상해(上海)에 가서 코민테른 원동부(遠東部) 조선 대표로 취임하여 동부(同
部) 일본 대표 좌야학(佐野學), 중국 대표 진독수(陳獨秀) 등과 같이 활동하면서
국내적으로는 안광천(安光泉)과 접선 ML당을 조직코 연락 중, 상해에서 왜경에
피검 신의주형무소(新義州刑務所)에서 7년 징역 언도를 수(受)하고 만기 출옥하여
인곡연료조합(籾穀燃料組合)[22]을 경영 중 4277(1944)년도에 왜(倭) 헌병대에 피검
되었다가 8·15해방으로 방면되어 직후 인천에서 치안유지회(治安維持會) 건준
노동조합 실업자대책위원회 등을 조직하여 활동하는 한편 조공당(朝共黨) 중앙
간부 및 인천지구책을 위시한 민전의장(民戰議長) 등에 취임하여 활동하고 오던
중, 4279(1946)년 5월경 당시 공산당 대표 박헌영에게 동 당원의 입장으로 공산당
과 인위(人委), 민전(民戰)의 지도방법의 기술적 졸렬(拙劣), 당과 인위(人委), 민
전(民戰)을 혼동식히여 당이 군중으로부터 고립화된 당적 과오를 지적하고, 또한
삼상회의(三相會議) 결정 지지투쟁에 대하여 정치는 과학이며 동시에 기술이라
"레닌"의 정치는 예술이라는 천고(千古)의 진리를 망각하고, 실천하는데 있어서
기술적으로 졸렬하다는 등 요지의 볼세뷔크 노선의 불충실성을 지적 충고하는
서류를 발송하고 그것이 지상에 발표가 되자 동 박헌영에 의하여 동당에서 출당
당한 후 4280(1947)년 9월경 이극로(李克魯), 김찬 등과 공(共)히 민독전선(民獨戰
線)을 조직하고 오다가 태도를 표변(豹變)하여 5·10총선거에 참가 인천에서 출
마 당선되고, 4281(1948)년 9월 초대 농림부장관 직후 제2대 국회부의장 등을 거
쳐 제3대 국회에서는 불출마로 야(野)에 있으면서 정치활동 재기회 포착을 규시
(窺視)하고 오던 중 4288(1955)년 6월경 피고인은 서상일과 함께 새로이 발족된
민주당(民主黨)에 포섭이 되지 않자 동인(同人) 등은 합하야 소위 비자유당(非自

由黨), 비민주당(非民主黨)의 재야 혁신세력을 총규합하여 새로운 정당을 조직할 것을 모색하고, 동년 9월 피고인 윤길중, 동 김기철 등이 주동되어 소집한 소위 광릉회합(光陵會合)[23]에 서상일, 장건상(張建相) 등 20여 명과 회합하여 전기(前記) 자유당(自由黨), 민주당을 제외한 전(全) 야당계에서 규합하여 대야당(大野黨)을 조직 추진할 것에 의견의 일치를 본 후, 동년 11월경부터 시내 관철동(貫鐵洞) 소재 대관원(大觀園)을 비롯한 수 개 처(處)에서 10여 차에 긍(亘)한 회합을 거듭한 끝에 동년 11월 윤길중, 조규희, 신창균, 김기철, 김병휘, 이명원 등과 함께 진보당 결당추진위원회를 조직하고, 피고인은 서상일, 김성숙(金成璹), 최익환(崔益煥) 등과 함께 총무위원으로 취임함과 동시 남북의 평화통일, 수탈 없는 경제제체, 혁신정치의 구현 등 3대 구호를 목표로 동당을 추진키로 하였는바, 원래 피고인은 사회주의를 지향하는 일방(一方) 남북의 평화통일 방안으로서는 현 대한민국이 북한 괴뢰와 동등한 위치에 서서 양측을 일대일로 간주하여 각 해소식히고 통일정권을 수립하기 위한 남북 자유총선거, 환언(換言)하면 전기(前記) 북한 괴뢰 제안과 동일한 내용의 방안을 남한에서 주장함으로써 그를 반대하는 대한민국을 동 괴뢰와 호응하야 전복식혀야 한다는 철칙하에 앞으로 결당될 진보당도 동 원칙하에 이루어질 것을 추진하고, 4289(1956)년 5·15정부통령선거 당시 대통령으로 입후보하여 전기(前記) 3대 구호를 내세우면서 전기(前記) 취지의 평화통일을 선전하고 오든 중(中)

① 피고인은 동당을 결성함에 있어 북한 괴뢰집단에 호응하야 그와 동조하는 평화통일 방안을 주장함으로서 대한민국의 전복 수단으로 동 괴뢰집단과 야합하기로 하고, 4289(1956)년 5월 6일 시내 양동(陽洞) 소재 당시 진보당 추진위원회 사무실에서 김일성(金日成)으로부터 남파된 대남간첩 박정호(朴正鎬)와 밀회하고 동인(同人)의 영도(領導)하는 동당의 평화통일이 기실(其實) 구체적 방안으로서는 북한 괴뢰의 주장과 동일함을 상통하고

---

[23] '광릉' 지명의 한자어 표기는 원문에 광릉(廣陵)으로 표기된 부분도 있으나 광릉(光陵)이 올바른 표기이다. 광릉은 경기도 남양주시에 있다. 조선 세조와 그의 비 정희왕후 윤 씨의 능으로, 그 주변에 국립수목원이 조성되어 있다.

② 다시 동당에 대한 북한 괴뢰의 동태 및 동 집단과의 야합의 방법을 검토코저 동년 6월 초 밀사 성명미상 당(當) 30세가량을 북한 괴뢰집단 산하 조국통일구국투쟁위원회 김약수에게 파송(派送)시키혀, 동 밀사로 하여금 북로당(北勞黨) 연락부(連絡部)로 인계된 박모(朴某) 지도원에게 남한의 제반 정치정세 및 진보당의 평화통일 방안을 설명함으로써 동당에서 영합(迎合)이 되어 앞으로 대한민국을 전복시키기 위하야 북한 괴집과 진보당이 결합한 후 동일 내용의 평화통일을 강조하라는 지령과 함께 약 1개월 반의 밀봉교양(密封敎養)을 평양에서 수(受)하고 동년 7월 20일경 동 박(朴) 지도원의 안내로 서부지대 휴전선 첩보 루트를 통하야 남하 즉시 피고인 조봉암에게 공지전달[24]케 함으로써 간첩 행위를 감행함과 동시 북한 괴집의 지령하는 목적 사항을 협의 내지 실천하고

③ 동년 10월경 북한 괴집과의 야합을 반대하는 서상일 일파와 주도권 구실하에 몌별(袂別)한 후 단독적으로 상(相) 피고인 등과 함께 동당 결당에 급급하야, 동년 11월 10일 이동화를 제외한 상(相) 피고인 전원 및 80여[25] 명이 서울특별시 중구 소재 시공관에 회합하여 전기(前記) 내용의 평화통일을 정강정책으로 하는 진보당의 결당을 봄으로써 대한민국을 변란할 목적하의 결사를 조직함과 동시 피고인은 동당 중앙위원장에 취임함으로서 수괴(首魁)에 위치하고

(2) 4289(1956)년 12월 피고인 자택에서 동당 전북도당 당 간부인 김창을(金昌乙)의 소개로 정태영(鄭太榮)과 밀회한 후 동인(同人)을 동당 비밀당원으로 가입시키는 한편 당을 위하여 투신 노력하겠다는 약속을 수(受)하고 4290(1957)년 5월 동인(同人)로부터 「실천적 제문제(諸問題)」라는 강평서(講評書)를 수(受)하였는바 그 내용으로서는

① 당의 이념은 사회주의 실현에 있다.
② 인류의 역사는 계급투쟁의 역사이다. 국가는 피착취계급을 억압하기 위한 수

---

[24] '기지전달(其旨傳達)'의 오기이다.
[25] '800여'의 오기이다.

단이다. 무계급사회에서는 국가는 필연적으로 소멸하고 인간은 더욱더욱 자유천국(自由天國)에 가까워간다. 종국의 세계평화는 세계적화(世界赤化)에 있다.

③ 집권한 후 해결해야할 문제의 하나로서 노조(勞組), 협조(協組)의 조직 강화, 즉 우리의 정치적 기반은 협동조합과 노동조합에 두어야 한다. 그리고 노동계급이 충분히 성장치 못하고 있는 우리나라로서는 농민, 어민의 푸로레타리아[26]적 성격에 주목하면서 협동조합 강화에 특히 힘써야 한다.

④ 남북통일에 있어 가능한 통일방법은 남북 군경 해산, 국제감시하(주로 경비, 치안 담당) 총선, 남북연립정부 수립 그에 의한 총선 후 다시 내각구성, 남북의회의 통합 그에 의한 정부수립.

⑤ 당 조직 강화와 확대안

당원의 생계에 대한 당국의 압박으로부터 피하기 위해서 그로 하여금 생활의 직접적 위협을 받게 된 당원의 존재 및 가능한 테로 행위를 피하기 위해 당은 2중 조직을 가진다. 표면 활동을 자유롭게 할 수 있는 요소를 지닌 인사들을 많이 포섭한다. 그들의 교화는 점차적으로 행한다.

현재 소극적 투쟁기이나 점차 사회주의라는 말이 민주주의라는 말처럼 현 사회의 하나의 상식의 용어가 됨에서부터는 점차 그 논점도 사회주의 이론의 핵심에 들어가야 한다. 진보당이 현재 이상의 대수난기가 있을 것을 예상하고 지하조직에 일층(一層) 힘써야 한다.

우리는 모든 활동에 있어서 가능할 장해(障害)를 고려하여 행동의 제1, 제2, 제3 등등 방안을 미리 세워 신속히 대처해야 된다. 당원명부는 당의 심장(心臟)이다. 어느 때 어떠한 사태가 발생할지 모른다. 그 명부를 함부로 굴린다는 것은 말이 아니다. 당 위원장 집에 양담배가 굴러다닌다는 것은 이유 여하를 막론하고 좋지 못한 일이다 등 요지의 문서를 수(受)하고 평시(平時) 소지 검토함으로써 동당 노선의 재료로 하야 그 목적하는 실행사항을 협의하고.

(3) 4290(1957)년 8월 12일 시내 성북구 돈암동 소재 신흥사(新興寺) 승려 송백

---

[26] '프롤레타리아'를 말한다.

선(宋白善) 가(家)에서 윤길중, 조규택 등과 함께 조총(朝總)[27] 병고현(兵庫縣) 조직부장 겸 공산주의 집단체인 소위 민주크럽[28] 병고본부(兵庫本部) 지도책 전쾌수(田快秀)로부터 진보당에 가입 평화통일 선전을 촉진시키라는 지령을 수(受)하고, 잠입한 조총 병고현 이단시지부(伊丹市支部) 위원장인 간첩 정우갑(鄭禹甲)과 밀회하여 동인(同人)으로부터 그 정(情)을 알면서 재일교포는 60만 명인바 기중(其中) 2할은 우익진영이고 잔여 8할은 공산 좌익계열인 조선인총연합회원(朝鮮人總聯合會員)이다. 재일교포 대다수는 북한 괴집이 선전하는 평화통일을 염원하고 있다. 자기는 재일(在日) 시에 조봉암의 위대한 존재를 인식하였으며 재일 조총에서 개인이 아닌 공적으로 파견되었으며, 30년간의 "볼세뷔크" 노선에서 실존하였다. 자기는 원래 강원도[29] 진보당에 대하여 중대한 관심을 포지(抱持)하고 있으며 진보당에서 조국의 평화적 노선으로 정총(政總)[30]으로 선정한 것을 위대하다고 말하고 앞으로 진보당의 노선을 지지하고 동당에 입당하겠으니 잘 지도해달라는 요청을 수(受)하자 이를 응낙(應諾)한 후, 동년 8월 21일 시내 종로구 소재 진보당 중앙당 사무실에서 정우갑을 재회하고, 동인(同人)의 동당 입당을 종용하는 동시 상(相) 피고인 윤길중으로 하여금 동인(同人)에게 동당의 선언, 강령, 정책, 규약 등 인쇄물 1책을 윤길중으로 하여금 수교(手交)케 하야 동인(同人)의 간첩행위 수행을 도움으로써 이를 방조하고.

(4) 피고인은 4290(1957)년 8월경 당국의 허가가 없음에도 불구하고 운전수 이재윤(李載允)을 통하여 미제(美製) 45구경 1정 및 실탄 50발을 시내 신당동(新堂洞) 노상에서 성명 미상자로부터 금 3만 환에 매수하여 차(此)를 불법 소지하고.

(5) 동년 9월 동당을 확대시킬 목적으로 동당과 노선을 동일히 하는 근민당(勤民黨)[31] 재남(在南) 잔류파인 김성숙(金星淑), 양재소(楊在韶), 김일우(金一宇) 등

---

27) 1955년 설립된 재일본조선인총연합회(在日本朝鮮人總聯合會)를 가리키며 약칭 조선총련, 조총련, 총련 등으로 불리는 재일조선인 단체이다.

28) '민주클럽'을 말한다.

29) 잘못 삽입된 것으로 보인다. 『죽산 조봉암 전집』 5, 23쪽에도 이 단어는 없다.

30) '정강정책'의 오기로 보인다. 『죽산 조봉암 전집』 5, 23쪽 참조.

10여 명과 합세할 것으로 기하고, 동월 20일 시내 종로 2가 진보당 사무실에서 진보당 측 대표로 피고인 조봉암 동 윤길중, 동 김달호, 동 이명하(李明河), 동 김기철, 동 조규희, 최희규(崔熙圭) 근민당 대표로 김성숙, 양재소, 김일우 외 7명 도합 17명으로 통일준비위원회를 구성하는 동시 미구(未久)에 대회를 개최하여 결정을 짓기로 합의를 봄으로써 동 목적 사항을 협의하고.

(6) 동년 10월경 피고인은 동당 중앙위원장의 자격으로 "평화통일에의 길 - 진보당의 주장을 만천하에 천명한다"라는 제하(題下)에 동 강령정책[32]에서 주장하고 있는 평화통일의 구체적 방안의 일각(一角)을 발표함으로써 동 목적 사항을 선전할 것을 기하고, 동년 9월 초순 상(相) 피고인 김기철로부터 동인(同人)[33] 초안한 동당 주장인 평화통일의 구체적 방안(다음 (10)항 기재)을 제시받자 동안(同案)을 동당 기구인 통일문제연구위원회에 회부하야 통과키로 지시하는 일방(一方), 동안(同案)을 토대로 하는 평화통일 방안에 관한 논문을 피고인이 당 기관지인 『중앙정치(中央政治)』 10월호에 게새하기로 피고인이 동당 기구인 『중앙정치』 편집위원회에 제기하여 동 위원인 윤길중, 조규희, 김병휘, 안준표(安浚杓) 등의 동의를 득(得)하고, 다시 동월 하순경 완성된 동 논문의 원고를 동당 사무실에서 조규희[34] 10여 명의 당원에게 낭독하여 그 안의 지지를 수(受)한 후 즉시 인쇄하여 동 논문을 게재하게 되었는바, 피고인은 동 논문에 있어서 우리 진보당에서 주장하는 평화통일의 구체적 방법을 다음과 같이 말하는 것이라고 전제한 다음 몇 가지 방법론이라 하고 구체적으로 예를 들자면, 첫째 UN 감시하의 북한만의 총선거, 둘째로는 협상에 의한 방법으로서 연립정부안이 있고 남북 양 국회의 대표에 의한 전국위원회안, 셋째로 중립화에 의한 방안, 넷째로는 국가연합에 의한 방안, 다섯째로는 UN 감시하에 남북통일총선거에 의한 방안 등이 있는데 첫째 안은 대한민국안인즉 이 안은 북한 괴뢰나 소련 측에서 반대하고 있음으로 해서

---

31) '근로인민당'을 말한다. '근민당 재남 잔류파'에 대해 설명이 필요하다.
32) '정강정책'의 오기로 보인다. 『죽산 조봉암 전집』 5, 24쪽 참조.
33) '이'가 들어가야 할 것으로 보인다. 『죽산 조봉암 전집』 5, 24쪽 참조.
34) '가'가 들어가야 할 것으로 보인다. 『죽산 조봉암 전집』 5, 24쪽 참조.

국제적으로 편협된 것이라는 전제하에 북한 괴뢰나 소련의 동의를 얻을 수 있는 것이라야 한다는 점을 예기시키면서 그러나 진보당으로서는 남북총선거를 감행하되 대한민국을 북한 괴뢰와[35] 동등한 위치에서 선거하는 방안 즉 통일정권을 수립키 위하여 북한 괴뢰와 함께 대한민국을 해산한 연후에의 선거방식, 즉 후기(後記) 김기철안에 귀착되는 동당 주장의 평화통일 방안의 일각을 노출식히는 일방(一方) 구체적 방안의 발표는 현 행정부와의 정면충돌을 피하야 사양하겠다고 설명함으로써 동당의 목적하는 실행사항을 선전하고.

(7) 동년 9월 동당 통일문제연구위원회 위원장 김기철에게[36] 동당 노선에 입각한 구체적인 통일방안을 작성할 것을 지시, 동경(同頃) 동인(同人)로부터 「북한 당국의 평화공세[37]에 대한 진보당의 선언문(초안)」 "오늘날 한민족의 최대과업은 자유선거 실시에 의한 조국의 평화통일 회복에 있으며 우리 당은 8·15해방 이후 지금까지의 북한 당국의 통일문제에 관한 행동과 역정(歷程)을 검토하고, 한국문제에 관한 종전의 국제연합 결의와 1954년도 제네바정치회담 성과를 명심하면서, 평화적 남북통일을 호소하고 있는 북한 당국이 그 기본적 출발점에 있어서 국제연합의 기본적 권위에 도전하고 6·25사변의 책임 소재를 운위함은 평화적 통일에 유해하며 분할상태의 장구화를 초래할 우려가 있다는 사실에 유의하면서 이에 우리 당은 조국의 조속한 평화통일을 진정코 갈망하는 피해대중(被害大衆)을 대표하여 북한 당국이 아래와 같은 통일선거 원칙을 수락할 것을 권고한다.

1. 통일되고 독립된 민주적 한국의 국회 형성을 위하여 자유선거를 시행한다.
2. 이 선거의 준비와 실시를 감독하고 감시하기 위하여 국제연합이 동의하에서 선출될 국제감시위원회를 설치한다. 이 위원회는 실제적이며 유효적절한 감시권을 가져야 한다. 이 위원회는 인도, 서서(瑞西),[38] 서전(瑞典),[39] 파란(波蘭),[40]

---

35) '와'가 되어야 할 것으로 보인다. 『죽산 조봉암 전집』 5, 25쪽 참조.
36) '에게'가 들어가야 할 것으로 보인다. 『죽산 조봉암 전집』 5, 25쪽 참조.
37) '평화공세'가 맞는 표현이다. 『죽산 조봉암 전집』 5, 25쪽 참조.
38) '스위스'를 말한다.

체코스로바키아[41] 대표로 구성되어야하며 인도(印度)대표는 의장으로 취임할 것이다.

3. 이 선거를 준비하고 실시하는데 있어서 국제감시위원회와 협동하면서 자유스러운 총선거와 직접 관련되는 범위 내의 남북한 간의 정치적 접근조치를 취하기 위하여 대한민국 국회와 북한 당국에서 각각 선출된 대표로서 전한국위원회를 설치한다. 동 위원회에는 남북한의 각종 정치적 경향을 갖인 사회단체 대표들이 포함되어도 무방하다.

4. 전한국위원회는 남북 쌍방의 합의제원칙에 따라서 운영하되 장차 설치될 통일 국회에서 취급될 문제와 또는 선거 실시 전후를 통한 과도기 내에서 자유스러운 총선거 문제와 직접 관련되지 않는 문제로서 마땅히 대한민국 정부와 북한 당국이 관장할 문제에는 개입치 말 것이며, 그의 당면 최대과업은 자유선거가 진정한 민주주의를 보장할 수 있는 〈선거법〉 작성 및 선거자유 분위기 조성에 있어야 한다.

5. 전한국위원회는 그 의제로 상정된 소관사항 중에서 토의결과 합의를 보지 못하는 사항은 국제감시위원회 의장에게 중재를 요청하고 그의 권고대로 처결하여야한다.

6. 전한국위원회에서 합의가[42] 성립된 문제는 대한민국 정부와 북한 당국에서 책임지고 집행하여야 하며, 타면 전한국위원회는 여사(如斯)한 합의사항을 국제감시위원회에 대하여 통고할 의무만을 지닌다.

7. 선거는 관계 당국의 합의 성립 후 6개월 내에 시행한다.

8. 선거의 실시 전, 실시 중 및 실시 후에 있어서 선거의 관리에 관계가 있는 국제감시위 요원은 상태의 감시를 위하여 행동 언론 등의 자유를 갖이며 현지 당국자는 이들 요원에게 가능한 모든 편의를 제공한다.

9. 선거의 실시 전 실시 중 및 실시 후에 있어서 입후보자 선거운동원 및 그들의

---

39) '스웨덴'을 말한다.
40) '폴란드'를 말한다.
41) '체코슬로바키아'를 말한다. 체코슬로바키아는 1992년 체코와 슬로바키아로 분리되었다.
42) '가'로 표기해야 한다. 『죽산 조봉암 전집』 5, 26쪽 참조.

가족은 행동, 언론, 기타 민주국가에서 인정되고 보호되고 있는 인권을 향유한다.

10. 선거는 비례제 원칙과 비밀투표 및 성인의 보통선거의 기초에서 시행한다.

11. 전한국의회는 선거 직후 서울에서 개회한다.

12. 다음의 제(諸) 문제는 특히 전한국의회가 결정할 의제로 한다.

　　(a) 통일한국의 헌법작성에 관한 문제

　　(b) 군대의 해산과 관련된 문제

13. 모든 외국군의 철수는 통일선거가 합의되면 비례원칙에 따라 선거 실시 이전부터 개시하되 UN군의 완전 철수 기한은 통일정부가 수립되고 그 정부가 치안책임을 담당한 연후로 작정되어야 한다.

14. 통일되고 독립된 민주적 한국의 평화를 보장하고 또한 재건에 조력할 강대국을 포함하는 모든 국가들이 평화적 통일의 확실한 진전(進展)을 미리 책임져야한다"라는 내용의 통일방안을 제시받자 동안(同案)을 채택할 것을 말하야 동 연구위원회에 회부 가결키로 지시한 후, 동경(同頃) 이후 동 김기철은 수차로 동 위원회를 개최하고 토의 끝에 동 위원장의 자격으로 동 위원회 통과를 결정짓고, 다시 동당 최고간부회의에서 결정지우기 위하여 동년 11월 하순경 동당 사무실에서 피고인은 동당 부위원장인 피고인 박기출, 동 김달호, 동 김기철, 동 조규희, 동 윤길중 등 최고간부와 회의한 끝에 피고인은 동당 노선에 입각한 평화통일의 구체적 방안으로서는 가장 적합한 것이라는 최종적인 단(斷)을 내리는 일방(一方), 단 이와 같은 안을 발표하면 제3세력 운운하는 항간(巷間)에서 오해받을 우려가 많으니 발표만은 적절한 시기까지 보류하자고 함으로써 동당의 목적하는 실행사항을 협의하야 점차적인 방법에 의한 대한민국의 전복을 기도하면서 현재에 지(至)함.

제2 피고인 박기출은

(1) 1·4후퇴 당시 부산에서 상(相) 피고인 조봉암과 상봉하야 정치노선의 일치로서 친교를 계속하여 오던 중 4288(1955)년 10월 조봉암으로부터 진보당 조직 운동을 전개하고 있으니 협조하라는 내용의 서신 우(又)는 인편의 연락을 수(受)하고 이를 응낙(應諾), 4289(1956)년 3월 시내 종로구(鐘路區) 공평동(公平洞) 소재 종로예식장(鐘路禮式場)에서 개최된 진보당 창당준비위원회에 참가하여 중앙위

원으로 선출되고, 다시 동년 3월 정부통령선거 당시 동당 공천 부통령후보로 출마하야 전국 각 주요도시를 순회하면서 대통령 입후보자인 조봉암과 동조하야 전기(前記) 방안을 내포하는 남북평화통일이라는 구호를 강조하여 오다가, 동년 11월 10일 전기 대한민국을 변란할 목적하에 동당을 조직함과 동시 동당 중앙당 부위원장에 취임하여 간부로서 위치하고

(2) 4290(1957)년 9월 동당 부산시 동구(東區) 을구 당위원장에 피선(被選), 이를 겸임함과 동시에 동당 간부를 동원하여 김재봉(金在奉) 외 약 100명을 표면화한 당원으로 정경학(鄭京學) 외 68명을 비밀당원으로 각각 포섭 입당케 하는 일편 (一片), 4289(1956)년 3월경 동당 사무실 설비조로 일금 30만 환을 위시하여 5 · 15 정부통령선거 비용으로 일금 8백만 환, 4289(1956)년 11월 결당비조 1백만 환, 4290(1957)년 2월 당비조로 30만 환, 4290(1957)년 10월 『중앙정치』 발간 자금으로 70만 환 등 도합 1,030만 환을 당에 제공함으로서 동당의 목적하는 실행사항을 협의 내지 선동하고

(3) 기외(其外) 상(相) 피고인 조봉암 범죄사항 중 (7)을 감행함으로써 협의하고

제3 피고인 김달호는 1 · 4후퇴 당시 부산에서 동 조봉암과 상봉하여 상호 친교를 맺고 오던 중
(1) 4289(1947)년 11월 10일 조봉암과 함께 전기(前記) 진보당을 조직하여 동당 부위원장에 취임함으로서 간부에 위치하고

(2) 4290(1957)년 하절(夏節) 진보당 중앙당 사무실에서 조봉암, 윤길중 외 약 60명의 당원이 회합한 석상에서 대한민국에서는 북한 괴뢰가 먼저 침략해온 것이라고 하는데 여기에 대하여서는 상세한 것은 모를 일이다. 평화적 방법으로 상대방의 동의로 합법형식으로 성사시켜 통일을 하여야 한다는 등등의 교양강의를 함으로서 동당의 목적하는 실행사항을 협의 내지 실천하고

(3) 상(相) 피고인 조봉암 범죄사실 (7)을 감행함으로써 협의하고

제4 피고인 윤길중은

(1) 4288(1955)년 6월경부터 상(相) 피고인 김기철 동 조규희 등과 함께 조봉암의 심복으로서 북한 괴뢰에서 주장하는 평화통일론에 호응하는 평화통일을 주창할 정당을 조봉암을 당수(黨首)로 하여 조직할 것을 획책코, 전기(前記) 동 조봉암 범죄사실 (1)의 전문(前文)과 같이 활동하고 오다가 4289(1956)년 11월 10일 대한민국을 변란할 목적하에 진보당을 조직하고 동 간사장에 취임함으로써 동 결사 간부에 위치하고

(2) 동 조봉암 범죄사실 (3)을 감행함으로써 동 정우갑의 간첩행위를 방조하고 또한 동 (5), (6)을 감행함으로써 동당의 목적사항을 협의 내지 선동, 선전하고

(3) 4290(1957)년 9월초 피고인은 동 김기철을 위원장으로 하고 동 김병휘를 부위원장으로 하고 동 조규희 외 7명과 구성하고 있는 동당 통일문제연구위원회 위원으로 임명되어 동월 10일까지 통일방안을 연구 제출키로 한 후, 동월 10일 동 김기철이가 전기(前記) 동 조봉암 범죄사실 (7) 지시와 여(如)한「북한 당국의 평화공세에 대한 진보당의 선언문(초안)」을 동안(同案)으로 동 위원회에 제출하자 동일(同日)은 차(次) 회의 시까지 그 안을 푸린트하여 각각 배부키로 하여 깊이 검토키로 하자는 정도로 끝이고, 동월 17일 동당 사무실에 동 연구위원 전원이 회합하여 수정론자도 있었으나 대안을 제시하지 않는 한 이 안으로 결정하자는 위원장 김기철의 제안에 의거 결국 동안(同案)을 동 위원회 안으로 가결하되 다시 최고간부회의에 회부하여 최후 결정을 내리자고 결의하고

(4) 기후(其後) 전기 조봉암 범죄사실 (7)과 여(如)히 감행함으로써 동당의 목적사항을 협의함.

제5 동 조규택은

(1) 4288(1956)년 12월 조봉암을 지지하고 동년 12월 23일 가칭 진보당 발기추진위원회에 가입하여 기획상임위원으로 종사하던 중 전기(前記) 진보당 결당과 동시 대한민국을 변란할 목적하에 조직된 결사인 정(情)을 알면서 동당 재정 부

간사로 취임하여 지도적 임무에 종사하고

(2) 동 부간사로서 당 운영경비 조로 매월 1회씩 정기적으로 정부위원장(正副委員長)은 10만 환, 각급 위원장은 1만 환, 부위원장 5천 환, 각 간사는 2천 환, 각 상임위원은 1천 환 이상의 규정에 의거 수납되는 약 60만 환을 당 운영비에 충당함으로써 실행사항을 실천하고

제6 동 조규희는

(1) 조봉암 범죄사실 (1)의 전문(前文)과 여(如)히 활동하여 오다가 대한민국을 변란할 목적으로 진보당을 결당하고 동당 선전간사에 취임함으로써 지도적 임무에 종사하고

(2) 4290(1957)년 3월 시내 시공관(市公館)에서 및 동년 8월 전남대학(全南大學) 강당에서 연설을 개최하여 "우리 당의 정책을 말한다"라는 제목하에 전기(前記) 평화통일을 추상적으로 주장하여 동당의 목적하는 실행사항을 실천하고

(3) 전기 조봉암 범죄사실 (5), (6), (7) 동 윤길중 범죄사실 (3)을 각각 감행함으로써 실행사항을 협의하고

제7 동 신창균은

(1) 4281(1948)년 4월 19일 한독당 연락부장으로 재임 시 동 당원 조소앙(趙素昻), 조완구(趙碗九), 최석봉(崔錫鳳), 엄항섭(嚴恒燮), 조일문(趙一文) 등과 함께 평양에서 개최된 소위 남북협상에 참가코저, 동월 20일경 서울을 출발 여현(礪峴)을 경유, 입북하여 동 협상회의 및 동 김구(金九), 김규식(金奎植), 김일성, 김두봉(金枓奉)으로 구성한 소위 4김 회의에 참가하였다가 동년 5월 5일 남하하였는바, 기후(其後) 조봉암과 친교하여 오다가 4289(1956)년 4월 정부통령선거 당시 조봉암을 대통령으로 당선시킬 목적하에 서상일로부터 3백만 환, 당 수입금 500만 환으로 조봉암의 재정조달 및 경리의 임무에 종사하고, 전기(前記) 조봉암 범죄사실 (1)의 전문(前文)과 여(如)히 활동하다가 동년 11월 10일 진보당이 결당되자 동

당이 대한민국을 변란할 목적으로 조직된 결사인 정(情)을 알면서 동당 재정위원 장에 취임하여 지도적 임무에 종사하고

(2) 기후(其後) 사법경찰국 작성 의견서 기재 범죄사실 중 제7의 (2), (3)을 감행 함으로써 동당의 목적하는 실행사항을 협의 내지 실천하고

제8 동 김기철은

(1) 4279(1946)년 서울에서 원세훈의 주선으로 소위 좌우합작위원회에 가입함 과 동시 민련(民聯) 교도 및 조사부장 민독(民獨) 선전부장 등에 취임 활동하고 오던 중, 4281(1948)년 4월 민독 대표로 소위 남북협상 회의에 참가한 사실이 있 은 후 6·25사변이 발생하자 괴뢰 치하 서울 인민위원회에 민련을 공인단체로 등 록하고 동 연맹 조사부장으로 활약하는 일편(一便), 동 인민위원회 위원장 이승 엽(李承燁)의 지령에 의하여 구성된 군사위원회에 가입하여 동 조사부장으로서 괴뢰군에 대한 원호사업을 하던 중, 1·4후퇴 시 남하하여 부산서 조봉암과 재봉 (再逢), 제1차 대통령선거 시 조봉암의 선거위원으로 종사, 기후(其後) 동인(同人) 의 심복으로서 전기(前記) 조봉암 범죄사실 (1)의 전문(前文)과 여(如)히 활약하는 일방(一方), 5·15정부통령선거 당시 조봉암을 위하야 사재 550만 환을 투입하는 등 열열이 지지하다가 4289(1956)년 11월 10일 전기(前記) 상(相) 피고인 등과 함 께 대한민국을 변란할 목적으로 진보당을 결당함과 동시 동당 중앙당통제위원회 부위원장에 취임하고, 기후(其後) 동당 경기도당 위원장 4290(1957)년 9월 통일문 제연구위원회 위원장으로 각 취임하야 간부의 위치에 재(在)하고

(2) 기외(其外) 윤길중 범죄사실 (3) 조봉암 범죄사실 (5), (6), (7) 사법경찰국 작성 의견서 기재 범죄사실 제8의 사실을 각 감행함으로써 동당의 목적하는 실행 사항을 협의 선동, 선전하고

제9 동 김병휘는

(1) 조봉암 범죄사실 (1)의 전문(前文)과 여(如)히 활동하고 오다가 전기(前記) 동당이 결당되자 대한민국을 변란할 목적으로 조직된 결사인 정(情)을 알면서 결

당과 동시 동당 교양간사에 취임 4290(1957)년 9월 통일문제연구위원회 위원 『중앙정치』 편집위원회 위원 등을 겸임하여 지도적 임무에 종사하고

(2) 4290(1957)년 9월 조봉암으로부터 잡지사 판권 구입의 의뢰를 받고 동경(同頃) 김석봉(金夕峯)으로부터 『중앙정치』 판권을 금 18만 환에 이양받은 후 조봉암에게 인계하고, 동인(同人)의 지시에 따라 명목상 동 편집사무를 담당하고 오다가 동 조봉암 범죄사실 (6)과 여(如)히 활동함으로써 동당의 목적사항을 실천하고

(3) 기외(其外) 조봉암 범죄사실 (7)을 감행하고

제10 피고인 이동화는

(1) 4288(1955)년 11월 서상일이가 조봉암과 함께 진보당 창당준비위원회를 발족하게 되자 그에 참가하여 동당 추진에 노력하고 오딘 중, 동 4289(1956)년 3월경 동당 강령 초안 작성의 의촉(依囑)을 조봉암, 윤길중으로부터 받자 전기(前記) 방안을 골자로 하는 평화통일을 토대로 하는 강령 전문(前文)을 작성한 후 전기 동당 결당과 동시 채택케 함으로써 전기(前記) 피고인 등과 공모하여 대한민국을 변란할 목적하에 진보당을 결당케 하고

(2) 4289(1956)년 7월 10일자로 피고인이 소장으로 있는 국내외문제연구소(國內外問題研究所)[43]가 〈등록법〉 제55호 위반으로 취소되었는데도 불구하고 계속 동 단체를 유지하면서 정치경제 방면의 연구를 한다는 구실하에 학생 기타 수십 명이 출입하게 되자 피고인은 북한 괴집이 그 선전과업으로서 발행한 『김일성선집(金日成選集)』 1권, 2권, 3권, 보권(補卷), 김일성 저 『조국의 통일독립과 민주화를 위하여』라는 책자를 동소(同所) 서붕(書棚)에 나열 독서케 함으로써 동 괴집의 목적하는 실행사항을 의식적으로 선전하고

---

43) '한국내외문제연구소(韓國內外問題研究所)'의 오기이다.

(3) 4285(1952)년 5월경부터 4289(1956)년 12월 초까지의 간(間) 전후 8회에 긍(亘)하여 피고의 경북대학 교수 시의 제자인 대구시 삼덕동(三德洞) 140번지 거주 이상두(李相斗)로부터 온 서신을 수(受)하고, 그 내용에 있어 "현 사회제도를 변혁하고 사회민주주의를 수립하자. 억압자의 해골 위에서만이 인민의 자유는 구축(驅逐)[44]되고 억압자의 피만이 인민의 자치를 위한 토지를 비옥케 한다. 푸로혁명기[45]에는 이론을 캐는 것보다는 실천운동에 참가해야 한다" 등으로서 동 이상두를 선동하야 대한민국 변란을 목적으로 하는 북한 괴집의 목적사항을 협의 선동하였음.

[출전 : 13권 10~78쪽]

---

[44] '구축(構築)'의 오기이다.

[45] '프롤레타리아 혁명기'를 말한다.

서울형무소 재감

재항고인—윤길중, 조봉암, 박기출, 김달호, 조규희, 조규택, 김기철, 신창균

우자(右者) 등에 대한 〈국가보안법〉 위반 피의사건에 관하여 4291(1958)년 1월 31일 제기한 구속 적부 심사 항고 사건은 동년 2월 12일 서울고등법원에서 기각 된 바, 좌기(左記)와 여(如)한 이유로 재항고하나이다.

재항고 이유

본건 기각 이유를 보면 "항고가 설령 그 이유가 있다고 하더라도 오늘날에 이르러서는 원심 결정을 취소한들 하등 그 실익(實益)이 없게 되었음으로 그 주장에 대한 판단을 할 것도 없이 본건 항고는 그 이유 없다" 운운한바, 이는 법률을 그릇 해석한 위법이 있는 것이다.

〈형사소송법〉 제201조 제4항의 구속 적법 여부 심사 규정은 본래 영국의 〈인신보호법(人身保護法)〉에 유래한 것으로, 우리 〈헌법〉 제9조[46] 3항에 의하여 국민의 기본권으로 명시되어 있는바, 이는 형사 절차에 있어서 국가사법권의 전단(專斷)으로부터 개인의 인신을 보호하자는 것으로 유독 수사기관의 인신 구속 행위만이 그 대상이 아니라는 것은 구속영장 발부권자(구속권자)가 판사라는 점에

---

[46] 〈헌법〉 제3호, 1954. 11. 29, 일부개정 제9조의 내용은 다음과 같다. "모든 국민은 신체의 자유를 가진다. 법률에 의하지 아니하고는 체포, 구금, 수색, 심문, 처벌과 강제노역을 받지 아니한다. 체포, 구금, 수색에는 법관의 영장이 있어야 한다. 단, 범죄의 현행 범인의 도피 또는 증거인멸의 염려가 있을 때에는 수사기관은 법률의 정하는 바에 의하여 사후에 영장의 교부를 청구할 수 있다. 누구든지 체포, 구금을 받은 때에는 즉시 변호인의 조력을 받을 권리와 그 당부의 심사를 법원에 청구할 권리가 보장된다."

서도 명백한 것이다.

따라서 피의자로서 심사를 신청한 이상 그 사건이 어디 가 있던 간에(피고인이 된 후도) 그 구속 적부 심사 신청은 유효한 것이며, 이에 대한 석방 결정은 검사가 공소를 제기하였다는 이유만으로 영향이 있거나 실효(失效)가 되는 것은 아니다.

이와 같이 인신의 구속 행위와 사건[본안(本案)]과를 엄연히 분리하여 생각하여야 하는 이유는, 사건이 발생하였다고 반드시 인신이 구속되어야 하는 것은 아니고 인신 구속은 〈형사소송법〉 제70조의 제한을 받아야 한다는 점과, 인신 구속은 구속 당시의 피의사실을 표준으로 하나 사건 자체는 새로운 각도로 진전될 가능성이 있어 인신 구속과 정비례 될 수 없다는 것이다.

그러므로 엄격히 말하여 인신 구속 당시의 공갈 혐의가 내종(乃終)에 횡령 혐의로 변하는 경우 공갈로 발부된 영장은 유지될 수 없으며 인신은 석방되어야 한다는 것이다.

이와 같이 구속 적부 심사는 영장 발부 시를 기준으로 하여야 한다는 법률의 규정은 이 제도 자체가 피구속자의 인권을 위하여 존재하는 데 있으며 그러므로 석방 결정에는 항고가 허용되지 않았으나 기각 결정에는 항고할 수 있게 되어 있는 것이다.

혹은 법원에 공소가 제기된 이상 구속의 취소(〈형소법〉 제93조)나 보석(保釋) (동 94조) 또는 구속의 집행정지(동 101조) 제도를 활용하면 될 것이라는 이론도 있을 수 있는 것이나, 이와 같은 것은 구속 적부 심사 제도와 근본적으로 그 본질을 달리하고 있는 것으로 구속의 취소는 영장 발부 당시에는 구속의 사유가 있었으나 후에 그 사유가 소멸된 경우이고, 보석은 구속의 합법성을 인정한 후의 구속 해제제도이며 구속의 집행정지는 법원의 직권으로만 할 수 있는 일종의 책부(責付)임으로 최초의 영장 발부 행위 자체의 적법 여부를 논하는 적부 심사와는 다르다는 것을 알 수 있다.

그러므로 원심 법원의 본건 항고 기각 결정은 그 이유가 없는바, 차(此)를 취소하고 적부 심사 신청서에 의거하여 갱(更)히 심리하여 주심을 바라는 바입니다.

4291(1958)년 2월 17일

우(右) 변호인 변호사 김춘봉

대법원 귀중

[출전 : 16권 273~275쪽]

김달호

형사 제3부 재판장

유병진 귀하

진정서

국사다난지추(國事多難之秋)에 존당(尊堂)의 건투를 앙원(仰願)하나이다.

제1 본인은 금반(今般) 진보당이 평화통일안이 대한민국의 변란을 도모하였다는 이유로 구속되어 방금 공판을 대기 중에 있는바, 본인 부덕의 소치로 차(此) 건에 연좌(連座)하여 국민에게 의혹을 느끼게 함을 깊이 사과합니다.

본인은 해방 후 찬탁, 좌우합작, 남북협상 등등 국내외 사정 혼란 시에도 일호(一毫)의 과오를 범한 일이 없으며, 하물며 공산도배(共産徒輩)들에게 동조한 일이 전무했습니다. 본인이 4287(1954)년도 제3대 민의원 의원 입후보 시 선거구민에게 공약한 것은, 평화통일 · 의회내각제(책임정치) · 혁신정치의 구현 등 3자(者)이었고 당선된 후 이 선(線)에 따라서 노력하였습니다.

4289(1956)년 추절(秋節)부터 진보당 구성이 태동되었을 때

① 책임 있는 혁신정치의 실현

② 수탈성 배제 지향의 계획경제

③ 반공 · 민주적 평화통일의 정책이 본인의 선거 공약과 합치함으로서 동당에 가입하고 부위원장에 피선(被選)되었던 것입니다.

제2 본인의 지론인 반공 평화통일론의 성격과 구조를 요약하면

(1) 북한 괴집은 남침통일에 실패하자 최근에 와서 위장 평화선전으로 전(全) 한국의 공산화를 도모하고 있음에 반하여, 본인은 인민의 인민에 의한 인민의 이익을 위하는 민주정치에 있어서, 우리 국민은 물론이거니와 이북(以北) 소수 괴뢰 독재하에 신음하는 피해수난 대중이 공산독재를 반대하고 민주적 자유를 갈망하고 있다는 현저한 사실을 전제로 해서, 〈헌법〉 제4조에 영상(領上)[47]으로 규정된 북한 전역을 정치적으로 민주화하자는데 목적이 있고

(2) 그 방식에 있어 괴집은 민족자결이란 미명하에 남북 직접협상의 통일 및 UN을 무시한 중립국 감시하의 선거 관리를 선동하는 데 반하여, 본인은 우리 헌법정신 내지 절차에 따라서 UN이 한국을 합법적 유일한 정부로 결의한 주체성을 견지하며, UN 감시하에 남북통일 자유 총선거를 주장했으며 (아국(我國) 양(梁) 대사[48]의 발언 내용 및 UN 결의와 동일)

(가) 그 선거는 괴집이 일당전제하에 공산당이 추천하는 자에 한하여 그 가부(可否)를 흑백함(黑白函)에 투표하는 식이 아니라, 인구비례에 의한 보통 평등 직접 비밀 투표로 하는 민주선거를 운위함이요.

(나) UN 감시하에 남북총선거를 한다고 하면 남한은 기(旣)히 여사(如斯)한 민주선거를 실시하고 있음으로 우리 헌법 절차에 따라 충분하고, 북한만은 공산당 독재하의 선거를 폐기하고 민주선거를 해야 하며

(다) 여사(如斯)한 남북총선거를 위해서는 우리 헌법의 개정이 필요할 경우도 예견할 것이며

(라) 총선거 결과 소집된 국회에서 우리 헌법의 수정이 가능하다는 결론인바, 여사(如斯)한 방안은 변(卞) 장관[49]이 아국(我國) 정부를 대표하여 1954년 수부회담(壽府會談)에서의 제안과 비등(比等)할지며

(마) 협상론에 대하여는 그것이 괴집을 합법화시키는 일방(一方), 가사(假使)

---

47) '영토(嶺土)'의 오기로 보인다.
48) 제2대 주미한국대사 양유찬(梁裕燦, 1897~1975)을 가리킨다.
49) 제3대 외무장관(1951~1955)을 역임한 변영태(卞榮泰, 1892~1969)를 가리킨다.

남북이 협상했다 할지라도 우리나라는 UN이 건립한 것임으로 UN의 제약을 받아 UN에서 거부하면 무효임으로, 비합법적이고 환상적이라는 점을 기회 있을 때마다 강조했습니다.

(3) 평화통일을 주장하는 자격 내지 주체성에 대하여 괴집은 과거 6·25남침이라는 역사적 범행사실로 인하여 평화 주장의 자격과 권한이 없고, 우리나라만이 평화 주장의 권리와 주도권이 확인되어야 한다고 주장했습니다. 우리나라는 UN이 건립한 나라요 그 후견(後見) 고문(顧問) 조언에 따라야 합니다. UN은 매회 평화적 통일 자유선거를 결의한 바 있습니다.

연(然)이나 항상 공산진영 및 괴집이 위장 평화공세의 선수를 써서 세계 여론을 현혹시키고 있는 차제(此際), 아국(我國)만이 북진통일을 주장하여 세계 여론에 고립될 것이 아니라 우리나라도 UN 결의에 따르는 평화적 통일로 국론을 귀일(歸一)하여, 민주우방 국가와 발맞추어서 공산진영의 위장 평화공세를 폭로하는 한편 평화적 압력을 가하고 통일시기를 촉진시켜야 할 것입니다.

(4) 북진통일은 한미방위조약[50](국내법과 동일 효과)에 의하여 금지되어 있습니다. 평화통일론과 국방문제를 혼동하는 감이 있으나 괴집이 휴전협정을 위반하여 군비를 확장하고, 하시(何時) 남침할지 모르는 현 정세임으로 국방력의 강화가 절대 필요하나 이것은 북진을 위함이 아니요 방어를 위해야 하는 것입니다.

상술(上述)과 같은 지론은 본인이 기회 있을 때마다 국회(26회 정기국회 속기록 36호 16면~18면 참조), 또 4290(1957)년 하절(夏節) 진보당 교양강좌 시 4290(1957)년 추절(秋節) 진보당 전북도당 및 경북도당 결당 시, 동년 11월 10일 동당 결당 1주년 기념식 상에서의 연설에서나 4개 정당 정책 토론 좌담회에서의 발언(월간지 『현대』 제2권 제1호 42면~51면 참조), 기타 신문(『영남일보(嶺南日報)』) 잡지를

---

50) 한미상호방위조약을 가리킨다. 정식 명칭은 '대한민국과 미합중국간의 상호방위조약'이며, 영어명은 'Mutual Defense Treaty Between the United States and the Republic of Korea'이다. 6·25전쟁의 정전협정 체결 직후인 1953년 10월 1일 한국의 변영태 외무장관과 미국의 덜레스(John Foster Dulles) 국무장관 사이에 정식 조인되었으며 1954년 11월 18일 발효되었다.

통하여 수차에 긍(亙)하여 본인이 포지(抱持)한 평화통일론을 해설한 바 있었습니다. 또 기회 있을 때마다 약[51] 환상적 비합법적 협상론 배척 및 UN을 무시한 중립국 감시의 선거를 배격한 바가 있었습니다.

제3 본인에 대하여 검사가 기소한 공소사실은 아래와 같습니다.

(1) 조봉암은 4289(1956)년 6월경 대남간첩 박정호와 밀회하고 이북 김약수에게 밀사를 파견하여 북노당(北勞黨)에서 괴집이 목적하는 평화통일을 강조하라는 지령을 수(受)하고, 4289(1956)년 11월 10일 진보당을 조직하였다는 혐의에 입각해서, 본인이 동당 부위원장으로 선임된 것을 간부에 취임한 행위라 해서 〈국가보안법〉 제1조 제1호에 해당한다.

(2) (가) 4290(1957)년 하절(夏節) 진보당 사무실에서 약 60명 당원 회합 석상에서 본인이 대한민국에서는 북한 괴집이 먼저 침략해온 것이라고 하는데 여기에 대하여서는 상세한 것은 모를 일이다.

(나) 평화 방법으로 상대방의 동의로 합법 형식으로 성립시켜 통일하여야 한다 등등의 교양강의를 함으로써 그 행위는 〈국가보안법〉 제3조에 해당한다.

(3) (가) 진보당 통일문제연구위원회 위원장 김기철이가 4290(1957)년 9월 ○일 UN 동의하의 중립국 감시 밑에 남북대표로 전한국위원단을 조직하여 남북총선거를 해야 한다는 등, 통일방안을 동 연구회에서 수차 토의 끝에 김기철이 위원장 자격으로 위원회 통과로 결정짓고

(나) 간부회합 좌석에서 같이 협의한 것임으로 그 행위는 〈국가보안법〉 제3조에 해당한다고 평가되어 있습니다.

제4 공소사실을 검토하건데

(1) 전술(前述) 제3의 (1) 공소사실에 대하여

(가) 조봉암 씨가 간첩 박정호와 밀회하고 괴집 지령에 의하여 괴집 평화통일

---

[51] 삭제해야 문맥이 통한다.

을 강조하기 위하여 진보당을 조직했다는 혐의를 받고 있는바, 만약 그것이 사실이라면 가공무비(可恐無比)이며 앞으로 확고한 증거에 의하여 엄정한 심판에서 그 사실 여부가 판명될 것으로되, 공인된 정당이며 또 그 위원장이 여사(如斯)한 혐의를 받을만한 증거가 있다면 정치사상 최대의 오점이 될 것입니다.

(나) 다만, 본인은 전술(前述)한 바와 같이 4287(1954)년도 민의원 의원 입후보 시에 선거구민에게 공약한 선(線)에 따라 실천할 수 있는 정당으로서 간주하고 입당하여, 4290(1957)년 11월 10일 서울시공관 결당대회에서 천여 명 대의원, 내외 귀빈, 각 정당대표, 방청인, 임석(臨席) 경관(警官) 등 다수 참석하에 질서 정연히 결당되고 그 후 공보실에서 엄중한 심사를 종료한 후 정당으로서 등록되어, 이래 1년 유여(有餘)간 시도당 조직 및 정당활동을 합법적으로 계속하였는데, 본인이 전술(前述) (가)와 여(如)한 사실은 몽상(夢想)도 못하고 동당 부위원장에 취임했다고 해서 형책(刑責)을 받을 수는 없는 것입니다.

마치 과거 민국당(民國黨) 최고위원이었던 고(故) 해공(海公)[52] 선생이 뉴데리[53]에서 조소앙과 상봉하여 협상으로 인한 통일을 논의했다는 논란[54]이 있었는데, 이것이 사실이라고 가정할 경우에 있어 당시 민국당 간부는 자기가 부지(不知)인 사실로 인하여 〈국가보안법〉 위반이라는 형책을 받을 리가 만무한 것입니다. 환언(換言)하면 구성원 중 간부 1~2명이 불순한 동기행위로 발당(發黨)하였다 가정할지라도, 여사(如斯)한 동기행위를 부지(不知)하는 당원 전체가 형책을 질 수 없고 당 자체가 불법화될 수는 없는 것입니다.

---

[52] 신익희(申翼熙, 1894~1956)를 말한다. 대한민국 임시정부 외무부 차장, 미군정청 남조선과도입법의원 의장 겸 상임위원장, 대한민국 민의원 의장 등을 지냈다.

[53] 인도의 수도 '뉴델리'를 말한다.

[54] 이른바 '뉴델리 밀회사건'을 말한다. 1954년 10월 26일, 민주국민당의 선전부장 함상훈(咸尙勳)과 신익희가 1953년 7월 26일 인도 뉴델리에서 6·25전쟁 당시 납북당한 조소앙(趙素昻)을 비밀리에 만났다는 내용의 성명서를 발표한 후 이어진 일련의 사건이다.

(2) 전술(前述) 제3의 2 공소사실에 대하여

본인이 구속된 후 본인 가택을 수색하여 교양강좌 시에 작성되었다는 속기록을 압수하였는데, 금반(今般) 경찰 조사 시에 차(此)를 제시함으로 본즉 표지에 "누락(漏落) 가필(加筆)된 부정확한 속기록인 고로 폐기처분에 부(附)한다"라고 본인 자필로 부기(附記)되어 있는 것인바 그 중의 기재(記載)를 재검토하여 보아도

(가) 괴집에서는 6·25사변을 자기들이 남침한 것이 아니라고 하나 괴뢰의 남침이 확실하다고 기재되어 있는지라, 이점에 관한 공소장 기재는 속기록의 오독(誤讀)에 기인한 것 같이 추측됩니다. 여기에 남침 운운의 말은 전술(前述)한 바와 여(如)히 평화통일을 주장하는 자격 권한을 논함에 있어 괴뢰는 남침했으니 평화를 주장할 자격이 없고, 한국만이 차(此)를 주장할 진정한 자격이 있다는 것을 부연하는 서두사(序頭辭)로 사용했을 뿐입니다.

(나) 다음 속기록에 "통일방법으로는 상대방의 동의를 합법적으로 성립시켜야 한다" 구절에 있어서는, 영국 역사학자 토인비 교수의 "2차내전 후 국토가 양단(兩斷)된 독일, 한국, 월남 등은 원수폭(原水爆) 시대의 현 단계에서 무력통일은 불가능하고 평화적 통일을 해야 하는바, 이에는 상대방의 동의가 필요하다"는 논(論)을 이용한 것이며, 여기에 상대방이라 함은 어느 개인이나 사회단체나 괴뢰집단을 말하는 것이 아니고, 또한 "동의를 합법적으로 성립시킨다"함은 UN으로부터 승인을 받는 국가라고 한정되어야 국제법상 합법적인 것임으로, 즉 대한민국은 UN에 대하여 상대방이고 소련도 UN에 대하여 상대방의 입장에 서는 것으로 해석되는 것입니다. 여사(如斯)한 본인의 연설 내용은 치안국에 보고된 바 있어 종전에 이의가 없었습니다. 또 여사(如斯)한 본인 평소의 견해는 금반(今般) 구속된 후 경찰 신문(訊問), 검찰 신문, 법원 적부심사 시에 일관하여 진술 기재된바 있습니다. 이상 진의를 오해하고 공소사실에 "상대방의 동의란 것을 마치 괴집으로 상정하고 남북협상이 아닌가 하는 의심으로 기소한 것 같으나 차(此)는 전술(前述)한 바와 여(如)히, 본인의 수십 차에 긍(亘)한 공석(公席) 상에서의 연설 또는 좌담에서 누차 협상론을 환상적 비합법적이라고 배격한 것을 상기할 때 보안법 제3조의 협의 내지 실천과는 거리가 먼 것

입니다.

(3) 전술(前述) 제3의 (3) 공소사실에 대하여

(가) "UN 동의하에 중립국 감시로서 남북대표로 구성되는 전한국위원단으로 남북총선거를 시행하자"는 김기철 군의 통일방안이 진보당 통일연구위원회에서 수차 토의하고, 동 연구위원회 위원장 자격으로 통과 가결하였다 하나 본인은 동(洞)[55] 연구위원회의 위원이 아닙니다. 여기서 여하(如何)한 안을 토의했는지 전연 부지(不知)였습니다.

(나) 김기철 군의 통일방안을 간부회합 석상에서 부의(附議)하야 본인도 같이 협의했다고 하나 여사(如斯)한 토의에 참석한 사실이 전무합니다. 본인이 구속된 후 거(去) 1월 15일 서울시경 사찰과 분실에서 김기철 군의 소위 통일방안이란 유인물을 제시받고, 최초로 일별(一瞥)하고 그 결론만 들었으나 경찰에서는 엄중한 조사 끝에 본인이 무관하다고 확인되어 검찰청 송청(送廳) 시의 경찰 의견서에도 제외되었던 것입니다. 또 본인은 매일 국회에 출석하는데 진보당 각종 회의는 대개 오전 10시 또는 11시경 시작됨으로 본인이 불참할 때가 태반이었으며, 결당 이후 동당 공식회의에 참석한 것은 불과 기회(幾回)의 정도이었으며, 전술(前述) 김기철 군의 통일방안이라는 것은 전연 문견(聞見)한 바가 없었던 것입니다.

금반(今般) 송달된 공소장 기재의 김기철 군의 통일방안 즉 「북한 당국의 평화공세에 대한 진보당의 선언문 초안」의 내용을 열독(熱讀)하니 'UN 동의'라고 했지만, 그 내용이 1954년 수부회담에서 괴집이 제안한 내용과 흡사하여, 환상적 비합법적 남북대표로 구성하는 전국위원단 또는 북한에서 휴전 감시 임무를 수행하지 못한 서서(瑞西), 서전(瑞典)과 남한에서 전 국민으로부터 축출 공격을 당한 적성(敵性) 파란(波蘭), 첵코 등등을 중립국 감시단으로 하는 것은 언어도단입니다.

만일 여사(如斯)한 통일방안을 간부회의에 정식 부의(附議)한 사실이 있었는데도 불구하고 본인을 불참케 했다면, 그 원인은 동안(同案)이 본인의

---

55) '동(同)'의 오기이다.

정면 반대에 봉착할 것을 우려한 나머지라고 생각합니다. 또 작년 『중앙정치』 10월호에 게재한 조봉암 씨의 논문도 본인이 후에 일독(一讀)하고 조 씨에 대하여 "왜 대한민국 헌법정신하 또는 절차하에 총선거한다는 문구를 넣지 않았느냐 오해를 받기 쉽다"는 의견을 진술한 바 있음으로 본인의 견해와는 차이가 있습니다.

(4) 〈국가보안법〉 제3조 소정(所定)의 '협의 내지 실천'이라고 하는 것은 판검사가 피의자 혹은 피고인인 공산당원과 각 그 입장에서 문답하는 것이나, 국회에서 가령 공산당원 국회의원이 발언하고 타(他) 의원이 반대 발언을 했다거나 협상론자 반(反)협상론자의 토론이나 미소(美蘇)의 토론 등등은 보안법 소정의 '협의 내지 실천'이 구성될 수 없으며, 다만 국가를 변란하려는 공동 목적 의도하에 행하여지는 '협의 내지 실천'이 있어야 해(該) 법조(法條)에 해당되는 것임으로 본인은 여사(如斯)한 사실 자체가 개무(皆無)합니다.

제5 진보당 이탈의 의사 표명

본인이 집필 혹은 발언한 통일론의 성격과 구조가 우(右) 김기철 군 등을 위시한 주류 멤버들의 그것과 적지 않은 차이가 있다는 것이, 처음으로 금반(今般) 소위 김기철 군의 통일방안을 보고 이제야 판명 각지(覺知)되었으며, 그 합목적성, 타당성 급(及) 그 합법성 등의 관점에서 검토할 때에 중요한 정치문제로 감안하고, 피차 이 점에 관한 견해의 상위(相違)를 결국 통일 완수에 관한 한국의 자율성과 UN의 타율성의 역관계(力關係)에 대한 예견차(豫見差), 한국의 주체성 내지 제약성과 그 피약성(被約性)에 대한 견해차 또는, 민족 운명의 자기 결정에 관한 객관적 가능성에 대한 관측차(觀測差) 등에 귀착되는 것으로 추단(推斷)되는 바, 차(此)에 대한 비판의 상세는 고사하고 작년 말 본인 등이 주동이 되어 통일방안은 초당파적 전(全) 국가 민족적 문제이니 자유당과 민주당과 협의하여 결정하자는 결의가 당 간부회의에서 통과되어, 실제로 본인이 자유당과 민주당 간부에게 상의한 바가 있는데도 불구하고 본인의 정치적 입장을 무시하고, 김기철 군은 정부와 국회의 동의를 망각하고 세상에 물의를 일으킨 것은 심히 유감일 뿐 아니라, 남북협상 식의 통일방안을 토의한 그 자체만이라도 국민들로 하여금 진보당이 괴집의 위장 평화공세에 일맥상통한다는 의구심을 부식(扶植)하고, 또한 6·25 공산학정을 체험한 우리 국민의 기대와 북한 소수 독재하에 신음하는 피해대중들의 "자유 아니면 죽음을 달라"라는 호소와 기대를 위배하는 결과를 초래하게 되었습니다.

고로 이제 본인이 할 수 있는 가능한 결별로서 금후(今後) 피차 정치적으로 분리되어 각자의 자유와 책임의 소재를 명료하게 함이 현 단계에서 정당한 정치행위로 인식하여 진보당에서 이탈할 것을 결정하고, 자(玆)에 이당(離黨)의 뜻을 표명하는 바입니다.

공사다망 중 외람히 서상(敍上) 입장과 의식(意識) 관점을 석명(釋明)하여 진정하오니 본인의 진의를 양찰(諒察)하시고 선처하여 주시옵기 앙원(仰願)하나이다.

4291(1958)년 2월 19일
서울형무소 재감
김달호

본 진정서는 김달호가 작성한 초안을 차하(差下)해서 그 내용을 골자로 하며 변호인 김봉환으로부터 제서(濟書) 차입(差入)된 진정서이며 우(右) 구절은 본인의 구절이 상위(相違) 없음을 증명함.

서울형무소 간수부장   박상철
민의원 의장   이기붕(李起鵬)
법무부장관   홍진기(洪璡基)
검찰총장   정순석(鄭順錫)
서울지방법원장   박한경(朴漢璟)
형사 제3부 재판장   유병진
담당 부장검사   조인구
귀하

4291(1958)년 2월 28일
서울형무소 구치함(拘置檻) 261번
최희규
서울지방검찰청
조인구 검사 귀하

진보당 탈당 성명서

본인은 사사오입 개헌파동 이후의 정계에 충격을 받고 진보당에 입당하여 당무부장으로 선임되어 금일에 이르던 중, 작년 9월경 결당 당시부터 당내에 설치되어 있는 통일문제연구위원회의 총 개편과 아울러 동 위원회의 위원의 일인으로 선임된 사실이 있는바, 그 후 동 위원회 위원장인 김기철 씨가 통일방안에 관한 자기의 사안(私案)을 작성, 제출하고 토의하자는 제안이 있었는데 그 당시 본인은 김기철 씨의 제안에 대하여, 첫째는 구체적인 통일방안이란 것은 초당파적이어야 하기 때문에 우리 당이 단독으로 책정할 수 없는 것이며 앞으로 국가적 요청에 따라 국책(國策)에 부응하여 연구해볼 것이지 지금 우리가 단독으로 책정할 수 없는 것이며, 둘째로는 민주주의의 절대적 승리(자유진영과 대한민국 주권을 말함)를 보장하는 통일을 UN을 통하여 평화적인 방법에 의하여 기도하는 동시, 6·25남침을 한 북한 괴뢰집단의 죄악에 대하여 책임을 추궁할 것을 전제로 해야 한다는 본인의 견해와는 배치되는 것이므로 김기철 씨의 사안(私案)에 반대하였고, 그 당일 동 위원회 위원이며 서울특별시당 간사장인 안경득 씨와 대담 중 김기철 씨가 저런 통일문제에 관한 방안을 고집하면 당이 깨지고 말 것이라는 소감을 피력한 사실도 있거니와, 종교를 신봉하며 동양적인 민족주의 사상을 견지하고 다른 정치나 사상에 대하여 연구나 참견조차 해본 경험이 없는 본인에게는 이념적으로도 불합리하며 창당 당시 본인 본래의 기대와는 많은 차이가 있음을 발견하여 탈당을 결의하고 자(玆)에 성명(聲明)하는 바입니다.

혼란한 사회상에 자극을 받아 청년 혈기로 뛰어들었던 처녀정당 생활이 본인의 영민치 못한 탓으로 인하여 실패에 돌아갔음을 인책(引責), 자탄(自嘆)하면서 평소에 저를 아끼고 지지하여 주시던 여러 선배와 동지 앞에 가능한 한, 시종(始終)을 해명(解明)히 하고 책임을 다하려는 심정에서 삼가 차의(此意)를 고하나이다.

4291(1958)년 2월 28일
최희규

우(右) 본인의 무인(拇印)임을 증명함.
입회(立會) 간수 주선욱(朱善郁)

[출전 : 14권 61~63쪽]

서울형무소 재감인(在監人)
2793번 안경득

　실은 이 뜻을 조(趙) 부장(部長) 선생님을 뵈옵고 자세히 말씀드리고자 원하였
으나 기간 10여 일 동안 기회를 얻지 못하여 지금 부득이 서면으로서 아뢰오니
하량(下諒)[56]하옵시고, 금후라도 뵈올 수 있은 시간을 주옵시기를 앙망(仰望)하
옵나이다.

　一. 본인은 해방 후 학생 · 청년의 일원으로서 반공 제1선에서 투쟁하였음은 자
타가 함께 인정하는 바입니다. 근 10년간 반공 제1선에서 싸우던 본인은 일보전
진하여 나의 인생관을 형성한 기독교 정신에서 만민평등한 발전을 이루며, 생활
흥미(生活興味)를 공동적으로 할 수 있는 대한(大韓)의 민주사회를 건설하는 포
부를 정계에서 실현코자 하여 정계에 시선(視線)을 기울였던 것입니다. 마침 당
시에 기성세력 아닌 신당이 출현한다고 하기에 큰 기회라 생각하고 가담한 것이
즉, 진보당 결당에 가담하였던 것이었습니다. 그러나 결당 후 시간이 가는 동안
나는 진보당에서 나의 포부를 실현하기에는 어려운 여러 가지를 느꼈으나, 소위
정치인이라고 자칭하면서 진퇴에 대의명분 없이 처신한다 함은 부당하다고 느꼈
던 고로 나는 한때 고민하였던 것입니다. 그러나 드디어 작년 10월경 당을 떠날
것을 결심하고 기회를 얻기에 노력하였던 것입니다. [이에는 서대문경찰서 사찰
분실장(査察分室長) 이수근(李壽根) 주임과 시내 시청 앞 흥천교회(興天敎會) 목
사 명신익(明信翊) 목사님께서 충분한 증인이 되리라고 믿습니다.] 그 구체적인
사실은 뵈옵고 말씀드리고 싶은 것입니다.

---

[56] 주로 편지글에서, 윗사람이 아랫사람의 심정을 살피어 알아줌을 높여 이르는 말이다.

一. 김기철 씨의 통일방안 프린트를 받고 본인은 전일(前日) 진술한 바같이 (병으로) 부득이한 사정으로 회의에 참석하지 못하였던 것은 다 아는 사실입니다. 참석하지 못한 제가 찬의(贊意)를 표명했다 함은 있을 수 없는 것이며 사실상 기후(其後) 그것이 (회의에서) 의논되었다 함도 모르고 있었던 것입니다. 본인이 참석하였다거나 찬동하였다고 주장하는 동지(同志)가 있다 하니 세상과 인생의 허무를 느끼고 신(神)의 지시를 기다릴 뿐입니다. 선생님께 거듭 고백합니다. 더욱이 제 과거 자라난 성분으로나 투쟁한 역사로나 가지고 있은 나의 현재의 인생관으로 볼 때 그 안을 찬동하였다 함은 상상조차 할 수 없는 일이라고 자부하면서 진정(陳情)하는 바입니다.

一. 또 경찰의 조서에는 나의 견해나 진술과는 상반되는 사실이 적지 않으나 그것조차 선생님께 말씀드릴 기회를 얻지 못하고 보니 나의 가슴은 찢어지는 듯한 감(感)을 금할 수가 없습니다.

一. 다시 기회가 있을 것 같지 않아서 나의 정치적 태도의 중요한 결정을 한 나의 뜻을 아뢰옵니다.

나는 진보당에서 나의 포부를 실현하기 어려움을 느끼는 동시에 더욱이 금반(今般)에 상대로 할 수 없는 북한 괴뢰를 상대로 하여 대한민국이 승리하기 어려우리라고 믿느끼는[57] 통일방안이 당내에서 논의되었다 함을 들을 때, 이 이상 더 머물러있을 수 없는 고로 이를 반대하면서 진보당을 탈당하는 바입니다.

4291(1958)년 3월 7일
우(右) 안경득
우(右) 본인의 무인(拇印)임을 증명함. 간수(看守) 김영진(金永鎭)

조 부장검사 귀하

[출전 : 14권 58~60쪽]

---

[57] 문맥상 '느끼는' 정도의 의미로 보인다.

박기출
서울지방법원
형사부 판사 좌하(座下)

진정서

국가 재건에 1초가 귀중하고 공사(公私) 간 다방면으로 분망하시는 때에 불초(不肖) 박기출이 소위 정당인의 입장에서 쇄신(碎身), 보국(報國)의 의무를 다하시 못하고 오히려 불민(不敏)과 부덕(不德)의 탓으로서 판사님의 심노(心勞)를 괴롭히게 한 것을 백반(百般) 사죄하오며 본인이 관련된 피의사실에 대하여 그 진상과 본인의 소회(所懷)를 진정함으로서 판사님의 이해와 동정을 복망(伏望)하는 바이올시다.

1. 본인은 직업이 의사이며 불교신도인 관계와 또 가진 바 성격의 탓으로 항상 인도적 생각에서 생활하여 왔나이다. 고로 인간의 존엄성을 무시하는 공산주의를 증오하고 대한민국의 민주적 발전을 위하여 노력하여 왔나이다. 언제나 법을 지키는데 충실하였고 추호도 타인을 해롭게 한 바가 없나이다. 금반(今般) 구속을 당하고 취조를 받음에 있어서도 경찰에서나 검사님께서도 본인에게 큰 피의사실이 없음에 동정하여 주었나이다. 본인도 자기에게 별다른 과오 없음을 자신하고 동정 있는 처분을 기대하고 있었나이다.

그러한데도 불구하고 생각조차 못한 타인의 죄과에 오해되어 중대한 피의사건으로서 기소되었고 또 그것이 〈국가보안법〉 1조 1항 급(及) 3조에 해당한다 하오니 경악 낙심함이 비할 바 없나이다.

2. 공소사실 제1항에 관한 건

갑(甲)

(1) 본인이 조봉암 씨를 만나 뵌 것은 1·4후퇴 시 그분이 국회부의장으로 계실 때 부산에서올시다. 본인은 한국의학협회 상무이사, 경남의사회장, 경남체육회장, 부산대학(釜山大學) 평의원 등으로 있었던 까닭에 정부 외국사절단 급(及) 지명인사(知名人士) 등이 관계하는 공사(公私)의 집회에 참석한 경우가 있고, 그러한 연회석상에서 조(曺) 씨를 알게 된 것이올시다. 그러나 상호 경우가 다른 까닭에 깊은 친우(親友)는 가지지 못하였나이다. 그러한데 공소장에는 "정치이념의 일치"를 보았다고 기록되어 있는데 이러한 관계는 취조받은 일도 없고 또 사실과도 상위(相違)하나이다. 이것은 조 씨가 제2대 대통령에 출마하였을 때 본인이 하등의 관계를 가지지 아니함을 보아도 알 것이올시다. 말씀드리면 부산에 있어서의 본인과 조 씨 간의 친교는 연회석상에서 교제한 정도에 지나지 못하나이다.

(2) 4288(1955)년 초 추경(秋頃)부터 서상일 씨, 조봉암 씨로부터 인편 혹은 서신으로 진보당 운동에 참가할 것을 권유받았으나, 본인은 거주가 부산이요 또 직업이 의사인 까닭에 정당운동에 가담할 수 없음을 말하고 거절하여 왔나이다. 그러하던 중 동년 10월경 동당 강령 초안을 보내오고 또 간곡히 협조하기를 연락하여 왔나이다. 이러한 연락은 서상일 씨가 동당의 조직책인 까닭에 주로 서(徐) 씨로부터 받았나이다. 공소장에는 조 씨로부터 권유 연락을 받았다고 되어 있으나 그것은 사실과는 상위(相違)하나이다.

동당 강령을 보건데
① 공산주의를 반대하고
② 민주주의적으로 국내정치를 혁신하고
③ 민족자본을 육성하고
④ UN을 통하여 민주주의 승리로 평화통일을 촉진한다는 요지였습니다.
본인은 이러한 반공 민주적인 정당이 한국에 도움이 되리라고 믿고 측면에서 협조할 것을 승인하였나이다.

(3) 4289(1956)년 3월에 동당 준비위원회를 개최한다기에 서(徐), 조(曺) 양(兩) 선배의 노력에 보답하는 뜻에서 상경 참가하였나이다. 이것이 동당에 본인 직접 관여한 최초의 일이었나이다. 때마침 제3대 정부통령선거가 공고되었음으로 당에서는 조 씨를 대통령후보 서 씨를 부통령후보에 공천하였으나, 서 씨가 굳이 사양함으로써 의외에도 본인이 부통령 입후보의 공천을 받게 되었나이다. 본인은 이것을 거절하고 부산으로 도피하였으나 당원들이 하부(下釜)하여 무리하게 상경케 하였나이다. 본인은 물심(物心) 양(兩)에 출마 준비가 없으니 서상일 씨 급(及) 조봉암 씨가 당적으로 책임을 약속한다면 출마할 것을 승인하겠다는 조건에서 출마한 것이올시다. 선거위원장에는 서상일 씨, 선거연설에는 조 씨, 서 씨, 신도성(愼道晟) 씨 본인이 참가하야 전기(前記)의 강령을 해명하고 UN을 통하여 대한민국의 발전을 도모하는 평화통일을 주장한 것이올시다. 그러한데 공소장에는 본인이 단적으로 조봉암 씨에 동조하고 괴집의 평화통일안을 강조한 것 같이 기록되어 있으나 이것은 취조 시에도 언급된 바 없고 또 사실무근지사올시다.

(4) 선거가 끝난 후에 서상일 씨가 당의 확대를 주장하고 당 간부들이 이러한 노력을 하였으나 본인은 부산에 있어서 직접 참획(參劃)하지 못하였나이다. 그러나 결국 조 씨와 서 씨는 분열하게 되었나이다. 조 씨를 지지하는 사람은 김달호 씨, 윤길중 씨 등이요 서 씨를 지지하는 사람은 근민당계(勤民黨系) 장건상 씨, 김성숙(金星淑) 씨, 한독당계(韓獨黨系) 김경태(金景泰) 씨 등, 안재홍(安在鴻) 씨 장남(長男)[58]을 중심으로 하는 민우사계(民友社系) 인사이었나이다. 본인은 서상일 씨에게 직접 혹은 서신으로 그런 정객(政客)들은 그 정치 행상(行狀)이 복잡하니 관계를 끊을 것을 권고하였으나 서 씨는 이에 응하지 않이 하였나이다.

고로 본인은 부득이 대한민국의 입장에서 순수한 경력을 가진 김달호 씨 윤길중 씨 등과 같이 조봉암 씨 측에 참가한 것이올시다. 이러한 점에도 공소장에는 사실과 상반되는 기록을 하고 있나이다.

---

58) 안재홍의 장남은 안정용(安晸鏞, 1915~1970)으로, 1955년 광릉회합에 참여했으며 이후 민주혁신당, 한국사회당 등 '혁신계' 정당에서 활동하였다.

(5) 진보당의 결당은 800명의 대의원과 정당 요인(要人) 및 경관(警官) 임석(臨席)하에 수도의 시공관에서 공개 합법적으로 이루어졌고, 1년 전에 공표하였던 강령 급(及) 차(此)를 부연한 정책을 통과시키고 자구(字句) 수정을 전제하야 각 전문을 통과시킨 것이며, 본인도 무기명(無記名) 투표에 의하여 부위원장에 당선된 것이올시다. 이리하여서 이루어진 일련의 문건은 만천하에 공개되고 정부에 등록하고 합법적 정당으로서 출발한 것이올시다. 고로 본인이 진보당 결당에 관여하고 부위원장에 취임한 것은 대한민국의 발전을 위한 합법행위인 것이올시다.

그러한데 공소장에는 취조 시에도 언급한 바도 없는 일을 들어서 당의 결성과 본인의 부위원장 취임을, 대한민국을 변란하는 목적에서 한 불법적인 것이라 함은 도저히 있을 수 없는 일이라 생각하오며 그 사실이 합법적임은 천하와 법이 증명할 것이올시다.

(6) 진보당의 결당 전에 조봉암 씨가 간첩적인 의도로서 행동하였다 하나 그것이 사실이라 가정할지라도 그 불법 의도가 본인 등 800 대의원의 부지(不知) 중의 비밀 행동이었고, 또 그 행동이 당 결성에 반영되지 아니하였는 한 합법적으로 이루어진 진보당 급(及) 본인의 알 바가 아니며, 조 씨의 행동은 간첩적 개인 행동으로서 별개로 취급할 성질의 것으로 생각하나이다.

(7) 본인은 부산에 거주하는 관계상 언제나 당의 공개적인 합법적 회석(會席)에만 출석하여 합법적으로 결당에 참가한 것이며, 조 씨는 물론이요 수하(誰何)를 막론하고도 그들과 사적으로 여하(如何)한 일이든지 모의한 일이 없나이다. 이것은 취조 중에 언급된 바도 없고 또 사실이 그러하나이다. 조 씨의 공소사항 1항 중 진보당 결당까지 조 씨가 많은 인사와 접촉하였는데 그중에 본인의 성명이 1회도 나타나지 아니하는 사실을 보더라도 상기(上記)의 사실을 짐작할 수가 있을 것이올시다.

을(乙)

(1) 공소장에 의하면 진보당의 평화통일 정강정책이 괴집의 그것과 동일함으로서 민국(民國)을 변란하고자 하였다고 되어 있으나 이것은 사실을 전도(轉倒)한

것이올시다. 진보당 평화통일안은 결당 1년 전에 공개하였고 당 대회에서 통과하였고 정부에 등록하야 2년을 격한 것이올시다.

즉, 국내외 민주세력과 긴밀히 연락하고 UN을 통하여 민주주의 승리에 의한 평화적 남북통일을 기한다는 것이올시다. 이것은 국내 민주적 제(諸) 정치세력과 합세하야 반공투쟁의 정치적 연합체를 구성하고, 민주 우방에 연락하야 38선을 집단안전보장 체제에서 방어하고, 민주 우방과 외교적 연결을 긴밀히 하여서 수부(壽府)[59] 급(及) UN총회에서 이루어진 한국의 평화통일방안을 민주주의의 승리 즉 국민의 발전하는 방향으로 촉진시키자는 것이올시다. 이 사실은 인쇄되고 또 정부에 등록된 정강정책에 명백하는 것이며 국내 국제적으로 모두 인정된 바이올시다. 고로 진보당의 평화통일 정강정책을 지적하야 민국을 변란하고저 하였다 함은 천부당만부당한 일이라고 극력 주장하고저 하는 바이올시다.

(2) 평화통일안을 진보당에서 추진함에 앞서서 조봉암 씨의 간첩적인 행위가 있었다 하나 그것이 사실이라 가정할지라도, 조 씨의 불법행위가 괴집의 평화통일안을 진보당 정강정책에 침투시키지 못한 한, 진보당은 조 씨의 불법행위와 관계없는 것이요 오직 조 씨의 행위만이 간첩으로서 잔류(殘留)할 따름이라고 생각하나이다.

병(丙)

이상을 종합하여서 말씀드리면 진보당 급(及) 그 결당의 경위 급(及) 그의 평화통일안은 민국의 발전을 위한 합법적인 것이지 결코 대한민국을 변란할 목적으로 된 것이 아님이 명백한 것이올시다. 고로 본인에 대한 공소사실 제1항은 성립될 수 없는 것으로 주장하는 바이올시다.

우고(愚考)컨대

① 진보당이 합법정당이었고

② 가정되는 조 씨의 간첩행위가 진보당 평화통일 정강정책을 불법적으로 변

---

59) 스위스 제네바를 가리킨다.

경시키지 못하였고

③ 〈국가보안법〉 1조 1항의 법 정신이 불법결사의 수괴가 그 불법적 행위를 그 결사 간부와 모의 협동 추진하였을 때 적용되는 것으로 생각되는 것이오니, 가정되는 조 씨의 행위가 개인적 비밀로서 반당적(反黨的)으로 동지를 기만하는 간첩적 형태에서 이루어졌으니, 조 씨로부터 기만당하고 반신(反信)당한 본인이 조 씨의 불법행위에 연대적인 법적 책임을 가질 수 없다고 믿는 까닭에 다시 한번 본인의 공소 1항이 성립될 수 없는 것을 강조하고자 하는 바이올시다.

정(丁)

본인은 다음 이유로서 평화통일안을 지지한 것이올시다.

(1) 민족적 양심에서 민족 조상 앞에 민족통일을 평화적으로 추진함이 옳다고 생각하였나이다.

(2) 6·25 침략자 괴집이 평화통일을 구호삼고 피침략의 민국이 북진통일을 구호로 함으로서 외교적으로 받는 민국의 손해가 지대하니, 민국에서 정당한 평화통일을 주장함으로서 괴집의 평화통일 구호가 기만적임을 국내외에 명백히 할 필요가 있다고 생각한 까닭이올시다.

(3) 수부회의(壽府會議)[60] 이래 민주 우방은 UN을 통해서 한국의 평화통일안을 결의하고 있어서, 민국이 평화통일안을 주장함으로서만이 외교적인 귀추(歸

---

[60] 1954년 4월 26일부터 7월 20일 사이에 스위스 제네바에서 열린 회담이다. 1953년에 체결된 정전협정에 따라서 이 회의에서 다루어진 주요 안건 가운데 하나는 6·25전쟁을 종결하기 위한 평화협정 체결 및 한반도 통일문제 논의에 관한 것이었다. 한국, 북한, 미국, 소련, 영국, 프랑스, 중화인민공화국 등에서 파견한 대표단이 한반도 통일문제를 토의하기 위한 회의에 참석하였다. 하지만 회의는 남북 양측의 기본 입장이 정면으로 대립하면서 결렬되었다. 제네바회담에서 거론된 '한반도 중립화 통일방안'은 이후, 평양에서 조소앙을 비롯한 납북인사들로 구성된 '재북평화통일촉진협의회(在北平和統一促進協議會)'가 제시한 '중립화통일론', 서울에서는 조봉암과 진보당이 '평화통일론'을 주장하는 배경이 되기도 하였다.

趨)에 유리한 입장을 가질 수가 있다고 생각한 까닭이올시다.

(4) 물론 38선이 집단안전보장으로 방어되겠금 조치되고 국내 정치가 민주적으로 번영되어야 하겠고, 통일방안은 대한민국의 권위와 발전이 확인되는 조건에서 이루어져야 할 것은 다시 말할 필요도 없나이다.

병(丙)

괴집의 평화통일안은 본인이 설명할 필요도 없겠거니와 요약하면 UN을 무시하고 남북의 협상 형식을 주장하고 있으니, 이것은 진보당의 평화통일 정강정책과 근본적으로 상위(相違)하는 것이올시다.

3. 본인에 대한 공소사실 2항에 관한 건

갑(甲)

본 항은 본인의 진보당의 당적(黨的) 노력을 불법행위로 규정한 것이온데 합법정당으로서 등록된 진보당의 당적 노력이 불법이라고는 생각하지 아니하나이다. 정부에서 진보당을 합법정당으로 등록함으로서 발생한 본인의 행위는 불법일 수는 없다고 주장하는 바이올시다.

을(乙)

본인이 부산시 동구 을구당에 관여한 것은 타(他) 중앙당 간부는 중앙에서 전국 당을 지도하나 본인은 부산에 거주하는 관계로 지구(地區) 말단 당부를 지도하게 된 것이올시다. 연(然)이나 이것도 활동 개시한지가 불과 3개월이요, 또 본인이 직접 관여하는 것이 아니고 조직부 관계자가 취급하는 까닭에 그 활동상황은 상세히 모른다고 말씀 올리는 것이 가장 정확하다고 생각하나이다.

연(然)이나 압수된 동구당 당원명부에 대하여 본인이 취급하는 일이 아닌 위에 경찰의 주관이 앞서서 기록에 다소 착오가 있음으로 본인이 검사님께 서신(2월 8일 건)으로서 추가 진술한 것을 요약하여 말씀 올리겠나이다.

(1) 구 당원이 100명가량 된다고 들었는데 압수된 명부를 보건데, 67명이 정리

되어 있었고 입당원서가 수매(數枚) 있었나이다.

(2) 압수된 명부의 표지에 비(秘) 기호가 있는데 경찰에서는 비밀당원명부라고 단정하였으나 본인은 본인이 취급한 일이 아니라 알 수 없으나, 추측컨대 일반 관청(官廳)에서도 기밀서류에 비표(秘票)를 하는 것과 같이 구당 조직부에서 당원명부를 기밀서류로 취급하여서 표지에 비표를 하였다고 생각하나이다.

(3) 취조 시에 비밀당원의 유무를 질문받았으나 본인이 아는 한에서는 비밀당원이 없음을 설명하고, 당원 중에 자기 명단을 기밀히 하여줄 것을 희망하는 당원이 있는 것은 알고 있으나, 상세한 것은 본인이 취급하는 일이 아니라 조직부에 물어볼 수밖에 없다고 대답하였나이다.

(4) 요약하여 말씀드리면 동구 을구 당원이 100명가량 된다고 들었는데 압수된 당원명부를 보건데, 표지에 비표(秘票)가 있고 67명이 정리되어 있는 것을 발견하였나이다. 상세한 것은 본인이 취급하는 일이 아니라 알 수 없나이다.

병(丙)
본인이 당에 1,030만 환을 제공하였다고 기록되어있으나, 당에 공적으로 지출한 것은 160만 환(사무실 비용 30만 환, 결당비 100만 환, 일반당비 30만 환)이요, 기타는 본인 개인의 선거비용 800만 환과 중앙정치사(中央政治社)에 편의(便宜) 보아준 것이 70만 환이온데 이것은 당과는 직접 관계가 없는 것이올시다.

4. 본인의 공소사실 3항에 관한 건
갑(甲)
김기철 씨의 소위 '통일선언문'은 들은 일도 없고 본 일도 없었던 것이올시다. 이 사실은 경찰에서나 검사님께 충분히 말씀드린 것이올시다.

을(乙)
경찰에서 4290(1957)년 11월 하순 본인이 당 간부와 같이 동 선언문을 보았다

하기에 이것을 부인하였는데, 공소장에 또 본인이 11월 하순에 간부회의에 참가하야 동 선언문을 검토하였다고 있으니,[61] 이것은 상(相) 피의자들의 취조의 종합적 판단인가 생각되나이다. 그러하오나 본인은 동 11월 하순경에는 상경한 일이 없고 따라서 동 선언문을 검토하는 회의에 참가한 일이 없음을 다시 명백히 하나이다.

(1) 동 11월 하순 본인은 부산에서 의료에 종사하였나이다.

(2) 동 11월 20일경 당에서 상경하기를 연락하여 왔기에 24일경 본인이 직접 전화(부산 5530번)로서 조봉암 씨 자택에 전화하고 상경 못함을 연락하였더니, 동 11월 25일경 김일사(金一砂) 여사가 본인을 만나러 부산까지 찾아왔나이다. 이 사실로서도 본인이 11월 하순에 상경하지 아니함을 알 수가 있습니다.

병(丙)

본인이 4290(1957)년 12월 중순 상경하야 우연히 당사(黨舍)에서 김기철 씨를 만났더니, "당헌(黨憲)에는 평화통일의 원칙만 있고 구체안이 없으니 이것을 작성함이 여하(如何)"라고 하기에, 본인이 "평화통일은 외교문제이니 구체안이 설 수 없다 운운"하였더니 김(金) 씨가 "박(朴) 박사는 통일을 원하지 아니한다" 하기에, 본인은 노(怒)하여 "당신과 같은 사람하고는 당을 같이 할 수 없으니 탈당하겠다"고 선언하고 부산으로 내려왔나이다. 요컨대 이 시간까지도 본인은 김기철 씨 등이 작성한 선언문을 모르고 있었나이다.

이 자리에 조봉암 씨, 김달호 씨, 윤길중 씨, 조규희 씨 등도 우연히 모여 있어서 본인과 김 씨와의 언쟁을 증명하여 주실 줄 믿나이다. 이 사실은 경찰에서 누차 또 검사님에게도 진술하였나이다.

정(丁)

본인이 서울형무소 사무실에서 검사님의 취조를 받는 중 우연히 김기철 씨와

---

[61] '검토하였다고 하고 있으니'의 오기로 보인다.

검사님 면전에서 대질할 기회도 가졌나이다. 본인이 "하고(何故)로 본인에게 비밀로서 그러한 안을 농(弄)하였소" 하였더니 김 씨가 "대단히 잘못되었으며 박(朴) 박사님께 말씀드릴 단계까지 가지 아니하였나이다"라고 대답하였나이다. 이 사실로서도 본인이 동 선언문과 관계없음을 증명할 수 있다고 생각하나이다.

무(戊)
김 씨의 선언문은 그것이 UN 감시하의 안이라 할지라도 괴집의 안과 동일한 점이 산재하니 진보당 정강에 반하는 것이요, 또 법적으로 검토 받아야 할 것으로 생각되오며 본인의 사상으로서는 도저히 용납할 수 없는 것이올시다.

이상을 요약한다면 본인은 본인에 대한 공소사실 3개 항이 모두 사실과 상위(相違)하다 함을 말씀 올리고, 본인에게는 또 국법을 위반한 하등의 피의사실이 없음을 진술한 것이올시다. 첨가하여 다음 몇 가지 우회(愚懷)를 진정하고자 하오니 하독(下讀)의 영광을 비나이다.

5. 『중앙정치』지를 공소장에는 기관지로서 지적하고 있으나 조봉암 씨의 논문이 게재된 10월호가 나오기까지에는 전혀 조 씨의 측근자에 의하여 발행된 것이지 당에서나 본인도 전연 모르는 일이올시다.

6. 정당은 다수인으로 구성하는 것이오니 당 간부 중에는 개적(個的)으로 범법한 자도 있겠으니, 이러한 경우에 그 불법행위가 당에 반영되지 아니하는 한 그것은 당 전체를 논급할 근거일 수는 없다고 생각하오며, 당원의 정치행위에도 사적인 것과 당적(黨的)인 것이 있을 것이니, 사적 행위는 당헌(黨憲)의 절차 즉 전문위원회 총무위원회 상무위원회 중앙위원회 당대회의 승인이 없고는 당적(黨的)으로 인정할 수 없는 것이올시다. 고로 본 사건에 있어서 조 씨 급(及) 김기철 씨 등 기개인(幾個人)의 피의사실은 어디까지나 그분들의 사적 행위라고 생각하나이다.

7. 진보당 간부의 행동에 대한 소회
조봉암 씨가 만일이라도 간첩행위를 하였다면 그것은 천인공노할 죄악이오며,

설사 그것이 피의(被疑)에 그친다 하더라도 이러한 사건을 야기한 정치적 내지 인간적 책임을 피할 수가 없을 것이올시다. 김기철 씨를 중심한 기개인(幾個人)의 간부가 본인을 제외하고 이면적(裏面的)으로 반당(反黨) 행위를 한 것은 본인에 대한 배신으로서 지극히 불결한 일이올시다. 본인은 이분들의 정치적 작란(作亂)에 증오와 분노를 느끼며 이분들의 인간성에 대하여 절망을 느끼는 것이올시다.

8. 진보당에 대한 금일의 소감

본인은 4290(1957)년 12월 중순 기(旣)히 진보당을 탈당할 것을 선언하였나이다. 금반(今般) 사건을 통하여 당 간부들의 불신과 기만을 발견함으로써 당을 이탈하는 의지 표시가 늦었음을 유감히 생각하고 있나이다.

9. 본인은 비록 당의 부위원장이라 하나 평소에 부산에 거주함으로서 당 사업에 참획(參劃)치 못하였고, 또 진보당의 부위원장은 민국정부(民國政府)에 있어서의 부통령의 위치와 같이 하등의 정당적 행적 직권이 없나이다. 그러힘으로 본인이 모르는 사이에 본인은 제외하고 기개(幾個) 당 간부가 행한 불법적 행위에, 본인이 법적 책임을 진다는 것은 너무나 억울한 일이오니 현찰(賢察)하심을 복망(伏望)하나이다.

10. 본인의 현재의 심회(心懷)

본인은 일체의 정치적 관련을 청산하고 일층(一層) 의사로서 충실하며 국민의 생명과 건강을 위하야 헌신하고저 결심하고 있나이다. 본인 박기출은 일개의 개인이오나 수십 년간 연구 훈련된 의사 박기출은 그 기술만은 국가와 민족의 것이올시다. 지금이라도 자유를 주시는 시간에는 곧 국민의 생명과 건강을 바로 잡을 수 있나이다. 본인은 연령이 50세이올시다. 외과의(外科醫)로서의 가동(可働) 연한이 불과 5년 전후를 남길 뿐이올시다. 판사님의 이해와 동정으로서 민국의 외과의를 국가에 이바지하도록 하여 주시압소서. 애원하나이다.

현재 본인은 중독(重篤)한 상태로서 치료를 받고 있나이다. 협심증, 고혈압, 양질(痒疾) 급(及) 신경통으로 고통이 지극하오며 이 상태가 계속하면 생명에 관계되는 것으로 상심이 지대하나이다. 이러한 정황을 무릅쓰고 수일(數日)을 요하여 억지로 이 진정서를 써서 올리나이다. 문맥의 불투명함과 표현에 결례되는 점이 있더라도 선(善)히 용납하여 주시압소서. 복이(伏而) 판사님의 법의 공정을 받들어 본인에게 갱생의 길을 내려 주시옵기를 복망(伏望)하나이다.

4291(1958)년 3월 8일
박기출

우(右) 본인의 무인(拇印)임을 증명함.
간수부장 박상철(朴商哲)

서울지방법원
판사 유병진 선생 좌하

[출전 : 13권 170~186쪽]

피구속자 조봉암 외 7명

당원(當院)의 우자(右者) 등에 대한 신체 구속 적부 심사 청구 기각 결정에 대한 항고 기각의 결정에 대하여 4291년(1958년) 2월 17일 우자(右者) 등의 변호인 김춘봉으로부터 재항고 신입(申立)[62]이 있었으나 동 신입은 〈형사소송법〉 제415조에 비춰 그 이유 없다고 사료한다.

4291(1958)년 3월 10일
서울고등법원 형사 제2부
재판장 판사 김용진, 판사 최보현, 판사 조규대

[출전 : 16권 284쪽]

---

[62] 개인이 국가나 공공단체에 어떤 사항을 청구하기 위하여 의사 표시하는 것을 의미한다.

공판조서(제1회) 1958년 3월 13일

피고인 **조봉암 외 9명**에 대한 간첩 및 〈국가보안법〉 위반 등 각 피고사건에 관하여 4291(1958)년 3월 13일 오전 10시 서울지방법원의 공개한 법정에서

재판장 판사 유병진(柳秉震), 판사 이병용(李炳勇), 판사 배기호(裵基鎬),
서기 현인봉(玄麟鳳) 열석(列席)

검사 조인구 출석

피고인 등은 신체의 구속을 받음이 없이 출석함.

변호인 변호사 김춘봉(金春鳳), 동 김봉환(金鳳煥), 동 신태악(辛泰嶽), 동 이상규(李相圭), 동 최순문(崔淳文), 동 유춘산(劉春産), 동 임석무(林碩茂), 동 전봉덕(田鳳德), 동 손완민(孫完敏), 동 한격만(韓格晚), 동 노영빈(盧永斌), 동 조헌식(趙憲植), 동 한근식(韓根植) 각 출석

재판장은 피고인 등에 대하여 여좌(如左)히 신문하다.

문: 성명 연령, 직업, 주거 및 본적(本籍)은 여하(如何)

피고인 조봉암은
답: 성명은 조봉암[별명 조봉암(曺鳳岩) 호 죽산(竹山)]
연령은 60세
직업은 무직 진보당 위원장
주거는 서울특별시 성동구(城東區) 신당동 353번지의 44호

본적은 경기도 인천시 도원동(桃園洞) 12번지

피고인 박기출은
답: 성명은 박기출
연령은 50세
직업은 의사 진보당 부위원장
주거는 경상남도 부산시 초량 919번지
본적은 동도(同道) 부산시 부용동(芙蓉洞) 2가 65번지

피고인 김달호는
답: 성명은 김달회[호 단재(端齋)]
연령은 47세
직업은 민의원 의원, 변호사, 진보당 부위원장
주거는 서울특별시 성동구 신당(新堂) 7동 340번지의 53호
본적은 경상북도 상주군(尙州郡) 상주읍(尙州邑) 서문동(西門洞) 80번지

피고인 윤길중은
답: 성명은 윤길중[호 청곡(靑谷)]
연령은 43세
직업은 변호사 진보당 간사장
주거는 서울특별시 마포구 아현동(阿峴洞) 485번지의 18호
본적은 강원도 원성군(原城郡) 문막면(文幕面) 문막리(文幕里) 251번지

피고인 조규택은
답: 성명은 조규택
연령은 36세
직업은 무직
주거는 서울특별시 성북구(城北區) 돈암동(敦岩洞) 산 11번지의 81호
본적은 동상(同上)

피고인 조규희는

답: 성명은 조규희

연령은 45세

직업은 무직

주거는 서울특별시 종로구 신교동(新橋洞) 66번지

본적은 함경남도 북청군 속후면 오매리(梧梅里) 786번지

피고인 신창균은

답: 성명은 신창균

연령은 51세

직업은 무직

주거는 충청남도(忠淸南道) 대전시(大田市) 인동(仁洞)[63] 85번지

본적은 충청북도(忠淸北道) 음성군(陰城郡) 음성읍(陰城邑) 내리(內里)[64] 486번지

피고인 김기철은

답: 성명은 김기철

연령은 48세

직업은 무직

주거는 서울특별시 서대문구(西大門區) 아현동 33번지의 1호

본적 함경남도 함흥시 중앙동(中央洞) 2가 40번지

피고인 김병휘는

답: 성명은 김병휘

연령은 38세

직업은 무직

주거는 서울특별시 영등포구(永登浦區) 흑석동(黑石洞) 95번지의 11

---

[63] '충인동(忠仁洞)'의 오기이다.

[64] '읍내리(邑內里)'의 오기이다.

본적은 평안북도(平安北道) 용천군(龍川郡) 외상면(外上面) 정차동(停車洞) 113번지

피고인 이동화는
답: 성명은 이동화
연령은 52세
직업은 성균관대학교 교수
주거는 서울특별시 종로구 가회동(嘉會洞) 11번지의 107호
본적은 평안남도(平安南道) 강동군(江東郡) 승호면(勝湖面) 화천리(貨泉里) 560번지

　재판장은 피고인 조봉암 외 9인에 대한 간첩 및 〈국가보안법〉 위반 등 각 피고사건에 관하여 심리할 것을 선(宣)하다.

　검사는 공소장에 의하여 기소 사실의 요지를 전달함.

　재판장은 피고인 등에 대하여 본건 피고사건을 고하고 피고인에게 이익되는 사실을 진술할 수 있으며 또 각개의 신문에 대하여 진술을 거부할 수 있음을 고하니

　피고인 등 순차로 신문에 응하여 "사실관계를 순차 진술하겠습니다"라고 답하다.

　재판장은 금일 공판은 차(此) 정도로 마치고 속행할 것을 고하고 차회(次回) 기일(期日)을 내(來) 3월 27일 오전 10시로 지정, 고지하고 각 소송관계인의 출석을 명한 후 폐정함.

4291(1958)년 3월 13일
서울지방법원 형사 제3부
재판장 판사 유병진
서기 현인봉

[출전 : 13권 163~169쪽]

피고인 조봉암 외 9인에 대한 간첩 등 피고사건에 관하여 4291(1958)년 3월 27일 오전 10시 서울지방법원이 공개한 법정에서

재판장 판사 유병진, 판사 이병용, 판사 배기호, 서기 홍사필(洪思必) 열석(列席)

검사 조인구 출석

피고인 등은 신체의 구속을 받음이 없이 출석하다.

변호인 변호사 김춘봉, 동 김봉환, 동 손완민, 동 한격만, 동 최순문, 동 유춘산, 동 임석무, 동 노영빈, 동 전봉덕, 동 조헌식, 동 신태악, 동 이상규 각 출석

재판장은 변론을 속행할 것을 고하고 피고인 등에 대하여 전회(前回) 공판심리에 관한 주요 사항의 요지를 공판조서에 의하여 고지하니 피고인 등은 순차로 종전 그대로 틀림없다고 진술하다.

재판장은 회의한 후 본건 변론은 직권으로서 4291(1958)년 형공 제772호 피고인 이명하 외 4인에 대한 〈국가보안법〉 위반 및 각 피고사건, 동 4291(1958)년 형공 제752호 피고인 정태영에 대한 〈국가보안법〉 위반 피고사건 및 동 4291(1958)년 형공 제907호 피고인 전세룡(全世龍) 외 1인에 대한 〈국가보안법〉 위반 피고사건과 같이 병합하여 심리할지의 결정을 고하고

피고인 조봉암에 대하여
문: 종전에 형벌을 받는 사실은 없는가.

답: (1) 4252(1919)년 3월경 (3·1운동 당시) 서울지방법원에서 〈제령(制令)〉 위반
      으로 징역 1년의 언도를 받고 그 당시 서대문형무소에서 복역을 마치고
      만기 출옥한 사실이 있으며

   (2) 동 4262(1929)년 7월경 중국 상해에서 일경(日警)에 피검 이송되어 신의주
      지방법원에서 〈치안유지법〉 위반죄로 징역 7년의 언도를 받고 그 당시
      신의주형무소에서 복역을 마치고 출옥한 사실이 있고

   (3) 동 4277(1944)년 9월경 왜(倭) 경성헌병대(京城憲兵隊)에 피검되어 이래
      구속 취조를 받다가 8·15해방으로 인하여 출옥한 사실이 있습니다.

문: 가족 재산 교육 정도 경력 및 정치운동에 관계한 사실에 대하여는 각 종전에 경찰
   에서 여사(如斯) 진술하였는데 여하(如何).
차시(此時) 재판장은 형공 제524호 기록 제773쪽 이면(裏面) 2행부터 동 제792쪽
표면(表面) 3행까지 및 동 제801쪽 표면(表面) 1행부터 동 제803쪽 이면(裏面) 4행
까지 각 읽어주다.
답: 네. 그와 상위(相違) 없습니다. 기중(其中) 처 김조이와 장남 조규호(曺圭豪)
   가 월북하였다는 점은 월북이 아니고 납치되어 간 것이 사실입니다.

문: 흑도회(黑濤會)란 무엇인가.
답: 박열(朴烈) 씨와 같은 무정부주의자(無政府主義者)와 사회주의자들이 결합한
   사상단체입니다.

문: '올부료'65) 또는 '꼴부료'란 무슨 의미의 말인가.
답: 소련 말로 '올부료'는 공산당 조직총국이란 말이고 '꼴부료'는 공산당 조선총
   국이란 말입니다.

문: 그 당시 공산당에 두 파(派)가 있었는가.
답: 국내에는 공산당이 없고 무산자동맹이 있었으며 해외에 공산당이 두 파(派)

---

65) '오르그뷰로(組織局)'를 말한다.

로 갈리어 있었는데, 하나는 서기 1919년 말 노령(露領) 내에서 조직을 본 김만겸(金萬謙) 등 중심의 고려공산당이고, 또 하나는 동 1921년 중국 상해에서 이동휘(李東輝)를 중심으로 해서 조직된 한인공산당이 있었습니다.

문: 그리고 적기(赤旗)사건이란 무엇인가.
답: 붉은 기(旗)를 들고 일경(日警) 탄압 반대를 부르짖으며 테로[66]할 것을 말합니다.

문: 또 ML당은 어떤 것인가.
답: 그것은 맑스·레닌 당이란 의미인데 여기서는 연구회 정도의 사상단체였습니다.

문: 피고인이 조선공산당에서 제명 처분을 당할 시의 방법은 여하(如何)하였는가.
답: 당 간부회에서 제명 처분하였다고 신문지상에 발표하였습니다. 본인에게 문서나 서신으로 직접 통지를 해준 일은 없었으므로 인편과 신문을 통해서 그런 사실을 알았습니다.

문: 그래서 피고인도 이별 성명을 낸 일이 있는가.
답: 정치적으로 나의 주장과 이념에 맞지 아니하므로 고별(告別)한다는 성명을 발표한 일이 있습니다.

문: 그리고 4281(1948)년 5·10남한총선거에 소위 민주주의독립전선(民主主義獨立戰線), 또는 공산당 같은 데에서 반대하였음에도 불구하고 피고인은 지지 찬성하였다는데 그런가.
답: 네 그렇습니다.

재판장은 피고인 박기출 동 김달호, 동 윤길중, 동 조규택, 동 조규희, 동 신창균,

---

[66] '테러'를 말한다.

동 김기철, 동 김병휘, 동 이동화에 대하여

문: 전과의 유무, 종교, 재산, 교육 정도 및 경력 등에 대하여는 종전에 경찰 및 검찰청에서 각 진술한대로 틀림없는가.

피고인 등은 순차로

답: 네 그대로 전부 틀림없습니다.

재판장은 피고인 조봉암에 대하여

문: 진보당의 창당과정은 여하(如何).

답: 세상에서 말하는 사사오입개헌(四捨五入改憲) 파동 이후 원내(院內) 호헌동지회(護憲同志會)를 중심으로 야당 통일운동이 전개되어, 단일 야당을 만들자는 의견이 나와 민국당을 중심으로 한 소위 민주대동운동으로서 김성수(金性洙), 신익희, 조병옥(趙炳玉), 김준연(金俊淵), 장면(張勉), 정일형(鄭一亨), 한근조(韓根祖) 등이 합당운동을 추진하여, 4288(1955)년 10월 민주당이 창당, 발족케 되었으나, 나는 구한민계(舊韓民系) 조병옥, 김준연 등의 반대로 이에 참가치 못하고, 따로 서상일, 최익환, 윤길중 등과 수차에 궁(亘)한 회합을 거쳐 소위 비자유(非自由)와 비민주(非民主) 계열을 총망라한 혁신세력의 대동단결운동을 전개하여, 동년 8월경에 광릉회합을 본 후 창당하기로 하였는데 그 상세한 내용은 상(相) 피고인 윤길중이 더 잘 압니다.

재판장은 피고인 조봉암 동 박기출 동 김달호 동 윤길중에 대하여

문: 연(然)이면 피고인 윤길중은 기(其)점에 대하여 여사(如斯) 진술한 것이 있는데 여하(如何).

차시(此時) 재판장은 형공 제52호 기록 제862쪽 표면(表面) 3행부터 동 제870쪽 이면(裏面) 5행까지 읽어주다.

피고인 조봉암은

답: 대략 그와 같습니다.

피고인 박기출, 동 김달호는 순차로

답: 저희들은 광릉회합이니 대관원회합(大觀園會合)에 참가한 일이 없으며 결당 대회에 임하기도 전, 즉 4288(1955)년 3월경 진보당결당임시추진위원회 때부터 이에 관계하였으므로 다른 사항은 모릅니다.

피고인 윤길중은

답: 그와 대략 틀림없습니다마는 기(其)중에 미리 3원칙을 정한 것처럼 되어 있는데 그렇지 않고 처음에는 혁신세력의 대동단결을 하자는데 있었고, 3원칙은 어디까지나 그 후에 이루어진 것입니다. 그리고 제가 주동적 역할을 해서 창당된 것 같이 되어 있는 점은, 제가 아는 범위와 또 다른 여기저기 무데기 무데기가 합쳐서 된 것을 말하지 전적으로 주동적 역할을 한 것은 아닙니다.

재판장은 피고인 조봉암에 대하여

문: 서상일은 그 운동에 많이 관계하였는데 진보당에 가담치 않은 이유는 여하(如何).

답: 결당 전에 정부통령선거가 있어서 진보당에서도 그 후보로 정(正)에 본인, 부(副)에 박기출을 선출하였는데 야당연합론이 나와 단일후보를 내세우자고 주장하여 절충, 타협하였으나 되지 않고 선거에도 실패하여 당내에 정치적 주장이 두 갈래로 갈려가, 내내 비자유, 비민주의 일체의 부분을 단결하자고 되풀이하는 서상일과 그것도 좋지만 대세가 하루속히 결당을 봐야 된다고 해서 결당하기에 이르렀는데 서 씨는 그리 안 한다고 손을 뗀 것입니다.

문: 그 외에 다른 이유는 없는가.

답: 주의, 사상의 결함이 있어 대립해본 일도 없고 그런 이유로 탈당한다는 말을 들은 바도 없습니다.

재판장은 피고인 윤길중에 대하여

문: 그 점은 어떠한가.

답: 저도 주의 사상을 달리해서 탈당한다는 말을 들은 바 없습니다.

재판장은 피고인 조봉암에 대하여

문: 연(然)이나 서상일은 너무 좌익에 접근해서라고 여사(如斯) 진술한 것이 있는데 여하(如何).

차시(此時) 재판장은 형공 제524호 기록 제225쪽 표면(表面) 11행부터 동 제226쪽 말행(末行)까지 읽어주다.

답: 저는 그런 말을 들은 바도 없습니다.

재판장은 피고인 박기출에 대하여

문: 피고인이 진보당에 관계하게 된 계기는 여하(如何).

답: 본인이 진보당이 결당될 때까지 직접 참여한 것은 4~5차 회식(會式) 회합에 참석하였을 뿐인데, 당초 4288(1955)년 10월경부터 서상일 조봉암으로부터 서신 또는 인편을 통해 진보당을 창당하자고 수차 연락을 받았으나 동당 창당 발기 준비회합에는 별로 참가치 않고 있다가, 동 4289(1956)년 3월경 시내 종로구 인사동(仁寺洞) 소재 종로예식장에서의 동당 준비위원회 결성대회에 처음 참석하였다가, 그 후 뜻하지 아니한 진보당의 공천으로 부통령 입후보를 하였으나 야당 연합론이 나와, 기(其) 소원에 순응하는 견지에서 기(其) 입후보를 사퇴하고 동년 10월 11일 시내 중구 명동(明洞) 소재 시공관에서 진보당 결당대회가 있어 거기서 중앙당 부위원장에 선임되어 현재에 지(至)한 것입니다.

재판장은 피고인 김달호에 대하여

문: 피고인은 여하(如何)한 경위로 동당에 관계하게 되었는가.

답: 저는 창당에 대한 책무에 관계한 바 별로 없고 한국정계에서 양심적 인재로 알려져 있는 조봉암, 윤길중 등이 혁신세력을 총망라하여 대동단결하자는 이념을 가지고 있다는 것이기에, 그 정도면 명실상부한 혁신정당이 이루어질 것으로 믿고 조봉암, 장택상(張澤相), 신흥우(申興雨), 윤치영(尹致暎) 등과 접촉하여 혁신정당 구성 문제에 대한 교섭을 제가 당 추진위원으로서가 아니고 독자적으로 추진하였더니, 장택상은 서상일이 참가하면 자기는 못하겠다 이범석도 참가시켜서 3개월 내지 6개월씩 최고위원 교체제로 하자고, 서상일

은 또 다른 당을 조직하고 있으므로 대동단결은 모두 말뿐이어서 여의치 못한 본인은 그대로 가담해서 추진하여 오다가 동 4289(1956)년 11월 10일 결당대회에 참가하여 중앙당부 부위원장에 선출 현재에 지(至)합니다.

재판장은 피고인 조봉암에 대하여

문: 서상일을 제명 처분하고 통고한 방법은 여하(如何).
답: 본인에게 읽어주고 신문에도 발표하였습니다.

문: 그때 신문에 발표한 이유는 여하(如何).
답: 행동통일하지 않는다는 이유입니다.

문: 진보당에서는 유물사상을 근거로 한 맑스주의 이론에 입각하여 노동자, 농민을 위주로 한 계급당으로 지향하게 되므로 서상일과는 근본사상에 차이점이 있어서 제명한 것은 아닌가.
답: 아닙니다.

문: 그런 문제가 나타날 정도로 토의한 일은 없는가.
답: 혁신세력만으로 대동통일(大同統一)해야 한다는 것이었지 사상문제에는 일언반구도 논의된 바 없습니다. 그리고 그런 이념이 없었습니다.

재판장은 피고인 박기출에 대하여

문: 피고인은 기(其) 점에 대하여 여하(如何)히 생각하는가.
답: 진보당에서 분열되어 나갈 때의 그에 대한 정치 행장(行裝)이 오히려 유물사관적인 인적(人的) 요소가 더 내포되어 있다고 할 것입니다.

문: 그 이유는 여하(如何).
답: 서상일 측에 몰린 사람들의 과거 정치 행장(行裝)이 전부 복잡한 사람들이 더 많고 해서 말입니다. 즉 〈국가보안법〉 위반에 걸린 사람들이 많으니까 그쪽을 유물주의로 보는 것이 옳을 것입니다.

재판장은 피고인 윤길중에 대하여

문: 피고인은 기(其) 점에 대하여 여하(如何)히 생각하는가.

답: 그런 사상은 염두에도 둔 일이 없습니다.

재판장은 피고인 김달호에 대하여

문: 피고인은 어떠한가.

답: 서상일은 38선에서 북한 괴뢰와 직접 단판(斷判)하여야 된다고까지 주장하는 측이니까 말이 안 됩니다.

재판장은 피고인 조봉암에 대하여

문: 진보당의 강령은 이 책자에 수록된 대로인가.

차시(此時) 재판장은 증(証) 제14호를 제시하다.

답: 네 그렇습니다.

문: 동 강령의 기초는 누가 하였는가.

답: 상(相) 피고인 이동화가 작성하였습니다.

재판장은 피고인 이동화에 대하여

문: 피고인이 진보당의 강령을 기초한 동기는 여하(如何).

답: 4289(1956)년 2월경 시내 종로구 명륜동(明倫洞)에 있는 서동암(徐東庵) 상일 (相一) 댁에서, 혁신세력 대동운동을 전개하여 새로운 정당을 결성하기 위하여 조봉암, 신도성, 주기영(朱基營), 본인 등이 모인 회합에서, 서상일의 위촉으로 본인이 동 강령 전문, 신도성이 정책을 작성하여 동인(同人)에게 제출 다소 수정을 해서 채택된 것이 초안입니다. 그때는 조봉암과 서상일이 분열되기 전에 공동으로 만든 것입니다.

문: 피고인은 당 준비위원도 아닌데 그런 위촉을 받았는가.

답: 본인은 본래 정치학을 전공한 학자로 그 방면에 많은 관심이 있어 신문 잡지 등에 논문을 많이 실어 이념적으로 실력이 있는 줄 알고 서상일이 나를 불러

서 제가 작성하기에 이른 것입니다.

문: 피고인이 동 혁신대동운동에 관여하게 된 동기에 대하여 종전에 여사(如斯) 진술한
   것이 있는데 그대로인가.
차시(此時) 재판장은 형공 제524호 기록 제1178쪽 이면(裏面) 3행부터 동 제1179쪽
이면 3행까지 읽어주다.
답: 네 그렇습니다.

문: 어떤 요령으로 작성하라고 지시하던가.
답: 그 자리에서 말한 줄거리는 혁신정당을 결성한다한 것인데 정치학을 공부한
   사람은 그 줄거리가 머리에 떠오르게 마련입니다.

문: 그 주요한 핵점(核点)은 여하(如何).
답: 사회적 민주주의를 말함인데 동 강령 전문(前文)에 나와 있는 것입니다.

문: 피고인이 작성한 것과 수정한 부분은 여하(如何).
답: 원고와 대조해 본 일이 없어서 확실히는 알 수 없으나 문구 표현방법 등에 달
   라진 것이 있습니다. 즉 주요한 문구는 평화통일로 한 것이 달라져 있습니다.

문: 연(然)이면 동 문구는 여하(如何)하였는가.
답: 저는 평화적 통일로 하지 않았고 민주통일로 했는데 문구가 달라졌으니까 내
   용도 다를 것입니다.

문: 이것이 피고인이 기초하여 프린트 내지 인쇄된 진보당의 강령 책자인가.
차시(此時) 재판장은 증(証) 제24호를 제시하다.
답: 네 그렇습니다.

문: 서상일 등으로부터 동 강령을 작성함에 구체적으로 지시를 받은 것은 없는가.
답: 구체적으로 어떻게 어떻게 쓰라고 지시받은 일은 없고 사회적 민주주의에 대

한 의견교환은 있었습니다.

문: 연(然)이면 당의 성격을 어떻게 하였는가.

답: 사회적 민주주의에 의한 것이기 때문에 철저히 민주주의적이어야 한다. 즉 그의 본질을 말하자면 노동자, 농민, 근로대중 등을 사회적 기반으로 하고 있는 것이 당의 최고 목적이다. 맑스주의나 공산주의같이 폭력이나 독재가 아니고 어디까지나 의회주의적으로 정치권력을 잡자는 것이며, 사회개혁이나 변혁도 합법적이고 민주적인 방식에 따라 이루어져야 한다는 것입니다.

문: 동 강령 전문(前文) 가운데 '한국정부의 본질'이란 제(題)하에, 대한민국 정부를 "민주주의 이름 밑에 반(半) 전제적 정치를 수행하고 있는 특권관료적 매판자본적(買辦資本的) 정치세력에 기반을 둔 포나파티즘[67] 즉 나포레온[68] 독재정부"라고 하는 의견은 어떻게 되서 그런 결론이 나왔는가.

답: 여당 내지 정부를 공격한다는 의미에서의 어구가 다소 지나친 점이 있는지 모르나 그것은 정치적인 성격을 띠운 것이라고 할 문헌입니다. 다시 말해서 '반전제적 운운'이란 어구를 야당인 입장에서는 내세우지 않을 수 없는 것입니다.

문: 그것을 왜 강령 전문(前文)이라고 했는가.

답: 강령 자체 5개 조는 윤길중이 토론된 후 초안한 것이고 동 전문은 강령의[69] 뒷받침한 것으로 가치 있는 것입니다.

재판장은 피고인 조봉암 동 박기출 동 김달호 동 윤길중 등에 대하여
문: 진보당의 선언, 강령, 정책, 당헌 등은 이 책자에 기재된 대로인가.

---

[67] '보나파르티즘(Bonapartism)'을 말한다. 나폴레옹 1세와 그 세력이 추구한 정치이데올로기를 의미한다.
[68] '나폴레옹'을 말한다.
[69] 문맥상 '을'이 되어야 할 것으로 보인다.

차시(此時) 재판장은 증(証) 제2호를 제시하다.

피고인 등은 순차로
답: 네 그렇습니다.

문: 진보당의 정책 중 통일문제는 여사(如斯)히 정하였는가.
차시(此時) 재판장은 동 책자에서 통일문제에 관한 부분을 읽어주다.

피고인 조봉암은
답: 그렇습니다. 지금 것은 구체적으로 되어있지 못합니다. 그것은 국제정세의 진운(進運)에 발맞추어 제(諸) 우방과의 긴밀한 협조하에 UN을 통한 민주적이고 평화적인 조국통일을 해야 하기 때문에 구체적인 그 안을 아즉[70] 내놓을 수 없는 것입니다.

피고인 김달호 동 박기출은 순차로
답: 정책 가운데 통일문제에 관하여 그와 같이 되어 있는 것을 알고 있습니다.

피고인 윤길중은
답: 추진위원회 때 의안부장(議案部長) 신도성 의원이 작성한 것인데, 정부통령선거 시 신문에 공표했기 때문에 구체적 방안을 내세우지 못한 채 정책에 넣었습니다만 그 표시 방법이 좀 모호한지 모르겠습니다.

재판장은 피고인 이동화에 대하여
문: 경제정책에 관하여도 피고인이 작성하였는가.
답: 저는 그것을 강령 속에다 포함시키려고 했는데 그것이 정책과 관련된다고 해서 따로 해 논 것입니다.

---

70) '아직'을 의미한다.

재판장은 피고인 조봉암, 동 박기출, 동 김달호, 동 윤길중에 대하여

문: 진보당의 당헌은 여사(如斯)한가.

차시(此時) 재판장은 동 책자에서 당헌에 관한 부분을 읽어주다.

답: 네 그렇습니다.

문: 이것은 4289(1956)년 11월 11일[71] 결당대회 때 채택된 당헌인가.

피고인은 순차로

답: 네 그렇습니다.

문: 동 당헌 제10조에서 의하면 선언 강령 정책 등은 전국대의원 대회의 직능(職能)으로 되어 있는데 모두 그와 같은 절차를 밟아서 채택된 것인가.

피고인 등은 순차로

답: 전국 결당대회 때 통과되어 채택되어 진보당 선언 강령 정책 등이 된 것입니다.

문: 정책의 변경이 있을 경우 어떻게 해야 되는가.

피고인 조봉암은

답: 원칙적으로 당헌(黨憲) 그대로 해야 하지만 부득이 고쳐야 할 경우에는 중앙위원회에서 대행(代行)할 수 있다고 해석한 것이 옳을 줄 압니다.

피고인 박기출, 동 김달호는

답: 정강정책을 떠난 당 생활은 할 수 없고 위원장이나 누구나 간에 당헌(黨憲)을 떠나서 변경할 수 없는 것입니다.

---

71) '11월 10일'의 오기이다.

피고인 윤길중은

답: 중앙위원회에서 부득불 변경했을 경우에는 차기 대의원대회의 승인을 받아야 할 줄 압니다.

재판장은 피고인 조봉암에 대하여

문: 피고인은 잡지 『중앙정치』와 여하(如何)한 관계가 있는가.

답: 『중앙정치』는 진보당의 기관지도 아니고 또 진보당에서 경영한 것도 아닙니다. 4290(1957)년 7월 23일자 판권을 18만 환에 이양받아 상(相) 피고인 김병휘의 누이동생 김춘휘(金春輝) 명의로 등록이 되어 있는 대중잡지로서 나와는 관계가 많습니다.

재판장은 피고인 김병휘에 대하여

문: 동 『중앙정치』의 판권 소유자는 누구였는가.

답: 김석봉이란 사람의 것을 18만 환에 샀습니다.

문: 그래서 명의는 피고인의 누이동생 김춘휘 명의로 등록하여 놓고 판권 이양에 대한 관계 서류는 상(相) 피고인 조봉암에게 주었는가.

답: 네 판권은 조봉암 선생의 것이나 마찬가지에서 그렇게 했습니다.

문: 판권이 18만 환밖에 안 되는 그리 싼 것인가.

답: 잘되지 않고 있던 4·6판 정치잡지였습니다.

문: 동 판권을 이양받게 된 동기는 여하(如何).

답: 직접 간접이나마 혁신정치에 관한 이념을 넣어 사회에 알려야 겠어서 그런 잡지라도 하나 있었으면 좋겠다고 했습니다. 그런데 돈이 없어서 여의치 못하고 있다가 작년 6월경 당 사무실에서 위원장 말씀이 어떤 형식이든지 하나 해보자고 해서 제가 김석봉 보고 팔라고 하여 산 것입니다.

재판장은 피고인 조봉암에 대하여

문: 피고인이 18만 환을 내놔서 샀는가.

답: 네 그런 것을 판다고 해서 제 개인적으로 하나 만들었습니다.

문: 연(然)이면 동『중앙정치』의 편집 방침은 여하(如何).

답: 정식으로 당의 승인이 있어야 하는 것은 아니지만 제가 위원장으로서 하는 것이니까, 당 부서와 직접적인 관계는 없으나 중앙당에 출판위원회가 있으니 논문 기타 의사를 발표할 것이 있으면 위촉에 의하여 편집하게 됩니다. 제 생각에는 편집원은 모다 외부 사람이 되었으면 했습니다.

재판장은 피고인 김병휘에 대하여

문: 편집 관계의 부서는 여하(如何).

답: 위원장에 윤길중 위원으로 조규희, 박지수(朴智帥), 안준표 및 본인으로 구성 되어있는데 그것은 조(曺) 위원장의 위촉을 받아서 일하고 있는 깃입니다.

문: 무슨 일을 하는가.

답: 편집의 대강 계획을 결정하고 편집 수행을 위하여 감독하는 것입니다.

문: 원고의 취사선택은 누가 하는가.

답: 편집국장이 합니다.

문: 운영 관계는 여하(如何).

답: 총무국장 조규진이나 조봉암으로부터 자금을 타서 운영합니다.

재판장은 피고인 윤길중에 대하여

문: 피고인이『중앙정치』의 편집위원장인가.

답: 위원장이란 제도를 둔 것은 아니고 제가 다른 편집위원 보다 당적(黨的) 지위 가 좀 높다고 해서 그런 결론이 나온 모양입니다.

문: 정치에 관계되는 논문은 편집국장보다 피고인 등 편집위원이 대강(大綱)을 정한 후 채택되는 것이 아닌가.

답: 그것은 모릅니다.

문: 그리고 조봉암 피고인이 편집에 관하여 총체적으로 관계하는가.

답: 그렇게 됩니다.

문: 동 편집은 진보당에서의 정치 관계 논문만 게재하는가.

답: 대중잡지이니까 누구나 어느 당에서나 자유로이 발표할 수 있습니다. 그런데 될 수 있으면 우리 당에서 많이 주도하자는데 목적이 있습니다.

문: 『중앙정치』에 관한 규약(規約)은 없는가.

답: 따로 정한 것이 없습니다.

재판장은 피고인 조봉암에 대하여

문: 진보당에 통일문제연구위원회가 있는가.

답: 네 있습니다.

문: 통일문제연구위원회의 조직 과정은 여하(如何).

답: 결당대회 때에 재정위원회 계획위원회 통제위원회를 두고 그것 외에 결의로써 특별위원회를 조직하게 되어 있는데, 그 하나가 통일문제연구위원회 또 하나가 출판위원회를 조직했습니다.

문: 통일문제연구위원회의 부서는 여하(如何).

답: 위원장 김기철 위원에는 김병휘, 안경득(安慶得), 김안국(金安國), 정중(鄭重), 윤길중, 조규희 등으로 구성되어있습니다.

재판장은 피고인 조규희에 대하여

문: □□□72)에 관하여는 피고인이 여사(如斯) 자공서(自供書)에 진술하였는데 그대로

틀림없는가.

차시(此時) **재판장**은 형공 제524호 기록 제2901쪽 표면(表面) 5행부터 동 제2902쪽 이면(裏面) 8행까지 읽어주다.

답: 네 그와 상위(相違) 없습니다.

재판장은 피고인 박기출에 대하여

문: 피고인은 출판위원장이라는데 출판위원회에서는 여하(如何)한 기능(機能)을 발휘하였는가.

답: 위원장은 제가 틀림없는데 기능은 하나도 발휘치 못하였습니다. 잡지도 조봉암 위원장이 마음대로 한다고 해서 제 개인적으로 추궁한 일까지 있습니다. 저의 출판위원회에서 할려고 생각한 것은 정진사(正進社)라는 것을 발기해서 신문에다 주(株)를 공모하였으나, 도합 30만 환의 자금밖에는 모이지 않아 그것도 좌절되어 버렸습니다.

재판장은 피고인 김기철에 대하여

문: 통일문제연구위원회 위원명단은 여하(如何).

답: 위원장에 본인 부위원장에 김병휘 위원에 윤길중, 이명하, 최희규, 조규희, 박준길(朴俊吉), 안경득, 김안국, 정중, 권대복(權大福) 등 11명으로 구성되어 있습니다.

문: 피고인이 연구하고 구상하여 작성한 통일방안은 여사(如斯)한가.

차시(此時) 재판장은 증(証) 제35호 「북한 당국의 평화공세에 대한 진보당의 선언문(초안)」을 읽어주다.

답: 네 그것이 틀림없습니다.

문: 동 방안은 진보당 통일문제연구위원회에서 통과를 봤는가.

답: 제가 통일문제연구위원회 위원장에 취임하였으므로 제 주도하에서 과거 연

---

72) 원문 대조 확인 바랍니다.

구해 온 바를 참고로 하여 평화적인 통일방안을 써서 11인 위원 중 7~8인이 나와서 그에게 보이고 기탄없이 의견을 말해달라고 했더니, 구체적인 자료가 없이는 충분한 토론을 할 수 없다는 의견이 나와, 위원장이 책임지고 제네바 회담, UN 총회 등에서의 전국 대표들이 제안과 동 평화통일 방안의 초안을 프린트해서 배포한 후 연구 토론키로 하였던바, 기후(其後) 한 번도 성원(成員)을 보지 못하여 제가 이래 가지고서야 어데 연구할 수 있는가 생각해서 동 안을 15부 등사(謄寫)하여 동년 9월 15~6일 양일간에 11인 위원에게 배부하였는데, 그 후 회(會)가 초집(招集)이 잘되지 않아서 별 진전을 못 보고는 있던 중, 동년 동월 말일 오후 5시경부터 동 6시경까지 간에 중앙당 위원장실에서 조 위원장, 박기출, 김달호, 윤길중, 조규희, 본인 등을 자리에서 본인이 수차 전술(前述) 방안의 토론을 갖기 위하여 초집을 요구하여도 참석치 않고 아무 대안이나 자료가 나오지 아니하니 어떻게 하는 것이냐 그것은 위원장인 나를 불신임해서가 아닌가 했더니, 부산에서 올라온 박기출 부위원장은 대한민국의 국헌(國憲)의 위반이 되는 안은 찬성할 수 없으니 그런 안은 철회하라 그렇지 않으면 내가 탈퇴한다고까지 해서, 모처럼의 노변담(爐邊談)도 여의치 못하고 다만 조 위원장은 이 안은 깊이 연구하였고 그 내용이 충실하여 좋다고 생각되나 현실성에서 이 방안을 내놓으면 제3세력이라고 비난을 받게 되니 당분간 보관해 두는 것이 좋겠다고 의견 정도로 그친 것입니다. 그러니까 그것은 어디까지나 연구과정에 놓인 안에 불과한 것입니다.

문: 조봉암 위원장에게도 동 프린트한 것을 배부하였는가.
답: 그것은 보낸 일이 없고 그날 보여드렸더니 그리 말씀하였습니다.

재판장은 피고인 조봉암에 대하여
문: 상(相) 피고인 김기철의 진술은 틀림없는가.
답: 동 안은 사무실에서 김기철과 박기출이 다툰 후 벌써 알게 되었는데 본인은 동 안에 대하여 찬성은 한 바 있으나 아직 내놓을 수 없지 않는가 했습니다.

재판장은 피고인 조봉암에 대하여

문: 피고인도 동 초안을 받았는가.

답: 네. 받은 바 있습니다.

재판장은 피고인 박기출, 동 김달호에 대하여

문: 피고인 등은 여하(如何).

피고인 박기출은

답: 저는 초안을 받은 일도 없고 본 일도 없는데 그날 김기철로부터 평화통일 방안을 작성하였다고 하기에 그것은 당헌(黨憲) 위반이라고 했으니, 왜냐하면 멸공통일(滅共統一)밖에는 이루어질 수 없는 것이기 때문에 그런 방안을 내세운다면 나는 진보당을 이탈하여 나가겠다고 하고 부산에 내려가서 있다가 20일 만에 체포되었습니다.

피고인 김달호는

답: 그전에는 전연 그 사실을 모르고 언쟁이 있던 날 저녁에 부산에서 박기출이 올라왔다고 하는 연락이 와서 동일 오후 6시경 당 사무실에 나가 보니까, 김기철과 박기출이 난로 가에서 말다툼을 하는 것을 봤는데 그때 박기출은 불법적 안을 내놓으면 난 그만둔다, 김기철은 뭐가 불법이요 하고 대드는 것을 봤을 뿐 동 통일방안을 경찰에서 처음 봤습니다.

재판장은 피고인 윤길중에 대하여

문: 동 방안이 통일문제연구위원회에서 통과된 일은 없는가.

답: 김기철은 의사 발표의 자유와 연구 정도의 지나지 않는 동 방안을 내놓기는 했으나 위원들이 모이지 않아서 토의된 바도 없고 따라서 통과되지 않았습니다. 나의 생각은 UN 감시하의 있어서만 통일할 수 있는 것이기 때문에 경솔히 그런 개인적 안을 내놓을 수 없다고 해서 채택되지 않았습니다. 따라서 어디까지나 개인 안에 불과하지, 당안(黨案)이 될 수는 없는 것입니다.

재판장은 피고인 조봉암에 대하여

문: 피고인은 동안(同案)을 찬성하였는가.

답: 나 개인적으로는 그런 안 만드는데 반대한 일이 없으며 한번 그런 안을 만들어 보는 것도 옳은 일이라고 생각했습니다. 그렇기 때문에 그런 안이 나오는 것도 별로 나쁘지 않을 것으로 생각되어 안 자체는 찬성했습니다.

　재판장은 금일 공판은 이 정도를 마치고 속행할 것을 고하고 차회 기일을 내(來) 4월 3일 오전 10시로 지정, 고지하고 각 소송관계인의 출석을 명한 후 폐정하다.

4291(1958)년 3월 27일
서울지방법원 형사 제3부
재판장 판사 유병진
서기 홍사필

[출전 : 13권 216~249쪽]

피고인 조봉암 외 17인에 대한 간첩 및 〈국가보안법〉 위반 등 각 피고사건에 관하여 4291(1958)년 4월 3일 오전 10시 서울지방법원의 공개한 법정에서

재판장 판사 유병진, 판사 이병용, 판사 배기호, 서기 홍사필 열석(列席)

검사 조인구 출석

피고인 등은 신체의 구속을 받음이 없이 출석하다.

변호인 변호사 김춘봉, 동 김봉환, 동 손완민, 동 한격만, 동 최순문, 동 유춘산, 동 임석무, 동 노영빈, 동 전봉덕, 동 조헌식, 동 신태악, 동 이상규, 동 권재찬 (權載瓚), 동 김병희(金秉熙), 동 이병주(李炳鑄) 각 출석

재판장은 변론을 속행 할 것을 고하고 피고인 등에 대하여 전회(前回)의 공판 심리에 관한 주요 사항의 요지를 공판조서에 의하여 고지하다.

피고인 등은 순차로 종전 그대로 틀림없다고 진술하다.

재판장은 회의한 후 본건 변론은 직권으로서 4291(1958) 형공 제980호 피고인 이 상두에 대한 〈국가보안법〉 위반 피고사건도 공(共)히 병합심리할 지(旨)의 결정 을 고하고,

피고인 조봉암에 대하여
문: 피고인은 『중앙정치』지 4290(1957)년 10월호에 「평화통일에의 길」이란 논문을 게

재한 일이 있는가.

답: 네. 그런 사실이 있습니다.

문: 동월(同月) 잡지에 「평화통일에의 길」이란 제목의 논문을 게재하게 된 경위는 여하(如何).

답: 우리 진보당에 대하여는 몰라서 오해하는 사람도 있거니와 알고도 모략하는 사람이 많이 있었던 관계상 어떻게 해서든지 널리 세상에 진보당의 평화통일 안을 알리려고 했는데, 당세(黨勢)가 약해서 신문사 하나 경영하지 못하고 있던 차에 『중앙정치』란 월간(月刊) 잡지를 내가 경영하기에 이르러, 나는 내 개인적 견해의 「평화통일에의 길」이란 논문을 써서 게재한 것인데 많은 동지들의 의견을 종합한 바 있습니다.

문: 김기철이가 작성한 통일방안이 다소 반대에 부딪치니까 동안(同案)을 토대로 하는 평화통일 방안에 관한 동론(同論)을 쓴 것이 아닌가.

답: 저는 통일문제연구위원회에서의 김기철이가 작성한 것을 전연 몰랐습니다. 제가 논문을 거기에 게재한 것이 김기철의 평화통일 방안 작성 시기보다 훨씬 빠르므로 그런 동기로 쓴 것이 아닙니다.

문: 피고인이 쓴 「평화통일에의 길」이란 논문에는 결론적으로 말해서 무엇을 주장하는 것인가.

답: 단지 어떻게 해서든지 통일은 꼭 해야 하겠는데 북진통일은 할 수 없고 하니, 불가불(不可不) 평화적 방법으로 통일하는 수밖에 없되 어디까지나 민주주의 승리하에서 이루어지는 평화적 통일을 하자는 것입니다. 그것도 UN 감시하의 총선거를 해서 말입니다. 그러자면 국론(國論)을 통일하지 않으면 않되겠기에 전체 토론을 해서 우리의 주장을 내세우자는 의견입니다. 그래서 우리가 자유당과 민주당에 그런 제의를 했었습니다. 그런 고로 통일방안의 구체적 안은 독자적으로 작성할 수 없어서 못썼습니다.

문: 구체적 방안과 결론은 어떠하였는가.

답: 구체적 방안은 세운 바도 없습니다. 전술한 바와 여(如)히 독자적으로 결정지을 성격의 것이 못되어 그 후 김기철이 작성했다는 것도 발표를 못 보게 한 것입니다.

문: 동 논문은 이 책자에 게재되어 있는데 그와 상위(相違) 없는가.
차시(此時) 재판장은 증(証) 제1호 『중앙정치』지 10월호를 제시하다.
답: 네 그와 상위 없습니다.

문: 동지(同誌)를 보면 "진보당의 주장을 만천하에 천명한다"라고 되어 있는데 이는 진보당의 의사인가.
답: 동 논문 원고에는 전혀 그런 글이 쓰여져 있지 않았는데 어디까지나 개인적으로 쓴 것을 편집기자가 내가 진보당 위원장이니까 그런 문구를 덧붙인 것으로 압니다.

문: 연(然)이면 피고인은 동 논문을 어떤 입장에서 썼는가.
답: 내가 진보당 위원장이니까 다소 그런 점도 있을 법하지만 실은 어디까지나 개인적 입장에서 써서 게재한 것입니다. 그러니까 공적 논문이 못됩니다.

문: 피고인은 동 논문을 많은 동지들의 의견을 종합해서 썼다고 진술하였는데 연(然)이면 당 간부와의 회합에서 의논이 되었는가.
답: 정식 회합을 하거나 결의를 한 바는 전연 없고 개개인의 의견을 들었을 뿐입니다.

문: 그럼에도 그런 문제가 나올 수 있는가.
답: 당 간부 몇 사람의 의견을 듣기는 했어서 어디까지나 개인적인 것입니다.

문: 동 논문 중 "2. 왜 지금까지 통일이 되지 않고 있는가"가 기술되어 있는데 그것은 여사(如斯)한데 여하(如何).

차시(此時) 재판장은 『중앙정치』지 10월호 (증(証) 제1호) 중에서 차(此) 부분을 읽어주다.

답: 네 그대로 제가 자신 있게 쓴 것입니다.

문: 기중(其中) "간과할 수 없는 운운" 이하에 "진실로 통일되기를 원치 않는 세력이 일부에 있다"고 함은 누구를 말하는 것인가.

답: 그것은 이북에 있는 김일성 부류나 또 남한에 있어서는 탐관오리, 일부 특권층 등을 말합니다. 그들은 현재의 독재정권의 연장책(延長策)과 현재의 위치 등만 생각하느라고 통일은 원치 않은 것입니다.

문: 그리고 그 이하에 "3. 어떻게 하면 통일을 성취할 수 있는가", "4. 시도한바 있는 무력적 통일방법", "5. 노력해야 할 평화적인 방법에 의한 남북통일", "6. 평화통일을 위한 국제적 사실", "7. 몇 가지 방법론" 등에 대하여 여사(如斯) 쓰여져 있는데 여하(如何).

차시(此時) 재판장은 『중앙정치』지 10월호 중에서 차(此) 부분을 읽어주다.

답: 그와 상위(相違) 없습니다.

문: 북진통일이 불가능하다는 이유는 여하(如何).

답: 북진통일을 하려면 무력을 해야 하는데 지금 무력통일을 생각하면 이것은 우리 대한민국과 북한 괴뢰와의 단순한 전쟁이 될 수 없고, 민주 우방이나 미국이 우리에 대한 보호책임이 있는가 하면, 소련이나 중공(中共) 역시 괴뢰를 둘러싸고 행동을 하게 될 것이므로 곧 전쟁이 세계대전으로 그 여파가 광범위하게 미치게 될 것이므로, 양대 진영이 모두 무력적 통일을 꺼리고 있는 것임이 사실인 만큼 우리가 바라는 바는 다름 아닌 평화적인 통일방법밖에는 생각할 수 없을 것입니다.

문: 그런데 동 논문 중 "그러니 다섯째 안 즉 UN의 결의와 같이 우리 대한민국이 이북 괴뢰와 동등한 위치에 서서 동일한 시간에 선거가 실시된다는 것은 좀 불유쾌(不愉快)하기는 하지만, 기왕에도 UN 감시하에서 몇 번씩이나 선거를 해왔으니 또 한 번

한다고 해서 그게 그렇게 나쁜 것도 없을 것 같다"라고 한 것을 무슨 의미가 있는가.

답: 논문 가운데도 상세히 적었다시피 우리나라에서는 공산당원 1~2명만 있어도 펄펄 뛰는 경향이 많은데, UN 감시하에서 두 쪽을 다 한꺼번에 총선거를 실시한다는 것이, 대한민국은 UN 감시하에서 선거를 하여 수립된 것이니까 동시에 동일한 선거가 되면 좀 불유쾌한 일이라고 한 것입니다. 그렇지만 UN 감시하에서 한다는 것이니까 별로 부끄럽지도 않다는 뜻입니다.

문: 그것은 피고인의 주장인가.

답: 나의 주장도 못 되고 나 개인의 관찰에 지나지 않는 것입니다.

문: 연(然)이면 그에 대한 당적(黨的) 입장은 여하(如何).

답: 나의 생각은 될 수 있으면 당으로서도 이해가 되었으면 하는 의사를 가지고 썼습니다마는, 당으로서는 아무런 합의도 본 바가 없으므로 당의 주장이 못 되고 결국 내 개인의 관찰로 귀착되고 마는 것입니다.

문: 거기에 "나쁠 것도 없을 것 같다"라는 말은 왜 했는가.

답: 나쁜 어감을 줄 수가 없어 다소 부드럽게 하느라고 그 뒤에 덧붙였습니다.

문: 그리고 "현 정부의 주장과 정면충돌이 되어서 조금이라도 나라에 해를 끼칠 염려가 있으니까 저어해서, 현행 정부에서 제기하고 있는 문제 이외의 구체적인 안은 공개하기를 사양하기로 하겠다"라고 쓰여져 있는데 구체안은 이미 작성이 되고 공개만을 하지 않는 것인가.

답: 구체안은 작성하지도 않았습니다.

문: 구체안은 작성이 되고 발표만을 보류하는 것 같은 의심이 드는데 여하(如何).

답: 그런 단계가 아직 못되어 사실상 구체적인 안을 가지고 있지 못합니다.

문: 연(然)이면 교도자로서의 복안은 있어서인가.

답: 가지고 있지 않으면서도 그리 쓴 것입니다.

문: 피고인 자신으로서 무슨 안이 있었을 것이 아닌가.

답: 원칙적으로 UN 결의를 지지하니까 그것이 실현되어야 말입니다.

문: 남북통일 총선거를 한다는 것은 양측 기성 정권을 부인한다는 말인가.

답: 그것은 UN 자체의 결정으로 남북총선거를 끝내 가지고 할 문제로 생각되며, 나 개인으로서도 우리 주권을 무시해 본 일이 없으며 생각한 적도 없는데 하여간 민주주의 측에서 승리를 거두는 것이라야 한다는 말입니다.

문: 또 "북한만을 UN 감시하에 선거해서 우리 대한민국 국회에 남은 의석을 채우게 하고 그렇게 되는 것으로써 통일이 성취되는 것이라면 결코 반대하는 사람이 아니다. 그러나 그렇게 되는 경우에 있어서 그 선거의 결과가 공산당원 100명으로 우리 국회에 들여놓을 수도 있다는 것을 상상조차 하지 못하면서, 그런 문제를 함부로 논의하는 사람들의 태도를 나는 섭섭하게 생각지 않을 수 없다"라고 함은 무슨 의미가 있는가.

답: 잘못하면 이북 의석을 공산당만으로 채우는 결과가 되니까 말입니다.

문: 연(然)이면 민주주의 승리하에서 통일한다는 것은 구체적으로 말해서 어떤 것인가.

답: 이북 괴뢰만 없애버리고 하면 되지 않느냐 할 사람도 있을는지 모르나 그리 쉽게 되는 것은 아닙니다. 우리 정부에서도 공산당 정권을 없이 하면 된다고 하나 사실상에 있어서 이북에도 정권이 있으니까, 없앨 도리는 없고 하니 정치적 경쟁으로 우리 민주주의 운영의 승리가 있어야 한다는 것입니다.

문: 대한민국의 헌법을 도외시하는 결과가 되는 것이 아닌가.

답: UN의 결의에 의하여 하는 것이니까 우리 측에 승리가 있어서 이루어지는 결과가 되면 좋습니다.

문: 그 방안이 있는가.

답: 우리 민주진영이 일치단결하여 절대다수가 선출되어야 한다는 것입니다. 그래서 승리하자는 것인데 그렇게 하자면 민중의 절대적인 지지를 받을 좋은

정치를 하는 동시에, 민주진영의 행동통일로서 임하여 단일 정권으로 만들어야 하는 것입니다.

문: 이 「평화통일에의 길」이란 것 외에 또 다른 의견을 가진 것은 없는가.
답: 별로 없습니다.

재판장은 피고인 윤길중에 대하여
문: 『중앙정치』지 10월호에 게재되어 있는 우리 당의 통일안은 이렇다 할 3대 정당 합석 좌담회에 진보당에서는 피고인이 참석하였는가.
답: 네 제가 참석하였습니다.

문: 동 좌담회에서의 의견교환 내용은 동 책자에 기록이 되어 있기는 하나, 그 당시의 각 정당이 주장한 통일방안에 있어서의 중요한 차이점이란 어떤 것이 있는가.
답: 자유 민주당에서도 평화통일은 겉으로는 좋으나 내면적으로 가능치 않다는 것입니다. 자유당은 무력으로만이 유일의 통일방법이라고 하는 북진통일을 주장하고, 민주당에서는 화전(和戰) 양면의 대체식(代替式) 방안을 내세우고, 우리 진보당에서는 민주주의 승리하에 있어서의 평화적인 방법으로 통일해야 한다는 점이 각 다른 것이 있으나 자유당의 주장은 그래도 일리가 있기는 하지만, 민주당은 화전 어느 것이든지 시기 따라 한다는 것은 아무것도 아니라는 결과밖에는 안 되는 이유로, 그것은 주장으로서의 방안이 못 된다고 제가 비난한 일이 있습니다.

문: 진보당의 평화통일 주장은 절대적인가.
답: 통일한다는 것은 지상과업이니만치 어떻게 해서든지 이루어지길 바라지만, 불가피한 경우를 제쳐놓고 무력적으로는 원치 않는다는 것을 우리 당 정책으로 내세우고 있느니만치 평화통일을 바랄 뿐입니다.

문: 그 당시의 사회(司會) 신도성의 말을 빌리면 "무슨 기본점에서 동떨어진 차이라고 하기보다는 정도의 차이에 지나지 않는 것 같다"라고 하였는데 그 점은 여하(如何).

답: 그렇게 큰 차이점이 없다는 것이 신도성 의원의 결론이었습니다.

문: 『중앙정치』지 10월호에 게재된 상(相) 피고인 조봉암의 「평화통일에의 길」이란 논문은 당의 의사라고 볼 수 있는가.

답: 경찰에서는 그것이 진보당의 정강정책이냐고까지 물었는데 저는 조 위원장이 동 원고를 쓸 적에 관여한 바가 없으며, 그것은 어디까지나 조 위원장인[73] 개인이 정강정책에 있는 것을 해설한 것에 불과하다고 생각합니다.

재판장은 검사 및 변호인 등에 대하여 차(此) 평화통일에 관한 점에 대하여 보충 신문할 것을 고하다.

검사는 재판장에게 고하고 피고인 조봉암에 대하여

문: 평화통일 가능 방안으로서 북한 괴뢰의 동의 없이 할 수 있는 방안을 생각해본 일이 없는가.

답: 동의 없이 하면 안 되는 것은 뻔한 일입니다.

문: 통일방안에 대한 구체안을 발표해서 안 된다는 것은 현행 정부와 의견충돌을 염려해서인가 그렇지 않으면 법률에 저촉 되서 못한 것인가.

답: 교각(矯角)도 지겠지만 지금은 시기가 되지 못해서 작성치 않았습니다.

문: 평화통일 방안을 합법적인 절차에 의하여서만 게재될 수 있는가. 불연이(不然而)면 법률에 저촉되는 문제에 관하여도 논의될 수 있다고 보는가.

답: 필요하다면 논의할 수 있다고 봅니다.

판사 이병용은 재판장에게 고하고 피고인 조봉암에 대하여

문: 북한 괴뢰는 어떻게 해서든지 대한민국 정부와 대등한 입장에서 볼려고 애쓰고 있다는 사실, 다시 말해서 전번에 KNA기 납북사건[74] 같은 때에도 대한민국과 직접

---

73) 문맥상 '일'이 맞는 것으로 보인다.

협상하자고 하는 것 같은 것은 아닌가.

답: 저도 그런 점은 알고 있습니다.

문: 그런데 동일선상에 놓고 하자는 것은 국제적 견지로 봐도 불가한 일이 아닌가.

답: 우리 대한민국은 UN에서 승인을 받았으나 그 반대편에서는 부인을 당하고, 또 우리는 역(亦) 북한 괴뢰를 부인하고 있지만 우리 반대편에서는 승인을 하고 있는 것이 현실이니까 말입니다.

문: UN은 북한 괴뢰를 불법적 집단이라고 규정 짓지를 않았는가.

답: 그런 결의를 했다는 것은 기억에 남은 것이 없고 그렇다는 것은 정도 문제의 차이지 여하간 우리는 UN과 가까운 것은 두말할 나위도 없는 것입니다.

문: 대한민국은 우리 한반도에서 유일한 합법적 정부라고 인정받은 것은 아닌가.

답: 그것은 물론이지요, 저도 그렇게 인정하지요.

문: 그러니까 국제적 정치단체 관계로 봐도 부당한 것이 아니 될까.

답: 하나는 자유진영 하나는 공산진영, UN은 우리 대한민국을 이쁘게 보지만 공산진영에서는 부인을 당해서 사실상 통일이 이루어지지 않으니 말입니다.

문: 합법, 비법(非法)을 가리지 말고 양대 진영에서 따지자는 것인가.

답: 지금 국제정세가 그렇게 되어가고 있지를 않습니까.

문: 피고인의 통일에의 길이란 논문이 당에서 합법적으로 결의된 것은 아니라 해도 당에서는 그와 같은 사실은 다 알고 있는가.

답: 다들 알기는 할 것입니다.

---

74) 1958년 2월 16일 대한국민항공(Korea National Air(KNA))의 여객기 창랑호가 북한의 남파공작원에 의해 납치된 사건이다.

피고인 윤길중은 재판장에게 고하고

조봉암 위원장의 논문 가운데 "좀 불유쾌하지만 운운"은 UN에서의 결의를 전제로 해서 객관적으로 서술한 것에 지나지 않는다고 봅니다. 그 뜻에 있어서 정치적인 문제를 헌법과 법률로 혼돈해서 따질 수는 없다고 생각이 된다고 진술하다.

검사는 재판장에게 고하고 피고인 조봉암에 대하여

문: 동 논문 중 이북 괴뢰라고 한 것은 그 정권을 말한 것인가.

답: 네 그렇습니다.

문: 연(然)이면 이북 땅을 동등하게 한다는 말인가 그 정권을 동등시해서 한다는 말인가.

답: 법률로써가 아니고 사실상을 말합니다.

변호인 김춘봉은 재판장에게 고하고 피고인 조봉암에 대하여

문: 진보당의 정강정책에 관한 문제를 위원장 맘대로 할 수 있는가.

답: 그럴 수 없습니다.

문: 만약 그랬을 경우에는 어떤 제재를 받게 되는가.

답: 처벌받아야지요.

문: 당헌(黨憲)으로 봐서 통일방안을 작성할 시기는 정권을 획득한 후가 아닌가.

답: 그렇게까지 제재를 받고 있는지 기억이 없습니다.

문: 당으로서는 구체안을 가질 수 없고 또 못 가졌으니까 피고인의 논문은 UN에 입각하여 피고인 독자적으로 작성한 것인가.

답: 제 독자적으로 구상하여 쓴 것인데 그것은 UN 결의 원칙에 입각한 것입니다.

문: 피고인은 "북한과 대등하게 운운"한 것은 북한 동지를 말하는가, 그 정권을 말하는 것인가.

답: 이북에 있는 정권은 괴뢰이고 불법단체라는 것은 두말할 나위도 없는 것입니다. 그것을 자꾸 이거냐, 저거냐 하고 따질 것도 없는 것이 아닙니까.

문: 먼저 검사의 보충신문 시 피고인은 진보당에서 불법인줄 알면서도 결의할 수 있다는 것 같이 진술하였는데 사실 여하(如何).
답: 현 정부의 시책에 반대되는 일은 할 수 있다고 보나, 법에 위반되는 일은 할 수 있다고 한 말은 아닙니다. 누가 법률에 위반되는 것을 알고 할 사람이 어디 있습니까.

문: 민주주의 승리하의 평화적인 통일을 한다는 것은 우리 진영이 승리를 할 수 있는 역량이 이루어진 때에서 말하는 것인가.
답: 민주주의 진영이 승리할만한 준비가 다 되어 가지고 말입니다.

변호인 김병희는 재판장에게 고하고 피고인 조봉암에 대하여
문: 이북을 동등히 인정한다는 취지는 여하(如何).
답: 대한민국에서 인정한다는 것이 아니고 국제적으로 문제가 되었을 때에 한해서 말입니다. 그것도 내 개인 생각으로 UN을 통해서 그렇다는 말입니다.

문: 국토통일인가, 민족통일인가, 민주주의 질서의 통일인가.
답: 세 가지 다 통일해야 할 것입니다.

변호인 김봉환은 재판장에게 고하고 피고인 조봉암에 대하여
문: 『중앙정치』지의 판권을 살 적에 상(相) 피고인 김기철, 동 박기출과 상의한 후 결정한 것인가.
답: 상의해서 결정한 것이 아닙니다.

변호인 임석무는 재판장에게 고하고 피고인 조봉암에 대하여
문: 피고인이 쓴 「평화통일에의 길」이란 논문을 작성할 적에 동지들의 의견을 들었다고 하였는데 그것은 당의(黨意)를 들었다는 말인가. 불연(不然)이면 피차에 참고로 해

서 들었다는 말인가.

답: 참고 정도로 들었을 뿐입니다.

문: 구체적 방법론에 대하여도 의논해 본 일은 없는가.

답: 없습니다.

문: 김기철이가 작성한 것과 피고인의 것은 전연 별개의 것인가.

답: 후에 제가 김기철이 것을 찬성하기는 했으나 전연 별개의 것입니다.

문: 피고인이 말하는 평화통일은 대한민국이 승리할만한 기초 위에 섰을 때 해야 한다는 것인가.

답: 그렇습니다.

문: 그것은 우리 〈헌법〉을 초월해서도 할 수 있다는 말은 아닌가.

답: 국제적으로 할 경우에 관찰을 말하는 것이지 헌법 문제를 따지는 것이 아닙니다.

검사는 재판장에게 고하고 피고인 조봉암에 대하여

문: 의석 100석 중 48석이 공산진영이 되고 50석이 우리 민주진영이 될 경우에 있어서도 민주주의 하의 승리라고 할 수 있는가.

답: 그것도 결과적으로 승리는 승리이니까 민주주의 측의 승리라고 할 수 있습니다.

재판장은 피고인 조봉암에 대하여

문: 그런 경우에도 승리라고 할 수 있다는 말인가.

답: 한 석(席)도 없었으면 하지만 어떻게 합니까, 그것은 결과론입니다.

변호인 전봉덕은 재판장에게 고하고 피고인 조봉암에 대하여

문: 평화통일 문제로 당 간부의 회합을 가진 일이 있는가.

답: 공식으로는 아무 회합을 가진 일도 없고 따라서 결의된 바가 없습니다. 우연한 자리에서 만나 의견을 말하시오 해서 개개인의 의견을 들었을 정도입니다.

재판장은 피고인 조봉암에 대하여

문: 피고인은 진보당을 결성함에 있어서 북한 괴뢰집단에 호응하여 그와 동조하는 평화통일 방안을 주장함으로써, 대한민국의 전복수단으로 동 괴뢰집단과 야합하기로 한 일이 있다는 데 여하(如何).

답: 전연 그런 사실이 없습니다. 제가 한 말씀 드리겠는데 제 죄명에 간첩까지 걸어놓고 있는데 이것은 확실히 정치적 음모라고 하는 것을 밝힐 것입니다. 우리에게 대한민국이 싫고 이북 괴뢰를 좋아한다고 하는 것은 우리 대한민국에 불리하고 그에게 이롭게 하는 결과가 되는 것밖에는 아무것도 아닙니다. 괴뢰 평화통일안을 찬성한다고 빨갱이를 만들어서 유죄로 씌어도 이로울 것이요 또 그렇게 압박하겠지만, 아무것도 없는 것이니 무죄가 되면 좋을 것도 없을 상 싶은데 그렇게 해서 씌우니 억울합니다.

문: 그래서 4289(1956)년 5월 6일 시내 양동(陽動)[75] 소재 당시 진보당 추진위원회 사무실에서, 김일성으로부터 남파된 대남간첩 박정호와 밀회한 사실이 있다는데 여하(如何).

답: 그런 사실이 전연 없습니다.

문: 그 당시 양동에 진보당 위원회 사무실이 있었는가.

답: 네 있었습니다.

문: 연(然)이면 박정호는 아는가.

답: 전연 모르는 사람입니다. 지금도 모르고 있습니다. 경찰에서 동년 5월 6일 박정호의 이름이 당 접수부에 있다고 하며 추궁하였으나, 신익희 씨가 작고하신 동년 5월 호남지방에 있다가 그 익일 새벽에 서울에 도착하여 서상일 씨

---

[75] '양동(陽洞)'의 오기이다.

집에서 있다가 선거가 끝난 후에 나왔습니다. 만약에 박정호가 왔다 갔다 하더라도 저는 전연 본 일이 없습니다.

문: 그렇지 않고 동인(同人)과 밀회하여 피고인이 주도하는 동당의 평화통일이 기실(其實) 구체적 방안으로서는 북한 괴뢰의 주장과 동일함을 상통하였다는데 여하(如何).

답: 만나지 아니하였으므로 그런 사실이 없습니다.

문: 다시 동당에 대한 북한 괴뢰의 동태 및 동 집단과의 야합의 방법으로 검토하고자 동년 6월 초, 밀사 성명 미상자 당 37세가량을 북한 괴뢰집 산하 조국통일구국투쟁위원회 김약수에게 파송(派送)시킨 사실이 있다는데 여하(如何).

답: 그런 생각은 한 일조차 없으며 보낸 일도 없습니다. 특무대에서 이모(李某)라고 하는 밀사가 이북에 갔다가 밀봉교육(密封敎育)을 받고 왔다는 말은 들었는데 만약 그것이 사실이라면, 그 간첩들이 잘못 만들어낸 말일 것이고 내 만약에 이북에 밀파(密派)를 보낸다면 김약수에게는 보낼 수 없는 것입니다. 그것은 왜냐하면 내가 농림부장관으로 있을 때 그는 국회부의장이었는데, 그때 외군(外軍) 철퇴 문제 등으로 상극이 되어 있어 차 한 잔도 같이 한 일이 없는 사람입니다. 그런 사람에게 어떻게 내 밀사를 보낼 수 있을까 그런 사실만 보더라도 이것은 꾸며진 일이라는 것이 증명될 것입니다.

문: 그러나 동 밀사로 하여금 북로당 연락부로 인계된 박모(朴某) 지도원에게 남한의 제반 정치정세 및 진보당의 평화통일 방안을 설명함으로써, 동당에서 영합이 되어 앞으로 대한민국을 전복시키기 위하여 북한 괴집과 진보당이 결합한 후 동일 내용의 평화통일을 강조하라는 지령과 함께, 약 1개월 반의 밀봉교육을 평양에서 수(受)하고, 동년 7월 20일경 동 박(朴) 지도원의 안내로 남하, 즉시 피고인에게 기지(其旨) 전달케 함으로써 간첩행위를 감행함과 동시에 이북 괴집이 지령하는 목적사항을 협의 내지 실천한 사실이 있는데 여하(如何).

답: 그것은 말도 안 되는 말입니다. 그리고 이북 괴집에 공명(共鳴)한 사실도 전무합니다.

문: 동년 10월경 이북 괴집과의 야합을 반대한 서상일 일파와 주도권 구실하에 결별한 후 단독적으로 상(相) 피고인 등과 함께 동당 결당에 급급하여, 동년 11월 10일 이동화를 제외한 상(相) 피고인 전원 및 80여[76] 명이 서울특별시 중구 소재 시공관에 회합하여, 전기(前記) 내용의 평화통일을 정강정책으로 하는 진보당과 결당을 봄으로써 대한민국을 변란할 목적하의 결사를 조직함과 동시 피고인은 동당 중앙위원장에 취임한 사실이 있다는데 여하(如何).

답: 그와 같은 사실관계 틀림없으나 진보당은 나 혼자만이 할 것이 아니고 전국적으로 뻔히 알고 있는 사실입니다. 그리고 80여 명이 아니고 8백여 명이 맞을 것이며 전연 그런 목적으로 결사된 정당이 아닙니다. 기(其) 결사의 목적은 진술한 바와 같습니다.

문: 그리고 4289(1956)년 12월 피고인 자택에서 동당 전라북도(全羅北道) 당 간부인 김창을의 소개로 정태영과 밀회한 사실이 있는가.

답: 만난 일이 있는데 집에서 만났으니 밀회는 아닐 것입니다.

문: 무슨 일로 만났는가.

답: 정당의 운영 발표를 위한 의논 등을 한 일이 있습니다.

문: 그래 가지고 동인(同人)은 동당 비밀당원으로 가입시키기로 했는가.

답: 정태영은 자기가 당원이 되겠다고 해서 왔습니다. 그래서 얼마 후에 가입된 것을 알았습니다.

문: 그 자리에서 동인(同人)으로부터 당을 위하여 투신(投身) 노력하겠다는 약속을 받았는가.

답: 그날은 그런 말 없이 그냥 갔습니다. 자기가 어떻게 했으면 좋겠느냐고 하기에 그러면 자기 소신대로 하나 써오라고 했었습니다.

---

[76] '800여'의 오기이다.

문: 그래서 동 4290(1957)년 5월경 동인(同人)으로부터 「실천적 제문제」라는 강평서를 받은 일이 있는가.
답: 네 있습니다.

문: 그 내용은 여사(如斯)한가.
차시(此時) 재판장은 공소장 기재의 범죄사실 중 제1의 (2) ①, ②, ③, ④, ⑤를 읽어주다.
답: 네 그와 같이 써왔습니다.

문: 왜 그와 같은 「실천적 제문제」를 써와야할 입장이나 또는 특별한 이유가 있었는가.
답: 이론적으로 꽤 아는 것 같아서 한번 써보라고 했더니 써왔을 뿐이지 특별한 이유라곤 없습니다.

문: 그래서 그것을 받아가지고 여하(如何)히 하였는가.
답: 내가 한번 읽으니까 좀 과격해서 그냥 봉통(封筒) 속에 넣어왔다가 발견된 것 뿐입니다.

문: 그대로 실천한 일은 없는가.
답: 없습니다.

재판장은 피고인 정태영에 대하여
문: 피고인 상(相) 피고인 조봉암을 만나게 된 동기는 여하(如何).
답: 본인은 학창 때부터 사회학, 특히 철학이나 이론경제학 면에 많은 관심을 갖고 있었기 때문에, 우리나라에서도 사회민주주의적 정당이 하나 있었으면 하고 생각된 차에, 4289(1956)년 11월 조봉암 씨 영도하에 혁신세력을 규합하는 정당이 발족하게 됨으로 그분은 사회적 민주주의 노선으로 나갈 것이라고 믿고, 정강정책 등의 문헌 등을 검토한 후 그분을 만나봐야겠다고 생각되어, 동년 11월경 박동섭(朴東燮)이라는 사람의 소개로 진보당 전북도당 부위원장인 김대희(金大熙)를 만나, 동인(同人)이 다시 도당 간부 김창을에게 소개하여

동인(同人)과 함께 상경하여 조(曺) 선생님을 만나기에 이른 것입니다. 그럼으로 조봉암을 만난 것은 작년 1월 중순경입니다. 그리고 제가 진보당에 가입한 것은 그 전인 4289(1956)년 11월 하순경이올시다.

문: 그때 조봉암과 담화한 내용은 여하(如何).
답: 진보당의 근본이념 문제에 관한 이야기가 있었습니다.

문: 조봉암 피고인으로부터 「실천적 제문제」라는 강평서를 써오라는 위임을 받은 일이 있는가.
답: 아닙니다. 본인이 자진해서 써간 것입니다.

문: 그 강평서 내용은 선시(先是) 조봉암 피고인에게 읽어준 대로 틀림없는가.
답: 다소 차이되는 점이 있습니다.

문: 동 논문에 의하면 상당히 좌익적이고 그 방면에 경험이 많은 것 같은데 여하(如何).
답: 저는 앞으로의 이데올로기 투쟁에 있어서 자본주의는 문제도 되지 않는다고 봐서 그런 점이 나왔는지도 모르겠습니다.

문: 그 글을 쓴 목적은 여하(如何).
답: 그것은 강평서라기보다도 어디까지나 조 선생님께 말씀드리는데 도움이 될까 생각해서 메모한 것에 불과한 것으로, 담화하는데 시간이 없으신 것 같아서 참고로 드린 것입니다.

재판장은 피고인 조봉암에 대하여
문: 4290(1957)년 8월 12일 시내 성북구 돈암동 소재 신흥사 승려 송백선 가(家)에서 윤길중 조규택 등과 함께 조총 병고현(兵庫縣) 조직부장 겸 공산주의 집단체인 소위 민주클럽 병고본부(兵庫本部) 지도책 전쾌수로부터 진보당에 가입 평화통일 선전을 촉진시키라는 지령을 받고 잠입한 조총 병고현(兵庫縣) 이단시지부(伊丹市支部) 위원장인 간첩 정우갑과 밀회한 사실이 있다는데 여하(如何).

답: 동일 오후 7시경 동소(同所)에서 윤길중, 조규택 등과 함께 동인(同人)을 만난 것은 사실인데 그런 공식적인 사명을 띠고 왔다는 말은 없고 자기의 아들이 육군대위라고까지 해서 믿었습니다.

문: 동인(同人)으로부터 재일교포는 60여만 명인바, 그중 2할은 우익진영이고 잔여 8할은 공산좌익 계열인 조선인총연합회원이다. 재일교포 대다수는 이북 괴집이 주장하는 평화통일을 염원하고 있다. 자기는 재일(在日) 시에 조봉암의 위대한 존재를 인식하였으며, 재일 조총에서 개인이 아닌 공적으로 파견되었으며 30년간의 볼세뷔크 노선에서 실존하였다. 자기는 원래 진보당에 대하여 중대한 관심을 포지(抱持)하고 있으며 진보당에서 조국의 평화통일 노선을 선정한 것을 위대하다고 말하고, 앞으로 진보당의 노선을 지지하고 동당에 입당하겠으니 잘 지도해달라는 요청을 받은 사실이 있다는데 여하(如何).

답: 동인(同人)과 이야기하던 중 재일교포 가운데 조련(朝聯)[77] 계통이 8할이 아니고 7할이 된다는 말과 진보당 노선에 관한 말도 좀 있었기는 하지만, 자기가 재일 조총에서 공식 대표로 왔다는 말은 전연 없을뿐더러 그가 30년간의 볼세뷔크 노선에서 실존하였다는 말도 들은 바가 없습니다.

문: 동인(同人)이 진보당에 가입한다고 했는가.

답: 가입한다고 했었는지 지금 생각에 모르겠습니다.

문: 정우갑이가 조총 병고현(兵庫縣) 이단시지부(伊丹市支部) 위원장이란 지위 과정을 알았는가.

답: 정우갑은 60은 넘고 70 가까운 나이의 사람인데 일본서 오랫동안 살다가 아주 한국에 와서 살아왔다고 했습니다. 그런데 서로 주고받고 하는 말 가운데에 다소 좌익적인 말도 있어서 공산당이냐고 물으니까 아니라고 했습니다. 그러나 그가 병고현(兵庫縣) 조련 간부 정도로 있다는 것은 알았습니다. 제가 알게는 일본에 있었던 사람은 대개 조련 계통에 관계한 사람이 많으니까 그

---

77) 1945년에 결성된 '재일본조선인연맹'을 말한다.

방면인 것은 틀림없다고 생각했습니다.

문: 평화통일 선전을 촉진시키기 위한 지령을 받고 왔다고 하지 않던가.
답: 그런 말은 없고 그 점에 자기는 관심이 있다고는 했습니다.

문: 동인(同人)을 만나게 된 동기는 여하(如何).
답: 조규택이가 하루는 일본서 살다가 온 나이 지긋한 사람이 나를 만나보고 이
    야기 들고 싶어 한다고 해서, 그때 윤길중도 마침 나와서 3인이 같이 갔던 것
    입니다.

재판장은 피고인 윤길중 동 조규택에 대하여
문: 그 점에 관하여 상(相) 피고인 조봉암이 진술한대로 틀림없는가.

피고인은 순차로
답: 네 그와 상위(相違) 없습니다.

재판장은 피고인 조규택에 대하여
문: 피고인은 정우갑을 어떻게 알았는가.
답: 제가 아는 사람에 신일양(申一陽)이란 사람이 있는데 그가 하는 말이, 일본서
    살다가 온 사람이 있는데 조봉암을 만나보고 싶다고 한다고 해서 같이 가게
    되었습니다. 그래서 일본 사정도 좀 들어볼려고 했습니다.

재판장은 피고인 조봉암에 대하여
문: 그리고 동년 8월 21일 다시 정우갑을 만난 일이 있는가.
답: 없습니다.

재판장은 윤길중에 대하여
문: 피고인은 다시 만났는가.
답: 동일 당 사무실에서 막 나가는 길인데 최모(崔某)라는 사람과 같이 들어와서

선언, 강령, 정책, 규약 등의 책자를 하나 달라고 해서 주고 나간 일이 있습니다.

재판장은 피고인 조봉암에 대하여

문: 피고인은 4290(1957)년 8월경 당국의 허가가 없음에도 불구하고 운전수 이재윤을 통하여, 미제(美製) 45구경 1정 및 실탄 50발을 시내 신당동 노상에서 성명 미상자로부터 금 3만 환에 매수하여 이를 불법 소지한 사실이 있다는데 여하(如何).

답: 네 그런 사실이 있습니다.

문: 권총은 왜 입수했는가.

답: 테로도 흔한 세상이니까 하나 사두고 허가는 내주지 않을 것이 뻔하니까 그런 것을 알면서도 할 수 없이 소지하고 있었습니다.

문: 동년 9월 동당을 확대시킬 목적으로 동당과 노선을 동일히 하는 근민당 재남잔류파(在南殘留派)[78]인 김성숙(金星淑), 양재소, 김일우 등 10여 명과 합세할 것으로 기하고, 동월 20일 시내 종로 2가 진보당 사무실에서 진보당 측 대표로 피고인과 윤길중, 김달호, 이명하, 김기철, 조규희, 최희규, 근민당 대표로 김성숙, 양재소, 김일우 외 7명 도합 17명으로 통일준비위원회를 구성하는 동시 미구(未久)에 대회를 개최하여 결정을 짓기로 합의를 본 사실이 있다는데 여하(如何).

답: 그런 사실이 있습니다마는 근민당 재남잔류파가 아니고 민혁당(民革黨)에서 서상일하고 같이 일하다 분열되어 나온 사람들인데, 당세(黨勢)를 확대시키려고 그와 같은 회합이 진전되다가 김성숙 등의 사건이 일어나는 바람에 아무 성과가 없었습니다.

---

78) 근로인민당(勤勞人民黨, 약칭 근민당)은 1947년 5월 24일 여운형이 중심이 되어 결성한 정당이다. 그러나 1947년 7월 19일 여운형 사후, 구심점을 잃은 근로인민당은 더 이상 활동을 지속하기 어렵게 되었다. 근민당 당원이던 이영, 백남운, 이여성 등은 1948년 4월 남북제정당사회단체대표자연석회의에 참석하기 위해 월북한 후 평양에 남았다. 반면에 남쪽에 잔류한 근민당 당원들은 '근민당 재남잔류파'라 불렸다. 이들 중 장건상, 김성숙 등이 1957년에 근민당을 재건하려고 했다는 혐의로 체포되기도 하였다.

문: 김성숙, 양재소 등은 근민당 재남잔류파가 아닌가.

답: 과거에 근민당에 관계한 일이 있는 사람들이기는 하지만 근민당 재남잔류파
라곤 할 수 없습니다.

문: 또 동년 9월 동당 통일문제연구위원회 위원장 김기철에게 동당 노선에 입각한 구체
적인 통일방안을 작성할 것을 지시한 사실이 있는가.

답: 동인(同人)을 진보당 통일문제연구위원회 위원장에 임명한 일은 있으나 구체
적인 통일방안을 작성하라고 지시한 일은 없으며, 통일문제에 관하여 연구하
라고 한 것입니다.

문: 구체적 방안을 작성해내라고 한 일이 없는가.

답: 그런 일은 없고 연구하는 일을 해보라고 한 것입니다.

문: 김기철로부터 「북한 당국의 평화공세에 대한 진보당의 선언문(초안)」이란 14개조로
된 통일방안을 제시받은 사실은 있는가.

답: 그런 것을 받지 못하였습니다.

문: 연(然)이면 그 내용은 아는가.

답: 검거 전에 그런 것을 제시받은 일이 없어서 자세한 것은 몰랐는데 경찰에서
취조받을 적에 보여줘서 지금은 알고 있습니다.

재판장은 피고인 김기철에 대하여

문: 당 위원장인 조봉암에게 동 방안의 초안을 제공한 일이 없는가.

답: 없습니다. 통일문제연구위원회 위원 11명에게는 프린트해서 보낸 일이 있어
도 다른 사람에게는 하나도 준 일이 없습니다.

문: 연(然)이면 그 내용을 말한 바도 없는가.

답: 제가 동 원고 약 180엽[79]을 작성하여 가지고 잠간[80] 보여드린 일은 있습니다.

재판장은 피고인 조봉암에 대하여

문: 동 원고는 본 일이 있는가.

답: 원고는 잠간 본 일이 있어도 동 선언문이라고 해서 프린트한 것은 전연 몰랐습니다.

문: 내용에 대하여는 대개 찬성한다고 진술한 일이 있는데 여하(如何).

답: 내 개인적으로 내용에 대하여는 좋으나 그런 것을 하지 않는 것이 옳은 일이라고 했습니다.

문: 전회(前回) 그 구체적인 내용을 봤는가.

답: 자세한 것은 보지 못하였지만 대개 그런 취지의 것이라는 것을 줄거리에서 알고 온당치 않은 일이라고 했습니다.

문: 그래서 동안(同案)을 채택될 것을 말하여 동 연구위원회에 회부 가결키로 지시한 후, 일경 이후 김기철은 수차로 동 위원회를 개최하고 토의 끝에 동 위원장의 자격으로 동 위원회 통과를 결정짓고, 다시 동당 최고간부회의에서 결정 지우기 위하여 동년 11월 하순경 동당 사무실에서 피고인은 동당 부위원장 박기출, 동 김달호, 김기철, 조규희, 윤길중 등 최고간부와 회의한 끝에, 피고인은 동당 노선에 입각한 평화통일의 구체적 방안으로서는 가장 적합한 것이라는 최종적인 단(斷)을 내리고, 일방(一方) 단(但) 이와 같은 안 등을 발표하면 제3세력 운운하는 항간에서 오해받을 우려가 많으니 발표만은 적절한 시까지 보류하자고 하였다는데 여하(如何).

답: 그것은 어디까지나 김기철의 개인 소견에 불과한 것이지 당으로서 아무런 결의를 본 바가 없는 것입니다. 그리고 동년 11월 하순경 당 사무실에서 본인은 그것을 비로소 안 것이며, 그날도 질서정연하게 회합한 것 같이 되어 있으나 그런 사실이 없으며 그저 노변담(爐邊談) 정도에 지나지 않은 것입니다.

---

79) '엽(葉)'은 종이 · 잎 따위를 세는 단위이다.

80) '잠깐'의 의미이다.

재판장은 피고인 김기철에 대하여

문: 그 점은 어떠한가.

답: 그것은 제가 작성하여 가지고 의견을 들어보려고 했는데, 한 번도 회합을 갖지 못하였으니까 전회에 진술한 바와 여(如)히 제 개인 안에 불과한 것입니다.

재판장은 피고인 박기출에 대하여

문: 피고인은 상(相) 피고인 조봉암을 하시(何時)부터 여하(如何)한 관계로 알게 되었는가.

답: 1·4후퇴 당시 부산에서 모(某) 미군인(美軍人) 송별 연회 석상에서 우연히 상호 한자리하게 되어 알게 되었는데, 당시 나는 의사이고 그는 국회부의장이었는데 그 후 수시 친분 있게 지내왔습니다.

문: 그래서 그 후 상호 정치적 이념에 공통되는 바 있어서 친교를 계속하여 왔는가.

답: 그렇도록 교제한 적은 없습니다.

문: 4288(1955)년 10월 피고인 조봉암으로부터 진보당 조직운동을 전개하고 있으니 협조하라는 내용의 서신 또는 인편에 연락을 받은 일이 있는가.

답: 그때 제가 부산에 있을 적인데 진보당의 조직책임자였던 서상일도 친면(親面)이 많은 선배로 수차의 서신 연락을 받고, 처음에는 거절하였으나 반공 민주주의를 토대로 하여 민주혁신정당을 만든다는 것이기에 반승낙은 했었습니다.

문: 그래서 4289(1956)년 3월 시내 종로구 공평동 소재 종로예식장에서 개최된 진보당 창당준비위원회에 참가하여 중앙위원에 선출되었는가.

답: 네 그렇습니다.

문: 그래 가지고 동년 3월 1일 정부통령선거 당시 동당 공천으로 부통령 후보로 출마한 사실이 있는가.

답: 네 있습니다. 연이(然而) 본인은 당 준비위원회에 참석하러 왔다가 서상일이

가 부통령 후보로 공천이 되었는데, 그가 안 한다는 바람에 벼락감투 격으로 나에게 공천하라고 하며 당적(黨的)으로 책임지겠다고 해서 당 정강정책 4 (1)조에 국한되는 정견(政見)으로 입후보하기에 이른 것입니다.

문: 그래서 전국 각 주요 도시를 순회하면서 대통령 후보자인 조봉암과 동조하여, 전현 (前顯) 방안을 내포한 남북평화통일이란 구호를 강조하였다는데 그런가.

답: 네 그 당시 진보당의 선거대책위원장이 서상일이었는데, 그때 평화통일에 관 한 구호를 정하였습니다마는 그것은 어디까지나 민주주의 승리에 의한 남북 통일을 말한 것이지, 공소장에 기재된 것과 같은 불미한 냄새가 나는 따위의 주장을 한 일은 없습니다.

문: 기후(其後) 동 입후보 등록을 취소하였는가.

답: 네 야당 연합론이 나와 차(此)에 순응하여 취소하였습니다.

문: 그리고 동년 11월 10일 전현(前顯)과 여(如)히 대한민국을 변란할 목적하에 동당을 조직함과 동시 동당 중앙당 부위원장에 취임하였다는데 여하(如何).

답: 동일 동당 부위원장에 취임한 것은 사실인데 진보당은 어디까지나 대한민국 을 지지 발전시키기 위하여 발족한 것이지, 대한민국을 부인하거나 변란이나 변혁하기 위해서 만들어진 것은 결코 아닙니다.

문: 피고인도 진보당의 노선에 입각하여 남북평화통일을 주장하는가.

답: 6·25사변 당시 저는 제 눈으로 북한 공산주의 침략자들이 남침을 단행하여 한국 사람이 한국 사람을 죽이는 참담한 현실을 역력히 보고 금후(今後)는 통 일이 다소 늦더라도 민족끼리 싸우는 것은 삼가고 우리 대한민국을 발전시키 는 방향으로 나가는 것이 민족적인 양심에서 가장 좋은 것이라고 생각해서 민주주의 승리하의 평화통일을 지지하게 되었습니다.

문: 4290(1957)년 11월 하순경 진보당 사무실에서 조봉암, 김달호, 윤길중, 김기철, 조규 희 등 당 간부와 회합하여 김기철이 작성한 선언문을 토대로 평화통일에 관한 구

체안을 토의한 사실이 있다는데 여하(如何).

답: 본인은 그와 같은 것을 받은 일도 없고 본 사실도 없는데, 동경(同頃) 다른 용무차 상경하였다가 그날 오후 3시 당 사무실에 나간즉, 김기철과 조규희가 있었는데 김기철이가 본인을 보더니, 박(朴) 박사 마침 잘 왔다고 하면서 평화통일에 관한 구체적인 방안을 한번 토의해보자고 하기에, 본인은 당헌(黨憲)으로 봐서 구체안을 가질 수가 없고 다만 원칙만 세워놓고 국제외교 문제 여하(如何)에 따라 세워질 것이라고 말하였더니, 김기철은 제네바회담에서 한국 대표가 주장한 안이나 UN에서의 제안도 공산 측이 거부하였으니 그들의 평화통일만으로 주장하게 하는 것은 결코 통일하기를 원치 않는 것이라고 공연시리 대발노발(大發怒發)하는 바람에, 본인은 당에 그리할 수 없는 것을 뻔히 알고 있는데 김기철을 제명시키면서까지 서울에 와서 당 생활을 할 수 없는 입장이기 때문에, 그러면 네가 말을 듣지 않으면 내가 탈당하겠노라고 하고 부산에 내려가 있다가 검거되었습니다. 저는 UN 감시하에서 선거를 해서 수립되고 국제적으로 승인받은 대한민국은 금기옥기(金器玉器) 발전시켜야 된다는 오직 단 하나의 생각을 가지고 있는 사람입니다.

문: 피고인이 부산에 있을 동안의 당 생활은 여하(如何)히 하였는가.

답: 한 달에 한 번 정도 내왕하였는데 부위원장은 정부의 부통령이나 마찬가지로 아무 직능(職能)이 없고 오히려 간사장은 하는 일이 많습니다. 그런 이유로 별반 일한 것이 없습니다.

문: 4290(1957)년 9월 동당 부산시 동구 을구 당 위원장에 피선(被選)되었는데 그런가.

답: 그렇습니다. 집 근처에 있는 동리 당을 제가 책임지고 있는데, 전술(前述)한 바와 여(如)히 중앙당에는 거리 관계도 있고 연락 정도로 다니고 조그마한 지역당(地域黨)을 거느리고 있었던 것입니다.

문: 김재봉은 당에서 무엇을 하는가.

답: 조직부장입니다.

문: 김재봉 외 약 100명을 표면화한 당원으로 정경학 외 68명을 비밀당원으로 각각 포섭 입당케 하였다는데 여하(如何).

답: 당원이 대개 100명쯤 된다는 것은 아는데 우리 당에는 비밀당이 있을 수 없습니다. 그래서 비밀당원은 둔 일도 없는데 당원명부에 비(秘)자가 적혀있다고 경찰에서 추궁하였는데, 사실은 그렇지 않고 본인들이 좀 말하지 말아 달라고 한 사람은 있습니다.

문: 4289(1956)년 3월경 동당 사무실 설비(設備) 조로 금 30만 환을 당에 내 논 일이 있는가.

답: 네. 있습니다.

문: 그리고 5·15정부통령선거 비용으로 금 800만 환을 내 논 일이 있는가.

답: 그런 일이 있는데 그것은 제가 부통령 후보로 출마하였으니까 내 선거비를 쓴 셈입니다.

문: 또 동 4289(1956)년 11월 결당비 조로 금 100만 환 동 4290(1957)년 2월 당비(黨費) 조로 금 30만 환을 당에 제공한 일이 있는가.

답: 네 있습니다.

문: 그리고 4290(1957)년 10월 『중앙정치』 발간 자금으로 70만 환을 내 논 일이 있는가.

답: 그런 일이 있습니다.

문: 『중앙정치』 발간 자금은 내놓게 된 경위는 여하(如何).

답: 동년 8월경 위원장인 조봉암이 한다고 해서 김달호 의원과 같이 불평을 했더니, 나중에 누가 하든 간에 잡지 하나 발간하는 것이 필요하다고 하며 위원장이 자금 내라고 해서, 처음에 50만 환 내놓고 또 나중에 20만 환하고 해서 도합 70만 환이 됩니다

문: 후에 다시 받을 작정으로 주었는가.

답: 위원장이 하는 것이니까 그리될 수 없는 것으로 알고 드렸습니다.

문: 그것은 진보당에서 경영하는 것이 아닌가.

답: 저는 그렇게 생각지 않습니다. 적어도 당에서 경영하려면 상임위원회의 결의가 있어야 당 기관지로서 경영할 수 있을 것인데, 그렇지 않으니 위원장 사적 입장에서 내는 것입니다.

　재판장은 금일 공판은 이 정도로 마치고 속행할 것을 고하고 차회 기일은 내 (來) 4월 10일 오전 10시로 지정 고지하고 소송관계인의 출석을 명한 후 폐정하다.

4291(1958)년 4월 3일
서울지방법원 형사 제3부
재판장 판사 유병진
서기 홍사필

[출전 : 13권 261~320쪽]

죄명　　　간첩
피고인　　양이섭, 일명 양명산(梁明山)

우자(右者)에 대한 좌기 범죄사실을 (추가) 공소함

4291(1958)년 4월 3일
서울지방검찰청 검사 조인구

서울지방법원 귀중

범죄사실

　피고인 양이섭은 일명 양명산, 김동호(金東浩) 등으로 불러오던 자로서 4260
(1927)년 3월 중국(천진) 남계중학교(南界中學校) 3년 졸업하고 동년 10월부터 상
해 임정(臨政) 산하에서 약 5년간 독립운동에 가담하여 오던 중, 4264(1931)년 4월
왜경(倭警)에 피검되어 신의주형무소에서 4년간 복역 출옥 후 만주(滿洲) 통화(通
化), 중국 천진 등지에서 농장경영 곡물상 등을 영위하여 오던 중, 8·15해방으로
귀국 신의주에서 건국무역사(建國貿易社)를 경영 중 4279(1946)년 8월 노동당 평
양시당 후생사업으로 대남 교역 차 남하하여 인천경찰서에 피검되었다가 석방되
고, 다시 미군 씨아이씨[81)]에 피검되었으나 역시 석방되고, 동년 12월경 탈출 육
로로 개성(開城) 경유 월북하여 계속 평양에서 건국무역사를 경영 중 6·25사변
이 발발하자 남하하여 대구, 부산 등지를 전전타가 강원도 속초(束草)에서 해산
물상(海産物商)을 경영하고 오던 중, 4288(1955)년 4월 김동혁(金東赫)의 알선으로

---

81) CIC(Counter Intelligence Corps) 방첩대를 말한다.

미(美) 첩보기관 대북공작원으로 북한 지역을 왕래하고 오던 자인바, 피고인 조봉암과는 전기(前記) 상해 거주 당시부터 친교를 맺었고 또한 신의주형무소에서 같이 옥중생활을 한 사실이 있으므로 해서 더욱 친근하여 졌으며, 해방 후 인천에서 동인(同人)과 만난 사실이 있은 후부터는 동인(同人)과의 접촉이 일시 중단되어 오던바

1. 4288(1955)년 3월 과거 평양에서 안면(顏面)이 있었던 남북교역상 김동혁으로부터 전기(前記) 속초에 거주 중이던 피고인에게 인편으로 편지를 보내어, 이북에서 피고인의 처가 왔으니 빨리 상경하라는 전달을 받고 즉시 상경하여 시내 국도극장(國都劇場) 부근 모(某) 다방에서 김동혁과 만난 후, 기실(其實) 피고인의 처가 월남한 것이 아니고 자기는 미군 첩보선을 타고 남북교역을 하고 있는데 북한 괴뢰의 대남교역사인 선일사(鮮一社), 일명 삼육공사(三六公司) 책(責)으로 있는 김난주(金蘭柱)가 피고인을 일차 만나고자 하며 차기 월북 시 동행하여 보자고 하니 어떠한가라는 제의를 받자, 원래 남북교역이란 간첩선(間諜線)을 이용하여야 하며 김난주의 그와 같은 제의는 필히 남한에 대한 어떠한 첩보 임무가 부과될 것이라는 짐작은 충분히 하였으나, 피고인은 과거 신의주에서 건국무역사를 경영한 당시 김난주와는 동인(同人) 역시 무역상을 경영하고 있던 관계로 해서 친교가 있었을 뿐만 아니라 재정적으로 많이 도움을 받은 사실도 있었으며, 또한 이 당시 피고인은 재정적으로 많은 곤란을 당하고 오던 차라 김난주의 후원을 받아가며 남북교역을 하게 된다면 막대한 이득을 보게 될 것이라는 판단하에 동 제의에 응하고, 동일(同日)은 양인(兩人)이 상봉하였음을 확인케 하기 위하여 파고다공원에서 사진을 찍고 김동혁이가 차후에 갔다온 후 다음 시부터 공(共)히 월북키로 상약(相約)하고, 피고인은 일단 속초로 돌아갔다가 약속한 약 20일 후 다시 상경하여 북한에 갔다 온 김동혁과 상봉하여 비로소 월북키로 하여, 동년 5월 중순경 동인(同人)과 함께 미군 첩보기관 공작 루트로 인천을 출발 목선(木船)으로 해상을 해서 보음포(甫音浦)를 거처 약 9시간 후 황해도 연백군(延白郡) 돌개포[82]에 도착 즉시 동소(同所) 소재 전기(前記) 선일사 직원의 안내로 동 숙사

---

82) 연백군 호남면에 소재한 포구이다. 본래 연백군은 경기도에 속해 있었으나 6.25전쟁 중이

(宿舍)에서 체류 중 약 3일 후, 동 사원 황모(黃某)의 안내로 약 50보 상거(相距)된 별도 숙소를 가서 동소(同所)에 대기 중이던 김난주를 만나고, 기간(其間)의 소식을 주고받으며 약 1시간 반경 잡담을 하다가 다시 동인(同人)의 안내로 동소(同所) 별도 방에 대기 중이던 박일영(朴日英)(44~5세가량)을 만나게 되었던바, 동인(同人)은 원래 괴집 수괴 김일성의 직속으로서 막부(幕府)[83]에서 공산정보학교(共産情報學校)를 수료한 바 있었으며, 해방과 동시 소련군 중위로서 김일성과 같이 귀국하여 노동당 평안북도당 위원장을 거쳐 6·25사변 당시는 괴집 내무성 제1부상으로 있었으며 당시는 노동당 중앙당 정보위원회 부위원장으로 있던 자인바, 피고인은 전기(前記) 신의주에서 건국무역사를 경영할 당시 개인이 도당 위원장이므로 해서 사업차 접근하게 되고 또한 재정적 후원을 해줌으로 해서 역시 김난주와 여(如)히 친근한 처지였던바, 당시 동인(同人)으로부터의 질문에 대하여 1·4후퇴 시 신병(身病)으로 월남하게 되었으며 남한도 많이 복구되었다. 근간(近間) 조봉암과 만난 사실은 없으나 이상을 통해서 본즉 서울에서 정당운동을 하는 것 같다고 답하다. 동인(同人)은 북한의 복구상(復舊相)을 말함과 동시 앞으로 김난주와 같이 남북교역사업을 하라, 상사(商社)는 돌개포 소재 삼육공사로 하고 남북으로부터의 물자는 신문, 잡지 같은 위험한 것은 피하고 시계 의약품 라디오 가방 우의(雨衣), 내의(內衣) 등으로 하고 북한에서의 대상물자(對象物資)는 모루히네[84] 등 마약과 한약재로 하라, 자금도 북한에서 선대(先貸)하겠다고 하며 수차 간첩 사명이 부하(負荷)될 것을 확정적으로 예기(豫期)하면서 동 지령 사실을 전달할 것을 승인함으로서 간첩으로 포섭된 연후 동경(同頃) 교역자금 조로 모루히네 2천(瓩[85]) 시가 약 250만 환을 가지고 김동혁과 함께 동일 루트로 월남함으로서 간첩 예비(豫備) 행위를 감행하다.

던 1952년 북한이 행정구역을 개편하면서 연백군을 폐지했고, 연백군 호남면은 황해도 연안군으로 편입되었다. 1954년 10월에 황해도가 남·북도로 분도(分道) 됨에 따라서 황해남도에 속하게 되었다.

[83] '모스크바'를 말한다.

[84] '모르핀(Morphine)'을 말한다.

[85] '킬로그램 천'이다.

2. 동년 6월 중순경 약 200만 환의 의약품 등 물자를 구입한 후 김동혁과 함께 동일 루트로 월북하여, 전기(前記) 돌개포 숙소에서 평양으로부터 내포(來浦)한 김난주와 같이 박(朴)으로부터 조봉암의 동태를 물음에 잘 알아보지 못하였다고 한즉, 조봉암이가 신당(新黨) 운동을 하고 있는 모양인데 그 내용과 사생활 내용을 될 수 있으면 상세히 알아 다음 월북 시 보고하라는 지령을 하자 이를 승낙하고, 수일 후 한약재 등 약 300만 환의 물자를 가지고 월남함으로서 간첩 예비(豫備)를 하고

3. 동년 7월경 의약품 등 약 300만 환의 물자를 가지고 전기(前記) 동양(同樣)으로 월북하여 전기(前記) 장소에서 박일영을 만나, 동인(同人)에게 기간(其間) 전화부를 보고 알아두었던 조봉암의 주소와 전화번호 및 지상(紙上)으로 알았던 조봉암이가 민주당 합당운동에서 탈퇴하고 신당 조직을 하고 있다는 등 보고를 하자, 동인(同人)으로부터 좀 더 상세한 것을 알아오라 서상일과 합작한다는 말이 있는데 기(其) 경위 내용 등을 상세히 알아오라고 지령을 받음과 동시, 조봉암과 직접 만날 수 있는가라는 말에 만날 수 있다는 말을 교환한 수일 후 월남함으로서 간첩행위를 감행하고

4. 전기(前記) 3차 당시 월남하여 김동혁이가 마약 소지 관계로 경찰에 구속됨으로 해서 새로운 월북 루트를 포섭코저 노력 중, 과거 미군 첩보기관에 종사한 사실이 유(有)한 엄숙진(嚴淑鎭)의 알선으로 인천 소재 육군 에이치아이디[86] 첩보선을 이용하게 되어, 4290(1957)년 2월 페니시링,[87] 시계 등 약 100여만 환의 물자를 가지고 동인(同人)의 안내로 서해안 휴전선 루트로 입북 돌개포에 도착하고, 삼육공사의 연락으로 동소(同所)에서 3일 후 전기(前記) 박일영과 상봉하여 기간(其間) 김동혁의 사고로 오지 못했다는 말과 조봉암이가 진보당 창당추진준비위원회를 조직하여 활동하고 있다는 말을 하자, 동인(同人)은 금차(今次) 월남하면 조봉암을 만나 북에서는 과거 조봉암을 나쁘게 생각하여 왔었는데 박헌영

---

[86] 육군첩보부대(Headquarters of Intelligence Detachment, 약칭 HID)를 말한다.
[87] 세균성 전염병을 치료하는 항생제 페니실린(Penicillin)을 말한다.

사건이 일어났을 때 박헌영 자신이 조봉암을 출당시킨 것은 서로의 잘못이었음을 고백하였고, 현재 북에서는 조봉암과 합작할 용의를 가지고 있으니 박일영 자신의 인물을 조봉암에게 소개하고 남한에 현 대한민국 정권을 전복시키라는 말을 전해주고, 또한 5·15정부통령선거 시 대통령으로 입후보하면 북에서 재정적으로 후원하겠으니 그 말을 전하라는 지령을 받음과 동시, 별도 삼육공사 돌개포 책임자 한광(韓光)이로부터 박일영은 노동당 중앙위원으로서 동당 중앙당 직속으로 정보위원회가 있는데 동 위원장이 김일성이고 부위원장이 박일영으로서 그 위치는 외상급(外相扱)이라는 말을 들은 후, 동경(同頃) 모로히네 2천(瓩) 및 인삼(人蔘) 등 300여만 환의 물자를 가지고 남하한 연후, 동년 3월 10일경 전화 연락으로 조봉암과 시내 중구 퇴계로(退溪路) 소재 로타리에서 만나 동일 오후 6시경 동인(同人)과 함께 남산동 소재 모(某) 무허가 음식점에서 회합하면서, 위선(爲先) 오래간만에 만난 인사 교환을 하고 연후 피차 어떠한 과오가 있더라도 피차 고발할 처지가 아닐 것이니 말하겠다고 전제한 다음, 기실(其實) 기(其) 동안 남북교역을 하여 돈을 좀 벌었고 이북에서 노동당 중앙위원 겸 중앙당 정보위원회 부위원장으로 있으며 내무성 제1부상으로 있었던 박일영이라는 사람을 만났는데, 그 사람이 말하기를 과거 조봉암을 나쁘게 생각하였는데 박헌영 반동(反動)으로 처결하였을 시 동인(同人)이 조봉암에게 대한 출당 처사는 자기 자신 과오였다는 것을 시인하였고, 다시 북과 조봉암은 평화통일이라는 같은 목표이니 합작하자고 한다. 박헌영 사건 이후 북에서는 조봉암에게 대단히 호감을 가지고 있으니 여하간 합작하자고 한다. 그리고 또 5·15정부통령선거 시 대통령으로 출마하면 북에서 재정적으로 후원하겠으니 그 말을 전달해달라고 하더라는 말을 전언(傳言)한즉, 조봉암은 긴장된 얼굴로 약 30분간 침묵을 지키다가 김(金)(양이섭을 가리킴)이 돈을 벌었다면 개인적으로 원조해달라고 말함으로서 대한민국을 전복시키기 위하여 북한 괴뢰집단과 합작하여 그 원조를 수(受)할 것을 응낙(應諾)케 함으로서 포섭 공작에 성공하고

5. 동년 3월 하순경 의약품 100여만 환의 물자를 가지고 전기(前記) 육군에 에취아이뒤(HID) 루트로 월북하여 돌개포에서 박일영과 상봉한 연후 전기(前記) 4차 조봉암과의 회합내용을 말하고, 진보당에서 정부통령선거위원회를 구성하고

평화통일 및 피해대중은 단결하라는 등의 구호를 내세우고 있다고 말한즉, 오래 간만에 만났으니 경계할 것이라고 말한 다음 진보당에서 평화통일을 내세웠으니 대단히 반갑다, 평화통일이란 북에서도 부르고 있는 것이다, 앞으로 평화통일을 널리 선전하여 일반대중에게 주입시키도록 하고, 현 남한정세로 보아 조봉암이 대통령으로 당선될 것 같지 않으나 그의 정치투쟁을 강화하는데 그 가치가 있으며 그에 대한 선거자금은 북에서도 원조하겠으니 그 취지를 조봉암에게 전하라는 지령을 받고, 수일 후 한약재 약 300여만 환의 물자를 가지고 월남한 후 동년 4월 전기(前記) 남산 집에서 조봉암과 밀회하여 동 박일영의 말을 전달하자, 조(曺)는 웃으면서 김(金)(양이섭을 말함)이 돈을 벌었다면 원조해달라는데 왜 다른 소리를 하는가 하면서 완전 내락(內諾)함으로 선거자금이 얼마나 드는가 물으니, 약 2억 환 정도 있으면 충분하다고 함으로 북에서 원조하겠다고 하니 그 말을 박일영에게 전달하겠다고 상약(相約)하고

6. 동년 4월 시계 의약품 등 160만 환의 물자를 가지고 월북 돌개포에서 박일영과 만나 전기(前記) 조봉암과의 회합내용을 말하고 동인(同人)이 합작을 제의하였다는 것을 전달하라, 전시(前示)와 여(如)히 현 남한정세로 보아 당선은 기대키 어려우나 정치 경험을 체득키 위하여 선거운동을 강력히 추진하고 평화통일을 직접적으로 선전하도록 하라, 금반(今般) 월남하면 동 선거자금의 일부로 금 500만 환을 선대(先貸)형식으로 조봉암에게 전달하고 그의 승리를 빈다는 말을 전하라는 지령을 말하고, 동경(同頃) 약 600만 환의 한약재를 가지고 월남한 후 전화 연락으로 을지로 소재 중국 요식점 아서원(雅叙園)에서 조봉암과 밀회하여 동 박일영의 말을 전달함과 동시, 물자가 처분되는 대로 500만 환을 주겠다고 하니 동인(同人)은 고맙다고 하면서 돈이 급하니 빨리 달라고 독촉함으로 약 1주일 후 한약재를 처분한 대금(代金)의 일부인 액면 130만 환의 보증수표 1매를 시내 양동 소재 진보당 사무실 근처에서 조봉암에게 직접 전달하고, 기(其) 2~3일 후 전화 연락으로 태평로 노상에서 찝차를 타고 온 동인(同人)과 만나 찝차 내에서 총액 70만 환의 보증수표 3매를 직접 교부하고, 동경(同頃) 아서원에서 총액 230만 환을 보증수표 2매 내지 3매로 하여 직접 수교(手交)하고, 기(其) 약 1주일 후인 동년 5월 12~3일경 조봉암의 사자(使者)로 온 그의 생(甥) 조규진(曺圭鎭)을 시내

사직공원(社稷公園)에서 만나 현찰 70만 환을 전달함으로서 500만 환 전부를 전달하고

7. **5·15선거가 끝난 동년 6월 하순경 의약품** 등 100여만 환의 물자를 가지고 월북 돌개포에서 박일영과 만나 동인(同人)에게 500만 환을 전달하였다. 선거 결과는 신익희 씨가 사망한 관계로 동정표를 다수 획득하여 약 200만 표를 얻었다, 창당 추진운동에 있어 조봉암이가 서상일파와 대립하여 알력(軋轢)을 양성하고 있다는 등의 보고를 하자 동인(同人)은 이제는 선거도 끝났으니 창당을 빨리하도록 하라, 정당으로서 기관지가 필요하니 일간신문사 판권을 속히 얻도록 하여 평화통일 노선을 적극 선전 추진토록 하라, 그의 운영자금은 전적으로 원조하겠으니 전언(傳言)하라는 지령을 수(受)하고, 동경(同頃) 월남하여 주로 전기(前記) 아서원에서 수차 조봉암과 만난 후 동인(同人)에게 전기(前記) 박일영의 지령을 전언(傳言)하자, 그렇지 않아도 자기도 신문사가 필요하여 알아본 결과 『대동신문(大同新聞)』 판권을 인수할 수 있는데 우선 판권 인수비로 500만 환이 필요하고, 기외(其外) 운영비 8천만 환이 필요하다고 함으로 피고인은 그 말을 박일영에게 전달할 것을 상약(相約)하고, 다시 동년 11월경 진보당이 결당될 것이라는 말을 듣고 이 말도 아울러 북에 전달하겠으며 다음은 동년 8월 말경 월북할 예정이라고 말하고

8. **동년 8월 말경 100여만 환의 시계 의약품** 등 물자를 가지고 월북하였는데 기시(其時) 전기(前記) 삼육공사 돌개포 책(責) 한광이가 금번은 박일영이가 허리를 다쳤으므로 평양으로 오라고 한다 하여 동인(同人)의 안내로 서평양(西平壤) 소재 지정 아지트에 가서 박일영을 만났던바, 그 시(時)는 박일영 산하로 정보위원회 부부장(副部長)이면서 대남정당 책임자인 최모(崔某), 동 과장(課長) 조모(趙某), 동 과내(課內) 진보당 책임자 강모(姜某) 등이 입회하였는바, 피고인은 박일영에게 기관지 획득에 관한 조봉암의 자금 요청 및 진보당이 11월경에 결당될 예정이라고 하더라는 말을 전하자, 금반(今般) 월남하면 선대(先貸)형식으로 판권 획득비(獲得費) 조로 500만 환을 지불하라, 기외(其外) 비용도 일체 책임지겠으니 빨리 판권을 획득하라고 하고, 기(其) 익일 다시 임춘추(林春秋)를 데리고

내방하여 내가 혹시 다른 직장에 전임(轉任)될는지 모르는데 그 후는 임춘추와 연락하라고 하자 임춘추도 앞으로 일을 잘하라고 함과 동시 백삼(白蔘) 3근을 주면서 조봉암에게 선사용(膳謝用)으로 전해달라고 함으로 동 백삼을 가지고 함께 동경(同頃) 평양을 출발 돌개포를 경유 모르히네 1천(瓩) 외 녹용(鹿茸) 등 약 700만 환의 물자를 가지고 월남한 후, 동년 9월 중순경 소풍(逍風)을 위장하여 조봉암과 같이 시내 광릉(光陵)에 가서 전기(前記) 창당을 빨리 하라, 속히 판권을 획득하라 운영자금은 북에서 부담한다, 판권 획득비 조로 금 500만 환을 전달한다는 등의 박일영의 지령과 임춘추가 백삼 3근을 선사용으로 보내더라는 말을 전하자 대단히 감사하다, 판권획득은 계속 노력 중에 있다고 함에 동소(同所)에서 전기(前記) 교역물자 처분대금의 일부인 액면 100만 환 보증수표를 직접 수교(手交)하고, 동경(同頃) 시내 성북구 약수동(藥水洞) 로타리에서 현금 50만 환과 액면 50만 환의 보증수표 1매를 조봉암의 사자(使者)로 나온 그의 장녀 조호정(曺滬晶)에게 전달하고, 다시 동년 10월 초 동일히 동녀(同女)에게 현금 50만 환과 액면 50만 환의 보증수표 1매를 동소(同所)에서 교부하여 도합 300만 환을 조봉암에게 전달케 하고, 다시 동경(同頃) 동 약수동 로타리에서 조봉암의 찦차 운전수 이재윤에게 현금 80만 환을 교부하여 전달케 하고, 동경(同頃) 아서원에서 액면 120만 환의 보증수표 1매를 조봉암에게 직접 수교(手交)함으로서 500만 환 전액의 수도(受渡)를 완료하고, 다시 동경(同頃) 시내 퇴계로에서 임춘추가 보낸 백삼 3근을 동 이재윤에게 수도하여 조봉암에게 전달케 하고

9. 기후(其後) 진보당 결당을 보고 갈려고 대기하고 있던 중 동년 11월 10일 진보당이 결당되자 월북키로 하고 동월 하순경 아서원에서 조봉암과 회합하고 동인(同人)이 판권 획득비 조로 받은 500만 환을 결당비 조로 소비하였으니 다시 판권비 500만 환을 보내달라는 요청과 함께 "백삼을 보내주어 감사하다 사업이 잘되고 있는데 앞으로도 잘 될 것이니 많이 후원해주기 바란다"는 내용의 편지를 써줌으로 차(此)를 수취한 후 동경(同頃) 의약품 등 100여만 환의 물자를 가지고 월북하여 돌개포에 도착, 다시 박일영의 초청으로 한광이와 함께 평양에 가서 지정 아지트에서 박일영과 상봉하였던바, 기시(其時) 자기는 알바니아 대사로 가게 되었다고 하고 그 익일 다시 임호(林虎)[일명 임해(林海)로서 전 괴뢰 주소대사]를

데리고 와서 금반(今般) 임호가 정보위원회 부위원장으로 취임하였다고 하며 동인(同人)을 소개하므로 인사 교환을 한 후 동인(同人)에게 진보당이 11월 10일 결당되고 조봉암이 위원장에 취임하였으며 평화통일을 당 구호로서 내걸었다, 그리고 신문사 판권획득은 현재 운동 중에 있으며 전번(前番)의 500만 환은 결당비로 소비하였음으로 500만 환을 더 요구하더라고 말함과 동시에 전기(前記) 조봉암 편지를 진보당 책(責) 강모(姜某)를 통하여 임호에게 전달하자, 동인(同人)은 진보당 결당 사실은 이미 신문을 통하여 알고 있는데 인물 인원이 약 800명이라고 하나 사실은 천 명 이상 될 것이며 대성황을 이루었을 것으로 생각되며 평화통일을 구호로 삼아 발족하게 되었으니 대단히 반가운 사실이라 하면서 극히 만족스러운 표정을 하면서 앞으로 진보당 조직을 강화하도록 하여 평화통일을 선전하도록 하라. 진보당 조직상황을 알고 싶으니 그에 관한 문건을 다음 기회에 가지고 오라, 신문사를 빨리 경영하도록 하라, 우리가 무전(無電)으로 감취(監取)한 바에 의하면 김종원(金宗元) 치안국장(治安局長)이 진보당 동향을 엄중 감시하라는 무전을 전국 경찰국장에게 쳤으니 그 점 가거든 주의하라고 전언(傳言)하라, 신문사 판권 획득비 조로 500만 환을 선대(先貸)형식으로 전달하라는 지령을 하자, 직접 피고인은 앞으로 직접 양측에서 사람을 교환하는 것이 어떤가고 제안하자, 그러면 북에서 사람을 보내도 환영하겠는가 조봉암에게 물어보라는 지령과 함께 "우리도 잘 있다 우리 사업도 잘되어 나간다. 사업이 잘되기 바란다. 앞으로 후원하겠다. ― 임(林)" 이라는 내용의 편지를 조봉암에게 전달하라고 하면서 수교(手交)하므로 차(此)를 수취한 후 2~3일 후 약 700만 환의 인삼(人蔘) 등 한약재를 가지고 돌개포를 경유 월남하여, 즉시 전화 연락으로 조봉암을 반도호텔 앞 찦차 속에서 만나 소풍을 가장하고 시내 우이동(牛耳洞)에 가서 동인(同人)에게 전기(前記) 임호의 편지 및 지령을 전달하자 동인(同人)은 고맙다 수고하였다고 하면서 북과 사람을 교환하는 것은 자기로서도 무방하다, 진보당 감시에 관한 김종원 치안국장의 무전 건은 자기도 알고 있으며 그에 관한 문건을 가지고 있는데 후에 보여주겠다, 조직사업에 관한 문건은 자기가 준비하겠으니 후일 월북 시 가지고 가라고 하자 피고인은 500만 환은 물건이 처분되는 대로 주겠다 함으로서 동일은 헤어진 후 동경(同頃)부터 4290(1957)년 2월 초순경까지의 간(間) 수차에 긍(亘)하여 보증수표로 500만 환 전부를 조봉암에게 직접 교부하고

10. 4290(1957)년 2월 출발 전날 아서원에서 조봉암과 회합하고 동인(同人)으로부터 전기(前記) 약속한 진보당 중앙위원 명단 동 상임위원 명단, 선언서 및 강령이라는 소책자를 수취하고, 기(其) 익일 아침 약수동 로타리에서 동인(同人)이 보내온 전국 경찰국장에게 무전 시달한 진보당 동향 감시 공문 사본을 운전수 이재윤으로부터 수취하여 의약품 등 100여만 환의 물자를 가지고 월북, 한광의 안내로 평양에 가서 전기(前記) 대남 정당 책임자 최모(崔某)와 조모(趙某), 강모(姜某) 등과 회합하여 전기(前記) 조직문건 및 무전(無電) 사본을 수교(手交)하자, 강(姜)은 선언문을 읽고 나서 문(文)틀로 보아 신도성이 작성한 것 같다고 하고 또한 최(崔)가 신문사를 조속히 운영하라, 진보당의 조직을 확대 강화하고 문호를 개방하여 혁신세력 규합, 연합전선을 추진토록 하라는 지령을 함에 동경(同頃) 약 500만 환의 물자를 가지고 월남한 후, 아서원에서 조봉암과 만나 전기(前記) 최(崔)의 지령을 전달하자 미군 철수 주장은 진보당의 토대가 아직 공고하지 못하므로 해서 시기상조이며, 야당 연합은 잘못하면 민주당에 넘어갈 우려가 있으니 앞으로 시기를 보자고 하였으며 『대동신문』 판권 획득은 실패로 돌아가서 앞으로 『중앙정치』 판권을 획득할 수 있다고 하였으며

11. 동년 5월 하순경 월북함에 있어 조봉암이가 수차에 걸쳐 자금이 부족하니 좀 더 가지고 오라는 간청을 함에 피고인은 항상 구두(口頭)로서만 돈을 달라고 말하기가 곤란하니 직접 편지를 써달라고 말하자 동인(同人)도 승낙하고, 출발 전일(前日) 아서원에서 회합한 자리에서 조봉암이 자필로 "사업이 잘되어가기는 하나 경제적 곤란으로 지장이 많으니 좀 더 후원해 달라"는 내용의 편지와 답례조로 파카 만년필 3본 및 진보당 지방 당부 간부명단 1매, 대구시당 간부명단 1매 [유지(油紙) 인쇄물] 등을 줌으로 차(此)를 가지고 월북하여, 한광이 안내로 평양에 도착하여 지정 아지트에서 임호, 최모(崔某) 등과 만난 후 『대동신문』 판권은 원래 기(其) 회사 내에 알력이 있어서 매도하려고 하였던 것인데 기후(其後) 타협이 성립되어 현재는 매도 않기로 되었으며, 앞으로 『중앙정치』 판권을 획득할 수 있다는 말과 야당 연합 관계 및 미군 철수에 관한 조봉암의 말과 동인(同人)이 전달한 만년필 2본(1본은 도중에서 분실)과 지방 당부 간부명단 등을 강(姜)을 통하여 임호에게 전달한즉, 동인(同人)은 기관지는 다른 방향으로 알아보되 『중앙정

치』가 발간되면 차기에 보내라, 계속해서 평화통일론을 선전하라, 야당연합 운동과 미군철수 운동을 추진토록 하고 지방당부 전개 상황에 관한 문건을 보내라는 지령과 함께 자금조로 2만 불을 교부토록 하고, 기(其) 4~5일 후 강(姜)으로부터 피고인의 기간(其間) 입체금(立替金) 7천 불을 합하여 미(美) 본토불(本土弗) 27,000불과 선사용(膳事用)으로 녹용, 반각(半角)[10여 양중(兩重)]을 받아, 동경(同頃) 월남하여 전화 연락으로 조봉암과 만나 남한산성(南漢山城)에 가서 전기(前記) 임호의 지령과 27,000불을 가지고 왔으니 받으라고 하자 자기는 불을 교환할 수 없으니 한화(韓貨)로 교환해서 주되 우선 급하니 60만 환만 달라고 하여 동 본토불 620불을 교부하고, 나머지 26,380불은 불상인(弗商人)[88] 이정자(李貞子)에 평균 900대 1로 환화(煥貨)하여 대부분은 보증수표로, 300만 환은 마재하(馬在河) 명의의 개인수표로 동년 7월 초순부터 8월 초순까지의 간(間) 아서원에서 2~3차, 회룡사(回龍寺)에서 1차, 우이동에서 2차, 동구릉(東九陵)에서 1차, 진관사(津寬寺)에서 2차 등 회합 총 2,400여만 환의 자금을 전부 수교(手交)하고

12. 4290(1957)년 9월 중순경 월북함에 앞서 진보당 기관지로서『중앙정치』판권을 획득하였으며 동년 9월 중순경 창간호로서『중앙정치』10월호가 발행된 바 있었는데, 동경(同頃) 진관사 등에 소풍 나갔다가 조봉암으로부터『중앙정치』10월호 1부를 받고, 또한 아서원에서 동인(同人)으로부터 녹용을 보내주어서 감사하다 약대(藥代) 2만 환(2만 불을 말함)은 잘 받았다는 영수증 1매와 별도로 사업이 잘되어가고 있으니 앞으로도 잘 후원해달라는 편지 1매를 각 수취하고, 동경(同頃) 전화 연락으로 퇴계로에서 지방당 발전상황을 적은 진보당 조직명단 1매를 직접 수취한 후 월북하여 평양에서 조(趙), 강(姜)을 만난 후 동인(同人) 등에게 전기(前記) 편지, 영수증, 명단,『중앙정치』10월호를 각각 전달한바, 동인(同人)은 상부의 지령이라고 하고 북한에서는 반미민족연합전선(反美民族聯合戰線)을 구호로 하고 있으니 남한에서도 반미민족연합전선을 세우도록 하라, 진보당 조직을 확대하고 4차 총선거에 있어 진보당의 대책이 수립되면 기(其) 내용을 자세히 알리고 북에서는 적극적으로 후원하겠으니 그 말을 전하라고 지령함으로, 동경

---

[88] '달러상'을 말한다.

(同頃) 월남하여 북경루(北京樓)에서 조봉암과 회합하고 전기(前記) 조(趙), 강(姜) 의 말을 전한바, 반미운동에 대하여서는 역시 진보당의 지위가 확고하지 못하므로 주장이 어렵다, 지방 조직은 잘되어가고 있다, 자기는 인천에서 출마 예정이며 진보당의 선거 대책은 12월 하순 경이면 수립되니 그 시(時) 알려주겠으며 자금을 좀 많이 갖다달라고 하여 동일(同日)은 헤어지고, 4291(1957)년 5월 초순경 조봉암이가 진보당 선거 대책을 보내주겠다고 함으로 약속 시간에 약수동 로타리에서 기다리고 있다가 조규진을 만나, 기(其) 대책이라는 편지를 받아보니 2매인데 1매는 명단이 적혀있는 것임으로 위선(爲先) 수취하고, 1매는 자금 요청서인데 그 내용이 막연히 자금을 보내달라는 것이었으므로 그리한 내용으로서는 도저히 많은 자금을 수취할 수 없음으로 해서 다시 구체적으로 써달라는 의미에서 조봉암에게 돌려주라고 하면서 즉석에서 조규진에게 반환하였던바, 그 2~3일 후 조봉암이가 첫날은 조규진과 함께 남산동에 있는 피고인 양이섭 가(家)를 찾아와서 집만 알아두는 형식으로 취하고, 기(其) 익일 재차 단독으로 피고인을 심방(尋訪)하여 왔음으로 피고인은 편지에 대하여 좀 더 구체적으로 써야 많은 자금을 얻어 올 수 있는 것이 아닌가, 이 정도라면 나만 미친놈이 되지 않는가 그럴 바엔 차라리 그만두겠다고 강력히 말하자 조봉암은 다시 구체적으로 써주겠다고 하고, 피고인은 출마예상자 명단에 대하여서도 이것 역시 이름만 나열되어 있으니 좀 더 구체적이라야 하지 않는가고 하며 반환함에 그것 역시 구체적으로 쓰겠다고 하고 그 구체적 문건 수교(手交)를 대기하고 있음으로서 간첩행위를 감행한 자라.

[출전 : 13권 337~355쪽]

공소장 1958년 4월 7일

죄명   간첩
피고인   조봉암

우자(右者)에 대한 좌기(左記) 범죄사실을 (추가) 공소함.

4291(1958)년 4월 7일
서울지방검찰청 검사 조인구

서울지방법원 귀중

범죄사실

피고인 조봉암은 별지(別紙) 양이섭(梁利涉)에 대한 공소사실 전문(前文)과 여(如)히 동인(同人)과 오래 전부터 친교를 맺어 오던 중, 동 사실 4, 5와 여(如)히 동인(同人)과 접선하여, 현 대한민국을 전복시킬 목적하에 진보당을 조직하여 평화통일을 선전, 선동함에 있어 북한 괴뢰집단과 합작할 것을 기하고, 동 사실 6 내지 12 사실과 여(如)히 동 집단으로부터 자금을 수취함과 동시, 동 사실 적시(摘示)와 여(如)한 제반 남한정세 및 문건 등을 동 집단에 제보 내지 제공함으로서 간첩행위를 감행한 자임.

[출전 : 13권 336쪽]

공소장 1958년 4월 7일

죄명   〈국가보안법〉 위반
피고인   신창균, 김기철

우자(右者)에 대한 좌기(左記) 범죄사실을 (추가) 공소함.

4291(1958)년 4월 7일
서울지방검찰청 검사 조인구

서울지방법원 귀중

범죄사실

1. **피고인 신창균은 4289(1956)년 12월 말경** 시내 중구 무교동(武橋洞) 소재 음식점에 재정부위원장 홍순범(洪淳範) 및 위원 이수근(李守根), 선우기준(鮮于基俊), 성낙준(成樂俊) 등과 회합하고 당비(黨費) 갹출(醵出) 문제를 토론한 결과 당위원장 및 부위원장은 매월 3만 환, 통제위원장 및 부위원장은 2만 환, 간사장 및 각급 위원장은 1만 환, 간사는 5천 환, 중앙상무위원은 2천 환, 중앙위원 1천 환, 일반당원은 2백 환씩 갹출키로 협의하고, 4290(1597)년 2월 조봉암 가(家)에 조봉암, 박기출, 이광진(李光鎭), 윤길중, 조규희, 이명하, 김기철, 조기하(趙棋賀), 장지필(張志弼), 원대식(元大植), 이영옥(李榮玉) 등 22명이 회합하여, 진보당 기관지 발간처인 정진사 창립 발기인회를 개최하고, 동 발기인위원장 박기출, 부위원장 이광진 등을 선출 동사(同社)의 자체 총액을 1억 환으로 결정한 후 제1회 주금(株金)으로 금 5천만 환을 모금하는 데 합의하는 등 동당의 목적사항 실행을 협의하고

2. 동 김기철은 4290(1597)년 9월 15일 동 위원장실에서 동 처제 오성덕(吳聖德)을 시켜「북한 당국의 평화공세에 대한 진보당의 선언문」 15부를 등사케 하여 각 봉통(封筒)에 넣어서 연구위원 전원에게 배부함으로서 동 목적사항을 협의한 자임.

[출전 : 13권 334~335쪽]

피고인 조봉암 외 18인에 대한 간첩 및 〈국가보안법〉 위반 등 각 피고사건에 관하여 4291(1958)년 4월 10일 오전 10시 서울지방법원이 공개한 법정에서

재판장 판사 유병진, 판사 이병용, 판사 배기호, 서기 홍사필 열석(列席)

검사 조인구 출석

피고인 등은 신체의 구속을 받음이 없이 출석하다.

변호인 변호사 김춘봉, 동 김봉환, 동 손완민, 동 한격만, 동 최순문, 동 유춘산, 동 임석무, 동 노영빈, 동 전봉덕, 동 조헌식, 동 신태악, 동 이상규, 동 김병희, 동 권재찬, 동 이병주, 각 출석

재판장은 변론을 속행할 것을 고하고 피고인 등에 대하여 전회(前回) 공판심리에 관한 주요 사항의 요지를 공판조서에 의하여 고지하니 피고인 등은 순차로 종전 그대로 틀림없다고 진술하다.

재판장은 피고인 조봉암에 대하여
문: 진보당의 접수부는 이것인가.
차시(此時) 재판장은 증(証) 제10의 1호를 제시하다.
답: 네 그것이 틀림없습니다.

문: 동 접수부의 첫 장 표면(表面) 말을 보면 5월 6일에 태평로(太平路) 2가 252 박정호가 사용(私用)으로 왔다는 지(旨)의 기재가 되어 있는데 만나본 일이 없는가.

답: 전연 모르는 일입니다. 접수부에 그렇게 되어 있어도 만나본 일이 없는 것입니다.

문: 진보당에서 4290(1957)년 11월 25일자 「국토통일 추진을 위한 행동통일체 구성에 관한 제의」를 한 사실이 있는가.
답: 네 그런 사실이 있습니다.

문: 그것이 이것인가.
차시(此時) 재판장은 증(証) 제12호를 제시하다.
답: 네 그것입니다. 그렇게 해서 자유당, 민주당에 보냈었습니다.

문: 그와 같은 제의를 하게 된 취의(趣意)는 여하(如何).
답: 우리나라를 통일해야 하는 것은 민족적인 최대과업이니만치 반드시 민주주의 승리하에 통일을 거두어야 할 것인데, 이승만(李承晩) 박사도 근자에 와서는 간혹 북진통일이란 말을 쓰지 않고 평화란 말을 쓰시고, 자유당 정책 가운데도 UN 감시하에 있어서의 자유선거를 말하고, 민주당에서도 남북통일에 있어서 평화적인 방안을 채택하고 있으므로 하루 속히 대당(大黨)이 모여 국론을 통일해서 대(對) 공산당 투쟁에 승리를 거두자는 취지로 한 것입니다.

문: 그래서 그 결과가 어떻게 되었는가.
답: 민주당에서는 이에 응하여 토론해 보자는 것도 좋지만 지금 그 태도를 석연(釋然)히 가질 수 없으니 국민의 의옥(疑獄)[89]이 풀릴 때까지는 응할 수 없다는 것이고, 자유당에서는 슬그머니 대답을 할 수 없다는 것으로 나와 아무 결과를 짓지 못하고 흐지부지되었습니다.

문: 이것은 피고인이 한 교양강의문이라는데 그런가.
차시(此時) 재판장은 증(証) 제13호를 제시하다.

[89] 죄상(罪狀)이 뚜렷하지 아니하여 죄의 유무를 판명하기 어려운 범죄 사건을 말한다.

답: 네 그것은 제가 당원을 위하여 교양강의를 한 바 있는데 그때 속기해 논 것입니다.

문: 대략 동 강의 내용은 어떤 것인가.
답: 진보당의 정치적 노선에 관한 것입니다.

문: 그것은 정강정책에 다 나와 있는데 여하(如何).
답: 그것보다 광범위하여 이론적으로 해설한 것입니다.

문: 피고인은 이것을 아는가.
차시(此時) 재판장은 증(証) 제24호를 제시하다.
답: 조봉암의 공산조직을 배격함이라고 한 지단[90]을 저는 본 일이 없는데 진보당 경상도당 결당대회 때 그런 불법 삐라가 산포(散布)되었다는 말을 들었는데, 그것은 결당 대의원 일동이라고 되어 있기는 하지만 서상일 씨 측에서 시킨 것도 전연 아니고 그 이유를 재료로 하여 방해한 것이며 우리 동지가 한 것은 아닙니다.

문: 대회 때 노선이 달라지니까 이런 것이 나온 것은 아닌가.
답: 아닙니다. 나중에 알아보니까 서 씨 측에서도 이런 것은 한 일이 없다고 합니다.

문: 피고인은 이것을 아는가.
차시(此時) 재판장은 증(証) 제30호를 제시하다.
답: 그것은 김기철이가 프린트해서 연구위원회 위원에게 1부씩 돌렸다는 것인데 본인은 그것을 교부받은 일은 없습니다.

문: 동 통일문제연구위원회 조직 명단은 그대로 틀림없는가.

----

[90] '전단'의 오기이다.

답: 네 그대로 틀림없습니다.

문: 이것이 상(相) 피고인 정태영으로부터 받은 「실천적 제문제」라고 하는 강평서가 이
    것인가.
차시(此時) 재판장은 증(証) 제25호를 제시하다.
답: 네 그것이 틀림없습니다. 정태영으로부터 받아서 좀 읽고 과격한 점이 있어
    서 참고 원고라고 해서 집에 두었던 것을 금반(今般) 압수된 것이올시다.

재판장은 피고인 정태영에 대하여
문: 피고인이 작성한 것이 틀림없는가.
답: 네 본인이 작성하여 조 선생에게 드렸던 것이올시다.

문: 피고인은 종전에 공소장에 기재되어 있는 부분 중 "종국에 세계평화는 세계변화에
    있다" "정치적 기반은 협동조합과 노동조합에 두어야 한다"라는 구절 등 일부에 상
    이(相異)되는 점이 있다고 진술하였는데 차(此)에 의하면 틀림이 없다고 보이는데
    여하(如何).
차시(此時) 재판장은 증(証) 제25호 「실천적 제문제」 중 차(此) 부분을 보여주다.
답: 그와 틀림없는데 그때는 기억이 잘못되어 진술이 틀린 것입니다.

재판장은 피고인 조봉암 동 김기철에 대하여
문: 이것은 통일문제연구위원회 개선(改選)의 건이라는데 아는가.
차시(此時) 재판장은 증(証) 제56호를 제시하다.

피고인 등은 순차로
답: 네 거기에 적혀있는 대로 처음 위원장 송두환 씨의 탈당, 부위원장 이성진(李
    成鎭) 씨의 사망 등으로 인하여 재구성한 것입니다.

재판장은 피고인 박기출에 대하여
문: 이것은 피고인이 부통령 입후보 시 정견(政見)으로 한 초안인가.

차시(此時) 재판장은 증(証) 제36호를 제시하다.
답: 네 그것이 틀림없습니다.

문: 이것은 진보당 부산시 동구 을구당 조직부(組織部)에서 비치한 당원명부인가.
차시(此時) 재판장은 증(証) 제37호를 제시하다.
답: 네 그것입니다. 거기에 비(秘)라고 적은 것은 일반적으로 비(秘)에 의(意)한다
   는 것이지 비밀당원의 표시는 결코 아닙니다.

문: 이것은 무엇인가.
차시(此時) 재판장은 증(証) 제28호를 제시하다.
답: 그 「한국 진보세력의 계급적 기반」이란 원고는 제가 작성하여 가지고 있던
   것에 틀림없습니다.

문: 동 원고의 골자는 무엇인가.
답: 국민의 기본계급은 노예적인 사대세력과 공산주의 집단에 의하여 피해받고
   있는 국민 대중을 기반으로 하고 있다는 것이 주요 내용으로 되어 있습니다.

문: 이 「독백(獨白)」이라고 한 문헌은 무엇인가.
차시(此時) 재판장은 증(証) 제39호를 제시하다.
답: 그것은 불교적인 세계관으로 쓴 것입니다. 우주 전체를 하나의 세계로 한다
   는 것이 타당하다는 것입니다.

재판장은 피고인 조봉암 동 김병휘에 대하여
문: 이것은 『중앙정치』에 관한 각서(覺書)인가.
차시(此時) 재판장은 증(証) 제50호를 제시하다.

피고인 등은 순차로
답: 네 거기에 적혀있는 바와 같이 내용을 확실히 하기 위하여 해 논 것입니다.

문: 이것은 김춘휘 명의로 판권의 명의를 변경하기 위하여 작성한 신청서인가.
차시(此時) 재판장은 증(証) 제51호를 제시하다.

피고인등은 순차로
답: 네 그것입니다.

문: 이것은 동 『중앙정치』의 제3종 우편물 인가(認可)에 관한 서류인가.
차시(此時) 재판장은 증(証) 제52호를 제시하다.

피고인 등은 순차로
답: 네 그렇습니다.

재판장은 피고인 조봉암 동 박기출에 대하여
문: 이 『중앙정치』 적극 보급에 관한 건이란 공문에 의하면 『중앙정치』 사장에 박기출
명의로 되어 있는데 여하(如何).
차시(此時) 재판장은 증(証) 제54호를 제시하다.

피고인 조봉암은
답: 그와 같은 공문을 알고 있는데 처음에 박기출에게 사장이 되어달라고 부탁하
였더니 일응(一應) 승낙을 하고 부산을 내려갔는데, 지금 확실한 기억은 나지
않으나 그 후 부산에서 사장이 될 수 없다는 소식을 보내온 것 같습니다. 그
러니까 승낙 있는 것으로 해서 그와 같이 명의를 쓴 것입니다.

피고인 박기출은
답: 저는 전연 모르는 것입니다. 동 공문에 보더라도 인장(印章)이 찍혀있지를 않
는 것입니다. 조봉암 씨가 『중앙정치』지를 좀 맡아서 해 달라는 것을 거절한
일은 있습니다.

재판장은 피고인 조봉암에 대하여

문: 역(亦) 동 공문에 의하면 『중앙정치』 적극 보급에 관한 것을 진보당 위원장 조봉암 명의로 각급 당부 위원장에게 보낸 것으로 봐도 동지(同誌)가 진보당의 기관지로 보이는데 여하(如何).

답: 그것은 제가 동지(同誌)를 경영하니까 당원 동지에게 많이 보급시키는 견지에서 편의상 그런 공문을 낸 것이지 기관지가 될 수는 없는 것입니다.

재판장은 피고인 김병휘에 대하여

문: 박기출 피고인이 사장에 취임한 일이 없는가.

답: 상세히는 모르는데, 박기출 박사가 사장하는 것을 고려해야 되겠다는 편지를 보내온 기억은 있습니다.

문: 『중앙정치』 적극 보급에 관한 건에 의하면, 도당별 지지거래, 찬조구독, 회원 획득 노력(비당원 포함) 등 항목의 내용으로 봐서 진보당 자체에서 운영하는 감(感)이 있는데 여하(如何).

답: 조봉암 씨가 하고 있으니까 진보당 지방 동지에게 많이 보급시키기 위하여 하는 취지이지 기관지로서 한 것은 전연 아닙니다.

재판장은 피고인 조규희에 대하여

문: 피고인은 이것을 아는가.

차시(此時) 재판장은 증(証) 제53호를 제시하다.

답: 네. 그와 같이 월간 정치교양잡지 『중앙정치』에 관한 공문은 선전부장인 본인의 명의로 보낸 일이 있습니다.

문: 그 내용에 의하면 『중앙정치』지는 당 기관지와 같은 감(感)이 있는데 여하(如何).

답: 이념에 동조하는 인사들이 경영 발간하는 것이기 때문에 하나라도 많이 보급될까 생각해서 그리한 것이지 기관지가 되어서 그리한 것은 아닙니다. 또 저도 동지(同誌)의 편집위원의 한사람입니다.

재판장은 피고인 김달호에 대하여

문: 피고인이 상(相) 피고인 조봉암을 알게 된 경위는 여하(如何).

답: 1·4후퇴 시 당시 부산에서 본인의 친구 고려흥업(高麗興業) 회사 사장 김의정(金義正) 씨 집에 놀러 갔다가 동인(同人)의 소개로 알게 되었는데 그 당시 조봉암 씨는 국회부의장이었습니다.

문: 피고인이 진보당에 관계하게 된 것은 조봉암과의 친교에서인가.

답: 상호 인사하고 알고 지내왔을 뿐 그다지 접촉은 자주 가진 일은 없었는데, 4289(1956)년 가을 윤길중, 신도성, 서상일, 김기철, 조봉암 등이 혁신정당을 조직한다고 해서 종전에도 진술한 바와 여(如)히 수차의 단독 추진을 하다가 차(此)에 관계한 것이지 조직 관계에 있어서는 별로 관여한 바가 없었습니다. 그와 같이 개인적으로 친교 관계가 있던 것은 아닙니다. 장택상 씨의 말을 빌리면 6·25사변 때 내가 공산당에게 잡혔으면 징역 3년이나 5년밖에는 받지 않지만 조봉암 씨가 잡히면 그놈들이 제명 처분한 반역이니까 무기징역이나 사형의 처벌을 면치 못할 것이기 때문에 그가 부산으로 후퇴하고 미국에 갔을 적에 자기 가족을 조봉암 씨에게 맡기고 갔다고 했습니다. 그러면서 만약에 일이 잘못되는 경우 일본까지라도 피난 갈 사람이라고 했습니다. 그토록 공산당과 등진 사람을 자꾸 공산당이라고 해서 될 일이 아닙니다.

문: 4289(1956)년 11월 10일 진보당을 조직하여 동당 부위원장에 취임하였는데 그런가.

답: 네. 그와 같이 취임한 것은 사실인데 전술(前述)한 바도 있지만은 제가 주체적으로 주동해서 조직된 것은 아닙니다.

문: 4290(1957)년 하절(夏節) 진보당 중앙당 사무실에서 조봉암, 윤길중 외 약 60여 명의 당원이 회합한 석상에서 교양강의를 한 사실이 있는가.

답: 네 있습니다.

문: 이것이 동 원고인가.

차시(此時) 재판장은 증(証) 제32호를 제시하다.

답: 진보당에서 당원들에게 교양하느라고 강의한 것을 속기한 것인데 속기에 누락이 많아서 출고(出稿)할 수 없는 것으로 된 것인데, 한국의 평화통일 방법에 관하여 해달라고 해서 강의한 것인데 그 내용에 주된 것은 북한 괴뢰는 위장 평화통일을 주장하고 있으니까 대한민국에서 평화통일에 대한 주도권을 가지고 UN 감시하에서 대한민국이 주가 되어 통일이 되어야 한다는 것입니다. 본인은 그것에 대하여는 추호(秋毫)의 불복도 없어서 말입니다.

문: 그런데 동 강의 내용은 대한민국에서는 북한 괴뢰가 먼저 침략해온 것이라고 하는데 여기에 대하여서는 상세한 것은 모를 일이다, 평화적 방법으로 상대방의 동의로 합법 형식으로 성립시켜 통일을 하여야 한다는 등등이라는데 여하(如何).
답: 경찰에서 자꾸 그리 말하는데 6 · 25사변 때 북한 괴뢰가 남침한 것은 다 아는 노릇인데 그들이 그리 말할 뿐이지 다른 데서는 모를 일이다라고 한 것이지 다른 의미가 아니며, 상대방의 동의란 점은 UN에 입각하여서만 말이 되는 것이지 대한민국의 〈헌법〉 위배되는 것을 말한 것이 아닙니다.

문: 연이(然而)면 상대방의 동의를 어떻게 얻는다는 말인가.
답: 전쟁통일은 반(反) 동의에 입각한 것이고 평화통일은 전체 동의를 말할진데 그것은 어디까지나 합법 형식을 취해야 할 것으로 되나, 공산당 정권은 불법한 짓을 하고 있기 때문에 북한 괴뢰의 동의를 얻을 수 없다고 생각하니 그러면 평화통일에 대한 주도권 동의 여하(如何)는 괴뢰나 어떤 개인하고는 이루어질 수 없는즉, 합법적 상대방은 UN에서 승인을 받은 우리 대한민국이 있고 UN에서 볼 때 승인이 되어 있는 소련이나 그를 움직일 수 있는 합법세력을 상대로 해서 한다는 것을 합법적 상대라고 했는데 지금은 소련만을 한정하고 생각해본 것입니다.

문: 피고인이 동 강의를 할 적에도 그렇게 상세한 점까지 말이 되어 있는가.
답: 제가 강의하기를 2시간 동안 했는데 속기록에는 30분 동안 한 것밖에는 되지 않을 정도로 누락도 많고 틀린 점도 있는데 그때는 다 말했을 것입니다. 여하(如何)간 통일문제는 합법적으로 해야 한다 입니다.

판사 이병용은 재판장에 고하고 피고인 김달호에 대하여

문: 얼른 생각해서 이북 괴뢰를 상대라고 한 것은 아닌가.

답: 아닙니다.

문: 그때 상대방 개념을 그대로 말하였었는가.

답: 그때 확실히 그렇게 진술하였는지는 기억에 없었으나 제 생각한 바는 지금 그것입니다. 상대방의 동의에 대한 술어(述語)는 영국의 토인비 교수가 말한 바에 의한 것입니다.

문: 상대방의 주체가 UN을 중심으로 한다고 전제하였는가.

답: 그렇습니다.

재판장은 피고인 김달호에 대하여

문: 피고인의 공소장 사실에 대하여는 종전에 진술한 대로인가.

답: 네. 먼저 진술한 대로입니다.

검사 조인구는 재판장에게 고하고

문: 피고인이 한 강의의 제목은 "한국 통일에는 평화적 방법만이 있을 뿐이다"라고 되어 있는데, 6·25사변 당시는 누가 먼저 침략하였다고는 왜 주장하였는가.

답: 침략자는 평화통일을 주장할 수 없기 때문에 그것을 전제로 해서 말한 것입니다. 북한 괴뢰를 UN에서 침략자로 지정한 것입니다.

문: 김기철 피고인이 작성한 선언문 초안 중 "6·25사변의 책임 소재를 운위함은 평화통일에 유해하며 운운"의 구절과 연관성가 있어서 그리 말한 것은 아닌가.

답: 아무 관계없이 말한 것입니다. 저 북한 괴뢰가 그 책임을 마땅히 져야 한다고 생각합니다.

문: 피고인은 『중앙정치』에 게재된 상(相) 피고인 조봉암의 논문을 읽어본 일이 있는가.

답: 네. 그런 기억이 있습니다.

문: 피고인은 동 논문 중 "북한 괴뢰와 동등한 위치에서 선거 운운"의 구절 등이 있는 것을 보고 조(曺) 피고인에게 충고한 일이 있다는데 여하(如何).

답: 헌법대로 하자면 UN 감시하의 총선거도 안 되는 것이며 북한만의 선거를 해야 하는 것입니다. 그러나 평화통일은 UN 감시하에 남북총선거를 하자는 것인데 다소 모호한 점이 있어 말한 일이 있습니다.

문: 피고인이 그런 말을 한 취지가 동 논문이 위법이라고 생각해서가 아닌가.

답: 내 생각에는 우리 〈헌법〉에 UN의 정신을 결부시키는 것이 있어야 할 것으로 아는데, 동 논문은 그 정신 절차가 빠진 것 같아서 합법성이 있고 타당한 것을 해야 된다고 말했습니다.

문: 동 논문에 대한 충고까지 하고 부위원장 직에 그대로 머무른 이유 여하(如何).

답: 민주주의 국가에서는 가타부타 의견을 주장할 권리가 있다고 생각합니다. 그러니 정치적 견해에 있어 조봉암 씨의 생각할 수 있는 것과 내가 생각하고 있는 것이 좀 다르다 뿐입니다. 그것을 꼭 해임하는 이유에 부칠 수는 없을 것입니다.

문: 피고인은 『중앙정치』지를 진보당의 기관지라고 생각해 본 일이 없는가.

답: 정당 자체에서 운영을 해야 기관지인 것이고 공보처(公報處)에도 그 지(誌) 등록이 되어야 하는 것으로 아는데, 그런 것이 없는 이상 진보당의 기관지가 될 수 없는 것입니다.

문: 연이(然而)면 진보당의 의사를 표현할 수 있는 점을 봐서 기관지라고 할 수 있지 않는가.

답: 저는 그리 인정할 수 없다고 봅니다.

문: 동 노선과 부합한 점이 있다고는 보지 않는가.

답: 남은 그리 볼지 모르나 저는 그렇다고 볼 수도 없습니다.

문: 조 위원장이 당적(黨的) 입장에서 동 논문을 썼다는 것이 밝혀져도 당 기관지라고 할 수 없다는 것인가.

답: 그것은 조봉암 씨 혼자서 당 기관지라고 해서도 그리될 수 없는 것입니다.

문: 법률에 위반되는 사항을 당 상임위원회 같은 데서 당 내적으로 협의할 수 있다고 보는가.

답: 그것은 〈국가보안법〉을 없애지 않는 한 법률에 위배되는 것은 할 수 없습니다.

문: 피고인이 공소 제기 후 당을 탈당한다고 했는데 그 의도는 여하(如何).

답: 제가 진술서를 낸 일이 있습니다. 내가 그만둠으로써 김기철이가 이번에 작성한 행동이 당 정강정책 결정에 위반되고, 그 행동이 온당치 못하고 승인한 바도 없는데 구체적 방안을 만들어 조봉암 씨를 공산당화 하게끔 하라 하니까 말입니다. 통일문제는 초당파적으로 국가문제로 결정짓기 위하여 합동협의체에 의하여 해보자고 해서 각 당에 제의하였더니, 자유당의 이재학(李在鶴)은 지금 어떻게 이승만 박사에게 이야기를 할 수 있느냐 이거 나를 속이려고 하는 것이냐 하고, 또 민주당의 조병옥 박사, 곽상훈(郭尙勳) 씨는 그냥 무시해버리는 정도로 나와 아무 성과를 보지 못하고 있는 것인데, 김기철은 「북한 당국의 평화공세에 대한 진보당의 선언문」이라고까지 쓴 것은 이것이 도무지 모호하기 짝이 없고 탈선 또는 온당치 못하기 때문에 마땅히 경계해야 할 것이지만, 자기의 권리를 주장하고 민주주의 자유국가이기에 차시(此時)에 묻어 나가는 것이 옳지 않은가 생각해서 그리 결정한 것입니다. 나는 나대로의 평화통일에 대한 구상이 있는 것입니다.

문: 한 당의 부위원장이 탈당하기까지에 이른 것은 동당이 법률적으로 위배되는 점이 있어서가 아닌가.

답: 그렇게 보지 않습니다.

변호인 임석무는 재판장에게 고하고 피고인 김달호에 대하여

문: 진보당은 대한민국의 변란 또는 전복할 목적하에 결사된 조직체를 알고 발족한

것인가.

답: 대한민국의 보호 발전을 위해서 발족한 것입니다.

문: 김기철이 작성한 통일방안을 받은 일이 없는가.

답: 저는 받은 일도 없고 본 바도 없습니다.

변호인 김봉환은 재판장에게 고하고 피고인 김달호에 대하여

문: 피고인의 평화통일에 관한 내용은 국회속기록에 게재되어 있는 것과 또 『현대』 잡지에 게재되어 있는 것이 있는데 그것과 틀림없으며, 그것은 제네바 국제회담에서 우리 대한민국 외무부장관 변영태(卞榮泰) 씨가 제안한 14개조 평화통일안에 흡사한 것이 아닌가.

답: 네 그렇습니다. 저는 괴뢰의 평화통일 주장은 어디까지나 위장이라고 규정해야 한다는 것입니다.

재판장은 피고인 윤길중에 대하여

문: 피고인은 상(相) 피고인 조봉암을 하시(何時)부터 여하(如何)한 관계로 알게 되었는가.

답: 제가 조봉암 씨를 알게 된 것은 제2대 국회 때 조봉암 씨는 국회부의장으로 계시고 저는 동 법제사법위원장으로 있었기 때문에 상호 알게 된 것입니다. 그런데 제가 조 선생을 지금 존경한다는 것은 두말할 나위도 없는데 그 경위를 좀 말씀드리면 사람은 어려운 고비를 당해봐야 잘 알 수 있다고 6·25사변 당시 새벽 국회가 있다고 해서 아침 6시에 국회에 나갔더니 다 도망하고 아무도 없었습니다. 그래서 집에 나오는 길인데 조 선생을 도중에서 만나 그때 부의장이시니까 차가 있어서 나를 집에까지 데려다주신 것은 즉, 귀가길이었으려니와 조봉암 선생은 침착히 끝내 국회의 비밀서류를 간직하고 선생이 직접 책임지고 끌고 나간 것입니다. 이토록 어려운 고비에 있어서 책임감이 강한 것에 감동된 바 있었고 또 부산에서 정치파동이 있은 후 정부통령 직접선거에 과감하게 민주주의의 올바른 기도(企圖)를 위하여 대통령 후보로 나왔습니다. 그래서 나는 동 선거사무장으로 일을 보게 되어 잘 아는 것입니다.

그런데 공소장을 볼 것 같으면 "조봉암의 심복이다"라는 말을 부쳤는데 그것은 당치 않은 말입니다. 봉건적인 말입니다. 2천 년 전에 상전(上典)이 죽으면 종(從)도 다 생매장하는 것과 같이 종속적인 때를 말하는 것이지 현대와 같은 민주주의 국가의 검찰은 그럴 수 없다고 봅니다. 그것은 모욕적인 문구입니다. 죄를 미워할망정 사람을 미워 말라는 말도 있지 않습니까.

문: 진보당이 결당을 하기에 이른 경위는 여하(如何).

답: 사사오입헌법파동 당시 그것은 숫자 원리의 초월·불법적인 것이며 위헌적 조치라고 해서 전(全) 야당은 하나로 뭉쳐야겠다고 국회에서는 호헌동지회를 구성하고 민주국민당(民主國民黨)을 중심으로 대야당연합론이 나와 신당운동에 참가하려 했는데 그것이 잘 안 되고 민주당만 발족을 보게 되고, 서상일 씨와 조봉암 씨는 거기서 기다리다 이탈이 되어 나와 그 후 다시 비자유, 비민주의 재야 혁신세력을 총망라하여 대동단결해보자고 해서 서상일 씨를 중심으로 운동을 시작하기에 이르러 광릉회합(廣陵會合)[91]을 가졌던 것이고, 가칭 진보당 추진준비위원회를 구성하고 그 후 4289(1956) 3월 동당 추진위원회로 개편이 되고 발당(發黨)을 지지하였는데, 그것은 서상일 씨는 대동단결, 대동단결해서 불가능한 것을 자꾸 주장만 하고 또한 한편에서는 하루속히 결당을 봐야 한다는 의견이 대부분이어서, 결국 동년 10월 당 상무위원회에서 동년 11월 10일 결당 일자를 가결하게 되자 서상일 씨는 물러나간 것입니다.

문: 그래서 동 일자 결당을 보게 되어 피고인은 동 간사장에 취임하였다는데 그런가.

답: 네. 결당대회에서 당헌(黨憲)에 의하여 선출되었습니다.

문: 진보당은 대한민국을 변란할 목적에서 조직된 결사라는데 여하(如何).

답: 국가변란의 목적은 꿈에도 생각한 바가 없습니다. 그런 것은 우리 당의 강령, 정책, 어디서든지 찾아볼 수 없는 것입니다. 이것은 아닌 밤중의 홍두깨 격이지 아무것도 아닙니다. 그리고 그런 일은 한 적도 없습니다. 윤선길(尹先

---

91) 원문에는 '광릉(廣陵)'이라고 표기되어 있으나, '광릉(光陵)'이 바른 표기이다.

吉)[92] 이 사람 같이 애국애족한 사람도 적을 것입니다. 대한민국의 〈헌법〉을 기초한 사람의 하나고, 〈정부조직법〉, 〈국회의원선거법〉, 〈국회법〉, 〈지방자치법〉 등을 다 제 손으로 기초했던 것입니다. 대한민국이 탄생 건국된 후 누구에게도 지지 않고 뒤지지 않으려고 한 사람에게 이것은 될 말이 아니라고 생각합니다.

문: 또 동 사실에 관하여는 종전에 진술한 대로인가.
답: 네 그렇습니다.

문: 4290(1957)년 8월초 동당 통일문제연구위원회 위원으로 임명이 되었다는데 그런가.
답: 네 그것은 사실입니다.

문: 그래서 동월 10일까지 통일안을 연구 제출시키기로 되었는가.
답: 발족 후 최초 회합은 기경(其頃) 가졌었는데 그때는 상호 인사 정도로 그치고 각자가 생각하고 있는 것과 제네바회의에서의 각국 대표의 연설 등을 토대로 해서 우선 연구해보자고 한 것입니다.

문: 첫 번 회합은 언제 있었는가.
답: 지금 일자는 기억에 없습니다.

문: 그 다음 회합은 여하(如何).
답: 역(亦) 일자 미상인데 동회(同會)에서 진보당에서 통일을 평화적으로 하자는 대원칙을 세웠지만 여러 자료를 놓고 연구 비판을 해보자는 의견이었습니다. 그래서 다시 회합을 한번 가졌었는데 다른 위원은 방안이나 자료를 가져온 사람이 없고, 김기철 위원장이 강의안같이 쓴 것을 가지고 나와서 토의하자고 했으나 그것을 읽어 본 사람이 별로 없어서 그가 노력을 많이 해가지고 오기는 한 것이지만 토의할 수 없어 각국 대표가 연설한 것 등과 프린트해서

---

[92] 윤선길(尹先吉)은 윤길중의 오기인 것으로 보인다.

나눈 다음에 회합키로 하였는데 동 프린트는 받았으나 그 후 정식 회합은 가진 일이 없었고 논의해 본 적이 없습니다.

문: 동월 17일 동당 사무실에서 동 연구위원 전원이 회합하여 수정론자도 있었으나 대안을 제시하지 않는 한 이 안으로 결정하자는 위원장 김기철의 제안에 의거 결국 동안(同案)을 동 위원회 안으로 가결이 된 것이라는데 여하(如何).
답: 그런 일이 없습니다. 연구위원회인데 그런 구체적 방법을 가결할 필요도 없고 다만 검토 연구하는 데 그치는 것입니다.

문: 김기철의 안은 다시 최고간부회의에 회부하여 최종결정을 내리자고 제의한 일이 있다는데 여하(如何).
답: 최고간부회의라는 것은 있지도 않으며 그런 사실도 전연 없습니다.

검사는 재판장에게 고하고 피고인 박기출에 대하여
문: 구금 후 진정서를 통하여 탈당 의사를 표명한 일이 있는가.
답: 네. 그와 같이 언급한 일이 있습니다.

문: 그 시기와 내용은 여하(如何).
답: 우리 위원장 조봉암 선생이 과거 공산당과 관계한 일이 있어서 우리 당 간부의 행동이 투철치 못하면 오해받을 경향이 많은 것인데 간부의 한 사람인 통일문제연구위원회 위원장 김기철이 당에 나와서 당 이념에 배치(背馳)되고 당으로서 결정할 수 없는 것을 말하여 본인은 격분한 생각으로 탈당하겠다고 한 것인데 그것은 농담 탈당 의사가 아니었습니다. 그리고 부산에 내려와 있다가 이렇게 되었으니 공적 정리 전에 탈당이 그릇된 것이 아니라고 쓴 것입니다.

문: 진보당에서 김기철의 안 같은 것을 논의할 수 있는 정도의 분위기가 조성되어 있다고 보는가.
답: 그렇게 보지 않습니다. 모든 사람이 반대하는 것을 봐도 알 것입니다.

문: 김기철은 제명시키겠다고 한 일이 있는가.

답: 제가 부산에 있기 때문에 여의치 못했습니다.

문: 피고인이 그렇다고 생각하면 제명시키는 것이 타당한 처사라고 생각지 않는가.

답: 그를 제명시키고 내가 서울에 와서 당 생활을 할 수 없는 처지이기 때문에 정치인으로서 좀 미급(未及)한 일입니다.

변호인 김춘봉은 재판장에게 고하고 피고인 박기출에 대하여

문: 김기철의 안이 나쁘다는 것은 법적으로 위반돼서인가 당적(黨的) 견해인가.

답: 대한민국은 민주주의 국가이니까 사상의 자유를 가질 수 있으니 나쁘다는 것은 아닙니다. 그런데 그것이 어떤 형태로 나타났을 때는 나쁘다는 것입니다. 즉 당으로서는 그런 구체안을 쓸 수 없게 되어 있는데 당헌(黨憲)을 위반해 가면서 그런 생각을 하고 있는 위치가 나쁘며, 또 너무 가능성에 치중해서 작성된 점이 나쁘다는 것입니다.

변호인 김봉환은 재판장에게 고하고 피고인 윤길중에 대하여

문: 진보당의 평화통일 주장은 어디까지나 절대적인 것인가.

답: 제 주장은 전술(前述)한 바도 있지만 민주당의 화전(和戰) 양면의 주장은 국제정세로 봐서 택일적으로 하자 즉 남 하자는 대로 하는 것밖에는 아무것도 아닙니다. 적어도 주장으로서는 무력통일이면 무력통일이고, 평화통일이면 평화통일을 주장해야 할 것입니다.

문: UN에서 무력통일을 할 것을 결정한다고 가정하면 어떻게 하는가.

답: 물론 따라 가야지요. 통일은 지상과업이니까 말입니다. 될 수 있으면 평화적으로 하자는 것이지 절대적인 것은 물론 아닙니다.

문: 피고인 상(相) 피고인 조봉암의 논문 중 "대한민국이 이북 괴뢰와 동등한 위치에서 동일한 시간에 선거가 실시된다는 것은 좀 불유쾌하기는 하지만 운운"에 대하여 여하(如何)히 생각하는가.

답: 제 생각에는 북한 괴뢰를 인정한다는 취지로 생각지 않으며 왜 하필이면 논문을 잘라서 구절 하나만 가지고 이야기하는지 모를 일입니다. 공연시리 꼬집어 트는 것밖에는 아무것도 아닙니다.

검사는 재판장에게 고하고 피고인 윤길중에 대하여

문: UN 감시하에 남북총선거를 실시한다면 대한민국의 〈헌법〉은 여하(如何)히 되는지 생각해 본 일이 있는가.

답: 기본 통일문제를 자꾸 〈국가보안법〉과 결부시키는 것을 들었다는 것입니다. 지금 대한민국의 〈헌법〉은 이북(以北) 압록강(鴨綠江) 끝까지 그 세력을 미치고 있는 것이지만 사실상 이북에까지는 통치 권력이 미치지 못하니까 통치권 확장의 제헌 권력 창설이 있어야 할 것은 두말할 나위도 없이 통일문제가 되는 것인데, 국가의 정책 문제가 북진통일이다, UN 감시하의 북한만의 통일선거다 하지만, 그렇게 하자면 대량학살을 면치 못할 것인즉 결국 북한만의 선거는 나올 수 없는 것이니 공산당은 언제나 이북에 있게 되는 것이므로 가능성 허용의 한 방식으로 남북총선거의 이 방식 사고 방향으로 봐야 할 것입니다. 즉 합법학적[93] 견지에서 봐야 할 것이고 논리적 모순이 없어야 한다, 합법학적[94] 견지에서 먼저 판단하면 북진통일도 통일이념에서이고, 남북총선거를 한다는 것도 마찬가지로 그때그때의 국가 정책 결정에 의하여 하면 되는 것이고, 그렇게 하자면 불필요한 법은 그 때에 없앨 수도 있는 것이니까 말입니다. 그렇게 순리적으로 따라가야 할 것입니다. 그래 가지고 절차에 맞도록 규정지어져야 할 것으로 압니다. 제네바회의에서 행한 변영태 외교부장관의 14개조 안도 그것이 통과되면 그에 수반되어야 한다는 것이지, 〈헌법〉이나 〈국가보안법〉을 무시해서 한다는 것은 결코 아니라는 것을 말씀드립니다.

문: 제네바회의에서의 변영태 외교장관의 14개조 안과 진보당의 통일정책과의 차이점은 여하(如何).

---

93) '헌법학적'의 오기로 보인다.
94) '헌법학적'의 오기로 보인다.

답: 원칙적으로 차이 나는 점은 없습니다. 될 수 있는 대로 성공하기 위하여 원칙에서 벗어나지 않고 외교적인 여유를 가지고 있어야 하니까 UN 우방과 발맞춰서 하자는 것이 제가 생각하는 바로서 말씀드립니다.

문: 국회에서 〈헌법〉은 폐지할 수 있는가.
답: 국가의 기본법은 폐지할 수는 없을 것입니다. 대한민국이 있는데 없는 것 같이야 할 수 있겠습니까, 그것은 안 됩니다.

문: 연이(然而)면 지금 〈국가보안법〉을 폐지할 시기로 아는가.
답: 구체안을 가질 수 있을 때까지는 말할 수 없다고 생각합니다.

문: 〈국가보안법〉을 폐지하지 않는 한 북한만이 선거 이외로 할 수 없다고 보는데 여하(如何).
답: 그것은 그렇습니다.

문: 피고인은 김기철의 안을 반대하는가.
답: 반대합니다.

문: 이유는 여하(如何).
답: UN 감시하의 남북총선거를 지지하니까 반대합니다. 내 생각보다도 더욱 진보당으로서도 그런 안을 가질 수 없는 것이고 연구위원회에서 연구위원으로서의 구체안은 있을 수 있기는 합니다.

재판장은 피고인 조규택에 대하여
문: 피고인이 상(相) 피고인 조봉암을 알게 된 경위는 여하(如何).
답: 조봉암 씨가 농림부장관으로 계실 때 선친(先親) 조성환(曺成煥)의 심부름으로 몇 번 찾아뵙게 되어 자연 알고 있습니다.

문: 피고인이 진보당에 관계하게 된 경위는 여하(如何).

답: 현 정권이 부패해 있는 차제(此際)에 새로운 혁신정당이 조직된다고 해서 차(此)에 공명하게 되었는데, 진보당 발기 취지문을 보고 4288(1955)년 12월 23일 가칭 진보당 발기추진위원회에 가입하여 기획상임위원 있다가 결당과 동시에 동당 재정 부간사에 취임한 사실이 있습니다.

문: 결당 전 기획위원으로서 여하(如何)한 역할을 하였는가.
답: 당을 만드는데 있어서의 전초공작을 했습니다.

문: 재정 부간사는 여하(如何)한 역할을 하는 것인가.
답: 재정차장 격으로 당 재정경비에 관한 일을 하고 있었습니다.

문: 피고인은 동 부간사로서 당 운영경비 조로 매월 1회씩 정기적으로 정부위원장(正副委員長)은 10만 환, 각급 위원장은 1만 환, 부위원장 5천 환, 각 간사는 2천 환, 각 상임위원은 1천 환 이상의 규정에 의거 수납되는 약 60만 환을 당 운영비에 충당하였다는데 여하(如何).
답: 네 그런 사실이 있습니다마는 약 50만 환밖에는 되지 않습니다.

문: 동 액수 결정은 누가 하였는가.
답: 제가 그런 안을 만들어 가지고 간사회의 결의를 본 다음 위원장의 승인을 받아 실시해 왔습니다.

문: 수납은 언제부터 해왔는가.
답: 결당 직후 바로 실시 해왔습니다.

문: 당 운영비는 무엇 무엇인가.
답: 조직 비품, 소모품 등에 소비합니다.

문: 창당 비용은 누가 관계하였는가.
답: 저는 모릅니다.

문: 그 당시는 누가 재정관계를 맡아 보았는가.

답: 모릅니다.

문: 피고인은 진보당이 대한민국을 변란할 목적하에 조직된 결사인 정(情)은 알고 관계
하였는가.

답: 정강정책에 비춰봐서 그런 점은 하나도 찾아볼 수가 없고 결과적으로도 그렇
지 않습니다.

문: 진보당의 평화통일안은 어떤 것이라고 생각하는가.

답: 제네바회담에서 대한민국 외무부장관이 제안한 것과 같은 UN 감시하의 민주
주의 승리에 의한 남북총선거를 말한다고 압니다. 또 그렇게 되리라는 신념
은 가지고 있습니다.

문: 상(相) 피고인 김기철이가 작성한 구체안을 본 일이 없는가.

답: 못 봤습니다.

재판장은 피고인 조규희에 대하여

문: 피고인이 상(相) 피고인 조봉암을 알게 된 경위는 여하(如何).

답: 8 · 15해방 직후 제가 『한성일보』 편집국장 등 언론기관에 있을 때 조봉암 씨
는 좌익 공산당에서 손을 끊고 있을 무렵 동 석상에서 상호 인사를 해서 알
게 되었고, 기후(其後) 부산으로 피난 가서 있을 동안 조봉암 씨가 대통령후
보로 출마하여 저도 지지하게 되어 자연 자주 만나 뵙게 되어 잘 알고 있습
니다.

문: 피고인이 진보당에 관계하게 된 경위는 여하(如何).

답: 결당대회와 동시에 동당 선전간사에 취임하였는데 결당 이전 회합 또는 준비
위원회 때에도 참가한 일이 있습니다.

문: 진보당은 대한민국을 변란할 목적으로 조직된 결사라는데 여하(如何).

답: 전연 그렇지 않습니다. 저는 그런 사고방식은 가진 일이 없을 뿐 아니라 평생 생각할 수도 없는 말입니다.

문: 4290(1957)년 3월 시내 시공관에서 및 동년 8월 전남대학 강당에서 연설을 개최하여 "우리 당의 정책을 말한다"라는 제목하에 평화통일을 추상적으로 주장한 사실이 있는데 여하(如何).
답: 네. 동년 3월 정치대학 주최로 시공관에서 3대 정당 합동강연회를 연다고 초청해서 자유당에서는 남송학(南松鶴) 씨, 민주당에서는 김영선(金永善) 씨, 진보당에서는 본인이 참석하여 강연하였고, 또 동년 8월에는 전남대학 주최로 강연회를 열어 제가 참석하였습니다.

문: 연설 내용은 무엇이었나.
답: 일반 시사적인 것과 혁신정치, 통일정책, 일반 정치문제 등에 관하여 연설하였는데 원고를 가지고 한 것도 아니고 대충해서 한 것이기에 상세한 기억은 없습니다. 하여간 장충단(獎忠壇) 집회 방해 사건이 있은 직후이니까 저는 차(此)에 대한 야당적 주장을 말했던 것입니다.

문: 또 여사(如斯)한 사실이 있다는데 여하(如何).
차시(此時) 재판장은 상(相) 피고인 조봉암의 범죄사실 중 (5) 사실을 읽어주다.
답: 그런 사실이 있는데 근민당 대표라고는 있을 수 없고 우리로서는 당 확대 혁신세력을 포섭하는 것이 나쁘지 않다고 생각하여 통일당(統一黨), 민혁당에서 분열되어 나온 사람들과 회합을 가졌던 것입니다.

재판장은 피고인 윤길중에 대하여
문: 피고인도 그와 같은 사실이 있는가.
답: 그것은 우리 당원을 모집하는데 집단적으로 모집해본 것이라고 해도 과언이 아닙니다. 저희 당에서는 근민당을 상대해본 일은 꿈에도 없습니다. 그들이 개인적으로 우리 정강정책에 맞으면 들어오라고 대회 형식을 갖추어서 해봤던 것인데 기중(其中) 몇 사람이 검거되었던 차(次)라 흐지부지되었습니다.

재판장은 피고인 김기철에 대하여

문: 피고인도 그와 같은 사실이 있다는데 여하(如何).

답: 그와 같은 사실이 있는데 상(相) 피고인 윤길중의 진술에 대동소이할 뿐입니다. 즉 저는 김성숙(金星淑), 양재소, 김일우 등이 임정요인이었다는 것을 알 뿐 근민당에 관계한 것도 모릅니다.

재판장은 피고인 조규희에 대하여

문: 또 피고인은 여사(如斯)한 사실이 있다는데 여하(如何).

차시(此時) 재판장은 피고인 조봉암의 공소사실 중 (6), (7) 사실 및 동 윤길중의 공소사실 중 (3) 사실을 각 읽어주다.

답: 각 기(其) 점에 관하여는 종전에 진술한 바와 같습니다.

문: 통일문제연구위원회에서의 연구 과정은 여하(如何).

답: 김기철의 구체안이 그렇게 문제 되리라고는 생각지 않았습니다. 통일문제연구위원회에서 자료를 수집하여 단순히 연구하는 정도에 지나지 않는 것을 말입니다. 저는 김기철의 안을 보고 대한민국 외교장관이 한 14개 조 안과 상치되는 점이 많다고 반대하였습니다. 이것도 무슨 회의를 질서 있게 한 것도 아니고 또 연구위원 전원의 성원을 봐서 한 것도 아니므로 심각하게 생각해본 일도 없습니다. 그러나 우리가 자료를 수집하여 놓고 연구한다는 점은 저도 찬양한 정도는 있습니다. 김기철이가 작성한 동안(同案)을 일람(一覽)시킨 후 회합을 갖게 되지 못하므로 김기철은 화가 나서 연구위원들이 연구성이 있어야지 누구 하나 대안도 내지 않고 각자의 생각한 것은 제출하지도 않으니 나를 인간적으로 무시하고 불신임하는 것이 아니냐고 하며, 자기는 어디까지나 대한민국의 14개조 영(英), 불(佛), 카나다 안 등을 대들보로 해서 한 것이지 이북 괴뢰의 외국군 철퇴를 해서 백지 위에서 선거하자는 것이 아니다 라고 하며 기탄없이 말해달라고 한 것입니다. 아무 토의도 없는 것이니까 일개인의 안에 불과한 것입니다.

재판장은 금일 공판은 차(此) 정도로 마치고 속행할 것을 고하고 차일(次日) 기일은 내(來) 4월 17일 오전 10시를 지정 고지하고 각 소송관계인의 출석을 명한 후 폐정하다.

4291(1958)년 4월 10일
서울지방법원 형사 제3부
재판장 판사 유병진
서기 홍사필

[출전 : 13권 362~413쪽]

피고인 조봉암 외 18인에 대한 간첩 및 〈국가보안법〉 위반 등 각 피고사건에 관하여 4291(1958)년 4월 17일 오전 10시 서울지방법원의 공개한 법정에서

재판장 판사 유병진, 판사 이병용, 판사 배기호, 서기 홍사필 열석(列席)

검사 조인구 출석

피고인 등은 신체의 구속을 받음이 없이 출석하다.

변호인 변호사 김춘봉, 동 김봉환, 동 손완민, 동 한격만, 동 최순문, 동 유춘산, 동 임석무, 동 노영빈, 동 전봉덕, 동 조헌식, 동 신태악, 동 이상규, 동 김병희, 동 권재찬, 동 이병호(李炳鎬), 동 한근조 각 출석

재판장은 변론을 속행할 것을 고하고 피고인 등에 대하여 전회(前回) 공판심리에 관한 주요 사항의 요지를 공판조서에 의하여 고지하니

피고인 등은 순차로 종전 그대로 틀림없다고 진술하다.

재판장은 합의한 후, 검사로부터 피고인 신창균, 동 김기철에 대한 〈국가보안법〉 위반 피고사건에 관하여 추가로 공소제기가 유(有)하므로 본건 변론과 병합하여 심리할 것을 고지하니

검사는 추가 공소장에 의하여 기소의 요지를 진술하다.

소송관계인은 이의 없다고 진술하다.

재판장은 피고인 신창균에 대하여

문: 피고인은 상(相) 피고인 조봉암을 하시(何時)부터 여하(如何)한 관계로 알고 있는
가.

답: 제가 해방 직후 인천에 있는 조선성냥공업주식회사 관리인으로 있을 적인데
그때 신탁통치(信託統治) 반대운동에 조봉암 선생도 공산당과 결별한 후 나
와서 좋은 분이라고 생각하고 그 후 선생을 만나 뵙고 싶던 차, 4280(1947)년
10월경 경성전기주식회사(京城電氣株式會社)의 상무취체역(常務取締役)으로
있던 권영원(權英遠) 씨를 통하여 상호 인사를 하게 되어 알고 있습니다.

문: 그 후의 피고인과의 친교 관계는 여하(如何).

답: 제가 선생을 만나 뵈었을 적에 선생은 신탁통치는 공산주의자가 만들었으니
까 그들은 찬탁하고 우리 민족진영은 일치단결하여 반대함으로써 받아들이
지 말아야 한다는 것이어서 저는 그때 감명(感銘) 깊이 생각이 되고 존경하는
마음이 생기었습니다. 그리고 1·4후퇴 시 부산으로 피난 가서는 우리 구(區)
출신 국회의원이었으므로 수차 자진(自進) 찾아뵈온 일이 있을 정도이고 기
후(其後) 진보당 추진위원회 때부터 관계하게 되어 잘 알고 있습니다.

문: 연이(然而)면 진보당에 관계하게 된 경위는 여하(如何).

답: 조봉암·서상일 씨 등 친분 있는 분들이 민주주의 대동단결 운동으로서 새로
운 정당을 만든다고 하기에 진보당 추진위원회 때부터 차(此)에 가담하여 일
좀 보다가 동년 11월 10일 창당과 동시에 재정위원장에 취임하였습니다.

문: 당초부터 조봉암 피고인을 알기 때문에 동인(同人)의 권유에 의하여 가담하게 되었
는가.

답: 지금은 작고해서 없는 분인데 김규현(金奎顯) 씨라고 과거 신가파(新嘉坡)[95]

---

[95] '싱가포르'를 말한다.

에서 민족운동하다가 돌아온 분인데 4288(1955)년 10월경 준비위원회 때 동인(同人)의 권유도 있고 해서 가담하였습니다.

문: 결당 전까지는 무엇을 했는가.
답: 4289(1956)년 4월 정부통령선거 때 서상일 씨가 재정책임을 맡고 있는데 차(此)를 보조해드린 일이 있습니다.

문: 과거 피고인은 한독당 연락부장으로 있었다는데 그런가.
답: 4281(1948)년 4월 19일경 동당 연락부장에 취임하여 연락사무에 종사한 일이 있습니다.

문: 재임 당시 동 당원 조소앙, 조완구, 최석봉, 엄항섭, 조일문 등과 함께 평양에서 개최된 소위 남북협상에 참가코자 동월 20일경 서울 출발, 여현(礪峴)을 경유, 입북(入北)하여 동 협상회담 및 동 김구, 김규식, 김일성, 김두봉으로 구성한 소위 4김회의에 참가한 사실이 있다는데 여하(如何).
답: 그런 사실이 있습니다. 그런데 저이는 4김회의에 참가치 않았습니다. 그때 공산 측에서는 일방적으로 남한의 정치 지도자를 욕하고 미국을 욕하기 때문에 그를 인정치 않고 참가를 거부하였더니 자기들이 4김회의를 주최했던 것이나 별 성과가 없었습니다. 그리고 그때 이북에 갈 적에 군정장관(軍政長官) '쫘날 하지[96]' 중장의 승인을 받고 경찰의 안내를 받아서 갔다 온 것입니다.

문: 그리고 동년 5월 5일 남하하였는가.
답: 네. 그렇습니다.

문: 4289(1956)년 4월 정부통령선거 당시 조봉암을 대통령으로 당선시킬 목적하에 300만 환, 당 수입금 500만 환으로 조봉암의 재정 조달 및 경리 임무에 종사한 사실이 있다는데 그런 사실이 있는가.

---

[96] '존 리드 하지'(John Reed Hodge, 1893~1963)를 말한다.

답: 서상일 씨가 800만 환 다 조달했는데, 저는 그 밑에서 보조하는데 종사하기는 했지만 300만 환만 지출하라고 해서 한 것뿐이고 500만 환은 기후(其後)에 들어서 안 것입니다.

문: 피고인의 손을 거치지 않고는 지출될 수 없는 것이 아닌가.

답: 돈이 들어올 적에는 서상일 씨가 다 받아드리고 나에게 300만 환 돈만 전후(前後) 5회에 긍(亘)하여 지출하라고 해서 한 일 밖에는 없습니다.

문: 300만 환은 어디서 들어온 돈인가.

답: 서상일 씨가 받아서 주었기 때문에 어디서 들어온 것인지는 모릅니다.

문: 500만 환은 어떻게 아는가.

답: 이것은 내 손 거치지 않아서 어떻게 조달되고 지출되었는지 전연 모르는데, 선거가 끝난 후 500만 환 돈이 들어왔다고 해서 직접 취급했구나 하는 짐작이 있을 뿐입니다.

문: 그리고 결당과 동시에 재정위원장에 취임하였는가.

답: 그렇습니다.

문: 진보당은 대한민국을 변란할 목적으로 조직된 결사라는데 여하(如何).

답: 그 정반대로 대한민국을 민주주의하에 육성, 발전시키기 위하여 조직된 정당입니다.

문: 4289(1956)년 12월 16일경 오후 5시경 시내 중구 무교동 소재 성명 불상자의 음식점에서 재정부위원장 홍순범, 위원 이수근, 동 성낙준, 동 선우기준 등과 회합하고 당비(黨費) 갹출 문제를 토론한 결과 당 위원장, 부위원장은 매월 3만 환씩, 통제위원장, 부위원장은 매월 2만 환씩, 간사장 및 각급 위원장은 매월 1만 환씩, 간사는 매월 5천 환씩, 중앙상무위원은 매월 2천환씩, 중앙위원은 매월 1천 환씩, 일반 당원은 매월 200환 갹출할 것 등을 협의하였다는데 그런가.

답: 네. 그런 사실이 있습니다. 제가 그 당시 대전에서 있고 복귀(復歸)를 못해서 한 번 딱 서울에 왔다가 그와 같이 협의하고 내려갔는데, 그 후 들으니까 그와 같이 실시를 못 보고 부간사 조규택의 의견대로 했다는 말을 들었습니다.

문: 그것은 재정위원회의 결의로서 실시되는 것이 아닌가.
답: 재정위원회에서 안을 잡아 상무위원회의 통과를 본 후 당 위원장의 결재를 받아 실시하게 됩니다.

문: 피고인은 재정위원장인데 실지 당무에 종사한 것은 어느 때란 말인가.
답: 대단히 부끄러운 말씀이오나 가족이 많아서 별로 당무에 종사치 못하고 대전에 있다가 당무 관계로 서울에 내왕(來往)한 것은 한 서너 번 정도에 지나지 않습니다. 참말 부끄럽게 생각하고 있습니다.

문: 4290(1957)년 2월 일자 미상경 오전 11시경 조봉암 가(家)에서 조봉암, 박기출, 이광진, 윤길중, 조규희, 이명하, 김기철, 조기하, 장지필, 원대식, 이영옥 등 20여 명이 회합하고, 진보당 기관지 발간처인 정진사 창립발기인회를 개최하고 정진사 발기인 위원장에 박기출, 부위원장에 이광진을 선출, 동사(同社)의 자본 총액을 1억 환으로 결정한 후, 제1회 주금(株金)으로 일금 5천만 환을 모금한 것에 합의를 봤다는데 여하(如何).
답: 지금 누구누구 참석하였는지는 기억에 없으며 당 기관지란 말은 없었으며 정진사라는 주식회사를 만들어서 일간신문 하나를 만들자는 논의가 있었습니다.

문: 일간신문은 기관지적 역할을 하기 위해서가 아닌가.
답: 기관지로서가 아니고 대내(對內)에서 운영하는 정도로서 입니다.

문: 동일(同日) 논의 내용은 여하(如何).
답: 일간신문 하나를 하자고 의논이 되어 주식회사 정진사를 만드는데 5천만 환 주금(株金)을 일반에 공모하기로 논의되었습니다.

문: 정진사 발기인회는 결국 창립을 목적으로 한 회(會)인가.

답: 네. 회사를 만들기 위하여 창립 발기인회를 한 것인데 정진사라는 명칭은 가칭입니다.

문: 동사(同社)의 창립 목적은 기관지를 만들기 위해서가 아닌가.

답: 일반에서 주금(株金)을 공모하는 것이니까 기관지가 될 수 없습니다. 즉, 당원 이외의 사람을 주로 하려고 했으니까 그리 안 됩니다.

문: 당원 이외의 사람이 다수(多數) 주(株)를 차지하면 운영할 수 없게 될 것이 아닌가.

답: 사장을 일반 사람에게 주고 그가 주동적 역할을 해도 될 만한 아량을 가지기로 했었습니다.

문: 연이(然而)면 후에 기관지를 만들 예정이었는가.

답: 당원과 가깝게 할 생각이었고 그처럼 쓸려고 한 것은 틀림없습니다.

문: 그래서 그 결과 여하(如何)히 되었는가.

답: 그 후 본인은 한 번도 참례(參禮)치 못하고 대전에 있었기 때문에 어떻게 되었는지 잘 모르나 조규희 말을 들으니까 돈이 걷히지 않아서 흐지부지되었다고 합니다.

변호인 전봉덕은 재판장에게 고하고 피고인 신창균에 대하여

문: 무교동 음식점에서 피고인 등이 협의한 당비(黨費) 액(額)과 재정부 간사 조규택 안으로 결정된 것과는 다른 것인가.

답: 다른 것입니다.

문: 피고인도 조규택의 안이 결정된 사실을 아는가.

답: 공소장 부본(副本)을 받아보고 비로소 압니다.

문: 피고인이 재정위원장에 취임한 후 당 경비 수납, 지출은 누가 하였는가.

답: 대단히 부끄러운 일이오나 제가 대전에 있었기 때문에 못 취급했습니다.

재판장은 피고인 김기철에 대하여

문: 피고인이 상(相) 피고인 조봉암과 알게 된 경위는 여하(如何).

답: 제가 김규식 박사 영도하에서 좌우합작운동에 활동하다가 그 후 민족자주연
맹을 결성하기에 이르렀는데, 동 준비위원 50명 중에 조봉암 씨도 한 분으로
계셔서 상호 알게 되었는데 그것이 4280(1947)년도입니다.

문: 그 후 상호 친교 관계는 여하(如何).

답: 처음 준비위원 50명에 조봉암 씨도 한 사람이었으나 불참하고 저희들은 민족
자주연맹을 결성하였는데 그 후 평양에 가서 남북협상 등에 참가하느라고 만
난 일이 없이 지내오다가, 6·25사변 당시 김규식 박사 등 민족자주연맹 분들
은 납치되고 본인은 제주도로 피난 갔다가 부산에 와서 정치파동이 있은 직
후 약 3~4년 만에 조봉암 씨를 처음 만나게 되었습니다.

문: 그래서 제1차 대통령선거 당시 조봉암의 선거위원으로 종사하게 되었는가.

답: 민주주의 성장을 위하여 야당에서 누가 입후보했으면 하고 생각튼 차(次)에
조봉암 선생이 출마하여 차(此) 운동을 해주어야겠다고 생각하고 선거위원이
되었습니다. 그런데 선거위원은 4~50명가량 됩니다.

문: 피고인이 진보당에 관계한 경위는 여하(如何).

답: 민국당이 발전적 해소(解消)를 하고 신당(新黨)을 조직한다고 할 적에 조봉암
선생을 권유하더니, 조병옥 씨 등이 받아들이지 않아서 다시 한 개의 야당을
규합하자는 구상론(構想論)이 나와 조봉암, 서상일 등이 주(主)가 되어 혁신
세력 대동운동을 전개하여 그 두 분을 전대(田帶)[97]로 해서 강화 노력하던
중, 서상일 씨는 더욱 대동단결만 주장하고 마침내 발당(發黨)하기에 이르니

---

97) 원본 문서의 한자는 전대(田帶) 내지는 전석(田席)으로 보이는데, 그 의미는 불분명하다.
문맥상으로는 '필두(筆頭)' 내지는 '대표'의 의미로 보인다.

참가치 않고 저이들은 공소장 기재(記載)와 여(如)히 결당을 보게 된 것입니다.

문: 서상일 씨와 조봉암 피고인과 갈라서게 된 동기는 여하(如何).
답: 서상일 씨는 비자유, 비민주는 전부 대동단결하자고 끝내 주장하므로 그렇게 하자면 결당을 보지 못하고 시일(時日)만 끌게 되므로 하루속히 결당을 보는 것이 좋다는 의견이 나와서 가능 편을 취해서 그렇게 되었습니다.

문: 피고인은 4279(1946)년 서울에서 원세훈의 주선으로 소위 좌우합작위원회(左右合作委員會)에 가입함과 동시에 민련 교도(敎導) 및 조사부장, 민독 선전부장 등에 취임한 일이 있다는데 여하(如何).
답: 그와 같은 사실이 있습니다마는 교도부장이 아니고 보도부장 하다가 조사부장을 한 것이고 민독은 민주한독당(民主韓獨黨) 선전부장입니다.

문: 그리고 4281(1948)년 4월 민독 대표로 소위 남북협상 회의에 참가한 사실이 있었는가.
답: 네. 있습니다.

문: 6·25사변이 발생하자 괴뢰 치하 서울인민위원회에 민련을 공인단체로 등록하고 동 연맹 조사부장으로 활약한 일이 있는가.
답: 다른 사람이 그렇게 등록했는지는 모르나 본인은 등록한 일이 없으며 조사부장으로 활약한 일도 없고 사변 중 두서너 번 나가 본 일은 있습니다.

문: 동 인민위원회 위원장 이승엽의 지령에 의하여 구성된 군사위원회에 가입하여 동 조사부장으로서 괴뢰군에 대한 원호사업을 한 일이 있다는데 여하(如何).
답: 6·25사변 당시 그와 같이 인민위원회의 지령에 의하여 조직된 사실은 알고 있으나 본인은 그에 전연 가담한 사실이 없습니다. 그리고 원호사업에 종사한 일도 없습니다. 저는 전술(前述)한 바도 있지만 두서너 번 나가 본 일이 있어서 그런 것이 조직되었다는 것은 알고 있으나 저는 전연 가담, 활동한 사실이 없습니다. 연이(然而) 다른 사람들이 원호사업에 종사하였는지는 알 수 없습니다.

문: 다른 사람이 군사원호사업(軍事援護事業)을 하는 것을 본 일은 있는가.

답: 몇 가지 본 기억이 있습니다.

문: 5·15정부통령선거 당시 조봉암을 위하여 사재(私財) 550만 환을 제공한 사실이 있다는데 여하(如何).

답: 도합 550만 환을 내논 것은 사실인데 진보당 추진위원회, 즉 희망예식부(希望禮式部)에서 회합이 있을 때 100만 환을 내놓고 그 후 선거비로 나머지를 4차에 궁(亘)하여 내논 사실이 있습니다.

문: 그리고 진보당 결당과 동시에 동당 중앙당 통제위원회(統制委員會) 부위원장에 취임하고 그 후 동당 경기도당 위원장에 각 취임하였다는데 여하(如何).

답: 네. 그런 사실이 있습니다.

문: 동당 경기도당 결성은 언제하였는가.

답: 4290(1957)년 4월경 시내 시공관에서 결성대회를 했습니다.

문: 또 동 4290(1957)년 9월에 동당 통일문제연구위원회 위원장에 취임하였다는데 그런가.

답: 네. 그렇습니다.

문: 진보당은 대한민국을 변란할 목적으로 조직된 결사라는데 여하(如何).

답: 우리 당 정강정책 안에 대한민국을 지지, 발전시켜 대한민국을 토대로 해서 정권을 획득한다고 공약되어 있지, 변란을 목적으로 하고 있지 않습니다. 저 이들은 꿈에도 그런 일을 생각해본 일이 없고 언제나 호흡을 같이 하려고 한 것입니다.

문: 피고인이 작성한 「북한 당국의 평화공세에 대한 진보당의 선언문 초안」을 동 통일문제연구위원회에 제출하니 동 위원회 관계 피고인 등의 태도는 여하(如何) 하였는가.

답: 그것은 제가 4290(1957)년 9월 10일경 통일방안에 대해 원고 작성을 끝내고 바로 그 후 다른 위원에게 순회(巡回) 회람(回覽)시켰는데 못 본 사람도 있었

기는 하지만, 그 다음 회합인 기후(其後) 약 10일가량 있다가 토의해보니 하나도 아는 사람이 없어서 다시 동안(同案)을 프린트해서 각각 배부하였습니다. 그런데 첫째 조봉암 위원장은 프린트한 것을 드린 일이 없고 원고를 보여드렸더니, 이것은 내 개인적으로 봐서 잘 연구되었다고 하며 지금 이 시국에서는 내놓을 수 없다고 말하고, 박기출 부위원장은 프린트한 것을 드린 일이 없고 원고도 보여드린 일이 없는데, 전술(前述)한 바도 있습니다마는 동년 9월 말일경 오후 5시경 당 사무실에 박기출 씨가 나오셨길래 제가 구상한 바를 말씀드렸더니, 지금 우리 당 정책에도 있지만 통일문제의 구체안을 왈가왈부 논의할 수가 없는 것이며 UN 감시하의 남북총선거 이외에는 있을 수 없다고 노(怒)하며 탈당까지 하겠다고 한 일이 있는 정도이고, 김달호 부위원장은 정부안도 말이 많은데 지금 그런 것은 안 된다고 했습니다. 원고나 프린트한 것을 드린 일이 없으며 다만 회합 석상에 나오셨다가 그런 말을 하였습니다. 윤길중 간사장은 동 회합에 두어 번 참석하고 원고는 순차적으로 돌아갈 적에 봤을 것이며 프린트한 것은 보내 드리고 하였는데, 그는 『중앙정치』 10월호의 3대 정당 좌담회 적에 자기 의견을 뚜렷하게 내놨으니까 그것 자체 이외에는 더 만들 수 없다고 하며, 우리 당은 강령 그대로 하고 다른 것은 더 논의할 때 아니라는 의견을 가지고 있었으며 그저 자료나 더 조사하라는 정도였습니다. 이명하 씨는 원고 보고 독후감을 별로 말한 바 없다가 그 다음 회합에 참석하여 여기는 연구기관이니까 그런 것을 연구해 볼 필요는 있지만, 북한 괴뢰집단에 보낸다는 것을 전제로 하고 연구할 필요가 없다고 했습니다. 이하 다른 위원에게는 프린트한 것을 모두 보냈습니다. 그리고 최희규는 술이 들어가기 전에는 말하지 않는 사람인데 회람(回覽) 후 1차 회합에서 이런 연구는 불가하다고 하며 반대로 나왔으며, 조규희는 동당 선전부장인데 이런 것을 연구하는 것은 당연하나 그 내용에 있어서 오해받을 염려가 있고 반대 측의 말이 나오면 꼼짝 못하지 않느냐 그러니까 감시위원을 미·소 양국에서 임명하는 나라로 하는 것이 좋지 않으냐는 의견이었고, 박준길은 논문 원고를 봤을 줄 아는데 프린트한 것은 못 받았다고 하는 것이나 좌우간 동인(同人)은 각 위원들의 논조가 필요 없다는 것인데, 그것은 북한 괴뢰집단 것과 흡사하다는 이유로 비판을 받고 있는 것이라고 말하고, 그러나 연구하는 정도는 필요하다는 의견이 있고 그리고 안경득, 김병휘, 권대복 등은 대체로 반대적인 풍조로 나왔습니다.

재판장은 당해(當該) 피고인 등에 대하여

문: 상(相) 피고인 김기철의 진술은 여하(如何).

피고인 등은 순차로

답: 대개 그대로 틀림이 없습니다.

재판장은 피고인 김기철에 대하여

문: 동 논문의 원고 내용은 간단하게 말해서 어떤 취지를 쓴 것인가.

답: 말씀드리자면 제가 당 생활하면서 대한민국 행정면에 제가 생각한 것은 다시 말해서 너무 한심스런 점이 한두 가지가 아니었습니다. 북한 괴집은 평화공세를 줄기차게 하고 있는데 아무것도 하지 않으며 오히려 연구하는 것까지 문제시하니 통탄할 바입니다. 앞으로 필연적으로 평화통일은 되고야 말 것인 즉, 또 그러한 신념을 가지고 있는 사람입니다. 조봉암 위원장도 이런 사실을 알고 이승만 대통령도 그런 사실을 다 알고 있을 터인데 왜 가만히만 있는지 모를 일입니다. 즉, 북한 괴집의 평화공세에 대비하여 국론(國論)을 통일하여 평화적이며 정치적인 방법으로 공산당을 이겨낼 만큼 대중을 이끄는 실력을 갖추어 두는 것이 반공투쟁이라고 나는 생각합니다. 저는 근 10년 동안 평화통일을 염두(念頭)에서 잊은 일이 없고 조석 간에 등한(等閑)히 생각한 일 없는 터입니다. 제가 진보당에서 열성적으로 일하는 것은 공산당과 싸워서 이겨내는 것은 진보당밖에는 없다고 보는 까닭입니다. 다른 보수정당은 생활하는 일밖에는 별로 하는 일이 없으니까 말입니다. 그것은 제가 연구한 것을 정리해서 북한 괴뢰들의 평화공세에 대항하려는 심산(心算)에서 기초해 본 것입니다.

문: 연이(然而)면 동 원고의 구체적 주장은 무엇인가.

답: 덜레스,[98] 이든[99] 등이 국제회의에서 행한 연설 등을 토대로 비판하여 취사 선택해 보고 열성적으로 분석해봤습니다. 한국 참전 16개국 공동선언서에도

발표된 바와 같이 UN은 한국의 평화와 안전보장에 관한 구성이 있다. 한반도에 남북총선거를 실시할 것, 공산당이 듣지 않을 경우에 UN 등은 최종적으로 남아서 치안책임을 □□보고[100] 떠난다 등을 주점(主點)으로 했습니다. 전쟁을 하지 않고 어떻게든지 해서 평화적으로 통일을 하여야 할 터인데 북한 괴뢰의 3개 안은 받아들일 수 없고 해서, 외무부장관이 제네바회의에서 제안한 14개조안을 대들보로 삼아 전술(前述)한 바와 여(如)히 참고를 해서 완성시킨 것입니다.

문: 이것이 피고인이 작성한 선언문 초안에는 틀림없는가.
차시(此時) 재판장은 증(証) 제11호를 읽어주다.
답: 네. 그와 상위(相違) 없습니다.

문: 제목을 북한 당국 운운하였는데 그 대상은 누구인가.
답: 통과되면 북한 괴뢰집단에 내놀 것입니다. 그것은 어디까지나 진보당의 입장을 밝힌 다음의 일입니다.

문: 2항에 이 선거의 준비와 실시를 감독하고 감시하기 위하여 국제연합의 동의하에서 선출될 국제감시위원회를 설치한다. 이 위원회는 실제적이며 유효적절한 감시권을 가져야 한다. 이 위원회는 인도, 서서(瑞西), 서전(瑞典), 파란(波蘭), 첵코스로바퀴아 대표로 구성되어야 하며, 인도 대표는 의장으로 취임할 것이다라고 하였는데 감시위원단을 그와 같이 결정한 이유는 여하(如何).
답: 중립국가가 되지 않지 않느냐 할는지 모르나 제 생각에는 소인(素人)의 마음으로 대원칙은 UN의 동의하에 두었으니까 좋을 줄 알았습니다.

---

98) '존 포스터 덜레스(John Foster Dulles, 1888~1959)'를 말한다. 1953년부터 1959년까지 미국의 국무장관을 역임했다. 덜레스는 제네바회담에서 유엔 감시하에 북한에서 선거를 실시하여 통일 정부를 수립하자고 연설했다.
99) 영국의 정치인 '로버트 앤서니 이든(Robert Anthony Eden, 1897~1977)'을 말한다. 1951~1955년 외무장관, 1955~1957년 총리를 역임하였다.
100) '맡아보고'로 보인다.

문: 순수한 중립국가 아닌 나라도 있는 것은 사실이 아닌가.

답: 제네바 회의록을 볼 것 같으면 실제로 한국에서 포로송환위원단으로 일한 나라이고 비참전국(非參戰國)이니까 적당하다고 되어 있습니다.

문: 연이(然而)면 파란(波蘭), 첵코스로바퀴아 중립국가가 아닐 뿐만 아니라 우리 대한민국에 유리하지 못한 나라인 것은 사실인데 여하(如何).

답: 확실히 공산국가이기는 하지만 미·소 양국이 합의 보기에는 좋은 상식으로 알았기 때문에 세칭 중립국으로 한 것입니다.

문: 결국 그와 같이 구성해놓으면 우리 대한민국에 이롭지 못하다는 것은 확연한 일이 아닌가.

답: 제 생각에는 그리하는 것이 가장 공정스럽게 되는 것이라고 합의를 봐서 호칭된 국가인 줄 알고 한 것입니다.

문: 3항에 전한국위원회를 설치하는 목적은 여하(如何).

답: 〈선거법〉 작성과 자유 분위기 달성 문제에 관한 일을 하는 데 있습니다.

문: 주체는 국제감시위원회이고 전한국위원회는 보조기관인가.

답: 그렇기는 합니다마는 우리 문제이니까 한국위원회를 설치해서 일은 거기서 하고 국제감시를 받자는 데 있습니다.

문: 7항, 8항, 9항은 대개 실시 기간, 감시위원의 신분보장, 입후보자 및 선거운동원 등의 보호 등에 관해 규정해 논 것인가.

답: 그렇습니다. 그것은 변영태 외무부장관의 4조, 5조 그것 그대로인 것입니다.

문: 10항의 비례제 원칙이란 어떻게 하는 것인가.

답: 인구비례에 의하여 대의원(代議員)을 선출하자는 것입니다.

문: 외국군의 철수를 비례원칙으로 한다함은 여하(如何)히 하는 것인가.

답: 철수 개시는 비례제로 해서 같이 시작하되, UN군은 치안책임을 담당하고 최종적으로 나간다는 것입니다.

문: 이 통일방안을 토의하기 위하여 몇 번이나 회합을 가졌는가.

답: 전술(前述)한 바도 있습니다마는 제대로 한 번도 토의해본 일이 없는 것이나 마찬가지인데, 제가 위원장으로 취임하고 나서 네 번가량 위원회를 소집하였다고 기억납니다. 초(初) 회합은 4290(1957)년 9월 2일 오후 1시경 위원을 개편하였으니까 상호 인사, 그리고 경비 문제, 그리고 앞으로 각자가 통일문제를 연구, 비판하자는 정도로 하고 헤어졌습니다. 그때 회합을 당 사무실에서 열었는데 대개의 위원이 참석했던 것으로 압니다.

두 번째는 그로부터 약 1주일 있다가니까 동년 9월 11·12일경 역(亦) 당 사무실에서 약 10명가량의 위원이 나온 것으로 기억되는데, 그때 제가 논문 하나를 내가 마련한 것이 하나 있는데 이것을 회람(回覽)하시고, 그 회람이 다 끝날 무렵에 가서 다시 초집(招集)을 하겠으니 그때 나와서 진지하게 토론, 비판하자고 하고 헤어졌으며, 세 번째 회합은 동월 20일경에 열었는데 지금 누구인지 기억은 없는데 제 생각에는 회람이 다 됐을 줄 알고 한 것이 3~4인의 위원이 논문을 다 보지 못했다고 하고 해서 저는 완전히 보고 난 후 여기서 다시 되풀이 제안, 설명 같은 것을 하지 않고 논의하자고 하려고 했더니, 한 번 보고 기억에 남음 없던 모양이어서 그러면 내가 제네바회의의 참고자료와 논문 등을 프린트해서 주기로 하고 헤어졌으며, 네 번째는 제가 프린트 15부를 해가지고 11부를 봉통(封筒)에 넣어서 배부한 후 나와서 회합을 가졌었는데 역시 아무것도 말이 안 돼서 토의해보지 못하고 흐지부지 헤어졌던 것입니다.

문: 그것이 박기출 부위원장과 말다툼이 있었다는 날인가.

답: 아닙니다. 박기출 부위원장과 말이 있던 날은 동년 12월 초순경 오후 5시 반 역(亦) 당 사무실에서인데, 그날은 제가 프린트를 각 위원에게 배부하고 각자의 수정안을 가지고 나와서 진지하게 토의를 해보자고 한 것인데, 도무지 성의 있는 사람이 하나도 없어서 그로부터 약 1개월 반가량 있다가인 그날 부

산에서 박기출 부위원장도 상경하셨다고 하니 위원장, 부위원장 있을 적에 한 번 토의해보려고 한 것입니다. 그전에는 회합을 가져 보려고 해도 나오지도 않아서 간사장인 윤길중 씨 보고 뒤에서 누가 안 나오도록 방해하는 것이 아니냐고까지 했던 것입니다. 그래서 그런 김에 한 번 논의해보는 것이 어떤가 해서 그날 회합을 가지려고 소집하였더니, 동일(同日) 오후 2시에 집합하자고 한 것이 하나도 나오지 않고 오후 5시 반경 조규희와 이야기하고 있는데 박기출 씨, 김달호 씨, 윤길중 씨, 당 위원장 대개 그런 순서로 나왔습니다. 그때 박기출 씨와 이야기가 좀 있었을 뿐인 것입니다.

문: 박기출 부위원장도 그날 초대해서 나온 것인가.
답: 저는 그분이 어디 있는지도 모르는데 그 전전날 박기출 부위원장도 올라왔다는 말을 듣고, 한 번 하자고 해서 당무부장에게 연락해서 부탁하였습니다마는 전달이 되었는지는 모릅니다.

재판장은 이여(爾餘)의 관계 피고인에 대하여
문: 상(相) 피고인 김기철에 대한 기(其) 점(點)에 관한 진술은 어떤가.

피고인 김병휘는
답: 처음 두 번은 비슷하고 3·4차는 부지(不知)입니다.

피고인 윤길중은
답: 대체 같다고 생각합니다마는 지나간 경과가 흐지부지의 정도였으니까 희미하게 생각날 뿐입니다.

피고인 이명하는
답: 상(相) 피고인 윤길중의 진술과 대략 같은데 처음 회합 이외에 두 번 참석한 것으로 기억됩니다.

피고인 조규택은

답: 저도 그렇게 생각합니다.

피고인 조규희는

답: 대체적으로 제가 많이 참석하였습니다.

피고인 박준길은

답: 첫 번 한 번만 나가고 그 다음부터는 나간 일이 없습니다.

피고인 안경득은

답: 처음과 다음번, 도합 두 번은 참석하고 다른 때는 몸이 아파서 프린트한 것은 받고도 나가지 못하였습니다.

피고인 권대복은

답: 세 번 참석하고 그 후는 모릅니다.

재판장은 피고인 김기철에 대하여

문: 그것을 15부만 등사(謄寫)시켰는가.

답: 4290(1957)년 9월 15일경 제 집에 제 처가 교원생활을 하니까 가리방 있어서 처남 오성덕에게 글씨를 잘 쓰니까 원지(原紙)만 쓰게 하고, 나머지는 원지를 당 사무실에 가지고 나가서 거기 있는 등사판(謄寫板)으로 사환(使喚)을 시켜서 15부만 박이게 하고 제가 봉통(封筒)을 써서 넣어 보낸 것입니다.

문: 4290(1957)년 9월 동당을 확대시킬 목적으로 동당과 노선을 동일히 하는 근민당 재남 잔류파인 김성숙, 양재소, 김일우 등 10여 명과 합할 것을 기하고, 동월 20일 시내 종로(鍾路) 2가 진보당 사무실에서 진보당 측 대표로 피고인 조봉암, 동 윤길중, 동 김달호, 동 이명하, 동 김기철, 동 조규희, 동 최희규, 근민당 대표로 김성숙, 양재소, 김일우 외 7명, 도합 17명으로 통일준비위원회를 구성하는 동시, 미구(未久)에 대회를 같이 결정 짓기로 한 사실이 있다는데 여하(如何).

답: 그런 사실이 있습니다마는 근민당 대표하고 회합한 일은 없습니다.

판사 이병용은 재판장에게 고하고 피고인 김기철에 대하여
문: 진보당 강령에 구체안을 내놓을 수 없다는 것은 알았는가.
답: 네. 알고 있습니다.

문: 통일문제연구위원회는 결의기관인가.
답: 아닙니다.

문: 상(相) 피고인 윤길중의 진술에 의하면 동 위원회는 대체(大体) 자료 정도를 수집해서 연구하는 기관이지, 그 이상은 더 나갈 수 없다는 취지의 진술이 있는데 여하(如何).
답: 제 생각에는 구체안이라도 내놓고 토론해서 연구할 수 있는 데까지는 연구해야 할 것이라고 압니다.

문: 동 위원회의 멤버는 대체 주요 간부급으로 구성되어 있는 것은 사실이 아닌가.
답: 그렇습니다.

문: 그와 같이 방대한 기구에서 조사 정도로 그친다는 것은 말이 안 되는데 여하(如何).
답: 조사만은 조사부가 있으니까 거기서 할 것이고 우리 연구위원회는 연구 문제라면 탁 털어놓고 토론, 연구해야 될 것으로 압니다.

문: 강령에 그런 구체안을 내놓을 수 없다고 하면서 토론이 된다면 모순이라고 볼 수 있는데 여하(如何).
답: 정책 자체가 잘못되었다고 생각합니다. 연구하는 정도도 안 될 것은 없을 것입니다.

문: 선언문 모두(冒頭)에 "피해대중을 대표하여 운운"하였는데 이것은 진보당을 인용한 말인가.

답: 그렇습니다.

문: 정당을 결합한다는 것은 무엇을 결합한다는 것인지 아는가.
답: 정치이념을 같이 한다는 것입니다.

문: 왜 하필이면 모두(冒頭)에 피해대중이라고 인적(人的) 요소를 넣었는가.
답: 같은 말이면 그것이 나을 것 같아서 그랬습니다.

문: 피해대중은 누구를 지칭함인가.
답: 쉽게 말해서 통일이 안 되므로 해서 피해를 입고 있는 것을 말해서 피해대중
   이라고 했는데 그것은 당의 스로강101)을 강하게 표시하느라고 그리 쓴 것입
   니다.

문: 그런 것이 아니라 현 정권에 반(反)하는 세력을 말한 것이 아닌가.
답: 아닙니다.

문: 12항에 있어서 (a) 통일한국의 〈헌법〉 작성에 관한 문제로 하였는데 기존 대한민국
   〈헌법〉을 도외시하고 새로 만든다는 것인가, 불연(不然)이면 개정한다는 것인가.
답: 그대로 채택될 수도 있고 수정할 수도 있고 그리 안 될 수도 있다고 생각됩
   니다.

문: 개정하는 방향 이상으로 나가면 우리 헌법정신에 위배되는 것이라고 인정되는데 여
   하(如何).
답: 우리나라가 통일된다면 용납(容納) 결의를 밟아가지고 해서 말이지 그와 같
   이 위배할 생각은 없는 것입니다. 그러니까 선거 전에 정부 해체는 할 수 없
   다는 말입니다.

---

101) '슬로건'을 의미한다.

검사는 재판장에게 고하고 피고인 김기철에게 대하여

문: 선언문 문구 중 '북한 당국'이라고 한 것은 누구를 말함인가.

답: 개인적으로는 북한 괴뢰, 개새끼, 돼지 등 할 수 있지만 제가 개인적으로 창
안(創案)해서 당국이라고 붙였습니다.

문: 피고인 생각에는 그것이 타당하다고 보는가.

답: 그래서 그렇게 했습니다.

문: 연구위원회의 가결(可決) 방법은 여하(如何).

답: 전원 합의를 봐야 합니다.

문: 작년 12월 초순경에 열었다는 것이 최고간부회의가 아닌가.

답: 아닙니다. 제가 당 어른들 모인 자리에서 한 번 해보려고 당무부장에게 부탁
했던 것입니다. 최고간부회의란 있을 수 없습니다.

문: 연이(然而)면 위원장, 부위원장에게 연락한 것은 사실인가.

답: 저는 당무부장 보고 말하고 연락하기로 했는데 2시에 소집했는데도 하나도
나오지 않고 오후 5시 반경에 몇 분 나왔던 것입니다.

문: 연구위원 전원도 소집하였는가.

답: 연구위원 전원과 장(長) 세 분을 모실 작정이었습니다.

변호인 전봉덕은 재판장에게 고하고 피고인 김기철에 대하여

문: 동 선언문은 성질상으로 봐서 피고인의 개인 안인가 당으로서 관계있는 안으로 보
는가.

답: 당 생활하는 사람으로서의 김기철 개인 안에 불과한 것입니다.

문: 가결이 안 되면 사안(私案)에 불과한 것이고 발표할 수도 없는 것이 아닌가.

답: 그렇습니다. 사실상 없어지는 것이지요.

문: 동안(同案)을 법률적으로 검토해 본 일은 없는가.

답: 법에는 원래 무상식이고 문구에 대하여 연구해 본 일이 없습니다.

문: 피고인은 동안(同案)이 연구위원회에서 통과되리라고 생각했는가.

답: 통과시켜 보는 것이 내 주장이었습니다.

변호인 김봉환은 재판장에게 고하고 피고인 김기철에 대하여

문: 작년 12월 초순에 회합을 소집한 방법은 여하(如何).

답: 당 사무실에다 당무부장이 써놓고 고문(告文)하는데 본 사람은 나올 것입니다. 제가 당무부장에게 부탁하였는데 차오(差誤)로 못했는지는 지금 알 수 없습니다.

문: 만약에 동안(同案)이 연구위원회에서 통과를 봤을 경우에는 어떻게 하는가.

답: 시기가 돼서 상임위원장이나 당 위원장이 구체안을 작성해서 내라는 지령이 나왔을 때에 제출하게 됩니다.

재판장은 피고인 김병휘에 대하여

문: 피고인은 상(相) 피고인 조봉암을 하시(何時)부터 여하(如何)한 관계로 알게 되었는가.

답: 4288(1955)년 추경(秋頃) 대전에 있던 친구 주기영의 소개로 조봉암 선생을 알게 되었습니다.

문: 피고인이 진보당에 관계하게 된 경위는 여하(如何).

답: 진보당 추진위원회 때부터 차(此)에 가입하여 기획위원, 선전위원으로 종사하다가 결당하기에 지(至)하여 결당과 동시에 동당 교양간사에 취임, 4290(1957)년 9월경 통일문제연구위원회 부위원장에 취임한 사실이 있습니다.

문: 그리고 『중앙정치』 편집위원회 위원도 겸임하게 되었다는데 여하(如何).

답: 네. 4290(1957)년 9월경 차(此)에 취임하였습니다.

문: 진보당은 대한민국을 변란할 목적으로 조직된 결사라는데 여하(如何).

답: 진보당이 대한민국을 변란할 목적으로 결사된 정당이라고는 꿈에도 모르겠습니다.

문: 4290(1957)년 9월 조봉암으로부터 잡지사 판권 구입의 의뢰를 받고, 동경(同頃) 김석봉으로부터 『중앙정치』 판권을 금 18만 환에 이양받은 후 조봉암에게 인도한 사실이 있다는데 여하(如何).

답: 그런 사실이 있습니다. 그것이 동년 7월경이라고 생각됩니다. 그리고 그 점에 관하여는 종전에 진술한 대로입니다.

문: 편집위원회 위원으로서 여하(如何)한 사무에 종사하는가.

답: 편집사무에 종사하였습니다.

문: 『중앙정치』 10월호에 조봉암의 「평화통일에의 길」이란 논문을 게재한 일이 있는가.

답: 네. 있습니다.

문: 연이(然而)면 동 논문의 게재 절차는 여하(如何)하였는가.

답: 동년 7월 중순경 제가 편집위원에 취임한 후 어느 날인지 기억은 없으나 무척 더운 날인데 위원장 조봉암 선생이 나오셔서 "내가 「평화통일에의 길」이란 논문을 하나 썼는데 좀 읽어보시오" 해서, 그 자리에서 누가 좀 읽기는 하고 위원장이 쓰신 것이니까 그저 좋지요 하고 했는데 좀 고칠 데도 있고 하니 가지고 가겠다고 한 후, 또 어느 날인가 편집 마감이 다 된 때 그것을 가지고 와서 그냥 인쇄하기에 이른 것입니다.

문: 피고인은 통일문제연구위원회에 몇 번이나 참석하였는가.

답: 김기철 동지가 위원장에 취임한 후 첫 회합인 동년 9월 2일에 참석하였다가 상호 인사 정도로 그치고, 동월 10일경 다시 회합을 가졌는데 김기철이 원고용지에다 200매가량을 써 가지고 와서 읽어가며 토의하자고 하더니, 이거 이렇게 할 수 없으니 회람(回覽)해 가지고 난 다음에 토의할 터이니 이것은

절대안(絶對案)이 아니므로 여러 동지들도 안이나 자료를 가지고 나와서 하자고 하고 헤어진 후 본인은 한 번도 참석한 바가 없습니다.

문: 김기철의 안을 다 읽어보았는가.
답: 원고가 내게 돌아왔던 것은 기억에 있는데 그 당시 바빠서 못 읽어봤습니다. 그리고 경찰에서 프린트한 것을 받은 일이 있느냐고 하는데 여하간 당에서 오는 공문은 다 받았다고 생각되나 내용은 기억에 남음이 없습니다. 그런데 당 최고간부회의 운운은 전연 들은 일도 없고 아는 바도 없습니다.

문: 「북한 당국의 평화공세에 대한 진보당의 선언문(초안)」을 프린트한 것을 모르는가.
답: 검거된 후 하나하나 인식했습니다.

　재판장은 금일 공판은 차(此) 정도로 마치고 속행할 것을 고하고 차회 기일은 내(來) 4월 24일 오전 10시로 지정, 고지하고 각 소송관계인의 출석을 명한 후 폐정하다.

4291(1958)년 4월 17일
서울지방법원 형사 제3부
재판장 판사 유병진
서기 홍사필

[출전 : 14권 3~52쪽]

피고인 조봉암 외 18명에 대한 간첩 및 〈국가보안법〉 위반 등 각 피고사건에 관하여

4291(1958)년 4월 24일 오전 10시 서울지방법원의 공개한 법정에서

재판장 판사 유병진, 판사 이병용, 판사 배기호, 서기 홍사필 열석(列席)

검사 조인구 출석

피고인 등은 신체의 구속을 받음이 없이 출석하다.

변호인 변호사 김춘봉, 동 김봉환, 동 손완민, 동 한격만, 동 최순문, 동 유춘산, 동 임석무, 동 노영빈, 동 전봉덕, 동 조헌식, 동 신태악, 동 이상규, 동 김병희, 동 권재찬, 동 이병호, 동 한근조 각 출석

재판장은 변론을 속행할 것을 고하고
피고인 등에 대하여 전회(前回) 공판심리에 관한 주요 사항의 요지를 공판조서에 의하여 고지하니

피고인 등은 순차로 종전 그대로 틀림없다고 진술하다.

재판장은 피고인 이동화에 대하여
문: 피고인은 상(相) 피고인 조봉암을 하시(何時)부터 여하(如何)한 관계로 알고 있는가.
답: 조봉암 선생이 혁신세력을 지도할 수(數) 적은 지도자의 한 분이라는 것은 두 말할 나위도 없습니다. 선생의 성함은 해방 전에도 듣고 있으나 한 번도 만나

뵈온 일이 없다가, 4288(1955)년 추경(秋頃) 제가 잘 아는 윤길중 간사장 댁에서 면배(面拜)할 기회를 얻어 알게 되었습니다. 그리고 좀 있다가 서상일 씨 댁에서 새로운 혁신정당의 강령을 만들자고 모인 일이 있을 적에 만나 뵙고 그 후는 별로 만나 뵈온 일이 없습니다.

문: 피고인은 진보당의 강령 초안을 작성하였다는데 그런가.

답: 네. 4289(1956)년 3월경 서상일 씨 댁에서 직접 연락이 와서 갔더니 서상일, 조봉암, 윤길중, 신도성 등이 모인 자리에서 혁신정당에 대한 강령의 기초를 위촉받고 작성하였는데, 진보당의 단독 결당을 전제로 해서 작성한 것이 아니고 서상일 씨 계(系)와 결렬되기 전에 만든 것을 조기 결당을 봐서 자기네들이 그것을 쓰게 된 것입니다. 지금 진보당의 강령 전문(前文)으로 되어 있는 것이 그것입니다.

문: 그 당시 동 전문(前文)을 작성함에 있어 그 내용에 대하여 구체적인 지시를 받은 일이 있는가.

답: 하나하나 지시받은 일이 없고 혁신정당을 만드는 데 의견의 일치가 있었던 것은 사실이어서 그런 정강을 만들라고 한 것입니다. 그런데 서상일 씨는 혁신정당으로서 한국적인 특색을 나타내 달라고 부탁하고 조봉암 씨는 원자력에 관한 문제, 제2의 산업부문 문제 등을 넣어 달라는 의견이었고 윤길중 씨는 공산주의에 대한 이론적 비판, 의회주의에 관한 점, 자본주의의 수정 등에 관하여 민주주의 입장에서 넣는 것이 좋겠다는 의견 등이어서 제 생각에도 일치되는 바가 있어서 대강 그 정도를 참고로 해서 제가 아는 상식으로 만든 것입니다.

문: 연이(然而)면 동 강령에 근본으로 한 것은 무엇인가.
답: 사회민주주의 입장에 선 혁신정당의 강령입니다.

문: 그 방향으로 할 것에 대한 의견 일치를 본 것은 사실인가.
답: 그렇습니다.

문: 강령 전문(前文)의 내용을 하나하나 더듬어 볼 터인데 각 항에 있어서 특히 의견을 말한 사람을 지적함이 여하(如何). (一)에 자본주의의 공죄(功罪)는.

답: 구체적 부탁을 받은 바 없고 혁신적 입장에서는 그것이 상식적인 것입니다. 사회과학 계통의 각도(角度)로 봐서는 마땅히 넣어야 할 줄 알고 그와 같이 썼는데 소제목은 후에 붙인 것 같습니다.

문: (二) 자본주의의 위기는 여하(如何).

답: 그것도 대개 전술(前述)한 바와 같습니다.

문: (三) 자본주의의 수정과 변혁은 여하(如何).

답: 전술(前述)한 바와 여(如)히 내용 하나하나 지시받은 바는 없는데 윤길중 씨도 말한 바와 같이 대개 그런 입장에 서야 하는 것으로 알고 제 자신이 썼습니다.

문: (四) 후진국가(後進國家)의 새로운 방향은 여하(如何).

답: 그것도 제 의견입니다.

문: (五) 제2의 산업혁명과 20세기적 사회변혁은 어떠한가.

답: 조봉암 선생이 넣어 달라는 의견 정도가 있었고 저도 그리 비치는 것이 좋겠다고 생각해서 썼습니다.

문: (六) 6·25사변의 교훈은 여하(如何).

답: 제 의견인데 우리 민족 전체의 입장서 보는 것도 당연하다고 생각되었습니다.

문: (七) 현 한국 정부의 본질은 여하(如何).

답: 서상일 씨가 한국적인 특색을 넣어 달라는 부탁도 있었지만 정치학을 연구하는 학도의 견지에서 학문적인 입장으로 넣어 본 것입니다.

문: (八) 당의 성격과 임무에 대하여는 어떤가.

답: 진보당 관계 분이나 민혁당계(民革黨系) 분들도 대체 그런 의견을 가지고 있었습니다. 그러나 일일이 내용의 지시를 받은 것은 없습니다.

문: 피고인이 강령 초안을 작성했을 당시 혁신세력의 공동 운동은 어느 정도에 도달되었는가.

답: 저는 동 운동에 직접 참가한 바 없는 관계로 그 내용이 어느 정도 되어가는지는 똑똑히 알고 있지 않는 것이 사실입니다. 다만 서상일 선생이 직접 물어서 가가지고 그런 위촉을 받았던 것입니다.

문: 진보당의 정책에 관하여는 피고인이 작성하지 않았는가.

답: 신도성 의원이 작성하였다는 것인데 저는 읽어 본 바도 없습니다.

문: 강령의 성격을 대체로 어떻게 하였는가.

답: 제가 작성한 초안이 조기 결당을 본 진보당에서 약간의 수정을 해서 그대로 쓰고, 또 1년 후에 결당이 된 민혁당에서도 대체로 그 초안 강령 그대로 채택된 것은 사실인데, 연(然)이면 그 성격이 어떤 정당에 속하느냐 하면 우파사회당(右派社會黨)에 속하게 되고 우파 중에서도 우파라고 할 수 있습니다. 요컨대 처음 항목서부터 마지막 항목에 이르기까지 민주주의 입장에서이고 반공적 입장은 6·25사변의 교훈이란 항목과 관련되어 있으며, 자본주의의 수정에 관한 문제에 관하여는 어떤 나라의 사회당에서도 저만큼 강조한 데가 없습니다. 근대의 자본주의사회가 발흥 확립에로 큰 촉진을 해왔지마는 인류사회의 위대한 20세기적 변혁은 제2의 산업혁명을 거쳐서 현대 인류의 사회 생산력이 공전(空前)적으로 제고(提高)되는 한편, 낡은 자본주의사회의 변혁으로 지양(止揚)과 만인에게 자유평등과 사람다운 생활을 보장하여 줄 민주적 복지사회 국가 건설이 크게 촉진된다는 것이고, 제2 원자력 산업혁명은 공산주의와 대결하는 데 주요해서이고 공산주의 이념 입장을 약화하는즉, 폭력 독재를 극복함에 있어서 취급할 필요가 있다고 생각해서입니다. 다시 말해서 우익사회주의(右翼社會主義) 입장에 선다는 것은 의심할 여지가 없는

것입니다.

문: 동 강령 전문(前文)은 평화통일을 토대로 해서 작성된 것은 아닌가.
답: 그와 아무 관계가 없습니다. 제가 간단히 논급되어 있는 것은 민주적 통일이
라고 되어 있었습니다.

문: 평화통일을 전제로 하는 사고방식 위에서 작성했던 것은 아닌가.
답: 공소장에는 "전기(前記) 방안을 골자로 하는 평화통일을 토대로 해서 운운"하
여 마치 평화통일과 관계있는 것같이 하였는데, 아무 관계없는 것이며 강령
에는 그것을 언급 않아도 좋은 것입니다. 통일문제는 정책면에 중요한 것이
기 때문입니다.

문: 강령 4에 "우리는 안으로 민주세력의 대동단결을 추진하고 밖으로 민주우방과 긴밀
히 제휴하여 민주세력이 결정적 승리를 얻을 수 있는 평화적 방식에 의한 조국통일
의 실현을 기한다"라고 되어 있는데 여하(如何).
답: 개조(個條)식 5개 안으로 되어 있는 강령은 본래의 것이고 강령 전문(前文)과
는 다른 것입니다. 저는 그것은 전연 모릅니다. 그저 그런 것이 있다는 정도
로 알고 있는 것입니다.

문: 5개 조로 되어 있는 강령은 피고인이 작성하기 전에 이미 나와 있었는가.
답: 그렇습니다. 저는 그것을 누가 작성하였는지 모릅니다. 그것을 참고하거나
토대로 해서 제가 만든 일도 없습니다. 저는 그것이 강령이라고 생각지 않습
니다. 임시로 만들었던 것에 지나지 않는 것입니다.

문: 진보당은 대한민국을 변란할 목적으로 조직된 결사이라는데 여하(如何).
답: 저는 그런 목적으로 조직된 정당이 전연 아니라고 봅니다.

문: 피고인은 국내외문제연구소[102] 소장으로 종사한 일이 있다는데 여하(如何).
답: 네. 제가 4285(1952)년 5월부터 동 4286(1953)년 4월경까지 경북대학교 정치과

교수로 종사하다가, 동년 8월 중순경 미국 공보원(公報院)의 요청도 있고 해서 부산에다 설립하고 제가 소장이 되었습니다.

문: 동 국내외문제연구소를 설치한 목적은 여하(如何).
답: 기경(其頃) 극작가(劇作家) 오영진(吳泳鎭) 씨가 부산에서 연락 오기를 미국 대사관에서 미 공보원을 통해 재정을 댈 터이니 북한 관계를 연구해서 참고자료를 제공해달라고 해서 박용래, 이범권(李範權) 씨 등과 상의해서 설치하기에 이른 것입니다. 그래서 공보원으로부터 백 수십만 환의 자금을 받아가지고 부산 시청 앞에 사무실을 마련해서 발족을 본 것입니다.

문: 그래서 어떠한 일을 했는가.
답: 미국 사람들이 북한 관계를 연구해 달라고 해서 약 1년간 연구해서 참고자료로서 200여 매가량 써서 제공한 일이 있고, 자유세계의 정치·경제에 관한 부문도 연구하고 또 공산주의에 관한 것도 연구하였습니다.

문: 그런데 4289(1956)년 7월 10일자 동 연구소가 등록법 제55호 위반으로 취소되었다는데 여하(如何).
답: 미 공보원에서 아세아재단(亞細亞財團)에 연락해서 본격적으로 일하기로 했는데 제가 그 당시 서울대학에서 강의한 것이 말썽이 되어 동대문경찰서에 구속된 일이 있어서, 그와 연락이 못 되고 공보처에 보고할 것을 못 내어 법규상 취소가 되었습니다. 그래서 그냥 사무실 정도로 해서 그냥 썼습니다.

문: 그 후도 계속해서 정치·경제 방면의 연구를 한다고 학생, 기타의 출입이 잦았는가.
답: 제가 대학에 강의를 나가는 고로 학생들이 많이 찾아주었고 정당에 관계하는 친구들도 찾아왔습니다.

문: 그런데 피고인은 북한 괴뢰집단이 그 선전 과업으로서 발행한 『김일성선집』 1권, 2권,

---

102) '한국내외문제연구소'의 오기이다. 보통 '내외문제연구소'라고 칭했다.

3권, 보권(補卷), 김일성 저『조국의 통일독립과 민주화를 위하여』라는 책자를 동소(同所) 서붕에 나열, 독서케 하였다는데 여하(如何).

답: 동 책자는 제가 소장실 갸비넷트 속에 넣어두었던 것이지 진열한 사실은 전연 없습니다. 제가 연구용에 쓰기 위하여 비장(秘藏)해 두었던 것입니다.

문: 동 책자는 어디서 났는가.

답:『김일성선집』1권, 2권, 3권은 일어(日語)로 되어 있는 것이고,『조국의 통일독립과 민주화를 위하여』라는 책자는 평양에서 나온 것인데 모두 미국 사람들이 동경에서 구해다 제공해준 것입니다. 보권(補卷) 한 권이 빠져 있길래 서울 명동에 나갔다가 발견해서 그것을 채웠습니다.

문: 괴뢰집단의 목적한 사항을 선전하기 위하여 비치해 둔 것은 아닌가.

답: 그럴 수 없습니다. 단순히 연구용에 차(借)하기 위함이었습니다.

문: 4285년(1952) 5월경부터 동 4289년(1956) 12월 초(初)까지의 간(間), 전후(前後) 8회에 긍(亘)하여 그의 경북대학 교편 시의 제자인 대구시 삼덕동 140번지 거주 이상두로부터 온 서신을 수(受)하고, 그 내용에 있어 현 사회제도를 변혁하고 사회민주주의를 수립하자, 억압자의 해골(骸骨)에서만이 인민의 자유는 구축(驅逐)[103]되고 억압자의 피만이 인민의 자치를 위한 토지를 비옥케 한다, 푸로혁명기에는 이론을 캐는 것보다는 실천운동에 참가해야 한다 등이라는데 여하(如何).

답: 지금 생각에 그런 학생으로부터 편지가 있었는가 보다 하는 정도의 기억밖에는 없습니다. 그리고 그런 내용이 한두 번 있지 않은가 하는 정도입니다.

문: 이상두라는 학생으로부터 그런 내용의 서신을 받은 것은 사실인가.

답: 이상두는 경북대학 1학년 때 즉, 4285(1952)년 5월 초부터 동 4286(1953)년 4월 말까지 정치학 강의를 받은 200명의 학생 중 한 사람이니까 잘 알지 못하는 학생인데, 동 학생은 철없이 공부에나 집중할 것이지 정의감에 불타는 나머지 과

---

103) '구축(構築)'의 오기이다.

격한 문구를 넣은 편지를 한두 번 보내왔기에 주의의 회답을 해 부친 기억이 있는 것입니다. 그런 기억 정도이지 똑똑히 생각나지 않는 것입니다.

문: 이것이 동인(同人)으로부터 받은 서신인가.
차시(此時) 재판장은 증(証) 제45호의 1 내지 5를 각 제시하다.
답: 그와 같이 받은 것은 사실인데 지금은 그런 것이 있었는가 하는 정도입니다.

문: 피고인은 강의할 것에 선동적인 강의를 해서 그와 같이 호응하는 것은 아닌가.
답: 전연 그렇지 않습니다. 1학년 학생 200명에 대하여 1주일에 한 번씩 강의가 있어서 초보 정도밖에는 나가지 않고 있었으니까 그럴 수가 없습니다. 그리고 저는 공산주의를 일관적으로 반대하는 사람입니다.

재판장은 피고인 이상두에 대하여
문: 피고인이 이와 같은 서신을 상(相) 피고인 이동화에 대하여 보낸 것은 사실인가.
차시(此時) 재판장은 증(証) 제45호 1 내지 5를 제시하다.
답: 네. 제가 보낸 것입니다.

문: 피고인은 이동화 교수로부터 정치학 강의를 받은 사실이 있는가.
답: 네. 경북대학 1학년 때에 1주일에 한 번씩 정치학개론에 대한 강의를 받은 사실이 있습니다.

문: 서신 내용에 현 사회제도를 변혁하고 사회민주주의를 수립하자는 등은 어떤 의도로서 그와 같이 썼는가.
답: 다른 학자가 말한 것을 인용한 것에 지나지 않습니다.

문: 상(相) 피고인 이동화로부터는 여하(如何)한 회답이 있었는가.
답: 두 번인가 회답이 온 기억이 나는데 학생은 사회적 입장에 서지 말고 신중히 공부하라는 요지의 편지였습니다.

재판장은 피고인 이명하에 대하여

문: 피고인은 4279(1946)년 9월경 남북협상을 주장하는 김규식 영도 하의 민족자주연명에 가입하여 동 중앙위원 및 지방조사부장을 한 일이 있다는데 여하(如何).

답: 네. 그런 사실이 있습니다. 그런데 지방조사부장이 아니라 지방부장을 역임하고 다시 조사부장을 지낸 것입니다.

문: 4281(1948)년 4월 역시 남북협상 주장파인 통일독립촉진회(統一獨立促進會)에 가담하여 동회(同會) 중앙상임위원 및 선전국 차장으로 취임하여 동 4283(1950)년 6월 경까지 활약하였다는데 그런가.

답: 네. 그런 사실이 있습니다.

문: 6·25사변이 돌발하자 서울에 잔류하여 동년 7월 초순경 시내 중구 태평로 소재 민련 사무실에서 원세훈 외 10여 명과 함께, 민련을 괴뢰집단 지지단체로 소위 인민위원회에 등록하여 김규식과 협력하여 민련의 재건, 수습에 노력한 사실이 있다는데 여하(如何).

답: 6·25사변 당시 급작스러히 북한 괴뢰가 남침하는 바람에 남하, 피난치 못하고 서울에 잔류하게 되었는데 신변의 위협을 느껴서 그냥 그곳에 2~3차 나간 일은 있으나 등록한 사실은 전연 없습니다.

문: 민련의 재건, 수습을 하는 일방(一方), 인민군 원호사업으로서 비누, 칫솔 등의 위문품 100여 점을 수집, 발송하고 또한 동년 8월 초순경 괴집 서울시 정치보위부(政治保衛部)에서 6일간의 심사(審査), 교양(敎養)을 수(受)한 후, 기독교에 침투하여 괴집을 지지하는 선전할 것, 기독교인의 동태를 내사, 보고할 것 등의 지령을 받고 동 지령 사항의 실행에 투신하였다는데 여하(如何).

답: 전연 사실무근한 일입니다. 제가 6·25사변 중 민련 사무실에 2~3차 나가 본 일이 있다고 경찰에서 진술하니까 나가서 그런 사실과 같이 했을 것이 아닌가 하고 저이들이 임의로 적어 넣은 것입니다. 제가 30여 년간 기독교를 신봉하여 왔으니까 단순히 그에 침투하여 기독교인의 동태를 내사하였다고 하는 것입니다.

문: 연이(然而)면 2~3차 나가서 무엇을 했는가.

답: 신변에 위협을 느껴서 그냥 나가기만 하고 별로 한 일이 없습니다. 다른 사람들이 그런 것을 했다는 말은 듣기는 했습니다.

문: 1·4후퇴 당시는 제주도로 남하, 피난하였는가.

답: 네. 6·25사변 당시 하도 고생을 많이 해서 1·4후퇴 약 1주일 전에 내려갔었습니다. 경찰에서 그렇게 진술하였더니 "미리 공작하러 가지 않았느냐"고까지 했는데 당치 않은 말입니다.

문: 4288(1955)년 4월에 상경하여 민우사계와 합작한 일이 있다는데 여하(如何).

답: 민우사는 안재홍 씨의 자제 안종현(安宗鉉) 씨가 출판 사업을 민족진영 분들과 같이 하는 것인데, 그 당시 별로 일한 것은 없고 별로 하는 것이 없으므로 거기에 나가 보곤 한 것입니다.

문: 피고인은 상(相) 피고인 조봉암을 언제부터 여하(如何)한 관계로 알고 있는가.

답: 4288(1955)년 6월경인데 민주대동운동(民主大同運動)에서 따로 혁신정당을 만든다고 할 적에 상(相) 피고인 김기철의 소개로 조봉암 선생을 서상일 씨와 함께 인사드려 알게 되었습니다. 그 전에 지상(紙上)을 통하여는 많이 듣고 있었습니다만 그때가 처음입니다.

문: 피고인이 진보당에 관계하게 된 경위는 여하(如何).

답: 저는 기독교를 신봉하는 사람인데 기독교적 입장에서도 혁신정당이 하나 있었으면 하던 차에, 김기철의 소개로 서상일 씨와 조봉암 선생을 만나 뵙고 그런 말씀을 듣고 동감이어서 차(此)에 공명(共鳴)하게 되었는데, 특히 조 선생은 제가 살고 있는 이웃 약수동으로 오셔서 더욱 친밀해졌고, 선생은 공산주의와 유물사관은 버리고 다소의 공허를 느끼므로 교회에 나가고 싶다고 해서 몇 번 모셔다드린 일까지 있는 것입니다. 그래서 동당 조직추진위원회 때부터 차(此)에 관계하게 된 것입니다.

문: 기독교적 입장에서 혁신정당이 필요하다는 이유 여하(如何).

답: 예수 그리스도는 인류를 상대로 하고 있으니만치 성서에 가난하고 헐벗고 굶주린 사람에게 참다운 민주주의와 자유를 줄 수 있는 혁신적인 정당이 필요하기 때문입니다.

문: 그러니까 4288(1955)년 8월경부터 조봉암, 장건상, 서상일 약 30여 명과 수시로 회합하여 소위 혁신정당 조직을 논의하여 오다가, 동년 11월 20일 동인(同人) 등과 함께 혁신정당 조직에 대한 성명서를 발표함과 동시, 동 조직추진위원회 사무위원에 취임하여 동 추진운동을 전개하다가 4289년(1956) 1월 중순경 진보당으로 발족할 것을 결의하고, 동년 6월 중순경 시내 종로구 소재 종로예식장에서 가칭 진보당 추진위원회 전국대표자대회를 개최하고 당명을 진보당으로, 당헌(黨憲), 선언문, 강령, 정책 및 결당대회를 조속한 시일 내에 결정할 것, 진보당 추진위원회에서의 추천으로 대통령 입후보에 조봉암, 부통령 입후보에 박기출로 할 것 결정하고 추진하여 오다가, 동년 11월 10일 결당과 동시에 동당 중앙당 부간사장 및 조직간사에 취임하였다는데 여하(如何).

답: 네. 그런 사실이 있습니다. 그런데 종로예식부에서 추진위원회를 개최한 것은 동년 3월 중순경입니다.

문: 진보당은 대한민국을 변란할 목적으로 조직된 결사라는데 여하(如何).

답: 천만부당한 말입니다. 대한민국을 지지, 발전시키기 위하여 발족된 정당입니다.

문: 또 동년 12월 중순경 부산시 소재 새한중학교(새한中學校) 교정에서 동 당원으로 성낙준 외 200여 명을 포섭하여 동당 중앙위원장 조봉암, 부위원장 김달호, 간사장 윤길중, 조규희, 박준길 등과 같이 경남도당을 결성한 사실이 있는가.

답: 네. 있습니다. 합법적 정당이었으므로 정당한 집합 허가를 얻은 다음에 한 것입니다.

문: 그리고 동 4290(1957)년 4월 시내 중구 명동 소재 시공관에서 당원 이광진 외 약 500여 명을 집합시켜 동당 서울시당을 결성, 동년 5월 동당 사무실에서 당원 최진

우(崔鎭宇) 외 30여 명을 집합시켜 경기도당을 결성하였다는데 그런가.

답: 그런 사실이 있습니다. 경기도당을 결성한 것은 서울시당을 결성하던 날 동시에 시공관에서 함께 한 것입니다.

문: 또 동경(同頃) 대구시 중앙동 소재 경북도당 사무실 내에서 당원 이영국(李榮國) 외 20여 명을 집합시켜 경북도당을 결성, 동년 7월 전주시(全州市) 고사동(高士洞) 소재 동당 전북도당 사무실에서 당원 조동갑(趙東甲) 외 30여 명을 집합시켜 전북도당을 결성, 동년 10월 광주시(光州市) 충화로(忠花路)[104] 소재 동당 전남도당 사무실에서 당원 조중환(曺重煥) 외 20여 명을 집합시켜 전남도당을 결성하고 동경(同頃) 당원 전세룡, 성낙준 등을 인솔하고 강원도, 충청남북도당을 각 결성하려고 추진하여 왔다는데 여하(如何).

답: 네. 그런 사실이 있습니다. 아직 결성을 못 본 곳은 강원, 충청남북도, 제주의 4개 도인데 강원도만은 추진위원회가 발족되어 있습니다. 그리고 한 말씀 드릴 것은 결당대회 때 인원이 20여 명 내지 30명밖에 안 되는 것은 폭도들에 의한 방해로 말미암아 참석을 못하게 하고, 테로를 당해서 경향 각지 곳곳에서 그와 같은 사례가 벌어졌던 것입니다.

문: 피고인은 동당 조직간사로서 조직 사무를 전담하여 왔는가.
답: 네. 조직부장으로서 일반 지방당부의 조직 결성을 다해 왔습니다.

문: 피고인은 4290(1957)년 9월 동당 통일문제연구위원회 연구위원으로 피임된 사실이 있다는데 여하(如何).
답: 네. 그런 사실이 있습니다.

문: 통일문제연구위원회에서의 평화통일 방안의 연구, 회합 등에 관한 점에 대하여는 종전에 진술한 대로 틀림없는가.
답: 네. 먼저 진술한 대로입니다.

---

104) '충장로(忠壯路)'의 오기이다.

문: 또 동년 11월 25일 시내 성동구 신당동 353번지의 44호 조봉암 가(家)에서 동인(同人) 및 윤길중, 조규희 등과 회합하여 평화통일 추진을 위한 행동통일체 구성에 관한 제의를 각 보수정당에 발송할 것을 토의, 결정하고 진보당 명의로 자유당, 민주당 및 민혁당에 각각 1통씩 송달한 사실이 있다는데 여하(如何).

답: 민혁당을 제외하고 그런 사실이 있습니다. 다른 데서는 분열을 좋아하고 사람도 많아서 걱정인데 우리 당에서는 국론(國論)을 통일하고자 그와 같이 했던 것입니다.

재판장은 피고인 최희규에 대하여

문: 피고인은 상(相) 피고인 조봉암을 언제부터 여하(如何)한 관계로 알고 있는가.

답: 4287(1954)년 7월경 민주대동운동(民主大同運動)이 전개되어 전(全) 야당이 차(此)에 가담하려는 기운이 있을 때, 조봉암 선생도 야당연합에 참가하려다가 유감스럽게도 기대에 어그러지게 되어, 제가 당시의 저택인 시내 사직동(社稷洞)으로 조 선생님을 찾아뵙고 정국(政局) 관망을 여쭤보려고 찾아서 인사드린 일이 있습니다. 그래서 선생님을 처음 알게 되었는데 그 당시는 동 연합에서 조 선생이 제외되어 선생은 후에 시기를 봐서 정당을 하나 만들어 보겠다고 하시더니, 동년 10월 하순경 운전수 이재윤을 저에게 보내시고 사직동에서 약수동으로 이사를 갔는데 한 번 놀러 오라고 해서 얼마만 후에 찾아뵈러 갔더니 막 나가시는 터이라 별로 이야기 드린 일도 없다가, 다시 얼마 후에 찾아뵈니까 지금 정당을 만들려고 이야기가 되어가고 있는데 김두한(金斗漢) 의원과도 말이 되었다고 하였는데, 그 후 다시 발기취지문을 주셔서 차(此)에 찬동하여 동 4288(1955)년 12월 하순경 진보당 추진위원회 위원으로 가담하기에 이른 것입니다.

문: 그래서 동 4288(1955)년 12월 하순경 시내 종로구 청진동(淸進洞) 소재 대륙원(大陸園)에서 서상일, 조봉암, 윤길중 외 10명과 회합하여 진보당 추진위원을 포섭할 것 등을 토의한 후, 기(其) 결과를 서상일에게 보고키로 하고 동경(同頃)부터 4289(1956)년 3월 하순경까지에 간(間), 추진위원으로 한영조(韓榮助) 외 10여 명을 포섭하여 기(其) 결과를 서상일에게 보고하고, 동년 3월 31일 시내 종로구 인사동 소재

희망예식부에서 전국추진위원인 대표자 약 50여 명이 회합하여 추진위원회를 개최하고 김두한의 입당 문제, 대통령 입후보자로 조봉암을, 부통령 입후보자로 박기출을 각 추천할 것을 토의한 연후, 동년 4월 15일경부터 동년 5월 5일경까지의 간(間, 조봉암, 박기출, 신도성 등의 수행원으로 각지를 순회하면서 선거 강연을 하였다는데 여하(如何).

답: 그런 사실이 있습니다. 제 선거 기간 중 조 선생의 신변 보호 책임을 맡고 있었는데 제 공소사실과 직접 관계는 없습니다마는, 당시 조 선생을 뫼시고 순천(順天)에서 광주(光州)로 도착하니 신익희 선생이 돌아가셨다고 하는 이야기를 들었으니까 박정호를 진보당에서 만났다는 것은 전연 허위라는 것을 밝혀둡니다.

문: 동년 6월경 시내 중구 양동 소재 진보당 추진위원회 사무실에서 동당 조직위원회를 개최하여 피고인은 청년과 학생 관계 특수조직책을 담당하기로 하였다는데 여하(如何).

답: 그렇게 하기로 했다가 실시는 보지 못하였습니다.

문: 그리고 동년 11월 10일 시내 시공관에서 결당과 동시에 동 중앙당 당무부장, 중앙상무위원 및 통일문제연구위원회 위원에 각 피선되어 취임한 사실이 있다는데 여하(如何).

답: 네. 그런 사실이 있습니다.

문: 진보당은 대한민국을 변란할 목적으로 조직된 결사라는데 여하(如何).

답: 그것은 청천벽락 같은 말입니다. 그런 목적은 하나도 없는 정당이올시다.

문: 동년 11월 16일 동당 사무실에서 조봉암, 윤길중, 박기출, 김달호 외 8명 등과 회합하여 상무위원회를 개최하고 부·차장 선임에 관한 발표, 당무부장으로서 피고인의 선임을 인준받았다는데 여하(如何).

답: 당헌(黨憲)에 의하여 부·차장은 간사장이 제청하여 위원장이 임명하게 되어 있습니다. 간사장은 그 당시 제1차 상무위원회를 열어 부·차장의 선임을 봤

던 것입니다. 그러니까 동 사실은 전후가 당착(撞着)되는 것입니다.

문: 공소사실 중 (3) 사실에 관하여는 종전에 진술한 바가 틀림없는가.
답: 네. 그대로입니다.

문: 피고인은 상(相) 피고인 김기철의 평화통일 방안에 대하여 여하(如何)히 생각하는가.
답: 좀 말씀드리면 김기철은 통일문제연구위원회의 개편이 있어 인사할 적에도 무슨 안건을 토의해보려는 눈치였으나 그냥 헤어지게 되고, 그 후 제게 200쪽 원고를 가져와서 요새 술을 잘하냐고 하며 묻기에 그렇다고 하고, 오늘도 할 데가 있다고 하니까 그것을 그러면 그냥 가져간다고 해서 보지 못했고, 얼마 후 프린트한 것을 가져와서 책상 서랍에 넣어두었다가 잊고 한 번도 읽어 본 일이 없는데, 그 후 김기철을 만났더니 위원이 하나도 나오지 아니하니 어떻게 하냐고 하며 나 혼자 진보당원이냐고 하는 것이었습니다. 그토록 한 번도 토의해 본 일이 없고 당초 논문 말미에 무슨 선언문하고 쓴 것은 당책(黨策)에 어긋난다고 모두 반대하였던 것입니다. 그러니까 처음부터 직각(直刻) '피토'하는 분위기였던 것입니다. 그것을 토의, 결정했다는 것은 말이 안 됩니다.

검사는 재판장에게 고하고 피고인 이동화에 대하여
문: 피고인은 전에 검찰에서 서상일 씨가 진보당에서 이탈하여 나온 이유에 대하여 사회당(社會黨) 좌파 운운하였는데 그 점은 여하(如何).
답: 제가 혁신정당을 만드는 데 직접 가담한 것 같은 감(感)을 받게 되는 것은 사실이나, 제가 그 운동에 처음 관계한 것은 서상일 씨가 직접 사람을 보내서 오라고 하여 참석하게 되었던 것인데 강령을 하나 기초해 보라고 해서 기초한 연후, 진보당이 정식 발족하기에 이르기까지 타(他)에 관여한 바는 전무(全無)하므로 서상일 씨와 갈라지게 된 직접 원인은 잘 모르는 것이지만 여하간 그 당시 서로 파벌이 져있던 것은 틀림없고, 서상일 씨 중심에서는 대동운동(大同運動)의 추진을 더욱 계속하자는 것이고, 조봉암 씨 측에서는 지연(遲延) 책임이 서 씨 측에게 있다고 봐야 하고 앞으로 더 계속해 봐야 별 효과가 없는 것은 명약관화(明若觀火)한 일인데, 결당만 늦추는 것밖에는 아무것도

되지 않는다고 해서 그냥 조기 결당을 봤다고 보입니다마는, 분파(分派)가 있던 것으로 봐서 서로 갈라진 후에 양측을 놓고 보아 정치적 노선이 어떻냐 하고 물으심에, 진보당은 서상일 씨 중심의 민혁당과 다 사회당 우파에 속하는 것이지마는 그중에서 좀 좌파라고 할 수 있지 않은가 하는 제 개인 소견을 말씀드렸던 것에 지나지 않았습니다.

문: 그러니까 진보당은 그 좌파로서만이 뭉쳤다고 해도 좋다는 말인가.

답: 정당의 성격은 강령으로만이 표시되는 것인데 양개(兩個) 정당이 다 내가 기초했던 것을 채택하고 있는 것으로 봐서 성격상 별 차이가 있는 것은 아닙니다. 정책 면에는 약간의 차이가 있지만 그것으로 어떻다고 할 수는 없고, 두 정당을 비교해서 좀 어떠냐고 하면 무엇이 어떻다고 할 수는 없어도 상식적으로 진보당은 민혁당보다 좀 좌(左)라고 할 수 있지 않은가 하는 것입니다. 그러나 일본서 말하는 사회당 우파에 속하는 것은 틀림없습니다.

문: 진보당이 민혁당보다 좀 좌(左)라고 하는 것은 북한 괴뢰와 다소 융합할 수 있다는 데서 그런 결론이 나올 수 있는 것은 아닌가.

답: 아닙니다. 진보당은 민혁당보다 좀 정책 면에 있어서 적극적으로 나오고 민혁당은 그보다 좀 약하다고는 할 수 있으나, 어느 것이 어떻고 어느 것이 어때서 그렇다고는 단정해서 말할 수는 없습니다.

문: 피고인은 앞으로 통일정권이 수립됐을 경우에 국내파 공산당이 가담하여도 무방하다고 생각하는가.

답: 그런 것을 생각해 본 바는 없으나 박헌영과 같은 공산주의자는 소련에 아첨하지 않고, 티토주의화한 공산주의라면 본래의 공산주의가 아니고 모스코바를 떠나 자주적으로 서보겠다고 나온 사람이라고 볼 수 있으므로, 민족적 입장에 서서 충실히 일하겠다고 변한 것 같다면 동일시해도 좋지 않은가 생각합니다.

변호인 김춘봉은 재판장에게 고하고 피고인 이동화에 대하여

문: 피고인이 말하는 진보당은 민혁당보다 좀 좌(左)다 할 수 있는 무슨 근거가 있다고 보는가.

답: 그저 비교해서 그렇다는 말이지, 인적 구성이나 증거로 말하기는 곤란합니다. 그러나 양측이 또 꼭같다고 하는 것도 안 되니까 그저 이유는 말씀드릴 수 없으나 약간 차이 있는 것으로 봐서 그렇다는 말이 나오게 된 것입니다.

재판장은 피고인 안경득에 대하여

문: 피고인이 상(相) 피고인 조봉암을 알게 된 경위는 여하(如何).

답: 4288(1955)년 11월 상순경 서상일 선생을 찾아뵙고 동인(同人)으로부터 혁신 정당의 조직 운동을 전개 중이라는 정치이념을 들은 후, 동인(同人)의 소개로 조봉암 씨와 인사드려 알게 되었습니다.

문: 그래서 동경(同頃) 조봉암, 윤길중 외 10여 명과 함께 서상일 가(家)에서 회합하여 진보당 추진위원회를 구성키로 하고, 동당 창당준비위원회 조직위원, 동 조직부 차장을 거쳐 4289(1956)년 11월 10일 진보당이 결당됨과 동시에 중앙위원, 동 상무위원, 동 통일문제연구위원회 위원, 서울시당 간사장, 서울시당 선거대책위원회 부위원장, 동당 서대문구 을구당 위원장 등에 각 취임한 사실이 있다는데 여하(如何).

답: 네. 그런 사실이 있습니다.

문: 진보당은 대한민국을 변란할 목적으로 조직된 결사라는데 여하(如何).

답: 전연 그렇지 않습니다. 진보당을 그리 보는 자체가 더욱 의심스럽게 생각합니다.

문: (3) 사실에 관하여는 종전에 진술한 바가 틀림없는가.

답: 네. 그대로입니다. 그런데 좀 다시 말씀드리면 김기철 위원장이 취임할 적인 동년 9월 초순경 오후 2시경 모여서 인사 정도로 그치고, 그 후 동 회합에 나가지 못하고 프린트해서 나누어 준 것은 받기는 했는데 제가 몸이 아파서 나가지 못하였습니다. 그런데 언제인가 김기철 동지를 한 번 만났더니 당체 모

이지 않아서 못했다고 했습니다. 저는 그 이상의 것은 모릅니다.

재판장은 피고인 박준길에 대하여

문: 피고인이 상(相) 피고인 조봉암을 알게 된 경위는 여하(如何).

답: 4289(1956)년 4월 20일경 상(相) 피고인 최희규의 소개로 진보당 사무실에서 인사드려 알게 되었습니다.

문: 피고인은 4289년(1956) 4월 진보당의 창당 취지에 찬동하여 동당의 추진위원회에 가담하고, 5·15정부통령선거 당시 대통령 입후보자인 조봉암의 충북지구 선거사무장에 취임, 활약하고 동년 11월 10일 창당과 동시에 중앙상무위원, 재정간사, 통일문제연구위원회 위원, 서울시 중구당위원장에 각 취임한 사실이 있다는데 여하(如何).

답: 네. 그런 사실이 있습니다.

문: 그 당시 동당의 구호인 평화통일을 선전하였는가.

답: 그런 이야기도 변변히 해보지 못했습니다. 제 혼자 봇다리에 포스다 몇 장 꾸려가지고 내려갔다가 그날 저녁으로 테러를 당하여 그냥 매만 맞고 돌아왔습니다.

문: 진보당은 대한민국을 변란할 목적으로 조직된 결사라는데 여하(如何).

답: 천만부당한 말입니다.

문: 4289(1956)년 11월 10일부터 동 4290(1957)년 6월경까지의 간(間), 중앙당 유지비조로 중앙당 위원장 금 10만 환, 부위원장 각 10만 환, 통제위원장 1만 환, 재정위원장 1만 환, 기획위원장 1만 환, 각급 간사 7만 환으로 각 책정하고 조봉암으로부터 7개월분 70만 환, 부위원장 박기출로부터 2개월분 20만 환, 계(計) 90만 환을 징수하여 재정 유지에 활동하고, 4290(1957)년 9월경부터 동 경상비(經常費) 예산을 개정하여 위원장 조봉암 3만 환, 부위원장 박기출 3만 환, 김달호 5천 환, 간사장 5천 환, 각 간사를 포함한 예산 액면(額面)을 10만 환으로 책정하여 동당 재정 유지를

위하여 적극 활동하였다는데 여하(如何).

답: 부간사 조규택이 그와 같이 하고 있는 사실은 알고 있습니다. 그와 같이 재정 유지를 위하여 일한 것은 사실인데 제가 재정 간사로 있었기는 하나 대전에서 제사업을 하고 있었으므로, 부간사가 잘해 나갈 줄 믿고 평상시는 그에게 맡기었습니다. 그리고 후에 나와서 보는 정도였습니다. 그리고 후에 다시 책정한 것은 그대로 실시되었는지 모르겠습니다.

재판장은 피고인 조규택에 대하여

문: 피고인은 그 점에 대하여 여하(如何)히 생각하는가.

답: 모두 그대로 제가 취급해 온 것은 사실입니다. 그런데 일시에 징수된 것 같이 되어 있으나 그것은 매월에 그와 같이 징수한 것입니다.

재판장은 피고인 박준길에 대하여

문: 그리고 (3) 사실에 관하여는 종전에 진술한 대로 틀림없는가.

답: 네. 먼저 진술한 대로입니다. 그런데 다시 좀 말씀드리면 저는 작년 9월경 김기철 위원장 취임 인사 적에 나가 보고 그 이외는 잘 모르겠습니다. 그런데 진보당 통일문제연구위원회는 어디까지나 연구기관으로서 연구하는 정도는 무방하다고 생각합니다. 그것은 결의기관이 아닌 것입니다.

재판장은 피고인 권대복에 대하여

문: 피고인은 4289(1956)년 11월 10일 진보당 결당과 동시 동 중앙당 사회간사에 취임한 사실이 있다는데 여하(如何).

답: 중앙당 사회간사가 아니고 동당 서울시당 사회간사에 취임한 것이올시다.

문: 그리고 동당 중앙위원, 기획위원회 위원, 통일문제연구위원회 위원, 서울시당 상임위원에 각 취임한 사실도 있다는데 여하(如何).

답: 네. 그런 사실이 있습니다.

문: 피고인이 진보당에 관계하게 된 경위는 여하(如何).

답: 영등포공업고등학교(永登浦工業高等學校) 교장으로 계시던 김의현(金義顯) 씨는 과거 중국 등지에서 독립운동에 활약하시던 분으로 제가 어버이같이 존경하였는데, 4289(1956)년 7월경 저를 불러서 대공(對共) 투쟁과 혁신노선에 입각하여 서상일, 조봉암 양 선생이 정당 만드는데 같이 하겠노라고 하시며 두 분에게 인사시켜 주셔서 추진위원회 때에 가입하게 되었습니다. 김의현은 동당 총무위원장이었는데 지금은 작고(作故)하시었습니다.

문: 4289년(1956) 12월 동당 사무실에서 동 중앙기획위원회 주최로 김안국, 안우석(安禹錫), 정중, 김병휘 등과 회합하여 동 위원회의 운영 방법 및 경제정책 등을 토의한 일이 있다는데 여하(如何).
답: 그런 사실이 있습니다.

문: 또 동 4290(1957)년 7월 동 사무실에서 동 중앙기획위원회 동석 상에서 김안국으로부터 동당 발전을 위하여 농업정책을 연구, 수정하자는 의견이 제의되었으나 앞으로 동 정책은 연구 성안(成案)된 후 검토키로 하였다는데 여하(如何).
답: 김안국 씨가 일말의 농업정책을 토대로 해서 농업의 근대화 문제 등을 연구, 심의해 보자고 하여 다소 토의해 본 일이 있습니다.

문: 4290(1957)년 1월 상순경 동당 부위원장인 김달호 법률사무실 내에서 동 중앙당 직속으로 시내 각 대학교 내에 비밀써클을 구성케 하고, 사회주의 이론을 연구시킬 목적하에 동당 특수부를 조직키 위하여 안준표, 김용기(金用基), 권태창(權泰昌), 김덕휘(金德彙), 조용진(趙鏞晉), 황둔민(黃鈍敏), 원일상(元一常), 박종오(朴鍾午), 조규희 등과 회합하여 안준표로부터 전기(前記) 특수부를 조직하려는 목적 및 취지를 설명 듣자 전원 찬동하고, 즉석에서 여명회(黎明會)를 조직하는 동시 피고인은 동 회장에 선임되었다는데 여하(如何).
답: 그와 같은 일시, 장소에서 대개 동인(同人) 등이 모여서 여명회를 조직하여 제가 동 회장이 된 것은 사실이나, 시내 각 대학교 내에 비밀써클을 구성케 하고 사회주의 이론을 연구시킬 목적하에 동당 특수부를 조직키 위했던 것은 전연 아니올시다. 그와 같은 일시, 장소에 우연히 모이게 되어 동석 상에서

원자력을 평화적 방면에 이용하는 문제의 말이 나와 상호 제법 논의 형식으로 나오게 되어 나중에는 토론도 벌어지게 되었는데, 안준표가 우리 인류 사회에 공헌되는 문제를 학술적으로 연구해보는 것도 좋지 않으냐 하여 주기적으로 모이자고 하여, 모두 의견 일치를 봐서 즉석에서 여명회를 조직하게 된 것입니다. 그렇게 되었는데 그 후 학생들이 징집되어 대부분 나가게 되어 다시 한 번도 모인 일이 없습니다.

문: 사회주의 이념을 연구하자고 의논이 된 것은 아닌가.

답: 사회주의 이념을 연구하자고 한 일이 없습니다. 책은 그때그때 정해서 읽고 모여서 토론하여 한 번에 10인의 지식을 얻자는 것이었습니다.

문: 동년 1월 17일 이후 시내 각 대학교 내에 여명회를 조직키 위하여 서울대학교 문리과대학 조직책에 김주태(金周太), 국학대학(國學大學) 조직책에 김용기, 신흥대학(新興大學) 동 원일상, 홍익대학 동 신은섭(申殷燮), 성균관대학교 동 이상두, 고려대학교(高麗大學校) 동 김덕휘, 중앙대학교(中央大學校) 동 황둔민, 동국대학교 동 김환문(金煥文), 국민대학 동 김칠영(金七永), 연세대학교(延世大學校) 동 김석영(金錫英), 외국어대학(外國語大學) 동 박원규(朴元圭), 동양한의대(東洋漢醫大) 동 정용주(鄭用鑄), 서대의과대학(서大醫科大學105)) 동 한보상(韓輔相) 등 14개 대학 내에 세포책을 포섭하고, 동책(同責)으로 하여금 회원을 포섭케 하여 도합 54명을 포섭하고 계속 동 포섭에 노력하여 왔다는데 여하(如何).

답: 대개 30여 명 정도 모여서 하자고 제가 꼭 유능한 학생을 추천하기로 하여 학교별로 본인의 승낙을 받은 학생도 있고 또 받지 않고도 적어 본 것입니다. 그래서 명부를 적어 본 것을 경찰에서 세책(細責)이니 하고 임의로 꾸며 놓은 것입니다. 다시 말씀드리면 동 사실 중 동국대학 김환문 이하는 전연 알지도 못하는 학생입니다. 그리고 성균관대학교 세책(細責)에 이상두가 하였지만 이상두는 벌써 졸업한 지가 오랜 사람이고, 심지어 서울대학교 의과대학 세책(細責) 한보상이라고 되어 있는데 동인(同人)은 10년 전에 졸업하고 의사로

---

105) '서울대의과대학'의 오기이다.

개업하고 있는 분으로 진보당의 지도위원으로 계신데 그렇게 해났습니다. 그리고 조규희, 안준표는 회원이 아니고 그날 잠깐 나왔다가 참견한 일이 있는 것입니다.

문: 여명회로서 몇 번이나 회합을 가졌는가.

답: 전술(前述)한 바와 여(如)히 학생들 대부분이 군에 나가게 되어 해체된 것이나 마찬가지가 되었습니다. 그런데 동년 4월 초에 여명회 주최로 동방문화회관(東方文化會館)에서 학술 강좌를 갖기 위하여 집합 허가를 받아, 연사 고승재 교수가 미국의 대외경제정책에 대하여, 신도성 의원이 현하(現下) 정국의 동향이라는 제하(題下)에 하기로 하였으나, 학생들은 수태[106] 참석하고 연사들이 사정으로 인하여 못 나와 그냥 실패하고 말았습니다.

문: 여명회는 진보당과 어떠한 관계가 있는가.

답: 아무 관계가 없습니다. 당원은 저와 안준표 밖에는 없는 것입니다. 그저 정치, 경제, 사회, 문화 등에 대하여 연구해 보자는데 목적이 있을 뿐입니다.

문: 지금은 그렇다고 해도 앞으로 진보당에서 역할 할 사람을 만들기 위함이 아닌가.

답: 그런 의도는 아닙니다. 저이들이 진보당에 들어올 생각이 있으면 그것은 모르겠습니다.

문: (6) 사실에 대하여는 종전에 진술한 바가 틀림없는가.

답: 그대로입니다마는 좀 말씀드리면 4290년(1957) 9월 초 위원회의 개편이 있은 후, 회합이 있다고 써 부쳐서 나갔더니 막 회(會)가 끝나고 나오는 판인데 김기철 위원장의 인사 정도로 그쳤다는 말을 듣고, 다음 주일(週日) 월요일에 나가니 김기철 위원장이 각자 통일방안에 대한 자료를 제공하라고 하며, 내가 연구한 것이 있으니 이 원고를 가지고 대개 토론을 해보자는 것이었으나 하나도 아는 사람이 없어서 다시 모이자고 하고 헤어진 것입니다. 그 후 저는

[106] '양적으로 굉장히'라는 뜻이다.

당 사무실에 잘 나가지 않고 있다가 동년 10월 초순경 김기철 위원장을 만났더니, 다들 나오지 않고 해서 회(會)를 한 번도 열지 못하였다고 하며 욕만 한 바가지 같이 얻어먹고 나만 일하는 것이냐고 불평을 말했습니다. 그렇던 통일문제 방안을 최고간부회의까지 통과되었다고 하는 것은 말이 안 되며 또 그런 말을 들은 일도 없습니다.

재판장은 금일 공판은 차(此) 정도로 마치고 속행할 것을 고하고 차회 기일은 내(來) 5월 5일 오전 10시로 지정, 고지하고 각 소송관계인의 출석을 명한 후 폐정하다.

4291(1958)년 4월 24일
서울지방법원 형사 제3부
재판장 판사 유병진
서기 홍사필

[출전 : 14권 64~119쪽]

감사장

남군(南郡) 피난민회 회장
이명하

귀하는 재(在) 서귀포(西歸浦) 적십자병원(赤十字病院)의 유지보조금 갹출에 헌신적인 노력을 하시었음은 물론 본사(本社) 사업의 취지를 찬동하시고 물심양면으로 적극 협조하여 주심에 대하여 이에 심심(深甚)한 사의(謝意)를 표하나이다.

4285(1952)년 5월 1일
대한적십자사(大韓赤十字社) 총재 윤보신(尹潽善)

우(右) 사본임
변호인 권재찬

감사장

제주도 구호위원회
위원 이명하

귀하는 4284(1951)년 12월 이후 도(道) 구호위원회 위원으로서 본도(本道) 난민 구호사업에 헌신적 협력을 하여 구호 행정에 기여한 바, 그 공로가 자못 다대(多大)하므로 자(玆)에 감사장을 증정함.

4287(1954)년 6월 30일

제주도지사 길성운(吉聖運)

우(右) 사본임
변호인 권재찬

감사장

1·4후퇴 이래 본도(本道) 난민구호사업에 다대(多大)한 공덕(功德)은 물론이
요, 특히 서귀면(西歸面) 난민 구호에 대하여 열열(熱熱)한 원조(援助)와 노력의
결과로 우리 난민은 과거 4개 성상(星霜)을 무난히 지내왔으므로 감사하여 촌의
(寸意)를 표합니다.

4287년(1954) 7월 2일
제주도 제주군(濟州郡) 서귀면 난민 일동

이명하 귀하
우(右) 사본임
변호인 권재찬

감사장

불의(不意)의 동란(動亂)으로 인하여 동서사방(東西四方)으로 산방(散放)되어
피난에 휩쓸려 남해고도(南海孤島)인 제주도에 4년간 신산(辛酸)한 피난생활 하
던 우리 장로회(長老會) 신도들은 금반(今般) 귀향(歸鄕)을 당하여 수고를 막론
하시고 사회부와 국방부에 교섭하여 해군선함(海軍船艦)을 얻어 피난민 일동이
편의(便宜)롭게 무사히 귀향케 하여 주심에 대하여 천만 감사에 후의를 표하나
이다.

4287(1954)년 7월 10일
대한예수교장로회 신도 일동
대표 김의도(金義道)

이명하 귀하

우(右) 사본임
변호인 권재찬
판독 불가

[출전 : 14권 141~145쪽]

피고인 조봉암 외 18명에 대한 간첩 및 〈국가보안법〉 위반 등 각 피고사건에 관하여 4291(1958)년 5월 5일 오전 10시 서울지방법원의 공개한 법정에서

재판장 판사 유병진, 판사 이병용, 판사 배기호, 서기 홍사필 열석(列席)

검사 조인구 출석

피고인 등은 신체의 구속을 받음이 없이 출석하다.

변호인 변호사 김춘봉, 동 김봉환, 동 손완민, 동 한격만, 동 최순문, 동 유춘산, 동 임석무, 동 노영빈, 동 전봉덕, 동 조헌식, 동 신태악, 동 이상규, 동 김병희, 동 권재찬, 동 이병호, 동 한근조 각 출석

재판장은 변론을 속행할 것을 고하고 피고인 등에 대하여 전회(前回) 공판심리에 관한 주요 사항의 요지를 공판조서에 의하여 고지하니

피고인 등은 순차로 종전 그대로 틀림없다고 진술하다.

재판장은 피고인 정태영에 대하여
문: 피고인이 동양통신사(東洋通信社) 외신부 기자로 종사하게 된 것은 하시(何時)부터 인가.
답: 4290(1957)년 5월 10일경 동 기자 모집 시험에 응시하여 합격됨으로서 기자에 채용되어 현재에 지(至)합니다.

문: 피고인은 이리농림학교(裡里農林學校) 재학 시부터 좌익서적을 탐독하면서 사회주의 사회 건설에 대한 관심을 포지(抱持)하여 왔다는데 여하(如何).

답: 좌익서적을 다소 읽기는 했습니다마는 사회주의 사회에 관심을 가진 일이 없는 것입니다. 농림학교 정도에서 그런 생각까지는 가질 수 없는 것입니다.

문: 6·25사변이 돌발하자 괴뢰 의용군에 편입한 사실이 있는가.

답: 그 당시 서울대학교 문리과대학 이학부(理學部) 수학과에 재학 중이라 미처 고향에 못 내려가고 있다가, 학교에서 학생증을 다시 발급해 준다는 바람에 동년 7월 5~6일경 저도 받으러 나갔더니, 일괄(一括) 의용군에 나가라고 해서 끌려갔다가 도망해서 2~3일간 누님 집에 숨고 있은 다음 동월 18일경 고향으로 내려간 것이올시다.

문: 그래 가지고 동년 8월 중순경부터 9·28수복 시까지 이리시(裡里市) 화선동(和善洞) 인민위원회 서기(書記)로서 부역한 사실이 있다는데 여하(如何).

답: 그런 사실이 있습니다.

문: 인위(人委) 서기로서 여하(如何)한 사무에 종사하였는가.

답: 서류 정리 등을 하였습니다.

문: 어떻게 해서 인위 서기가 되었는가.

답: 집에 내려가니 계모 슬하에서 가정불화도 있고 먹을 것이 없어서 인위장(人委長)이 친척 되는 사람이어서 그에게 부탁하여 다니게 되었습니다.

문: 수복(收復) 후 부역 사실에 대하여 문제되지 않는가.

답: 수복 후 바로 이리서(裡里署)에 자수하여 15일간 유치되었다가 석방된 사실이 있습니다.

문: 기후(其後)도 사회주의 유물론 등에 대한 서적을 탐독하여 왔다는데 그런가.

답: 그런 책만을 읽은 것은 아닙니다.

문: 피고인이 진보당에 가입한 것은 언제인가.

답: 4289(1956)년 12월 하순경 이리시에서 진보당에 가입하였습니다.

문: 기경(其頃) 피고인은 이리시 마동(馬洞) 거주 동당 전북도당 부위원장인 김대희를 자진(自進) 방문하였는가.

답: 네. 그런 일이 있습니다.

문: 자진해서 방문한 이유는 여하(如何).

답: 6·25사변 이후 이공과계(理工科系) 학생으로서 독서에 취미를 갖게 되어 여러 책을 많이 집어 읽어 본 결과, 사회과학 계통에 흥미를 느끼게 되어 이후 정치에 대한 관심도 갖게 되었는바, 자본주의 공산주의 정당보다는 혁신적이고 사회민주주의 방향으로 지향하는 새로운 정당에 가입해보고자 그분을 찾은 것입니다.

문: 그래서 동당의 성격과 정치노선에 대한 질의를 한 연후 동당 정강정책을 인쇄한 책자 1권을 입수, 귀가(歸家)한 후 검토하고 동 입당 결의를 하였다는데 그런가.

답: 네. 그렇습니다.

문: 그래 가지고 동경(同頃) 이리시 화선동 60번지 소재 피고인 자택에 내방(來訪)한 전현(前顯) 김대희, 동당 조직책 김창을과 재회합(再會合)하고 동당 입당을 승낙하였는가.

답: 네. 그렇습니다.

문: 그리고 동 4290(1957)년 1월 중순경 동 김창을의 안내로 상경하여 서울특별시 성동구 신당동 소재 조봉암 가(家)로 동인(同人)을 심방(尋訪)하여 상면(相面)한 사실이 있는가.

답: 네. 있습니다.

문: 그 후 동당 조직부 부간사 전세룡 및 김창을 입회(立會)하에 동당 서울특별시당 상

무위원으로 취임하여, 매월 1회씩 동 상임위원회에 출석하여 동당의 발전과 육성을 목적으로 하는 당 사업계획 안건 등의 결정, 통과에 있어 지도적 임무에 종사하였다는데 여하(如何).

답: 그 일시(日時)는 동년 4월경부터 출석하였으며 대개 그런 안건을 처리한 것인데 별로 뚜렷한 것은 없습니다. 그리고 특히 지도적 임무에 종사한 것은 없습니다.

문: 진보당은 대한민국을 변란할 목적으로 조직된 결사라는데 여하(如何).

답: 그것은 말도 안 되는 말입니다. 제 자신은 공산주의에 반대하는 사회민주주의 정당이므로 그 방벽(防壁)은 될 수 있어도 변란할 목적으로 조직된 결사가 아니라고 생각됩니다. 그것은 일반의 상식일 것입니다.

문: 진보당 정강정책에 관한 책자 이외에 진보당에 관하여 더 아는 것이 있는가.

답: 대강 그것을 검토해서 알지 더 아는 것이 없습니다.

문: 동년 4월 일자불상경 오후 2시경 동당 중앙당 사무실에서 전현 전세룡으로부터, 균명중고등학교(均明中高等學校) 교원직에 있으면서 당에 자주 출입하면 신분이 노출될 우려가 있으니 비밀당원의 신분을 견지하라는 지령을 받은 사실이 있는가.

답: 비밀당원이 아니라 직장 생활하는 사람으로서 당에 자주 들르면 지장이 있을 것이니 빈번히 다니지 말아야 될 것이 아니냐는 것이었습니다. 그것은 어떤 분의 장인이 관공서에 다니면서 당에 자주 드나드는 것을 보고 귀찮게 한 일이 있으니까, 그런 것을 알면 그대로 두지 않을 것이니 그리하라고 하였습니다.

문: 동년 5월 일자불상경 진보당 위원장 조봉암 가(家)에서 동인(同人)과 회합하고, 「실천적 제문제」라는 강평서를 동인(同人)에게 수교(手交)한 사실이 있는가.

답: 그런 사실이 있는데 동 일자가 동년 1월 중순경이 맞습니다. 처음에 만나 뵙고 그날 바빠서 자세한 말씀을 드릴 기회가 없어서 다음날 다시 찾아오라고 해서 갔었으니까 5월경이 아닙니다. 그리고 강평서가 아닌 것이 제가 조 선생께 말씀드리기 위하여 몇 가지 메모해 가지고 간 것을 또 자세한 말씀을

드릴 수가 없었는데, 선생이 뭐 써 가지고 온 것이 있으면 놔두고 가라고 해서 그것을 그냥 두고 왔던 것입니다.

문: 그날 조봉암과 만나 어떤 이야기가 있었는가.
답: 진보당의 이념과 노선에 대한 이야기와 시국에 대한 말이 있은 정도였고 선생이 바빠하여서 더 말씀드린 바가 없습니다.

문: 그때 조봉암을 찾아간 이유는 여하(如何).
답: 진보당원으로서 당 위원장인 조봉암 선생을 한 번 만나 뵙고 싶어서 찾아간 것이올시다.

문: 두 번 다 당 이념에 관한 말만 있었는가.
답: 그렇습니다.

문: 그런데 이런 「실천적 제문제」가 나올 수 있는가.
차시(此時) 재판장은 공소장 기재의 범죄사실 중 (3) 사실의 차(此) 부분을 읽어 주다.
답: 그것은 그런 데 대한 제 생각을 순서 없이 적었던 것입니다.

문: 4.에 남북통일의 가능한 방법으로서는 남북(南北) 군경(軍警) 해산 후 국제감시하의 총선거 이하 운운하였는데 그 점에 대한 의견은 여하(如何).
답: 그것은 실천방안이 아니고 제가 그런 생각을 한번 해본 것에 지나지 않는데 그런 것은 우리나라에서는 부자연스런 것이고, 또 우리나라에서 가능한 것은 미·소 양국에서 듣지 않으니 일방적인 것이 되므로 좀 더 들을 수 있는 것을 내놓을 수 있지 않나 해서, 제 단독으로 정치적 요건을 떠나서 생각해봤던 것입니다.

문: 피고인은 그와 같은 방안을 내기 위하여 많은 연구를 해봤는가.
답: 그와 같은 세 가지 방안에 대하여 연구해 봤는데 어떠한 구실을 부쳐서라

도[107] 소련이 **빠져나가지** 않을 만큼 만들어 가지고, 거기서 양해되는 것으로 하면 될 것이라고 생각했습니다.

문: 피고인이 평화통일에 대하여 생각하기 시작한 것은 언제부터인가.
답: 진보당에서 평화통일을 정책으로 내세운 후 저는 평소에 생각하여 왔습니다.

문: 연이(然而)면 피고인은 그것을 진보당의 방안으로서 해달라고 한 것인가.
답: 그렇지 않습니다. 실천 가능한 것이라고 생각지 않고 만들어 본 것입니다.

문: 그런데 왜 그런 생각을 하였는가.
답: 제 생각에는 있을 듯한데 정치적 요건이 구비치 않을 것이니까 불여의(不如意)한 것이라고 생각돼서 말입니다. 그런데 그것을 무슨 방안이라고 해서 작성한 것은 절대 아니며 제 소견을 조 선생께 말씀드리려고 메모한 것을 놓고 왔을 따름입니다. 그러니까 아무 체계적으로 되어 있는 것이 아닙니다.

문: 동년 8월경 진보당의 경제정책이라는 제목으로 사회주의경제 이론과 유물사관적 이론을 발췌한 논문을 작성하여 조봉암에게 수교(手交)하는 동시에, 동 논문을 검토한 후 당 기관지인 『중앙정치』지에 게재, 선전토록 의뢰한 사실이 있다는데 여하(如何).
답: 그와 같은 사실이 있기는 하나 내용이 좀 다른 것인데 동 원고 모집을 당에서 하기 때문에 응모했을 뿐이지 기(其) 이외는 모르는 것입니다. 그리고 동 논문을 조봉암 씨에게 수교(手交)한 것이 아니고 전세룡 씨에게 드린 것입니다.

문: 동 논문의 중요 요지는 무엇인가.
답: 당에서 경제정책에 관한 논문 모집이 있었던 관계상, 차(此)에 관하여 우리 당의 경제정책 요지, 즉 계획성 있는 경제체제의 방향 등을 썼습니다.

---

107) '붙여서라도'의 오기이다.

문: 유물사관적 이론을 발췌한 논문이라는데 여하(如何).

답: 그렇지 않습니다. 말하자면 당의 경제정책에 대한 해설을 한 것입니다.

문: 그래서 동 논문이 채택되어 『중앙정치』에 게재되었는가.

답: 거기에 게재한다는 것은 들은 바가 없으며 채택이 되었으면 게재되었을는지 모르나 그렇지 않았습니다. 그러니까 그 후는 모릅니다.

문: 동년 9월 일자불상경 오후 2시경 진보당 중앙당 사무실에서 전기(前記) 전세룡으로 부터, 동당의 제1선 조직은 개거(皆擧)가 노출되어 활동에 지장이 많으니 제2선 조 직을 강화하는 방법으로서 당 정강정책과 국내외 정세 및 기타 사회주의 이론을 연 구, 토의한다는 미명(美名)하에 비밀써클을 조직하였으니 매주 토요일 오후 2시에 조봉암 가(家)에서 밀회하자는 지령을 받은 사실이 있는가.

답: 비밀써클은 전연 아닙니다. 조직에 관하여는 아는 바가 없으나 전세룡의 말 이 당의 강화를 위하여 교양 써클을 만들었으니 멤버의 한 사람으로 나와 달 라고 한 것입니다. 그러니까 그 이외의 것은 모릅니다.

문: 무슨 면(面)에 대한 교양을 한다는 것인가.

답: 각자가 당 정강정책과 국내외 정세 등에 대하여 연구하여 가지고 나와서 토 론해보자고 한 것입니다.

문: 피고인은 여명회를 아는가.

답: 모릅니다.

문: 그래서 동 회합에 몇 번이나 참석하였는가.

답: 4~5차 출석하였는데 멤버는 주로 학생층의 당원 7명 정도가 모였는데 국제, 국내 뉴스를 가지고 토론해 본 이외에 별로 한 것이라고 없습니다.

문: 자본주의는 필연적으로 사회주의제도로 이행한다. 소련의 인공위성 발사 성공에 관 한 국제정세 보고 등이 있었다는데 여하(如何).

답: 정강정책 이외에 국제정세에 관한 것도 있었기는 하지만 자본주의는 필연적으로 사회주의제도로 이행한다는 구절은 없었습니다. 인공위성에 관하여도 주간 뉴스를 가지고 논의해 본 것입니다.

문: 동년 10월 중순경 오후 2시경 서울특별시 동대문구(東大門區) 소재 고려대학 앞에 거주하는 전기(前記) 써클원인 김태문(金泰文)을 심방(尋訪)하여, 동인(同人)을 완전히 자기 지배하에 포섭코자 공작을 하였다는데 여하(如何).
답: 동인(同人)은 당원이기에 사사(私事)로 놀러 간 일이 있을 뿐입니다.

문: 포섭 공작차 간 것이 아닌가.
답: 당 관계로 알고 있기는 하지만 그 공작 목적을 가지고 놀러 간 것이 아니고 그냥 놀러 간 것입니다.

문: 김태문은 몇 살이나 되었는가
답: 22~3세가량 되었습니다.

문: 동경(同頃) 오후 6시경 피고인 가(家)에 내방(來訪)한 전기(前記) 써클원인 황명수(黃明洙)와 접선하고, 동인(同人)을 그와 같이 포섭코자 설득한 일이 있다는데 여하(如何).
답: 자기 자신이 사사(私事)로 놀러 와서 개인 생활에 대한 이야기가 있었을 뿐입니다.

문: 동인(同人)은 몇 살이나 되었는가.
답: 30세가량 된 제대 군인입니다.

문: 동년 11월 초순경 오후 1시경 진보당 중앙당 사무실에서 전기(前記) 전세룡과 접선하고, 동인(同人)으로부터 전현(前顯) 제2선 조직인 비밀써클을 당 방침에 의하여 해산키로 되었으므로 향후는 자기가 개별적으로 지도하겠다는 지령을 받은 사실이 있다는데 여하(如何).

답: 그 당시 제가 몸이 아파서 참석치 못하여 상세한 것은 모르나 실지(實地)가 흐지부지 안 나가서 없어졌습니다.

재판장은 피고인 전세룡에 대하여

문: 동 회합을 그 후 왜 안하게 되었는가.

답: 다 바빠서 나오지들을 않아 필요 없는 것으로 생각되어 제가 해체하였습니다.

재판장은 피고인 정태영에 대하여

문: 피고인의 6촌 처남에 김세길(金世吉)이란 자가 있는가.

답: 동인(同人)은 본인의 6촌 처남으로서 문리과대학에 다니는 학생입니다.

문: 그런데 동인(同人)은 공산주의자라는데 여하(如何).

답: 학생이라 말하는 것이 극히 과격한 편입니다. 그러나 공산주의는 못 됩니다.

문: 동년 12월 중순경 오후 3시경 피고인 가(家)에 내방(來訪)한 동인(同人)과 접선하여, 동인(同人)으로부터 소련공산당사 1책을 입수하여 동월 말까지 열람하여 공산주의 의식을 공고히 하였다는데 여하(如何).

답: 그 학생도 사회주의를 연구하는 학생이므로 빌려달라고 해서 읽어봤습니다. 공산주의 의식을 공고히 하기 위해서가 아니라 공산주의 이론을 알아야겠기 때문에 읽어봤습니다.

문: 동월 말경 오후 2시경 진보당 중앙당 사무실에서 전기(前記) 전세룡과 회합하여 공무원, 일반사무원, 중소기업자, 공장노동자, 자유노동자, 중농·소농, 농업노동자 등이 처해있는 생활상을 기고, 게재할 수 있겠금 당 기관지인 『중앙정치』에 피해대중란(被害大衆欄)을 설치하여 기고자에게는 『중앙정치』를 일일이 배본(配本)한 다음, 차(此)를 인연으로 하여 당세(黨勢)를 확장할 수 있도록 동지(同誌)의 기자 훈련을 역설하는 동시, 동 조직 방안을 조봉암에게 건의, 실천토록 하자고 밀약한 사실이 있다는데 여하(如何).

답: 제가 그런 것을 생각해서 전세룡 씨에게 요청한 일이 있습니다. 그리고 조봉

암 선생 보고 그리하는 것이 어떠냐고 하려다가 만나지 못하여 못했습니다.

문: 더 할 말이 있는가.
답: 소위 「실천적 제문제」라고 하는 '메모'에 관하여 저를 과격한 분자(分子)로 알기 쉽게 되오나, 거기 나온 문구 하나하나를 따서 말할 것이 아니라 전체를 읽어보면 그렇지 않은 것입니다. 다시 말하면 공산주의자가 그리 말한 것이라고 쓴 것입니다.

판사 이병용은 재판장에게 고하고 피고인 정태영에 대하여
문: 진보당은 당의 성격으로 봐서 어디에 속하는 정당이라고 생각하는가.
답: 사회민주주의 정당이라고 생각합니다.

문: 피고인은 진보당이 강평서 작성 그 당시에 대한민국에서 합법정당이라고 생각하였는가.
답: 물론입니다.

문: 그렇다면서 이중조직(二重組織)을 해야 한다는 이유 여하(如何).
답: 사회민주주의 정당의 성장 과정으로 봐서 얻어맞았다는 것은 다 아는 사실입니다. 그래서 그런 것이지 비밀조직으로 말하거나 법의 위반을 해서까지 한다는 취지는 전연 아닙니다.

문: 그런데 "그들의 교화(敎化)는 점차적으로 행한다"는 무슨 말인가.
답: 당 이념을 같이 해야겠기 때문에 많이 받아들여 가지고 당으로서의 일치된 행동을 하도록 해야 한다는 말입니다.

문: 연이(然而)면 '교화'라는 용어는 이북 괴뢰가 말하는 세뇌공작에 사용되는 말이 아닌가.
답: 그런 의미에서가 아닙니다.

문: 이북 괴뢰가 그와 같은 말을 많이 쓴다는 것은 아는가.

답: 네. 들었습니다.

문: 그러니까 그런 말은 자유롭게 활동할 수 있는 요소를 지닐 인사들을 많이 포섭하여 그리한다는 것이므로 비법(非法)하게 한다는 것이 아닌가.

답: 아니올시다.

문: "우리는 모든 활동에 있어 가능할 장해(障害)를 고려하여 행동의 제1, 제2, 제3 등 등 방안을 미리 세워 신속히 대처해야 된다" 운운은 어디서 따온 말인가.

답: 그저 추상적으로 적은 말입니다.

문: 피고인은 사회민주주의가 대한민국 국법에서 허용되는 것이라고 생각되는가.

답: 저는 공산주의자들이 불법적으로 한다고 하는 것을 알았지, 그렇지 않으면 허용되는 것이라고 생각됩니다.

문: 그렇다면 왜 공산주의자들이 주장하는 점을 강조했는가.

답: 우리가 말하기를 공산주의는 이론은 좋으나 실천이 안 된다고 했는데, 나는 이론과 실천이 일치되지 않으면 아무 소용없다고 생각합니다. 그러므로 좋은 점을 따서 실천하려고 한 것입니다.

문: 그런 이론이 허용되지 않으니까 지하조직에 일층(一層) 힘써야 한다는 것이 아닌가.

답: 그렇지 않다고 생각합니다.

문: 진보당은 등록 정당이라는 것을 아는가.

답: 물론 등록 정당입니다. 그러나 진보당은 어느 날, 어디서든지 얻어맞는다는 것은 사실입니다. 그러니까 그렇다는 말이지, 불법적 행동을 할 수 있다는 것은 결코 아닙니다.

변호인 권재찬은 재판장에게 고하고 피고인 정태영에 대하여

문: 피고인은 진보당이 사회민주주의 정당이라고 했는데 그것은 어떤 데서 그와 같은 결론이 나오는가.

답: 반자본·반공산주의 이념에 서니까 그렇다고 할 수 있습니다.

변호인 전봉덕은 재판장에게 고하고 피고인 정태영에 대하여

문: 피고인이 상(相) 피고인 조봉암에게 준 소위 「실천적 제문제」라는 것은 강평서로서 교부한 것인가, 불연(不然)이면 메모 정도로 한 것을 교부한 것인가.

답: 처음부터 갖다 드리려고 했던 것이 아니며, 말씀드리는 데 참고하려고 메모해 놓은 것을 자세히 말씀드릴 기회를 갖지 못하여 그것을 그냥 놓고 온 것입니다.

문: 피고인은 공산주의자인가.

답: 좌익서적을 많이 읽었기 때문에 그런 용어가 나오기는 했습니다마는 공산주의자가 아닙니다. 공산주의의 근본이념을 알기 위하여 공산주의를 이론적으로 반대하려면 알아야 하겠기 때문에 읽어봤던 것입니다.

판사 배기호는 재판장에게 고하고 피고인 정태영에 대하여

문: 피고인은 자유민주주의와 사회민주주의가 경제적 수단 점에 관하여서만 차이가 있다고 보는가.

답: 근본적으로 양적 차이가 있는 것으로 압니다.

문: 다시 말해서 경제적 차이점 이외에 인생관 내지 우주관까지에도 차이가 있는 것으로 아는가.

답: 하여간 양적 차이가 있는 것으로 압니다.

재판장은 피고인 전세룡에 대하여

문: 피고인은 6·25사변으로 인하여 국군이 진주하게 되자 함북(咸北) 명천군(明川郡) 명천고급인문중학교(明川高級人文中學校) 교원으로 취임한 일이 있는가.

답: 네. 있습니다.

문: 그전에는 무엇을 했는가.
답: 북한 공산 치하에서는 반공(反共), 광인(狂人) 생활을 국군이 진주할 때까지 해왔습니다.

문: 그리고 동년 12월 4일 흥남 경유(經由), 남하하여 강원도 횡성군(橫城郡) 주둔(駐屯) 방위군(防衛軍)에 입대, 복무하다가 제대하여 경북 화양고등공민학교(華陽高等公民學校) 교원에 취임한 일이 있는가.
답: 네. 그런 사실이 있습니다. 그런데 그것이 경남이 아니고 전남 화양(華陽)이 올시다.

문: 4285(1952)년 10월경 하부(下釜)하여 동향인(同鄕人) 김찬, 김안국 등의 소개로 상(相) 피고인 조봉암을 알게 되었다는데 여하(如何).
답: 네. 그렇습니다.

문: 그래서 동인(同人) 가(家)에 동거하면서 동인(同人)의 알선으로 상공일보사(商工日報社) 업무국장에 취임한 일이 있다는데 여하(如何).
답: 그런 사실이 있습니다. 그런데 상공일보사가 아니고 상공시보사(商工時報社)입니다.

문: 상(相) 피고인 조봉암 가(家)에 동거하게 된 이유는 여하(如何).
답: 4285(1952)년 10월경 본인이 화양고등공민학교 교감으로 있을 당시, 부산에 거주하던 동향인(同鄕人) 김장헌(金長憲) 씨가 취직처(就職處)가 있으니 하부(下釜)하라는 편지가 있어서, 즉시 부산으로 가서 동인(同人)을 만났더니 동인(同人)이 김찬, 김안국 등을 소개하여 주어 만난 즉, 동향인일뿐더러 김장헌으로부터 나의 말을 다 듣고 있는 모양으로 김찬이가 그 당시 국회부의장으로 계시던 조봉암을 소개해주어서 인사드려 알게 되었는데, 본인을 그 당시의 조 선생의 비서인 안모(安某)가 사임(辭任)되고 그 직(職)에 본인을 채용

케 할 예정이었던 모양인데, 동인(同人)이 사임치 않아서 결국 취직은 할 수 없게 되고 갈 데 올 데 없는 처지이라, 조봉암 선생이 자기 집에 있으라고 해서 현재에 지(至)하기까지 동거하여 왔던 것입니다.

문: 김찬이란 사람은 무엇 하던 사람인가.

답: 과거 독립운동에 가담했던 사람이나 공산당에 관계한 분으로 듣고 있었는데 제가 만날 적에는 반공적인 말을 하였습니다.

문: 피고인은 진보당 태동(胎動) 시부터 차(此)에 가담, 동 추진위원으로 활동하고, 창당 시는 전국대표자대회(全國代表者大會) 서울 대표, 5·15정부통령선거 시는 동당 선거대책위원, 4289(1956)년 11월 10일 결당과 동시에 동당 중앙당 상무위원, 조직부 부간사 겸 서무책(庶務責), 동당 서울시당 상무위원 및 성동(城東) 갑구 부위원장 등에 취임한 사실이 있다는데 여하(如何).

답: 그런 사실이 있습니다. 연이(然而) 조직부 부간사 겸 서무책은 아니고, 부간사의 한 사람인 본인이 서무(庶務)를 책임 보고 있는 것이지 겸직(兼職)은 아닙니다.

문: 진보당은 대한민국을 변란할 목적으로 조직된 결사라는데 여하(如何).

답: 정반대(正反對)되는 말입니다. 대한민국을 지지, 육성하여 더욱 발전시키려는 정당이라고 생각합니다.

문: 4289(1956)년 3월 31일경부터 본건으로 인하여 피검될 때까지 조직 부간사로서 진보당 추진위원명부, 창당위원명부, 평당원명부, 비밀당원명부 등을 관장(管掌)하여 왔다는데 여하(如何).

답: 그런 사실이 있습니다마는 우리 당에는 비밀당원이 없습니다. 당규(黨規)에 그런 것이 없고 또 조직부에서 일 보는 사람에게 그런 제도를 두라는 임무를 준 일도 없습니다.

문: 일반 당원으로서 서울시당 747명을 비롯하여 계(計) 2,641명과, 비밀당원으로서 서

울시당 128명을 비롯하여 계(計) 381명을 각각 포섭, 접수 정리하였다는데 여하(如何).

답: 그런 사실이 있습니다마는 비밀당원이라는 것은 입당은 할 터인데 보류(保留)해달라고 해서 조직 대상자 명부로서 취급하는 것이지, 비밀당원은 아닙니다. 경찰에서 그것을 비밀당원이라고 하는 모양입니다. 후에 나는 정식 입당하겠다고 밝힐 때까지 두었다가 그때에 입당케 하는 것입니다.

문: 연이(然而)면 그런 종류의 당원 명단이 381명가량 되는가.
답: 그렇습니다.

문: 4289(1956)년 3월 서울특별시 중구 양동 소재 진보당 사무실에서 당원 안경득으로부터 창당추진공작(創黨推進工作)의 활동원 수첩이라는 인쇄물을 받은 일이 있는가.
답: 네. 있습니다. 그것이 동년 4월경이올시다.

문: 동년 4월 5·15정부통령선거에 진보당 선거대책위원회 조직부 위원에 취임, 동당 사무실 내에서 선거에 관한 벽보(壁報), 선전문 등 발송 임무를 담당하였다는데 여하(如何).
답: 선거대책위원이지, 조직부 위원은 아니올시다. 추진위원으로 있던 사람은 대개 자동적으로 그에 취임한 것이지, 특별한 일을 한 것은 없습니다.

문: 선거에 관한 벽보, 선전문 등 발송 임무에 종사한 것은 사실인가.
답: 네. 그와 같은 일에 협조하여 왔습니다.

문: 동년 6월 동당 사무실 내에서 조직부 특수책(特殊責)인 최희규로부터 당 조직부 특수조직 사업계획을 접수한 일이 있는가.
답: 네. 있습니다.

문: 동년 12월 2일경 진보당 창당 이후 조직 확대책(擴大責)으로 당 조직 계획서를 기안(起案) 작성하여, 이를 조직간사 이명하에게 당 사무실에서 보고한 사실이 있는가.

답: 그것은 조직부의 사업계획서입니다. 그와 같은 것을 작성하였다가 제가 테러를 당하여 보고치 못하였습니다.

문: 동 4290(1957)년 4월 당 지시에 의하여 조봉암 가(家)에서 지방당 조직에 관한 준칙(準則)을 당헌(黨憲)에 의하여 기안(起案) 작성, 조직간사 이명하에게 보고, 상무위원회에 회부(回附), 통과케 한 사실이 있다는데 여하(如何).
답: 그것이 지방당부 조직 준칙인데 그것은 당규(黨規)인 것입니다.

문: 동년 6월 동 조봉암 가(家)에서 특수당원 포섭에 관한 조직 준칙으로서 특수별당부(特殊別黨部) 조직 준칙을 작성, 이를 조직간사 이명하에게 보고한 사실이 있다는데 여하(如何).
답: 특수당부에 대한 규약도 없고 해서 비법적(非法的)인 것이 된다고 내놓지 않게 되었습니다.

문: 동년 7월 동가(同家)에서 입당자에 대한 성분 등을 사전 파악키 위한 기초 심사 자료로서 찰인요도(察人要圖)와 당원 신상조사서 등을 기안(起案)하여, 동년 10월 주영숙(朱榮淑)으로 하여금 이를 정리, 보관케 한 사실이 있다는데 여하(如何).
답: 그것은 제가 개인적으로 생각해서 작성한 것입니다.

문: 동년 5월경 정태영 일명 동화(同和)와 접선, 동인(同人)으로부터 사회주의 경제이념과 유물사관적 이론에 입각한 「실천적 제문제」라는 원고를 수취, 차(此)를 조봉암에게 수교(手交)한 사실이 있는가.
답: 그런 사실이 없습니다. 저는 모르는 일입니다.

재판장은 피고인 정태영에 대하여
문: 상(相) 피고인 전세룡으로 하여금 동 원고를 조봉암에게 수교(手交)케 하였는가.
답: 아니올시다. 그 점에 대하여는 종전에 진술한 대로입니다.

재판장은 피고인 전세룡에 대하여

문: 갱(更)히 동인(同人)을 비밀당원으로 추천함과 동시에 서울시당 상무위원으로 취임케 한 일이 있다는데 여하(如何).

답: 비밀당원에 추대한 일은 전연 없으며 다만, 서울시당 상무위원이 되게 하기 위하여 추천해 준 일은 있습니다.

문: 4290(1957)년 9월 28일 오후 2시경 시내 중구 장충단공원(獎忠壇公園)에서 정태영 및 비밀당원 황명수(黃命水), 동 손석규(孫錫圭), 동 박윤수(朴潤秀) 등과 회합하여, 동당의 목적 사항을 실천하기 위하여 비밀결사 조직을 기도하였다는데 여하(如何).

답: 비밀당원이란 있을 수도 없고 다만 그분들과 같이 장충단공원에 소풍차 간 일이 있을 뿐입니다. 비밀조직을 꾀한 일이 없습니다.

문: 가. 지하비밀당을 전국적으로 조직할 것, 나. 유사시에 수단 방법을 불허(不許)하는 실천적 행동대(行動隊) 발동할 것, 다. 정치의식의 배양을 위하여 매주 토요일 오후 2시 조봉암 가(家)에서 밀회, 토론회를 정기적으로 개최할 것, 라. 지하비밀당의 영도를 위하여 비밀중앙 써클을 구성할 것, 마. 진보당에 대한 외부의 탄압을 비밀조직에서 대비하는 동시에 비합법적으로 미연 방지할 것, 바. 동 비밀조직을 당의 핵심적 지주(支柱) 역할을 담당할 것 등을 토의, 결정한 사실이 있다는데 여하(如何).

답: 그런 사실이 전연 없고 다만 소풍하다가 돌아오는 길에서 다 사실과 여(如)히 조 선생 집에서 정치 토론회를 하자는 이야기만 있었습니다.

문: 동년 10월경 조봉암 가(家)에서 정태영, 황명수, 손석규, 박윤수, 김태문, 박희영(朴喜永), 주영숙 등과 교양 법칙 등을 작성, 연구할 것을 토의한 사실이 있는가.

답: 그런 사실이 있는데 그것은 각자 연구 분야를 분담해 맡겼을 따름입니다.

문: 동년 10월 9일 오후 2시경 역시 조봉암 가(家)에서 전기(前記) 8명이 밀회하고, 피고인은 선언문과 당 취지문을 낭독하여 당이 계급적 혁명정당임을 인식시키는 동시, 정태영은 국제정세 보고에서 소련의 인공위성 발사 성공은 소련 사회 체제의

우위성에 기인한 것이며 동 인공위성 발사 성공으로 인하여 전쟁은 불가능하며, 필연적으로 소련의 사회제도에 의한 평화적인 한국통일을 하여야 한다고 강조하여 선동, 선전을 하였다는데 여하(如何).

답: 그 사람들 전원이 모인 것이 아니고 대개 4~5명 정도 모인 것으로 기억되는데, 제가 당 선언문, 취지문 등을 낭독한 일은 있으나 당이 계급적 혁명정당이라고 말한 일은 전연 없으며, 정태영은 주간 뉴스 정도의 설명이 있었지 소련의 사회제도에 의한 운운의 지지부레한 이야기는 전연 없었던 것입니다.

문: 동시에 동석(同席)에서 전기(前記) 써클의 부서(部署)를 세포책 전세룡, 부책(副責) 정태영 등을 선출, 결의하고 또한 동 써클 전국적인 조직체로서 7인 써클 전국위원장 전세룡, 부위원장 정태영, 서울지구책 전세룡, 충북지구책 박희영, 충남지구책 박윤수, 전북지구책 정태영, 경북지구책 손석규, 경남지구책 주영숙, 전남지구책 박광원(朴廣遠), 함북지구책 박사실(朴士實), 함남지구책 김용성, 특수지구책(特殊地區責) 황명수, 동 김태문 등을 각 선출, 결의를 한 사실이 있다는데 여하(如何).

답: 그런 사실이 있는데 전국위원장, 부위원장은 아니며 세포책, 부책입니다. 그리고 전남지구책 박광원 이하 함남지구책 김용성까지는 없는 사실입니다.

문: 동년 10월 하순경 전기(前記) 조봉암 가(家)에서 7인 써클을 조직, 추진함에 있어 진보당 핵심체로서 명심하여야 할 교양 자료로서 30항목에 긍(亘)한 수신요강(修身要綱)을 작성, 초안하여 이를 전기(前記) 7인 써클 당원 각자에 침투시키기 위하여 전기(前記) 주영숙으로 하여금 정서(精書)[108]하여 이를 보존케 하였다는데 여하(如何).

답: 네 그런 것을 만든 일이 있습니다. 그래서 저이 세포(細胞)에 내놓은 것입니다.

문: 동년 11월경 전기(前記) 조봉암 가(家)에서 전기(前記) 8명이 밀회(密會)하고 정태영으로부터 자본주의는 필연적으로 사회주의제도로 이행하고, 공산주의는 폭력혁명

---

108) '정서(整書)'의 오기이다.

에 의하여 달성된다는 등 교양을 당함으로서, 진보당 폭력혁명을 부정하고 의회를 통한 평화적 방식의 혁명을 기하게 한다고 강조한 사실이 있는가.

답: 전연 모르는 일입니다.

문: 동년 11월 진보당 사무실에서 정태영과 회합하고 근로대중들이 처해있는 생활상을 기고, 게재할 수 있겠금 『중앙정치』에 피해대중란을 설치하고, 기고자에게 『중앙정치』를 일일이 배본(配本)하여서 당세(黨勢) 확장을 기하라는 내용을 조봉암에게 건의, 실천토록 하려는 등을 밀약한 사실이 있다는데 여하(如何).

답: 그런 말을 한 사실이 없습니다. 저는 부지(不知)의 사실입니다.

문: 동년 9월경부터 과거 동향(同鄕) 친분관계가 있는 김명국(金明國), 방관득(方官得), 김덕환(金德煥), 박장래(朴長來), 문재각(文在珏), 김용성(金龍星), 박대실(朴大實), 이남기(李南基), 임광원(林廣遠) 등을 전기(前記) 비밀써클 포섭 대상으로 선출, 기도를 하였다는데 여하(如何).

답: 김용성, 박대실, 임광원 3인은 친분이 있는 사람이라 당세(黨勢) 확대에 대상으로 생각해 본 일이 있지만 이여(爾餘)의 사람은 모릅니다.

문: 4291(1958)년 1월 8일 조봉암 가(家)에서 동인(同人)으로부터 모종(某種) 사태가 예기(豫期)되니 당의 일체 비밀문건을 타처(他處)에 소개(疏開), 은닉하라는 지시를 받고 동월 9일 오전 9시경 일련번호 당원명부, 입당원서 성명별 당원명부, 도별당원명부, 비밀당원명부, 지방당에서 보고된 서류철, 정진사 모주권(募株券) 관계 서류 등을 시내 중구 충무로(忠武路) 3가 38번지 거주 동향인(同鄕人)인 김영범(金泳範) 가(家)에 운반 은닉하여서 증거 인멸한 사실이 있다는데 여하(如何).

답: 비밀문건을 타처(他處)에 소개(疏開), 은닉하라는 지령을 받은 사실은 없습니다. 기경(其頃) 지방당에서 보고된 서류철, 정진사 모주권(募株券) 관계 서류를 제외하고는 동소(同所)에 운반하여다가 맡긴 사실이 있습니다.

문: 동 문건은 어디 있던 것인가.

답: 4289(1956)년 9월경 동 4290년(1957) 9월경까지는 조직부 차장인 제가 조봉암

씨 집에 보관하고 있다가 그 후는 조직부장인 이명하 씨 댁으로 옮겨났습니다. 그런데 금년(今年) 1월 상순경 제가 이명하 씨 댁에 가보니까 이명하 씨는 부산으로 출장가고 부재중이신데, 동 당원명부로 당 중요 서류가 그냥 그 집 실닝(시렁) 위에 놓여 있으므로 소홀히 취급하고 있으므로 잘 간직하기 위하여 다시 조봉암 씨 댁 벽장 아래에 넣어 두었더니 또 누가 어지럽게 해놔서 저의 친구인 김영범 씨 집에 옮겨 놔둔 것입니다.

문: 본건에 대한 증거를 인멸하기 위하여 동소(同所)에다 은닉하였는가.
답: 저는 지방당부 조직 시 수차의 테러를 당한 일이 있어서 또다시 그런 것이 들어오는 징조가 아닌가 생각해서 그와 같이 한 것이지, 증거를 인멸하기 위하여 동소(同所)에 은닉했던 것은 아닙니다.

문: 왜 하필이면 김영범 집에다 갖다 두는가.
답: 우리 집, 즉 조봉암 씨 집에서 사고가 날까봐 충무로 3가에 있는 동인(同人) 집에 갖다 두었었습니다.

문: 김영범은 진보당원이 아닌가.
답: 고향 사람이기는 하나 당원은 아닙니다. 본인의 옷 보따리도 그 집에 갖다 두고 있습니다. 당과 아무 상관은 없으나 본인과 동향인(同鄕人)으로서 친분이 두터운 사람입니다.

문: 김영범은 몇 살이나 되었는가.
답: 37~8세가량 되었습니다.

문: 피고인은 진보당사건이 발생하였다는 것을 언제 알았는가.
답: 신문에서 보고 처음 알았습니다. 제가 김영범의 집에 짐을 옮긴 것은 사건이 발생하기 전입니다. 전국적으로 테러가 심하여 정체불명의 청년들로부터 돈을 뺏기고 서류를 가져가고 해서 항상 경계하는 마음으로 제가 소관(所管)하는 서류를 그곳에 옮겼던 것입니다.

문: 피고인이 동소(同所)에 옮긴 동 서류 등은 진보당에서 제일 중요한 서류인가.

답: 저는 입당원서, 당원명부 등을 취급하니까 제가 그것을 다른 데로 옮긴 것이지, 그 외에 다른 문건은 일체 치지 않았습니다. 조봉암 선생으로부터 기밀서류를 은닉하라는 지시를 받은 바 없습니다. 다른 부(部)에도 중요 서류가 얼마든지 있을 것입니다.

문: 그럼에도 동 서류를 그곳에 옮겼다는 말인가.

답: 저이 집에서는 아이들이 다치니까 다시 옮긴 것에 지나지 않습니다.

문: 피고인은 동 서류가 무엇이라고 하고 맡기었는가.

답: 아무 말 하지 않고 그냥 맡기었습니다.

문: 사건이 발생하였으므로 동 서류 등이 동 사건에 증거로 공여(供與)하게 되겠으니까 다른 데로 옮긴 것은 아닌가.

답: 그렇지 않습니다.

문: 그와 같은 중요 서류를 당원도 아닌 그 집에 다 맡긴다는 것은 안 되는 일이 아닌가.

답: 안 되는 일이 잘 되는 수가 있으니까 결과를 봐야 알 것이었습니다.

문: 동월 14일 조봉암 등 중요 간부가 피검되자 동 비밀문건인 증거품의 은닉, 인멸과 자신의 피검을 피할 목적으로 시내 성북구 하월곡동(下月谷洞) 88의 5호 거주 동향인(同鄕人) 김정학(金正鶴) 가(家)에 가서 동인(同人)에게 전기(前記) 사실을 고하고 동가(同家)에 은신하는 동시에 동인(同人)에게 의뢰하여 전기(前記) 김영범 가(家)에 은닉하여 둔 동 비밀문건을 운반하여 오게 하였다는데 여하(如何).

답: 그리 한 것은 사실인데 증거 인멸에서가 아닙니다. 요는 테러를 면하기 위해서입니다.

문: 피고인이 동인(同人) 가(家)에 간 것은 언제인가.

답: 동년 1월 14일인가, 15일에 가서 동년 2월 4일 아침까지 있었습니다.

문: 피고인이 동인(同人) 가(家)로 피한 이유는 여하(如何).
답: 동월 14일 신문을 보고 진보당에 선거 폭풍이 불어 오는가보다 생각하고 테러가 무서워서 과거 이상의 테러가 있을까봐 다시는 테러를 당하지 않을 마음에서 그리 옮기기로 한 것입니다.

문: 그래서 동인(同人) 가(家)에서 피고인은 무엇을 했는가.
답: 그동안 그 집에서 쭉 다른 일 본 것 없이 있었습니다.

문: 김정학은 하시(何時)부터 여하(如何)한 관계로 알고 있는가.
답: 동 고향 사람일 뿐 아니라 진 외육촌(外六寸) 되는 사람으로 과거 고향에서 제가 광인(狂人) 생활할 적에도 도와주던 사람입니다. 그리 넉넉지를 못해서 나를 도와주지 못하였지, 무척 가까운 사이입니다.

문: 그래서 김정학으로 하여금 동 비밀문건을 가져왔는가.
답: 김정학은 문 안에 나가는 길이 있어서 그에게 가져오라고 부탁하였습니다. 동인(同人)에게는 아무 말 없이 그냥 가서 가져오라고 했습니다.

문: 동 문건 등을 가져다가 어떻게 하였는가.
답: 방이 하나밖에는 없어서 김정학이가 어디다 두었는지 모르겠습니다. 하여간 그에게 잘 두어다 달라고 부탁하였을 뿐입니다.

문: 자금조달 관계, 비밀문건 및 정진사 모주권(募株券) 관계 문건 일체는 동가(同家)의 분구(焚口)에서 소각하여 버렸다는데 여하(如何).
답: 전연 없는 사실입니다. 동 문건은 재정 부간사 조규희가 아는 것이지, 저는 모릅니다.

문: 그리고 일련번호 당원명부, 성명 당원명부, 도별당원명부, 비밀당원명부, 입당원서

등은 김정학으로 하여금 동가(同家) 천정(天井) 및 굴뚝에 은닉케 하였다는데 여하(如何).

답: 저는 동인(同人)이 어떻게 보관하였는지는 모릅니다. 동인(同人)이 김영범 집에서 동 문서와 제 옷을 행리(行李)에다 넣어서 가져왔기에 풀어서 옷만 꺼내고 그에게 잘 부탁한다고 맡기기만 했으니까 그 다음은 모릅니다.

문: 그와 같은 당의 중요 서류를 동인(同人)에게 보관하라고 맡기고 피고인은 그것을 어디다 두었는지를 알아보지 않았다는 말인가.

답: 믿는 처지가 돼서 그냥 부탁했을 뿐이지 어디다 두었던 것을 모르는데 본건으로 인하여 발각되므로 비로소 천정 또는 굴뚝에 두었다는 이야기를 들어서 압니다.

문: 정진사 관계 문건과 자금조달 관계 비밀서류 등은 전연 운반해 온 일도 없는가.

답: 그것은 제가 운반해 갈 대상조차도 되지 않는 것입니다.

재판장은 피고인 김정학에 대하여

문: 피고인과 관계되는 점에 관하여 상(相) 피고인 전세룡이 진술한 것은 틀림없는가.

답: 네. 그대로 틀림없습니다.

문: 평소에도 상(相) 피고인 전세룡을 자주 상봉하여 왔는가.

답: 고향에서 나올 적에는 형님, 동생의 처지와 한 구들에서 지내온 정리(情理)로 굳은 의지로서 나가려고 하였던바, 내 생활이 넉넉지 못하여 그를 조봉암 선생 댁에 그냥 있게 한 것이지, 좀 여유만 생기면 내게 와서 있어 달라고 해야 할 형편에 있는 것입니다.

문: 피고인은 상(相) 피고인 전세룡이가 무슨 일을 하고 있다는 것은 알았는가.

답: 네. 진보당에서 일하고 있다는 것은 알았습니다.

문: 피고인은 진보당사건이 있다는 것은 언제 알았는가.

답: 금년 1월 13일 날 신문 보고 알았습니다.

문: 상(相) 피고인 전세룡이가 피고인 집에 찾아간 것은 언제인가.
답: 동월 13일 아침입니다.

문: 어떻게 돼서 왔다고 하던가.
답: 동일(同日) 아침 신문을 보니까 진보당 간부가 검거되었다는 기사가 났는데, 동 오전 10시경에 전세룡이가 왔기에 신문을 보니 어떻게 되어 있는 모양인데 어찌 된 것이냐고 하니까 전세룡은 그건 그저 그대로 될 것이 없다고 하며 아무 일 없는 것이라고 하고, 또 12일 날까지는 밥도 못 먹고 지냈다고 하며 당분간 의지하게 해달라고 하므로, 제가 무슨 영장(令狀)을 받고 피해 다니는 것이 아니냐고 물으니까 만약에 그렇다면 자기는 응해 나가겠다고 하기에 그러면 좋다고 승낙하고 같이 있게 된 것이올시다. 본인 첫째 동인(同人)이 대한민국을 위해서 일하러 나왔다고 생각했지, 나쁜 짓을 하리라고는 생각되지 않았습니다.

문: 그리고 동월 14일 오전 8시경 전세룡으로부터 금차(今次) 진보당사건으로 당 비밀문건을 시내 중구 충무로 3가 38번지 김영범 가(家)에 지포장(紙包裝)하여 행리(行李)에 넣어 보관시켜 있으니 지참하라, 문건을 임치(任置)하였다가 가져왔다는 말을 절대 비밀로 하여 달라는 부탁을 받고, 직시(直時) 김영범 가(家)에 가서 동인(同人)에게 전기(前記) 주의를 환기시키는 일방(一方), 동인(同人)으로부터 동 문건을 인도받아 동일(同日) 오후 6시 경 전세룡에게 전달한 사실이 있다는데 여하(如何).
답: 그런 사실이 있는데 당 비밀문건이라는 것은 모르고 다만 동 14일 아침에 시내에 나가려고 하니까, 전세룡도 책을 좀 갖다 봐야겠다고 하며 그도 나가려고 하므로 내가 나가는 길에 갔다가 주마고 하였더니, 그러면 아무 데 있으니 가져다 달라고 하여 더 묻지 않고 나갔다가 저녁때 약주(藥酒) 좀 먹고 돌아오는 길에 돌아서 보따리 책 등이 들은 행리(行李)를 찾아 차를 타고 왔으므로 다른 것은 모릅니다.

문: 그래 가지고 동월 15일 오전 8시경 피고인 가(家)에서 전세룡으로부터 비밀문건을 3개로 구분, 포장하여 하나는 따로, 둘은 같이 은닉하여 두고 절대 비밀히 해달라는 부탁을 받고, 차(此)를 1개는 피고인 가(家) 전(前) 공장 "보이라" 굴뚝 속에, 2개는 피고인 가(家) 천정에 각각 은닉하였다는데 여하(如何).

답: 전세룡이가 잘 두어다 달라고 해서 그와 같이 한 일이 있습니다. 그런데 따로 따로 두어다 달라고 한 것이 아니라 제가 3개 중 하나를 "보이라" 굴뚝 속에 넣고 더 들어가지 않아서 나머지 두 개는 천정에다 둔 것입니다.

문: 그것은 결국 조봉암 등에 대한 〈국가보안법〉 위반 사건의 증거를 인멸하기 위하여 그와 같은 장소에다 은닉한 것인가.

답: 전연 그런 사실을 몰랐습니다. 이북에서 반공투사로서 있는 전세룡이기 때문에 범죄질 사람이라고는 생각지도 않았습니다. 만약에 제가 그런 사실을 알았다면 전연 감쪽같이 모르게도 할 수 있지 않습니까? 제가 그런 데 둔 것은 저의 집이 방이 하나밖에 없어 둘 곳이 없어 그런 데다 둔 것뿐입니다.

문: 그리고 피고인은 전세룡이가 수사기관에서 찾는 사람이라는 것을 알았는가.

답: 중요 간부가 아니라는 것을 제가 알고 또 진보당이 이북과 내통했으리라고는 전연 생각지 않았기 때문에 별일 없는 줄 알았습니다.

문: 동인(同人)이 범죄의 혐의를 받지 아니하고서야 피신 다닐 리 만무한데 여하(如何).

답: 저는 그렇게 생각지 않고 또 그리 믿어지지 않았습니다. 다만 조봉암 씨 댁에 있다가 테러를 당하여 손해를 입을까봐 그리하는 줄 알고 있게 한 것입니다.

문: 피고인은 동인(同人)이 발각되지 않게 하기 위하여 비밀문건 등을 그리로 옮기게 했다고는 생각지 않는가.

답: 그렇게 생각지 않고 둘 데가 만만치 않아서 자기가 있을 동안 갖다 둔 것이라고 생각했습니다.

재판장은 금일 공판은 차(此) 정도로 마치고 속행할 것을 고하고 차회 기일은 내(來) 5월 8일 오전 10시로 지정, 고지하고 각 소송관계인의 출석을 명한 후 폐정하다.

4291(1958)년 5월 5일
서울지방법원 형사 제3부
재판장 판사 유병진
서기 홍사필

[출전 : 14권 158~218쪽]

피고인 조봉암 외 18명에 대한 간첩 및 〈국가보안법〉 위반 등 각 피고사건에 관하여 4291년(1958)년 5월 8일 오전 10시 서울지방법원의 공개한 법정에서

재판장 판사 유병진, 판사 이병용, 판사 배기호, 서기 홍사필 열석(列席)

검사 조인구 출석

피고인 등은 신체의 구속을 받음이 없이 출석하다.

변호인 변호사 김춘봉, 동 김봉환, 동 손완민, 동 한격만, 동 최순문, 동 유춘산, 동 임석무, 동 노영빈, 동 전봉덕, 동 조헌식, 동 신태악, 동 이상규, 동 김병희, 동 권재찬, 동 이병호, 동 한근조 각 출석

재판장은 변론을 속행할 것을 고하고 피고인 등에 대하여 종전 공판심리에 관한 주요 사항의 요지를 공판조서에 의하여 고지하니

피고인 등은 순차로 종전 그대로 틀림없다고 진술하다.

재판장은 피고인 전세룡에 대하여
문: 정진사 모주권(募株券) 관계 문건이라는 것은 신문사를 만들기 위한 것인가.
답: 제 소관은 아니나 신문사를 만들기 위하여 정진사를 발기(發起)하여 주(株)를 공모(公募)한 것은 사실입니다.

문: 피고인은 동 관계 서류를 김정학 가(家) 분구(焚口)에서 소각하였다고 경찰에서 진

술하지 않았는가.

답: 경찰에서는 때리는 고로 그런 일이 있다고 허위 진술을 하였습니다.

문: 검찰에서도 그와 같이 진술하지 않았는가.

답: 역시 허위 진술하였습니다.

문: 검찰청에서 피고인을 때리던가.

답: 그런 일은 없습니다마는 다른 30여 세가량 된 피의자가 얻어맞아서 다리를 절고 가는 것을 보고 또 조인구 검사는 천하에 무서운 검사라는 말을 들어서 없는 일을 거짓말했습니다.

문: 정진사 관계 서류는 누가 보관하여 왔는가.

답: 조규희 씨가 대표해서 책임을 보고 있었습니다.

문: 연이(然而)면 피고인은 동 서류를 보관한 일이 전연 없는가.

답: 없습니다. 저는 조직에 관한 것만 가지고 있었습니다.

문: 피고인은 전회(前回) 공판에서 진술하기를 폭도의 폭행이 두려워서 관계 서류를 그 곳에 옮겼다고 진술하였는데, 종전에 검찰에서 여사(如斯) 기(其) 점에 관하여 진술하지 않았는가.

차시(此時) 재판장은 기록 제500정 표면(表面) 3행부터 동 제501정 이면(裏面) 10행까지 읽어주다.

답: 그 당시 그렇게 진술한 것은 사실이나 기(其) 점에 대하여는 이제까지 법정에서 진술한 대로입니다.

문: 그리고 기(其) 점에 대하여 증인 김영범도 경찰에서 여사(如斯) 진술한 것이 있는데 여하(如何).

차시(此時) 재판장은 기록 제270정 표면(表面) 1행부터 동 제284정 표면(表面) 3행까지 읽어주다.

답: 김영범은 그렇게 진술하였어도 본인이 진술한 것과 틀리는 점은 아닙니다. 다른 사람은 그렇게 생각할는지 모를 일입니다.

문: 당원명부가 당으로서는 가장 중요한 서류인 것은 사실이 아닌가.
답: 당원명부에는 중앙당에 일련번호로 당원명부가 되어 있는 것이 있고 도당, 시당 등 지방당부에서도 당원명부를 비치하고 있으므로 감출 것이 없는 것입니다.

재판장은 피고인 전세룡, 동 김정학에 대하여
문: 당 비밀문건을 은닉한 현장의 위치 및 모양은 여사(如斯)한가.
차시(此時) 재판장은 기록 제468정 내지 동 제476정까지를 제시하다.

피고인 전세룡은
답: 동소(同所)에 그와 같이 두었던 것은 사실인 모양인데 본인은 동인(同人)에게 맡긴 후로 몰랐습니다.

피고인 김정학은
답: 그와 상위(相違) 없습니다. 그 당시의 모양을 사진으로 나타낸 것입니다.

재판장은 피고인 전세룡에 대하여
문: 피고인이 작성한 찰인요도(察人要圖), 당원 신상조사서 등은 여사(如斯)한 것인가.
차시(此時) 재판장은 기록 제70정 내지 동 제75정까지를 제시하다.
답: 그것은 제가 쓴 것을 원본(原本)에 의하여 사진 찍은 것에 틀림없습니다.

문: 또 수신요강(修身要綱)이라는 것은 여사(如斯)한 것인가.
차시(此時) 재판장은 기록 제67정 내지 동 제69정까지 읽어주다.
답: 역시 그것에 틀림없습니다.

문: 그리고 이것은 무엇인가.

차시(此時) 재판장은 기록 제65정, 동 제66정을 각 제시하다.

답: 기록 제65정에 편철(編綴)된 것은 세포지구책 등과 회합이 있을 적에 기록해 둔 것이고, 동 제66정에 편철된 것은 그날 회합을 비망록에 참고로 적어 놨던 것입니다.

문: 진보당 당원명부 등의 비밀문건 등은 압수되었는가.

답: 저는 피검된 것이 아니고 사찰분실(査察分室)에서 나를 찾는다고 진보당 조직부 부간사인 주영숙이가 연락해줘서, 제가 자진해서 동년 2월 4일날 경찰에 찾아가 동 익일 동 물건 등을 제가 말해서 모두 압수된 것입니다.

재판장은 피고인 김정학에 대하여

문: 피고인은 상(相) 피고인 전세룡이가 진보당사건으로 조봉암 가(家)에 계속 있을 수 없고 피검될 것 같아서 피신하려 왔으므로 정리상(情理上) 거절치 못하고 수락하였다는 취지의 진술을 여사(如斯)히 하지 않았는가.

차시(此時) 재판장은 기록 제508정 이면(裏面) 9행부터 동 제509정 표면(表面) 7행까지 읽어주다.

답: 저는 검찰에서 그렇게 진술하지 않았습니다. 저는 그렇기 때문에 전세룡 보고 무슨 영장(令狀) 받고 피해 다니는 것이 아니냐고 물으니까, 만약에 그런 것이 나오면 자진해서 나가겠다고 하는 점으로 봐서 죄짓고 피해 다니는 사람으로 보지 않았습니다.

문: 또 피고인은 동 문건 등을 운반할 적 절대 비밀을 지켜 달라는 부탁을 받고 가져왔다고 여사(如斯) 진술하지 않았는가.

차시(此時) 재판장은 기록 제510정 표면(表面) 4행부터 동 제511정 표면 4행까지 읽어주다.

답: 저는 처음에 가져올 적에는 당 비밀서류라는 것은 전연 모르고 그 익일 서류를 두었다 달라고 할 적에야 비로소 당 관련 문건인 줄을 알았습니다.

문: 절대 비밀히 해 달라는 부탁을 받고 "보이라" 굴뚝 속 또는 천정 위에 각 은닉해 두

없던 것은 사실이 아닌가.

답: 그곳에 둔 것은 사실이나 무슨 비밀문건이라고 하는 것까지는 몰랐습니다. 그저 당 관련 서류라는 정도는 알았습니다.

문: 그런데 왜 그런 곳에다 그것을 두는가.

답: 창고나 마찬가지 장소입니다. 그 집 구조가 그리돼서 그렇지, 비밀히 하려고 한 것은 아닙니다.

문: 동월 16일 오전 8시경 전세룡으로부터 시내 성동구 신당동 후생주택(厚生住宅) 11호 거주 김장헌 및 전현(前顯) 김영범에게 서신 전달의 의뢰를 받고, 차(此)를 직시(直時) 전달하여 김장헌으로부터 금 3천 환, 김영범으로부터 금 4천 환, 계(計) 금 7천 환을 받아 전세룡에게 전달한 사실이 있다는데 여하(如何).

답: 네. 그런 사실이 있습니다.

문: 전달한 서신 내용은 여하(如何).

답: 내용은 모르겠으나 전달하였더니 각 돈을 주면서 갖다 주라고 해서 받아다 주었습니다.

문: 무슨 돈이라고 하던가.

답: 모르겠습니다. 그저 갖다가 주라고 했습니다. 제가 무정[109] 그것을 전달하러 나온 것이 아니고 문 앞에 들어오는 길에 들어서 갔던 것입니다.

문: 피고인은 무엇에 쓰라고 준 돈인지 모르는가.

답: 그때는 몰랐는데 제가 7천 환을 전세룡에게 전하니 쌀 사라고 하며 5천 환을 나에게 주어서 받고 2천 환은 그가 담배 사 먹는 데 쓴 것으로 압니다.

문: 전세룡이가 꾸어 준 돈이 있으니 받아다 달라는 의미의 부탁을 해서 받아 온 것은

---

[109] 속기 과정에서 '작'이 생략된 것으로 보인다. 문맥상 '무작정'이 타당해 보인다.

아닌가.

답: 저는 몰랐습니다. 그저 갖다 주라고 해서 갖다 준 일이 있을 따름입니다.

재판장은 피고인 이상두에 대하여

문: 피고인은 경북대학교 법정대학(法政大學) 정치학과 재학 시부터 이동화에게서 사회
　주의에 대한 교양을 수(受)하여 사회주의를 신봉하게 되었다는데 여하(如何).

답: 저는 사회주의 실현을 위한 이념을 가져본 바는 전연 없고 다만 대구에서 이
　동화 교수에게 그런 문구를 넣어서 편지를 낸 일이 있을 뿐입니다.

문: 연이(然而)면 어떻게 돼서 그런 문구를 넣어서 보냈다는 말인가.

답: 경북대학에서 사회주의 교육을 이동화 교수로부터 받은 일이 없습니다. 정치
　학과 1학년 재학 당시 동 교수로부터 정치학개론만 배웠는데 사회주의를 신
　봉할 만큼 교양을 받았다는 것은 말이 안 됩니다. 다만 이동화 교수에게 보내
　는 편지에 그런 문구를 적은 것은 제가 읽은 책의 소감을 적은 것에 불과한
　데, 이 선생은 혁신정치를 바라면서도 민주적이고 평화적인 방식으로써 나가
　야 한다고 하여 제가 한 번 반대를 위한 반대를 해보느라고 일본의 이노기마
　사미 씨가 쓴 『정치의 변동론』이라는 데서 인용해서 쓴 것이지, 불온한 생각
　에서 쓴 것은 전연 아니올시다. 만약 불온한 것이라면 검열이 있는데 어떻게
　그리할 수 있습니까? 다만 배우는 입장에서 이론적으로 써본 것에 그치는 것
　입니다.

문: 피고인이 동교(同校) 재학 당시 이동화 교수와 어느 정도 접촉이 있었는가.

답: 1학년 때 1주일에 한두 시간밖에는 배운 일이 없고 사적으로는 별로 접촉한
　일이 없습니다. 연이(然而)나 이 교수의 학문(學問) 높은 점에 숭배하는 마음
　이 있었던 것은 사실입니다.

문: 사회주의 실현을 위하여서는 위선(爲先) 현 대한민국의 붕괴를 전제로 하여야 한다
　는 신념하에 그 실현에 노력하여 오다가, 4289(1956)년 1월 24일 대구시 삼덕동
　140의 1호 피고인 자택에서 서울특별시 종로구 재동(齋洞) 112의 1호 한국내외문제

연구소 내 전기(前記) 이동화에게, 서신으로 "진보와 혁신이 없는 굳어진 이 사회는 억압자의 해골(骸骨) 위에서만이 인민의 자유는 구축(構築)되고 억압자의 피만이 인민의 자치를 위한 토지를 비옥케 한다. 민주적, 평화적 방식은 의미를 상실케 하고 있다"라는 요지의 편지를 하여 □□적(□□的)인[110] 혁명을 감행하며 대한민국을 변란시킬 것을 도모한 사실이 있다는데 여하(如何).

답: 전술(前述)한 바와 여(如)히 반대를 위한 반대에서 지식을 얻으려고 한 것에 지나지 않지, 불온사상에서는 결코 아닙니다.

문: 연이(然而) 이동화 교수에게 그런 문구의 편지를 하게 된 동기(動機)가 있는가.

답: 이동화 씨가 쓴 잡지 『사상계(思想界)』에 「정치학을 공부하는 학생에게」라는 제하(題下)에 평화적, 민주적 방식을 주장하는 내용의 논문을 읽고 저는 배우는 입장에서 오른쪽으로 가라면 왼쪽으로 가보는 형식과 같이 반대해 보느라고 그런 문구를 따서 써본 것이올시다.

문: 또 피고인은 동년 3월 10일 이동화에게 동일한 방법으로 "선생님은 모르시겠지만 저는 작년 6월에 선생님을 '나의 님'이라고 불렀습니다. 기(其) 점은 성명 3자(字) 대신 '12××'라 딱지를 달고 계실 때였습니다. 「고궁(古宮)의 연못가에서」[111]란 제목으로 수필을 써서 『경대신문(慶大新聞)』에 실었던 것입니다"라고 당시 이동화가 〈국가보안법〉 위반 피의사건으로 서울지방검찰청에 구속되어 있을 때, 면회한 광경을 동인(同人)이 석방된 후 「고궁의 연못가에서」라고 제목을 단 수필의 내용, 즉, 이동화를 구속한 정부에 저주한 내용을 동 신문에 게재함으로써 반국가적 사상을 학생들에게 고취시키게 하였다는데 여하(如何).

답: 그런 사실이 있는데 불온한 것이 아니었습니다. 학교 신문에 게재하려면 교수회(敎授會)에서 통과하여야 하는데 그때도 아무 일 없던 것입니다. 그 당시 황진영(黃鎭永) 검사 방에서 이동화 교수를 면회하고 나서 덕수궁 연못가에

110) 원본 문서는 판독이 불가능하다. 1심 판결문에서 해당 서신에 대해 '유혈적인 혁명을 감행'했다고 기술한 것을 고려할 때 '유혈적인'으로 판독하는 것이 문맥상 타당해 보인다. (이 책 666쪽 참조).

111) 이상두, 「古宮의 蓮못가에서」, 『경북대학신문』 제32호, 1955년 7월 1일, 4면 1단.

서 느꼈던 점을 수필로서 썼던 것입니다.

문: 그때 "'나의 님'인 이 선생님께"라고 해서 보낸 편지는 여사(如斯)한 것인가.
차시(此時) 재판장은 기록 제16정 내지 동 제19정까지를 보여주다.
답: 네. 그것을 사본한 것입니다.

문: 또 피고인은 동년 8월 22일 이동화에게 동일한 방법으로 "현존 사회에 대한 증오가
앞서는 것입니다. 망할 놈의 세상만 다시 때려 엎어야 하겠습니다"라는 요지의 편
지를 하여 선동, 협의를 하였다는데 여하(如何).
답: 그런 일이 있는데 그 구절은 딴 것을 쓰다가 하나 덧붙여서 쓴 것인데 좀 과
격하게 썼습니다마는 심각한 충격을 받은 일이 있었기 때문에 경솔히 그랬습
니다.

문: 그 점에 대한 변명은 검찰에서 여사(如斯) 진술한 바 있는데 그대로인가.
차시(此時) 재판장은 기록 제268정 표면(表面) 6행부터 동 제269정 이면(裏面) 1행
까지 읽어주다.
답: 그와 같습니다. 그런데 현 사회에 대한 증오에서가 아니라 애착이 있어서이
고 조국을 사랑하는 마음에서 그런 과격한 구절이 나오게 된 것입니다.

문: 동년 9월 9일 이동화에게 동일 방법으로 "가을은 결실과 수확의 계절이다. 이제부터
라도 거둠의 희열을 느낄 수 있도록 씨를 뿌리고 북돋우어야 하겠다. 내내 올 사회
를 믿는 젊은이의 서로 곧은 다짐을 하고 '전향 히스테리'를 집책(執策)하고자 합니
다". "가난한 사람의 지붕에도 골고루 빠짐없이 비가 내리고 있습니다. 자연은 평등
한데 그 속에 사는 인간은 사회의 복지도 골고루 누려야 할 것이겠지요" 등 내용의
편지를 한 사실이 있다는데 여하(如何).
답: 네. 그런 것을 보낸 일이 있습니다.

문: 그런 것을 쓰게 된 점에 관하여 종전에 여사(如斯) 진술한 것이 있는데 그대로인가
차시(此時) 재판장은 기록 제269정 이면(裏面) 7행부터 동 제177정 이면(裏面) 1행

까지 읽어주다.

답: 네. 그렇습니다.

문: 『사선(死線)을 넘어서』라는 책을 쓴 하천풍언(賀川豊彦)(카가와 도요히코)[112]는 어떠한 사람인지 아는가.

답: 동인(同人)은 인류사회사업가로서 동책(同冊)을 기독교적 생각에서 쓴 것으로 알고 있습니다.

문: 동년 12월 24일 동 이동화에 동 방법으로 "적과 동지의 구별이 가장 필요하고 시급하다". "인간은 언제나 해결할 수 있는 문제만을 문제로 하는 것입니다. 답답한 명제가 아닐 수 없습니다". "푸로 혁명기엔 이론을 캐는 것보다 실천운동에 참가하는 것이 더 뜻있고 즐거운 것이다. 답답한 가슴을 털어놓고 이야기할 곳이 없습니다. 그래서 선생님께 이렇게 가슴에 울분을 호소한 것입니다". "하상조(河上肇)의 자서전을 읽었습니다. 다시 노농당(勞農黨)을 결성하였다가 해체하고 55세나 되어서 공산당원이 되었다. 이것을 나쁘게 말하는 자는 절조(節操)가 없다고 운운하겠으나 이것이야말로 변증법적인 자기발전이 아니겠습니까? 자기주의(自己主義)에 순(殉)할 생각입니다" 등 요지의 내용을 편지로 함으로써, 현 정부를 적(敵)이라고 규정함과 동시에 맑스의 혁명적 문구를 사용하고, 또한 이론보다도 푸로레타리아[113] 혁명을 위한 계급투쟁에 직접 참가하여야 할 것을 역설하고, 다시 하상조가 노령(老令)임에도 불구하고 공산당에 입당(入黨)한 것을 찬양하고 피고인 역시 공산주의를 위하여 헌신할 것을 말함으로써 동 목적 사항을 협의, 선동한 사실이 있다는데 여하(如何).

답: 그저 찬양한 것이지, 제가 공산주의자이기 때문에 그리한 것은 아닙니다.

문: 연이(然而)면 '적과 동지의 구별'이란 말은 무슨 의미인가.

---

112) '가가와 도요히코(賀川豊彦, 1888~1960)'를 말한다. 그는 일본의 기독교 사회주의자로 20세기 성인으로 추앙받은 사람이다. 자전적 소설 『사선(死線)을 넘어』의 출간으로 유명해졌다.

113) '프롤레타리아'를 말한다.

답: 사회민주주의 입장은 공산주의 이념을 극복하고 또 자본주의도 극복해야 할 줄 압니다. 우선 극단적으로 말하자면 6 · 25사변 때 같은 경우는 적(敵)을 공산당 대립한다는 의미로서 쓴 것입니다.

문: 4290(1957)년 2월 상순경 시내 중구 을지로 1가 이하 미상 김달호 변호사 사무실에서 진보당원인 권대복, 동 안준표, 오경세(吳經世), 성명미상자 9명, 도합 13인이 회합하여 진보당 산하 특수 제2선 조직체인 여명회를 구성하고, 동회(同會) 연구위원장에 취임한 사실이 있다는데 여하(如何).

답: 그런 사실이 있는데 동회(同會)는 진보당의 산하 특수 제2선 조직체이거나 비밀써클이 전연 아닙니다. 그리고 제가 동회 연구위원회 위원장이 되었다는 것은 있을 리도 만무하고 그런 사실도 모릅니다.

문: 연이(然而)면 동회(同會)는 무슨 회합인가.

답: 제가 하숙집에 있을 때니까 그 당시 권대복이가 동일(同日) 오후 2시경 을지로 1가에 있는 화랑다방으로 나오라고 해서 나갔더니, 2층 변호사 김달호 씨 사무실에 동인(同人) 등이 모여서 독서연구써클을 하나 만들자고 해서 한 것입니다. 그것은 가톨릭 학생회장인 권대복의 제의가 있어 찬동한 것입니다.

문: 독서써클로서 여하(如何)한 것을 연구키로 하였는가.

답: 그날도 원자력(原子力)의 평화적 방법에의 이용 등에 대한 토론도 있었습니다마는 앞으로 정치, 경제, 사회, 과학, 법률 등에 대한 독서를 해서 연구, 토론해 보자고 한 것입니다.

문: 그래서 동 회합에 몇 번이나 참석하였는가.

답: 그날 토론해보고 난 뒤 동방문화회관에서 공개토론회를 열기로 했다가 강사의 사정으로 여의치 못하고, 그 후 회원들이 대개 졸업하고 군에 나가게 되어 흐지부지 없어진 것으로 되었습니다.

문: 동회(同會)에 회칙(會則) 같은 것이 있는가.

답: 앞으로 좀 발전했으면 있었을 것인데 만들지도 못하고 그리되었습니다.

문: 진보당의 산하 특수 제2선 조직체가 아니었으면 왜 비밀히 하여 등록치를 않았는가.

답: 학생 단체는 학도호국단(學徒護國團)을 제하고는 일체 인정치를 않아서 등록이 안 됩니다.

문: 동년 2월 하순 시내 중구 양동 소재 진보당 중앙당 사무소에서 동 권대복 외 12인이 회합하여 동당 위원장 조봉암으로부터 국제정세라는 제목하에 진보당의 평화통일 노선, 평화적 공존 등에 대한 교양을 받음으로써 동당의 지령으로서 목적하는 사항을 협의하였다는데 여하(如何).

답: 교양 받은 일이 없습니다. 그리고 동소(同所)에서 그와 같이 회합한 일이 전연 없는 것입니다. 나를 진보당과 관련시키느라고 꾸며 놓은 것입니다.

문: 동년 3월 중순 경 피고인 하숙처(下宿處)인 시내 종로구 신문로 2가 115번지 이성우(李聖雨) 가(家)에서 여명회 취지서를 작성하고 기(其) 내용으로서 "현재 민국(民國) 정치는 부패되었다. 이러한 부패된 현 실정을 혁신하고 사회민주주의의 실현을 위한 책임은 학생, 청년들에게 있으니 여기에 뜻있는 학생은 여명회에 모여라"라는 요지로 하여 동회(同會) 회장인 권대복에게 제공하였다는데 여하(如何).

답: 잘 되면 앞으로 취지서 같은 것을 썼을는지 모르나 그런 일이 없습니다. 수사기관에서 억지로 만들라고 하고 혁신정책에 대하여 쓰라고 해서 그가 부르는 대로 쓴 것뿐입니다. 그러니까 허무한 사실입니다.

문: 이것은 피고인이 이동화에게 보낸 편지 내용에 틀림없는가.

차시(此時) 재판장은 기록 제25정 내지 동 제31정까지를 보여주다.

답: 네. 그것을 사본한 것이 틀림없습니다.

문: 동 편지 내용 등으로 봐서 대한민국을 변란시킬 목적으로 북한 괴뢰와 동조하는 사항의 협의, 선전을 한 것은 아닌가.

답: 구절구절에 좀 과격한 데가 있는 것은 사실이지만 제 마음이 불순해서가 아닙니다. 진실로 공산주의 사상을 포지(抱持)하였다면 자기 정체를 숨길 것입니다. 학생 시절의 공연한 정의감과 연구심에 불탄 나머지에서 그런 것이 나온 것이지, 결코 그런 사상이 아니었습니다. 저는 과거 공비(共匪) 토벌을 위시하여 공산당과 싸운 사람이라는 것은 경찰에서 다 아는 터이고 성분이 그럴 사람이 아닙니다.

문: 피고인은 이것을 아는가.
차시(此時) 재판장은 증(証) 제1 내지 4호를 각 제시하다.
답: 증(証) 제1호 소연방(蘇聯邦) 헌법 책은 경북대학 도서관 책을 지난 가을방학 때 공산이론을 극복하려면 먼저 알아야겠기 때문에 읽어보려고 가져왔던 것이고, 증(証) 제2호 사회과학 강좌는 대학 2년 때에 노트한 것이고, 증(証) 제3호 정치학원론은 학생 때의 것이고, 증(証) 제4호 「일반 정세에 대하여」란 논문은 본인은 모르는 것입니다.

재판장은 피고인 윤길중에 대하여
문: 진보당의 창당 과정에 대하여 다시 진술함이 여하(如何).
답: 4288(1955)년 6월경부터 혁신세력 대동운동이 일어나 가지고 윤길중 본인과 이명하, 조규희, 김기철, 최희규, 신도성 등이 본인 자택 또는 김기철 가(家) 등에서 회합하고, 비자유, 비민주의 혁신세력을 규합하여 정당을 만들어 보려고 과거 독립운동 하던 분에서 가장 양심적 존재로 알려지고 있는 조봉암 선생 등을 뫼시고 동년 8월경 광릉회합을 봐서 서상일, 장건상 등 20여 명이 모인 석상(席上)에서 신당(新黨) 조직에 대한 대체 협의가 있은 후, 동년 10월 24일 대관원회합에서 1. 혁신세력의 규합, 2. 정치의 혁신, 계획성 있는 경제 정책 구현, 3. 민주주의 승리하에 평화적 남북통일이라는 3원칙에 입각하여 신당 조직을 위한 발기준비위원회를 구성한 참석한 전원이 준비위원이 되고, 신당명을 민주통일당(民主統一黨)으로 하느냐 하다가 결국 가칭 진보당으로 하자 해서 그리 결정이 되었습니다.

문: 발기취지문과 강령 초안은 언제 하였는가.

답: 제가 그때부터 동 준비위원회 의안부(議案部) 책임자가 되어 진보당 발기준비에 대한 취지문 및 강령 초안을 작성하였습니다.

문: 동 취지문과 강령 초안을 발표한 것은 언제인가.

답: 동년 12월 22일자 추진준비위원 대표인 조봉암, 서상일, 박용희(朴容羲), 신숙(申肅), 남상철(南相喆), 장지필, 정구삼(鄭求參), 김성숙(金成璹), 최익환, 이동하, 박기출 등 11명의 명의로써 진보당의 발기 취지를 발표하였습니다.

문: 그리고 그 후 과정은 여하(如何).

답: 4289(1956)년 1월 12일 시내 중구 양동 34번지에 진보당 임시추진준비위원회를 설치하고, 본인은 동 위원회 선전부 책임자로서 동당 결당 시까지 있었으나, 동 위원회 의안부 책임자로 있던 신도성이 탈당함으로써 본인이 동 의안부 책임을 겸임하였습니다.

문: 신도성이 탈당한 것은 언제인가.

답: 4289(1956)년 9월경입니다.

문: 그리고 가칭 진보당 추진위원 전국대표자대회를 가진 일이 있다는데 여하(如何).

답: 진보당 임시추진준비위원회를 설치하고 그 후 계속 동 추진 운동을 전개한바, 찬동해오는 사람이 많아져서 동년 3월경 시내 종로구 소재 종로예식부에서 대표자대회를 개최하고, 당명은 진보당으로 하고 당헌(黨憲), 선언문, 강령, 정책 및 결당대회를 조속한 시일 내에 결정하기로 했다가 바로 임박한 정부통령선거에 들어가게 된 것이올시다.

문: 처음에 피고인이 작성한 강령 초안과 그때 발표된 강령은 다른 것인가.

답: 처음에 제가 초안한 강령이 4개 항목으로 되어 있는데 그 후 좀 수정해서 5개 항목으로 해서 강령을 하고, 이동화 교수가 작성한 것이 나와 그것을 강령 전문(前文)이라고 해서 발표된 것이올시다.

문: 피고인이 처음 작성한 4개 항목으로 된 강령 초안이란 어떤 것인가.

답: 4288(1955)년 12월 22일 진보당의 발기 취지를 발표할 적에 내놓은 것인데 지금 대체로 기억을 더듬어서 말씀드리자면, 첫째에 우리는 공산당 독재를 반대함은 물론이요, 자본주의의 부패분자도 반대, 배격하고 진정한 민주정치의 실현을 기한다. 둘째에 우리는 생산, 분배의 합리적 계획으로 민족자본의 육성과 농민, 노동자 모든 문화인 및 봉급생활자의 생활권을 확보하여 조국의 부흥·번영을 기하는 경제정책을 세운다. 셋째로 우리는 안으로 민주세력의 대동단결을 추진하고 밖으로 민주우방과 긴밀히 제휴하여 민주세력이 결정적 승리를 기할 수 있는 방식에 의한 조국통일의 실현을 기한다. 등등 지금 순서가 좀 바뀌었지만 또 한 항목과 함께 4항목으로 나왔습니다.

문: 그때 평화적 방식에 의하여 조국 통일을 기한다고 되어 있지 않았는가.

답: 그때 그것을 전제로 해서 썼지만 평화적이란 말을 쓰지는 않았습니다.

문: 동 강령은 주로 피고인이 작성하였는가.

답: 네. 그렇습니다.

문: 각 항목에 있어서 누가 특히 주장한 것은 없는가.

답: 누가 조목조목 주장한 바는 없고, 서상일 씨 같은 분은 강령 문헌이 긴 것을 싫어하고 또박또박 떨어진 것을 바라고, 미리 적어 만들어 놓은 것은 참고하라고 한 일이 있은 정도였습니다.

문: 평화통일의 구절이 나온 것은 어디서부터인가.

답: 대체적으로 무력통일은 불가한 것이라고 알고 그를 원치 않을 것이므로 논의는 안 됐지만 그리되리라는 전제 아래서 표면화되지는 않았었는데, 기초 후 의안위원회에 나와서 평화적이란 구절이 붙게 되었습니다.

문: 그때 서상일, 조봉암 어느 편에서 그것을 주장하였는가.

답: 서상일 씨가 '평화적 통일'이라고 써서 주고 조봉암 씨는 지지하게 어떻게, 어

떻게 하라고 하는 성질이 아닙니다. 기초 후도 조봉암 씨는 그저 잘 되었다고 만 하였습니다.

문: 상(相) 피고인 조봉암이 평화적 통일을 넣으라고 주장해서 그리된 것이 아닌가.
답: 조봉암 씨는 혁명 선배로서 관념적으로만 표현하였을 뿐입니다. 즉, 혁신정당 으로서 나가는 데 있어서, 그리하는 것이 현명하다는 판단이 나오기는 하였 어도 구체적인 말이 없었습니다. 그 당시는 조봉암 씨가 "오히려 그런 입장을 넣지 않는 것이 좋지 않으냐"고까지 하셨습니다.

문: 진보당에서의 평화통일의 주장은 주도적인 착안점이라고 생각하는가.
답: 그저 달관적(達觀的)입니다.

문: 4288(1955)년 12월 22일 발기 취지 및 강령 초안을 발표할 적에 관여한 상(相) 피고 인은 누구누구인가.
답: 저와 조봉암, 박기출 이외에 다른 피고인은 없습니다.

문: 결당 당시 평화통일을 당책(黨策)으로 한 것은 그 전부터의 것인가.
답: 그렇습니다. 평화통일의 구호는 그 전 정부통령선거 때에도 이미 내세웠습 니다.

판사 이병용은 재판장에게 고하고 피고인 윤길중에 대하여
문: 혁신정당의 반대되는 정당은 여하(如何).
답: 자유, 민주 양당이 됩니다.

문: 혁신이란 개념은 여하(如何).
답: 정치에 관하여 부패를 혁신한다는 말입니다. 경제정책에도 그렇습니다.

문: 각 보수정당에서 확고하게 내세우는 통일정책이 있는가.
답: 자유당 정책은 북진통일을 주장하면서도 변영태 외무장관으로 하여금 14개조

평화통일안을 내었으므로 명확치 않고, 민주당에서는 화전(和戰) 양면(兩面)으로 나오고 있는 것입니다.

문: 연이(然而)면 혁신정당으로서는 필연적으로 평화적 통일을 주장하여야 되는 것인가.

답: 논리적 귀결은 아닙니다. 현 정치, 경제를 혁신해 나가야겠다는 마당에서지, 예를 들면 억압하기 위한 수단으로 예산을 경찰의 증원하는 데 집체(集體)시키고 있으니 그 부담도 우리가 하게 된다 하는 형식으로 정치의 혁신을 부르짖는 길 밖에는 다른 논리적인 말은 없는 것과 마찬가지로, 경제정책면으로 말한다 치더라도 공산당과 싸울 적에도 내용적, 실질적 면에서 싸워야 하지, 백만 대군을 만들기 위해 무리하게 돈을 써야겠으니 그것도 혁신하여야 한다. 그렇게 치면 시기적으로 무력적 통일은 안 된다는 것으로 나오니 그것을 다른 데 건설하는 데 써야 하지 않느냐는 이론이 나오니까 필연적으로 수반되는 말이 평화통일이다라고 보고 □□[114] 것입니다.

문: 평화통일은 국시(國是)에 위배 내지 제헌 권력의 창설행위라면 더 나쁜 결과가 되는 것이 아닌가.

답: 민주주의가 결정적 승리를 거둘 때의 말입니다. 그렇기에 이기고 본다는 말입니다. 막말로 북진통일을 한다고 해서 공산당에게 지는 경우라면 어떻게 합니까? 그러면 그것도 말이 안 되는 것인가요? 그러니까 이겨야 하지요.

문: 그렇다면 대한민국의 국헌(國憲)에 의하여 〈헌법〉 수정은 있을지어늘 제헌관념(制憲觀念)은 나오지 않은 것이라고 보는데 여하(如何).

답: 그것은 어디까지나 사실론으로서의 말입니다.

문: 그렇게 되는 경우 평화통일은 국가기관에서 나오고 북진통일도 국가기관에서의 나오는 일인데 대량학살이란 말이 나오는 이유는 여하(如何).

답: 그렇지요. 헌법상 신의도 우리 국토요, 거기서 사는 사람은 우리 국민인 것입

---

114) '있는'으로 보인다.

니다. 그런 관점에서 우리 통치하에 들어와야 할 것이어늘 순 논리적으로는 안 됩니다. 그러므로 국제공법상에 있어서의 이론을 가지고 말하는 것을 막지도 못할 것입니다.

문: 북진통일을 대한민국의 정당한 집단행위라고 볼 수 있지 않는가.

답: 정당한 국가 행동이기는 하겠지만 관념적으로 나와서 안 된다는 것이지, 북진(北進)해서라도 좋은 결과가 나오면야 오죽 좋겠습니까.

문: 피고인은 북한 괴뢰가 평화통일이란 구호를 방송, 기타 방법으로 호소하고 있다는 것은 알았는가.

답: 그렇지만 우리가 말하는 것과 내용이 다릅니다.

검사는 재판장에게 고하고 피고인 이동화에 대하여

문: 진보당 강령 전문 중 (3) 자본주의의 수정과 변혁라[115] 제하(題下)에 "우리는 자본주의 자기수정이 자본주의 세력 자신의 자발적 의사에 기인한 것은 아니고 이를 불가피하게 하는 사회적, 정치적 및 경제적 제(諸) 원인에 유래하는 것임을 명확히 인식하여야 하며, 따라서 우리는 자본주의의 이러한 자기수정적 경향을 과대평가하여서는 아니 된다. 왜냐하면 이러한 과대평가는 우리가 확고하게 지켜 나아가야 할 적극적, 실천적인 주체성의 입장과 배치(背馳)하지 않을 수 없기 때문이다. 자본주의의 지양(止揚)과 민주적 복지사회의 건설은 자본주의의 자기수정적 노력에 의해서가 아니라 근로대중을 대표하는 변혁적, 주체적 세력의 적극적 실천에 의하여 달성되어야 할 것이다. 운운"이라고 되어 있는데 그와 같이 쓴 기억이 있는가.

답: 네. 있습니다.

문: 다시 말해서 "자본주의의 지양(止揚)과 민주적 복지사회의 건설은 자본주의의 자기수정적 노력에 의해서가 아니라 근로대중을 대표하는 변혁적, 주체적 노력의 적극적 실천에 의하여 달성되어야 할 것이다" 운운의 문의(文意)는 대한민국 내에서는

---

[115] 문맥상 '이라는'의 오기로 보인다.

안 된다는 말인가.

답: 자본주의의 수정을 강조해서 말하면 변혁이라고도 할 수 있는 것인데 자발적 수정에로 노력하는 것은 우리 자신이 주체가 되는 것이므로 우리 자신이 그 입장에서 나가야 한다는 것을 강조했을 따름입니다.

문: 연이(然而)면 피고인은 그것이 대한민국의 〈헌법〉 수정에 있다고 보는가.

답: 〈헌법〉을 기초한 분의 한 사람이 이야기하는 것을 들은 일이 있는데 삭제 전의 것은 성격이 사회주의적이었다고 하는 것으로 봐서 그리돼도 좋다고 생각할 수 있습니다.

문: 현 정치제도 그대로 두고라도 자본주의의 지양(止揚)이 될 수 있는가.

답: 선진국의 예로 봐서 점차로 궁극적 면을 타개하여 결국에 가서는 전체 지양이 될 것으로 봅니다. 자본주의 자체가 자기수정적 노력에 있어서 보다 그 주체가 노력하기 위하여 한국의 혁신세력을 자처하는 우리 자신의 집결된 자각적 노력이 있어야 한다고 생각합니다.

문: 피고인은 6·25사변 이후 공산주의자의 정치방법도 수정했다고 보지 않는가.

답: 스탈린이 죽은 후 변화되었다는 보도는 있으나 공산주의의 변화로 보는 것은 부인하겠습니다.

문: 연이(然而)면 극동(極東)에 있어서 평화적 수단을 쓰고 있다는 것을 아는가.

답: 정말로 그리 느낄 수 있는 것까지는 아니라고 생각합니다.

문: 1956년도 제20회 소련공산당 대회에서 행한 후루시쵸프의 연설 내용을 아는가.

답: 그들의 침략 마수(魔手)를 뻗쳐 그들 수중에 넣으려다가 실패에 돌아가니까, 무력적 방법은 당분간 곤란하다는 것을 알고 평화공세로 나오는 것은 당연한 것이 아닌가 합니다.

문: 그것도 세계적화(世界赤化)를 위해서라고 생각하는가.

답: 그것도 그들의 정책의 일부라고 생각하는데 침략에 실패했다고 잠시라도 가만히 있을 수 없으니 무엇이라도 해보자는 의도에서 그것을 가지고 나온 것이라고 생각합니다.

검사는 재판장에게 고하고 피고인 김기철에 대하여

문: 피고인이 작성한 「북한 당국의 평화공세에 대한 진보당의 선언문(초안)」은 진보당의 정강정책으로 봐서 그 정신에 있어서 모순되는 것이라고 생각해 본 일은 없는가.

답: 민주주의의 결정적 승리하에 이루어질 것을 전제로 하여 UN의 권위를 세우고 UN과 제휴해서 하여야 한다는 초점에서이니까 강령과 동떨어져서가 아니라고 생각합니다.

문: 연이(然而)면 피고인은 그것을 어떻게 해야 실천되리라고 생각했는가.

답: 북한 괴뢰집단에서는 신의 없는 평화선전 공세로 나오는 것이라고 생각합니다. 제가 연구한 결과로는 합리성이 결여되어 있습니다. 우리는 공산 측의 주장을 절대 이기는 것 이외는 아무것도 없습니다. 즉, 그들 가장(假裝) 평화공세를 우리 대한민국에서는 북진통일, 북진통일하고 아무 대구가 없으므로 그들은 평화통일이 마치 전매특허나 얻은 듯이 선전, 공세로 나오고 있는 것입니다. 나는 우리 정부에서 유효적정(有效適正)한 정책 수립이 없는 것을 유감으로 생각합니다. 그들은 심리효과를 노리고 있습니다. 대한민국에서 휴전을 받아들이지 않는다고 하면서 결국 휴전을 받아들이지 않을 수 없었던 것과 마찬가지로 평화통일도 수락해야 할 단계에 이르렀을 경우에는 어떻게 하느냐 하는 것을, 즉 거기에 대항할 수 있는 것을 분석해서 내놔야겠다는 정신무장에서 진보당에 내놔본 것입니다. 우리 국법(國法)이 허용하는 한도에서 성과를 거두어 그들의 뿌리를 뺏어 민주주의 승리를 거둘 수 있다는 생각에서 해본 것이지, 안 된다면 한 개의 휴지화(休紙化)로 밖에는 안 되는 것이 아닙니까.

변호인 김춘봉은 재판장에게 고하고 피고인 김기철에 대하여

문: 피고인이 작성한 동 선언문(초안)은 진보당 통일문제연구위원회에서는 물론, 동당

최고간부회의에서 통과, 채택된 일이 없으므로 동안(同案)은 피고인의 사안(私案)에 지나지 않는 것이 아닌가.

답: 그렇습니다. 한 개의 원고(原稿)라고 해도 좋습니다. 저는 김달호·박기출 씨 등이 읽어보지도 않았다는 것은 유감으로 생각합니다.

문: 진보당 통일문제연구위원회는 결의기관이 아니고 어디까지나 연구적 역할밖에는 안 될 것이 아닌가.

답: 연구 자료를 수집해서 학술적으로 검토, 공론(公論)해 가지고 통일방안을 마련해보는 정도로 그친다고 생각합니다.

문: 만약에 동안(同案)이 당 최고간부회의의 통과를 봤다면 어떻게 하겠는가.

답: 신문에 내면 그만입니다. 그래서 때리자는 것입니다. 여론의 압력을 받을 것은 뻔한 일이니 싸움을 붙이는 구실이 될 것이라고 생각했습니다.

변호인 김봉환은 재판장에게 고하고 피고인 김기철에 대하여

문: 피고인이 동 선언문 등을 작성한 목적은 여하(如何).

답: 저는 당에서 울어가면서까지 통일문제를 논의해보자고 한 것입니다. 평화통일이 공산당에게 유리해진다면 어떻게 하느냐 말입니다. 우리가 가만히 앉아 있어 가지고는 그들이 주장하는 가장(假裝) 평화공세를 뿌리 뺄 수가 없다 하는 것입니다. 그들이 주장하는 것과 근본적으로 다른 것이라는 것을 밝히기 위해서입니다.

변호인 임석무는 재판장에게 고하고 피고인 김기철에 대하여

문: 피고인은 동안(同案)대로 실현될 줄 알았는가.

답: 마음의 구실로서 태도를 밝아보자는 것이지, 가능성 여부는 모를 일입니다.

변호인 신태악은 재판장에게 고하고 피고인 김기철에 대하여

문: 만약에 동안(同案)이 실현 가능하게 될 경우에는 국내적인 절차가 따로 결부되야 된다고 생각되는데 여하(如何).

답: 그것은 물론입니다.

재판장은 피고인 김기철에 대하여

문: 피고인은 다른 연구위원에게 동안(同案)을 내놓고 꼭 실현시키자고 하고 내놓은 것
    은 아닌가.

답: 찬동해 주었으면 좋겠지만 곡 실현되리라고는 생각되지 않았습니다.

변호인 김춘봉은 재판장에게 고하고 피고인 조봉암에 대하여

문: 진보당은 당 강령 등으로 봐서 사회민주주의 노선이 아니고 자본주의 수정에 있
    다고 보는데 여하(如何).

답: 사회민주주의 정당이 아닙니다. 그런 말이 없습니다. 강령 그대로 대한민국
    내에 있어서의 보수정당과 대항하는 혁신정당인 것입니다. 물론 자본주의 수
    정을 할 단계에 있다고 말해두는 것이 좋지, 그 목적이 사회민주주의적이다
    운운하는 것은 통틀어서 말하자면 원수(怨讐)의 사회주의가 있어서입니다.

재판장은 피고인 이동화에 대하여

문: 피고인은 기(其) 점을 어떻게 생각하는가.

답: 이론적으로 구분할 경우 같으면 기초 강령이 가장 넓은 의미에서의 민주사회
    주의에 설 수 있다는 것인데, 민주주의가 사회민주주의로 발전한 것을 사회
    적 민주주의라고 했습니다. 제가 생각한 사상적 입장은 독일의 사회민주당
    (社會民主黨)보다 차이가 있다고 보는데 있고, 요점은 수정자본주의와 유기
    적 연결이 되어 있다는 데 있어서 영국의 노동당(勞動黨)이 차기에 새로운 사
    회주의 정책 실시를 공약한 이후의 사조(思潮)로써, 그 의견이 자본주의의 수
    정과 사회민주주의가 일치된다고 봐서입니다.

검사는 재판장에게 고하고 피고인 박기출에 대하여

문: 피고인은 진보당의 정강정책으로 봐서 평화통일의 구체적 방안의 주장은 있을 수
    없다고 생각하는가.

답: 그렇습니다.

문: 피고인은 법으로서 허용하는 경우라면 남북통일 방안에 어떤 구체적인 것이 있다고
   생각하는가.
답: 사상적인 문제를 제쳐놓고 부모, 처자를 만나보고 싶다는 심리에서 가정해보
   면은 북진통일이 있고, 이북도 동등한 취급을 해서 총선거하는 것이 있고, 음
   모와 합병(合倂)을 하는 따위가 있을 것입니다.

   재판장은 금일 공판은 차(此) 정도로 마치고 속행할 것을 고하고 차회 기일은
내(來) 5월 15일 오전 10시로 지정, 고지하고 각 소송관계인의 출석을 명한 후 폐
정하다.

4291(1958)년 5월 8일
서울지방법원 형사 제3부
재판장 판사 유병진
서기 홍사필

[출전 : 15권 3~55쪽]

피고인 조봉암 외 18명에 대한 간첩 및 〈국가보안법〉 위반 등 각 피고사건에 관하여 4291(1958)년 5월 15일 오전 10시 서울지방법원의 공개한 법정에서

재판장 판사 유병진, 판사 이병용, 판사 배기호, 서기 홍사필 열석(列席)

검사 조인구 출석

피고인 등은 신체의 구속을 받음이 없이 출석하다.

변호인 변호사 김춘봉, 동 김봉환, 동 손완민, 동 한격만, 동 최순문, 동 유춘산, 동 임석무, 동 노영빈, 동 전봉덕, 동 조헌식, 동 신태악, 동 이상규, 동 김병희 동 권재찬 각 출석

재판장은 변론을 속행할 것을 고하고 피고인 등에 대하여 종전 공판심리에 관한 주요 사항의 요지를 공판조서에 의하여 고지하니

피고인 등은 순차로 종전 그대로 틀림없다고 진술하다.

재판장은 피고인 윤길중에 대하여
문: 처음에 강령 4개 항목으로 해서 내세운 평화통일이란 것은 추상적인 것인지, 불연 (不然)이면 구체적 방안을 의논해가지고 내세운 것인가.
답: 구체적 방안은 전연 가진 바 없습니다. 대한민국은 UN에 의하여 수립되었으 니까 민주우방과의 긴밀한 협조하에 UN을 통한 민주적이고 평화적인 통일이 이루어져야겠다는 대원칙을 세우고, 그것도 민주주의의 결정적 승리가 이

루어져야 하겠기 때문에 국내 민주세력의 단결이 있어야 한다는 것입니다. 구체안을 세우지 않은 시비(是非)가 있을지 모르나 그것은 정부가 할 외교문제이니 다 세울 수 없는 것입니다. 대개 골자(骨子)만 그렇게 해놓는 것이지, 야당적 입장에서 어떻게 세목(細目)을 낼 수 있습니까. 그것은 상식인 것입니다.

문: 그와 같은 통일정책을 창당 당시 논의하였는가.
답: 그 전인 4288(1955)년 12월 22일 발기취지문과 강령 초안을 발표할 적에 통일정책으로 평화적 통일을 내세우고, 동 4289(1956)년 1월 12일 종로예식부에서 전국추진대표자대회 때 정식으로 평화통일에 대한 항목의 통과를 본 후, 바로 정부통령선거에 들어가게 되어 진보당의 정책 가운데의 통일정책으로서 세워졌습니다. 그 당시 정책에 관한 기초는 의안부장이던 신도성 씨가 작성하였습니다. 그리고는 그 이상 통일정책에 대하여 논의된 바가 없습니다. 따라서 구체적 방안도 나온 일이 없습니다.

문: 피고인은 평화통일이 되야겠다고 생각이 든 것은 언제부터인가.
답: 6 · 25남침으로 말미암아 시달림을 당하고 나서 휴전협정 전에는 압록강 끝까지 쳐들어갔으면 좋겠다고, 즉 그래서 빨리 통일되기를 바랐습니다. 그 후 이 박사의 포로석방은 처음으로 위대한 일을 했다고 생각했습니다. 휴전협정이 성립되고 제네바회의에서 조국통일을 평화적 방법으로 하자는 논의가 되고 UN에서도 그와 같은 논의가 되었을 때부터 그런 생각이 들었습니다.

재판장은 피고인 조봉암, 동 박기출, 동 김달호, 동 조규희, 동 조규택, 동 신창균, 동 김기철, 동 김병휘 등에 대하여
문: 피고인 등은 하시(何時)부터 평화통일이 되야겠다는 신념을 가졌는가.

피고인 조봉암은
답: 휴전 이후 그런 감정이 농후해졌습니다.

피고인 박기출은
답: 상(相) 피고인 윤길중이 진술한 것과 같습니다.

피고인 김달호는
답: 한미방위조약이 체결된 후부터 그런 신념을 갖게 되었습니다.

피고인 조규택, 동 신창균, 동 김기철 등은 순차로
답: 상(相) 피고인 윤길중이 진술한 것과 같습니다.

피고인 조규희, 동 김병휘는 순차로
답: 입당(入黨) 후부터 그런 생각을 가졌습니다.

재판장은 합의한 후, 본건 변론은 4291(1958)년 〈형공(刑公)〉 제1440호 피고인 양이섭에 대한 간첩 피고사건 및 4291(1958)년 4월 8일자로 추가 기소한 피고인 조봉암에 대한 간첩 피고사건 공(共)히 병합하여 심리할 지[116]를 선(宣)하다.

검사는 각기 공소장에 의하여 기소 사실의 요지를 진술하다.

재판장은 피고인 양명산, 동 조봉암에 대하여 본건 피고사건을 고하고 차(此) 사건에 대하여 이익되는 사실을 진술할 수 있으며 또 각개의 신문에 대하여 진술을 거부할 수 있음을 고하니

피고인 등은 순차로 신문에 응하여 사실관계를 순차 진술하겠다고 답하다.

재판장은 피고인 양이섭에 대하여
문: 가족은 여하(如何).
답: 출생지인 이북 평안북도 희천군(熙川郡) 희천면(熙川面) 우라지리(右羅之里)

---

116) '지(旨)'의 의미이다.

에 형 양여섭(梁汝涉) 당 55년, 형수님 등 9명이 거주하고 있으며, 본인의 직계가족으로서 처 이옥실(李玉室) 당 41년, 장녀 양송학(梁松鶴) 당 12년, 차장(次長) 송희(松姬) 당 10년, 이상 3식구가 평북 신의주에 거주하고 있으며, 월남하여 취처(娶妻)한 처 김귀중(金貴重)[117] 당 38년, 의자(義子)[처의 연자(連子)] 정민성(鄭敏盛) 당 18년, 동 정홍성(鄭洪盛) 당 15년 이상 3명이 현 주소지에 거주하고 있습니다.

문: 재산 정도는 여하(如何).

답: 부동산으로 가옥 1동 및 대지 420평, 이상 시가 약 4백만 환 정도이며 동산으로서 약 2백만 환 정도가 있습니다.

문: 생활 정도는 여하(如何).

답: 따라서 중류 정도의 생계는 유지하여 왔습니다.

문: 교육 정도는 여하(如何).

답: 4253(1920)년 3월 25일 평북 희천공립보통학교(熙川公立普通學校) 5년을 졸업하고, 동 4260(1927)년 3월 20일 중국 천진 남개중학교(南開中學校) 3년을 졸업하였습니다.

문: 경력 관계는 여하(如何).

답: 4255(1922)년 7월부터 동 4258(1925)년 9월까지 신의주 우편국 국원(局員)으로 취직하여 근무하고, 동년 추경(秋頃)에 중국 상해로 가서 상해임시정부 산하 『독립신문(獨立新聞)』에 약 5개년 간 종사, 동시에 천진 남계중학을 졸업하고 계속 독립운동에 종사하다가, 4264(1931)년 4월 상해에서 왜경(倭警)에 피검되어 신의주지방법원에서 〈치안유지법〉 위반으로 징역 4년의 언도를 받고 신의주형무소에서 복역하고, 출옥 후 4269(1936)년 5월부터 4273(1940)년 3월까지 만주 통화에서 농장을 경영하고, 동년 4월부터 동 4276(1943)년 3월까

---

117) '김귀동(金貴同)'의 오기이다.

지 중국 천진시 소재 화북교통(華北交通) 주식회사 경무처(警務處)에서 철도 경비 및 보안 업무에 종사하고, 4276(1943)년 4월부터 동시(同市)에서 곡물 위탁판매업을 하던 중, 8·15해방을 맞이하여 귀국하여 신의주에서 건국무역사를 경영 중, 4279(1946)년 8월경 노동당 평양시당 후생사업 조로 대남교역을 하게 되어 인천으로 남하하였다가 인천경찰서에 피검되었으나 바로 석방되고, 다시 미군 CIC에 피검되었다가 역시 석방이 되고 동년 12월경 육로(陸路) 개성을 경유하여 평양으로 가서 다시 신의주로 가 건국무역사를 경영 중, 6·25사변이 발생하여 4283(1950)년 12월 3일 평양을 출발, 남하하여 대구, 부산 등지를 전전하다가 4284(1951)년 4월부터는 속초에서 해물건조업을 경영 중, 4288(1955)년 5월경부터는 미군 첩보기관을 통해 이북을 왕래하는 공작원 김동혁을 알게 되어 동인(同人)을 통해서 괴뢰 내무성 계통 삼육공사 책(責) 김난주의 초청을 받고 이후 내왕(來往)하면서 본건 범행을 하기에 이른 것입니다.

문: 전과(前科) 관계에 대하여는 경력 중에서 진술한 대로인가.
답: 그대로 틀림없습니다.

문: 〈치안유지법〉 위반으로 처벌받은 내용은 여하(如何).
답: 상해에서 『독립신문』에 재정이 빈약해서 경제적 원조를 해줬더니 그것으로 해서 처벌당한 것입니다.

문: 피고인은 과거 좌익사상을 포지(抱持)한 일이 있는가.
답: 이렇다 할 사상을 포지한 일이 없습니다.

문: 피고인은 정치단체에 가입한 일이 없는가.
답: 별로 없습니다. 저는 장사를 주로 해 왔습니다.

문: 해방 전에도 없는가.
답: 임정 산하에 있는 『독립신문』을 경영하는 데 도운 일 밖에는 없습니다.

문: 피고인이 1 · 4후퇴 시 월남하기 전에 북한에서 한 일은 무엇인가.

답: 만주 통화에서 토지개간 사업도 하고 중국어를 하고 중국 사정과 지리에 익숙한 관계로 북한에 식량 기근이 있을 때 물자 교역을 해와 300화차(貨車) 분의 식량 사정이 완화되었습니다.

문: 북한의 괴뢰집단 기관과 같이 한 것인가.

답: 자유로히 무역해 올 수 있었습니다.

문: 그리고 또 무슨 사업을 했는가.

답: 신의주서 물물교환 사업을 했는데 주로 취급한 것은 유류(油類)에서 석유, 화학약품 등이었습니다.

문: 피고인이 월남한 동기에 대하여 종전에 여사(如斯) 진술하였는데 여하(如何).

차시(此時) 재판장은 기록 제186정 3행부터 동 제190정 2행까지 읽어주다.

답: 그와 상위(相違) 없습니다.

문: 금반(今般) 것 이외에 전에 남북교역을 한 경험이 있는가.

답: 해방 이듬해 진남포(鎭南浦)에서 배로 남북교역을 한 일이 있습니다.

문: 그것이 노동당 평양시당 후생사업을 한 것인가.

답: 그때 장사를 여럿이 하였는데 그들이 권리가 있으니까 우리는 돈을 내고 한 것입니다.

문: 결국은 아무나 할 수 없던 것은 사실이 아닌가.

답: 돈 낼 사람은 누구나 할 수 있었습니다.

문: 북에서 가져온 물건은 여하(如何).

답: 목재, 시멘트였습니다.

문: 여기서는 무슨 물건을 가져갔는가.

답: 못 가져갔는데 시세(時勢)에 맞으면 무엇이든지 가져가려고 했습니다.

문: 남하하여 인천에서 피검 당하였는가.

답: 네. 그렇습니다.

문: 어떻게 석방이 되었는가.

답: 조사 후 별것 없으니까 석방했습니다.

문: 또 미군 CIC에 피검되었었는가.

답: 어떻게 내려왔냐고 내력을 묻고 나서 석방했습니다.

문: 피고인은 김동혁을 아는가.

답: 평양에 있을 적에 어느 마작(麻雀)판에서 알게 되었습니다.

문: 그 알게 된 경위에 대하여 종전에 여사(如斯) 진술한 것이 있는데 여하(如何).
차시(此時) 재판장은 기록 제3003정 표면(表面) 말행(末行)부터 동 이면(裏面) 말
행(末行)까지 읽어주다.

답: 그와 상위(相違) 없습니다.

문: 그리고 기외(其外)에는 접촉이 없었던가.

답: 네. 그리고는 본건 관계로 만났습니다.

문: 피고인은 상(相) 피고인 조봉암을 아는가.

답: 네. 잘 압니다.

문: 하시(何時)부터 여하(如何)한 관계로 알고 있는가.

답: 19세 때 상해로 가서 살고 있을 적인데 불란서(佛蘭西) 조계(租界) 안에 우리
3백여 명의 동포가 살고 있었는데 그중에 망명해 온 분으로 알게 되었습니

다. 저는 약 5년 동안 『독립신문』 경영하는 데 종사하였는데 그 후 왜경(倭
警)에 체포되어 신의주에서 징역 4년을 살 적에 마지막 1년 남았을 적에 조봉
암 씨도 투옥되어 와 형무소 감방 내에서 만나 같이 있었던 일도 있습니다.

문: 그 당시 조봉암은 상해에서 무엇을 하였는가.
답: 망명생활을 하였습니다. 제가 육상(陸上)을 좋아했는데 그때 여운형 등과 같
이 운동할 적에도 자주 뵈었습니다.

문: 그러니까 피고인이 조봉암을 안 것은 19세 때부터인가.
답: 그 이듬해인 20세 때 서로 모인 일이 있는데 그때부터 알고 있는 것입니다.

문: 피고인은 4288(1955)년 4월 김동혁의 알선으로 대북 공작원이 된 일이 있는가.
답: 선원 노릇을 했고 김동혁 말이 대북 첩보 공작은 따로 있다고 했습니다.

문: 4288(1955)년 3월 과거 평양에서부터 안면(顏面)이 있었던 남북교역상 김동혁으로
부터 당시 속초에 거주 중이던 피고인은 인편(人便)으로 편지를 받은 사실이 있는
가.
답: 네. 있습니다.

문: 동 편지 내용은 여하(如何).
답: 이북에서 피고인의 처가 왔으니 빨리 상경하라는 지(誌)[118]의 내용이었습니다.

문: 그래서 피고인은 여하(如何)히 하였는가.
답: 그 다음날 서울에 왔습니다.

문: 상경하여 시내 국도극장 부근 모 다방에서 동인(同人)을 만났다는데 그런가.
답: 네. 그렇습니다.

---

[118] '기록할지(誌)'가 아니라 '뜻지(旨)'를 써야 맞다.

문: 만났더니 무엇이라고 하던가.

답: 기실(其實)은 본인의 처가 이북에서 온 것이 아니고 빨리 상경하라고 하기 위해서 그리했다고 하며, 자기는 미군 첩보선을 타고 남북교역을 하고 있는데 이북에 가서 김난주를 만났더니 나를 만나고자 하며 다음 월북 시에는 같이 와달라고 하니 어떠냐고 하고 데려다주마고 했습니다.

문: 그래서 승낙하였는가.

답: 김난주는 대남교역을 하는 삼육공사 책임자로 있는데 장사차 가보자고 해서 그 당시 본인은 재정적으로 곤란을 받아 생활하기에도 어려운 형편이어서 그의 후원을 받아가며 남북교역을 하게 되는 것은 반가운 일이어서 같이 가기로 승낙했습니다.

문: 피고인은 김난주를 어떻게 아는가.

답: 과거 신의주에서 제가 건국무역사를 경영할 당시 그도 역시 만주를 상대로 물자교환 등의 무역상을 하던 사람으로, 그로부터 도움을 받고 또 도와도 주고 하던 관계로 친하게 지내던 사이의 사람입니다.

문: 동인(同人)의 사상관계는 여하(如何).

답: 원래가 선생 하다가 장사하는 사람이라 별 사상은 없을 것입니다.

문: 선일사를 일명 삼육공사라고 한다는데 여하(如何).

답: 저는 삼육공사로만 알았는데 특무대에서 그것이 그것이라는 것이어서 알게 되었습니다.

문: 선일사가 북한 괴뢰집단의 첩보기관이라는데 여하(如何).

답: 저는 개인사업체로 짐작했습니다.

문: 개인 업체로서는 마음대로 남북교역을 할 수 없다는 것으로 봐서 다른 거라고 생각지 않았는가.

답: 처음에는 몰랐습니다.

문: 연이(然而)면 대남공작 사명을 띠고 있다는 데라는 것은 언제 알았는가.
답: 처음에는 모르고 3차에 들어가서 그리 짐작되었습니다.

문: 왜 그리 늦게서야 알게 되었는가.
답: 묻지 않고 있었기 때문입니다.

문: 김동혁이가 왔다 갔다 했다는데 그로부터도 들었을 터인데 여하(如何).
답: 김동혁에게 물으니까 김난주 개인으로서 한다고 했습니다.

문: 피고인은 그래서 그와 같이 믿었다는 말인가.
답: 저는 여기 생각만 하고 그런 줄 알았습니다.

문: 김동혁이 말이 왜 들어 오랜다고 하던가.
답: 자기로부터 제 소식을 듣고 나서 고생하고 있으니 불쌍하다고 하며 보고 싶
   고 또 내 밑천을 대주고 장사를 시키고 싶다고 했다는 것이었습니다.

문: 무슨 장사를 말인가.
답: 이남(以南) 장사이니까 남북교역이지요.

문: 보통 사람 같으면 남북한을 내왕하면서 하는 것이니까 정보기관에서 비밀히 하는
   것이라고 아는 것이 상식인데 여하(如何).
답: 6·25사변 전과 같이 하는 줄 알았습니다. 6·25사변 전에는 그냥 장사만 했
   습니다.

문: 피고인은 속초에서 거주하였는데 속초라면 38경계선으로서 특히 정보관계에 대한
   것은 상식화되었을 터인데 여하(如何).
답: 정말이지 진정으로 나를 위하는가 보다 생각하고 했습니다.

문: 과거 동인(同人)으로부터 어떤 도움을 받았는가.

답: 친한 사람이니까 급한 때는 어떤 것이라도 도움을 받았습니다.

문: 연이(然而)면 피고인은 그저 이익 볼 수 있다는 생각에서 동의했다는 말인가.

답: 네. 그 당시 남의 자본을 얻어서 생선건조업을 할 때라 생활고로 그리 생각하고 할 결심이었습니다.

문: 그때 빠고다공원[119]에서 같이 사진을 찍었다는데 여하(如何).

답: 그런 사실이 있습니다.

문: 왜 사진을 찍었는가.

답: 말로만 하면 서로 만났는지 믿을 수 없을 것이니 서로 같이 찍어다 보이면 반가워하지 않겠는가 해서 그와 같이 하였습니다.

문: 그래 가지고 김동혁이가 이후에 갖다 온 후에 다시 만나 다음번부터 공(共)히 월북키로 상약(相約)하였다는데 여하(如何).

답: 네. 그런 일이 있습니다.

문: 그리고 피고인은 일단 속초로 돌아갔다가 약속한 약 20일 후 다시 상경하여 기간(其間) 북한에 갔다 온 동인(同人)과 상봉하여 비로소 월북키로 하여, 동년 5월 중순경 동인(同人)과 함께 미군 첩보기관 공작 루트로 인천을 출발, 목선(木船)을 해상으로 해서 보음도(甫音島)를 거쳐 약 9시간 후 황해도 연백군(延白郡) 돌개포에 도착하였다는데 그런 사실이 있는가.

답: 네. 그런 사실이 있습니다.

문: 그 당시 김동혁은 미(美) 첩보기관 공작원인가.

답: 네. 그렇습니다.

---

119) 파고다 공원. 현재 서울특별시 종로구에 위치한 '서울 탑골공원'을 지칭한다.

문: 동인(同人)이 그런 사람이라는 것을 언제부터 알았는가.
답: 이번에 만나서 알았습니다.

문: 결국 공작 사명을 띠지 않으면 내왕할 수 없는 것이 아닌가.
답: 배들이 많이 왕래하고 있다고 해서 그런 줄 알았지, 공작 사명을 대어야 한다
　　는 것은 후에 알았습니다.

문: 그렇게 하려면 어느 쪽 공작원이든지 되어야겠는데, 김난주는 이북에 있는 사람이
　　고 하니 북에 이롭게 하겠다는 생각에서 시작한 것이 아닌가.
답: 그렇지 않고 나 개인 장사를 할 수 있다고 믿고 했습니다.

문: 이북에 도착 즉시 동소(同所) 소재 전기(前記) 선일사 직원의 안내로 동 숙사(宿舍)
　　에서 체류 중, 약 3일 후 동사원(同社員) 황모(黃某)의 다시 약 50미돌(米突)[120] 상
　　거(相距)된 별도 숙소로 가서 동소(同所)에 대기 중이던 김난주를 만났다는데 여하
　　(如何).
답: 네. 그런 사실이 있습니다.

문: 그래 가지고 기간(其間)의 소식을 주고받으며 약 1시간 20분 동안 잡담을 하다가
　　다시 동인(同人)의 안내로 동소(同所) 별도 방에서 대기 중이던 박일영(44~5세가
　　량)을 만나게 되었다는데 여하(如何).
답: 네. 그렇습니다.

문: 박일영은 전부터 아는 사람인가.
답: 제가 신의주에 있을 적부터 잘 알던 사람입니다.

문: 동인(同人)을 알게 된 경위에 대하여는 종전에 여사(如斯) 진술한 것이 있는데 여하
　　(如何).

---

[120] '미터(meter)'를 의미한다.

차시(此時) 재판장은 기록 제3008정 이면(裏面) 4행부터 동 제3009정 표면(表面) 6행까지 읽어주다.

답: 네. 대략 그렇게 됩니다.

문: 당시 피고인은 동인(同人)으로부터의 질문에 대하여 1·4후퇴 시 신병(身病)으로 인하여 월남하게 되었으며 남한도 많이 복구되었다고 했는가.

답: 그가 만나고 싶었느라고 하며 눈물을 흘려가며 친한 처지로서 물었습니다. 그래서 서로 그런 말이 있었습니다.

문: 그리고 근간(近間) 조봉암을 만난 일이 없느냐고 묻던가.

답: 네. 물었습니다.

문: 박일영은 조봉암을 아는 사람인가.

답: 신의주 있을 적에 제가 조봉암을 안다는 것을 알았으니까 물은 것입니다.

문: 그런 말을 묻는 것은 무슨 이유가 있는가.

답: 이야기가 기르니까 그런 말이 나온 것 같습니다.

문: 그래서 만난 일은 없으나 지상(紙上)을 통해서 본즉 서울에서 정당운동을 하는 것 같다고 했는가.

답: 네. 그렇습니다.

문: 그 당시 조봉암을 만나지 못하였던가.

답: 네. 그렇습니다.

문: 그리고 남북교역 관계에 대하여는 무엇이라고 하던가.

답: 박일영 말이 장사 잘하는 모양인데 시켜보라고 김난주 보고 권하더군요.

문: 물자 취급은 어떤 것을 하라고 하던가.

답: 지금까지 하던 그런 물자를 해보라고 김난주가 말했습니다.

문: 그리고 지금은 어떻게 한다고 하던가.
답: 제가 돈이 없으니까 그가 댄다고 했습니다.

문: 그렇게까지 해준다면 피고인을 이용하는 것이라고 생각지 않았는가.
답: 눈치 못 챘습니다. 그가 다른 것을 비치지 않았으니까 몰랐습니다.

문: 그 당시 박일영은 무엇하던 사람인가.
답: 의심 받을까봐 묻지 아니하였습니다.

문: 오랜만이니까 묻는 것이 오히려 낫을 터인데 여하(如何).
답: 그저 안부 정도 묻고 반갑다고 했습니다. 제가 이북 사정 아니까 묻지 않았습니다.

문: 박일영은 그 당시 노동당 중앙당 정보위원회 부위원장이라는데 여하(如何).
답: 그때는 물어보지도 않고 동인(同人)이 말하지도 않았습니다. 나중에 한광이란 사람한테서 그렇다는 말을 들었습니다.

문: 동인(同人)은 북한의 복구상(復舊相)을 말함과 동시에 앞으로 김난주와 같이 남북 교역 사업을 하라, 상사(商社)는 돌개포 소재 삼육공사로 하고 남북으로부터의 물자는 신문, 잡지 같은 위험한 것은 피하고 시계, 의약품, 라디오, 가방, 우의, 내의 등으로 하고, 북한에서의 대상물자(對象物資)는 모루히네 등 마약(痲藥)과 한약재(漢藥材)로 하라, 지금도 북한에서 선대(先貸)하겠다고 하며 장차 간첩 사명이 부하(負荷)될 것을 확정적으로 예기(豫期)하면서 동 지령 사항을 수행할 것을 승낙하고, 동경(同頃) 교역비조로 모루히네 2천(瓩) 시가 금 250만 환 상당을 가지고 김동혁과 동일 루트로 월남하였다는데 여하(如何).
답: 네. 그런 사실이 있습니다.

문: 모루히네의 처분 관계는 여하(如何).

답: 저는 생소하기 때문에 김동혁이가 250만 환에 처분하여 가지고 다시 들어가는 데 썼습니다.

문: 동년 6월 중순경 약 200만 환의 의약품 등 물자를 구입한 후 김동혁과 함께 동 루트로 월북하였다는데 그런 사실이 있는가.

답: 네. 그런 사실이 있습니다.

문: 동 돌개포 숙소에서 평양으로부터 내포(來浦)한 김난주 및 박일영과 만나 박(朴)으로부터 조봉암의 동태를 물음에 잘 알아보지 못하였다고 한 일이 있는가.

답: 지금 생각에는 3차에 들어갔을 적에 그런 말이 있었는가 봅니다.

문: 연이(然而)나 피고인은 기(其) 점에 대하여 여사(如斯) 진술하였는데 여하(如何).

차시(此時) 재판장은 기록 제3013정 이면(裏面) 9행부터 동 제3015정 표면(表面) 4행까지 읽어주다.

답: 검사에게도 2차 진술이 그렇게 되어 있는데 3차 때 그런 말이 있었던가 봅니다. 박일영 말이 그때 해주, 개성 등지를 가는 길인데 마침 잘 왔다고 하며 만나 약 3~4시간 동안 이야기가 있었는데 그때는 별말 없고 장사 잘되겠는가, 남들은 잘 안 되겠다는데 하는 정도의 말이 있었을 뿐입니다.

문: 박(朴)으로부터 조봉암이가 신당운동을 하고 있는 모양인데 그 내용과 사생활 내용을 될 수 있으면 자세히 알아 다음 월북 시에 보고하라는 지령을 받은 사실이 있다는데 그것이 3차라고 기억된다는 것인가.

답: 그렇습니다. 지금 오래된 일이라 뚜렷이 기억나지 않으나 그런가 봅니다.

문: 그리고 수일(數日) 후 한약재 약 300만 환의 물자 가지고 월남하였다는데 여하(如何).

답: 네. 그런 사실이 있습니다.

문: 300만 환이란 팔으니까 그렇다는 것인가.

답: 네. 여기 시세(時勢)에 판매된 금액입니다.

문: 동년 7월경 의약품 등 약 300만 환의 물자를 가지고 전술(前述) 동양(同樣)으로 월북하여 전동(前同) 장소에서 박일영을 만난 사실이 있는가.

답: 네. 그런 사실이 있습니다.

문: 동인(同人)을 만나 동인(同人)에게 기간(其間) 전화번호부를 보고 알아두었던 조봉암의 주소와 전화번호 및 지상(紙上)으로 알았던 조봉암이가 민주당 합당 운동에서 탈퇴하고 신당 조직을 하고 있다는 등의 보고를 하자, 동인(同人)으로부터 좀 더 자세한 것을 알아 오라고 했다는데 여하(如何).

답: 그런 사실이 있습니다.

문: 그러니까 2차 때 알아 오라는 지령에 의하여 3차 때 그에 대한 대답을 하였을 것이 아닌가.

답: 그런 말이 있었던 것은 사실인데 2차 때 아마 조봉암의 동태를 물음에 지상(紙上)으로 알았던 것으로 조봉암이가 민주당 합당운동에서 탈퇴하고 신당 조직을 하고 있다는 정도로 말하니 그 다음에 좀 자세히 알아 오라고 한 것 같습니다. 그러니까 2~3차에 좀 바뀐 것이 있습니다.

문: 그리고 서상일과 합작한다는 말이 있는데 기(其) 경위 내용 등을 자세히 알아 오라고 지령함과 동시에 조봉암과 직접 만날 수 있는가라는 말에 만날 수 있다는 말을 교환한 사실이 있다는데 여하(如何).

답: 네. 그런 말이 나왔습니다.

문: 그 수일(數日) 후 월남하였는가.

답: 네. 역(亦) 동일한 방법으로 월남하였습니다.

문: 월남 후 김동혁이가 마약법 위반 관계로 경찰에 구속되었다는데 그런가.

답: 그런 일이 있습니다.

문: 그래서 새로운 월북 루트를 포착코저 노력하였다는데 여하(如何).
답: 장사를 좀 했지만 돈도 못 벌고 그렇게 되어 다시 좀 벌어보려고 월북 루트를
　　알아 봤습니다.

문: 그러던 중 과거 미군 첩보기관에 종사한 사실이 있는 엄숙진의 알선으로 인천 소재
　　육군 HID 첩보선을 이용하게 되었다는데 여하(如何).
답: 그런 사실이 있습니다.

문: 그 과정에 대하여 종전에 검찰에서 여사(如斯) 진술하였는데 여하(如何).
차시(此時) 재판장은 기록 제3017정 이면(裏面) 9행부터 동 제3019정 표면(表面)
3행까지 읽어주다.
답: 그와 상위(相違) 없습니다.

문: 그와 같이 선(線)을 터 가지고 4290(1957)년 2월 페니시링, 시계 등 약 100여 만 환
　　의 물자를 가지고 동인(同人)의 안내로 서해안 휴전선 루트로 입북(入北), 돌개포에
　　도착하였다는데 여하(如何).
답: 그런 사실이 있습니다.

문: 그렇게 하여 도착한 후 삼육공사원의 연락으로 동소(同所)에서 3일 후 전기(前記)
　　박일영과 상봉하여 기간(其間) 김동혁의 사고로 오지 못했다는 말과 조봉암이가 진
　　보당 창당추진준비위원회를 조직하여 활약하고 있다는 말을 했는가.
답: 네. 그런 말을 했습니다.

문: 창당 추진을 하고 있다는 사실은 어떻게 알았는가.
답: 신문을 통해서 안 것입니다.

문: 그렇게 말하자 동인(同人)은 금차(今次) 월남하면은 조봉암을 만나 북에서는 과거

조봉암을 나쁘게 생각하여 왔었는데, 박헌영사건이 일어났을 때 박헌영 자신이 조봉암을 출당시킨 것은 자기의 잘못이었음을 고백하였고 현재 북에서는 조봉암과 합작할 용의를 가지고 있다는 말을 하던가.

답: 네. 그런 말이 있었습니다.

문: 합작이란 말이 무슨 말인가.

답: 저는 따져본 일이 없습니다. 가서 그리 말하라고 해서 저는 돈벌이 하는 사람이니까 그저 그런 말을 듣기만 했습니다.

문: 피고인은 그 말이 무슨 말로 들었는가.

답: 같이 연락 짓자는 말로 들었습니다.

문: 정치적으로 우리 대한민국에 어떻게 되리라는 생각이 없었는가.

답: 그런 것 생각지 않았습니다.

문: 대한민국 정부를 전복시키겠다는 생각에서라고 보지 않았는가.

답: 제가 조봉암이 그 후 어떻게 되었는지 아느냐고 물으니까 박(朴) 말이 사회민주주의 사상을 가지고 있다고 하며, 왜놈 때는 공산당과 독립운동을 하던 사람이 다 합치지 않았느냐고 했습니다. 그런 말은 들었어도 대한민국을 전복시키겠다는 생각에서인지 그것은 모릅니다.

문: 과거 출당시킨 사람이지만 남아있으니까 합작하려는 것은 아닌가.

답: 공산당 아니고 사회민주주의이니까 이용하려 덤비지 않나 했습니다.

문: 박일영이 자신의 인물을 조봉암에게 소개하고 평화통일이라는 공동목표 밑에서 합작하라는 말을 전해주라고 하던가.

답: 그런 일이 있습니다.

문: 평화통일이란 어떤 것이라고 하던가.

답: 평화통일에 대한 구체적인 이야기는 없고 다만 가서 그쪽에서 평화통일에 대한 것을 많이 추진시키라는 것입니다. 박일영이 쪽에서 벌써 진보당의 평화통일이 나와 있는 것을 다 알고 있었습니다.

문: 그리고 또 5·15정부통령선거 시 대통령으로 입후보하면 북에서 재정적으로 후원하겠으니 그 말을 전하라는 지령을 받은 사실이 있는가.
답: 네. 그런 사실이 있습니다.

문: 피고인이 그런 말을 듣고 박일영이 어떤 사람이라는 것을 알았는가.
답: 3차 때 정치성(政治性)을 띠고 있다는 것을 짐작하고, 4차에 들어가서는 완전히 알았습니다.

문: 그 당시 별도로 삼육공사 돌개포 책임자 한광으로부터 박일영은 노동당 중앙위원으로서 동당 중앙당 직속으로 정보위원회가 있는데, 동 위원장이 김일성이고 부위원장이 박일영으로서 그 위치가 부상급(副相級)이라는 말을 들었다는데 그런가.
답: 네. 그래서 진짜로 알았습니다.

문: 그러니까 계급이 높고 중직(重職)에 있다는 것을 알았는가.
답: 그렇습니다.

문: 그 후 동경(同頃) 모루히네 2천(瓩) 및 인삼(人蔘) 등 300여 만 환의 물자를 가지고 남하(南下)하였다는데 여하(如何).
답: 네. 그런 사실이 있습니다.

문: 월남한 연후 동년 3월 10일경 전화 연락으로 조봉암과 시내 중구 퇴계로 소재 로타리에서 동일(同日) 오후 6시경 동인(同人)과 함께 남산동 소재 모(某) 무허가 음식점에서 회합한 사실이 있다는데 여하(如何).
답: 네. 그런 사실이 있습니다.

재판장은 피고인 조봉암에 대하여

문: 그런 사실이 있는가.

답: 네. 있습니다.

재판장은 피고인 양명섭[121]에 대하여

문: 그래 가지고 우선 오래간만에 만난 인사 교환을 하고 연후 피차(彼此) 어떤 과오가 있더라도 고발할 처지가 아닐 것이니 말하겠다고 전제한 다음, 기실(其實)은 기(其) 동안 남북교역을 하여 돈을 좀 벌었고 또 북에서 노동당 중앙위원 겸 중앙당 정보위원회 부위원장으로 있으며 내무성 제1부상으로 있었던 박일영이라는 사람을 만났는데, 그 사람이 말하기를 과거 조봉암을 나쁘게 생각하였는데 박헌영 반동(反動)을 처결하였을 시, 동인(同人)이 조봉암에 대한 출당 처사는 자기 자신 과오였다는 것을 시인하였고, 다시 북과 조봉암은 평화통일이라는 같은 목표이니 합작하라고 한다, 박헌영사건 이후 북에서는 조봉암에게 대단히 호감을 가지고 있으니 여하간 합작하라고 한다, 그리고 또 5·15정부통령선거 시 대통령으로 출마하면 북에서 재정적으로 후원하겠으니 그 말을 전달해 달라고 하더라는 말을 전언(傳言)한즉, 조봉암은 긴장된 얼굴로 약 30분간 침묵을 지키다가 김(金)(양이섭을 가리킴)이 돈을 벌었거든 개인적으로 원조해 달라고 말하였다는데 그런 사실이 있는가.

답: 문구가 바로 그랬는지는 모르나 그와 같은 내용의 의사 연락이 있었던 것은 사실입니다.

재판장은 피고인 조봉암에 대하여

문: 그와 같은 사실이 있는가.

답: 전연 그런 사실이 없습니다.

문: 연이(然而)면 그 당시 어떤 말이 있었는가.

답: 밥 먹고 농담하고 진보당 이야기한 것밖에는 없습니다. 지금 말 들어보니 간첩 같은데 그 당시 전연 그런 말이 없었습니다.

---

121) '양이섭'을 가리킨다.

답: 저하고 그렇게 만나도 평화통일에 대한 이야기 한 번 절대로 한 일이 없습니다. 그토록 정치에 대한 관심이 없는 사람인데 또 돈에 대하여도 큰 욕심이 없고 친구에게 생기면 쓰곤 합니다. 자기 말이 친구 조봉암이 대통령선거에 성공하면 자기는 고아원(孤兒院)이나 하나 하면서 지내겠다고 했습니다.

재판장은 피고인 양이섭에 대하여
문: 상(相) 피고인이 조봉암의 진술은 어떤가.
답: 대강 그와 비슷합니다.

문: 돈거래에 대한 점도 그런가.
답: 4288(1955)년 그때는 돈 드린 일이 없는 것 같습니다.

차시(此時) 재판장은 양(兩) 피고인에게 그 점에 대하여 대질(對質)시키니

피고인 조봉암은
답: 저는 4288(1955)년 하경(夏頃) 이후, 즉 진보당 추진위원회 때에 그와 같은 거래가 있은 기억이 있습니다.

피고인 양이섭은
답: 4288(1955)년에는 확실치 않습니다. 그때 그런 일이 있은 생각이 나지 않습니다. 좀 생각해 봐야 알겠습니다.

재판장은 피고인 양이섭에 대하여
문: 조봉암에게 대통령이 되라고까지 한 일이 있는가.
답: 인간적으로 친하니 잘 되기 바라서 그와 같이 말한 일이 있습니다. 저는 그와 인간적으로 좋은 사이였지, 제가 정치적 관심이 있어서는 아니었습니다.

재판장은 피고인 조봉암에 대하여
문: 동일(同日) 양이섭을 만나게 된 과정을 다시 진술함이 여하(如何).

답: 동일(同日) 양이섭으로부터 전화가 왔길래 "요새 어디 갔었느냐"고 묻고, 늘 말하듯이 그날도 "돈 좀 만들었소" 했더니, "좀 만날 수 없냐"고 하기에 "지금 어디 있소, 좋은 일이 있소"하니, "로타리에서 기대리겠다"고 하여 제가 차를 타고 가서 만나 남산 집에 가서 저녁 먹고 그 자리에서 "어디 갔었느냐"고 물으니까, "무역 갔다 왔다"고 하여 돈 잘 벌어지냐고 농담했던 정도지, 전연 그런 소리는 없었고 약 30분간 제가 침묵을 지켰다는 것은 전연 없는 일입니다.

문: 동인(同人)은 그와 같이 친분이 있는 사이인데 왜 그리 진술하는 것인가.
답: 그분은 좋은 사람인데 어째서 헛되고 염체없는 소리를 하는지 알 수 없습니다. 그러니까 그 점을 재판장께서 밝혀주셔야 하겠습니다.

재판장은 피고인 양이섭에 대하여
문: 왜 하필이면 길에서 만나기로 했는가.
답: 차 타고 간다고 해서 길가에서 만나기로 했습니다.

문: 일반 사람, 특히 점잖은 사람들은 다방 같은 곳을 만나는 장소로 택하는 것인데 여하(如何).
답: 차 타고서 만나기로 해서 그렇습니다. 그리고 조용한 데서 만나기 위해서입니다.

재판장은 피고인 조봉암에 대하여
문: 피고인은 기(其) 점에 대하여 어떠한가.
답: 그는 처음부터 그런 짓을 하려고 그랬는지는 모르겠으나 저는 원래가 다방에 잘 안 가는 사람이고, 차가 있으니까 대개 길에서 만나 갈 곳으로 가곤 합니다.

재판장은 피고인 양이섭에 대하여
문: 상(相) 피고인이 조봉암에게 그렇게 말하니 30분 동안 침묵을 지키더니 개인적으로 원조해 달라고 하던가.

답: 네. 그랬습니다.

문: 왜 30분 동안 침묵을 지켰는지 그 점을 아는가.
답: 딴 이유는 모르겠으나 개인적으로 원조해 달라고 했습니다.

재판장은 피고인 조봉암에 대하여

문: 상(相) 피고인 양이섭은 그와 같이 진술하는데 여하(如何).
답: 나는 탁 털어놓고 돈 좀 벌었으면 쪼개 내라고 했지, 30분 동안 침묵을 지킨 일도 없고 그런 연극을 들은 바도 없습니다.

재판장은 피고인 양이섭에 대하여

문: 동년 3월 하순경 의약품 100여만 환의 물자를 가지고 전기(前記) 육군 HID 루트로 월북하여 돌개포에서 박일영과 만난 사실이 있는가.
답: 네. 그런 사실이 있습니다.

문: 그래서 전기(前記) 4차 조봉암과의 회합 내용을 말하고, 진보당에서 정부통령선거위원회를 구성하고 평화통일 및 피해대중(被害大衆)은 단결하라는 등의 구호를 내세우고 있다고 말한 일이 있는가.
답: 네. 있습니다.

문: 조봉암이가 진보당에서 정부통령선거위원회를 구성하고 평화통일 및 피해 대중은 단결하라는 구호를 내세웠다고 전하라고 하던가.
답: 조봉암의 말을 듣고 전한 것은 아니고 제가 아는 것을 가서 말했을 따름입니다.

문: 그러니까 오래간만에 만났으니 경계할 것이라고 말한 다음 진보당에서 평화통일을 내세웠으니 대단히 반갑다. 평화통일이란 북에서도 부르고 있는 것이다. 앞으로 평화통일을 널리 선전하여 일반대중에게 주입시키도록 하라고 하던가.
답: 네. 대개 그런 내용의 말이 있었습니다.

문: 평화통일이란 어떻게 하는 것이라고 하던가.

답: 이북 사람들은 평화통일이란 말을 누구에게나 하는 것입니다.

문: 연이(然而)면 구체적인 말을 하지 않던가.

답: 방법 설명은 없고 그냥 "평화통일, 평화통일"합니다.

문: 그리고 현 남한 정세로 봐서 조봉암이 대통령으로 당선될 것 같지 않으나 그의 정치투쟁을 강화하는 데 그 가치가 있으며, 그에 대한 선거자금을 북에서도 원조하겠으니 그 취지를 전하라는 지령이 있었는가.

답: 네. 그런 사실이 있습니다.

문: 그리고 수일 후 한약재 약 350만 환의 물자를 가지고 월남하였는가.

답: 네. 그런 사실이 있습니다.

문: 그 후 동년 4월 전기(前記) 남산 집에서 조봉암과 밀회하여 동 박일영의 말을 전달하자, 조(曺)는 웃으면서 김(金)(피고인을 말함)이 돈을 벌었다면 원조해 달라는데 왜 다른 소리를 하느냐고 하면서 완전 내락(內諾)하므로, 선거자금이 얼마나 드는가 하고 물으니 약 2억 환 정도 있으면 충분하다고 함으로 북에서 원조하겠다고 하니, 그 말을 박일영에게 전달하겠다고 상약(相約)한 일이 있다는데 여하(如何).

답: 네. 그런 뜻의 말을 주고받고 한 사실이 있습니다.

문: 조봉암은 웃으면서 김(金)이 돈을 벌었다면 원조해 달라는데 왜 다른 소리를 하는가 하면서 완전 내락(內諾)하였다는 것은 그런 돈을 주면 받겠다는 것인가.

답: 네. 그렇습니다.

문: 결국 선거자금을 북에서 담당하라고 하는 것인가.

답: 조(曺) 심정 알 도리 없으나 주면 받겠다는 정도입니다.

문: 그것은 피고인의 추측으로 하는 말인가.

답: 그 돈을 받아썼다고 하면 복잡해질 것이니까 직접 쓰지 않겠다는 말로 알고 있습니다.

문: 연이(然而)면 동인(同人)이 그런 돈을 받을 용의가 있다고 하던가.
답: 그런 말은 없었는데 제 혼자 그리 생각했습니다.

재판장은 피고인 조봉암에 대하여
문: 그런 전달을 받은 사실이 있는가.
답: 전연 없습니다.

문: 연이(然而)면 선거자금 이야기를 한 일이 있는가.
답: 그때라면 선거 때이니까 이야기했을 것입니다. 내가 선거비용을 내겠다고 한 것이 200만 환이니까 그것을 마련하기 위해서라도 부탁하는 말을 했을 것입니다. 그리고 선거운동을 하자면 비용이 2억 환가량은 들 것이라고 말했던 것이지, 구체적인 말은 없었습니다. 저는 어느 때나 돈이 좀 됐으면 내라고 하는 식으로 단도직입적으로 말합니다.

재판장은 피고인 양이섭에 대하여
문: 2억 환 돈을 북에서 원조하도록 해보겠다고 하였는가.
답: 가서 그리 말해서 하도록 해보겠다고 했지요.

문: 어느 정도 하겠다고는 말한 일이 없는가.
답: 없습니다. 그저 추상적으로 말했을 뿐입니다.

문: 동년 4월 시계, 의약품 등 160만 환의 물자를 가지고 월북하여 돌개포에서 박일영과 만나, 전기(前記) 조봉암과의 회합 내용을 말하고 동인(同人)이 합작을 응낙하였다는 것을 전달한 일이 있는가.
답: 네. 그런 사실이 있습니다.

문: 그러니까 전번(前番)과 여(如)히 현 남한 정세로 보아 당선은 기대키 어려우나 정치 경험을 체득키 위하여 선거운동을 강력히 추진하고 평화통일을 적극적으로 선전토록 하라, 금반(今般) 월남하면 동 선거자금의 일부로 금 500만 환을 선대(先貸) 형식으로 조봉암에게 전달하고 그의 승리를 빈다는 말을 전하라는 지령을 받았다는데 여하(如何).

답: 네. 그런 사실이 있습니다. 동 선거에 성공은 보지 못할 것이지만 정치투쟁이니까 500만 환을 주겠는데, 우선 제 물자 판돈에서 선대해주면 다음번에 주겠다고 했습니다.

문: 그래서 동경(同頃) 약 600만 환의 한약재를 가지고 월남한 후 전화 연락으로 을지로 소재 중국요리점 아서원에서 조봉암과 밀회하여, 동 박일영의 말을 전달함과 동시에 동 물자가 처분되는 대로 500만 환을 주겠다고 하니 동인(同人)은 고맙다고 하면서 돈이 급하니 빨리 달라고 독촉하였다는데 그런 사실이 있는가.

답: 네. 그런 사실이 있습니다.

문(問): 누가 그리 장소를 정하였는가.

답: 제가 전화 연락을 하니까 그리 오라고 조봉암 씨가 말했습니다.

재판장은 피고인 조봉암에 대하여

문: 아서원에서 만나 그와 같은 일이 있었는가.

답: 전연 없는 사실이올시다. 만날 장소를 아서원으로 한 것은 그가 술을 잘 못해서 그리했던 것이며, 그때 만나서 선거 때는 임박했는데 나도 2백만 환은 준비해 내기로 하였는데 김 사장이 구해달라고 하는 정도의 말이 있었을 뿐입니다.

재판장은 피고인 양이섭에 대하여

문: 그리 독촉하므로 그 약 1주일 후 한약재를 처분한 대금(代金)의 일부인 액면 130만 환의 보증수표 1매를 시내 양동 소재 진보당 사무실 근처에서 조봉암에게 직접 전달한 사실이 있다는데 여하(如何).

답: 네. 그런 사실이 있습니다.

재판장은 피고인 조봉암에 대하여

문: 그와 같이 130만 환의 보증수표 1매를 받은 사실이 있는가.

답: 그때 돈을 받은 것만은 사실인데 돈 액수가 틀립니다. 저는 30만 환만 받았습니다. 그 자리에서는 모르고 나중에 보니까 30만 환밖에는 되지 않아서, 적어도 200만 환은 필요하다고 했는데 이것밖에는 되지 않았는가 하고 후에 만났을 때 불평을 말한 일도 있습니다.

재판장은 피고인 양이섭에 대하여

문: 기(其) 2~3일 후 전화 연락으로 태평로 노상에서 찦차를 타고 온 동인(同人)과 만나 찦차 내에서 총액 70만 환의 보증수표 3매를 직접 교부한 사실이 있는가.

답: 네. 그런 사실이 있습니다.

재판장은 피고인 조봉암에 대하여

문: 그런 사실이 있는가.

답: 그것은 모르겠습니다. 지금 기억에 없습니다.

재판장은 피고인 양이섭에 대하여

문: 동경(同頃) 아서원에서 총액 230만 환을 보증수표 2매 내지 3매로 하여 직접 수교(手交)한 사실이 있다는데 여하(如何).

답: 네. 그런 사실이 있습니다.

재판장은 피고인 조봉암에 대하여

문: 피고인은 그와 같은 사실이 있는가.

답: 전연 없습니다.

재판장은 피고인 양이섭에 대하여

문: 그리고 기(其) 약 1주일 후인 동년 5월 12~3일경 조봉암의 사자(使者)로 온 그의 생

(甥) 조규진을 시내 사직공원에서 만나 현찰 70만 환을 전달한 사실이 있다는데 여하(如何).

답: 네. 그와 같은 사실이 있습니다.

재판장은 피고인 조봉암에 대하여

문: 그와 같은 사실이 있는가.

답: 있습니다. 30만 환을 보내온 후, 제가 불평을 말하고 난 뒤 김 사장을 못 만나고 있다가 선거가 끝난 다음에 생아(甥兒) 규진(圭鎭)이를 통해 70만 환을 보내와 받은 사실이 있습니다.

재판장은 피고인 양이섭에 대하여

문: 그와 같이 전달함으로써 도합 500만 환 전부가 전달된 것인가.

답: 네. 그렇습니다.

재판장은 피고인 조봉암에 대하여

문: 상(相) 피고인 양이섭은 500만 환을 전달하였다고 진술하는데 여하(如何).

답: 본인은 30만 환과 70만 환은 확실히 기억하고 있으나 다른 것은 기억에 없습니다.

재판장은 피고인 양이섭에 대하여

문: 5 · 15선거가 끝난 후 동년 6월 하순경 의약품 등 100여만 환의 물자를 가지고 월북, 돌개포에서 박일영과 만나 동인(同人)에게 500만 환을 전달하였다. 선거 결과는 신익희 씨가 사망한 관계로 동정표를 다수 획득하여 약 200만 표를 얻었다. 창당추진운동에 있어 조봉암이가 서상일파와 대립하여 알력을 일으키고 있다 등의 보고를 한 사실이 있다는데 여하(如何).

답: 네. 그런 사실이 있습니다.

문: 그와 같은 사실은 어디서 알았는가.

답: 신문을 봐서 안 것입니다.

문: 그와 같이 보고하자 동인(同人)은 이제는 선거도 끝났으니 창당을 빨리 하도록 하자, 정당으로서 기관지가 필요하니 일간신문사 판권을 속히 얻도록 하여 평화통일 노선을 적극 선전, 추진토록 하라, 그의 운영자금은 전적으로 원조하겠으니 전언(傳言)하라는 지령을 받은 사실이 있는가.

답: 네. 그와 같은 사실이 있습니다.

문: 신문 말은 어떻게 해서 나왔는가.

답: 자기네들이 먼저 정당으로서는 기관지가 하나 있어야 하니까 일간신문사의 판권 얻어야 된다고 호의적으로 말하였습니다.

문: 조봉암이가 그와 같은 요청을 해서가 아닌가.

답: 아닙니다. 저이들이 협조해주는 입장에서 그와 같은 말을 한 것으로 압니다.

문: 조봉암이 요청도 있는데 자발적으로 하더라는 말인가.

답: 그렇습니다. 저는 전하라는 말만 들었지, 그들의 심리상태는 모릅니다.

문: 그래 가지고 동경(同頃) 월남하여 주로 전기(前記) 아서원에서 수차 조봉암과 만난 후, 동인(同人)에게 전기(前記) 박일영의 지령을 전언(傳言)한 사실이 있다는데 여하(如何).

답: 네. 그런 사실이 있습니다.

문: 그렇게 전하자 조봉암은 그렇지 않아도 자기도 신문사가 필요하여 알아본 결과, 『대동신문』 판권을 인수할 수 있는데 우선 판권 인수비로 500만 환이 필요하고, 기외(其外) 운영비 2,000만 환이 필요하다고 하므로 피고인은 그 말을 박일영에게 전달할 것을 상약(相約)하고, 다시 동년 11월경 진보당이 결당될 것이라는 말을 듣고 이 말도 아울러 북에 전달하겠으며 다음은 동년 8월 말경에 월북할 예정이라고 말한 사실이 있다는데 여하(如何).

답: 네. 그런 사실이 있습니다.

재판장은 피고인 조봉암에 대하여

문: 피고인은 그와 같은 사실이 있는가.

답: 박일영의 지령을 전언(傳言) 받고 이야기한 일은 전연 없습니다. 지금 어디서 그런 이야기를 했는지 확실한 기억이 나지 않으나 동년 여름 좀 전에 동인 (同人)과 만나 이야기할 적에, 양이섭이 돈 버는 말이 나왔을 때 나는 정당을 하나 하려면은 신문 하나 있어야 할 터인데, 이번에 대동(大東)이 아니고[123] 『대동신문』을 팔려고 하는데 5~600만 환 있으면 인수할 수 있을 것이고, 신문 하나 경영하자면 천만 환은 넘어 가져야 한다고 말이 된 일은 있었습니다.

재판장은 피고인 양이섭에 대하여

문: 동년 8월 말경 100여만 환의 시계, 의약품 등 물자를 가지고 월북하였는데, 기시(其 時) 전기(前記) 삼육공사 돌개포 책(責) 한광이가 금번(今番)은 박일영이가 허리를 다쳤으므로 평양으로 오라고 한다 하여, 동인(同人)의 안내로 서평양 소재 지정 아 지트에 가서 박일영을 만났다는데 여하(如何).

답: 네. 그런 사실이 있습니다.

문: 그때는 박일영 산하로 정보위원회 부부장이며 대남 정당 책임자인 최모(崔某), 동 과장 조모(趙某), 동과(同課) 내 진보당 책임자 강모(姜某) 등이 입회(立會)한 자리 에서 피고인은 박일영에게 기관지 획득에 관한 조봉암의 지금 요청 및 진보당이 11월 경에 결당될 예정이라고 하더라는 말을 전한 사실이 있는가.

답: 네. 그런 사실이 있습니다.

문: 그러니까 박일영은 금반(今般) 월남하면 선대(先貸) 형식으로 판권 획득비 조로 500만 환을 지불하라, 기외(其外) 비용도 일체 책임지겠으니 빨리 판권을 획득하라 고 하고, 기(其) 익일 다시 임춘추(林春秋)를 데리고 와서 내가 혹시 다른 직장에 전임(轉任)될는지 모르는데 그 후는 임춘추와 연락하라고 하자, 임춘추도 앞으로

---

123) 조봉암이 인수하려고 했던 것은 『대동신문(大同新聞)』으로, 한자를 정확히 표기하기 위 해 대동(大東)이 아니라는 말을 덧붙인 것이다.

일을 잘하라고 함과 동시 백삼 3근을 주면서 조봉암에게 선물용으로 전해달라고 하는 지령을 받은 사실이 있다는데 여하(如何).

답: 네. 그런 사실이 있습니다.

문: 그래서 동 백삼을 가지고 동경(同頃) 평양을 출발, 돌개포를 경유, 모루히네 1천(瓩) 외 녹용 등 약 700만 환의 물자를 가지고 월(越)하였다는데 여하(如何).

답: 네. 그런 사실이 있습니다.

문: 그 후 동년 9월 중순경 소풍을 가장하여 조봉암과 같이 시외(市外) 광릉에 가서 전기(前記) 창당을 빨리 하라, 속히 판권을 획득하라, 운영자금은 북에서 부담한다, 판권 획득비 조로 금 500만 환을 전달한다는 등의 박일영의 지령과 임춘추가 백삼 3근을 선물용으로 보내더라는 말을 전한 사실이 있는가.

답: 네. 그와 같은 사실이 있습니다.

재판장은 피고인 조봉암에 대하여

문: 피고인은 그와 같은 말을 전언(傳言) 받은 사실이 있는가.

답: 없습니다.

문: 연이(然而)면 그 당시 광릉에 소풍 간 일은 있는가.

답: 네. 여러 군데 다녔는데 광릉에도 간 일이 있습니다.

문: 피고인은 동인(同人)으로부터 백삼을 받은 일이 있는가.

답: 백삼 두 근을 받았습니다. 녹용도 한 번 얻어 쓰고 다른 약도 먹으라고 보내 주어 받아썼지, 이북에서 보내준 것이라고 꾸밀 줄을 어떻게 알고 받겠습니까?

재판장은 피고인 양이섭에 대하여

문: 그리 말하니까 조봉암은 대단히 감사하다, 판권 획득을 계속 노력 중에 있다고 함에 동소(同所)에서 전기(前記) 교역물자 처분 대금의 일부인 액면 100만 환 보증수표

를 직접 수교(手交)한 사실이 있는가.

답: 네. 그런 사실이 있습니다.

재판장은 피고인 조봉암에 대하여

문: 그와 같은 사실이 있는가.

답: 광릉서 100만 환 받은 일이 있습니다.

재판장은 피고인 양이섭에 대하여

문: 그리고 동경(同頃) 시내 성동구 약수동 로타리에서 현금 50만 환과 액면 50만 환의 보증수표 1매를 조봉암의 사자(使者)로 나온 그의 장녀 조호정에게 전달하고, 다시 동년 10월 초 동일한 방법으로 동녀(同女)에게 현금 50만 환과 액면 50만 환의 보증수표 1매를 동소(同所)에서 교부하여 조봉암에게 전달케 한 사실이 있다는데 여하(如何).

답: 네. 그런 사실이 있습니다.

재판장은 피고인 조봉암에 대하여

문: 그와 같은 액면의 돈을 전해 받은 사실이 있는가.

답: 네. 있습니다.

문: 이북에서 보내온 돈인 줄 알고 받았는가.

답: 전연 그렇지 않고 제가 수십 번 돈 이야기를 해서 얻어 쓴 것이 그것입니다. 이북서 내려온 돈인 줄 알면야 당장 곤란을 당할 것인데 누가 받아쓰겠습니까.

재판장은 피고인 양이섭에 대하여

문: 그리고 다시 동경(同頃) 약수동 로타리에서 조봉암의 찦차 운전수 이재윤에게 현금 80만 환을 교부하여 전달케 하고, 동경(同頃) 아서원에서 액면 120만 환의 보증수표 1매를 조봉암에게 직접 수교(手交)하고, 동경(同頃) 시내 퇴계로에서 임춘추가 보낸 백삼 3근을 동 이재윤으로 하여금 전달하게 동인(同人)에게 수도(手渡)하였다

는데 그런 사실이 있는가.

답: 네. 그와 같은 사실이 있습니다.

재판장은 피고인 조봉암에 대하여

문: 그와 같이 받은 사실이 있는가.

답: 네. 있습니다. 연이(然而) 백삼은 두 근밖에 받지 않았는데 3근이라고 하는 것이 이상합니다.

재판장은 피고인 양이섭에 대하여

문: 기후(其後) 진보당 결당을 보고 가려고 대기하고 있던 중, 동년 11월 10일 진보당이 결당되자 월북키로 하고 동월 하순경 아서원에서 조봉암과 회합하고, 동인(同人)이 판권 획득비 조로서 받은 500만 환을 결당비 조로 소비하였으니 다시 판권비 500만 환을 보내달라는 요청과 함께 "백삼을 보내 주어 감사하다, 사업이 잘되고 있는데 앞으로도 잘될 것이니 많이 후원해 주기 바란다"는 내용의 편지를 써줌으로 차(此)를 수취한 사실이 있다는데 여하(如何).

답: 네. 그런 사실이 있습니다.

재판장은 피고인 조봉암에 대하여

문: 그와 같은 사실이 있는가.

답: 아서원에서 만난 일이 있을지 모르나 그런 일이 절대 없는 것입니다. 제가 김 사장으로부터 이북에 왕래한다는 말을 들어본 일이 전연 없는 것입니다. 따라서 그런 것을 써 준 일이 없는 것을 어찌 그런 말을 하는지 알 수 없습니다.

재판장은 피고인 양이섭에 대하여

문: 그래 가지고 동경(同頃) 의약품 등 100여만 환의 물자를 가지고 월북하여 돌개포에 도착한 후, 다시 박일영의 초청으로 한광이와 함께 평양에 가서 지정 아지트에서 박일영과 상봉한 사실이 있다는데 여하(如何).

답: 네. 그런 사실이 있습니다.

문: 그래서 그때 자기는 대사로 가게 되었다고 하고, 그 익일 다시 임호(일명 임해)로서 전(前) 괴뢰 주소대사를 데리고 와서 금반(今般) 임호가 정보위원회 부위원장으로 취임하였다고 하며 동인(同人)을 소개하므로 인사 교환을 하였다는데 그런 사실이 있는가.

답: 네. 그런 사실이 있습니다.

문: 그 후 동인(同人)에게 진보당 11월 10일 결당되고 조봉암이가 위원장에 취임하였으며 평화통일을 당 구호로서 내걸었다. 그리고 신문사 판권 획득을 현재 운동 중에 있으며 전번(前番)의 500만 환은 결당비로 소비하였으므로 500만 환을 더 요구하더라고 말함과 동시, 전기(前記) 조봉암의 편지를 진보당 책(責) 강모(姜某)를 통하여 임호에게 전달하였다는데 여하(如何).

답: 네. 그런 사실이 있습니다.

문: 그러니까 동인(同人)은 진보당 결당 사실은 이미 신문을 통하여 알고 있으며, 입장 인원이 약 800명이라고 하나 사실은 천명 이상 될 것이며 대성황을 이루었을 것으로 생각되며, 평화통일을 구호로 삼아 발족하게 되었으니 대단히 반가운 사실이라 하면서 극히 만족스러운 표정을 하며, 앞으로 진보당 조직을 강화하도록 하여 평화통일을 선전하라, 진보당 조직 상황을 알고 싶으니 그에 관한 문건을 다음 기회에 가지고 오라, 신문사를 빨리 경영하도록 하라, 우리가 무전(無電)으로 도취(盜取)한 바에 의하면 김종원 치안국장이 진보당 동향을 엄중감시하라는 무전을 전국 경찰국장에게 쳤으니 그 점에 있어 가거든 주의하라고 전언(傳言)하라, 신문사 판권 획득비 조로 500만 환은 선대(先貸) 형식으로 전달하라는 지령을 하자 계속 피고인은 앞으로 직접 양측에서 사람을 교환하는 것이 어떤가고 제안하자, 그러면 북에서 사람을 보내도 환영하겠는가 조봉암에게 물어보라는 지령도 함께 받음과 동시, "우리도 잘 있다. 우리 사업도 잘되어 나간다. 사업이 잘되기 바란다. 앞으로 후원하겠다. 임(林)"이라는 내용의 편지를 조봉암에게 전달하라고 하면서 수교(手交)하므로 차(此)를 받은 사실이 각 있다는데 여하(如何).

답: 네. 그런 사실이 있습니다.

문: 그래 가지고 2~3일 후 약 7백만 환의 인삼(人蔘) 등 한약재를 가지고 돌개포를 경유 월남하였다는데 여하(如何).

답: 네. 그런 사실이 있습니다.

문: 월남하여 바로 전화 연락으로 조봉암을 반도호텔 앞 찦차 속에서 만나 소풍을 가장하고 시내 우이동에 가서 동인(同人)에 전기(前記) 임호의 편지 및 지령을 전달하자, 동인(同人)은 고맙다, 수고하였다고 하면서 북과 사람을 교환하는 것은 자기로서도 무방하다, 진보당 감시에 관한 김종원 치안국장의 무전(無電) 건은 자기도 알고 있으며 그에 관한 문건을 가지고 있는데 후에 보여주겠다, 조직사업에 관한 문건은 자기가 준비하겠으니 후일 월북 시 가지고 가라고 하자, 피고인은 500만 환은 물건이 처분되는 대로 주겠다고 하고 동일(同日)은 헤어졌다는데 여하(如何).

답: 네. 그런 사실이 있습니다.

재판장은 피고인 조봉암에 대하여

문: 피고인은 그런 사실이 있는가.

답: 여러 차례 소풍 다녔으므로 우이동에 갔는지는 모르나 그런 사실은 전연 없습니다. 여러 차례이라 어느 때, 어디서 이야기했는지는 모르나 김종원 치안국장이 진보당을 감시하라는 무전 연락을 들은 일이 있다는 정도로 말이 된 일은 있어도, 이북에서 운운이나 그에 관한 문건을 '보여준다' 운운은 전연 없는 일입니다.

재판장은 피고인 양이섭에 대하여

문: 그리고 기경(其頃)부터 4290(1957)년 2월 초순경까지의 간(間) 수차에 긍(亘)하여 보증수표로 500만 환 전부를 조봉암에게 직접 수교(手交)하였다는데 여하(如何).

답: 네. 그런 사실이 있습니다.

재판장은 피고인 조봉암에 대하여

문: 그와 같이 받은 사실이 있는가.

답: 몇 달 동안에 수십만 환 받아썼을는지 모르나 지금 기억에 남음이 없습니다.

재판장은 피고인 양이섭에 대하여

문: 4290(1957)년 2월 출발 전날 아서원에서 조봉암과 회합하고 동인(同人)으로부터 전기(前記) 약속한 진보당 중앙위원 명단, 동 상임위원 명단, 선언문 및 강령이라는 소책자를 받은 사실이 있다는데 여하(如何).

답: 네. 그런 사실이 있습니다.

재판장은 피고인 조봉암에 대하여

문: 그와 같은 것을 동인(同人)에게 교부한 사실이 있는가.

답: 네. 진보당에 관계되는 것은 다 주었습니다.

문: 이북에서의 지령에 의한 약속에 의하여 교부한 것인가.

답: 아니올시다.

문: 연이(然而)면 하고(何故)로 주었는가.

답: 어떻게 되었는가 보여 달라고 해서 갖다주었습니다.

문: 동인(同人)은 정치에 관심 없는 사람이라고 했는데 그런 것은 왜 달라고 하는지 알아보지 않았는가.

답: 진보당에 대하여서는 열심히 이야기했습니다. 진보당 것이니까 하나 갖겠다고 하였습니다.

문: 강령 등 소책자는 모르지만 명단까지 알고 싶다고 하는 것은 좀 이상하다고 생각하지 않는가.

답: 인쇄된 것은 물론 달라는 대로 다 주고 명단을 보는 것도 흥미있다고 해서 다 베껴다 주었습니다. 그는 지방당부 간부 명단도 적어 달라고 해서 별로 다르게 생각 않고 다 적어줬습니다.

재판장은 양이섭에 대하여

문: 그리고 그 익일 아침 약수동 로타리에서 동인(同人)이 보내온, 전국 경찰국장에게

무전 시달(示達)한 진보당 동향 감시 공문 사본을 운전수 이재윤으로부터 수취한 사실이 있는가.

답: 네. 그런 사실이 있습니다.

문: 그것은 무슨 필요에 의히여 받았는기.

답: 먼저 거기서 알았다는 것을 여기서도 알았다는 표적으로 삼기 위하여 가지고 갔습니다.

문: 그것이 그리 중요할 것 같지도 않은데 발각의 염려가 있는 것을 가져간다는 것은 무슨 특별한 이유가 있을 터인데 여하(如何).

답: 단순히 그런 생각에서입니다. 양면괘지(兩面罫紙)에다 적은 것인데 여기서도 알고 있다는 것을 보여주기 위한 것밖에는 다른 의미가 없습니다.

재판장은 피고인 조봉암에 대하여

문: 그런 것을 적어 준 일이 있는가.

답: 전연 없는 일입니다.

문: 연이(然而)면 언제 양이섭에게 무전 연락으로 감시하라는 것을 들었다고 이야기하였는가.

답: 우이동에 갔을 적인가, 무슨 말끝에 경찰이 진보당을 심하게 군다고 이야기하면서 그런 감시 시달의 무전 연락이 있었다는 것을 알고 있다는 정도의 말이 오고 갔지, 북에 보내라고 적어 준 일이 전연 없습니다.

재판장은 피고인 양이섭에 대하여

문: 피고인이 그런 것을 적어 달라고 요청하였는가.

답: 네. 제가 보자고 해서 가져갔습니다.

재판장은 피고인 조봉암에 대하여

문: 피고인은 평소에 무슨 괘지(罫紙)를 쓰는가.

답: 원고용지나 괘지가 따로 없고 하얀 다이프라이티[124] 용지를 쓰는 것이 보통입니다.

재판장은 금일 공판은 차(此) 정도로 마치고 속행할 것을 고하고 차회 기일은 내(來) 5월 19일 오전 10시로 지정, 고지하고 각 소송관계인의 출석을 명한 후 폐정하다.

4291(1958)년 5월 15일
서울지방법원 형사 제3부
재판장 판사 유병진
서기 홍사필

[출전 : 15권 56~140쪽]

---

124) '타이프라이터'의 오기이다.

공판조서(제10회) 1958년 5월 19일

피고인 조봉암 외 19명에 대한 간첩 및 〈국가보안법〉 위반 등 각 피고사건에 관하여 4291(1958)년 5월 19일 오전 10시 서울지방법원의 공개한 법정에서

재판장 판사 유병진, 판사 이병용, 판사 배기호, 서기 홍사필 열석(列席)

검사 조인구 출석

피고인 등은 신체의 구속을 받음이 없이 출석하다.

변호인 변호사 김춘봉, 동 김봉환, 동 전봉덕, 동 신태악, 동 손완민, 동 한격만, 동 최순문, 동 유춘산, 동 임석무, 동 노영빈, 동 조헌식, 동 이상규, 동 김병희, 동 권재찬, 동 이병호, 동 한근조, 동 윤용진(尹龍鎭), 동 박영휘(朴榮徽), 동 김찬영 각 출석

재판장은 변론을 속행할 것을 고하고 피고인 등에 대하여 전회(前回) 공판 심리에 관한 주요 사항의 요지를 공판조서에 의하여 고지하니

피고인 등은 순차로 종전 그대로 틀림없다고 진술하다.

재판장은 피고인 양이섭에 대하여

문: 피고인은 진보당 중앙위원 명단, 동 상임위원 명단, 선언문 및 강령의 소책자를 조봉암으로부터 수취하고, 그 다음날 아침에 약수동 로타리에서 동인(同人)이 보내온 전국 경찰국장에게 무전(無電) 시달(示達)한 진보당 동향 감시 공문 사본을 운전수 이재윤으로부터 받아가지고 의약품 등 백여만 환의 물자를 가지고 월북하였다는데

여하(如何).

답: 네. 그런 사실이 있습니다.

문: 그리하여 한광의 안내로 평양에 가서 전기(前記) 대남 정당 책임자 최모(崔某)와 조모(趙某), 강모(姜某) 등과 회합하여, 전기(前記) 조직 문건 및 무전(無電) 사본을 수교(手交)하니까 강(姜)은 선언문을 읽고 나서 문(文)틀로 보아 신도성이 작성한 것 같다고 하고, 또한 주로 최(崔)가 신문사를 조속히 운영하라, 진보당의 조직을 확대, 강화하고 문호를 개방하여 혁신세력 규합, 연합전선을 추진토록 하라는 지령을 받은 사실이 있다는데 여하(如何).

답: 네. 그런 사실이 있습니다.

문: 강모(姜某)가 대남 정당 가운데서 진보당 책임을 보고 있는 사람인가.

답: 동인(同人)이 저를 주로 접대하는 사람으로 대남 정당 책임 지도원인데 진보당 일을 책임 보고 있는 직원입니다.

문: 강모(姜某)는 신도성을 아는 사람인가.

답: 동인(同人)은 정당 관계 많은 문건을 연구하는데 신문, 잡지에서 신도성의 글을 읽어봤는데 문(文)틀이 그와 같다고 한 것이지, 직접 알지는 못하는 모양입니다.

문: 그와 같은 지령을 받고 동경(同頃) 500만 환의 물자를 가지고 월남하였다는데 그런가.

답: 네. 그런 사실이 있습니다.

문: 그 후 아서원에서 조봉암과 만나 전기(前記) 최(崔)의 지령을 전달하였는가.

답: 네. 전달하였습니다. 그런데 제가 정치 식견이 박약해서 잘 말은 못 했지만 대개 그런 말을 전하니 가만히 있었습니다.

문: 그와 같이 전달하니까 미군 철수 주장은 진보당의 토대가 아직 공고하지 못하므로 해서 시기상조이며, 야당연합은 잘못하면 민주당에 넘어갈 우려가 있으니 앞으로

시기를 보자고 하였으며, 『대동신문』 판권 획득은 실패로 돌아가서 앞으로 『중앙정
치』 판권을 획득할 수 있다고 하였다는데 여하(如何).

답: 그런 말은 한 일이 있습니다.

문: 미군 철수 주장은 왜 안 된다고 하는가.

답: 진보당의 토대가 아직 공고하지 못한데 지금 그런 주장을 하는 것은 당치 않
은 소리라고 했습니다.

문: 야당연합은 잘못하면 민주당에 넘어갈 우려가 있다는 것은 무슨 의미에서인가.

답: 야당연합에서 양보한다고 하면 눈깔까지 빼먹을 판이니 지금은 안 되고 시기
를 보아서 해야 된다고 한 것입니다.

문: 『대동신문』 판권 획득은 왜 실패되었다고 하던가.

답: 신문사 내부에 알력 관계가 있어서 팔려다가 기후(其後) 타협되어 팔지 않는
다고 하여 사지 못하게 되었다고 했습니다. 그것을 사려면은 엄청나게 비싼
값으로나 사면 모른다고 했습니다.

문: 『중앙정치』 판권은 어떻게 획득할 수 있다고 하던가.

답: 『중앙정치』는 이미 결정되어 발행할 수 있는 것처럼 말한 것을 듣고 있습니다.

문: 그런 기억이 뚜렷한가.

답: 그저 그 정도로 들었습니다.

문: 그런 지령을 받은 피고인으로서 더 파고 들어가야 할 것이 아닌가.

답: 제 성격이 그렇지 못하고 그저 이야기하는 것을 들었을 뿐입니다. 그런데 지
금 말씀 좀 드려야 할 것은 제가 이제까지 진술한 사실과 조봉암 씨가 진술
한 것과에 상거(相距)되는 점이 많았는데, 그동안의 제 신세라던가, 검거된
연후의 제 행동 등에 대하여 몇 가지 말씀을 드렸으면 합니다. 제가 19세 때
상해로 건너가 조봉암 씨를 알게 된 후, 6·25사변 전에도 인천, 서울에서 만

나 뵙고 1·4후퇴 시는 부산에서 국회부의장으로 계시는 조 선생을 찾아뵈오려 했으나 제가 삯짐 지어 가면서 사는 형편없는 생활을 하는 때이라, 찾아뵙지 못했지만 또한 선생을 애끼는 마음에서도 걱정을 끼치지 않으려 한 것입니다. 그리고 속초에 있을 적에도 조 선생의 소식을 들으려고 했으나 신문 하나 사 읽지 못하던 처지라 여의치 못하게 지내다가, 이북에 갔다 부탁을 받고 와서는 의논을 할 수 있는가 하고 첫 번에 남산에서 뵙고, 그 후 거듭 이북에 가게 되었는데 맨 처음에는 돈벌이로 시작하였으나 차차 공포심을 느끼게 되고, 8~9회 때부터는 발뺌을 하려 했으나 끝일 길이 없이 지내던 차, 사건이 일어나서 그래도 규진(圭鎭)이를 찾아 변호사 착수금이 모자란다고 하여 돌려드리던 처지로 지내온 터인데, 제가 환경의 변화를 일으키고 특무대에 들어가서 그동안의 말을 다 드렸는데 괴로운 점 많습니다. 그러던 내가 별 방도가 없어 죽음으로만이 해결할 수 있는 것이라 생각하고 결심을 해봤었으나 맺지를 못했습니다. 그 순간에도 조 선생을 남산에서 뵙지 않았었던들 이런 일이 없었을 것이고, 웃어른으로 모시었는데 좋게 이야기하시고 꾸지람 해주셨으면 이렇게 나가지 않았을 것입니다. 그래서 사건이 일어나고 결과적으로는 조봉암 씨의 심부름과 북한 괴뢰의 심부름, 즉 우체부 역할을 한 것에 지나지 않는 것입니다. 저는 돈도 못 쓰고 도와드리며 모험하면서까지 심부름을 했다고 느끼는데, 동정의 눈물을 흘려주시지 않으니 그래도 조 선생을 이 자리에서 보아 반갑기는 하면서도 무척 슬픕니다. 조 선생 개인적으로 배신을 욕하시더라도 내가 대한민국에서 살겠다는 마음으로 툭 터러노니(털어놓으니) 이제는 속이 훤하게 비었습니다. 조 선생이 정당하는 데 괴뢰 돈 이용해 썼는데 어떻겠느냐고 하시고라도 동정의 이야기는 있을 것입니다.

차시(此時) 피고인은 낙루(落淚)하면서 진술하다.

문: 피고인이 특무대[125)에 검거된 동기는 여하(如何).

---

125) 육군의 대간첩 업무와 그에 따른 범죄 수사를 관장하던 부대이다. 1960년 육군방첩부대로 개칭했다가, 1968년 육군보안사령부, 1977년 국군보안사령부, 1991년 국군기무사령부, 2018년 군사안보지원부를 거쳐서 2022년에 국군방첩사령부로 바뀌었다.

답: 제 친구 장성팔(張星八) 보고 특무대에서 저를 데려다 달라고 해서 따라 들어 갔더니, 처음에 마약 관계 명부를 보이고는 별말 없다가 3일 만에 제가 자진 해서 다 말했습니다.

문: 연이(然而)면 피고인이 자수했다는 말인가.
답: 자수했습니다. 거기서 묻기 전에 죽든지 살든지 털어놓자는 심경의 변화가 생겼습니다.

문: 왜 3일 만에 이야기를 했는가.
답: 특무대에서 시간적 여유를 줘서입니다.

문: 특무대에서 본건을 알고 추궁(追窮)해서인가.
답: 몰랐던 모양인데 제가 드러냈습니다.

문: 언제부터 그런 마음이 들었는가.
답: 8~9차 후 이북 가는 것을 면(免)하려고 했는데 여의치 못하고 진보당사건이 터지면서부터는 더욱 고통이 심하여, 원래가 내가 남한 땅에서 살려고 나온 사람이라 그 기회에 다 말했습니다.

문: 피고인은 종전에 본건이 노출될 것을 예상하였는가.
답: 저는 다른 것은 모르고 저와 조봉암 씨와의 사건만 알고 딴 것은 모르는데, 두 사람의 일이니 어느 정도는 안심하고 있었는데 심경의 변화가 터져서 말 하고 말았습니다.

문: 그렇다면 아무 때고 나타나리라고는 생각지 않았는가.
답: 꼬리가 길면 밟힌다고 생각이 되고 양심 위에서 살자는 사람이 되려고 했습니다.

문: 그러니까 아무 때고 검거되리라고 생각했는가.
답: 그래서 사념(私念)을 버렸습니다.

문: 발각되면 피하지 못하리라고 생각했는가.
답: 조만간 사실이 나타나리라고 알고 조(曺)도 걸려들리라고 생각했습니다.

문: 그 이유는 여하(如何).
답: 있는 사실이니까 말입니다.

문: 있는 것도 없다고 하는 것이 보통 사람이 하는 짓이라고 보는데 여하(如何).
답: 그런 것을 초월해서 아무 때나 나타나리라고 생각했습니다.

문: 증거가 있어서인가 고통이 심해서인가.
답: 진 죄도 크고 과거 사람 일도 못 하고 더 나쁜 누명이나 쓰지 않으려고 했습니다.

문: 따로 외부적 영향을 받은 것은 없는가.
답: 그런 것은 없는데 진보당사건의 자극을 받은 것은 사실입니다.

재판장은 피고인 조봉암에 대하여
문: 피고인은 양이섭의 진술을 어떻게 생각하는가.
답: 자기가 이북에 갔다 왔다 한다는 이야기는 당최 없었습니다. 남산 집 그 전에도 을지로 어느 여관, 대륙원에서 만난 일이 있는데 모르는 척하고, 4288(1955)년 이후 즉 본건 때만 만났다고 기억하기로 작정한 모양인데 그런 것이 모다 이상합니다. 그리고 하나 예를 들어서 말씀드리면 야당연합은 잘못하면 민주당에 넘어갈 우려가 있으니 앞으로 시기를 봐야 한다는 것은 당치도 않은 소리인 것이 비자유, 비민주 혁신세력의 규합은 모르겠지만 그것은 말도 안 되는 것입니다. 지금 어디서 이야기했는지는 기억에 확실치 않으나 그 당시 자주 만났으니까 혁신정당에 대한 이야기는 했을런지 모르겠습니다.

재판장은 피고인 양이섭에 대하여
문: 그 전에 을지로 여관, 대륙원 등지에서 만난 일이 있는가.

답: 네. 있습니다. 오래된 일이라 생각 않았었습니다.

재판장은 피고인 조봉암에 대하여

문: 상(相) 피고인 양이섭과 야당연합에 대한 말이 없었는가.

답: 당초 취조하던 사람들이 요령이 없는 것이, 야당연합은 이미 결렬되고 혁신 세력의 단결만이 있었을 때인데 모르고 하는 짓입니다. 전연 없는 일입니다.

문: 『대동신문』 판권 이야기는 여하(如何).

답: 꼭 그 무렵인지는 모르나 여기서 급하니까 양(梁) 보고 이야기했을 것이고 또 『중앙정치』를 가지고 있었을 때인지 모릅니다. 여하간 도와달라고 말한 것입니다.

재판장은 피고인 양이섭에 대하여

문: 동년 5월 하순 재차 월북함에 있어 조봉암이가 수차에 걸쳐 자금이 부족하니 좀 더 가지고 오라는 간청을 함에, 피고인은 항상 구두(口頭)로서만 돈을 달라고 말하기가 곤란하니 직접 편지를 써 달라고 말하자, 동인(同人)도 승낙하고 출발 전일(前日) 아서원에서 회합하였다는데 여하(如何).

답: 네. 그런 사실이 있습니다.

문: 그 자리에서 조봉암이 자필(自筆)로 "사업이 잘되어 가기는 하나 경제적 곤란으로 지장이 많으니 좀 더 후원해 달라"는 내용의 편지와 답례 조로 파카 만년필 3본(本) 및 진보당 지방당부 간부 명단 1매, 대구시당 간부 명단 1매[유지(油紙) 인쇄물] 등을 줌으로 차(此)를 받았다는데 여하(如何).

답: 네. 그런 사실이 있습니다.

문: 편지는 만난 그 자리에서 썼는가.

답: 미리 써 가지고 온 것입니다.

문: 피고인은 그 당시 동 편지 내용을 보았는가.

답: 문안(問安) 편지인데 봤습니다. "사업이 잘되어 가기는 하나 경제적 곤란으로 지장이 많으니 좀 더 후원해 달라"고, 꼭 그와 같이 써있었는지는 기억할 수 없으나 그와 같은 내용이 적혀 있었습니다.

문: 연이(然而)면 피고인이 그 전에 그와 같은 내용의 편지를 써 달라고 부탁하였는가.
답: 네. 그 전에 누차 부탁하여서 써 봤었습니다.

문: 편지를 어데다 너서 주던가.
답: 편전지(便箋紙)에다 써서 이중 봉통(封筒)에 넣었는데 봉하지 않았고 표면에는 "속초 김 사장 앞", 그리고 이면(裏面)에는 '조(曺)'자 하나만 썼었습니다.

문: 파카 만년필과 당 간부 명단 등도 달라고 했는가.
답: 파카 만년필 3본(本)은 이북 가서 선사용(膳謝用)으로 쓰라고 하고 당 간부 명단 등은 미리 부탁했었습니다.

문: 만년필은 누구 주라고 말하지 않던가.
답: 그저 높은 사람 주라고만 말했습니다.

재판장은 피고인 조봉암에 대하여
문: 피고인 자필로 된 그와 같은 편지를 아서원에서 동인(同人)에게 준 일이 있는가.
답: 그런 사실이 전연 없습니다. 아서원에서 동인(同人)을 만난 일은 있을지 모르나 전연 없는 일입니다.

문: 파카 만년필 3본(本)을 답례 조로 준 일이 있는가.
답: 만년필 3본(本)이 아니라 1본(本)을, 그것도 이북에 답례 조로 준 것이 전연 아니고 양이섭이 쓰라고 준 것입니다. 양이섭이 아서원에서인가 어데서 이야기할 적에 내 만년필을 가지고 극적극적하고 있길래 만년필 하나도 없는가 보다 하고 신신백화점(新新百貨店)에 가서 파카 만년필 하나를 사서 준 것입니다. 그런 것을 3본(本)이라고 하고 김일성 갖다주라고 했다 하니 우스운 일

입니다.

문: 그리고 지방당부 명단을 준 일은 있는가.

답: 진보당에 관계되는 것은 달라고 하는 대로 다 주었습니다. 그날인지는 기억에 없으나 여하간 준 것은 사실입니다.

문: 정치에 관심 없는 사람에게 강령 정도는 몰라도 명단 같은 것이 무슨 필요가 있어서 주었는가.

답: 왜 차꼬(자꾸) 달랬는지는 모르나 진보당에 대하여는 열심히 달라고 했습니다. 정당에 관심이 없는 사람이기는 하나 간부가 누구인가 알겠다고 해서 준 것이지, 이북 갖다주라고 한 것은 절대 아니오니 재판장께서 판정하여 주실 수밖에는 별도리가 없습니다.

재판장은 피고인 양이섭에 대하여

문: 그래서 그런 것을 가지고 월북하여 한광의 안내로 평양에 도착하여 지정 아지트에서 임호, 최모(崔某) 등과 만난 일이 있다는데 여하(如何).

답: 네. 그런 사실이 있습니다.

문: 그때 『대동신문』 판권은 원래 기(其) 회사 내에 알력이 있어 매도하려고 하였던 것인데, 기후(其後) 타협이 성립되어 현재는 매도 않기로 되었으며 앞으로 『중앙정치』 판권을 획득할 수 있다는 말과 야당연합 관계 및 미군철수에 관한 조봉암의 말과 동인(同人)이 전달하려는 만년필 2본(本)(1본은 도중에서 분실)과 지방당부 간부 명단 등을 강(姜)을 통하여 임호에게 전달하였다는데 그런가.

답: 네. 그런 사실이 있습니다.

문: 그러니까 동인(同人)은 기관지를 다른 방향으로 아러보되[126] 『중앙정치』가 발간되면 차기에 보내라, 계속해서 평화통일론을 주장하라, 야당연합 운동과 미군철수 운

---

126) '알아보되'를 뜻한다.

동을 추진토록 하고 지방당부 발전 상황에 관한 문건을 보내라는 지령과 함께 자금 조로 2만 불을 교부토록 하고, 기(其) 4~5일 후 강(姜)으로부터 피고인의 기간(其間) 입체금(立替金) 7,000불을 합하여 미 본토불[127] 27,000불과 선사용(膳謝用)으로 녹용(鹿茸), 반각(半角)[10여 양중(兩重)]을 받아가지고 동경(同頃) 월남하였다는데 여하(如何).

답: 네. 그런 사실이 틀림없습니다.

문: 그래 가지고 동경(同頃) 전화 연락으로 조봉암과 만나 남한산성에 갔다는데 그런가.
답: 네. 그런 사실이 있습니다.

문: 거기서 임호의 지령 내용과 27,000불을 가지고 왔으니 받으라고 하자 자기는 불(弗)을 교환할 수 없으니 한화로 교환해서 주되, 우선 급하니 60만 환만 달라고 하여 동 본토불 6백 20불을 교부하였다는데 여하(如何).
답: 네. 그런 사실이 있습니다.

재판장은 피고인 조봉암에 대하여
문: 동경(同頃) 양이섭과 같이 남한산성에 간 일이 있는가.
답: 여름에 소풍 많이 다녔으니까 기경(其頃)에 남한산성에 간 일이 있을 것입니다.

문: 단순한 소풍만을 갔다는 말인가.
답: 제가 차를 가지고 있으니까 그런 데 소풍 가자고 했습니다.

문: 연이(然而)면 그런 사실이 있는가.
답: 양이섭이가 어떻게 그런 정신이 되어 그러는지 모르겠습니다. 그와 같은 말을 들은 일도 없고 주겠다고 한 일도 없습니다. 다만 제가 6~70만 환 돈이 되었으면 달라고 하니까 미화(美貨) 620불을 주겠다고 해서 받은 일은 있습니다.

---

[127] '본토불(本土弗)'은 미국 정부에서 발행되는 미국의 정화(正貨)를 말한다. 군표(軍票)에 대응하는 말이다.

문: 양이섭의 진술은 27,000불을 가지고 왔으니 받으라고 하자 교환해서 달라고 하고 우선 그것만 달라고 해서 주었다고 하는데, 그렇다고 하면 620불 받은 점은 상치(相馳)되지 않는 것인바, 모다 사실대로 진술함이 여하(如何).

답: 사실대로이고 그것이 진상(眞相)인 것입니다. 무역, 토건건축업 등을 하는 김 사장으로부터 얻어 쓴 것은 사실인데 그와 같이 진술하는 이유를 모르겠습니다. 내가 동인(同人)으로부터 얻어 쓴 것을 전부 따지면 약 2,000만 환 돈을 얻어 쓴 것입니다. 그런 터이라 불(弗) 620불 정도는 놀래지 않고 얻어서 쓴 것입니다.

재판장은 피고인 양이섭에 대하여

문: 나머지 26,380불은 불(弗) 상인 이정자에 평균 900대 1로 환화[128]하여 대부분은 보증수표로, 동년 7월 초순부터 8월 초순까지의 간(間) 아서원에서 2~3차, 회룡사에서 1차, 우이동에서 2차, 동구릉에서 1차, 진관사에서 2차 등 회합에서 총 2,400여만 환의 자금을 전부 수교(手交)하였다는데 여하(如何).

답: 네. 그와 같은 사실이 있습니다. 지금 직접 교부한 일자는 기억할 수 없으나 모다 그대로입니다.

문: 7,000불은 피고인의 기간(其間) 입체금(立替金)으로 받아 온 것이 아닌가.

답: 상거래할 적에 제가 입체(立替)한 것을 불(弗)로서 계산해서 받아 온 것입니다.

문: 그리고 조(曺)에게는 2만 불만 수교(手交)하라고 되어 있는 것이 아닌가.

답: 7,000불은 저 사람들과 나와의 정산이고, 2만 불만 조봉암 씨에게 주라는 것입니다.

문: 연이(然而)면 2만 불만 교부하여야 할 터인데 여하(如何).

답: 남한산성에서 만났을 때 나도 7,000불 가져온 것이 있다고 하니까 조 선생이 그것까지도 좀최[129] 달라고 해서 돌려쓰시라고 하고, 그것까지 합채서[130]

---

128) '환화(換貨)'는 '환전'을 뜻한다.

드렸습니다.

문: 피고인은 심부름도 하고 개인적으로 돈도 돌려주었는가.

답: 이북에서 2만 불을 줄 적에 제가 적은 것 같이 이애기[131]했더니 더 준다고 하고, 더 필요하다고 하면 입체(立替)해 주었다가 여기 와서 받아쓰면 되지 않느냐고 말한 일이 있습니다. 그래서 그것마저 달라고 해서 다 드렸습니다.

문: 동 미 본토불 27,000불을 한화[132]로 교환한 상황에 대하여는 종전에 특무대에서 여사(如斯) 진술하였는데 여하(如何).

차시(此時) 재판장은 기록 제994정 표면(表面) 5행부터 동 제1011정 말행(末行)까지 읽어주다.

답: 그대로 틀림없습니다. 그 당시 특무대에서 진술할 적에 액수에 다소 기억나지 않는 점은 이정자의 진술을 듣고 말하였으므로 꼭 맞는다고는 할 수 없으나, 총액은 그와 상위(相違) 없으며 대략 그와 같은 것입니다.

재판장은 피고인 조봉암에 대하여

문: 피고인은 그와 같은 사실이 있는가.

답: 양이섭의 진술이 당채[133] 무슨 이야기인지 모르겠습니다. 300만 환짜리 마재하 명의로 된 수표로 받은 일이 있는데, 그것도 여러 번 말해서 한참 만에 받아 쓴 일이 있는 것입니다. 그리고 그 후 여러 차례에 긍(亘)하여 몇십만 환 돈 얻어 쓴 일이 있습니다. 그리고는 다른 것은 전연 모르는 일입니다. 전부 통터러서[134] 말하면 4289(1956)년도에 1,000만 환쯤 가깝게 얻어 쓰고, 4290(1957)년도에 와서 1,000만 환쯤 쓴 셈이 되는데 지금 어느 때 어느 때라고 일일이 기

---

129) '좀 더'의 오기로 보인다.
130) '합쳐서'를 뜻한다.
131) '이야기'의 오기이다.
132) '한화(韓貨)' 한국의 화폐를 말한다.
133) '당최'의 오기이다.
134) '통틀어서'의 오기이다.

억할 수는 없습니다.

문: 피고인은 운전수, 자녀 또는 가질(家侄) 등 인편(人便)을 통해 받은 것은 전부 시인
하고, 피고인이 직접 수교(手交)해 받은 것은 상치(相馳)되는 진술을 하는 것이 되
는데 여하(如何).
답: 가끔 만나고 가끔 얻어 쓰고 한 것을 기억되는 대로 진술하는 것인데, 그와
같이 증거가 드러난 것은 확실하고 내게 기억되는 것입니다. 대개 얼마 주고
받고 한 것인데 일부러 말하지 않으려 하는 것이 아닙니다.

문: 그와 같은 사실이 있는데 부인하는 것이 아닌가.
답: 지금 내가 받은 금액은 말하고 있으므로 그것을 부인했다고 큰 유익이 없는
것은 뻔한데 엄청나게 김 사장의 말과 차이가 나니 말입니다.

문: 이정자의 진술에도 그렇지만 사실대로 진술함이 여하(如何).
답: 제가 일부러 빼서 진술하는 것이 아닙니다. 1,000만 환쯤은 기억이 되나 2,000여
만 환은 전연 아닙니다.

문: 27,000불에 대한 말도 못 들었는가.
답: 그런 말 없었습니다.

문: 녹용(鹿茸) 반각(半角)[10여 양중(兩重)]을 받은 사실은 있는가.
답: 김 사장이 기운 내라고 하며 주어서 받으셨지, 이북에서 보내왔다는 것은 전
연 몰랐습니다.

재판장은 피고인 양이섭에 대하여

문: 4290(1957)년 9월 중순경 월북함에 앞서 진보당 기관지로서 『중앙정치』 판권을 획
득하였으며, 동년 9월 중순경 창간호로서 『중앙정치』 10월호가 간행된 바 있었으
며, 동경(同頃) 진관사 등에 소풍 나갔다가 조봉암으로부터 『중앙정치』 10월호 1부
를 받은 사실이 있는가.

답: 네. 그런 사실이 있습니다.

문: 그리고 또 아서원에서 동인(同人)으로부터 녹용(鹿茸)을 보내주어서 감사하다, 탕약대(湯藥代) 2만 환(2만 불을 말함)은 잘 받았다는 영수증 1매와 별도로 사업이 잘되어가고 있으니 앞으로도 잘 후원해 달라는 편지 1매를 각 수취하고, 동경(同頃) 전화 연락으로 퇴계로에서 지방당 발전 상황을 적은 진보당 조직 명단 1매를 직접 수취한 사실이 있다는데 여하(如何).
답: 네. 그런 사실이 있습니다.

재판장은 피고인 조봉암에 대하여
문: 양이섭에게 진관사에서 『중앙정치』 10월호를 준 일이 있는가.
답: 네. 있습니다.

문: 무슨 의미로 주었는가.
답: 자기가 보고 싶다고 해서 하나 주었습니다.

문: 이북에서 1부 보내오라고 해서가 아닌가.
답: 그것은 말이 안 됩니다.

문: 그리고 아서원에서 녹용을 보내주어서 감사하다, 탕약대(湯藥代) 2만 환(2만 불을 말함)은 잘 받았다는 영수증 1매와 별도로 사업이 잘되어가고 있으니 앞으로도 잘 후원해 달라는 편지 1매와 지방당 발전 상황을 적은 진보당 조직 명단을 양이섭에게 수교(手交)하였다는데 여하(如何).
답: 그런 말은 모다 터무니없는 말입니다. 녹용은 양(梁)이 나보고 기운 차리라고 하고 준 것인데 누구에게 편지를 씁니까? 도모지 말이 안 됩니다.

재판장은 피고인 양이섭에 대하여
문: 그런 것을 가지고 월북하여 평양에서 조(趙), 강(姜)을 만난 후 동인(同人) 등에게 전기(前記) 편지, 영수증, 명단, 『중앙정치』 10호를 각각 전달하였다는데 여하(如何).

답: 네. 그런 사실이 있습니다.

문: 그와 같이 전달한바, 동인(同人)은 상부(上部)의 지령이라고 하고 북한에서는 '반미민족연합전선(反美民族聯合戰線)'을 구호로 하고 있으니 남한에서도 반미민족연합전선을 세우도록 하라, 진보당 조직을 확대하고 4차 총선거에 있어 진보당의 대책이 수립되면 기(其) 내용을 자세히 알리고, 북에서는 적극적으로 후원하겠으니 그 말을 전하라고 지령함으로 동경(同頃) 월남하였다는데 여하(如何).

답: 네. 그런 사실이 있습니다.

문: 그래서 북경루에서 조봉암을 만나 전기(前記) 조(趙), 강(姜)의 말을 전달한바, 반미운동에 대하여서는 역시 진보당의 지위가 확고하지 못하므로 주장키 어렵다, 지방조직은 잘 되어 가고 있다, 자기는 인천에서 출마 예정이며 진보당의 선거 대책은 12월 하순경이면 수립되니 그 시(時) 알려주겠으며 지금을 좀 많이 갖다 달라고 하고 헤어졌다는데 그런가.

답: 네. 그런 사실이 있습니다.

재판장은 피고인 조봉암에 대하여

문: 그런 사실이 있는가.

답: 그런 사실이 없는 것입니다. 만나서 저녁 먹고 다른 이야기는 있었을 것입니다. 그 날인지는 몰라도 진보당 선거 대책 관계의 이야기는 여러 번 했습니다. 그저 선거에 몇 사람이나 나갈 수 있느냐고 해서 30명 나가서 30명 당선될 것이라고 했더니 그 명단을 써 달라고 해서 써 준 일이 있는 정도입니다.

문: 그런 것을 써 준다는 자체가 좀 이상하지 않은가.

답: 지금 들어서 양(梁)이 여러 차례 이북에 내왕(來往)한 것이 사실이 아닌가 생각되고 비슷한 점도 없지 않으나, 본인은 동인(同人)이 정말 이북에 갔다 왔다 하는 꿍꿍이속을 모르고 또 동인(同人)도 그런 말을 비친 일이 없으며 제가 눈치 채지도 못했습니다. 그래서 진보당 관계되는 것 적어 달라고 하면 그가 알려고 해서 달래나 보다 하고 무엇이든지 주었습니다.

문: 또 그것도 한두 번이 아닌데 여하(如何).

답: 여러 번 그와 접촉한 것은 제가 돈이 아쉬워서 돈 얻어 달라고 만났습니다.

문: 연이(然而)면 양이섭이가 어떻게 해서 돈이 많이 났는지를 아는가.

답: 웬 돈이 있는지 제가 압니까? 그저 그가 토건업, 무역을 해서 돈 번다고 하니까 제가 도와달라고 해서 얻어 쓰곤 한 것이지요.

재판장은 피고인 양이섭에 대하여

문: 반미연합전선이란 무엇인가.

답: 미군이 여기서 돌아서라는 것입니다.

문: 구체적으로 어떻게 하라고 하던가.

답: 내보는 목적하에 그와 같은 구호를 내세우라는 것이지, 구체적 이야기는 없었습니다.

문: 북한에서는 어떻게 하던가.

답: 여러 시위도 하였습니다.

문: 연이(然而)면 구체적인 방법이 있을 것이 아닌가.

답: 그런 말은 없었습니다.

문: 그리고 4291(1958)년 정월(正月) 초순경 조봉암이가 진보당 선거 대책을 보내주겠다고 하므로, 약속 시간에 약수동 로타리에서 기다리고 있다가 조규진을 만나 기(其) 대책이라는 편지를 받아보니 2매인데, 1매는 명단이 적혀있는 것이므로 우선 수취하고, 1매는 자금 요청서인데 그 내용이 막연히 자금을 보내 달라는 것이었으므로 그런 내용으로서는 도저히 많은 자금을 수취할 수 없으므로 다시 구체적으로 써 달라는 의미에서 조봉암에게 주라고 하면서 즉석에서 조규진에게 반환하였다는데 여하(如何).

답: 네. 그런 사실이 있습니다.

문: 편지를 받아보니 2매를 한 데다 넣었던가.

답: 지금 봉통(封筒) 하나에다 2매를 넣었는지 잘 기억 안 나나 하여간(何如間) 열어보니까 둘이 들어 있었습니다.

문: 연이(然而)면 봉통 및 편지지의 모양은 어떤 것인가.

답: 하나는 적선(赤線) 원고용지에 적은 것인데, 입후보자 명단을 지방(地方) 밑에 이름만 적은 것을 30명 정도 나열해 있었는데 그것은 그날 받고, 또 하나는 흰 종이인데 막연히 자금 보내 달라는 내용의 편지를 적어 보내는 것이라 큰돈을 보내오라는 것이 내용이 빈약하므로 길가에서 보고 다시 돌려보냈습니다.

문: 어떻게 써 오라고 일러 보냈는가.

답: 조규진에게는 아무 말 없이 갖다 드리라고 하였습니다. 그것은 다시 구체적으로 써 달라는 의미에서입니다. 그런 문안(文案)만 가지고는 큰돈이 나올 것 같지 않아서 그랬습니다.

문: 구체적으로 어떻게 하라는 것인가.

답: 어데다 얼마 만한 금액을 쓰겠다고 범위와 한계를 충실히 써 달라는 것입니다. 그래야 내 입장도 서게 되니까 말입니다.

문: 그러니까 그것은 입후보자 30명을 표준으로 해서 달라는 것이 아닌가.

답: 저는 그런 것을 모릅니다. 다만 저는 심부름하는 사람으로서 어데다 표준을 두고 제 말의 말발이 설 수 있도록 내용을 충실히 써 달라는 것이고, 단순하고 내용이 막연하게 후원해 달라고만 해서 좀 상세하게 적어 달라는 것이지요.

재판장은 피고인 조봉암에 대하여

문: 그와 같은 편지를 써 준 일이 있는가.

답: 그것이 당채 무슨 소리인지 모르겠습니다. 지금도 기억에 있는데 전화로 출마자 명단을 알려 달라고 해서 규진(圭鎭)이 편(便)에 적어 보내고, 돈도 좀

주선해 달라고 하였더니 규진이가 돌아와서 다시 써 달란다고 하여, 지금 돈이 없다는 말인가 무슨 소리를 잘못 듣고 그러는가 보다 했습니다. 그리고는 다시 써 준 일이 없습니다. 그런데 김일성에게 보내라고 했다는 것은 말이 안 됩니다.

문: 피고인이 기(其) 점에 대하여 종전에 특무대에서 여사(如斯) 진술한 것이 있는데 여하(如何).
차시(此時) 재판장은 기록 제2120정 1행부터 동 제2133정 5행까지 읽어주다.
답: 네. 그대로입니다.

문: 그때 봉투 2개에다 각각 넣어서 보냈는가.
답: 2매를 봉투 하나에다 넣어서 접어 보낸 기억이 있습니다.

문: 조규진의 진술도 여사(如斯)한데 여하(如何).
차시(此時) 재판장은 기록 제3082정 표면(表面) 1행부터 동 제9행까지 읽어주다.
답: 하나는 꺼내고 준 모양입니다.

재판장은 피고인 양이섭에 대하여
문: 그 2~3일 후 조봉암이가 첫날은 조규진과 함께 남산동에 있는 피고인 가(家)로 찾아가서 집만 알아두는 형식을 취하고, 기(其) 익일 재차 단독으로 피고인을 심방(尋訪)하여 왔으므로 피고인은 편지에 대하여 구체적으로 써야 많은 자금을 얻어 올 수 있는 것이 아닌가, 이 정도라면 나만 미친놈이 되지 않는가, 그럴 바엔 차라리 그만두겠다고 강력히 말하였다는데 여하(如何).
답: 네. 그런 사실이 있습니다.

문: 어떻게 되서 피고인 집으로 조봉암을 오라고 했는가.
답: 저와 만나 제가 제집으로 직접 모시고 들어갔었습니다.

문: 피고인의 집으로 만나기로 한 이유가 있는가.

답: 공포심을 느껴서 우리 집으로 정했습니다.

문: 피고인은 공포심을 느끼면서까지 그런 것을 써오라고 하였는가.
답: 네. 이번까지만 더 하겠다는 생각에서 다시 써오라고 했던 것입니다.

문: 다시 어떻게 썼으면 했는가.
답: 그것은 조(曹)가 더 잘 알 것입니다. 누가 편지 보든지 돈 내 놀 수 있도록 말입니다. 그리고 제 생각에는 돈도 많이 써었으면[135] 했습니다.

문: 다시 피고인은 출마 예상자 명단에 대하여서도 이것 역시 이름만 나열되어 있으니 좀 더 구체적이라야 하지 않는가 하며 반환함에 그것 역시 구체적으로 쓰겠다고 하고 하였다는데 여하(如何).
답: 네. 그런 사실이 있습니다.

문: 어떻게 구체적으로 썼으면 했는가.
답: 연령이라든가, 경력 등을 넣어서 자세히 써 주었으면 했습니다.

문: 조봉암이 다시 써 주겠다고 하던가
답: 네. 다시 써주마고 했습니다.

재판장은 피고인 조봉암에 대하여
문: 그런 사실이 있는가.
답: 나이, 이력 등 더 써 달라고 해서 적어 주기로 했습니다. 그런데 돈 더 달라는 쪽지 이야기는 전연 없는 것입니다.

재판장은 피고인 조봉암, 동 양이섭에 대하여
문: 피고인 상호간에 접수된 금전 관계를 다시 묻겠는데, 첫째 번 4289(1956)년 4월 시

---

135) '써넣었다'는 의미이다.

내 중구 양동 소재 진보당 사무실 근처에서 액면 130만 환의 보증수표 1매를 전달하였다는 점은 여하(如何).

피고인 양이섭은

답: 그런 사실이 있습니다.

피고인 조봉암은

답: 30만 환만입니다.

재판장은 피고인 조봉암에 대하여

문: 그 돈의 소비처는 여하(如何).

답: 지금 소비에 대한 뚜렷한 기억은 없으나 제 개인도 쓰고 단체에도 썼는데 그 때가 선거 때이니까 거기에도 썼을 것입니다.

재판장은 피고인 조봉암, 동 양이섭에 대하여

문: 그리고 기(其) 2~3일 후 태평로 노상(路上) 찦차 내에서 총액 70만 환의 보증수표 3매를 직접 교부하였다는 관계는 여하(如何).

피고인 양이섭은

답: 네. 그런 사실이 있습니다.

피고인 조봉암은

답: 전연 없습니다.

문: 그리고 동경(同頃) 아서원에서 총액 230만 환을 보증수표 2매 내지 3매로 하여 직접 수교(手交)하였다는 점은 여하(如何).

피고인 양이섭은

답: 그것을 며칠에 궁(亘)하여 지불하였는지 모르나 그런 사실이 있습니다.

피고인 조봉암은

답: 동경(同頃)에 그런 것은 받은 기억이 나지 않습니다.

문: 그리고 동년 5월 12~3일경 시내 사직공원에서 조규진을 통하여 현찰 70만 환을 전달하였다는 점은 여하(如何).

피고인 양이섭은

답: 네. 그런 사실이 있습니다.

피고인 조봉암은

답: 있습니다.

재판장은 피고인 조봉암에 대하여

문: 그 돈은 어디다 썼는가.

답: 선거 때 뒤처리 하는 데 썼을 것입니다.

재판장은 피고인 조봉암, 동 양이섭에 대하여

문: 그리고 동년 9월 중순경 시외 광릉에서 액면 1백만 환의 보증수표 1매를 직접 수교(手交)하였다는 점은 여하(如何).

피고인 양이섭은

답: 네. 그런 사실이 있습니다.

피고인 조봉암은

답: 그런 사실이 있습니다.

재판장은 피고인 조봉암에 대하여

문: 그 돈의 소비처는 여하(如何).

답: 일일이 소비처에 대한 기억이 없는데 제가 자꾸 주선해 달라고 부탁했더니

해주어서 받아쓰셨는데, 내 개인과 관계하는 단체에 쓴 것은 사실인데 그 돈을 뚜렷이 어데다 썼는지는 기억에 없습니다.

재판장은 피고인 조봉암, 동 양이섭에 대하여
문: 동경(同頃) 시내 성동구 약수동 로타리에서 현금 50만 환과 액면 50만 환의 보증수표 1매를 조봉암의 장녀 조호정에게 통하여 전달하였다는 사실은 여하(如何).

피고인 양이섭은
답: 네. 그런 사실이 있습니다.

피고인 조봉암은
답: 네. 있습니다.

문: 그리고 다시 동년 10월 초순경 동소(同所)에서 동녀(同女)에게 현금 50만 환과 액면 50만 환의 보증수표 1매를 전달하였다는 점은 여하(如何).

피고인 양이섭은
답: 네. 그런 사실이 있습니다.

피고인 조봉암은
답: 그런 기억이 있습니다.

문: 그리고 다시 동경(同頃) 동소(同所)에서 조봉암의 찦차 운전수 이재윤을 통하여 현금 80만 환을 교부하였다는 점은 여하(如何).

피고인 등은 순차(順次)로
답: 그런 사실이 있습니다.

문: 그리고 동경(同頃) 아서원에서 액면 120만 환의 보증수표 1매를 직접 수교(手交)하

였다는 사실은 여하(如何).

피고인 양이섭은

답: 네. 그런 사실이 있습니다.

피고인 조봉암은

답: 꼭 맞을는지 모르겠으나 그런 기억이 있습니다.

재판장은 피고인 조봉암에 대하여

문: 이제까지의 소비처는 여하(如何).

답: 나 개인 생활비와 당 관계에 썼습니다마는, 당비(黨費)는 정액(定額)만 부담하고 더 내논[136] 것은 없으나 지방당원들이 오면은 좀 쓰기도 하고 했습니다.

재판장은 피고인 조봉암, 동 양이섭에 대하여

문: 4289(1956)년 11월 하순경부터 동 4290(1957)년 2월 초순경까지의 간(間) 수차에 긍(亘)하여 보증수표로 500만 환을 아서원에서 직접 교부하였다는데 여하(如何).

피고인 양이섭은

답: 네. 그런 사실이 있습니다.

피고인 조봉암은

답: 기억이 안 되는데 그런 소리를 하니 딱합니다.

문: 그리고 동년 5월 하순경 이후 남한산성에서 미 본토불 620불을 직접 교부하였다는 점은 여하(如何).

---

136) '내놓은'의 의미이다.

피고인 등은 순차로

답: 네. 그런 사실이 있습니다.

문: 그리고 26,380불을 환화하여 아서원 등지에서 총회(總會) 2,400여만 환의 자금을 전부 수교(手交)하였다는 점은 여하(如何).

피고인 양이섭은

답: 네. 그런 사실이 있습니다.

피고인 조봉암은

답: 마재하 명의의 개인 수표로 된 300만 환은 쓴 일이 있습니다.

재판장은 피고인 조봉암에 대하여

문: 남한산성에서 미 본토불 620불을 어떻게 되서 받게 되었는가.

답: 소풍차 양(梁)과 남한산성에 가서 제가 돈 60만 환을 돌려 달라고 하였더니 한화는 없고 불(弗)이 있다고 해서 그것을 받은 것입니다.

문: 그 돈과 마재하 명의로 된 수표 액면은 무엇에 썼는가.

답: 『중앙정치』 운영하는 데 조규진을 통해서 200여만 환 소비했습니다. 결국 그 돈은 3개월간 『중앙정치』지 발간, 운영하는 데 쓴 것입니다.

문: 『중앙정치』 운영자금은 다른 사람도 내논 것이 있지 않은가.

답: 박기출 씨가 70만 환 내논 것을 알고 있습니다. 『중앙정치』 경영하는 데 매 호당 100만 환가량의 적자가 났습니다. 그러니까 그런 것을 충당하는 데 썼습니다.

문: 피고인은 상(相) 피고인 양이섭이가 주었다는 금액의 일부만을 시인하고 있으나, 양이섭은 피고인을 도웁든 사람인 것을 보더라도 동인(同人)의 진술이 믿어지는데 여하(如何).

답: 양(梁)이 왜 그리 진술하는지 오히려 양(梁)보고 묻고 싶습니다. 나를 위해서 일해준 사람이고, 그렇게 위하던 사람이 하지 않은 것을 말하는 것은 어떤 심정에서 나왔는지 이해할 길이 없습니다. 보통 사람 같으면 그토록 도와주던 사람에게 해로운 진술을 어떻게 하느냐 말입니다. 그런데 그런 말을 하는 이유를 당채 모를 일입니다. 그리고 또 내가 검거된 연후에도 자기가 그런 죄를 진 사람이면 들킨다면 목까지 떨어질지 모르는데 찾아와서 돈도 보태주기까지 하던 사람인 것인데 어떻게 되어서 그러는지 모르겠습니다.

문: 그리고 피고인 등이 상호 금전을 수수(授受)하였다는 장소가 대개 로타리, 소풍 등지를 택하여 한 것을 보더라도 정상적인 것으로는 보이지 않는데 여하(如何).
답: 단시일에 큰돈을 그런 데서 아낌없이 주고 또 의심 없이 받고 하였다는 것은 정상적이 아니라고 하실런지 모르겠으나, 저는 딴생각이 있어서 그런 것이 아니고 다만 정치자금을 얻어 쓰는 사람이 공공연하게 하지 않는다는 것은 사실입니다.

문: 그리고 또 동인(同人)은 구체적으로 어떠어떠한 장사를 한다든가 해서 여유 있는 사람도 아닐 뿐 아니라, 피고인은 그 시(時) 명단 등을 동인(同人)에게 수교(手交)하였다는 것을 시인하는 점 등을 고려하여 보면은 좀 이상하다는 느낌이 있는데 여하(如何).
답: 글쎄 그렇게 생각하시는 것도 무리는 아닌데 본인은 무역도 하고 토건업도 한다기에 여러 차례 부탁해서 얻어 쓰곤 한 것이고, 또 그가 진보당 것 알려고 달래는 것이므로 무엇이든지 주었습니다. 그가 이북 갔다 왔다 한다는 이야기가 전연 없으므로 그저 흥미를 느껴서 달래는가 보다 하고 자연스럽게 줬던 것입니다.

재판장은 합의한 후,
본건 변론은 4291(1958)년 형공 제2168호 피고인 이동현(李東賢), 동 임신환(任信煥) 등에 대한 〈국가보안법〉 위반 등 각 피고사건과 병합심리할 지의 결정을 하고

피고인 조봉암에 대하여

문: 피고인은 4291(1958)년 3월 22일 오후 6시 30분경 당시 피고인의 감방 근무 중인 임신환에게 쪽지를 주워(주어) 상(相) 피고인 양명산에게 전하라고 한 사실이 있는가.

답: 네. 그런 사실이 있습니다.

문: 왜 그런 쪽지를 전하라고 했는가.

답: 양이섭과 본인은 과거 20년 전부터 친하게 지내왔고 내가 경제적 원조를 받은 것은 사실인데, 그는 특무대에서 내가 알지도 못하는 사실을 알고 있는 양(樣)으로 진술하여 놔 이북 돈 썼다고 만드러 노니 간첩될까 걱정이 될 뿐 아니라 앞으로 또 무슨 말을 할까 걱정이 되어 바른말을 하도록 하게 해주었으면 한다고 임(任) 간수부장에게 말하였더니, 간단히 적어주면 전하겠다고 해서 써준 것입니다.

문: 이것이 피고인이 작성한 연락 문건인가.

차시(此時) 재판장은 증(証) 제4호를 제시하다.

답: 네. 그것입니다.

문: 피고인 자신이 그런 일이 없으면 될 것인데 "나와 관계는 단순히 개인적으로 능력 있는 대로 도와주었을 뿐이고, 김(金)이 이북 왕래한 사실을 모른다 운운"한 이유는 여하(如何).

답: 10여 차 이북 내왕했다고 만드는데 가만히 있을 수가 없어서 말해주어야겠다고 해서 바른대로 말하라는 것이지, 거짓말하라고는 안 했습니다. 공판정에 나와서까지 딴소리를 하면 안 되겠기에, 바른말 해다오 하는 생각에서 형무관(刑務官)에게는 죄송했지만 내가 그리 초로(焦勞)[137]해서 쓴 것입니다.

문: 피고인은 과거에도 구금된 경험이 있는 사람으로서 그렇게 쪽지 연락을 해서 사실

---

137) 마음을 태우며 애쓴다는 뜻이다.

을 부인하라고 하는 것이 아닌가.

답: 어떻게든지 바른말 하라 한 것뿐입니다.

문: 또 동 4291(1958)년 3월 23일 오후 6시 30분경 동 감방 간수 근무 중인 이동현에게
　　상(相) 피고인 양명산에게 가서 "자기가 나에게 준 돈이 북(北)에서 가져온 공작금
　　이 아니고 사재(私財)를 준 것이라고 말하여 달라고 전언(傳言)하여 주시오"하고
　　청탁한 사실이 있는가.

답: 네. 하도 답답해서 그와 같이 이야기해 달라고 한 것은 사실인데 그것은 어디
　　까지나 바른대로 이야기하라는 것입니다.

문: 사실은 그렇지 않은데 형무관에게 부탁하여 그와 같이 부인하라고 하는 것이 아닌
　　가.

답: 아닙니다. 그와 같이 부탁한 것은 틀림없지만 답답한 데서이지, 부인하라고
　　시키는 것이 절대 아니고 사실 대로를 말해 달라는 것입니다.

문: 동 간수부장 이동현은 피고인에게 친절히 대해 주던가.

답: 동인(同人)뿐만 아니라 다른 간수 전부가 다 친절합니다.

문: 그때 동인(同人)으로부터 자기는 부채 130만 환 때문에 곤란을 받고 있다고 은연
　　(隱然)히 금원(金員)을 요구하자, 피고인은 양명산에게 그 말을 전달해주면 접견 금
　　지가 해제되는 대로 가족을 통하여 부채 130만 환을 청산토록 하여 주겠다고 약속
　　한 일이 있다는데 여하(如何).

답: 부채 이야기 들은 일이 한 번도 없고 또 가족을 통하여 가퍼[138] 주겠다고 약
　　속한 일이 전연 없는 것입니다.

문: 상(相) 피고인 이동현은 피고인에게 그런 말을 하였다는데 여하(如何).

답: 동인(同人)은 어떻게 말하여도 본인은 전연 없습니다.

---

138) '갚어'의 의미이다.

재판장은 피고인 이동현에 대하여

문: 4291(1958)년 3월 23일 오후 6시 30분경 동 형무소 구치과(拘置課) 2사상(二舍上) 함방에 구금 중인 간첩 및 〈국가보안법〉 위반 피고인 조봉암을 간수 근무 중 동인(同人)으로부터 "양명산에 가서 자기가 나에게 준 돈이 북에서 가져온 공작금이 아니고 사재(私財)를 준 것이라고 말하여 달라"고하는 부탁을 받은 사실이 있다는데 여하(如何).

답: 네. 그런 사실이 있습니다.

문: 그와 같은 부탁을 받게 된 경위는 여하(如何).

답: 금년 3월 23일 오후 5시 40분경 본인이 2사상 감방 사방(舍房) 근무를 하고 있을 때 조봉암이가 "이 부장"하고 본인을 부르기에 본인이 왜 그러느냐고 물으니까, 한 가지 부탁이 있는데 좀 들어달라고 하기에 무슨 부탁이냐고 물어본즉, 조봉암이 말이 내가 양명산이가 이북에 갔다 왔는지, 거기서 가져온 것인지 모르고 해서 받아썼는데 미안하지만 양명산한테 가서 양명산이가 나에게 준 돈이 북에서 가져온 공작금이 아니고 사재(私財)를 준 것이라고 말하여 달라고 하기에, 본인은 어떻게 해야 좋을지 몰라서 처음에는 차(此)를 안 된다고 거절하고 2사상(二舍上) 감방을 1일 순시(巡視)하고 되돌아오니 조봉암이 다시 미안하지만 양명산에게 꼭 좀 전해달라고 부탁을 하기에, 생각 많이 하다가 대질신문(對質訊問)도 다 끝나고 세상이 다 아는 이야기라 별로 증거 인멸될 것 없어서 전하게 되었습니다.

문: 그때 피고인은 조봉암에게 자기는 부채 130만 환 때문에 곤란을 받고 있다고 은연(隱然)히 금원(金員)을 요구한 일이 있는가.

답: 제가 부채 때문에 밤잠을 자지 못하는 처지라, 그런 부탁을 받고 동 감방 복도에서 조봉암 자신은 들었는지 모르나 듣고 있는 줄 알고 말한 일이 있습니다.

문: 상(相) 피고인 조봉암은 어디 있고, 피고인은 어디서 말하였는가.

답: 조봉암은 감방에 있고 저는 복도에서 말하였는데 약 10미돌(米突)가량 떨어

진 곳에서입니다.

문: 부채가 130만 환 있다고 했는가.
답: 꼭 130만 환이라고는 하지 않고 부채가 있다고만 말하였는데 경찰에서 계산
하니까 그마만한 금액이 나와서 그렇다고 했습니다. 그때는 액수 말은 않았
습니다.

문: 피고인은 기(其) 점에 대하여 여사(如斯) 진술한 것이 있는데 여하(如何).
차시(此時) 재판장은 기록 제317정 표면(表面) 7행부터 동 제318정 이면(裏面) 2행
까지 읽어주다.
답: 그와 같습니다마는 조봉암에게 액수를 말한 바는 없습니다.

문: 그래서 그 말을 전해주면 접견 금지가 해제되는 대로 가족을 통하여 정산토록 해주
겠다고 약속받았는가.
답: 제가 동정(同情)해 달라는 취지로 말하니까 접견 금지가 해제되는 대로 가족
에게 말해서 해보자는 정도로 말했습니다.

문: 노골적으로 정리해주겠다고 약속받은 일은 없는가.
답: 그런 말은 없었습니다. 제가 부채 이야기를 먼저 하니까 나중에 그와 같이 말
했을 뿐입니다.

문: 그런 것이 아니라 부채 130만 환을 정산토록 해주겠다는 약속을 함과 동시에 조봉
암의 청탁을 전언(傳言)하였다는데 여하(如何).
답: 전달한 것은 사실인데 그와 같이 약속이 되어 있던 것은 아닙니다. 제 생각에
그와 같이 말하였으니까 해주지 않나 하는 정도로 생각한 것입니다.

문: 양이섭에게 그런 말을 전언하니 무엇이라고 하던가.
답: 그저 고개만 끄덕끄덕 하였습니다.

문: 그런 것이 아니고 양이섭은 "제가 그런 거액의 돈이 어디 있겠습니까. 저는 심부름 한 것이지요"라고 대답하였다는데 여하(如何).

답: 그런 말이 전연 없었습니다.

문: 그래서 피고인은 그 돈이 북한 괴뢰에서 전달된 공작금이라는 것을 알면서도 동월 30일 오후 2시경 재차 양이섭에게 "당신 말 잘하시오. 당신 개인 돈을 주었다고 하여야 되지, 저게서(북한 괴뢰를 말함) 가져온 돈을 주었다면 영감 큰일 나오"라고 재차 강조하고, 동년 4월 2일 오전 8시경 다시 양이섭에게 "당신 개인 돈 주었다고 해야지, 저게서 가져다준 돈이라고 하면 영감 큰일 납니다. 그리고 내일 재판이 있으니 말 잘하시오" 운운하였다는데 여하(如何).

답: 그저 조봉암의 말대로 북에서 가져온 돈이 아니고 사재를 준 것이라고 말하여 달라고 한 그대로 말했지, 다른 말은 없었습니다.

문: 연이(然而)나 피고인은 그 점에 대하여 종전에 경찰 또는 검찰에서 그와 같은 사실이 있다고 진술하지 않았는가.

답: 그 당시는 제 몸이 불편해서 아무렇게나 말했던 것입니다.

재판장은 피고인 조봉암에 대하여

문: 상(相) 피고인 이동현은 부채를 갑퍼 달라고 이야기한 일이 있다는데 여하(如何).

답: 나는 도모지 모를 일입니다.

문: 감방 내에서 말한 것이니까 들었을 것이 아닌가, 그리고 접견 금지가 해제되는 대로 가족을 통하여 정산토록 하겠다고 하였다는데 여하(如何).

답: 꿈에도 그런 말을 한 일이 없고 들은 일도 없습니다.

재판장은 피고인 이동현에 대하여

문: 상호(相互) 얼마나 떨어진 처소(處所)에서 그런 말을 하였는가.

답: 그는 감방에 있고 나는 복도에서 말했는데 약 10미돌(米突) 떨어진 데서 들으라고 말했는데 모르겠습니다. 그리고 바로 가족한테 연연해서[139] 운운했으니

까 그런 줄만 알고 있습니다.

문: 피고인은 4286(1953)년 5월 노갑룡(盧甲龍)으로부터 미제(美製) 45구경 권총 1정과
동 실탄 46발을 수취하여 소지하였다는데 여하(如何).

답: 네. 그런 사실이 있습니다.

문: 당국의 정당한 수속(手續) 없이 불법으로 소지한 것은 사실인가.

답: 정당한 허가가 없던 것은 사실이나 그 당시 문치연(文致然) 형무소장의 호위
를 보고 있을 때인데, 제가 소지했던 칼빈 총은 불편하니까 당시 용도주임(用
度主任)으로 있던 노갑룡 씨가 사서 주어 소지했던 것입니다.

문: 피고인은 언제까지 동 호위(護衛)로 근무하였는가.

답: 그 이후 작년 12월경 문치연 소장이 대전형무소(大田刑務所)로 전임(轉任)할
때까지 차(此)에 종사하여 왔습니다.

문: 호위(護衛) 근무를 떠났으면 동 권총을 반납해야 할 것이 아닌가.

답: 동 권총은 노갑룡의 사재인 것인데 그가 그만두고 어디 있는지 알 길이 없어
반환해 줄려고 해도 여의치 못하고, 그냥 제가 가지고 있다가 금반(今般) 집
단스140) 속에 둔 것이 발각되어 압수되었습니다.

재판장은 피고인 임신환에 대하여

문: 피고인은 4291(1958)년 3월 22일 오후 6시 30분경 조봉암의 함방 근무 중 동인(同
人)으로부터 양명산에게 가서 동인(同人)이 준 돈은 사재를 준 것이라고 하고 특무
대에서 고문(拷問)에 못 이겨 말한 것이라고 부인하라고 전해주시요 하는 청탁을
받은 일이 있는가.

답: 네. 있습니다.

---

139) '연락해서'의 오기로 보인다.
140) 단스(たんす, 箪笥)는 옷장, 장롱을 의미한다.

문: 그래서 어떻게 하였는가.

답: 본인은 가부(可否)를 말하지 않고 이거 무슨 큰 정보나 있나 보다 하고, 과거 첩보에 경험이 있는지라 그 수단(手段)으로 써서 함방 내에 잡범(雜犯)도 많고 또 잊어버리기도 쉬우니 하나 써서 달라고 하여, 제가 소지 중이던 수첩용 연필을 제공하자, 조봉암은 변소용 휴지 1매에다 써서 나를 주며 전해달라고 하였습니다. 그래서 받아 보니까 "사재(私財)를 준 것이라고 하고 이북 왕래한 사실 모른다. 무슨 물건, 쪽지 운운은 모다 거짓이다. 만년필도 한 개다. 특무대에서 고문에 못 이겨 말할[141] 했다" 등의 요지이므로 중시했습니다. 우리 국민은 3·1정신을 계승하여 민족을 해롭게 하는 북한 괴뢰의 간첩은 삿삿치 색출하여 사상적으로 극복해야 한다는 정신무장 밑에서 과(課)에 보고하는 것도 불리할 것 같아서 공판 때 조 부장검사께 산 정보를 제공하려고 집에다 간직하고 월여(月餘) 동안이나 전달하지 않고 가지고 있었던 것이올시다.

문: 전달할 의사가 없었다면 동 연락 문건을 직각(直刻) 상사(上司)에게 보고하여야 할 것이 아닌가.

답: 물론 그래야 하는 것인데 산 정보가 나오면 법정에서 검사에게 내놓으려고 했습니다. 그러던 차, 4월 13일 사찰과 분실장(分室長)이 와서 "정보 좀 주시오"하는 것을 "일주일만 더 기대리시오" 하고 있다가, 저이 집 앞에서 사는 분실(分室) 윤(尹) 형사가 찾아와서 형무관들이 걸렸는데 형(兄)은 아무 관련 없소 하기에 수사에 도움이 되면 좋겠다고 동월 16일 동 쪽지를 주었다가 이렇게 되었습니다.

문: 피고인은 그런 증거 물건을 상사(上司) 또는 경찰로부터 수집하라는 부탁을 받은 일은 없는가.

답: 없습니다. 다만 과거 첩보 계통에 경험이 있는지라, 공작금 액수가 커서 완전한 산 정보를 얻을 때까지 기대린 것입니다.

---

141) '말을'의 오기이다.

문: 연락 문건 등을 소지하면 오해받기 쉬운 일인데 여하(如何).

답: 그래서 이렇게 구속되어 있는가 봅니다.

문: 그때 심경이 전혀 전달할 생각이 아니었는가.

답: 전달할 마음은 없었습니다. 남모르는 것 하나 해볼려고 하다가 이리되었습니다.

문: 이외에 또 전한 것은 없는가.

답: 없습니다.

재판장은 피고인 양이섭에 대하여

문: 북에서 내세우는 평화통일은 어떤 것이라고 하던가.

답: 그 사람들은 말만 했지, 내용은 못 들었습니다.

문: 피고인은 이북에서 주장하고 있는 평화통일이 어떤 것인지를 아는가.

답: 조(曺) 것보다는 다르리라는 것을 알고 있습니다.

문: 조봉암의 것은 어떤 것이라고 아는가.

답: 2차 때인가 남산에서 조봉암에게 평화통일에 대해서 물은 일이 있는데 간단히 말해서 다른 것은 모르나 UN 감시하에 평화통일하자는 것이라고 했습니다.

문: 피고인은 조봉암이 진보당에서 평화통일을 제창하고 있다는 사실을 아는가.

답: 네. 전부터 알고 있습니다.

문: 그것이 어떤 내용인지 아는가.

답: 싸우지 않고 통일한다는 것으로 알고 있습니다.

문: UN 감시하에 총선거를 하되 기성정권을 부인하고 새로운 국회를 형성하기 위하여 자유선거를 실시한다는 것이 아닌가.

답: 저는 자세히 듣지 못하였습니다.

문: 대한민국을 해체하고 하는 방식이라고 하지 않던가.
답: 그런 말 없었습니다.

문: 피고인은 10여 차 월북한 과정을 밟았는데 조봉암의 연락기관 역할을 한 것인지, 불연(不然)이면 대한민국의 정보 수집을 위한 목적이었는지, 어느 것인가.
답: 시작은 제 장사할 목적이었는데 결과적으로 조봉암의 우체부 역할을 했다고 생각됩니다.

문: 대한민국의 정보를 위하여 노력했다고는 생각지 않는가.
답: 저기 가서 얻은 정보를 제공하고 여기서는 그런 것을 해서 가서 전하고 그러는 동안에 제 장사를 하기는 했습니다. 그러니까 정보 수집을 주로 했다고는 생각 들지 않습니다.

문: 북한 괴뢰집단은 대한민국을 변란할 목적으로 하고 있다는 단체인 것은 아는가.
답: 압니다. 그러니까 제 행동이 나쁘다는 것을 알고 있습니다.

문: 피고인은 북한 괴뢰가 평화통일을 내세우고 선전하라고 시키는 이유를 아는가.
답: 그들의 목적 달성을 위해서입니다.

문: 그들의 목적 달성이란 무엇인가.
답: 대한민국의 전복 야심(野心)이 있다는 것으로 알고 있습니다.

문: 연이(然而)면 피고인 등의 행동이 대한민국에 중대한 영향이 미쳤다고는 생각되는가.
답: 동상이몽(同床異夢)이라 할지, 공산당이 준 돈일 줄 알고도 기계적으로 썼다면 이용한 것에 지나지 않는 것이요. 공산당에서도 조봉암을 이용하려는 수단에서 썼다고 생각됩니다. 그러니까 서로 눈 감고 아웅 한 셈이 됩니다. 이

북에서 나를 이용할 때 왜 대담하게 못 나갔는지 모르겠습니다. 그래서 지금 눈물이 흐르고 있는 것입니다. 연이(然而) 국가 전복까지는 생각지 못하고 하였습니다.

문: 조봉암은 정말로 이북에서 호감을 갖고 있는 줄 알고 있는 것인가.
답: 그렇지 않습니다. 조봉암은 박헌영이 죽을 때 했다는 말도 믿지 않는 것입니다. 자기를 이용하는 것이라고 알고 있을 것입니다.

재판장은 피고인 조봉암에 대하여
문: 『중앙정치』 10월호에 "우리 대한민국이 이북 괴뢰와 동등한 위치에 서서 동일한 시간에 선거가 실시된다는 것은 좀 불유쾌하기는 하지만" 운운한 것은, 그와 같이 하는 것이 무방하다는 것을 읽는 사람으로 하여금 인식 주기 위해서인가.
답: 비단 그것뿐이 아니라 충분히 모든 것을 알리자는데 목적이 있지, 그것이 제시(提示) 조항인 것은 아닙니다. 일반적으로 그런 것도 있다는 것을 알리기 위해서입니다.

문: 평화통일을 해야겠다는 신념이 언제부터 들었는가.
답: 전시(戰時) 당시에도 슬프게 생각했지만 휴전이 된 때부터 그런 생각을 하게 되었습니다.

문: 동등한 위치에 서서 남북총선거를 했으면 하는 생각은 언제들었는가.
답: 여러 가지를 쓸 임시해서 생각해 봤던 것입니다.

문: 북한 괴뢰가 평화통일을 부르짖은 것이 언제부터인가.
답: 휴전 후라는 것만 압니다.

문: 피고인이 생각하는 평화통일은 북한 괴뢰가 내세운 것에 공명(共鳴)하기 위한 표현이 아닌가.
답: 그까짓 것들이 하는 것은 문제도 아니라고 생각합니다. 우리가 휴전된 후는

평화통일 된다는 것은 대한민국 국민이 다 아는 일인데, 우리가 가진 안이 없는 것을 진보당에서 대변(代辯)한 것에 지나지 않습니다.

판사 이병용은 재판장에게 고하고 피고인 양이섭에 대하여

문: 피고인은 10여 차 남북한을 자유로이 내왕(來往)하였는데 특히 남한에서의 신변보호가 있었는가.

답: 특별히 신변보호를 받은 것은 아니지만 개인으로서는 절대 안 되는 것입니다. 그러니까 인천 육군 HID의 소원(所願) 들어주고 쭉 그 루트로 왕래한 것입니다.

문: 그리고 이북에 가서는 삼육공사의 안내를 받았는가.

답: 그렇습니다.

문: 그와 같은 루트가 있는데 1개월 동안이나 가만히 있다가 검거되는가.

답: 진 죄[142] 처벌받고 여기서 살려고 했습니다.

문: 월북하면 그런 공로(功勞)도 있고 하니 괜찮으리라고 생각되는데 여하(如何).

답: 어느 정도 무관하다는 것은 사실입니다.

문: 그와 같이 통하는 사람이니 이쪽 동태를 보고해서 공(功)을 세우고 무사할 수도 있지 않는가.

답: 시래하지[143] 않으리라고는 알고 있으나 여기서 살기로 작정한 사람이니까 생각해 본 바도 없습니다.

문: 마지막 번에 지금 요청서를 년[144] 봉투에 대하여 하나인지 둘인지 모르겠다고 하였

---

142) '지은 죄'를 말한다.
143) '싫어하지'를 의미한다.
144) '넣은'을 의미한다.

는데, 오래된 먼저 사실은 기억이 뚜렷하고 가까운 일일수록 기억이 희미한 이유는 여하(如何).

답: 알쏭달쏭해서 말입니다.

판사 이병용은 재판장에게 고하고 피고인 조봉암에 대하여

문: 상(相) 피고인 양이섭은 당적(黨的) 관계가 없는가.

답: 없습니다.

문: 당적 관계도 없는 양(梁)에 대하여 자금을 요청하고 특히 토건업 또는 무역을 한다는 사람이면 어디 사무소를 두고 있는지도 알아보지 않고 그와 같은 다액(多額)의 돈을 얻어 쓰는가.

답: 안 가보고, 알려 하지도 않았습니다. 정치자금을 얻어 쓰는 사람이 구태여 그런 것을 알려고 하지 않습니다.

　　재판장은 금일 공판은 차(此) 정도로 마치고 속행할 것을 고하고 차회 기일은 내(來) 5월 22일 오전 10시로 지정, 고지하고 각 소송관계인의 출석을 명한 후 폐정하다.

4291(1958)년 5월 19일
서울지방법원 형사 제3부
재판장 판사 유병진
서기 홍사필

[출전 : 15권 149~229쪽]

공판조서(제11회) 1958년 5월 22일

피고인 조봉암 외 21명에 대한 간첩 및 〈국가보안법〉 위반 등 각 피고사건에 관하여 4291(1958)년 5월 22일 오전 10시 서울지방법원이 공개한 법원에서

재판장 판사 유병진, 판사 이병용, 판사 배기호, 서기 홍사필 열석(列席)

검사 조인구 출석

피고인 등은 신체의 구속을 받음이 없이 출석하다.

변호인 변호사 김춘봉, 동 김봉환, 동 전봉덕, 동 신태악, 손완민, 동 한격만, 동 최순문, 동 유춘산, 동 임석무, 동 노영빈, 동 조헌식, 동 이상규, 동 김병희, 동 권재찬, 동 이병호, 동 한근조, 동 윤용진, 동 박영휘, 동 김찬영 각 출석

재판장은 변론을 속행할 것을 고하고 피고인 등에 대하여 전회(前回) 공판심리에 관한 주요 사항의 요지를 공판조서에 의하여 고지하니

피고인 등은 순차로 종전 그대로 틀림없다고 진술하다.

재판장은 피고인 양이섭에 대하여
문: 불(弗) 교환한 경과에 대하여는 종전에 검찰청에서 여사(如斯) 진술하였는데 여하(如何).
차시(此時) 재판장은 기록 제3064정 이면(裏面) 1행부터 동 제3065정 이면(裏面) 5행까지 읽어주다.
답: 네. 그와 상위(相違) 없습니다.

문: 피고인은 이것을 아는가.

차시(此時) 재판장은 기록 제1759정 편철(編綴) 수표 사진을 제시하다.

답: 이정자의 남편 마재하의 명의로 된 수표와 보증수표 등으로 해서 조봉암에게
   전달하였는데, 지금 그것이 그때 이정자로부터 받아서 준 것인지 꼭 알 수 없
   으나 그런 종류의 수표로 해다 준 것은 사실입니다.

문: 4290(1957)년 6월 21일자 한국상업은행(韓國商業銀行)에다 이정신(李貞信) 명의로
   금 350만 환 소정의 자기앞수표 발행 의뢰를 한 것을 아는가.

답: 이정신은 누구인지 모르고 이정자가 350만 환짜리 보증수표를 해준 기억이
   있습니다.

재판장은 피고인 조봉암에 대하여

문: 피고인은 이런 것을 아는가.

차시(此時) 재판장은 기록 제1749정 및 동 제1759정 편철(編綴) 수표 사진 등을
제시하다.

답: 620불 이외에 마재하 명의로 된 300만 환의 개인 수표를 쓴 것은 사실인데,
   그것이 4290(1957)년 7~8월경이라고 기억되니까 그것 이외에 다른 것은 모르
   는 것이며, 거기에 조규진이나 이재윤이가 찾은 것으로 된 것은 내가 받아 쓴
   것일 것이나 지금 기억되는 바 없고, 김진명(金鎭明), 김인숙(金仁淑), 이활
   (李活), 왕상은(王相殷)은 도모지[145] 모르는 것입니다.

재판장은 피고인 양이섭에 대하여

문: 북한 괴뢰의 지령에 의하여 조봉암은 어떻게 움직였다고 피고인은 생각하는가.

답: 저와 남산(南山)에서 처음 만나서 이야기할 적에 공산당은 기계적이라고 말
   한 일이 있는 것으로 보아 공산당이 자기를 이용하게 하는 것을 자기도 뻔히
   알면서 오히려 그들을 이용한 것이라고 생각됩니다.

---

145) '도무지'의 의미이다.

검사는 재판장에게 고하고 피고인 김기철에 대하여

문: 피고인은 이북에 있는 공산당을 없애고 38 이북을 통일해보겠다는 생각을 가져 본
　일은 없는가.

답: 그것이 전쟁 이외는 되나요.

문: 진보당으로서 북한만의 선거를 주장할 수 있다고 생각하는가.

답: 있지만 가능하지 못하다는 것을 알고 어떻게 주장합니까.

문: 통일문제연구위원회에서 피고인의 안이 반대되었다는 구체적 이유 여하(如何).

답: 제 추측에는 첫째 수정해야 할 점이 많다. 둘째 그것이 누설되면 선거에 얻어
　맞을 우려 정(情)이 있다는 데에서라고 생각합니다.

문: 피고인은 북한 괴뢰가 부르짖는 것을 위장 평화공세라고 했는데 그것은 적화(赤化)
　를 의미해서인가.

답: 저자들은 6·25사변 당시 남침함으로 말미암아 전쟁을 일으킨 자들이니까 평
　화통일을 당채 부르짖을 권리조차도 없는데 그런다는 말입니다.

판사 이병용은 재판장에게 고하고 피고인 김기철에 대하여

문: 좌우합작위원회 당시 관계 분들이 대개 누구누구인가.

답: 김규식, 원세훈, 윤기섭(尹琦燮), 안재홍, 김붕준(金朋濬) 등으로 기억하고 있
　습니다.

문: 그분들의 대부분이 현재 북에 있다는 사실을 아는가.

답: 알고 있습니다.

문: 그리고 북한 괴뢰가 평화통일을 극구(極口) 선전하고 있다는 사실도 아는가.

답: 압니다.

문: 동 평화통일을 내세우기 위하여 기구(機構)가 되어 있다는 것도 아는가.

답: 압니다. 민주주의조국통일전선(民主主義祖國統一戰線)인지 무엇 하는 것이
　　 있다는 것을 압니다.

문: 그런 사실은 어떻게 알았는가.
답: 제네바 국제회의의 회의록을 입수한 가운데서 읽었습니다.

문: 소위 민주주의조국통일전선(民主主義祖國統一戰線) 구성 인물 가운데 중간노선에
　　 있는 사람을 내세우고 있다는 사실을 아는가.
답: 그들이 이용당하고 있는 것은 사실입니다.

문: 피고인은 동인(同人) 등이 이용당하고 있다고 하면서까지 평화통일에 호응하고 있
　　 는 이유 여하(如何).
답: 그들에 대한 호응이 결코 아니고 대한민국의 육성, 발전을 위한 것인데 자꾸
　　 그들 것과 같다고 선전하니 통탄할 바입니다.

문: 그런 것이 아니고 일맥상통하는 것을 내세우기 위함이 아닌가.
답: 호응 연결된 바가 추호도 없습니다.

문: 피고인의 통일방안이 당헌(黨憲)에 위배된다는 말을 들은 일은 없는가.
답: 박기출 부위원장한테서 들은 일이 있습니다.

문: 동 방안에 내용이 지당하다고 하는 당원은 누구누구인가.
답: 대부분 다입니다.

문: 피고인은 두드려 맞을 우려가 있다는 것을 추측으로 말하지 않았는가.
답: 다들 그렇게 보니까 바람 타는가 보다 했습니다.

변호인 윤용진은 재판장에게 고하고 피고인 양이섭에 대하여
문: 피고인은 이북에서의 정치자금을 조봉암 피고인에게 전달하면 동인(同人)이 대한민

국의 국헌(國憲)에 위배되는 행동을 하리라고 믿었는가.

답: 과거 대한민국에서 농림부장관까지 하시고 또 국회부의장을 지낸 분이라 그
리하지 않으리라고 믿었고, 또 그분 자신도 공산당은 기계적이란 말을 한 것
으로 보아 그럴 일 없다고 생각했습니다.

문: 피고인이 남북교역을 한다고 해서 얻을 진의(眞意)는 여하(如何)한 것이었는가.

답: 정치에 관계되는 것은 별문제(別問題) 치고 북(北)에서 교역한답시고 제가 이
(利)를 보고 또 조(曺)에게 이(利)를 주기 위하여 심부름한 것이라고 생각합
니다.

문: 조봉암의 정치 활동에 대하여 여하(如何)한 영향이 미쳤으리라고 생각하는가.

답: 국법(國法)이 용인되는 일로 했다고 생각합니다.

문: 조봉암의 행동이 어긋났다고 안 것은 언제인가.

답: 진보당사건이 나면서 비로소 알았습니다.

문: 이북에서 조봉암에게 전달하라는 돈을 그에게 전달하면 나쁘다는 것은 아는가.

답: 물론 온당한 일로는 안 알았습니다.

문: 그로 인하여 대한민국 육성, 발전에 저해(沮害)되는 일이 되었다고는 생각지 않는
가.

답: 어느 정도 그러리라고는 생각할 수 있습니다.

문: 피고인은 이북에 내왕할 적에 육군 HID의 사명을 띤 일이 있는가.

답: 군사정보 등 그 시(時) 지시에 의하여 했습니다.

문: 북한에다 정보 제공한 것이 있는가.

답: 본건 이외의 것은 없습니다.

문: 피고인은 그런 짓 하는 데 공포감을 가졌었다고 했는데 그것은 언제부터인가.

답: 그전에도 그런 마음이 없지 않았지만 8차 때부터는 더욱 심했습니다.

문: 왜 그런 생각이 들었는가.

답: 사건이 확대되면 몸을 뺄 수도 없을 것이니 공포심을 느끼지 않을 수 없었습니다. 그래서 사람 하나를 직접 보내는 것이 어떠냐고 하고 나는 빠질려고 했습니다.

문: 피고인이 북한에 가도 살 수 있다는 말은 무슨 의미에서인가.

답: 제가 장사꾼으로서 모지게[148] 한 일이 없으니까 괜찮으리라는 말입니다.

문: 피고인은 4291(1958)년 2월 11일에 특무대에 자진 출두하였다는데 사실인가.

답: 네. 장성팔의 말을 듣고 자진 출두했습니다.

문: 특무대에서 당초부터 본건에 관하여 신문하던가.

답: 처음에 마약 관계자 명부를 내놓고 묻고 이런 말이 없던 것을 제가 자진해서 다 털어놨습니다.

문: 묻지 않는 사실을 자진해서 자백하는 이유 여하(如何).

답: 탁 털어놓고 살려고 해서입니다.

문: 피고인은 특무대에서 자살하려던 일이 있다는데 여하(如何)한 심경에서인가.

답: 살아갈 여지가 없어서입니다.

문: 피고인은 북한에서 돌아올 때는 HID에다 귀환 보고서를 써냈는가.

답: 갈 적마다 정보 사명이 있고 돌아와서는 귀환 보고를 엄숙진 손을 거쳐서 하게 되어 있습니다.

---

148) '모질게'를 뜻한다.

변호인 김춘봉은 재판장에게 고하고 피고인 양이섭에 대하여

문: 피고인은 이북 돈을 받아 가지고 합법 투쟁을 했을 경우에도 나쁘다고 생각하는가.
답: 저쪽을 이용하여 우리에게 이롭게 하였다면 그리 나쁠 것도 없지 않은가 합니다.

문: 피고인은 피고인의 불행이 조봉암에게도 불행이 온다고 생각해 본 일은 없는가.
답: 내가 공포심에서 자수한 것이지, 조봉암을 해롭게 하기 위해서는 아닙니다.

문: 피고인은 이북에서 대중공 상인을 한 일이 있는가.
답: 네. 있습니다.

문: 이북에서도 돈 벌고 살 수 있는 사람이 남한에 와서 살려고 한 이유는 여하(如何).
답: 평양에 있을 적에 전준(田畯)이라는 사람은 친한 사이에서 그의 권(勸)에 의하여 장사를 했던 것이지, 특별한 정치 배경이 있어서가 아니었습니다. 그래서 아군이 후퇴할 적에 남하하여 온 것입니다.

문: 연이(然而)면 피고인은 그전에도 대한민국에서 살겠다는 생각을 하였는가.
답: 그렇습니다.

문: 이북에 살 적에 후생사업 차 남하하였다가 인천에서 검거된 일이 있지 않는가
답: 그런 일이 있습니다.

문: 대한민국에서 살 생각이 있었다면 그때 왜 다시 들어갔는가.
답: 가족의 환경이 여의치 못하여 정리하고 나오려고 했었습니다.

문: 피고인은 북한 괴뢰의 간첩이 극형(極刑)에 처형된다는 사실을 아는가.
답: 네. 그리 듣고 있습니다.

문: 그런데 피고인이 특무대에 자수하면 살려주리라고 생각해서 그리하였는가.

답: 그런 여유 있는 생각까지 한 일이 없고, 장성팔을 만나서 특무대에 들어가자
　　고 하므로 들어가서 심리상태가 돌변하여 모두 털어놓은 것입니다.

문: 죽어도 좋다는 데서인가 살기 위해서인가.
답: 제가 진 죄를 정산(精算)하고 여생(餘生)을 살기 위해서입니다.

문: 다 털어놨으니까 관대하리라고 생각했는가.
답: 다만 바랄 뿐입니다.

문: 피고인과 조봉암은 30년 친구인데 피고인이 특무대에서 자살하려고 써놨다는 유서
　　가운데에 조봉암의 사건도 일단락을 맺었으니까 나는 가련다는 취지가 쓰여졌다는
　　데 그 의도가 어디 있는가.
답: 어디까지나 양이섭이가 자기 진 죄를 다 털어놨으니까 가련다는 것이지, 조
　　봉암은 아무 상관 없습니다.

문: 연이(然而)면 양이섭이가 대한민국에 죄를 졌으니 죽노라 하면 될 것인데 여하(如
　　何).
답: 특별히 조봉암 때문에 그리 쓴 것이 아닙니다.

문: 조봉암의 것을 털어놨다면 관대하리라고 생각해서인가.
답: 그런 죽고 살고 문제는 생각 않고서입니다.

문: 피고인이 죽겠다고 하는 마당인데 특무대와 조봉암과 누가 가까운가.
답: 아직 나는 조봉암의 얼굴을 똑바로 못 봤습니다.

문: 피고인은 특무대에서 진술서를 쓴 일이 있는가.
답: 서너 번 썼는데 처음에 대원실(隊員室)에서 썼고, 제가 심장병으로 혈압이 놀
　　라서 동정받고 대평여관(大平旅館)에 있을 적에 쓰고 한 기억이 납니다.

문: 피고인이 자진해서 쓴 것인가.

답: 제가 썼습니다.

문: 처음부터 끝까지 단번에 썼는가.

답: 그럴 수도 있고 고쳐 쓸 수도 있지 않습니까.

문: 특무대에서 읽어준 대로 쓴 일은 없는가.

답: 없습니다.

문: 조봉암을 희생시키고라도 자기만은 살겠다는 심경에서 자백하여 쓴 진술서라는 말인가.

답: 머리가 좀 복잡해집니다. 살고 죽는 것은 나중 문제인데요.

문: 대한민국에 충성하겠다는 마음에서는 아닌가.

답: 죄진 것을 자백한다는 것뿐이지, 더 큰 것은 없습니다.

문: 피고인은 소위 이중간첩으로서 대한민국에 위인(爲人)이 될 수 있다고 생각해 본 일이 있는가.

답: 이중간첩도 사람인데 순간적으로 나쁜 짓을 하다가도 좋은 마음 가질 수 있지 않습니까?

문: HID에서 피고인이 수백만 환의 물건을 처분하여 써도 모르는가.

답: 제가 사향 같은 것 따로 가져온 것은 모릅니다.

문: 피고인은 범죄진 것으로 아직 털어놓지 않은 것이 있는가.

답: 없습니다. 지금은 속이 환히 비웠습니다.

변호인 김봉환은 재판장에게 고하고 피고인 양이섭에 대하여
문: 27,000불 가져올 적에 그 부피는 얼마나 되는가.

답: 백 환, 3만 환 뭉치 두 개만 한 것과 합해서 모다 베개에 묶었습니다.

문: 어디로 해서 가져왔는가.
답: 배에 차고 왔습니다.

문: HID에서 몸수색하지 않는가.
답: 안 합니다.

문: 물품 구입은 누가 하는가.
답: 제가 합니다.

문: 이북에 들어가는 날짜는 누가 정하나.
답: HID에서 합니다.

문: 들어갈 적에는 지정된 숙소에서 재우지 않는가.
답: 지정된 숙소에서 재웠다가 보냅니다.

문: 그때 모[149] 수색 하지 않는가.
답: 모[150] 조사하지 않습니다.

문: 납도(納島)[151]에 파견대가 있는가.
답: 없습니다.

재판장은 피고인 양이섭에 대하여
문: 사향 등 따로 갔다가[152] 처분한 것은 어디다 가져왔는가.

---

149) '몸'의 오기이다.
150) '몸'의 오기이다.
151) 인천광역시 옹진군 덕적면 소재의 무인도이다.

답: 사무용 가방만한 것인데 일용품을 넣고 다니는 것입니다.

변호인 신태악은 재판장에게 고하고 피고인 양이섭에 대하여

문: 피고인은 상(相) 피고인 조봉암의 장녀 호정을 아는가.

답: 네. 잘 압니다.

문: 친하게 지내는 사이인가.

답: 그렇습니다.

문: 동녀(同女)의 결혼 기념으로 시계 사준 일이 있는가.

답: 그런 것이 생각나는데 일자는 생각 않습니다.

문: 그것이 4288(1955)년 10월경이 아닌가.

답: 가만히 있어요. 그런가 봅니다.

문: 그리고 상(相) 피고인 조봉암과 본건으로 인하여 만나기 전에 을지로 어느 여관 또는 대륙원 등지에서 만난 기억이 없는가.

답: 만난 일이 이제 생각납니다.

문: 이북에서는 군사정보를 얻어 온 것이 있다고 하였는데 여기서는 진보당 것만 가져 갔는가.

답: 네. 그것뿐이지, 다른 것은 없습니다.

문: 진보당 것도 신문에 게재된 정도밖에는 되지 않는 것이 아닌가.

답: 그렇습니다.

문: 연이(然而)면 피고인은 남북교역을 하는 일방(一方), 대한민국을 위하여 정보를 얻

---

152) '갖다가'의 오기이다.

어오고 이북에 대하여는 진보당 사실 이외에는 없다는 말인가.

답: 그런 셈입니다.

재판장은 금일 공판은 차(此) 정도로 마치고 속행할 것을 고하고 차회 기일은 내(來) 5월 26일 오전 10시로 지정, 고지하고 각 소송관계인의 출석을 명한 후 폐정하다.

4291(1958)년 5월 22일

서울지방법원 형사 제3부

재판장 판사 유병진

서기 홍사필

[출전 : 16권 3~31쪽]

피고인 **조봉암 외 21명에 대한** 간첩 및 〈국가보안법〉 위반 등 각 피고사건에 관하여 4291(1958)년 5월 26일 오전 10시 서울지방법원의 공개한 법정에서

재판장 판사 유병진, 판사 이병용, 판사 배기호, 서기 홍사필 열석(列席)

검사 조인구 출석

피고인 등은 신체의 구속을 받음이 없이 출석하다.

변호인 변호사 김춘봉, 동 김봉환, 동 전봉덕, 동 신태악, 손완민, 동 한격만, 동 최순문, 동 유춘산, 동 임석무, 동 노영빈, 동 조헌식, 동 이상규, 동 김병희, 동 권재찬, 동 이병호, 동 한근조, 동 윤용진, 동 박영휘, 동 김찬영 각 출석

재판장은 변론을 속행할 것을 고하고 피고인 등에 대하여 전회(前回) 공판 심리에 관한 주요 사항의 요지를 공판조서에 의하여 고지하니

피고인 등은 순차로 종전 그대로 틀림없다고 진술하다.

재판장은 피고인 양이섭에 대하여

문: 피고인은 전후(前後) 12차 이북을 내왕(來往)하였는데 입북(入北) 시 휴대하고 들어간 물품은 대개 무엇인가.

답: 물품은 주로 시계, 의류, 의약품(마이싱,[153] 베니시링[154])인데 그 수량은 기억

---

[153] '마이신'을 말한다. 마이신은 '스트렙토마이신'의 준말이다.

되지 않습니다.

문: 가격으로 따지면 전부 얼마나 된다고 생각하는가.
답: 약 2천만 환 내외로 추산(推算)됩니다.

문: 이북에서 교역품이라고 해서 가져온 물품은 여하(如何).
답: 인삼 1,200근, 사향 12키로그람,155) 아편 약 4키로그람, 양단 500마(嗎156)), 삐로드157) 700마(嗎), 금 25양중(兩重158)), 수은 100근 등입니다.

문: 그것은 시가 얼마나 되는가.
답: 약 5,000만 환 정도 된다고 생각합니다.

문: 연이(然而)면 피고인의 수입 관계는 여하(如何).
답: 처음부터 자본 있어서 한 것이 아니므로 전부 제 수입으로 볼 수 있습니다마는 그중에서 조봉암에게 선대(先貸)해 준 것이 1,500만 환이고, 비용으로 한 번에 200만 환가량 들은 것을 제하고는 제가 다 썼습니다.

문: 비용이란 이북 내왕하는 데 들은 것을 말하는가.
답: 처음 2~3차 것은 문제 하지 않더라도 그 후 아홉 번 한 것은 처음에 엄숙진과 이익 분배를 약속하였지마는, 복잡하다 해서 그리하지 않고 한 번에 얼마로 하고 했으므로 200만 환 정도 가량 내놨는데, 그것은 HID 공작선 운영비와 승무원 후생비 조로 인천에 나간 것이 약 1500~1600만 환 된다고 하면 맞을 것입니다.

---

154) '페니실린'을 말한다.
155) '킬로그램'을 말한다.
156) '마(碼)'의 오기이다. 마(碼)는 길이의 단위다. 서양의 야아드(yard)의 한자어이다. 1야드(1마)는 3 feet인데, 이것이 약 91.44cm이다.
157) '비로드', 즉 벨벳을 말한다.
158) 한 냥쯤 되는 무게를 말한다.

문: 엄숙진은 자기가 받은 것이 100만 환가량 된다고 하였는데 여하(如何).

답: 자기 개인은 그리될지 모르지만 HID로 간 것이 그렇다는 말입니다.

문: 연이(然而)면 그런 것을 전부 제하고 순 피고인의 수입이 된 것은 얼마나 되는가.

답: 그러니까 생활비, 기타 쓴 것까지 제하고는 1700~1800만 환 순이익 조로 해도 좋을 것입니다.

문: 그 돈은 대개 무엇을 했는가.

답: 4289(1956)년도 봄에 아동기업사(亞東企業社) 사장 탁일청(卓一淸)에게 서울 특별시 종로구 종암동(鍾岩洞) 거주 김봉한(金奉翰)을 통하여 금 300만 환을 이자 명분으로 해서 대여(貸與)했더니 사업에 실패해서 하나도 못 받고, 그 후 동년 하경(夏頃)에 서울특별시 중구 오장동(五壯洞) 소재 성동기업사(星東 企業社) 사장 이종해(李宗海)에게 금 500만 환을 투자한 일이 사실이 있는데 그것도 사업 실패로 말미암아 없어진 것이고, 기여(其餘)는 부동산 매입으로 가옥, 대지(貸地) 등을 산 것이 있습니다.

재판장은 피고인 조봉암에 대하여

문: 피고인이 5 · 15정부통령선거 당시 대통령에 입후보하겠다는 생각은 언제부터 가졌 었는가.

답: 진보당 추진위원회 때인데 벼랑지간[159] 선거일자가 공고되었는데, 동 4289(1956)년 3월경에 추진대표자대회가 열려 결당 추진이 목적이 있는데 그 렇게 되어 우리 당으로서도 시급하게 선거 대책을 강구해야 하지 않느냐고 논의되어, 거기서 결정이 되었으므로 내가 나가게 된 것이올시다.

문: 연이(然而)면 그 입후보하게 된 경위를 다시 진술함이 여하(如何).

답: 제가 대통령에 나가겠다고 미리 생각 가진 일은 없고 또 남에게 말한 일도 없 습니다. 그날 선거 대책위원회를 구성하고 양동 사무실에서 회합을 갖고 거

---

159) '별안간'을 뜻한다.

기서 내가 추천을 받게 되었으므로 입후보하기에 이른 것입니다.

문: 그 추천 방식은 여하(如何)히 하였는가.
답: 선거 대책위원들이 그리 합의되서이지, 누가 그리하자고 해서 된 것은 아닙니다.

문: 그전에도 피고인은 대통령에 입후보한 일이 있지 않는가.
답: 네. 그 4년간에 부산에서 입후보한 일이 있습니다.

문: 그때는 어떻게 되서[160) 입후보하였는가.
답: 제가 당선되는 데 목적이 있던 것이 아니고 이 박사의 비민주적인 정치에 계엄(戒嚴) 때인데도 야당에도 나가는 사람이 하나 있다는 것을 보이기 위하여 출마했던 것이며, 이번만 해도 역시 당선하는 데 목적이 있던 것이 아니고 여당과 대결해보자는 것이었으므로, 신익희 씨와도 문제가 되어 둘 다 안되겠으니 단일후보로 정치적 해결을 해보자고 내가 양도[161)하고, 부통령에 진보당서 나가자고 했더니 다 듣지 않아서 그대로 됐던 것입니다. 이와 같이 야당세력도 있다는 것을 보이는 데 있는 것입니다.

재판장은 피고인 윤길중에 대하여

문: 피고인도 5·15정부통령선거에 조봉암이가 대통령에 입후보하게 된 전말을 아는가.
답: 그것이 4289(1956)년 3월 31일인데 그때 대통령선거 일자를 공고하리라고 생각지 않았는데 정략적으로 다가서 공고가 되었습니다. 그때 진보당에서도 다행히 추진대표자대회가 열린 때라, 급작스러히 신도성 의원의 제안이 채택되게 된 것이올시다.

문: 양이섭의 말을 듣고 입후보하기에 이른 것은 아닌가.

------

160) '돼서'의 오기이다.
161) '양보'의 오기로 보인다.

답: 금시초문일 뿐 아니라 천부당만부당한 말입니다. 그런 지령에 의한 일은 전연 없습니다. 동 양이섭의 공소장에는 동년 3월 하순경 동인(同人)이 월북하여 조봉암이 진보당에서 정부통령선거위원회를 구성 운운했다고 듣고 있는데, 사실상 동년 3월 31일에 그것이 결정된 것이 분명하니 양이섭이가 결정도 되기 전에 미리 알고 갔다는 말인지 모를 일입니다.

재판장은 피고인 조봉암에 대하여

문: 신문이 필요하다고 생각한 것은 언제부터인가.

답: 늘 생각한 것이지만 결당된 후 양이섭이 돈 번다고 해서 이야기했을 뿐입니다.

변호인 신태악은 재판장에게 고하고 피고인 양이섭에 대하여

문: 피고인이 처음에 이북에서 지령을 받아가지고 와서 조봉암에게 전하니까 조봉암은 무엇이라고 대답하던가.

답: 박일영의 말대로 과거 조봉암을 북에서는 나쁘게 생각하여 왔었는데 박헌영 사건이 일어났을 때 박헌영 자신이 조봉암을 출당시킨 것은 자기의 잘못이었음을 고백하였고, 현재 북에서는 조봉암과 합작할 동의를 가지고 있다는 말과 평화통일은 공동목표라고 한다는 것, 또 5·15정부통령선거 시 대통령으로 입후보하면 북에서 재정적으로 후원하겠다는 등의 말을 전하니 조봉암은 야단을 치지 않고 긴장된 얼굴로 약 30분 동안 침묵을 지키다가, 김(金)이 돈을 벌었거든 개인적으로 후원해달라고 하므로 내놓고 승낙한 것은 아니지만 저 혼자 승낙한 것으로 알고 있었습니다.

문: 그 다음 번에 이북에 가서 말한 뒤에 박일영은 오래간만에 만났으니 경계할 것이라고 말하였다는데 그런 것을 보더라도 승낙은 안 한 것이 분명하지 않는가.

답: 제가 인사 교환을 하고 난 다음에 피차(彼此)에 어떠한 과오가 있더라도 고발할 처지가 아닐 것이라고 말한 다음에 그런 말을 전달하였는데, 야단하지 않고 개인적으로 도와달라고 하는 것을 봐서 승낙했다고 봤습니다.

문: 그리고 정부통령선거대책위원회를 진보당에서는 동년 3월 말일에 구성하였다는데 그 전에 이북에 가서 구성되었다는 말을 어떻게 하였는가.

답: 그것은 기억의 착오인지 생각해봐야 하겠습니다.

문: 5차 갔다 와서 조봉암을 만났을 적에 박일영의 말을 전달하자 조(曺)는 웃으면서 김(金)이 돈을 벌었다면 원조해 달라는데 왜 다른 소리를 하는가고 하면서 완전 내락(內諾)하였다는 것은 무슨 뜻인가.

답: 말로는 거절이지만 승낙하였다는 뜻입니다.

문: 피고인이 선거자금이 얼마나 드는가 하고 물으니 약 2억 환 정도 있으면 충분하다고 하기에, 이북에 가서 원조하겠다고 했으니 그 말을 전달하마고 했다는데 피고인이 다녀온 후에 조봉암이 2억 환 됐느냐고 묻던가.

답: 다시 2억 환 소리 한 일은 없습니다.

문: 6차에 월북하여 그런 말을 하니까 선득[162] 500만 환을 주던가.

답: 이쪽 말을 승인하는 의미로 줬을 것입니다.

문: 박일영은 양의 말만 듣고 터러놓고[163] 줄 수 있는 사람인가.

답: 있을 수 있게 줬겠지요. 그 사람들의 심리는 모르겠습니다.

문: 2억 환이나 필요하다는 사람에게 지지하게 자금을 제공한 이유는 여하(如何).

답: 물건 판돈이니까 그리 줬습니다.

문: 북한 괴뢰의 지령에 의하여 조봉암에게 전달하고 조봉암이 여하(如何)히 실행하였다는 것을 다시 가서 보고한 사실이 있는가.

답: 자세히 알려하지도 않고 간섭도 않아서 갖다주기만 했습니다.

---

162) '선뜻'을 뜻한다.
163) '털어놓고'를 뜻한다.

재판장은 피고인 양이섭에 대하여

문: 피고인은 특무대에서 이북에서 가져온 물품의 총 시가가 6,000만 환 돈 된다고 하였는데 여하(如何).

답: 그렇게 진술하였지만 이제 진술한 대로 5,000만 환 돈 되는 것이 확실합니다.

문: 연이(然而)면 그 돈을 쓴 것을 계산해봄이 여하(如何).

답: 인천 HID에 간 것이 1,500만 환이고, 조봉암 씨에게 1,500만 환, 합치면 3,000만 환, 거기에 3년 동안의 생활비가 약 7~800만 환, 김봉한을 통해서 300만 환을 8분(分) 이자에 준 것과 부흥주택(復興住宅) 짓는 데 투자한 것이 500만 환으로 합치면 4,500여만 환으로, 나머지는 집이 두 채 신설동(新設洞) 12통 1반에 후생주택 새로 진 것으로 150만 환짜리, 남창동(南倉洞) 128번지에 전세 집 140만 환이 있고, 종암동에 대지 400평에 150만 환, 그렇게 치니까 도합 5,000만 환 돈이 맞습니다.

문: 피고인이 교역물자로써 가져온 물품 중에 서민(徐民)이가 직접 팔아서 쓴 것도 있다고 하였는데, 인천 HID로 간 것이 1,500만 환이라고 하는 것은 어떻게 해서 그만한 돈이 갔다고 하는 것인가.

답: 시세를 쳐서 계산하면 도합 그만한 돈이 인천 HID 앞배 기줄대(代)[164] 등으로 나갔다고 한 것입니다.

문: 피고인은 종전에 특무대에서 진술하기를 도합 6,000만 환의 물자를 가져왔다고 하였는데, 이제 5,000만 환이라고 하면 약 1,000여만 환의 돈이 공(空) 뜨게 되고, 인천 HID로 갔다는 1,500만 환, 도합 약 2,500만 환의 돈이 석연치 않은 감이 있는데 여하(如何).

답: 저는 그렇다고 생각합니다마는 지금 확실한 기억은 없는 것입니다.

---

[164] '앞배'는 예인선을 가리키는 북한어이다. '기줄'은 '게줄'의 방언이다. 게줄은 굵은 줄의 양쪽에 맨 여러 가닥의 작은 줄을 말한다. HID 예인선과 기줄 대금으로 비용을 지출하였다는 의미로 보인다.

문: 그 2,500만 환이란 것이 2만 불과 관련 있는 것은 아닌가.

답: 아니올시다.

문: 조봉암에게 1,500만 환 간 것은 선대(先貸) 형식에 의해서 준 것이 아닌가.

답: 네. 그렇습니다. 제가 물자 판 돈 중에서 주었기 때문에 2만 불(弗) 가져올 적에 따로 7천 불을 1,500만 환의 일부로서 받아온 것입니다.

문: 그렇다고 하면 그 돈 7,000불까지도 상(相) 피고인 조봉암에게 돌려주었으니 또 언제 받으려고 그와 같이 하였는가.

답: 제가 이북에서 그 사람들 보고 지금 조봉암은 곤란하여 7,000불까지 돌려쓸지 모르겠으니 어떻게 할까 했더니 돌려달라고 함에 돌려주라고 했습니다.

문: 그래서 아무 말도 없는 것을 2만 불과 함께 주었는가.

답: 남한산성에서 620불을 교부할 때 선찬금(先贊金) 보상(報償) 조로 7,000불을 받아왔다는 말을 하니까, 우선 용도(用途)가 급하니 후에 들어가서 받아쓰고 다 함께 교환해달라고 하였습니다.

문: 그래서 다 쓰라고 한 것인가.

답: 네. 그렇습니다.

문: 피고인은 그 정도의 재산 밖에는 없는 사람이 2만 불 이외에 더 줄 수 있는가.

답: 제 사업에서 남은 것을 김봉한 등에게 돌려주었는데 하나 받지도 못하게 되어 단념하다시피 되었으므로, 제 개인에 별로 쓸 것도 없고 조봉암 씨가 그것마저 달라고 하므로 주게 된 것입니다.

재판장은 피고인 조봉암에 대하여

문: 상(相) 피고인 양이섭 이외에 다른 사람으로부터 정치자금을 받은 것은 없는가.

답: 우리 대한민국에서는 자유당 밖에는 정치자금을 공개해서 받을 수 없을 것입니다. 민주당도 그럴 수 없습니다. 다른 당에서는 기부행위 이외에 것은 없다

고 할 것입니다. 조봉암과 개인적으로 친해서 서로 통하는 사람끼리 내내적(內內的)으로 도와주는 수도 있고 하지만 그런 것을 다 말하지 않습니다. 그런 것을 알게 되면 사업 방해돼서 절대 말 안 하는 것입니다. 개인적으로 주는 수도 있고 정치적으로 슬그머니 주는 수도 있는 것인데 남은 몰라도 그리 주니까 유지해 나가는 것입니다.

재판장은 피고인 양이섭에 대하여

문: 피고인은 전(前)의 것은 일일이 기억하고 나중에 불(弗) 교환하여 조봉암에게 제공한 것은 동년 7월 초순부터 8월 초순까지의 간(間) 아서원에서 2~3차, 회룡사에서 1차, 우이동에서 2차, 동구릉에서 1차, 진관사에서 2차 등이라고 하였는데 그것이 어느 날이고 어떤 순서로 되어 있는지 기억나지 않는가.

답: 마지막 진관사에서 마재하 개인 수표 3매인가 준 기억은 나나 다른 것은 분명치 않습니다.

변호인 윤용진은 재판장에게 고하고 피고인 양이섭에 대하여

문: 피고인은 공포심 때문에 자수하였다고 하였는데 그와 같은 사실은 두 사람만이 아는 비밀이므로 피고인만이 말 안 하면 되었을 것인데 여하(如何).

답: 비밀이라는 것은 없고 아무 때라도 드러나고 말리라고 생각했기 때문입니다.

피고인 조봉암은 재판장의 허가를 얻고

저는 이 공판에 와서 첫 번째 했다고 했을 때도 믿지 않았는데, 애저번 공판은 겪고 보니 당최 이상하지만 정신이 아주 없는 사람이 아니니 왔다 갔다 했다는 것은 이제는 믿지 않을 수 없는데, 그렇다면 나를 쏙인 것만은 사실입니다. 그렇다면 의식적으로 나를 속인 것 같은데 그렇게 의식적으로 나를 속인 사람이라 죽으려고 할 때 나를 생각할 여지 없이 그냥 □□□□인데 하려 유서에다 조봉암 사건도 일단락 졌으니 운운하는 것은 사형받을 것을 잘 봐준다는 데서 네네 하고 써 논 것인지 알 길이 없고 그가 양심적으로 아무 고통이 없는지 딱한 노릇입니다. 어쨌든 재판장께서 흑백(黑白)을 가려주셔야 할 일입니다라고 진술하다.

재판장은 금일(今日) 공판은 차(此) 정도로 마치고 속행할 것을 고하고 차회 기일은 내(來) 5월 29일 오전 10시로 지정, 고지하고 각 소송관계인의 출석을 명한 후 폐정하다.

4291(1958)년 5월 26일

서울지방법원 형사 제3부

재판장 판사 유병진

서기 홍사필

[출전 : 16권 41~63쪽]

　피고인 조봉암 외 21명에 대한 간첩 및 〈국가보안법〉 위반 등 각 피의[165]사건
에 관하여 4291(1958)년 5월 29일 오전 10시 서울지방법원의 공개한 법정에서

　재판장 판사 유병진, 판사 이병용, 판사 배기호, 서기 홍사필 열석(列席)

　검사 조인구 출석

　피고인 등은 신체의 구속을 받음이 없이 출석하다.

　변호인 변호사 김춘봉, 동 김봉환, 동 한격만, 동 전봉덕, 동 신태악, 동 손완민,
동 최순문, 동 유춘산, 동 임석무, 동 노영빈, 동 조헌식, 동 이상규, 동 김병희,
동 권재찬, 동 이병호, 동 한근조, 동 윤용진, 동 박영휘, 동 김찬영 각 출석

　재판장은 변론을 속행할 것을 고하고 피고인 등에 대하여 전회(前回) 공판심리
에 관한 주요 사항의 요지를 공판조서에 의하여 고지하니

　피고인 등은 순차로 종전 그대로 틀림없다고 진술하다.

　재판장은 합의한 후, 본건 변론은 직권으로서 4291(1958)년 〈형공(刑公)〉 제
2235호 피고인 이정자에 대한 〈법령〉 제93호 위반 피고사건과 병합심리할 지[166]
의 결정을 고지한 후, **피고인 이정자에 대하여 여좌(如左)히 신문하다.**

---

165) '피고'의 오기이다.
166) '지(旨)'로 표기해야 할 것으로 보인다.

문: 피고인은 불(弗) 암매상(暗賣商)을 한 일이 있다는데 여하(如何).

답: 6·25사변 이후 부산으로 피난 가서 부산 역전에 거주하던 '명안엄마'의 알선으로 딸라 장사를 하게 되었는데, 그 후 환도(還都)하고 나서도 남편이 취직 못하고 놀고 있는 형편으로 생활이 어려워서 계속하여 서울특별시 중구 명동 소재 중국대사관 앞에서 수출불(輸出弗),[167] 종교불(宗敎弗)[168]이라던가의 불(弗)을 취급하였었는데, 작년 8월경부터는 남편의 권고로 그만두고 현재는 모처에서 일 보고 있습니다.

문: 그런데 피고인은 4290(1957)년 6월 초순경 정옥실(鄭玉實)의 주택을 김 영감(양이섭)으로부터 미불(美弗) 1,200불을 받아 차(此)를 서울특별시 중구 자유시장(自由市場)에서 성명불상 여자에게 920대 1 비율로 해서 한화로 교환 판매한 사실이 있다는데 여하(如何).

답: 네. 그런 사실이 있습니다.

문: 정옥실은 어떻게 아는 사람인가.

답: 부산 피난 당시 이웃집에 살아서 서로 알게 된 여자인데 제가 그런 장사를 하는 것을 알고 부탁 온 것입니다.

문: 양이섭은 그때부터 아는가.

답: 이제 알고 보니 그분인데 그때 정옥실이라는 여자가 중국대사관 앞으로 본인을 찾아와서 미 본토불을 팔 수 있느냐고 하기에 할 수 있다고 하였더니, 자기 집으로 가자고 하기에 동녀(同女)를 따라 충무로 태극당(太極堂) 뒤에 있는 동녀(同女)의 집으로 갔더니, '김(金) 영감'이라는 사람이 있어 미불(美弗) 1,200불을 교환해 달라고 해서 한화로 바꾸어 준 일이 있으므로 알게 된 것입니다. 그때는 김 영감이라고 해서 그런 줄만 알았습니다.

---

[167] 물품을 해외에 수출해서 그 대금으로 받는 달러를 말한다.
[168] 종교 사업을 위하여 재외(在外) 단체로부터 송금된 달러를 말한다.

문: 동 불(弗)을 누구에게 팔았는가.

답: 자유시장에 가서 부산에서 온 성명불상의 30세 전후 가량 된 여자에게 팔아주고, 꼼미숑[169]으로 12,000환 받아서 정옥실과 6,000환씩 나누어서 썼습니다.

문: 피고인은 그 당시 평소에도 그런 장사를 했는가.

답: 네. 뿌로카[170]를 해서 꼼미숑을 얻어먹곤 했습니다.

문: 피고인은 동 불(弗)이 어디서 나온 것이냐고 물었는가.

답: 대개 묻지 않고 그냥 거래합니다. 그래서 그때도 그냥 묻지 않고 소개해주었습니다.

문: 그리고 동경(同頃) 동구(同區) 충무로 소재 태극당 뒤 동 정옥실 가(家)에서 양이섭에게 미불(美弗) 8,300불을 900 대 1 비율로 한화로 교환하여 판매한 사실이 있다는데 여하(如何).

답: 네. 그런 사실이 있습니다.

문: 피고인이 사서 판 것인가 그렇지 않으면 소개해 준 것인가.

답: 조금 조금씩 팔아서 모두 주었습니다. 그러니까 그것도 자유시장에서 성명 모르는 이 사람, 저 사람에게 팔아서 주었는데 약 7~8명에게 팔았을 것입니다.

문: 그것을 얼마 동안이나 걸려서 교환하여 주었는가.

답: 아침에 가져와서 거반 다 바로 바꾸어서 저녁 3~4시경에 주고 100만 환쯤은 이튿날 아침에 마저 해다 준 기억이 있습니다.

문: 이번에는 얼마나 이익이 있었는가.

---

169) 커미션(commission), 수수료를 말한다.

170) 브로커를 말한다.

답: 5만 환 받아서 3만 환 제가 먹고 2만 환은 정옥실에게 주었습니다.

문: 또 동년 6월 중순경 피고인 가(家)에서 양이섭에게 미불(美弗) 1만 불을 900 대 1 비율로 한화로 교환하여 판매해 준 사실이 있다는데 여하(如何).

답: 이번에는 몇 번 안면이 있으니까 직접 집에 찾아와서 팔아 달라고 하므로 그 와 같이 해준 사실이 있습니다.

문: 피고인의 집을 미리 알려주었었는가.

답: 네. 김 사장이 아주머니 집이 어데냐고[171] 해서 그 당시 회현동 110번지에 살 적인데 경동(京東)호텔 근처로 오면 안다고 일러줬습니다.

문: 이것은 어디다 팔았는가.

답: 명동 자유시장 등지에서 성명불상자 10여 명에게 나누어서 교환하여 줬습니 다.

문: 이번 것은 즉일(卽日) 바꾸어다 주었는가.

답: 그것을 전부 교환한 액수가 910만 환가량 되는데 그중에 100환짜리 현금도 섞인 것이 있어서 부피가 많기 때문에 은행에 입금시켜 놓고, 본인의 남편 마 재하 명의의 개인 수표 100만 환짜리 6매, 64만 환짜리 1매와 여(餘)는 보증수 표로 해서 동일(同日) 전부 교환해주었습니다. 그리고 그 후 100만 환짜리 2매 를 다시 바꾸어 달라고 해서 보증수표로 해준 일이 있습니다.

문: 1만 불을 교환해주고 얼마나 이득을 보았는가.

답: 8만 환가량의 콘미숑[172]을 얻어먹었습니다.

문: 동년 7월 초순경 피고인 가(家)에서 전(前) 동인(同人)에게 미불(美弗) 7,000불을

---

171) '어디냐고'를 뜻한다.

172) 커미션(commission), 수수료를 말한다.

900 대 1로 한화로 교환 판매하였다는데 여하(如何).

답: 네. 그런 사실이 있습니다. 역시 명동 자유시장 등지에서 5~6명의 성명불상자 불(弗) 암상인(暗商人)에게 팔아주고 소개료로 25,000환가량 받아쓰셨습니다.

문: 피고인은 상업은행 본점 영업부에 이정신이란 명의로 저축예금을 개설, 거래한 사실이 있는가.

답: 정자(貞子)라는 이름은 허명(虛名)이라고 해서 호적상 그리되어 있으나 대개는 정신(貞信)이란 이름을 사용하고 있는데, 그래서 상은(商銀) 본점에도 그와 같이 이정신이라고 사용하여 예금 거래를 한 일이 있습니다.

문: 피고인은 이것을 아는가.

차시(此時) 재판장은 기록 제1749정 편철(編綴)의 수표 사진을 제시하다.

답: 양씨에게 보증수표로 해서 준 것은 사실인데 꼭 그것인지는 알 수 없어도 특무대에서 제시받을 적에 진술한 바와 같습니다.

문: 350만 환 액면(額面)의 자기앞수표 발행을 의뢰한 사실이 있는가.

답: 네. 4290(1957)년 6월 21일자 이정신 명의로 의뢰해서 350만 환의 보증수표를 만들어서 갖다준 것은 기억에 확실합니다.

문: 또 이것을 아는가.

차시(此時) 재판장은 기록 제1759정 편철(編綴)의 수표 사진을 제시하다.

답: 본인 남편 마재하 명의의 개인 수표로 해서 100만 환짜리 6매를 발행하여 교부하였는데 다시 와서 3매인가 보증수표로 해달라고 해서 100만 환짜리 2매와 20만 환짜리 몇 매 등 잔잔하게 해 달라고 하므로 그와 같이 해준 기억이 있습니다.

문: 피고인은 정부의 정당한 허가를 받고 불(弗)을 교환 또는 판매하여야 한다는 것을 아는가.

답: 네. 그리하여야 하는데 그런 수속 절차를 받고 하지 않은 것입니다.

문: 정당한 수속 절차 없이 교환 판매하면은 처벌받는다는 것을 알았는가.

답: 불법인 줄은 알았습니다마는 생활고로 부득이 이런 짓을 하게 되었습니다.

문: 피고인이 양이섭에게 26,500불을 한화로 교환 판매하여 준 금액이 전부 얼마나 되는가.

답: 약 6,420만 환가량 됩니다.

변호인 김봉환은 재판장에게 고하고 피고인 이정자에 대하여

문: 첫 번 것 1천 2백 불은 얼마짜리 불(弗)이었는가.

답: 20불짜리가 2~300불되고 10불짜리가 50불, 나머지는 50불 또는 100불짜리인데 50불짜리보다는 100불짜리가 더 많은 것으로 기억됩니다.

문: 다음 번 것은 여하(如何).

답: 100불짜리가 거반 다고 200불 정도가 잔[173] 것이었습니다.

문: 셋째 번은 여하(如何).

답: 10불, 20불짜리는 약 20불[174]가량이고 50불짜리가 2천 불, 나머지는 전부 100불짜리입니다.

문: 4차 것은 여하(如何).

답: 잔 것이 500불가량 되고 전부가 큰 것입니다.

문: 피고인은 그 당시 양이섭의 태도에 이상하다고 느낀 점은 없는가.

답: 김 사장은 토건회사 사장이라고 소개받고 해서 그런 이상하다는 생각 하나 해본 일이 없습니다.

---

173) 적은 액수, 즉 소액권을 의미한다.

174) '200불'의 오기로 보인다.

재판장은 피고인 이정자에 대하여

문: 그것을 바꾸어서 무엇에 쓴다고 하지 않던가.

답: 소개하는 사람이 튼튼하고 김 사장은 상해 적부터 장사하는 사람이라고 해서
그런 것을 묻지 않고 거래하였는데 그도 아침에 갖다 주고 저녁때 가져가는
태연스럽게 거래하였을 뿐입니다.

재판장은 피고인 등에 대한 신문을 종료한 후 증거 조사할 것을 고하고 피고인 등에 대하여

一. 검사의 각 피의자 신문 조서 및 각 증인 진술 조서

一. 사법경찰관 동 사무취급(事務取扱) 작성의 각 피의자 신문 조서 및 증인 진술 조서

一. 동 압수(押收) 조서(차압 조서)

一. 피고인 자필의 자공서(自供書) 및 진술서

를 각 제시하며 그 요지를 고한 후 기(其) 성립 및 내용의 진정(眞正) 여부를 문(間)하니 피고인 등은 순차로 각 성립의 진정함은 인정하오나 기(其) 내용에 있어서 당 공정(公廷)에서 진술한 것과 상치(相馳)되는 점은 부인하오며 따라서 부합하는 부분만 인정합니다라고 진술하다.

재판장은 이상 각 서류의 요지를 고하고 압수 물건 피고인 조봉암 외 9인에 대한 4291(1958)년 압(押) 제146호, 증(証) 제1호 내지 동 제56호, 피고인 이명하 외 4인에 대한 4291(1958)년 압(押) 제258호, 증(証) 제1호 내지 동 제12호, 피고인 정태영에 대한 4291(1958)년 압(押) 제147호, 증(証) 제1호, 동 제5호, 피고인 이상두에 대한 4291(1958)년 압(押) 제352호, 증(証) 제1호 내지 동 제4호, 피고인 전세룡 외 1인에 대한 4291(1958)년 압(押) 제125호, 증(証) 제1호, 피고인 양이섭에 대한 4291(1958)년 압(押) 제656호, 증(証) 제1호 내지 동 제5호를 각 제시하며 각기 증거 조사 종료 시마다 피고인 등에게 결과에 대한 의견을 묻고 또 권리를 보호함에 필요한 증거 조사를 신청할 수 있음을 고하니

피고인 등은 순차로 압수 물건에 대하여는 각 종전에 진술한 것과 상위(相違)

없으며 증거 신청에 대하여는 각 변호인에게 일임(一任)한다 진술하다.

변호인 김봉환은 증인으로 서상일, 김성숙(金星淑), 최익환, 신도성, 조순환(曺淳煥), 전용국(全龍國), 박정호, 조복재(趙福在), 정우갑, 김재봉, 서복룡(徐福龍), 손도심(孫道心), 조재천(曺在千), 변영태, 김동혁, 엄숙진, 서민, 김일환(金一煥), 조문자(趙文子), 박모(朴某), 장성팔, 정옥실의 환문(喚問)을 신청하고 서증(書證)으로

1. 정우갑에 대한 형사 기록 취기(取寄)[175]
2. 양이섭에 대한 인천 육군 첩보대에 귀환 보서(報書)[176] 및 반출(搬出) 및 수령 물품 목록에 관한 서류의 취기(取寄)
3. 마재하, 이정신 명의의 은행 거래 관계 장부 및 증거물로 첨부된 수표의 원본 취기(取寄)
4. 양이섭의 유서 원본 제출 명령

을 각 신청하고

갱(更)히 현장 검증으로
1. 태평양여관(太平洋旅館)
2. 서울형무소 감방

을 각 신청한 후 기(其) 입증 취지를 전부 진술하다.

변호인 김봉환은 서증(書證)으로
1. 『현대(現代)』잡지 제2권 제1절
2. 국회 정기회의 속기록 제26회, 제36호
3. 『대한연감(大韓年鑑)』에 수록된 수부회담
4. 『영남일보』[4290(1957)년 9월 2일자 1매

---

[175] 취기(取寄)는 주문을 뜻한다.
[176] '보고서(報告書)'의 오기로 보인다.

5. 『대구일보(大邱日報)』[4290(1957)년 10월 8일자] 1매
  6. 민주당 제4대 민의원 선거 시의 통일방안
을 각 신청하고 각기 입증 취지를 진술하다.

  변호인 조헌식은 증인으로 고정훈(高貞勳), 신도성, 여운홍, 조풍연(趙豊衍), 오
영진(吳泳鎭), 박도영(朴道永), 임철규(林喆圭)의 환문(喚問)을 신청하고 서증(書
證)으로
  1. 『정보』(공보처 발행 잡지 5월호) 1책
  2. 『성균(成均)』(성균관대학 발행 잡지 통권 7호) 1책
  3. 『현대』(잡지 제1권 제2호)
  4. 『사상계』(잡지 1953년 9월호) 1책
  5. 『사상계』(잡지 1955년 6월호) 1책
을 제출하고 각기 입증 취지를 진술하다.

  검사는 증인으로 조복재, 정우갑, 고정훈, 서상일의 환문(喚問)을 신청하고
서증(書證)으로
서울지방법원 4291(1958)년 형신 제30호 증거 보전 신청 사건의 1건 기록
을 신청하고 각기 입증 취지를 진술하다.

  재판장은 합의한 후 우(右) 증거 신청 중 증인으로 조복재, 엄숙진, 고정훈, 신
도성, 서상일, 박정호, 장성팔, 정우갑, 서민, 박모(朴某)를 환문(喚問)하고
  1. 양이섭에 대한 육군 인천 첩보대에 귀환 보고서 및 반출(搬出) 및 수령 물품
     목록에 관한 서류의 취기(取寄)
  2. 마재하, 이정신 명의의 은행 거래 관계 장부 및 증거물로 첨부된 수표 원본
     의 취기(取寄)
  3. 양이섭의 특무대에 대한 유서 원본의 제출 명령
은 각 육군 인천 첩보대 또는 육군 특무대에서 취기(取寄) 또는 제출을 명하고
  서증(書證)으로 제출된
  1. 『현대』 잡지 1책

2. 국회 정기회의 속기록

3. 『대한연감』에 수록된 수부회담의 초(抄)

4. 『영남일보』 1부

5. 『대구일보』 1부

6. 민주당의 제4대 민의원 선거 시의 통일방안

7. 『정보』 5월호 1책

8. 『성균(成均)』 7호 1책

9. 『현대』 1권 2호 1책

10. 『사상계』 1책(9월호)

11. 『사상계』 1책(6월호)

12. 서울지방법원 4291(1958)년 형신 제30호 증거 보전 기록 1책

은 각 채택하여 별지 조서와 여(如) 압수하고

이여(爾餘)의 증거 신청은 보류한다는 증거 결정을 하고 차회 기일은 내(來) 6월 5일 오전 10시로 지정, 고지하고 각 소송관계인의 출석을 명한 후 폐정하다.

4291(1958)년 5월 29일
서울지방법원 형사 제3부
재판장 판사 유병진
서기 홍사필

[출전 : 16권 64~86쪽]

28 **공판조서(제14회) 1958년 6월 5일**

피고인 조봉암 외 22명에 대한 간첩 및 〈국가보안법〉 위반 등 각 피고사건에 관하여 4291년(1958년) 6월 5일 오전 10시 서울지방법원의 공개한 법정에서

재판장 판사 유병진, 판사 이병용, 판사 배기호, 서기 홍사필 열석(列席)

검사 조인구 출석

피고인 등은 신체의 구속을 받음이 없이 출석하다.

변호인 변호사 김춘봉, 동 신태악, 동 김봉환, 동 전봉덕, 동 손완민, 동 한격만, 동 최순문, 동 유춘산, 동 임석무, 동 노영빈, 동 조헌식, 동 이상규, 동 김병희, 동 권재찬, 동 이병호, 동 한근조, 동 윤용진, 동 박영휘, 동 김찬영 각 출석

증인 신도성, 동 고정훈, 동 장성팔, 동 정우갑, 동 박정호, 동 엄숙진 각 출석 동 서상일, 동 서민(송달 불능), 동 박모(朴某)(송달 불능), 동 조복재 각 불출석

재판장은 변론을 속행할 것을 고하고 피고인 등에 대하여 전회(前回) 공판심리에 관한 주요 사항의 요지를 공판조서에 의하여 고지하니

피고인 등은 순차로 종전 그대로 틀림없다고 진술하다.

재판장은 전회(前回) 증거 결정에 의하여 증인 신문할 것을 고하고 출석한 증인 등에 대하여 여좌(如左)히 신문하다.

문: 성명, 연령, 직업 및 주소는 여하(如何).

증인 신도성은

답: 성명은 신도성, 연령은 41세, 직업은 서울대학교 법과대학 강사, 주소는 서울
특별시 종로구 동숭동(東崇洞) 1번지

증인 고정훈은

답: 성명은 고정훈, 연령은 37세, 직업은 신문기자, 주소는 서울특별시 용산구 후
암동(厚岩洞) 1번지의 33호

증인 장성팔은

답: 성명은 장성팔, 연령은 40세, 직업은 상업, 주소는 서울특별시 동대문구 숭인
동(崇仁洞) 81번지의 1호

증인 정우갑은

답: 성명은 정우갑, 연령은 64세, 직업은 무직, 주소는 서울특별시 종로구 혜화동
(惠化洞) 70번지의 5호, 현재 서울형무소 재감(在監) 중

증인 박정호는

답: 성명은 박정호, 연령은 58세, 직업은 무직, 주소는 서울특별시 용산구 동자동
(東子洞) 23번지, 현재 서울형무소 재감(在監) 중

증인 엄숙진은

답: 성명은 엄숙진, 연령은 32세, 직업은 농업, 주소는 서울특별시 서대문구 대조
동(大棗洞) 12번지

　재판장은 증인 등에 대하여 〈형사소송법〉 제148조, 동법(同法) 제149조에 각
해당 여부를 조사하고 차(此)에 해당치 않음을 인정한 후, 위증에 벌을 경고함에
별지와 여(如)히 선서시키고 후에 신문할 증인은 일시 퇴정할 것을 명하고 증인
신도성에 대하여 여좌(如左)히 신문하다.

문: 증인은 피고인 조봉암 등을 아는가.

답: 그분들은 다 알고 있습니다마는 이명하 그 아래 분은 잘 모릅니다.

문: 증인 자신이 진보당 결당 과정에 관여한 사실이 있는가.

답: 가칭 진보당 추진준비위원회 때부터 차(此)에 참가한 일이 있습니다.

문: 그것이 4289(1956)년 1월 12일이 아닌가요.

답: 추진준비위원회가 발족된 것은 그때부터이지만 본인이 진보당에 관계하게 된 것은 동 4289(1956)년 봄이라고 기억하니까 동년 3월경부터가 아닌가 합니다.

문: 증인이 진보당에 관계하게 된 경위는 여하(如何).

답: 범야당(汎野黨) 연합운동이 일어나서 신당에 참가하는 것이 어떻냐는 권고를 받은 바 있으나, 민주당이 결당됨에 일부 인사가 분열되어 나와 민주당을 제외한 야당 세력을 뭉쳐야겠다고 해서 서상일 씨 댁에 모이는 데 두어 번 참가한 일이 있는데 거기서 우리도 제2의 야당을 만들자는 의견이 나왔으나, 제가 참가하는 것을 꺼린다는 소문이 들어와서 관여 않고 그대로 무소속으로 있는데, 얼마 후에 반대한 이들이 다 물러갔으니 네도 같이 해도 되지 않느냐고 해서 다시 관계하기 시작한 것이 추진준비위원회 때부터입니다.

문: 4288(1955)년 6월경부터 혁신운동이 일어나서 동년 8월에 광릉회합을 갖고, 또 동년 10월에 대관원회합 등을 가졌었다는데 그런 회합에 참가한 일은 없는가요.

답: 그렇습니다. 동 4288(1955)년 6월경부터 제2의 야당을 만들자고 윤길중·김기철 양씨(兩氏) 집에 모인 일이 있고, 서상일 씨 댁에도 모이고 하다가 서 선생이 소풍가자고 해서 광릉에 가서 회합한 일들이 있는데 그것이 광릉회합이라고 하는 것이 아닌가 지금 생각됩니다. 그리고 대관원회합이라고는 기억에 없습니다.

문: 연이(然而)면 증인은 광릉회합에 참가한 후부터는 관여치 않았다는 말인가요.

답: 광릉에 참석하였을 적에 그 취지를 들으니 참석한 분들이 앞으로 정당운동을

전개하여 보자는 것이었고, 그리고 그 후 차차 전파(轉派) 태동하고 모인 것이 서상일 씨 댁에서인데 그때 잡다(雜多) 정객(政客)이 모인 가운데에서 나를 반대하는 분이 있다고 하는 말을 듣고 관여 안 하고 있다가, 그 몇 달이 지난 뒤에 반대하는 분이 못 있어 갔으니 다시 와서 같이 하자고 해서 그때부터 관계하기 시작한 것인데 그것이 추진준비위원회 때입니다.

문: 그것이 추진준비위원회가 발족된 동 4289(1956)년 1월 12일이 아닌가.
답: 그해 이른 봄으로 기억되니까 기(其) 경(頃)이 아니고 동년 3월경입니다.

문: 추진준비위원회가 발족됨에 따라 피고인 윤길중은 선전 책임을 맡아보고 증인은 의안부(議案部) 책임자가 되었다는데 여하(如何).
답: 윤길중 씨가 선전, 의안 책임을 보고 좀 있다가 제가 의안부 책임자로 취임하였습니다. 그것이 참가의 시초입니다.

문: 4288(1955)년 12월 12일 발기취지문을 발표하고 아울러 강령 초안도 발표한 일이 있다는데 차(此)에 관계한 일은 없는가요.
답: 차(此)에 관계한 바가 없습니다.

문: 연이(然而)면 그런 것을 발표했다는 것을 아는가요.
답: 관여한 바는 없습니다마는 발표된 것을 알고 있습니다.

문: 동 발기취지문 및 강령 초안이 어떻게 되어 있는 것인지를 증인은 아는가요.
답: 네. 잘 알고 있습니다.

문: 증인이 의안부 책임자에 취임한 후 여하(如何)한 일을 하였는가요.
답: 의안부 책임자는 당의 공식적 발표 문서를 작성하는 것을 맡고 있는 것인데, 제가 취임하니 그동안 정강정책이 될 만한 많은 자료가 되어 있어서 그것을 토대로 하고, 간부의 의견을 듣고 해서 제가 정책 면에 관한 것을 작성하고 이동화 교수가 강령 전문(前文)이라는 것을 기초하였습니다.

문: 강령 초안으로 나와 있던 것이 4개 항목으로 되어 있는 것인가요.
답: 네. 그렇습니다.

문: 그 중 평화적 방식에 의한 통일을 해야 한다는 것이 있는가요.
답: 네. 그렇습니다.

문: 동 내용은 여하(如何).
답: "민주주의의 승리를 보장하는 평화적 방식에 의한 통일의 실현을 기한다"라고 되어 있는 것으로 기억합니다.

문: 증인은 평화통일이란 항목이 강령에 어떻게 돼서 나왔는지를 아는가요.
답: 그 경위를 말씀드리자면 기존 양개(兩個) 보수정당 특히 민주당 정강에 없는 새로운 것이 있어야 한다는 말이 나와, 즉(卽) 혁신정당의 강령으로서 특수성을 나타내기 위해서 넣었다고 생각되는데, 제가 참가했을 때는 그와 같이 거의 확정적인 것이었는데 오늘날과 같이 공산 집단에서 이미 선전화(宣傳化)되어 있는 것인 만큼, 저는 그것을 평화적 방식이지만 정치적 방식에 의한 통일이라고 하면 어떻냐고 주장해 봤지만 그것은 문구(文句)가 직접적 자극을 줄 수 없다는 견지에서 채택이 되지 않았습니다.

문: 연이(然而)면 평화통일을 넣게 된 직접적인 동기(動機), 다시 말해서 누가 주장했다던가 한 일은 없는가요.
답: 누가 주장했다던가 한 일은 없고 평화통일은 일치된 견해로 봤습니다. 그때는 평화통일에 대하여 별로 이론(異論)을 가진 사람은 없으리만치 평화적으로 통일하는 수밖에 없다고 한 것이고, 단지 제가 말씀드리는 것은 문구(文句) 표현에 있어서만 가지고 말이 되었다고 하는 것을 말씀드립니다.

문: 증인이 의안 책임을 맡아보게 되어 증인 자신이 정책에 관한 초안을 작성하였는가요.
답: 네. 그 이후로 다 제가 정책 면에 관계되는 것 작성하였습니다.

문: 진보당의 정책 가운데 통일문제를 취급하여 조국의 평화통일 운운한다 쓰여져 있는
데 그런가요.

답: 초고(草稿)에 그런 것을 썼는데 그 후 그대로 채택이 되어 있는지 수정이 되
었는지 4289(1956)년 6월 이후는 모릅니다.

문: 조봉암, 서상일이 특히 평화통일에 대하여 주장한 바는 없는가요.

답: 그분들이 특히 다른 주장을 하는 것을 못 봤습니다.

문: 평화통일에 대한 것을 표현할 적에 논의된 바는 어떤 것인가.

답: 제가 참가했을 적에는 평화통일은 이미 채택하기로 거의 일치를 보고 있었는
데, 의안부 책임자인 본인으로서는 그 평화통일이란 평화 운운이 괴뢰의 선
전적 효과를 줄 염려도 없지 않으니, 평화통일은 정치적 방법에 의하여 이루
어지는 것이만치 정치적 통일이라고 하는 것이 이념상 정연(整然)하지가
않으냐고 제 주장을 말해봤지만, 그것은 학술적 논문식으로는 통할 수 있을
지 모르나 선거 강령에 활용하는 데에 있어서는 좀 더 대중에게 효과적이고
알기 쉬운 것은 평화적 통일이다라는 데에서 쓰여지게 되었는데, 좌우간 그
리 쓰는 데는 공산당에 이롭게 악용(惡用)될 염려 있으니 차(此)를 회피하여
신중히 하지 않으면 안되겠다 해서 민주주의의 승리를 보장하는 것으로 첨가
했습니다.

문: 이것이 증인이 당시 기초한 통일문제와 같은 것인가요.

차시(此時) 재판장은 증(証) 제2호 강령 책자, 진보당의 정책 중 (一) 통일문제 부
분을 제시하고 읽어보게 하다.

답: 대체 그대로입니다.

문: 진보당의 정책으로서 통일문제를 취급 초안 작성할 적에 평화통일은 누구의 주장에
의하였거나 또는 다른 공기(空氣)가 흐른 것은 없었는가요.

답: 대체로 전체의 공기가 그러했지 누구의 주장이 특히 나온 일은 없었습니다.
초고는 대개 제 머리에서 나온 것을 썼습니다.

문: 평화적 방법에 대하여 조봉암이나 서상일의 주장에 의해서가 아닌가요.
답: 제 기억에는 그런 바가 없습니다.

문: 증인이 진보당을 사퇴한 것은 4289(1956)년 9월경이라는데 여하(如何).
답: 선거 끝난 후 전체 사퇴할 적이라고 기억되니까 동년 6월 중순경이 아닌가 합니다.

문: 평화통일이란 구호를 5·15정부통령선거 시 사용한 일이 있는가요.
답: 네. 주로 선전 목적으로 썼습니다.

문: 특히 그것을 선전하라고 주장한 사람은 없는가요.
답: 개개인의 심적(心的) 내용은 모르겠으나 공적 회합에서 특별히 반대를 물리치고 관철을 해보겠다고 하는 것을 보지 못했고, 그것을 선전하자는 것은 대체적인 의견이었습니다. 다만 평화통일을 선거에 활용하는 데 있어서 선전적 효과가 있었다는 것을 모(某) 의원이 사담(私談) 정도로 말한 일은 있어도 그것을 꼭 주장한 사람은 없었습니다. 그러니까 그것도 경험담이지요.

문: 조봉암 피고인이 주장한 바는 없는가요.
답: 조봉암 씨가 그것을 들아고[177) 한 일은 없습니다.

문: 모(某) 의원은 누구인가요.
답: 김달호 씨지요.

변호인 신태악은 재판장에게 고하고 증인 신도성에 대하여
문: 증인은 추진준비위원회에 가담하기 전에 두어 번 회합에 참석한 일이 있다고 하였는데 그때 모인 장소는 어디인가.
답: 김기철이나 윤길중 집 말고서는 서상일 씨 댁이고 준비위원회 때는 양동 사

---

177) 원본 문서 그대로 기재한 것인데, 문맥상 '들라고(주장하려고)'의 의미로 보인다.

무실입니다.

문: 평화통일에 관하여 서상일 씨가 특히 주장하는 것을 들은 일은 없는가.
답: 서상일 씨 자신은 혹 말했는지 모르나 본인은 못 들었습니다.

문: 증인은 동 용어가 정치적 방법으로 하는 것이 좋겠다고 말한 일이 있었다는데 그 당시 조봉암 피고인이 반대한 일은 없는가.
답: 제가 평화통일이 나빠서 그런 것이 아니고 평화통일은 이미 세상에 알려져 있기는 하지만, 이북에서 쓰고 있으니까 오해받을 염려도 없지 않으니 다른 걸로 해도 좋지 않냐고 해서 제가 말해봤던 것이지 다른 의미가 있어서도 아닙니다. 기(其) 당시 평화통일이란 것이 오늘날같이 시끄럽지 않았을 때이고 제가 그리 좀 거슬리니 회피하는 것이 어떻냐고 했다가, 평화통일이라고 하는 이가 지배적이어서 그냥 묵살되어 버리기는 했으나 내가 별로 그것을 고집 않았기 때문에 다른 사람의 특별한 주장도 못 들었습니다.

문: 증인이 진보당에서 탈퇴한 이유는 여하(如何).
답: 서상일, 조봉암이 분열될 내용을 가지고 있어서 안 될 것으로 보고 나왔습니다.

문: 연이(然而)면 서상일 씨가 분열되어 나간 것은 조봉암이 좌익경향에서인지 불연(不然)이면 다른 이유가 있어서인지 증인의 견해는 여하(如何).
답: 제 사적 견해를 공개된 자리에서 말하기는 곤란하나 좀 말씀드리면, 그 당시 진보당이 장차 잘 되어 갈지는 몰랐지만 정부통령선거에 있어서 자유, 민주당에서는 물론 정부통령을 선택, 입후보케 할 것이지만, 진보당에서도 혁신세력이 있다는 것을 알리기 위하여서라도 정부통령에 입후보해야 한다고 하였습니다. 당적은 고사하고 계몽(啓蒙)과 선전적 효과가 있다는 데서 참가하기로 하여 공천 전에 대통령에 서상일, 부통령에 조봉암 하자고 해서 그리될 뻔했는데, 사정이 홱 달라져서 뒤바뀌게 되니까 서상일 씨는 나는 안 한다 하게 되어 서상일 씨 대신에 박기출 씨를 부통령으로 각 공천하기에 이른 것입니다. 그렇게 되어 서상일 씨 대신에 박기출 씨를 부통령으로 각 공천하기에

이른 것입니다. 그래서 저는 그때 벌써 분열을 추단(推斷)했습니다. 그런 것이 선거 전에 공개되면 장피[178]하니 끝날 때까지 참고 내려오다가 그만두게 된 것이라고 할 수 있으므로 저는 영도권(領導權) 문제로 결렬이 되었다고 봤습니다.

문: 증인은 조봉암 피고인이 대통령후보로 나가겠다고 자신이 운동하는 것을 보았는가.
답: 제가 조봉암 씨에게 대통령에 서상일 씨, 부통령에 조봉암 씨가 나가시는 것이 좋겠다고 여러 시간 제 의견을 말씀드렸더니 그리하마고 하였는데 대회 때에 반대로 공천이 되었습니다.

변호인 전봉덕은 재판장에게 고하고 증인 신도성에 대하여
문: 증인은 진보당의 정강정책으로 봐서 결론적으로 남북의 평화통일 방안으로서는 현 대한민국이 북한 괴뢰와 동등한 위치에 서서 양측을 일대일로 간주하여 각 해소시키고 운운하는 해석이 나올 수 있다고 보는가.
답: 제가 사퇴 후 정강정책 면에 변경이 있었으면 모르나 인쇄된 책자대로이니까 불가능하다고 압니다.

문: 다른 사람도 그렇게 해석할 수 있는가.
답: 이론(異論)이 없을 것입니다.

변호인 김춘봉은 재판장에게 고하고 증인 신도성에 대하여
문: 서기 1947년 UN총회에서 우리 변(卞) 대표도 평화통일을 주장하여 거기서 논의가 된바[179] 있는데 증인은 그것이 이북 괴뢰만의 주장이라고만 생각되는가.

---

178) '창피'의 오기이다.
179) 1947년 9월에 개최된 UN 총회에서 한국의 독립문제가 의제로 상정되고 UN 한국임시위원단 설치가 결정된 바 있으나, 변 대표(변영태 장관)가 평화통일을 주장하며 연설을 하였던 것은 1954년의 제네바회의이다. 김춘봉 변호사는 이 두 가지 사안을 혼동한 것으로 보인다. 김 변호사는 평화통일 주장이 이미 제네바회의에서 정부 관료에 의해서 나왔음을 밝히기 위해 이런 질문을 한 것으로 보인다.

답: 예를 들어서 말하자면 인민(人民)이라는 것이 무엇이 나빠서 못 쓰고 있습니까. 그런 용어가 대한민국에서는 그저 합당치 않다고 생각하기 때문이지요.

문: 증인은 진보당의 정치노선이 정강정책 면으로 봐서 어디에 속한다고 보는가.
답: 준비위원회 때에 간부 중에는 사회민주주의 방향을 지향하여야 된다고 한 사람도 있었기는 했지만, 제 자신은 지금 그 시기가 못 된다고 말하고 수정자본주의로써 만족할 수밖에는 없다고 주장하여 그것이 채택된 것으로 기억하고 있습니다.

변호인 김봉환은 재판장에게 고하고 증인 신도성에 대하여
문: 5·15정부통령선거 당시 선거운동을 다닌 일이 있는가.
답: 네. 있습니다.

문: 증인도 그때 평화통일을 주창하였는가.
답: 네. 그랬습니다.

문: 그 당시 박기출의 연설 내용을 아는가.
답: 평화통일을 주장하였으나 이북식이 아니라는 것은 그가 누누이 설명하고, 북한 공산 집단은 6·25의 남침으로 전쟁을 도발한 자이니까 평화통일을 주장할 권리가 없다는 것이고, 평화통일은 UN을 통해서만 이루어져야 한다는 것이었습니다.

변호인 임석무는 재판장에게 고하고 증인 신도성에 대하여
문: 진보당의 정책 가운데 통일문제에 있어서 "우리는 조국의 평화통일 방안이 결코 대한민국을 부인하거나 말살하는 데 있지 아니하고, 도리어 그것을 육성하고 혁신하고 진실로 민주화 하는데 있음을 확신한다"라고 하였는데 그대로라고 생각하는가.
답: 네. 제가 쓴 것인데 그대로라고 생각합니다.

판사 이병용은 재판장에게 고하고 증인 신도성에 대하여

문: 증인이 진보당 의안부 책임자로 있을 당시 피해대중을 뭉치라고 하는 스로강을 내
   세운 일이 있는가.

답: 스로강이 아니고 장식하는 데 써 부친 것에 지나지 않았다고 생각합니다.

문: 그것을 장식이라고만 단순히 말할 수 있다고 생각하는가.

답: 저는 그렇게 봅니다.

문: 장식하는 것이라도 의안부의 승인이 있어 그런 형식으로 대외에 발표, 선전케 하는
   것이 아닌가.

답: 그것은 의안부와 관계가 없는 것입니다.

문: 의안부의 승인 없이 당의 의사를 발표할 수 없을 것이 아닌가.

답: 엄격히 따지면 설비(設備)에 관한 것은 의안부와 관계없다고 생각합니다.

문: 연이(然而)면 찬동은 한 것인가.

답: 찬반 여부가 없습니다. 제 생각에 좀 과격하다고 생각하기는 했습니다.

문: 어떤 점에서 그렇다고 생각되는가.

답: 자극적이라는 말입니다. 좌익에서 말하는 피착취 계급을 연상하게 되니까 말
   입니다. 비용 들어서 해 놓은 것을 뜯으라고 할 수도 없어서 그냥 됐습니다.

문: 그 말은 무산계급은 단결하라고 사실상 갈파(喝破)한 것은 아닌가.

답: 진보당은 계급정당이 절대 안 되고 국민적인 정당이라고 생각합니다. 그것도
   계급 의미에서가 아니고 선전적 효과를 누릴 용어에 지나지 않았다고 생각합
   니다.

검사는 재판장에게 고하고 증인 신도성에 대하여

문: 증인은 진보당의 정책 초안자로서 통일문제를 취급함에 있어 강령을 모체로 하고

있는 것은 사실인가.

답: 네. 강령에 미급(未及)한 것은 정책 면에 나타냈습니다.

문: 민주당 또는 자유당의 정강과 색다른 것을 나타내기 위해서는 아닌가.

답: 그것도 직접적인 동기의 하나인 것입니다.

문: 연이(然而)면 여당인 자유당과 민주당과는 다르다는 것을 시인하는가.

답: 다르다는 것은 압니다.

문: 제네바회의에서 변영태 외무부장관이 14개조 안을 내세운 것을 아는가.

답: 그것은 아는데 내용은 자세히 모릅니다.

문: 연이(然而)면 정부의 통일 방안이 무엇이라는 것은 아는가.

답: 네. 북진통일이라는 것을 압니다.

문: 연이(然而)면 변 장관이 제안한 것과 다르다는 것은 아는가.

답: 지금 그 내용을 정확히는 모르겠으나 국회에서는 외교사절이 국책(國策)과 다른 것을 제안하였다고 불어서 물어본 일이 있는데 그때도 석연치 않게 답변하였습니다.

문: 북한만의 자유선거를 실시하자고 한 것이 아닌가.

답: 그때 국회에서 뚜렷이 밝혀지지 아니하였습니다.

문: 증인은 오늘날 무력통일론은 전연 당치 않다는 말인가, 불연이(不然而)면 불가능하다는 데서인가.

답: 평화통일 아니라도 지금 무력통일이 되면 오죽 좋겠습니까? 결국 가능한 데 있습니다.

문: 평화적 통일에의 길은 오직 하나 남북한에 있어서 평화통일을 저해하고 있는 요소

를 견제하고 운운하였는데 남한, 북한에서의 각 저해하는 요소가 누구인가.

답: 말하자면 북진통일만 고집하고 있는 것이 남한에서는 저해가 될 것이요, 북한에서는 민주세력의 승리를 거두어 통일할 수 있는 것을 반대하는 괴뢰집단이 있다고 볼 수 있을 것입니다.

문: 그 말은 남한에서 저해하고 있다는 것에 북한 하나를 더 넣은 것이 아닌가.

답: 사실상 북한에 그런 세력이 있는 동안에는 통일이 어렵다는 것입니다.

문: 증인은 4289년(1956년) 6월경까지 진보당에 머물러 있었다고 했는데 그때 진보당 강령 전문(前文)으로 나온 것을 읽어 본 일이 있는가.

답: 읽어 본 일이 있습니다.

문: 증인은 기(其) 내용이 어떻다고 보는가.

답: 사회적 민주주의를 말해서 그 본질상 사회주의와 다른 점을 따져서 말하고, 자본주의의 변혁을 달성하여 근본적인 민주적 복지사회 건설이 크게 촉진되는 데 있다는 것이었습니다.

문: 복지사회 건설은 자본주의의 자기수정적 노력에서가 아니라 근로대중을 대표하는 변혁적, 주체적 세력의 적극적 실천에 의하여 달성되어야 한다고 되어 있는데 그렇다면 자본주의의 수정마저 지양한다는 것이 아닌가.

답: 강령의 전문(前文)이어서 지금 자세한 것은 기억에 남음이 없습니다.

문: 진보당의 강령으로 봐서 타당성이 있는 것은 민주주의적 진보세력인 것이 아닌가.

답: 규정짓자면 민주주의적 진보세력인 것입니다.

문: 우리는 조국의 평화적 통일 방안이 결코 대한민국을 부인하거나 말살하는 데 있지 아니하고 운운으로 부인 또는 말살이라 용어를 왜 썼는가.

답: 평화란 용어에 오해를 받을까봐 그리 썼습니다.

문: 그렇다면 공산당이 사용하고 있는 것과 다르다고 하면 될 것이 아닌가.

답: 검사가 기초했으면 그리하였을 것입니다만, 저이는(저희는) 그렇게 한 것입니다.

문: 통일문제에 있어서 구체적 방안을 제시치 않은 이유 여하(如何).

답: 오늘 낼 되지 않을 것이고 단지 선거에 대비하게끔 작성이 된 것입니다.

문: 북진통일은 군사적 통일이고 평화통일은 어떻게 한다는 표시가 있을 것이 아닌가.

답: 그것이 요새 와서 말이 됐지 그때는 모호하면서도 국제정세의 진운에 발맞춰서 민주우방과 긴밀한 협조하에, UN을 통한 민주적이고 평화적인 방식에 의하여 민주주의의 결정적 승리를 거둘 수 있을 때에 한다는 대원칙을 세웠을 따름입니다.

문: 증인은 북한 괴뢰집단의 평화통일 방안을 검토해 본 일이 있는가.

답: 내용은 실상 모릅니다. 그저 그놈들의 평화통일이란 것은 제가 추측해서 실지로 할 생각이 없으면서 선전 자료로써 내세우고 있다고만 알고 있습니다.

문: 증인은 진보당의 평화통일 방안이 대한민국의 발전적 해소를 의미한다고 보지 않는가.

답: 그렇지 않고 오히려 육성, 강화하는 데 있다고 봅니다.

문: 구체적 방안을 내세우지 못한 것이 모호하다는 말은 무슨 말인가.

답: 추상적으로 표현하였다는 말입니다.

문: 북한 괴뢰가 위장으로 내세웠다는 이유가 있는가.

답: 6·25사변을 일으킨 책임이 있는 북한 공산 집단이 평화 운운하는 것은 전연 대상이 될 수 없다는 데에서입니다.

문: 평화통일을 저해하고 있는 요소를 다시 진술함이 약하(若何).

답: 거기에 적혀 있는 말 이외는 없습니다.

문: 초안을 작성할 적에의 이념은 어떠하였는가.

답: 먼저 제가 말씀드린 대로이지 구체적으로 표시하자고 논의된 일이 없습니다.

문: 평화통일이 되면 북한은 어떻게 되리라고 아는가.

답: 없어지지요.

문: 둘을 하나로 뭉치는 것이 통일인가요.

답: 그것이 통일이지요.

문: 연이(然而)면 어데[180]와 어데를 뭉치자는 것인가.

답: 지금 그 신문에 답변할 의무가 있습니까. 원래 본인은 남북통일이란 말도 쓰기 싫어하는 것입니다. 그것은 왜냐하면 남과 북을 대등하게 한다 해서 한 번도 쓴 일이 없습니다. 본인은 국토 통일이니 실지(失地) 회복이니 하는 용어를 쓰고 있습니다.

문: 남북통일에 있어서는 북한만의 선거가 있다는 것을 생각해 본 일은 없는가.

답: 대통령도 남북통일이란 말을 사용하니까 그분 보고 따져보면 알 것입니다. 자꾸 본인보고 추궁하시는데 한 말로 말하면 대원칙을 세워놓은 데 지나지 않는다는 것입니다. 그것도 사실상 있으려면 있을 수 있는 것입니다.

재판장은 증인 장성팔을 입정(入廷)시키고 여좌(如左)히 신문하다.

문: 증인은 본적이 어데인가.

답: 평북 강계(江界)입니다.

문: 증인은 양이섭을 아는가.

답: 해방 전에 고향인 강계에서 상업을 하고 있는데 역시 양씨도 철물 기계를 크게 취급하는 사업을 하고 있었기 때문에 잘 알고 지내왔습니다.

---

180) '어디'를 뜻한다.

문: 그 후 상호 어떤 친교가 있었는가.

답: 그러니까 해방 전에는 형님, 아우하며 친절히 지내왔는데 해방 후는 그 형님이 다른 데로 가서 소식을 모르고, 본인은 7년 형을 받고 탄광에서 복역하던 중 원산(元山)에서 국군과 월남하여 부산에서 있다가, 4284(1951)년 4월 주문진에 사업 나갔다가 4년 만에 거기서 만나 사업을 같이하기로 하여 고철 수집을 하였으나 성공을 보지 못하고 분리하고, 본인은 영외(營外) 주보(酒保)를 4286(1953)년 5월경부터 4288(1955)년 6월경까지 주문진에서 하다가 기관이 이동됨에 따라 걷어치우고 상경하여, 동 4288(1955)년 말부터 서대문에서 두부 공장을 하고 있을 때, 양 형(兄)이 찾아와서 김동혁사건[181]이 동대문서(東大門署)에서 문제가 되었는데 자기도 걱정이라고 하더니 무죄로 나왔다고 한 일이 있는데 그 후 약 2년 동안 소식이 없다가, 금년 1월 13일에 양씨가 데리고 있는 학생의 부인이 찾아와 그 후 접촉하기에 이른 것입니다.

문: 연이(然而)면 그 접촉 경위는 여하(如何).

답: 4288(1955)년 말에 제가 공장을 하고 있는데 찾아와서 동대문서에서 자기를 찾는다고 걱정하더니, 김동혁이 이북 공작 관계하다가 걸렸는데 어떻게 될지 모르겠다고 하였는데 그 후 무죄로 나왔다고 하고는 통 만나지 못하다가, 금년 1월 13일 정(鄭)이라는 학생의 부인이 본인을 찾아와서 양씨를 어느 젊은 청년 둘이 찾는다고 하며 자기 남편 보고 찾아 내랜다고[182] 해서 왔다고 하였습니다. 그 학생은 제가 데리고 있던 학생인데 가정교사가 필요하다고 해서 양씨 집에 가 있는 것입니다. 양씨 집이 둘이 있는데 하나는 부부 집이고 자녀 집은 신설동에 있는 후생주택(厚生住宅)입니다. 그런데 그 신설동 집

---

181) 김동혁은 1948년 이래 미군 첩보부대 및 국군 첩보부대를 통해 이북을 왕래하는 공작원으로 대북공작에 종사하였는데, 진보당사건의 양이섭을 월북시킨 바 있다. 진보당사건 1심 제15회 공판 시 양이섭은 김동혁 사건이 무엇인가라는 재판장의 심문에 "1955년 가을경 저도 이북에 같이 왔다 갔다 했는데, 김동혁이 아편을 가지고 나왔다는 것인데 저는 걱정만 했지 아무 일 없었던 것"이라고 답하였다. 김윤경, 「진보당 사건 관련자 양이섭의 실체에 대한 연구」, 서울시립대학교 대학원 국사학과 석사학위논문, 2011, 32쪽, 71쪽 참조.

182) '내란다고'의 의미이다.

에 찾아와서 그 학생 보고 양씨가 어디 있는지 찾아오라고 한다고 했습니다. 그래서 정(鄭)의 처가 알아보니 양씨는 속초 방면에 갔다고 하는데 행방을 모른다고 하더라고 하였습니다. 정이라는 학생은 제가 애끼고 또 그 학생은 이틀이 멀다 하게 찾아오곤 했습니다. 그런 아이이기에 제가 찾아볼려고 양씨 집에 연락하여 놨더니 2월 5일 날인가 본인을 찾아왔기에 특무대에서 찾으니 들어가 보시오 하니 자기는 나를 거기서 왜 찾는지 모른다고 하였습니다.

문: 특무대에서 누가 찾는다고 하였는가.
답: 진모(陳某)라는 사람인데 25~6세가량 난 사람과 두 사람이었습니다.

문: 4288(1955)년 말 김동혁사건 적에 만난 일이 있고 후에는 양이섭을 만난 일이 없는가.
답: 1년에 두어 서너 번 가두(街頭)에서 우연히 만난 일이 있습니다.

문: 그때 양이섭은 무엇을 한다고 하던가.
답: 토건 건설업도 하고 무역도 좀 한다고 했습니다.

문: 그런 것을 어느 정도로 한다고 하던가.
답: 자세한 것은 모르나 무역은 일본서 '나후타링'[183]을 가져왔는데 그때 잘 안 팔린다고 하였습니다. 나후타링을 10돈인가 가져왔다고 했습니다.

문: 오랜만에 만났으니까 구체적으로 오고가는 말이 있었을 터인데 여하(如何).
답: 점심 얻어먹고 헤진[184] 기억만 나지 특별히 무엇을 물어본 기억이 나지 않습니다.

문: 돈 잘 번다고 하던가.
답: 사업 잘되냐고 했더니 그저 그렇다고 하고 같이 가서 점심 얻어먹고 헤진 일

---

183) '나후타링(ナフタリン)'은 나프탈렌(naphthalene)의 일본식 표기이다.
184) '헤어진'의 의미이다.

이 있지 특별히 그런 것을 묻지 아니하였습니다.

문: 그래서 2월 5일날 만나서 여하(如何)히 하였는가.
답: 양이섭은 김동혁사건 가지고 그러는지 모르겠다고 하기에 제가 그 외에 딴 일이 없느냐고 수차 물어보았더니, 아무 일 없다고 하여 그러면 들어가 보시라고 하니까 인천 모 기관 일을 하고 있는데 거기의 승낙 없이 얼굴을 불숙 나타내기가 곤란하니 특무대 사람들을 나오게 해서 만날 수 없느냐고 하기에, 제가 들어가서 그 말을 하고 본인이 한 일을 글로써 써오면 어떻겠냐고 하니까 들어오게 하여 달라고 하여, 동월 6일 제가 양씨 보고 형님이 한 일이 합법적인 것이냐고 하고 신원을 보증할 수 있는 것이냐고 했더니, 그리할 수 있다고 함에 그러면 인천 연락하고 올 터이니 7일 날 만나자고 하였는데 그 날 저녁때야 와서 인천 갔다 왔는데 아무 일 없다고 하니 만나겠다고 하여, 그 익일인 8일 날 열차다방(列車茶房)(종로2가에 있는)에서 만나 합법적으로 한 것이면 씻고 오자고 하여 들어가자고 하였더니 자기도 좋다고 하여 하이 야[185]를 타고 특무대에 들어가게 된 것입니다.

문: 특무대에서 무슨 혐의를 조사할려는지 증인은 알았는가.
답: 그것은 모르지요.

문: 특무대에서 피의사실을 밝히지 않고 그저 오게 하라고 하던가.
답: 근원(根源) 없이 찾을 리는 없지 않겠지만 양이섭은 아무 일 없는 것이라 하고 들어갔습니다.

문: 증인은 특무대에서 그런 것을 제시하지도 않는데 그리 친절하게 데려다주는 알선까지 하였는가.
답: 양이섭을 찾다가 나슨[186] 사람이 나밖에는 없으니까 특무대에서 자꾸 나를

---

185) 하이야(ハイヤー)는 택시를 의미하는 일본 홋카이도 지역의 방언이다.
186) '나선'을 뜻한다.

나오라고 하니까 데려다주고 연락지워줄려고 했습니다.

문: 증인과 양이섭이 같이 특무대에 들어갈 적에 인천과 연락 짓고 왔는데 김동혁사건
　　이나 인천 관계가 아무 일 없다고 하던가.
답: 네. 아무 일 없는 것이라고 했습니다.

문: 증인은 인천 일이 무엇인지를 아는가.
답: 들어가기 전날에야 인천 첩보기관을 통해서 남북교역을 한 관계가 있는데 아
　　무 일 없는 것이라고 했습니다.

문: 그런 무슨 보증할만한 것을 가저왔다고 하던가.
답: 자기가 관련된 문제에 양심의 가책이 없다는 취지로 말이 있었지 그 이상은
　　말이 없었습니다.

문: 증인은 특무대에서 간첩 관계에 대하여 말이 없던가.
답: 저와 양과의 교제 관계를 묻고 먼저 나가라고 했습니다.

문: 양이섭이가 간첩 혐의를 받고 있다는 사실을 증인은 몰랐는가.
답: 후에 신문보고 비로소 알았습니다.

문: 연이(然而)면 양이섭이 무슨 죄를 젔는지 모르는가.
답: 그 후 못 만나서 모르는데 신문에 난 내용만 들었을 뿐입니다.

문: 증인은 양이섭의 그 후 조사과정을 모르는가.
답: 전연 모르는데 저도 그 후 너덧 번 붙어 다니고 가까우니 무엇이 있을 것이
　　아니냐고 양과의 관계를 물었으나 아무 관계가 없다는 것이 나타났습니다.

변호인 신태악은 재판장에게 고하고 증인 장성팔에 대하여
문: 그 당시 양의 태도가 어떠하던가.

답: 저와는 10여 년 상대해온 사람이지만 실제로 의심할만한 데가 없었습니다. 나쁜 일이 있었으면 특무대에 안 갔을 것이 아닌가 할 정도로 몰랐습니다.

문: 인천 기관과 연락 갔다와서 아무 일 없냐고 하니까 청청백백(靑靑白白)하다는 태도이던가.
답: 의심스러운 눈초리 하나 보이지 않고 지정한 장소에 나오라고 하니까 의심 않고 나왔습니다.

문: 4288(1955)년 말 증인 공장에서 만났을 적에 태도로 봐서 여유 있는 것 같이 보이던가, 그렇지 않으면 무척 궁해 보이던가.
답: 궁해 보이지 않았습니다.

변호인 김춘봉은 재판장에게 고하고 증인 장성팔에 대하여
문: 피고인 양이섭은 친한 사람에게 돈을 잘 쓴다는데 여하(如何).
답: 잘 내고 쓰는 사람입니다.

문: 증인은 김동혁과 양의 관계를 아는가.
답: 마약 사건이라는 것만 알지 외(外)는 모릅니다.

변호인 윤용진은 재판장에게 고하고 증인 장성팔에 대하여
문: 주문진에서 증인은 양이섭과 무슨 장사를 동업하였는가.
답: 고철 장사를 구화(舊貨) 약 2,000만 환 가지고 양과 같이 하다가 실패했습니다.

문: 증인은 양의 성격이 어떠한 사람이라고 생각하는가.
답: 유하고 인정이 있는 사람입니다.

문: 증인은 그동안 양이섭이 이북에 내왕(來往)한 사실을 몰랐는가.
답: 2년 동안에 1년에 너덧 번씩 만났지만 별말이 없이 가까운 새를 멀리하고 지내온 것이 사실입니다.

재판장은 증인 정우갑을 입정시키고 여좌(如左)히 신문하다.

문: 증인은 일본서 살다가 언제 귀국하였는가.

답: 4290(1957)년 7월경 귀국하였습니다.

문: 병고현(兵庫縣)에 살다가 귀국하였는가.

답: 네. 일본 병고현 이단시(伊丹市)에서 살다가 왔습니다.

문: 언제 일본에 가서 살았는가.

답: 제가 일본에 처음 건너간 것은 18세 때입니다.

문: 그런데 증인은 조련에서 일을 봤다는데 그런가.

답: 네. 서기 1945년부터 동 1950년까지 거기서 일 봐온 것이 사실입니다.

문: 그 후는 무엇을 했는가.

답: 1950년 거기서 손을 떼고 있는지 6년째입니다.

문: 그런 것이 아니고 병고현 조총 조직부장 겸 공산주의 집단체인 소위 민주 크럽 병고본부 지도책 전쾌수로부터 진보당에 가입, 평화통일 선전을 촉진시키라는 지령을 받고 잠입한 것이 아닌가.

답: 조련은 1953년에 해산되고 딴 단체인 조선인총연합회(朝鮮人總聯合会)라는 것이 생겼는데 저는 거기 거부하고 들어가지 않았습니다. 본인은 전연 그런 지령을 받은 사실이 없음에도 불구하고 허위 사실을 날조한 것이올시다.

문: 증인은 조총 병고현 이단시지부 위원장이 아닌가.

답: 제가 정우갑이인 것은 틀림없는데 저는 거기에 참가할 것을 거부하였는데, 자기네들끼리 추천해서 신문에 내놓고 돈 만 환(圜) 달라고 하는 것을 거절하였더니 그 후 개편하여, 김영세(金永世)라는 사람이 새로 되었다는 것을 알고 있습니다. 그러니까 유령(幽靈)으로 되어 있던 사실은 있습니다.

문: 조총 병고현 조직부장 겸 민주 크럽 병고본부 지도책 전쾌수라는 사람으로부터 지령을 받은 일이 없는가.

답: 없습니다. 아무나 큰 사람을 대라고 해서 할 수 없이 집어다 댄 것이올시다.

문: 진보당에 가입해서 평화통일 선전을 촉진시키라는 것이 아니었는가.

답: 그런 사실이 전연 없습니다. 그것은 경찰에서 허위·날조한 것입니다. 나는 거기에 대하여 격분하고 있습니다.

문: 그런데 증인은 4290(1957)년 8월 12일 시내 성북구 돈암동 소재 신흥사 승려 송백선 가(家)에서 조봉암, 윤길중, 조규택을 만난 일이 있지 않는가.

답: 만난 사실은 있습니다.

문: 어떻게 돼서 동인(同人) 등을 만나게 되었는가.

답: 제가 그런 목적으로 만난 것은 절대 아니고 제가 아는 최기영(崔基永)이라는 사람과 신일양이라는 사람이 있는데, 그 사람들이 진보당에 가입하느니 않느니 해서 과거 조봉암 씨의 명성도 듣고 해서 진보당의 내용이 어떠한가 알겸 만날 수 없냐고 했더니, 동인(同人) 등이 안내해서 따라가 간단하게 한잔하면서 이야기 한 일이 있습니다.

문: 증인의 귀국 동기가 무엇인가.

답: 사상적으로는 과거 조련 계통에서 일한 것을 청산하고 정신적 휴양에서도 있고 가정적으로는 일본서 생활도 유지 못 하는 형편이라 자식들이 나오라고 권해서 고국에 나가 여생을 보낼 생각으로 나왔지 아무 목적이 없습니다.

문: 동석(同席) 상에서 재일교포는 60만 명인바, 기중(其中) 2할은 우익진영이고 잔여(殘餘) 8할은 공산·좌익계열인 조선인총연합회원이다라고 말한 일이 있는가.

답: 무슨 말 끝에 그런 말을 한 것은 사실입니다. 사실이 일본은 그렇다는 것이지요.

문: 그리고 재일교포 대다수는 북한 괴뢰집단이 선전하는 평화통일을 염원하고 있다는

말도 한 일이 있는가.

답: 평화통일이란 말은 한 일이 없습니다.

문: 또 자기는 재일(在日) 시에 조봉암의 위대한 존재를 인식하였으며 재일 조총에서 개인 아닌 공적으로 파견되었다는 말을 한 사실이 있는가.

답: 그런 말을 한 사실은 없으며 다만 일본서도 조봉암 씨를 한국의 정객으로 운위되고 있다는 말을 한 일은 있습니다.

문: 그리고 30년간의 볼세뷔크 노선에서 실존하여 왔다고 말한 일이 있는가.

답: 조국 광복 운동으로서 민족운동을 해오다가 과거 몇 해 동안 조련 계통의 일을 본 일이 있다는 정도의 말은 했습니다마는 공산주의 노선에 운운한 일은 없습니다.

문: 또 자기는 진보당에 중대한 관심을 포지(抱持)하고 있으며 진보당에서 조국의 평화적 노선으로 통일한다는 것을 선정한 것은 위대하다고 말한 일이 있는가.

답: 그런 사실이 없습니다.

문: 그리고 앞으로 진보당의 노선을 지지하고 동당의 입당하겠으니 잘 지도해달라고 말한 사실이 있다는데 여하(如何).

답: 동당에 입당하겠다는 말을 한 사실이 없습니다.

문: 그 당시 조봉암, 윤길중, 조규택이 참석하였던 것은 사실인가.

답: 네. 같이 있었습니다.

문: 그리고 동년 8월 21일 시내 종로구 소재 진보당 중앙당 사무실에 찾아가서 윤길중으로 하여금 동당의 선언문, 강령, 정책, 규약 등 인쇄물 책자 하나를 수교(手交) 받은 사실이 있다는데 여하(如何).

답: 일부러 그것을 가지러 간 것이 목적이 아니었고 그 앞을 지나가다가 최기영이라는 친구가 다녀가자고 말하여 들렀다가, 그가 말해서 하나 얻어 주어서

집에 가지고 가서 그날 밤에 체포되었습니다. 그래서 하나도 읽어 본 일도 없습니다.

문: 증인은 무슨 죄명으로 기소되어 있는가.
답: 〈국가보안법〉 위반 피고사건으로 기소되어 목하(目下) 서울고등법원에 공판 계속(繫屬) 중에 있습니다.

재판장은 증인 고정훈을 입정시키고 신문함이 여좌(如左)하다.
문: 증인은 피고인 등을 아는가.
답: 진보당에 관계있는 분은 대부분 알고 있습니다.

문: 증인은 진보당을 창당하는 데 관여한 사실이 있는가.
답: 네. 있습니다.

문: 연이(然而)면 그 경위를 진술함이 여하(如何).
답: 4288(1955)년 8월경 광릉회합이라는 데는 참석한 일이 없고, 동 4288(1955)년 10월 24일 대관원회합 직전부터 관계하기 시작하여 그때 참석한 일이 있고, 이후는 결당 임박할 때까지의 과정에는 참여한 셈입니다.

문: 증인이 진보당에 관계한 것은 언제까지인가.
답: 조봉암 씨와 서상일 씨가 갈라질 때까지 보고 손 뗐으니까 그것이 동 4289(1956)년 9월 말경입니다.

문: 그 후는 민혁당 선전부장으로 계신가요.
답: 네. 그랬습니다.

문: 증인은 진보당의 추진대표자대회 그 당시 여하(如何)한 역할을 하였는가.
답: 선전간사의 한 사람으로 있었습니다.

문: 진보당에서 민혁당[187]과 분열된 것은 언제인가.

답: 표면화한 것이 전술한 바와 여(如)히 동년 9월 말경입니다.

문: 상호 분열하게 된 원인은 여하(如何).

답: 문호개방하여 많은 재야 세력을 포섭하자는 파(派)가 민혁당계이고, 빨리 창당하자고 치중하는 파가 진보당계로 나타나 분열이 표면화하기에 이른 것입니다.

문: 그런 논(論)이 언제부터 노정(露程)되었는가.

답: 갈라진 것이 9월 말이니까 기경(其頃)부터 조속히 결당하자고 서두르는 파와 더 문호를 개방하여 많이 받아들이자는 의견이 나왔고 해서 분열하기에 이른 것입니다.

문: 또 다른 원인은 없는가.

답: 그 외에 구체적으로 표면화된 것은 없습니다.

문: 민혁당의 간사장이 서상일인가.

답: 네. 그렇습니다.

문: 동인(同人)은 검찰에서 기(其) 점에 대하여 여사(如斯) 진술하였는데 여하(如何).
차시(此時) 재판장은 기록 제3416정 표면(表面) 9행부터 동 이면(裏面) 말행(末行)까지 읽어주다.

답: 민혁당 간사장으로서는 그와 같은 의견을 가지실지 모르나 제가 아는 것은 그것뿐입니다.

문: 5·15정부통령선거 당시 서상일 씨가 대통령후보로 나오기로 되었다가 뒤바뀌어서 못 나오게 된즉, 다시 말해서 영도권 문제 같은 것으로 한 하나의 원인도 있다는 것인데 그 점은 여하(如何).

---

187) '민주혁신당'의 약칭이다.

답: 이면(裏面) 움직임이 그랬는지는 모르겠으나 표면화한 일은 없습니다.

문: 연즉(然則) 좀 더 분열하기에 이른 구체적인 원인이 있었을 터인데 여하(如何).
답: 정 말씀을 드리자면 갈라진 원인이 세력 다툼에도 있었다는 것은 사실입니다. 서상일 씨는 좀 더 자기를 지지하는 많은 사람을 포섭하여 들인 다음에 결당하는 것이 좋겠다는 것이고, 조봉암 씨는 현재 결당을 서두르고 지지하는 사람이 많을 때 결당해서 헤게모니를 장악하자는 데에도 있을 것이니 그렇다는 말입니다. 그런데 서로 이념의 차(差) 운운하고 나온 것은 국민에게 세력 다툼 때문에 갈라졌다는 것을 내세울 수 없으니 자당(自黨)에 유리하도록 대의명분을 내세우기 위한 것이라고 생각합니다.

문: 서로 대동단결을 부르짖던 사람으로서 상호 이념의 차(差)라면 몰라도 그런 세력 다툼으로 분열될 리는 만무하다고 보는데 여하(如何).
답: 표면상에는 이념을 내걸지만 사실상은 그렇지도 않은 것입니다.

문: 증인의 생각에 진보당의 정강정책에 배치(背馳)되는 의견이 있는 까닭에 분열하기에 이른 것이라고 생각하는 점은 없는가.
답: 정강정책에 대한 비판을 가지기 전에 이탈되어 나왔기 때문에 좀 수정했으면 하는 점도 있기는 했지만 그냥 물러 나왔습니다.

문: 그것은 그때의 강령, 정책에 대하여 말인가요.
답: 네. 그렇습니다.

문: 그때는 신도성 의원이 동당의 의안부 책임을 보고 있을 때인가.
답: 네. 동 초안 등에 대하여는 중앙예식부에서 추진대표자대회가 있었을 때 거기서 낭독한 일이 있으므로 알고 있습니다.

문: 연이(然而)면 보충 내지 수정했으면 한 점은 여하(如何).
답: 처음에 그 초안이 작성될 때에는 당의 지도급 인사 구성을 민족주의 진영의

출신의 인물 즉, 일례를 들면 서상일, 신숙, 신흥우 등을 위시해서 그 가운데에 조봉암이가 포함되도록 하는 구상 밑에 작성되었던 것인데, 만일 그렇게되었더라면 좀 정강정책은 보다 더 진보적인 동시에 자극적인 것이어야 지식층에게 매력을 느끼게 할 수 있었을 것입니다. 그러나 진보당이 결당된 것을보면 지도층 인물에 민족주의 색채가 적게 인식되는 감을 주는 것이었으므로그와 반비례해서, 정강정책을 보다 더 민족주의 방향에서 보충, 수정했으면한국 현실에 좀 더 적합하는 것이 되었을 것이라 생각되는데 아무 토의할 기회가 없었던 것입니다.

문: 특히 절실히 느낀 점은 여하(如何).

답: 일반 국민이 진보당 정강정책을 읽었을 때에 약간 선동적이라고 느꼈을 일면이 없지 않다고 봅니다. 그러나 외국의 사회당이나 사회민주당의 정강정책과비교하면 동당 정강정책은 오히려 온건하고 한국 현실을 잘 참작하는 것으로보이는 것입니다. 대한민국 〈헌법〉은 이러한 정당을 법적으로 보장하고 있으나 남북으로 갈라진 현실하에서 대중정당을 지향할려면은 보다 더 강력한 반공 이념을 효과적으로 가미했으면 지도층 인물 구성에서 오는 미비한 점을보충하고도 남음이 있었을 것이라고 생각합니다.

문: 그것은 진보당의 주장이 목표한 바가 과격하다는 의미에서인가.

답: 목표와는 별도로 정강정책이 국민에게 주는 인상과 지도층의 인적 구성이 국민에게 주는 인상을 서로 보충하고 견제하도록 되어야 한다는 의미입니다. 즉, 신흥우 같은 분이 가담하지 않게 되었으니 그 미비한 점을 정강정책으로메꾸웠으면[188] 좋았을 뻔했다는 것입니다.

문: 그렇다면 정강정책에 국한해서 특히 미비하다고 생각해 본 점은 없는가.

답: 정강정책만을 따로 떼서 학술적으로 본다면 미비한 점이 있다고 생각해 본일이 없습니다.

---

[188] '메꾸었으면'의 오기이다.

검사는 재판장에게 고하고 증인 고정훈에 대하여

문: 증인은 진보당 정강정책에 평화통일을 내건 것을 아는가.

답: 네. 압니다.

문: 거기에 대한 증인의 소감은 여하(如何).

답: 처음에 평화통일을 내세운 것은 선거 구호로 내세우고 구체적인 방안을 연구
해서 국민에게 제시할 여유가 없었던 것입니다. 만일 제가 진보당에 그대로
머물러 있었더라면 대한민국 〈헌법〉과 또 제네바회의에서 변 외무장관이 제
안했던 14개조 안과 UN의 결의문 등을 세밀히 연구, 검토해서 합법적이고 현
실적인 방안을 강구하기 위해서 노력했었을 것인데 그런 기회를 못 가졌습니
다. 특히 우리나라에서 정당이 평화통일을 내거는 데는 우리나라에 헌법정신
과 변 장관의 통일 방안, 그리고 북한 괴뢰의 남일(南日)이가 제의한 남북협
상적이고 연립정권 수립을 목표로 한 통일 방안을 합법적인 테두리 안에서
연구, 발표하되 대한민국의 합헌성을 강조하는 것이었을 것입니다.

문: 진보당이 내걸은 평화통일이 북한 괴뢰가 부르짖는 평화통일과 혼동돼서 오해받을
가능성이 있는 것은 사실이 아닌가.

답: 오해받을 가능이 있다는 것은 인정합니다. 그것은 일반 민중이 진보당의 평
화통일을 충분히 인식할 수 있는 선전과 계몽이 없는 데서 초래될 수 있는
가능성일 것입니다.

문: 증인이 쓴 논문 가운데 진보당을 1인 중심 정당이라고 말한 것이 있지 않은가.

답: 그것은 내가 민혁당 선전부장 입장에서 한 말일 것입니다.

문: 그것은 어떤 이유에서 그런 결론이 나오는가.

답: 그것은 당 기구나 성격을 가지고 말하는 것이 아니라 실제로 조봉암이가 가
지고 있는 지도 역량을 평가해서 한 말입니다.

문: 그 논문 가운에는 지도 인물의 과거의 경력이 당의 성분과 성격을 나타내는 것이라

고 한 점이 있는데 여하(如何).

답: 나는 그 점에 대해서 제가 보는 조봉암, 그리고 민중이 신문이나 잡지 또는 통신을 통해서 조봉암을 보는 견해, 그 두 가지를 따로히 구분해서 말하고 싶은데 나는 그렇지 않지만 일반 민중은 의식적이건 무의식적이건 조봉암을 해치려고 하는 신문이나 잡지의 영향을 받게 되는 것이라고 생각합니다.

문: 그것은 과거 조봉암이가 좌익에서 있다가 현재 어떠한 표시가 없는 한 그렇다고 민중이 본다는 말인가.

답: 그것은 진보당에서 신문이나 통신을 못 가졌기 때문에 조봉암이를 해치려는 신문, 통신과 대항하여 과거에 조봉암이가 대한민국의 농림장관을 지냈고 국회부의장을 두 번씩이나 지내면서 대한민국 창건에 적극적으로 협력했다는 사실을 선전해서 민중에게 인식시킬 수 없다는 점을 고려해야 할 것입니다.

문: 진보당이 사회민주주의 경향을 나가는 당이라고 보는가.

답: 사회민주주의치고도 우경적(右傾的)인 정당이라고 봅니다.

문: 진보당에 보수세력이 아닌 것은 사실이지요.

답: 네. 그렇습니다.

문: 증인은 혁신정당일수록 반공 면에 치중되어야 한다고 주장한 일이 있지 않는가.

답: 네. 그렇습니다. 그런데 무력으로서 직접적인 공산 침략을 막는 것에 못지않게 중요한 것은 공산주의의 지하침투를 유인하는 국내적 부패를 혁신하는 것이라고 생각합니다.

문: 연이(然而)면 그 반공에 대한 표현이 강령 속에 좀 더 뚜렷이 나타나 있지 않다고 보는 까닭인가.

답: 제 개인적으로는 그렇지 않다고 할 수 있으나 좀 더 명확하게 구체적으로 일반 국민에게 이해를 시키도록 노력했었으면 합니다.

문: 증인은 『중앙정치』 10월호에 게재된 「평화통일에의 길」이란 논문을 읽은 일이 있는가.
답: 네. 있습니다.

문: 그에 대한 감상은 여하(如何)하였는가.
답: 우선 진보당 원수(元首)의 자격으로서 쓴 글이라면은 좀 더 진보당이 현실에 충실한 동시에 일반 민중에게 북한 괴뢰의 평화통일론과 진보당의 평화통일이 이렇게 다르다는 점을 강조했었어야 할 것인데 그 점에 좀 미비한 감을 주었고, 만일 조봉암 개인의 입장으로서 쓴 글이라면 일반 민중이 그렇지 않아도 조봉암에 대하여 오해하기 쉬운 형편에 있음을 조봉암 자신이 민감하게 느껴서 그 점에 대한 해명을 철저히 했었으면 하고 생각했는데 그 점에 있어서도 약간 마이나스가 된 감이 있다고 느꼈습니다. 그러나 한편으로 생각하면은 조봉암이가 인제 새삼스럽게 "나는 공산주의자가 아니다"라고 주장하는 듯한 말을 끄집어내는 것이 그 자신으로서는 어색한 것이라고 생각해서 그런 면을 강조하지 않고, 그저 그가 평소에 생각하고 있던 것을 그대로 솔직하게 노출 시킨 것에 불과할런지 모릅니다마는 그 몇 가지 구절을 문제 삼을려면은 문제 삼을 수도 있다 일면이 내포되어 있다고도 할 수 있을 것입니다.

문: 그것은 특히 "동등한 위치에 서서 운운"하는 구절이 그렇다는 말인가.
답: 그것은 대한민국 〈헌법〉을 어떻게 해석하느냐에 달려서 견해가 달라질 수 있는 것입니다. 따라서 남북통일을 문제 삼아 이야기할 때에 대한민국의 주권이라는 것을 절대시하는 뚜렷한 의견을 내세우지 않는다면은 동등한 입장이라는 것을 인정한다고 규정될 가능성도 없지 않다고 봅니다. 그러나 조봉암은 헌법학자가 아니기 때문에 법적 해석에 대해서 과(過)히 신경을 쓰지 않고 막연하게 그의 생각을 썼다고 봅니다.

문: 그것이 일반에게 중대한 영향을 미쳤으리라고 생각지 않는가.
답: 집권이 아닌 야당의 입장에서 최고 강령으로 평화통일을 내세워서 여당의 최고 강령인 무력통일의 대안으로 삼았던 것이면, 원래 야당이라는 것은 집권당이 말할 수 없는 정강정책을 대안으로 내세우는 신축성을 가져야 하는 것

입니다. 그러나 진보당에서 동등시한다는 인식을 깨끗이 말살시킬 수 있는 구체적인 것을 부인치 않았다는 감을 줄 수도 있을 것입니다.

문: 현재 증인은 민혁당에서 탈퇴하여 있는가.
답: 네. 탈퇴하였습니다.

문: 그 이유는 여하(如何).
답: 개인 생활이 극도로 곤경에 처해 있어서 이 이상 더 정당운동을 계속할 수 없는 형편이고 또 민혁당은 재정난 기타 여러 가지 난관에 봉착하여 정당을 발전할 가능이 없기 때문입니다.

문: 증인은 진보당에서 제명 처분을 받아 나온 것이 아닌가.
답: 제명 처분을 받은 것은 사실입니다.

문: 그 이유가 무엇인가 그리고 그 당시 진보당에서 이념의 차(差)이라고 발표한 성명을 기억하고 있는가.
답: 네. 기억하고 있습니다.

문: 연이(然而)면 이념의 차(差)란 무엇인가.
답: 정당하던 사람들이 갈라서서 어떻게 감투싸움으로 헤졌다고[189] 발표할 수야 있겠습니까. 할 말이 없으니까 궁여지책으로 이념의 차(差)라고 발표했을 것입니다. 그때 본인은 민혁계와 이미 탈당하고 있었던 때입니다.

재판장은 증인 고정훈에 대하여
문: 그 당시 서상일 씨는 통일문제에 대하여 어떻게 생각하고 있었는가.
답: 현하(現下) 정세로 보아 북진통일도 최고 강령에 불과하고 또 전쟁은 일어날 가능성이 없고, 야당 특히 혁신정당으로써는 북진통일도 있으니까 그 대안으

---

189) '헤어졌다고'의 의미이다.

로서 평화통일이란 것도 있을 수 있다고 항상 말해왔습니다.

문: 근자 서상일 씨가 민주당이 종래에는 평화통일을 반대하다가 요새 와서 이를 찬동하는 정책을 내세웠다고 말한 것이 신문에 보도된 일이 있는데 그 사실을 아는가.
답: 저는 그 기사를 보지 못하였습니다마는 원래 국가의 외교정책이라는 것은 한편으로 평화를 내세우고 속으로 무력을 강화하는 일도 있고, 또 무력을 앞세우고 화평(和平)을 개진하는 일이 있는 것입니다. 따라서 민주당의 화전(和戰) 양양(兩樣) 정책이나 혁신당의 평화통일이나 실질적으로는 같은 것이라고 생각합니다.

변호인 신태악은 재판장에게 고하고 증인 고정훈에 대하여
문: 서상일 씨는 전에 검찰에서 진술하기를 진보당은 유물주의라고 진술한 일이 없는데 그리 기록되어 있다고 하는 보도가 있은 것을 기억하고 있는가.
답: 도대체 서상일 씨는 정치철학에 관해서 유물(唯物)이니 유심(唯心)이니를 막연하게 이야기하기 때문에 그것을 높이 평가할 필요는 없을 것입니다. 그 당시 서상일 씨는 민혁당 간사장의 입장에서 민혁당 내의 공기를 반영해서 말했을 뿐이라고 생각합니다.

문: 피고인 조봉암의 논문에 있어 남북한을 동등시한 감이 있다고 하는 견해는 어디까지나 주관적인 것이고 그렇지 않다고 하는 견해도 충분히 있을 수 있는 것이 아닌가.
답: 그것은 그렇습니다. 보는 사람에 따라 각각 견해가 다를 것입니다.

문: 그것은 단순한 증인의 독후감에 불과한 것이 아닌가요.
답: 그렇습니다.

문: 증인 자신이 쓴 글도 독자에 따라서는 여러 가지 비판을 할 수 있는 것인데 그런 경우와 같은 것이 아닌가.
답: 그런 경우가 많이 있으며 으레히 글이란 그런 것입니다.

문: 그것도 그런 의미에서 평(評)한 말이 아닌가.

답: 그렇습니다.

변호인 김춘봉은 재판장에게 고하고 증인 고정훈에 대하여

문: 그 논문의 다섯 번째 안 가운데 UN 결의에 의한 통일을 말한 것이 있는데, 그것도 남북을 동등시하는 것이라고 할 수 있는가.

답: 원체 북한 괴뢰는 전적으로 UN을 무시하는 입장에 있는데 대한민국 〈헌법〉을 어떠한 견지에서 해석하느냐에 따라 UN 결의가 대한민국 〈헌법〉에 저촉되는 경우도 있다고 생각할 수 있을 것입니다.

변호인 김봉환은 재판장에게 고하고 증인 고정훈에 대하여

문: 증인은 진보당이 대한민국을 변란할 목적으로 조직된 결사라고 생각하는가.

답: 천만 부당한 말입니다.

문: 요새 외지(外誌) 특히 AP·UP통신이 조봉암을 말할 때 반공애국자라고 말하고 있는 것이 사실이 아닌가.

답: 어떤 때는 전(前) 공산주의자이며 국회부의장을 역임한 지도자라고 하고, 또 어떤 때는 진보정당의 영도자라고도 소개하고 있는 것을 알고 있습니다.

재판장은 증인 박정호를 입정시키고 신문함이 여좌(如左)하다.

문: 증인은 피고인 조봉암을 아는가.

답: 전연 모릅니다.

문: 다른 피고인은 여하(如何).

답: 역(亦) 모릅니다.

문: 증인의 본적지는 여하(如何).

답: 평양이올시다.

문: 증인은 하시(何時) 월남하였는가.

답: 4287(1954)년도에 월남하였습니다.

문: 이북에 있을 적에는 어디 있었는가.

답: 평양에도 있었고 연안에도 있었습니다.

문: 증인은 월남하여 무엇을 했는가.

답: 임목상(林木商)을 해왔습니다.

문: 서울에는 언제부터 있었는가.

답: 그때 와서 살고 있었습니다.

문: 4289(1956)년 5월경에는 무엇을 하였는가.

답: 임목(林木) 도매상을 하고 있을 때입니다.

문: 증인은 김은각(金殷珏)을 아는가.

답: 제가 임목 도매상을 하고 있을 때 동인(同人)은 임목 소매상을 하고 있던 사람으로서, 저이와 임목 거래 관계가 있어서 알게 되었는데 그것이 제가 서울 와서 약 1년 있다가 일 것입니다.

문: 동인(同人)은 어디서 살고 있는 사람인가.

답: 관철동에서 장사하고 그 근처에서 살고 있다고 했습니다.

문: 증인은 동인(同人)의 집을 아는가.

답: 집은 모르고 관철동 상점은 알고 있습니다.

문: 증인은 4289(1956)년 5월 6일 시내 양동 소재 당시의 진보당 추진위원회 사무실에 간 일이 있는가.

답: 네. 제가 아는 최익환 씨를 만나러 간 일이 있습니다.

문: 무슨 용무가 있어서 갔는가.

답: 왜놈 때 마포형무소(麻浦刑務所)에서 같이 복역한 일이 있어서 알던 사람으로 진보당 간부로 있다는 것을 알고 서로 오랜만이어서 문안차 만나러 간 일 있습니다. 동인(同人)은 과거 독립운동하던 분입니다.

문: 그래서 동인(同人)을 만났는가.

답: 진보당 사무실에 들어가서 2층에 올라가면 그가 있던 사무실이 있는데 거기서 만나 그 밑 빈 대합실 같은 데로 나와서 의자에 앉아서 잠간 이야기하다가 왔습니다.

문: 종전에 그 점에 대하여 검찰에서 진술한 것과 상치되는데 여하(如何).

답: 검찰에서 처음에 갑자기 진보당에 간 일이 있느냐고 물어봄으로 생각이 안 나서 모르겠다고 했는데 거기 접수부(接受簿) 책을 내놓고 물어보는데 그래도 생각이 나지 않아서 주춤하고 있는데 자꾸 추궁하므로, 그때 배란간 생각 난 것이 임목 값 받으러 김은각이한테 거기로 가지 않았나 하는 생각 밖에는 나지를 않아서 그렇다고 진술하였다가 후에 최익환을 만나러 간 생각이 나므로 조 검사님께 말씀드렸는데 모르겠습니다.

문: 그와 같은 진술이 되어 있지 않은데 여하(如何).

답: 처음에는 그렇게 말했다가 이어 생각이 나서 최익환을 전(前)에 형무소에 있을 때 알던 사람이므로 안부 겸 만나러 갔다고 진술하였는데 그것이 조서에 기재되어 있지 않으면 착각에서 일 것입니다.

문: 증인의 그 당시 주소가 시내 태평로 2가 252번지인가.

답: 아닙니다.

문: 이것은 그 당시 증인이 동당 접수부에 기재한 것에 틀림없는가.

차시(此時) 재판장은 증(証) 제10호 접수부에서 차(此) 부분을 제시하다.

답: 네. 제가 쓰고 들어간 것에 틀림없습니다.

문: 그런데 태평로 2가 252로 되어 있는 것은 무슨 이유인가.

답: 태평로에 나무 가져오면 풀고 하던 곳이 있는데 그곳으로 적어 논 것입니다.

문: 그런 것이 아니고 증인은 북한 괴뢰의 김일성으로부터 남파된 대남 간첩으로서 피고인 조봉암과 동소(同所)에서 밀회하고, 동인(同人)이 영도하는 동당의 평화통일이 기실(其實) 구체적 방안으로서는 북한 괴뢰의 주장과 동일하다는 것을 내통한 사실이 있다는데 여하(如何).

답: 동인(同人)을 만난 일도 없고 그런 사실도 전연 없는 것입니다.

재판장은 합의한 후 증인 엄숙진에 대한 신문은 군 첩보기관에 관계되는 기밀 사항에 속하는 사항이 있을 것이므로 안녕질서(安寧秩序)를 해할 염려가 있다고 인정하고, 직권으로서 일반의 공개를 금지한다고 결정을 선(宣)하고 일반인의 퇴정을 명한 후 증인 엄숙진을 입정시키고 여좌(如左)히 신문하다.

문: 증인은 현재 무엇을 하고 있는가.

답: 농업에 종사하고 있습니다.

문: 증인은 과거 군 첩보기관에 종사한 사실이 있는가.

답: 네. 그런 사실이 있습니다.

문: 기(其) 종사한 관계에 대하여 진술함이 여하(如何).

답: 4282(1949)년 2월경부터 동 4288(1955)년 4월경까지의 간(間) 미(美) 대사관 계통의 정보기관 또는 미 육군 주한(駐韓) 첩보기관의 정보원으로 채용되어 첩보공작에 복무한 사실이 있고, 동 4288(1955)년 7월 중순경부터 동 4290(1957)년 11월경까지는 한국 첩보기관인 육군 HID에서 첩보공작에 종사한 사실이 있습니다.

문: 증인은 양이섭 피고인을 아는가.

답: 네. 알고 있습니다.

문: 연이(然而)면 그 알게 된 동기는 여하(如何).

답: 양이섭을 알게 된 것은 4284(1951)년 1월 중순경 대구에서 그 당시 본인이 복무하던 미 대사관 대북 첩보기관[동신공사(同信公司)]에 정보원으로 있을 때인데, 동 기관의 한인 책임자인 전준이라는 사람의 지시에 의하여 대구시내 달성공원(達城公園) 앞에 거주하는 동인(同人)을 전준에게 데려다 준 사실이 있어서 그 당시 처음 인사를 하여 알게 된 것입니다. 그런데 동인(同人)은 과거 평양에서 반공 투쟁을 하다가 1·4후퇴 시 데리고 내려온 사람이라고 하는데, 중국어에 능통한 관계로 대중국(對中國) 정보공작을 한다고 불렀던 것이나 미 고문관의 반대로 안 된 일이 있는 것입니다.

문: 그 이후 증인은 동인(同人)과 접촉이 있었는가.

답: 그리고 있다가 동 4286(1953)년 하경(夏頃) 본인이 우(右) 첩보기관의 강원도 속초에 있는 파견대에 출장 나가 복무할 적에 양이섭이가 거기 와서 어물상(漁物商)을 하고 있었으므로, 동년 10월경까지의 간(間) 10여 차 접촉이 있어서 친밀히 지낸 일이 있는데 한참 못 만나다가, 4289(1956)년 12월경 동인(同人)이 본인 가(家)인 시내 종로구 관훈동(寬勳洞) 197의 28호로 찾아온 일이 있어서 다시 만나게 되었습니다.

문: 그런데 증인은 피고인 양이섭을 육군 HID선(線)을 이용하여 남북교역을 하게끔 알선하여 준 사실이 있다는데 여하(如何).

답: 네. 그런 사실이 있습니다.

문: 그 전말은 여하(如何).

답: 4289(1956)년 12월경 본인 가(家)로 찾아와서 동인(同人)이 하는 말이 이제까지 미(美) 첩보기관과 손잡고 북한에 내왕(來往)하면서 남북교역을 수차한 일이 있는데 미인(美人)의 감시가 심해서 못하였는데, 자기는 이북에 있는 소련에서 나온 최현(崔賢) 대장을 강계에 있을 적에 경제적으로 도와준 일이 있을 뿐 아니라 연안(延安) 돌개포에 있는 지명인사(知名人士)도 잘 알고 있으니 사상을 초월해서 여러 가지 도움을 얻어 큰 성과를 올릴 수 있으며, 따라서

돈벌이도 좀 시켜달라고 부탁하기에 본인은 바로 기(其) 지(旨)를 당시 육군 HID 인천 책임자이던 김일환 대령에게 말하였더니, 동인(同人)은 다시 동대(同隊) 대북 공작 책임자인 서민에게 말하라고 하여 동인(同人)에게 또 그 지(旨)를 말하였던바, 첩자로서 성과를 기대할 수 있다는 데에서 해보자라고 하여 동 4289(1956)년 1월 하순경 동 서민이 양이섭을 직접 심사한 다음 동인(同人)을 첩자로 하여 대북 공작이 시작된 것입니다.

문: 그러니까 처음 양이섭이가 증인을 찾아온 것이 동 4288(1955)년 12월경이 아닌가.
답: 첫 번에 간 것이 재작년 2월부터이니까 그것이 맞습니다.

문: 그 관계에 대하여 종전에 특무대에서 증인은 여사(如斯) 진술한 것이 있는데 여하(如何).
차시(此時) 재판장은 기록 제838정 표면(表面) 7행부터 동 제882정 표면(表面) 6행까지 읽어주다.
답: 대략 그대로입니다. 그런데 본인이 출자한다는 것은 그런 것이 아니고 제가 연락하기로 한다는 것입니다.

문: 그 당시 인천 HID에 증인은 관계하고 있었던 것이 아닌가.
답: 다소 관계하고 있었습니다.

문: 다소 관계하고 있었다는 말은 무슨 말인가.
답: 대공(對共) 첩보에 종사하는 사람은 거기와 관계가 있을 때도 있고 또 다른 첩보를 위한 일도 할 수 있는 때가 있으니까 말입니다.

문: 증인은 양이섭에게 첩보 공작에 종사하는 일편(一便), 남북교역을 해서 얻은 이익 분배를 동등(同等)으로 하자고 언약한 사실이 있는가.
답: 그런 언약을 한 사실은 없고 첩보 공작에 대한 연락 관계는 제가 하기로 한 것이지 양이섭이 가져오는 물건에 탐이 나서 그리 한 것은 아닙니다. 양이섭을 소개한 나로서 마지막까지 그를 따라 다니며 살펴봐야 할 것이기 때문입니다.

문: 그것은 출자 문제 때문에 그런 것이 아닌가.

답: 말하기 곤란한 점도 있습니다마는 제 자신이 그를 소개한 사람이기 때문에 그에 관계하여 따라다니면서 행동에 대하여 감시하여야 하는 것입니다.

문: 그래서 전후 9차에 긍(亘)하여 따라다녔는가.

답: 그렇습니다.

문: 다른 사람이 할 수도 있는 것이 아닌가.

답: 첩자 추종(追從)은 가차운[190] 사람이 해야겠기 때문에 인천 만석동(萬石洞) 부두에서 본인, 서민, 양이섭, 선원 1명(성명불상자)이 공작선에 동승하고, 약 3시간 만에 38접경 납도에 도착하여 D형 목선(木船)에다가 양이섭을 승선시켜 선원 1명과 같이 입북시키고, 본인과 서민은 공작선으로 귀환하고 미리 귀환 일자를 약속하여 놓고 그 일자에 본인과 서민은 납도에서 기다리고 있다가 귀남(歸南)하는 양이섭을 영접하여 따라다니는 것입니다.

문: 양이섭의 이북 도착 지점은 여하(如何).

답: 목적지는 연백 돌개포라는 데입니다.

문: 양이섭이가 입북할 적에 휴대하고 가는 물품은 일일이 검사하고 보내는가.

답: 제가 목격한 것은 빽 같은데다가 약품, 시계, 작업복 등을 가지고 가는 것을 봤는데, 그것은 양이섭 자신이 시내에서 구입하여 놓으면 제가 인천 HID 서민에게 연락을 취하여 서민이가 찦차로 상경하여 물품을 적재하고, 본인과 양이섭 3인이 동승, 인천에 도착하여 동대(同隊) 지정 숙소에서 일박(一泊)하고 기(其) 익일 오후 8시경 전술한 바와 여(如)한 경로로 월북하는 것인데, 본인이 알게 심(甚)히 하는 것 같으면 좋다 하지 않을 것이니까 본인 모르는 사이에 적당히 검사해보고 하는 것입니다.

---

[190] '가까운'이라는 뜻이다.

문: 그리고 이북에서 가져오는 물품은 일일이 검사한 것이 아닌가.

답: 이북에서 가져온 물품은 대개 인삼, 해삼, 사향 등인데 양이섭 본인 자신은 모르는 사이에 검사하는 것입니다. 예를 들자면 거기에서 물품을 가지고 오면 곧 뒤져서 검사하는 것이 아니고 짬짬히 변소에 가는 사이에 뒤져본다던가 또 의심되는 점이 많은 것 같으면 일부러 다른 사람으로 하여금 동인(同人)을 데리고 나가서 그 장소를 피하게 하여 하는 수도 있으니까 일정(一定)해 있지는 않습니다.

문: 그래서 가져온 물품은 여하(如何)히 처분되는가.

답: 서민이가 맡아서 매각 처분하여 그 돈을 나에게 주면 양이섭에게 주는 것이 보통 예입니다.

문: 그래 가지고 이익나는 돈은 여하(如何)히 하였는가.

답: 공작선 기름값 등을 제하고는 양이섭이가 가져가서 쓰는데 어디다 어떻게 쓰는지는 모릅니다.

문: 그동안 기름값 등이라고 해서 제한 것이 얼마만한 돈이 되는가.

답: 6~700만 환 될 것이라고 생각합니다.

문: 증인이 받아 쓴 금액이 약 100여만 환가량 된다고 하였는데 그것은 여하(如何).

답: 나누어 줘서 받은 것입니다.

문: 피고인 양이섭의 진술은 약 1,500만 환가량의 비용이 갔다고 하는데 여하(如何).

답: 그렇게 되지 않을 것이라고 생각합니다.

문: 양에게 주는 돈은 증인의 손을 거쳐서 가게 된다고 진술하였는데 여하(如何).

답: 대개 그렇게 되는데 양이섭이가 입북하여 물품을 가지고 나올 적에 받아서 물품 목록을 작성해 받아 가지고 나와서 서민에게 제시하고는 하였는데, 몇 번인가 촉지(燭紙) 포장의 목침만한 것 1개씩은 물품 목록에는 기재되어 있

지 않고 서민에게 비밀히 해서 휴대, 상경하여 그가 단독으로 처분하는 일이 있는 것인데, 그는 왔다 갔다 하는데 수고하는 터에 좀 더 가지고 오는 것은 다치지 말라고도 하였습니다. 그런 것은 제가 모르는 것이지요.

문: 지금 기름값을 6~700만 환가량 된다는 것은 어떻게 해서 아는가.
답: 인삼 등 그런 것을 가져온 것을 아니까 추상적으로 생각해서 그렇게 될 것이라는 것입니다.

문: 증인은 양이섭을 월경하는 그 과정만 감시하여 왔는가.
답: 네. 그 범위만입니다.

문: 양이섭이가 그와 같은 물품을 가지고 다니는 외에 다른 휴대품은 없는가.
답: 양은 대북 내왕(來往) 시 가죽가방을 늘 가지고 다녔는데 기(其) 가죽가방 내에는 세면도구 등을 넣어 가지고 다니는 외에 무엇이 들어있는지 확인하지 않아서 다른 것은 모릅니다.

변호인 김춘봉은 재판장에게 고하고 증인 엄숙진에 대하여
문: 4289(1956)년 2월 하순 경 제1차 내왕(來往)한 경로로 9차 모두 그런 순서에 의한 것인가.
답: 네. 그렇습니다.

문: HID의 사명은 이북에 내왕(來往)하면서 교역하는 데 있는 것은 아니지 않는가.
답: 물론 그렇습니다. 상대해서 이상하면 빼칠 수도 있는 것이니까 교역만을 위주로 할 수는 없을 것입니다.

문: 이북에 갔다 오면 HID에 귀환 보고서를 작성해 내는 것이 아닌가.
답: 물론 써냅니다.

문: 그러니까 자기가 대북 첩보를 해온 의무를 마쳐야 교역이라는 것도 될 수 있는 것

이 아닌가.

답: 첩보를 얻는 것이 목적이니까 첩자가 큰 것을 얻어 오면 의심의 여지없이 교역에 대한 감시를 안 하는 경우도 있을 것입니다.

문: 양이섭이가 북한 괴뢰의 대남 공작기관과 상대하였다고 하니 대북 내왕(來往) 시, 괴뢰 측의 대남 첩보 공작에 협력하여 대한민국의 기밀을 제공하였을 것이 아닌가.

답: 입북하면 남한의 기밀을 제공하고 남하 시에는 대남 첩보 공작에 대한 지령을 받았었을런지도 모르겠습니다.

문: 그 말은 양이섭이 그랬으리라는 것인가.

답: 네. 그리했을 것이라고 봅니다.

문: 양에 대하여 그런 것도 감시하는 것이 아닌가.

답: 행동 일체에 대한 감시를 해야 합니다.

문: 그래서 부당한 것이 있으면 압수 또는 검거하게 되는 것이 아닌가.

답: 물론입니다.

문: 증인은 감시당하지 않는가.

답: 했을 것이라고 믿습니다.

문: 해상을 통하여 내왕(來往)한 후 인천에서 내리면은 그것으로써 감시의 대상에서 끝나는가.

답: 첩보하는 사람의 의무상 다른 사람이 또 감시했을 것이라고 생각합니다.

문: 이곳에서 물품 구입한 것은 양이섭 자신이 전부 하였는가.

답: 저와 같이 한 것은 키타191) 하나 산 것밖에는 없고 모두 양이 했습니다.

191) '기타(guitar)'를 말한다.

문: 그래 가지고 지정한 장소에 갖다 놓게 하여 인천에 연락한 후 찦차로 실어 가게 되는가.

답: 그렇습니다.

문: 연이(然而)면 일일이 검사하지 않는다고 하였는데 부정품(不正品)을 가지고 갈 수도 있지 않는가.

답: 감시는 언제, 언제 한다고 되어 있는 것이 아닙니다. 혹 안 할 수도 있겠지마는 예를 들어서 말하자면, 물품을 살적에 뒤따라서 알았으면 어떻게 할 것입니까. 확실히 말하자면 모든 것을 그렇게 해야 하는 것입니다. 그런데 그런 것을 안 할 경우라든지 하는 것은 첩자를 다루는 여하(如何)에 있다고 생각합니다.

문: 그리고 이북 삼육공사에서 물품을 가져올 적에는 거기에서 물품 명세서를 받아온다는데 그런가.

답: 그렇습니다.

문: 물품 판돈은 일단 양에게 전부 주나 미리 기름값 등을 공제하고서 주는가.

답: 그때그때 많이 가져왔으면 더 주고 적게 가져왔으면 적게 주는 것입니다.

문: 양이섭에게 준 돈이 어떻게 쓰여지는 지를 HID에서는 모르는가.

답: 본인은 모든 일체 감시가 있었으리라고 생각합니다.

문: 첩자가 내왕(來往) 시 책자 또는 잡지 같은 것을 자유로이 가지고 다닐 수 없는 것은 사실이 아닌가.

답: 물론 그렇습니다. 그러나 첩보기관에서는 첩자를 이중첩자라는 관념하에서 다루는 것이니까 하나의 더 큰 것을 얻기 위해서 적은 것은 알고도 눈감아 주는 수도 있는 것입니다.

변호인 김봉환은 재판장에게 고하고 증인 엄숙진에 대하여

문: 여름에 옷 속에 100환 권(券)을 10,000환 뭉치 서넛 되는 27,000불을 남모르게 가져

올 수 있다고 생각하는가.

답: 여름이라도 해상은 추우니까 옷을 두텁한 것을 입으니까 혹 알 수 없습니다.

변호인 윤용진은 재판장에게 고하고 증인 엄숙진에 대하여

문: 첩자에게 첩보 사명을 그때그때 주는가.

답: 그렇습니다. 군사(軍事), 기타 인물 지정도 그때그때 하게 됩니다.

문: 양이섭이 그 사명을 충실히 이행한 일 있는가.

답: 한 번인가 중공군(中共軍) 관계로 큰 것이 있었습니다.

문: 여기서 그런 것을 가져가는 것을 본 일은 없는가.

답: 물론 못 봤습니다.

변호인 김춘봉은 재판장에게 고하고 증인 엄숙진에 대하여

문: 증인은 양이섭이 이북 공작금 받아다가 조봉암에게 준 것을 알았다면 여하(如何)히 하여야 하는가.

답: 물론 잡아야지요.

문: 자기가 이북 교역으로써 번 돈이라고 하면 어떻게 하는가.

답: 별 문제 없겠지요.

검사는 재판장에게 고하고 증인 엄숙진에 대하여

문: 증인은 첩보기관에서 신체, 화물 등의 검사를 어떻게 하는 것인지 뚜렷하게 안다고 생각하는가.

답: 감시를 해야 한다는 원칙은 제가 알고 또 제가 그것을 해 왔다고 생각합니다.

문: 연이(然而)면 증인은 피고인 양이섭이 조봉암에게 백삼 등을 준 사실을 알았는가.

답: 나는 몰랐습니다.

문: 그런데 피고인 양이섭에 대한 감시를 철저히 했다고 보는가.

답: 본인 말고도 본건에 대하여 감시를 했을 것입니다. 이번 사건이 일어난 것을 신문에서 듣고 인천 HID 공작 과장을 만났더니 여지껏 감시를 해왔다고 그도 말하였습니다.

문: 연이(然而)나 27,000불을 가져온 것도 모르지 않았는가.

답: 그것은 사실입니다.

재판장은 증인 엄숙진에 대하여

문: HID에서 감시를 했으면 왜 그런 것을 모를 것인가.

답: 혹 알고도 두구두구192) 살펴볼 모양이었는지 모르겠습니다.

재판장은 피고인 등에 대하여 증인 신문 속행의 지(旨)를 고하고 우(右) 증언에 대한 의견 변해(辯解)의 유무(有無)를 문하니

피고인 등은 순차로 당 공정에서 진술한 것과 상치되는 부분은 부인한다고 진술하다.

재판장은 금일 공판은 차(此) 정도로 마치고 속행할 것을 고하고 차회 기일은 내(來) 6월 12일 오전 10시로 지정, 고지하고 각 소송관계인의 출석을 명한 후 폐정하다.

4291(1958)년 6월 5일
서울지방법원 형사 제3부
재판장 판사 유병진
서기 홍사필

[출전 : 16권 126~234쪽]

---

192) '두고두고'의 방언이다.

피고인 **조봉암 외 22명에** 대한 간첩 등 각 피고사건에 관하여 4291년(1958년) 6월 12일 오전 10시 서울지방법원의 공개한 법정에서

재판장 판사 유병진, 판사 이병용, 판사 배기호, 서기 홍사필 열석(列席)

검사 조인구 출석

피고인 등은 신체의 구속을 받음이 없이 출석하다.

변호인 변호사 김춘봉, 동 신태악, 동 김봉환, 동 전봉덕, 동 손완민, 동 한격만, 동 최순문, 동 유춘산, 동 임석무, 동 노영빈, 동 조헌식, 동 이상규, 동 김병희, 동 권재찬, 동 이병호, 동 한근조, 동 윤용진, 동 박영휘, 동 김찬영 각 출석

재정(在廷) 증인 김종윤(金鍾允) 출석

재판장은 변론을 속행할 것을 고하고 피고인 등에 대하여 전회(前回) 공판심리에 관한 주요 사항의 요지를 공판조서에 의하여 고지하니

피고인 등은 순차로 종전 그대로 틀림없다고 진술하다.

재판장은 전회 증거 결정에 의하여 취기(取寄)한 양이섭에 대한 유언서 및 상업은행으로부터 제출한 수표의 원본 등이 각 도착되었음을 고하고, 별지(別紙) 압수조서 기재와 여(如)히 압수할 것을 결정하고 갱(更)히 재정(在廷)한 증인 김종윤을 신문한다는 증거 결정을 하고 동인(同人)에 대하여 신문함이 여좌(如左)하다.

문: 성명, 연령, 직업, 주소는 여하(如何).
답: 성명은 김종윤, 연령은 31세, 직업은 주식회사 한국상업은행 영업부장 대리, 주소는 서울특별시 종로구 내자동(內資洞) 117번지

　　재판장은 증인에 대하여 〈형사소송법〉 제148조, 동법(同法) 제149조에 각 해당 여부를 조사하고 차(此)에 해당치 않음을 인정한 후 위증(僞證)의 벌을 경고하며 별지와 여(如)히 선서시키고 신문함이 여좌하다.

문: 증인은 상업은행 영업부장 대리로 하시(何時)부터 종사하는가.
답: 4278년(1945년) 1월 27일부터 동행(同行)에 취직하여 이래(爾來) 행원(行員)으로 있다가, 동 4289년(1956년) 8월 24일부터 본점 영업부장 대리에 임명되어 현재에 지(至)합니다.

문: 영업부장 대리로서 여하(如何)한 직무를 담당, 취급하였는가.
답: 영업부장을 보조하여 당좌예금계의 담당 대리로서 차(此)에 종사하여 왔습니다.

문: 금반(今般) 상업은행으로부터 제출된 수표 관계 서류 등에 대한 직무도 증인이 취급한 것인가.
답: 기중(其中) 당좌 관계의 것은 증인이 취급하였는데 그것도 전부를 다 한 것이 아닐 것입니다. 그리고 저축예금에 관한 것은 타계(他係)에서 취급한 것입니다.

문: 연이(然而)나 증인은 동 관계에 대하여 알고 있는 것이 아닌가.
답: 대강 다 알고 있습니다.

문: 이정신 명의로 저축예금 거래가 있는 것은 사실인가.
답: 네. 통장을 이용해서 예금하는 저축예금으로 거래하고 있었던 것을 알고 있습니다.

문: 동 저축예금 관계로 보증수표를 발행한 사실이 있는가.

답: 네. 있습니다.

문: 차변대체표(借邊對替票)란 무엇인가.

답: 거기에 1957년 6월 14일자 이정신 명의의 동 전표가 저축예금에서 예금을 인출해서 보증수표로 발행해 준 것이 증명이 되는 것입니다.

문: 그것이 도합 486만 환인데 그런가.

답: 그렇습니다.

문: 그 보증수표가 액면 금 백만 환 정(整) 1매(A차 No.089393), 동 1백만 환 정(整) 1매(A차 No.089394), 동 1백만 환 정(整) 1매(A차 No.089395), 동 금 1백만 환 정(整) 1매(A차 No.089396), 동 금 86만 환 정(整) 1매(A차 No.089397)가 그것인가.

답: 네. 그렇게 됩니다.

문: 4290년(1957년) 6월 13일자 마재하 명의의 개인수표 3매가 거래된 사실이 있는가.

답: 네. 그것은 종전부터 당좌(當座)[193] 거래가 터 있어서 예금된 범위 내에서 수표 거래가 된 일이 있는 것입니다.

문: 그것은 언제부터 거래가 되었는가.

답: 동년 6월 12일 자 신규 거래가 되었는데 저축은행 동대문지점 발행의 보증수표 169만 환과 저축은행 충무로지점에 거래 있는 김덕선(金德善) 명의의 개인수표 32만 환, 나머지는 현금으로 해서 도합 302만 환으로서 예금 개시(開始)가 된 것입니다.

문: 4290년(1957년) 6월 21일 자 액면 350만 환 정(整) 1매(A차No.093089)는 동 일자

---

193) 당좌예금(當座預金)은 요구불예금(demand deposit) 가운데 보통예금처럼 입출금이 자유로우면서도 대금 거래에 필요한 수표나 어음을 발행할 수 있는 예금이다.

이정신 명의의 자기앞수표 발행 의뢰에 의하여 발행한 보증수표인가.
답: 네. 그와 상위(相違) 없습니다.

문: 기외(其外)에 이정신 또는 마재하 명의 하의 예금관계에 대하여 아는 바가 있는가.
답: 개인적으로 아는 바가 없고 모다(모두) 장부에 의해서만 알고 있는 것입니다.

  재판장은 피고인 등에 대하여 우(右) 증언에 대한 의견 변해(辯解)의 유무(有無)를 물으니
  피고인 등은 순차로 할 말이 없다고 진술하다.

재판장은 피고인 조봉암에 대하여
문: 5 · 15정부통령선거 당시 피고인이 대통령에 입후보된 것은 그 전부터 당 내에 추진 운동이 있어서 공천받기에 이른 것이 아닌가.
답: 4287년(1954년) 3월 말에 추진대표자대회가 있던 그날에 임박하여 선거 일자가 공고되는 바람에 동일(同日) 진보당에서도 입후보시킨다 해서 그날 저녁에 양동 사무실에서 논의하다가 누구를 했으면 좋겠느냐고 말이 되어 조(曺)가 되어야겠다고 결정이 되는 바람에 서상일 씨를 밀래야 밀수가 없었습니다.

문: 외(外)에 그렇게 될 만한 이유가 없었는가.
답: 저는 그렇게밖에는 기억이 안 되는 것입니다.

문: 피고인 자신이 입후보하겠다고 당 간부에게 운동하거나 청탁한 일은 없는가.
답: 전연 없습니다.

문: 공천받기 위한 분위기 조성에 노력한 일은 없는가.
답: 없습니다. 그 관계는 윤길중 피고인이 잘 알 것입니다.

재판장은 피고인 윤길중에 대하여
문: 그 당시의 전말(顚末)은 여하(如何)하였는가.

답: 조봉암 피고인 자신이 대통령으로 출마하겠다고 그 의도를 표명한 바는 전연 없고 광릉회합이라든가 대관원회합 끝에 뒷소문으로 혁신세력의 대동단결을 본 뒤에 조(曺)가 출마하려고 하는 것이 아니냐고 하는 사람이 있었기는 하나 그와 같은 것을 목표로 정해서 자리 다툼한 일은 전연 없었고, 중앙예식부에서 열리는 전국추진대표자대회가 있은 전날 저녁인가에 선거일자가 공포되는 바람에 동 대회에서 신도성 씨의 제안으로 진보당에서도 입후보자를 공천할 것을 가결하고, 바로 선거대책위원회 구성으로 들어가 추진위원 전원이 선거대책위원이 되기로 하여 구체적인 것은 양동 사무실에서 하기로 하여 전원이 모인 자리에서 이구동성으로 조가 해야 한다고 나와 그 당시는 당연한 □□로서 만장일치로 대통령후보에 조봉암, 부통령후보로 서상일로 결정이 된 것입니다. 동 결의 시 누가 동의했는지 지금 기억에 없으나 옥신각신한 일은 전연 없었고 서상일을 대통령후보로 했으면 좋겠다고 말한 사람은 한 사람도 없었고 으레 조가 나가야 한다는 것으로 나왔었습니다. 서상일 씨 자신은 나이가 많으니 그만두겠다고 거절하고 선거대책위원장이나 하겠다고 완강히 조리(調理)다케[194] 말씀하시므로, 할 수 없이 다른 분으로 부통령후보를 내세워야겠다고 하여 2, 3 후에 박기출 씨가 선출하게 된 것입니다.

문: 그런데 증인 신도성의 진술은 의견이 구구(區區)했던 것 같은데 여하(如何).
답: 공식석상에서 그런 의견을 저나 조가 들은 바가 없었습니다.

문: 조 피고인 자신이 내가 대통령후보로 나가야겠다고 한 일은 없는가.
답: 없습니다.

문: 진보당에서 민혁당으로 갈려간 사람이 얼마나 되는가.
답: 민혁당이 30분 1 정도가 됐을까 했습니다.

---

194) '조리에 맞게'로 보인다.

재판장은 피고인 조봉암에 대하여

문: 증인 신도성은 피고인도 서상일 씨를 대통령후보로 할 것을 언약했었는데 결과가 뒤집히게 되었다고 하는 진술이 있는데 여하(如何).

답: 저이 몇 사람끼리만 그런 말을 했었는지는 모르지만 내가 될 때에 격론해본 일도 없었습니다. 나도 내가 나가겠다고 말한 일도 없고 운동한 일 없었던 것을 나가라고 해서 입후보했던 것입니다.

문: 피고인과 신도성 양인(兩人)이 직접 단판[195]한 일은 없었는가.

답: 없었습니다.

문: 진보당의 결당을 조기(早期)로 서두른 이유 여하(如何).

답: 그것보다 더 빨리 결당이 되었어야 할 것이었습니다. 그것은 순조롭게 나갔다면 전국추진대표자대회가 있은 것이 4289년(1956년) 3월 31일이었었으니까 그 한 두어 달이면 결당을 봤을 수도 있는 것이었는데, 선거 때에 닿게 되고 기후(其後) 좀 지지한 일도 있고 해서 동년 11월에나 결당을 보게 된 것인데, 그것도 억수로 늦게 되었다고 말할 수 있을지 모르나 조기 결당이란 말이 안 됩니다.

문: 그러나 서상일 씨는 좀 더 시일을 두고 더 많은 재야 혁신세력을 포섭하자고 주장하였다는데 여하(如何).

답: 서상일 씨와 많은 곡절이 있었던 것은 사실인데 그것은 서상일 씨와 나와의 의견이 다르다든가 하는 데 있어서가 아니라 그분은 조나 자기 중심이 되는 것은 안 하겠다고 하고 많은 혁신세력이 집중되도록 하여야 한다고 해서 그러면 오죽이나 좋겠습니까 어서 추진해보십시오 하고 말씀드렸는데, 한 번은 국회의원 20명을 진보당에 들어오게 할 수 있다고 하여 그것도 추진하였으나 안 되고, 일편(一便) 지방에서는 선거 때 얻은 기운으로 뒤따라 결당하자고 서두르고 하는데 별 진전이 없으므로 조가 없으면 좋겠오 하니까 그것도 안

---

195) '담판'의 오기로 보인다.

된다 그래서 할 수 없어서 동년 8~9월경에 조가 성의가 없어서 들어오지를 않는가 생각하여 제가 나가서 좀 해주시오 하고 직접 교섭도 해봤지만 실상 겉으로는 하는 척하고 망상[196] 도장을 찍는 이는 그 이상 없었습니다. 그러는 동안 그것이 몇 달이 벌써 지나 지방에서는 매일같이 올라와 결당 날짜를 지정하자고 해서 그동안 세 번을 날짜까지 지정하였다가 연기하여, 최후로 동일자로 하는 당 결의에 복종해서 더 기대(期待)라고 할 수 없었던 것입니다.

문: 그것도 간부들이 주동이 돼서 그렇게 되었다는 말인가.
답: 그렇습니다. 제가 서두른 일이 없는 것입니다.

재판장은 피고인 윤길중에 대하여

문: 그 점은 여하(如何).
답: 그렇습니다. 선거가 아니었으면 벌써 결당이 되었을 것인데 그로 말미암아 미루어 오다가 선거가 끝나자 2백여만 표 얻은 기백도 있고 해서 빨리 결당하자고 서두르는 판인데 좀 더 포섭해서 다라고[197] 발을 맞춰 가는 데 노력했습니다. 연이(然而) 최익환, 신숙, 김성숙(金星淑), 장건상 이런 분과 합의가 되지 않고 자꾸 지지부진한 상태로 돌아가기만 하고, 일편(一便)으로는 지방에서 탄압을 받게 되고 하니까 이제는 꼭 결당을 해야 된다는 전체적 의기(意氣)가 나와 그제서야 결당하기에 이른 것입니다.

재판장은 피고인 조봉암에 대하여

문: 피고인 양이섭이가 북한 괴뢰의 지령을 받아 가지고 나와 빨리 결당하라고 해서가 아닌가.
답: 그런 일이 절대 없는 것입니다.

문: 기관지(機關紙) 관계 계획 세운 것도 그런 때문이 아닌가.

---

196) '막상'의 오기로 보인다.
197) 원본 문서 그대로 기재한 것인데, 문맥상 '좀 더 포섭해 달라고'의 의미로 보인다.

답: 신문 하나 있어야겠다는 것은 결당 전에도 늘 생각하고 있던 것이었으므로 여러 가지로 알아도 보고 했던 것입니다. 절대로 그런 것이 아닙니다.

재판장은 피고인 양이섭에 대하여

문: 2차 때 월북하였다가 조봉암의 동태를 알아보라는 지령을 받고 넘어왔는데 그대로 실천하여 보고한 사실이 있는가.

답: 신문지에 나타나 있는 대로만 말하였는데, 그때 제가 요새 신문 보니 정치 방면에 많이 활동하고 있는 모양이라고 말하였습니다.

문: 지령을 받았으면 잘 알아보는 방향으로 노력하여다가 보고하여야 할 것이 아닌가.

답: 지금 그것을 지령이라고 합니다마는 그때는 서로 보통 말하는 담화 정도로 알았습니다.

문: 그리고 조봉암이 서상일 씨와 분열되는 경향이 보인다는 것도 역시 신문에서 보는 정도로 알아다 주었는가.

답: 그렇습니다. 직접 누구에게 물어보고 해서 안 것이 아니고 신문에서 보고 아는 것을 말해줬습니다.

재판장은 피고인 조봉암에 대하여

문: 『중앙정치』 10월호에 게재된 논문 가운데에 동등한 위치에 서서 선거를 실시한다는 것은 좀 불유쾌하기는 하지만, 기왕에도 UN 감시하에 몇 번씩이나 선거를 실시해 왔으니 한 번 더 하는 것도 나쁠 것 없지 않다 운운은 그렇게 해도 좋다는 말인가.

답: 나쁠 것도 없을 것 같다 했으니 좋을 상싶다[198]는 말입니다.

문: 지금도 피고인은 그렇게 생각하는가.

답: 네. 그렇습니다.

---

[198] '좋은 성싶다'의 오기이다.

문: 북한 괴뢰와 동등한 위치에 서서 운운한 것은 대한민국과 북한 괴뢰를 해산한다는 전제하에서 나온 말인가.

답: 해산 그런 것은 생각 않고 이북에 괴뢰가 있으니까 UN에 입장에서 볼 때 UN 감시하에 선거가 실시된다면 동등하다는 것입니다.

문: 동등(同等) 운운하는 말은 북한 괴뢰를 인정하는 폭이 되는 것이 아닌가.

답: 그렇게 구체적으로 생각해봤던 것은 아닙니다.

문: 그것도 양이섭의 지령에 의해서 그리된 것은 아닌가.

답: 내가 북한 괴뢰를 상대할 수 없는 것도 다 알 것이고 또 그런 지령에 움직일 사람이 아니라는 것도 다 알지요. 그런데 이용 운운은 무슨 말인지 모르고 경찰에서는 새삼스럽게 나를 공산주의자라고 했습니다. 이북의 박헌영이가 죽을 적에 나를 출당시킨 것은 자기 잘못이다, 또 앞으로 합작한다, 이런 어리석은 일에 내가 쏙아 넘어갈 사람이 아니라는 것을 말씀드리고, 대단히 외람된 말이오나 대한민국 내에서는 내가 공산주의가 무엇인지를 아니까 그것을 쳐야 한다는 것도 늘 생각하여 온 것입니다.

판사 이병용은 재판장에게 고하고 피고인 양이섭에 대하여

문: 피고인은 신문 보고 가서 이야기한 정도라고 했는데 괴뢰들도 여기 신문을 보고 있는 것이 아닌가.

답: 네. 그들도 본다고 했습니다.

문: 피고인은 월남하여 와서 신변을 미행당하거나 행동의 자유를 잃은 일이 있는가.

답: 그런 일은 없습니다마는 8~9차 때 와서 고민하기 시작했습니다.

문: 피고인은 북한 괴뢰의 지령이 충실히 이행되었다고 보는가.

답: 그렇지 않고 장사에 목적이 있어서 그저 이용당한 정도라 하겠습니다.

변호인 윤용진은 재판장에게 고하고 피고인 양이섭에 대하여

문: 성과도 없는 피고인에게 무엇 때문에 큰돈을 줬으리라고 생각하는가.

답: 이용하려고 그랬다고 생각합니다.

재판장은 피고인 양이섭에 대하여

문: 피고인은 제4차에 입북하여 조봉암을 대통령으로 입후보시키라, 재정은 후원해주겠으니 그 말을 전달하라는 지령을 받고 나와서 조봉암을 만났더니 약 2억 환 정도의 비용이 필요하다고 하는 말을 하여, 다시 이북에 가서 그 말을 전하여 6차 때 5백만 환을 선대(先貸) 형식으로 전하라고 하여 동 선대도 동년 5월 12~3일경까지 3~4차에 긍(亘)하여 전부 전달되었다고 하였는데, 그렇다고 하더라도 5백만 환밖에는 안 되는 것인데 대통령 입후보 선거 자금이라고 해서 후원한 것이 된다고 할 수 있는가.

답: 거기서는 자기네들의 진의(眞意)로 해서 준 것이 아니라 형식적으로 포섭하는 척하고 이용하자는 데에 있어서 그리했을 것이라고 생각합니다. 조봉암이가 대통령에 입후보한다는 것은 거기서도 알고 있었으니까 후원해준다고 해보는 것이지요. 그래서 많이는 못 대주고 그저 그런 정도로 한 것이라고 생각합니다.

문: 피고인이 이북에 가서 말한 것은 입후보하기로 결정이 된 4289년(1956년) 3월 31일 이전인데 여하(如何).

답: 진보당에서 대통령 또 부통령으로 누가 나간다는 것을 신문 발표를 보고 그네들도 알지 않았나 합니다.

문: 공고 일자가 공포되기 전에 진보당에서 누가 나온다고 보도된 일이 없는 것 같은데 여하(如何).

답: 이제 말씀드린 것은 그저 제 추측에 지나지 않습니다.

문: 이북에서 선거 자금으로 5백만 환을 선대하라는 지령을 받았으면 일시(一時)에 지불치 않고 4회에 긍(亘)하여 조금 조금씩 나누어서 전달한 이유는 여하(如何).

답: 지령이라고 할 것까지는 없다고 생각합니다. 좌담(座談) 식으로 말이 있었는

데 나가서 꼭 해야 한다는 것이 아니고, 어디까지나 형식적으로 호감을 사기 위해서 주라고 하지 않았나 하는 것입니다. 그래서 물품이 팔리는 대로 갖다 주었습니다.

문: 상(相) 피고인 조봉암에게 선대 형식으로 금 천오백만 환을 전달하였다고 하였는데 왜 그 시(時) 정산을 받지 못하였는가.
답: 다음번에 물자를 더 많이 받아오면 될 줄 알고 그냥 미뤄왔는데 2만 불 가져 올 적에 그 일부로 계산 받아 7천 불을 타온 것입니다.

문: 인천 HID로 천오백만 환의 돈이 갔다는 것은 어떻게 해서 그런 계산이 나오는가.
답: 그것은 지금 그때의 시세를 따져보면 제가 가져온 물자에서 기름값 등으로 그마만한[199] 돈이 나갔다는 것입니다.

문: 녹용을 보내주어서 감사하다. 탕약대(湯藥代) 2만 환의 영수증이란 것은 하고(何故)로 받았는가.
답: 이북에서 오해받으면 안 되겠기에 금전상 청백하다는 것을 보이기 위해서 그런 것을 써 받았습니다.

문: 연이(然而)면 동인(同人)에게 준 금액을 기시(其時) 기시(其時) 받아다 주어야 할 것이 아닌가.
답: 거기에 대해서 별 말 없었지만 숫자적으로 틀리지 않게 갖다 주었다는 것을 갖다가 보이기 위해서 이번 불(佛)은 액수도 크고 해서 그랬습니다.

문: 동 영수증에 도장도 찍지 않았는데 어떻게 증명이 되는가.
답: 영수증에 서명, 날인을 할 수 없었어도 이북에서 잡지 같은 데에 조봉암 씨가 사인한 것이 있으니 필적을 아는 사람이 있을 것이므로 그마만한 것이면 되지 않나 했습니다.

---

199) '그만한'을 뜻한다.

문: 그것은 지금 생각이 그렇다는 말인가.
답: 저는 그리 생각했습니다.

문: 탕약대 2만 환이라고 할 것이 아니라 2만 7천 불을 교부(交付)한 것이니까 2만 7천 환이라고 하는 것이 사리에 맞는다고 보이는데 여하(如何).
답: 조가 2만 불을 적게 생각할 것이 아니냐고 말하였더니 제 것 7천 불도 달라면 주라고 했던 것이므로 알고 있는 것이니까 그것만 써 받고 후에 올라가서 계산하려고 했습니다.

문: 7천 불도 천오백만 환에 대한 계산으로 받았다고 하였는데 피고인의 이해관계에도 큰 것이 아닌가.
답: 다음번에 가서 물자로 받아 내오면 이윤이 클 것 같아서 그랬습니다.

문: 2만 불을 전달하라고 한 것인데 그것을 10여 회에 긍(亘)하여 나누어서 주고 일시(一時)에 교부(交付)치 않은 이유 여하(如何).
답: 불(佛)을 은행에서 바꾸는 것이 아니기 때문에 바꾸는 데 위험할 것이므로 일시에 내놔서 바꾸지 않고 나누어서 바꾸어다 주었습니다.

문: 몇 번에 나누어서 바꾸었는가.
답: 서너 번에 바꾸었으나 본인이 급하지 않으니 쫌쫌식[200] 달라고 해서 그리 줬습니다.

문: 다른 데 신용(信用)하느라고 그런 것은 아닌가.
답: 제가 손대지 않았습니다.

문: 보통 사람은 그마만한 돈이 있다는 것을 알면 우선 잡아놓고 보는 것인데 여하(如何).

---

[200] '조금씩'을 뜻한다.

답: 조 씨는 어떤 생각에서 그랬는지 모르지만 우선 6백 20불만 달라고 해서 그것을 주고, 다음에도 쫌쫌식 달라고 한 것으로 봐서 간수 하기 곤란하니까 그리 달라고 한 것이라고 추측됩니다.

문: 피고인은 처음에 백 불짜리로 전부 가져왔다고 진술하고 다음에는 20불짜리 등 잣다란 것도 있다고 하였는데 어는 것이 맞는가.
답: 백 불짜리가 대부분이고 잔 것도 조금 섞여 있었습니다.

문: 증인 장성팔의 진술에 의하면 토목, 건축 또는 무역을 한다고 했는데 여하(如何).
답: 토건업 계통에 관계하고 있던 것은 사실인데 그것은 전술한 바와 여(如)히 돈 대고 있을 정도이고, 무역에 있어서는 남들이 무엇을 하냐고 물으면 지금 흔한 말로 무역한다고 해왔습니다.

문: 조봉암 피고인 보고도 무역한다고 한 일이 있는가.
답: 이런 범행을 하고 있었기 때문에 누구에게나 그런 의미에서 무역한다고 말하였으니까 그에게도 말한 일은 있을 것입니다.

문: 불(弗)을 취급하는 무역에 종사한 일은 없는가.
답: 없습니다.

문: 동대문서에서의 김동혁사건이란 무엇인가.
답: 4288년(1955년) 추경(秋頃)에 저도 이북에 같이 왔다 갔다 했는데 김동혁이가 아편을 가지고 나왔다는 것인데 저는 걱정만 했었지 아무 일 없었던 것입니다.

문: 피고인은 자수하였다고 진술하나 HID의 정보에 의하여 본건이 발단된 것이라고 인정되는데 여하(如何).
답: 제가 장성팔이와 특무대에 들어갈 적에 모자 세탁표와 돈 2만 환 있던 것을 장(張)에게 주고 전하라고 부탁하였는데, 나올 것 같으면 그런 것을 줄 리가 없지 않습니까. 장성팔도 신문 보고서 자수한 것이 틀림없는데 체포라고 해

서 술 먹고 특무대에 와서 주정(酒酊)한 일도 있습니다.

문: 사실에 틀림없는 경우에도 달리 보는 수가 있는 것인데, 피고인이 적어 논(놓은) 유서를 보면은 서두에 "처장님 □□[201] 기간(其間)의 후의를 거듭 감사합니다. 기왕 갈 길이니 조(曺) 건도 제가 부재하여도 처리될 단계에 이르렀사옵기 갑니다. 내내 국가와 민족에게 행복 있기를 빌며 또 처장님 이하 제위(諸位)의 건강을 축복하면서 시체는 가처(家妻)에게 주어주시고 감시자를 꾸짖지 말아 주시옵소서. 세상에 났던 탕민(湯民)"라고 쓰여져 있는데, 그 문면(文面) 자체에 의하더라도 "조(曺) 건도 제가 부재하여도 처리될 단계에 이르렀사옵기 갑니다"라고 한 것은 이상하게 표현이 되어 있을 뿐 아니라 일견(一見)하여 그것만을 만들기 위해서 이제까지 조사 받아오다가 쓴 것처럼 되어 있는데 여하(如何).

답: 제가 문학(文學)에 어두워서 잘 표현이 못 됐는지는 모르겠습니다마는 죽는 사람이 무슨 생각할 여유가 있습니까. 이왕 죽을 심정을 가진 바에야 남에게 나쁘게 할 것이 없어서 처장에게 감사하다고 하고 시체 처리를 요구한 것뿐 입니다.

문: 유서라는 것은 진심을 토로하는 것일 것인데 "조(曺) 건도 운운"하고 "갑니다"라고 한 것은 사건을 구성하는 데 고생하다가 나는 죽는다 하는 감(感)을 다른 사람으로 하여금 느끼게 하는데 여하(如何).

답: 단문(短文)한 사람이어서 그리된 것이지 다른 의미가 없습니다.

문: 유서의 문틀이 단문하게 보이지 않고 오히려 능숙한 표현이 되어 있는데 여하(如何).

답: 나는 못나서 간다는 것이지 다른 것은 아닙니다. 조(曺)에게는 미안하게 되었지만 저로 말미암아 국가와 민족에게 나쁜 결과를 남기게 될까 생각해서 다 말하고 간다는 것이지 내가 조를 왜 죽이겠다고 생각하는가요.

---

[201] '귀하'로 보인다.

문: 그런데 왜 그런 문구가 나오게 되었는가.

답: 지금 잘 생각이 나오지 않으나 죽는 바에는 깨끗이 말하고 시체 처리는 가처(家妻)에게 부탁하여 달라 한 것이지 아무 생각이 없었습니다.

문: "기왕 갈 길이니 조(曹) 건도"라는 것을 꼭 넣어야 할 일이 있었는가.

답: 저로서는 어떻게 설명하여야 할지 생각이 나가지 않습니다.

판사 이병용은 재판장에게 고하고 피고인 양이섭에 대하여

문: 박일영이가 이북에서 개인도[202] 준 것은 아닐터인데 여하(如何).

답: 개인으로 그런 돈이 어디 있겠습니까.

문: 연이(然而)면 어디서 나온 돈이라고 생각하는가.

답: 그자들의 공작금이라고 생각합니다.

문: 어떠한 형식을 취해서 받았는가.

답: 제가 영수증 써 놓고 받았습니다.

문: 물건은 어떤가.

답: 한광이라는 부하에게 5백만 환이면은 그마만한 물자를 요구하는 대로 내주라고 해서 제 숙소로 가져오곤 했습니다.

문: 2만 7천 불을 받을 적의 경위 여하(如何).

답: 처음 가서 박일영이와 말이 있었고 다음에 강모(姜某)라는 지도원이 신문지에다 백 환짜리, 만 환 뭉치 3~4개쯤 되는 것을 숙소로 가져와서 받았습니다.

문: 북한에서는 불(弗)을 구하기 힘들 터인데 그와 같은 막대한 불이 어디서 났는지를 물어보았는가.

---

202) 문맥상 '개인 돈'이 타당하므로, '도'는 돈의 오기로 보인다.

답: 그런 것은 물어볼 생각조차 한 일이 없습니다. 그저 관심치 않고 전달할 생각만 있었습니다.

문: 피고인이 유서를 쓴 때가 언제인가.
답: 생각 안 납니다.

문: 장소는 여하(如何).
답: 제가 유(留)하던 숙소 태평양여관 방에서입니다.

문: 특무대에서 신문을 받을 적인가.
답: 금년 3월 10일인가 동월 11일인데 시간 생각은 나지 않습니다.

문: 오전인가, 오후인가.
답: 오후되기 쉽습니다.

문: 그 방에 누가 있었는가.
답: 방 안에는 여러 사람들이 있었는데 딴 일 하고 있었습니다.

문: 그래서 그것을 작성한 후 여하(如何)히 하였는가.
답: 접어서 주머니에 넣고 있었습니다.

문: 태평양여관에 감시자가 없었는가.
답: 여러 대원들이 있었습니다.

문: 정식으로 구속을 당하였을 터인데 왜 자유로히 있게 되었는가.
답: 제가 심장병이 있어서 진찰을 받은 후 그곳에 있었습니다.

문: 그래서 기간(其間)의 후의를 거듭 감사하다고 하였는가, 그렇지 않으면 다른 후의를 받은 것이 있는가.

답: 죽는 사람이 남에게 싫은 소리를 하고 싶지 않아서 그랬습니다.

문: 거기서 고맙게 해준 것은 없는가.
답: 감방에 구금하지 않고 여관방에 있게 해준 것은 몸이 아픈 나로서 후의라고 생각합니다.

문: 또 다른 것은 없는가.
답: 없고 그것뿐입니다.

문: 가족에 대한 부탁도 한 일이 있는가.
답: 어떻게 됐는지 문면(文面)에 기억이 없어서 모르겠습니다.

문: 자살하는 사람은 누구를 위하겠다는 마음보다는 그저 순박(純朴)한 데로 돌아가는 것이 보통이라는데 여하(如何).
답: 그렇기 때문에 문면에 누구를 위한다는 것이 없지 않습니까.

문: 연이(然而)나 30년간의 친분이 있는 조봉암을 자살하는 마당에 있어서까지 조(曺) 건도 처리될 단계 운운하고 표시한 이유는 여하(如何).
답: 제가 특무대에 자수하여 모든 것을 고백하고 난 뒤에 몸이 나쁘고 괴로워서 사건과 결부해서 쓰여졌는지는 모르겠으나 그냥 죽는다는 마음뿐이었습니다. 문면상 인간미가 없다고 말씀하실지 모르지만 딴 마음이 있어서는 아니었습니다.

문: 조(曺) 건도 운운한 것은 애국심에서 나온 것이라고 보이는데 여하(如何).
답: 취조받을 적에 아침 새벽서부터 저녁 늦게까지 받게 되고 심장병으로 몸이 괴로워서 얼른 끝내고 저세상에 갔으면 하는 생각뿐이었습니다. 저는 이 사건을 하루바삐 끝냈으면 했으니까 그런 것이 적혀졌는지 모르겠습니다.

문: 그래도 30년 동안이나 친분이 있는 사람을 들고 "나는 갑니다"할 때는 간단한 뜻이

아니라고 보이는데 여하(如何).

답: 죽는 것이다, 내일은 다 끝나는 것이다 하는 심정이지요.

문: 문면 나열이 솔직담백하게 표시되어 있는데 다른 복□ 관계는 없는가.

답: 아무것도 없습니다.

문: 잉크와 종이는 어디서 났는가.

답: 거기 책상 위에 있던 것입니다.

문: 만년필로 썼는가, 펜으로 썼는가.

답: 생각 안 납니다. 죽으려고 해서 그런지 통 생각이 안 납니다.

문: 어디 책상 위에 있던 것인가.

답: 취조 받던 다다미방 6첩(疊)되는 데인데 그분들이 조서 쓰던 것입니다.

문: 그것을 쓸 때 대원들은 무엇을 하고 있었는가.

답: 책 보고 있었습니다.

문: 그런데 피고인이 유서를 쓰고 있는 것을 못 보고 있었는가.

답: 나를 경계했었지만 못 봤습니다.

문: 그런데 어디서 발각되었는가.

답: 거기서 수건과 보재기[203]로 목메어 자살하려다가 그날 11시경 발각되었습니다.

문: 태평양여관에 있을 적에 가족과의 면회는 잦았는가.

답: 특무대에 있을 적에 가족과 면회한 것은 한 번밖에 없었습니다.

---

[203] '보자기'를 말한다.

문: 혹 특무처장이 나중 일은 걱정 말라고 한 일은 없는가.

답: 없습니다.

판사 배기호는 재판장에게 고하고 피고인 양이섭에 대하여

문: 취조관은 누구인가.

답: 문관(文官)과 현역 한 분이었습니다.

문: 피고인은 특무처장을 아는가.

답: 모릅니다.

문: 담당 취조관도 아닌 처장 앞으로 그것을 썼는가.

답: 거기서 제일 높으신 양반이니까 그 앞으로 썼습니다. 그리고 제가 모른다는 것은 사적으로 그분을 모른다는 말이고, 그분은 매일같이 와서 보고 가곤 했습니다. 그래서 얼굴은 알고 있습니다.

문: 이정자에게 피고인을 소개하였다는 정옥실은 언제부터 아는 사람인가.

답: 상해 있을 적부터 잘 알고 있습니다.

문: 그렇게 아는 사람을 통해서 팔 것 같으면 바로 알게 되니까 위험한 일이라고 생각지 않았는가.

답: 모르는 사람은 속을 몰라서 아는 사람을 통했습니다.

문: 연이(然而)나 모르는 사람에게 팔아버리면 그것이 안전할 터인데 여하(如何).

답: 그래도 아는 사람이 나을 것 같아서 그랬습니다.

재판장은 피고인 조봉암에 대하여

문: 피고인이 양이섭에게 다른 것은 다 줄 수 있다고 하더라도 출마자의 명단을 적어 준 것은 무슨 이유가 있어서가 아닌가.

답: 그가 몇 번인가 관심이 있어 하여 누구누구가 어떻게 나오는 것이냐고 적어

달라고 해서 한 30명 나갈 수 있다고 적어 준 것입니다. 그런 것을 의심하기 시작했으면 그렇지 않았을 것인데 퍽 알고 싶어 했습니다.

문: 그런 것을 물어보는 정도라면 몰라도 적어달라고 요구하는 자체가 이상하다고 생각하지 않았는가.
답: 처음 만나는 사람이야 누가 써 주겠습니까. 그것도 진보당에 대단히 동정(同情)하는 사람이니까 써 주었지요.

문: 마지막 번에 양이섭의 집을 찾아갔다고 했는데 어떤 집이던가.
답: 회현동인데 20여 칸 되는 왜식(倭式) 집으로 큰 방도 몇 개 있고 했습니다.

문: 시가 얼마나 가는 집이던가.
답: 글쎄요. 한 4백만 환짜리는 될 것 같았습니다.

문: 그 집도 전세로 살고 있다는데 그런 사람으로부터 어떻게 큰돈을 받을 수 있는가.
답: 자기는 무역도 하고 건축도 한다고 하고 그 집 말고 다른 데에도 집이 있다고 했습니다. 그리고 남의 학생 데려다가 공부도 시킨다고 했습니다.

문: 사무실도 가지고 있지 않은 사람이 무슨 그런 사업을 한다고 생각하는가.
답: 요새는 사무실 가지고 무역하는 사람보다 사무실 안 가지고 쓱쓱 하는 사람이 불(弗)도 많이 번다는 것은 상식화되어 있지 않습니까.

문: 입후보자 명단을 적어달라고 하면 이상하다고 하는 것을 눈치채야 할 터인데 여하(如何).
답: 도모지 그런 생각을 못 했습니다. 그저 걱정해주고 하니까 적어달라는 대로 적어주었습니다.

문: 이제까지 양의 진술을 들어보더라도 양의 재산이라고는 별반 없는데 딴 돈이 아닌 이상 자기 것을 희생시키고라도 대줄 사람이라고 생각하는가.

답: 그것은 판단 문제인데 저는 그가 상당히 여유 있는 사람으로 알고 있었습니다.

문: 연이(然而)면 여유 없이도 희생해서 해줄 사람으로 알았는가.

답: 그는 그전부터 늘 돈 만지던 사람으로 숭어물[204] 없이 지내오는 터이라 돈을 얻어 쓰던 것인데, 지금 이상한 말을 하고 있으니 정신적으로 똑똑치 못하다는 것입니다. 제가 한 마디 양에게 묻고 싶은 것은 제가 잡지 같은 데 사인을 해서 내 필적을 알 것이라고 했는데, 내가 그 영수증이라는 데 어떻게 내 이름을 표시하였는지 알아봐 주십시오. 그는 그냥 조(曺)라고만 했다고 하였는데 그것을 어떻게 내가 쓴 것인지를 알 것이냐는 말입니다. 당치도 않은 말을 하고 있는 것입니다.

재판장은 피고인 양이섭에 대하여

문: 녹용을 보내줘서 감사하다 운운하는 영수증이라는 데에 조봉암 피고인이 여하(如何)히 필적을 나타냈는가.

답: 문면(文面) 아래에 조(曺)라고 한 자만 썼습니다.

판사 이병용은 재판장에게 고하고 피고인 조봉암에 대하여

문: 피고인에게 정치자금을 대던 사람이 상(相) 피고인 양이섭 외에 다른 사람도 있는가.

답: 많이 있습니다.

문: 양이섭 외에도 2천만 환씩이나 내논[205] 사람이 있는가.

답: 수□[206]는 많지만 한 사람으로서 그만큼 낸 것은 그뿐입니다.

---

204) '흥어물'의 오기로 보인다.
205) '내놓은'을 뜻한다.
206) '수자'로 보인다.

문: 본건 이전에도 동인(同人)으로부터 큰돈을 받은 일이 있는가.

답: 그때는 나만치 궁해서 자기도 찾아보지 못했다고 하였습니다.

문: 연이(然而)면 그전에는 한 번도 받은 것이 없는가.

답: 전부 친다면 한 서너 번에 4~50만 환가량 될 것이고, 4288년(1955년)에 제 딸 한테 10만 환짜리 시계 사준 일도 있습니다.

문: 서로 사귄 동안 언쟁한 일이 있었는가.

답: 이상하게 친해서 그런 일은 한 번도 없고 가까이 지내왔습니다. 상해 적부터 가족적으로 친하게 지내온 것이지요. 정당, 단체에는 같이 있은 일도 없는데 그리 친하게 지내왔지요.

변호인 김봉환은 재판장에게 고하고 피고인 양이섭에 대하여

문: 피고인은 과거 만주 통화에 있을 적에도 독립운동하는 사람에게 도와준 일이 있다는데 여하(如何).

답: 그런 데 돈 쓴 일은 많이 있습니다. 학교도 두 개 만들고 독립운동한 분들에게 잘 봐주던 헌병에게 결혼 비용 대준 일까지 있습니다. 저는 돈 벌면 잘 쓴다는 사람입니다.

문: 그런 점에 대하여 구체적으로 진술함이 여하(如何).

답: 제가 만주 통화에서 처음에 60만 평의 토지를 개간하여 농장을 경영하고 있는데 만척(滿拓)[207]에서 그것을 점령하려고 하는 바람에 농가 90여 호(戶)가 들어가서 도시에서 식량을 구해다가 농사짓게 해주었는데, 그래도 만척에서 가져가겠다고 하는 것을 물리치고 10년 연부(年賦)로 모다 자작농을 만들어 주니까 만척도 할 수 없이 물러나 갔는데, 후에 저를 비(碑)도 해 세워주고 했습니다. 그리고 그때 전과가 있다고 헌병대에서 자꾸 조사를 당하고 했는

---

207) 선만척식주식회사(鮮滿拓殖株式會社)를 말한다. 1936년 9월 동양척식회사가 조선 농민의 만주 이주를 수행하기 위해 설립한 회사다.

데 농민들이 나와서 구출 운동을 해준 일이 있습니다. 저는 그때나 이때나 무엇을 하면 순조롭게 돈벌이가 잘 되어 벌면 쓰곤 했습니다.

문: 피고인의 부인 말에 의하면 미인(美人)이 피고인 집에 찾아온 일이 있다는데 그런 일이 있었는가.
답: 지금 생각이 빨리 안 납니다.

문: 피고인은 특무대에서 고문당한 일은 없는가.
답: 없습니다.

변호인 김춘봉은 추가 증거 신청으로
1. 박정호에 대한 판결문 1통
2. 정우갑에 대한 사실 증명 1통
3. 한국 총선거에 관한 UN 결의문
4. 한국 가능지역 총선거에 관한 결의문
5. 한국통일위원단 설치에 관한 결의문
6. 한국 정치회담에 관한 결의문
7. 변영태 외무장관의 14개 조항
8. 제19회 76차 본회의록
9. 제19회 72차 본회의록
10. 한미상호방위조약
을 제출하고 기(其) 입증 취지를 진술하다.

재판장은 합의한 후 우(右) 변호인 김춘봉의 증거 신청은 차(此)를 전부 채택할 지(旨)의 증거 결정을 하고, 동 서류 및 검사로부터 취기(取寄) 신청이 있은 증거 보유 기록은 별지 신청 조서 기재와 여(如)히 압수할 것을 결정하고, 금일 공판은 차(此) 정도로 마치고 속행할 것을 고하고 차회 기일을 내(來) 6월 13일 오전 10시로 지정, 고지하고 각 소송관계인의 출석을 명한 후 폐정하다.

4291년(1958년) 6월 12일
서울지방법원 형사 제3부
재판장 판사 유병진
서기 홍사필

[출전 : 17권 4~54쪽]

피고인 조봉암

우(右) 피고인에 대하여 4291년(1958년) 2월 17일 공소한 범죄사실에 대하여 통용 법조(法條)로서 〈법령〉 제5호를 죄명으로 〈법령〉 제5호 위반을 각각 추가하나이다.

4291년(1958년) 6월 13일
서울지방검찰청 검사 조인구
서울지방법원 형사 제3부 귀하

[출전 : 17권 60쪽]

공판조서(제16회) 1958년 6월 13일

피고인 조봉암 외 22명에 대한 간첩 및 〈국가보안법〉 위반 등 피고사건에 관하여 4291년(1958년) 6월 13일 오전 10시 서울지방법원의 공개한 법정에서

재판장 판사 유병진, 판사 이병용, 판사 배기호, 서기 홍사필 열석(列席)

검사 조인구 출석

피고인 등은 신체의 구속을 받음이 없이 출석하다.

변호인 변호사 김춘봉, 동 신태악, 동 김봉환, 동 전봉덕, 동 손완민, 동 한격만, 동 최순문, 동 유춘산, 동 임석무, 동 조헌식, 동 이상규, 동 김병희, 동 권재찬, 동 한근조, 동 윤용진, 동 박영휘, 동 김찬영 각 출석

재판장은 변론을 속행할 것을 고하고 피고인 등에 대하여 전회(前回) 공판심리에 관한 주요 사항의 요지를 공판조서에 의하여 고지하니

피고인 등은 순차로 종전 그대로 틀림없다고 진술하다.

재판장은 합의한 후 소송관계인의 증거 신청 중 보류한 것은 차(此)를 전부 각하(却下)하고 또 증거 결정에 의하여 육군 인천 첩보대에 서류 취기(取寄)한 것은 차(此)를 취소하고 이상으로서 사실심리 및 증거조사를 종료한다고 선(宣)하다.

검사는 별지 논고(論告) 요지문[208] 기재와 여(如)히 사실과 법률 통용에 관한 의견을 진술하다.

재판장은 금일 공판은 차(此) 정도로 마치고 속행할 것을 고하고 차회 기일을
내(來) 6월 17일 오전 10시로 지정, 고지하고 각 소송관계인의 출석을 명한 후 폐
정하다.

4291년(1958년) 6월 13일
서울지방법원 형사 제3부
재판장 판사 유병진
서기 홍사필

[출전 : 17권 61~63쪽]

---

208) 검사의 논고 요지문이 별지로 제출되었다고 하지만, 진보당 형사사건기록 원본 문서 중
에는 첨부되어 있지 않아 내용을 정확히 확인하기 어렵다.

피고인 조봉암 외 22명에 대한 간첩 및 〈국가보안법〉 위반 피고사건에 관하여 4291(1958)년 6월 17일 오전 10시 서울지방법원의 공개한 법정에서

재판장 판사 유병진, 판사 이병용, 판사 배기호, 서기 홍사필 열석(列席)

검사 원종백(元鍾百) 출석

피고인 등은 신체의 구속을 받음이 없이 출석하다.

변호인 변호사 김춘봉, 동 신태악, 동 김봉환, 동 전봉덕, 동 손완민, 동 한격만, 동 최순문, 동 유춘산, 동 임석무, 동 조헌식, 동 이상규, 동 김병희, 동 권재찬, 동 한근조, 동 윤용진, 동 박영휘, 동 김찬영 각 출석

재판장은 변론을 속행할 것을 고하고 피고인 등에 대하여 전회(前回) 공판심리에 관한 주요 사항의 요지를 공판조서에 의하여 고지하니

피고인 등은 순차로 종전 그대로 틀림없다고 진술하다.

변호인 변호사 김춘봉은 피고인 조봉암, 동 박기출, 동 윤길중을 위하여 별지 변론 요지문 기재와 여(如)히 동 이정자를 위하여 각 대단히 유리한 변론을 하다.

동 신태악은 피고인 조봉암, 동 조규희, 동 김기철을 위하여 별지 변론 요지문 기재와 여(如)히 대단히 유리한 변론을 하다.

재판장은 금일 공판은 차(此) 정도로 마치고 속행할 것을 고하고 차회 기일을 내(來) 6월 18일 오후 2시로 지정, 고지하고 각 소송관계인의 출석을 명한 후 폐정하다.

4291년(1958년) 6월 17일
서울지방법원 형사 제3부
재판장 판사 유병진
서기 홍사필

[출전 : 17권 67~69쪽]

【별지】

진보당사건 변론 요지

변호사 김춘봉

변론 요지

수천 엽에 달하는 기록과 20여 명의 피고인에다가 국내외적으로 중요시되는 이 사건을 근 5개월이란 장시일간 감격스러울 정도로 성의있게 심리하여 주신 재판장 이하 배석판사 여러분에게 피고인들과 더불어 진심으로 감사의 말씀을 드립니다.

일(一). 공소장 비판

먼저 본 변호인은 본건 기록에 나타난 수사의 형적(形跡)과 공소장에 기재된 피고인들의 피의사실을 보고 느낀 것은 구체적인 범죄가 있기 때문에 입건한 것이 아니고 어떠한 목적하에 막연한 사실을 기초로 하여 무리하게 범죄를 양성하려는 감정이 흐르고 있음을 발견하고 국가를 의지하고 법의 그늘에서 사는 국민의 한 사람으로서 불안한 마음 금할 수 없는 것이며 이러한 사실은 변론의 순서에 따라 구체적으로 말씀드릴 것입니다마는 본건 공소장을 일견(一見)하여도 알 수 있는 것과 같이 공소 제기 내용의 불비(不備)는 이루 말할 수 없을 정도로 정치인으로서의 피고인들의 일거일동을 모조리 열거하여 전체에 영향을 주려는 노력의 형적(形跡)이 역력한 것입니다.

검찰관은 어디까지나 사리를 정확하게 판단하여 기록과 증거에 의거하여 공소권을 행사하여야 할 것인즉, 기록에도 없는 사실과 법률가로서 도저히 범죄로 인정할 수 없는 명백한 사실을 가지고 중대한 결과를 맺고자 하였다는 것은 법을 지키고 동시에 사람을 아끼는 마음에서 용납되지 않은 사실인 것입니다.

이(二). 진보당은 반국가적 집단이 아니다

검사는 그 논고를 함에 있어서 볼쉐뷔크[209]혁명사로부터 시작하여 공산당의 역사적 발전과정을 비판함으로서 진보당을 마치 공산당과 동일시하는 듯한 감을 주고 있으나 검사의 그러한 사고방식은 도저히 이해가 가지 않으며 본건에 있어서 적용될 문제가 아님을 밝혀두는 바입니다.

진보당은 4289(1956)년 11월 10일 자 창당되어 정부에 등록된 합법적인 정치단체이며 결코 불법단체는 아닌 것입니다.

진보당은 그 선언문에서 명백히 한 바와 같이 근로자, 농민, 근로인테리, 중소상공업자를 대표하는 대중적 정치단체이며, 그 강령에 있어서도 공산독재와 자본가나 부패분자의 독재를 모두 배격하고 진정한 민주주의 체제하에 책임 있는 혁신정치를 한다고 한 바와 같이, 진보당의 정치노선은 자본주의를 약간 수정하였으나 보수계에 속하는 혁신정치 세력일 뿐이지 결코 사회민주주의를 표방하는 영국의 노동당이나 서독의 사회민주당 정도에도 이르지 못한 정당이라는 것은 진보당의 정강정책 등으로 보아 의심의 여지가 없는 것입니다.

검사는 논고에서 진보당의 강령 전문(前文) 중 "자본주의의 자기수정이 자본주의 세력 자체의 자발적 의사에 기인한 것이 아니고 이를 불가피하게 하는 사회적 정치적 및 경제적 제(諸) 원인에 유래하는 것임을 명확히 인식하여야 하며, 따라서 우리는 자본주의의 이러한 자기수정적 경향을 과대평가하여서는 아니 된다. 왜냐하면 이러한 과대평가는 우리가 확고하게 지켜나가야 하는 적극적 실천적인 변혁적 주체성의 입장과 배치하지 않을 수 없기 때문이다. 자본주의의 지양과 민주적 복지사회의 건설은 자본주의의 자기수정적 노력에 의해서가 아니라 근로대중을 대표하는 변혁적 주체적 세력의 적극적 실천에 의하여 달성되어야 할 것이다. 그러나 이와 동시에 우리는 자본주의의 이러한 자기수정적 노력을 결코 과소

---

[209] '볼셰비키'를 말한다.

평가하여서는 아니 된다. 왜냐하면 이와 같은 과소평가는 민주주의적 방식에 의하여 자본주의의 변혁을 달성하여야 할 우리의 근본적인 사회민주주의적 입장과 합치할 수 없기 때문이다"라고 한 너무나 당연한 구절을 가지고 진보당을 사회민주주의 정당으로 단정한 것입니다.

그러나 동 강령 전문(前文)의 의도는 자본주의의 자기수정이라는 것이 있을 수 있으나 그것은 자본주의 세력 자체의 자발적 의사에 기인할 수 없고 사회적 정치적 경제적인 제 원인에 의하여 불가피하게 이루어지는 이상, 그러한 자본주의의 자기수정적 경향을 과대평가한다는 것은 위험한 일이라고 한 것으로 하등의 모순이 없으며, 그것은 자본주의의 자기수정이 아니고 이것을 적극적이고 실천적이고 변혁적인 입장에서 수정하여야 할 혁신세력의 임무인 까닭이라고 한 것입니다.

그러므로 자본주의의 수정과 민주적 복지사회의 건설은 자본주의의 자기수정에 기대할 수 없으며 근로대중을 대표하는 진보세력의 노력에 의하여서만 달성할 수 있다는 것입니다.

또한 동 강령 전문(前文)에는 "그 자본주의의 자기수정적 노력을 과소평가하여서는 안 된다"라고 하였습니다. 그것은 자본주의 세력 자신의 그러한 노력이 민주주의적 평화적 방법으로 이 사업을 이룩하여야 할 사회민주주의적 입장에서 볼 때에 도리어 장해가 되는 까닭입니다. 그리고 이러한 자본주의 변혁은 폭력적 독재주의인 볼세뷔즘[210]의 경우와는 반대로 민주적 평화적 방법으로 수행되어야 한다는 것입니다.

그리고 경제정책 전문 중 "우리는 낡은 자유민주주의 또는 개인적 민주주의를 폐기하고 분연 과감히 새로운 민주주의 즉 사회민주주의에로 옮아 서지 않으면 아니 된다"고 하였습니다. 여기에서 그 어구에 대하여 검찰관이 문제시하는 것은 '적극적 실천적인 변혁적 주체성', '자본주의의 지양', '사회민주주의 입장' 등등인 바, 적극적 실천적 변혁적 입체성이라는 것은 우리가 말하는 자본주의의 수정은 자본주의 세력의 자기수정적 노력이 아니고 혁신세력의 적극적이고 실천 있고 좀 더 새롭게 하여 보겠다는 주체적인 행동이 있어야 한다는 것이며, 결코 변혁

---

[210] '볼셰비즘'을 말한다.

이라고 하여 사회주의혁명을 이룩하겠다는 것이 아니라는 것은 자본주의의 수정은 민주주의적 평화적인 방식에 의한다는 것으로도 명백한 것입니다. '자본주의의 지양'이라 함은 자본주의를 지양하고 사회주의 체제로 진전한다는 것이 아니고 봉건주의에서 겨우 탈피한 정도의 자본주의에 수정을 거듭하여간다는 것이며, 또한 자본주의 수정에 수정을 가하여간다면 사회민주주의로 발전될 수도 있는 문제라는 것은 의문의 여지가 없는 것입니다.

우리나라 헌법상에 있어서도 정치적 민주주의와 함께 경제적·사회적 민주주의를 선명(宣明)하고 있으며 〈헌법〉 제84조의 경제조항은 균형 경제를 표방하고 있는 것입니다. 그렇다면 진보당이 균형 있는 국민경제 체제로 복지사회 건설을 주장한다든가 수정자본주의의 발전이 사회민주주의라는 용어를 사용하였다고 하여 그것이 곧 진보당을 사회민주주의적인 정당으로 단정할 이유는 못될 것입니다.

그러므로 진보당을 사회민주주의 정당으로 오기(誤記)하고 있는 일부 인사들은 진보당의 성격을 이해치 못한 막연한 자기비판에서 나왔거나 검찰관과 같은 편파적인 선입감(先入感)에 의한 것이라는 것은 여러 증인의 진술에 의하여도 명백히 된 것이며 본건 공소장에 표시된 바와 여(如)히 서상일 씨 계(系)가 진보당을 이탈한 원인이 정치이념의 차이에 있었다든가 진보당이 민혁당보다 약간 좌경(左傾)하였기 때문에 그런 것이 아니고, 진보당이 결당도 되기 전에 4289(1956)년 5·15정부통령선거 시부터 시작된 영도권 문제를 둘러싼 암투가 저류(低流)로 흘렀고 그 후 조기 창당을 주장하는 측과 창당이 지연되더라도 무조건 대동단결에 중점을 두자는 측과의 분열이었던 것입니다.

만약 당시 상호 간의 이해와 희생심으로 단결하였던들 진보당과 민혁당이 오늘날과 같이 비참한 환경에 빠짐이 없이 발전하였을 것입니다. 이러한 것이 진보당과 민혁당이 분열된 원인이며, 결코 상호 간의 이념의 차이라든가 공소장에서 지적된 바와 여(如)히 '진보당은 북한 괴뢰집단과 야합하려고 하였고 서상일 씨 계는 그것을 반대하였기 때문에 결별' 운운은 근거 없는 사실인 것입니다. 따라서 결국 진보당과 민혁당의 분열의 원인은 대의를 저버리고 소의에 사로잡힌 정객들의 권력 상쟁에 있다고 할 수 있는 것입니다.

삼(三). 진보당의 통일정책과 UN의 통한(統韓) 결의

연(然)이면 이 사건에 있어서 문제의 초점이 된 진보당의 통일정책이 과연 반국가적이고 〈국가보안법〉의 대상이 될 것인가 하는 문제인 것입니다.

진보당은 그 통일정책에 있어서 이렇게 말하고 있습니다.

"원수폭(原水爆)의 발전으로 인한 세계 대세는 전투를 반대하고 평화를 희구하는 방향으로 흘러가고 있다. 더욱이 우리 민족은 이미 6·25의 참변으로 인하여 수백만의 생명을 희생시키고 국토는 폐허가 되고 민생은 거의 파멸에 임하였으니 평화를 갈구하는 마음 그 누구에게도 지지 않는다. 우리는 어떠한 일이 있을지라도 이 이상 동족 상살의 피를 흘릴 수 없다. 조국의 평화를 파괴한 책임은 6·25의 죄과를 범한 괴뢰집단에 있으며 우리는 조국의 평화통일방안이 결코 대한민국을 부인하거나 말살하는 데 있지 아니하고 도리어 그것을 육성하고 민주화하며 국제정세의 진운에 발맞추어 제 우방과의 긴밀한 협조하에 UN을 통한 민주적이고 평화적인 조국통일 즉 민주주의 승리에 의한 조국의 평화통일 이것만이 우리의 유일한 길"이라고 하였습니다.

그러면 이와 같은 진보당의 통일정책의 어느 부분이 〈국가보안법〉에 위반된다는 것입니까.

6·25의 참상을 상기할 때 동족 상살과 국토의 폐허를 피하고 UN의 권위하에 우리가 승리할 수 있는 방면에서 조국의 평화적 통일을 이룩하자는 진보당의 통일 방안이 범죄가 될 수 없는 것입니다.

평화라는 구호는 공산집단의 전매특허가 아닙니다. 평화와 자유와 평등은 UN의 3대 목표 중에 가장 중요한 목표이며, 평화의 이면에는 무력이 잠재하여야 하고 평화의 이면에는 전쟁이 숨어있고, 전쟁은 평화의 수단이라는 것도 부인할 수 없는 사실인 것이라면 진보당의 평화정책이 나쁘다는 이유는 어디 있습니까.

우리 대한민국의 성립과정을 볼 때에 우리는 UN을 무시하거나 도외시할 수 없음은 물론 우리나라를 민주독립국가로 발전시킨 것이 UN이라는 것을 상기할 때 우리는 그 권위조차 벗어날 수 없는 의무감을 느끼는 것입니다. 그 UN이 한국 문제의 평화적 해결을 주장하여 왔다는 것은 우리가 다 아는 사실이며, UN 1947년 11월 14일 「한국 총선에 관한 결의문」에 의하여 한국에 선거에 의한 통일 정부를 수립하기 위하여 국제연합 한국위원단을 파견하였으며 동 결의문 B항에 의할 것 같으면 남북한의 모든 문제를 평화적으로 한다는 원칙이 확립되어 있는 것입니다.

그러나 공산 측의 거부로 뜻을 이루지 못한 UN은 1948년 2월 26일 소총회(小總會)의 결의로서 가능한 지역의 선거로 대한민국을 수립한 것입니다. 그 후 1950년 10월 7일 UN은 한국통일부흥위원단을 설치하는 결의를 함에 있어서, 첫째로 전(全) 한국에 안전 상태를 확보하기 위한 모든 적절한 조치를 취할 것, 둘째로 주권국인 한국 내의 통일과 독립과 민주 정부를 수립하기 위하여 국제연합 주권하에 선거를 거부하는 모든 소요(所要) 조치를 취할 것,[211] 셋째로 평화회복과 선거 실시와 통일정부 수립에 있어서 국제연합 제기관과 협조하도록 남북한 민중의 모든 당파와 대표 단체를 초청할 것 등으로 정치적 평화적인 통일방법을 모색하였던 것입니다.

그 후 6·25사변으로 공산괴뢰의 남침이 있었으나 UN은 어디까지나 한국 문제를 무력보다 정치적으로 해결하겠다는 종래의 결의를 확인하여, 1953년 7월 27일 소위 휴전협정을 체결하고 1953년 8월 28일 제8차 UN 총회에서 '한국정치회담 참가에 관한 결의'가 있었고 그 결의에 의하여 1954년 4월 26일 제네바회의가 열리게 된 것입니다.

제8차 UN총회의 결의내용을 보면, "총회는 1953년 7월 27일 한국에 있어서 체결된 휴전협정과 전투의 종식으로 해(該) 지역에 있어서의 국제적인 평화와 안전의 전면적인 회복으로 향하여 중대한 조치가 취하여 졌다는 사실을 명기하며, 국제연합의 목적이 평화적 방법에 의한 대의정치 하의 통일 독립 민주 한국을 구현하고 해(該) 지역에 있어서의 국제적 평화와 안전을 전면적으로 회복함에 있음을 재확인하며, 한국 문제의 평화적 해결을 보장하기 위하여 노력한다"고 함으로서 UN에 의하여 수립된 한국이 UN에 의하여 평화적으로 통일되어야 한다는 것을 선언하였던 것입니다.

그뿐만 아니라 1954년 11월 1일 제9차 UN 총회에서는 "한국의 통일은 가급적 조속히 평화적으로 실시되어야 한다"고 결의하였고, 1955년 11월 9일 제10차 UN

---

211) 원본 문서 그대로 기재한 것인데, 의미 파악이 불분명하다. 전후 문맥을 고려할 때, '국제 연합 주권하에 선거를 거부하는 [경우] 모든 소요 조치를 취할 것'으로 해석하는 것이 타당해 보인다.

총회에서는 전차(前次) 총회의 결의를 재확인하였으며, 1956년 1월 3일 제11차 UN 총회에서는 한국의 평화통일을 방해하는 소련의 반성을 촉구한 사실이 있는 것입니다.

이와 같은 UN의 한국 통일을 위한 끊임없는 정치적인 노선과 부합되는 것이 진보당의 통일정책이며 그 정강정책 전문(前文)은 어디까지나 대한민국의 주권을 존중함과 동시에 UN의 권위를 귀중히 여겼으며 우리 대한민국도 서방 민주국가 군(群)의 일원이라는 사실을 또한 명심한 것입니다.

이와 같이 명문화된 진보당의 통일정책이 〈국가보안법〉의 대상이 될 수는 없을 것이며, 가사(假使) 조봉암 피고나 김기철 피고의 논문이 문제시된다고 가정할지라도 동일한 정치이념을 가진 다수인의 집합체가 정당인 이상 정강정책을 벗어난 그 개인의 주장이 정당의 정책을 좌우할 수는 없는 것입니다.

그뿐만 아니라 우리 국내에 있어서도 이(李) 대통령께서는 제네바회의 전에 성명서를 통하여 만일 국민이 원한다면 남북선거를 하여도 좋다는 말씀을 하셨고, 당시 국무총리 겸 외무부장관이었던 변영태 씨가 1954년 5월 22일 제네바회의 석상에서 우리 정부의 14개조 통일안을 제출한 사실이 있는바, 그 조항 가운데는 1. "통일 독립 민주 한국을 확립할 목적으로 이에 관한 종전의 국제연합 감시하에 자유선거를 실시할 것"이라고 하여 UN의 종래의 결의를 확인하였고, 2. "자유선거는 이러한 선거가 종래 가능하지 못했던 북한에서 실시하고, 대한민국 헌법절차에 의거하여 남한에서도 행할 것"라고 한 것입니다.

우리 정부의 주장이 북한만의 선거라고 주장한다면 종래 선거가 가능치 못한 북한만의 선거면 그만이지 〈헌법〉을 개정하여 국회를 해산하거나 임기만료 전인 국회의원이 사퇴까지 하면서 대한민국에서도 선거를 하여야 할 이유는 어디 있습니까. 이것은 확실히 자기모순이며 남북의 동시선거로서 통일을 하자는 남북통일 총선거와 하등 다를 것이 없다는 것입니다.

7. "전(全) 한국의 입법기관의 대의원은 전 한국의 인구비율로서 정한다"라고 하여 공산주의자의 입후보 가능성도 규정하였으며, 10. "특히 다음과 같은 문제는 전(全) 한국 국회의 입법에 위임할 것. (ㄱ) 통일한국의 대통령을 새로 선거하는지 안 하는지, (ㄴ) 현행 대한민국 〈헌법〉을 개정하는지 안 하는지, (ㄷ) 군사단체를 해체하는지 안 하는지" 등등의 조항이 포함되어 있었던 것입니다.

그리고 동 외무장관은 4287(1954)년 11월 6일 제3대 민의원 제19회 임시국회 제72차 본회의 석상에서 이 문제에 대하여 답변하기를, "제네바회의 14개 조항 중 남북한에서 동시에 총선거를 하는 방법으로서는 〈헌법〉을 개정하여 국회를 해산하거나 국회의원들이 자진 사퇴하는 형식을 취하여야 할 것"이라고 말하였습니다.

이와 같은 정부의 태도야말로 UN이 주장하는 평화통일 원칙론보다 일보전진하여 우리 한국의 존재를 위태롭게 한 감이 있다고 하여, 당시 연일 변 장관에게 질의전(質疑戰)을 전개한 국회는 동 76차 본회의에서 'UN 감시하의 북한만의 선거'라는 통일방안을 결의하였던 것입니다.

이와 같이 한국통일의 방법으로서는 UN을 비롯하여 여러 나라가 주장하여온 방안이 있는바, 첫째, UN 감시하의 북한만의 선거안, 둘째, 협상에 의한 연립정부안, 셋째, 중립화안, 넷째, 중립국 감시안, 다섯째, UN 감시하 남북통일 총선거안 등이 있는 것입니다.

이러한 여러 안 중에서 첫째 안은 우리 국회에서 결의된 안이고, 둘째 안은 북한 괴뢰가 주장하는 안이며, 셋째 안은 좌경(左傾)한 중립국 안이고, 넷째 안은 소련을 포함한 그 위생국가(衛生國家)[212] 안이며, 다섯째 안은 UN에서 수차 결의되고 우리 정부가 제네바회의에서 구체화한 안인 것입니다.

그렇다면 다섯째 안을 지지하는 진보당의 평화통일안이 국시(國是)에 위반된다는 근거는 어디에 있으며, UN이나 우리 정부의 의사와 부합되는 진보당의 정책과 이를 실천하기 위한 구성원이 〈국가보안법〉에 위반될 이유는 추호도 없는 것입니다.

진보당의 이러한 정치적인 노선은 4290(1957)년 11월 25일자 자유·민주 양당에 제의한 「국토통일추진을 위한 행동통일체 구성에 관한 제의」에도 명시되어 있는 것이며 진보당은 동 제의에서 말하기를,

"본 당은 우리 민족의 비원이며 지상과제인 국토통일을 성취하기 위하여 또 자유인의 공동목표인 대공(對共) 투쟁의 승리를 위하여 단연 국론을 통일하고 거국적인 행동 통일을 기해야 할 시간과 여건이 마련되었음을 절감하옵고, '국토통일 추진을 위한 행동통일체'의 추진 구성을 이에 정식으로 제의하는 바입니다.

---

[212] '위성국가(衛星國家)'의 오기이다.

일(一). 국토통일은 민족의 지상명령인 만큼 정부나 여야정당이 혼연일체 되어야 할 것입니다. 종래 자유당은 주로 북진통일을 주장하였고 민주당은 무력통일 내지 화전(和戰) 양양(兩樣)의 방략(方略)으로 대처한다는 주장이었습니다만, 근자에 이르러 자유당은 UN 감시하의 자유 선거를 주장하고 민주당 역시 UN 감시하의 총선거를 정책공약으로 표방하게 됨으로써, 국토통일 방안에 있어서의 각 정당의 주장이 대동소이하게 접근하게 되었음을 흔행(欣幸)으로 여기는 바입니다. UN 감시하의 북한만의 선거이든지 UN 감시하의 자유 총선거이든지 간에 모두가 민주주의 승리에 의한 정치적 평화적 국토통일 방략의 일종인 것은 다시 말할 것도 없습니다.

이(二). 본 당은 국내외에서 논의되고 있는 UN 감시하의 북한만의 선거, 혹은 UN 감시하의 자유 선거, 또는 기타의 UN 동의하에서 시행되는 자유 총선거 방식 등 그 어느 하나만을 고집하지 않고 오직 민주진영과 UN의 선(線)에 섰기 때문에 종래 UN의 결의한 바 있는 'UN 감시하의 남북통일 총선거' 방안을 지지해 왔습니다.

삼(三). 국토통일의 지상 과업은 민주주의의 승리가 보장될 수 있는 평화적 방법으로 수행되어야 한다는 것은 첫째 6·25사변을 겪어 나온 우리 민족의 뼈 저리는 양심적 호소인 것이며, 둘째 민생을 도탄에서 건지고 산업건설을 촉진하기 위한 경제적인 요청인 것이며, 셋째 우리 대한민국 수립의 뒷받침이 되어 있는 UN의 목적과 노력이 자유, 평화통일에 있으며 국제적 여론과 양식과 진운이 또한 그러한 것이라고 믿는 까닭에 본 당은 이것을 주장하여 왔습니다.

사(四). 그런데 일부에서는 본 당이 내어 걸은 통일방안에 대하여 악의적인 모략 중상을 합니다만 원래 UN의 권위, 임무와 대한민국의 존재를 부정하고 남북을 공산화하려는 공산집단의 주장과 한편 대한민국의 뒷받침이 되어 있는 UN의 선에 서서 남북을 민주화하는 즉 말하자면 민주진영, 민족진영이 승리할 수 있는 평화적 방법으로서의 통일을 강령으로 하는 진보당의 주장과 원칙적으로, 정신적으로 상용(相容)될 수 없음은 자명한 일입니다. 그러나 본 당이 내어 걸은 평화통일이라는 어휘가 북한 괴뢰의 그것과 상사(相似)하다는 것만으로 오해의 우려가 있다고 하면 오늘날 통일 방안에 있어서 원칙 선(線)이 이미 같아졌으니만치 모든 정당과 합의할 수 있는 더 좋은 통일된 구호를 협의 선택하는데 진보당은 조금도 인색할 바 없습니다.

오(五). 아직도 통일을 쟁취하기 위해서는 많은 노력이 필요한 것으로 생각되옵는바 어쨌든 원칙이 동일한 이상 정부와 여야정당을 초월하여 확호(確乎)한 단일방안을 협의 책정하고 행동통일체를 구성함은 대공(對共) 투쟁의 민주적 승리를 위하여 절대 긴요 불가결의 임무라고 믿는 바입니다. 본 당은 북한 괴뢰의 위장된 평화공세의 우위성을 쟁취하고[213] 국제적으로 국토통일 기운을 촉진시키는 공통된 전략 전술을 책정해야 할 것은 물론이요, 불의의 침략에 대비하는 방위체제에 관한 문제라든지 반공적 사상교육에 관한 문제라든지 통일 구호의 용어 문제에 관하여서까지 라도 허심탄회 귀 당과 협조하여 국론을 통일하고 행동통일체를 구성하는데 적극 참여할 것을 기약하는 바입니다.

육(六). 본 당은 이미 수년 전부터 이 문제를 제기하고 이 대통령께서의 선도적 역할을 해줄 것을 요청한 바 있었습니다만, 이번에도 다시 그 취지와 필요성을 강조 환기하옵는바 국가와 민족의 장래를 위하여 앞으로 귀 당이 선도적 역할을 수행함이 더욱 효과적인 것으로 믿는 바이오며, 이 취지에 찬동하는 모든 정당 사회단체가 여기에 기묵(頎黙)[214]히 가담할 수 있게 되기를 기대합니다.

이러함으로써 공산집단의 위장 평화공세를 분쇄하고 국제연합과 제휴하여 평화적 방법으로서의 국토통일을 성취하는데 있어 우리 대한민국이 정치적, 외교적 주도권을 장악할 수 있으리라고 믿는 바이오며, 이는 대한민국의 국기(國基)를 민주적으로 공고히 하는 유일한 실천적 행동이라고 확신하는 바입니다"라고 하였습니다.

이것이 어찌 대한민국을 부인하고 〈국가보안법〉의 대상이 될 것입니까.

사(四). 정부는 국가의 기본을 명시하라

대한민국의 한반도와 그 부속 도서의 주권자는 국민이며 정부나 어떠한 정당이 좌우할 수 있는 것은 아닙니다. 그러므로 현 정부나 여당이 북진통일을 정책으로 한다고 할지라도 그 반대당이나 국민 개개인은 평화통일이나 그 이상의 주

---

213) '북한 괴뢰의 위장된 평화공세에 대해 우위성을 쟁취하고'의 의미로 이해된다.
214) '기연(頎然)'의 오기로 보인다.

장도 할 수 있는 것이며 그렇다고 그것이 곧 반국가적이며 〈국가보안법〉의 대상
이 될 수 없는 것입니다.

따라서 우리의 국가이념 상 민주주의는 국시라고 할 수 있을지언정 북진통일
은 국시가 아님은 물론 헌법상 우리 국군의 사명이 방위에 있다는 점과 1953년
10월 11일[215])에 조인된 한미상호방위협정에 의할지라도 제1조에 "당사국이 관련
된 국제적인 분쟁은 평화적 수단에 의하여 해결하고 무력행사는 삼가할 것", 제2
조에 "당사국은 그 일방(一方)의 독립 또는 안전이 외부로부터의 무력공격에 의
하여 위협을 받을 때에는 상호협의하고 상호원조에 의하여 무력공격을 저지할
수단을 지속하고 강화할 것" 등으로 국제조약에 의하여 우리 한국을 미국과 더불
어 능동적인 군사행동은 삼가하기로 되어 있는 바인즉 평화적 남북통일을 지탄
하여야 할 이유는 없는 것입니다. 진보당도 평화통일의 이면에 있어서 국방력을
경시하거나 전쟁을 부인하는 것은 아닙니다. 고래(古來)로 전쟁이란 평화의 수단
이란 이념하에 모든 위대한 정치가들이 전쟁을 하지 않고 승리해 온 역사적 사실
과 특히 우리의 현실과 같이 전쟁수단이 곧 동족상살의 비극을 초래한 6·25의
야수적인 북한 괴뢰의 남침의 경험에 비추어 UN의 노선에 입각한 정치적이고 민
주주의의 승리에 의한 평화통일을 하자는 것이며, 그 반면에 국방력도 강화하여
궁극적으로 세계정세와 국가적 민족적 요청으로 필요하다고 인정될 때에는 전투
도 하여야 할 것이나 단지 현재 우리 국내외 정세는 전투의 수단보다 평화적 수
단으로 해결하여야 한다는 것입니다.

이와 같이 조국의 통일을 평화적으로 하자는 진보당의 정책이 국시에 위반될
수는 없는 것이며 더욱이나 북한 괴뢰의 위장 평화공세와 결부하여 범죄시한다
면 UN의 정치적 평화통일 결의도 그럴 것이며, 변영태 외무부장관의 제네바에서
의 통일방안 14개 조항도 〈국가보안법〉 위반이 될 것이고, 공산당을 불법화한 우
리나라에 있어서 북한만의 선거로 공산당의 진출을 허용하자는 자유당의 북한만
의 선거정책도 법률상 위반이며, UN 감시하의 남북총선거라는 민주당의 통일정

---

215) 한미상호방위조약은 1953년 8월 8일 서울에서 한국의 변영태 외무장관과 미국의 덜레스
   (John Foster Dulles) 국무장관에 의해서 가(假)조인된 후에 10월 1일 워싱턴에서 정식으
   로 조인되고, 1954년 11월 18일에 발효되었다.

책도 물론 형벌의 대상이 되지 않을 수 없는 것입니다.

여기에서 정부나 자유당에 묻고 싶은 것은 만약 UN의 권위하에 수립된 우리나라가 승리하는 방향으로 정치적 평화통일 사업을 한다면 정부나 여당은 이를 반대하고 북진통일만을 고집할 것인가. 또한 민주당은 남북총선거를 주장하고 있는바, 만약 오늘 현재로 통일 선거를 한다고 가정한다면 대한민국 국회는 어떻게하고 통일 〈선거법〉은 누가 작성할 것이며, 우리 대한민국 법률이 용납하지 않은 공산분자의 선거권이나 피선거권을 박탈할 것인지 또한 용인할 것인지.

이와 같은 문제는 사실상 중대한 문제인 것입니다. 따라서 우리의 현 단계로서는 어느 누구를 막론하고 남북통일에 대한 각개의 주장은 있을 수 있으나 구체적인 방법이란 설 수 없는 것이며 그것은 한낱 공염불에 불과한 것입니다. 그 이유로서는 우리의 통일문제는 우리 단독의 힘으로는 거의 불가능한 대사(大事)이며 평화통일이건 무력통일이건 간에 UN의 테두리 내에서 행동하여야 하는 까닭에 그 시기가 도달하여야 하는 것입니다.

오(五). 조봉암 피고의 논문 취지

조봉암 피고는 그 논문의 서두에서 말하기를 "진보당에서 남북통일의 민족적 과업을 수행하는 방안으로서 정치적 평화적 통일을 주장하여 온 이래로 국민의 절대적인 지지를 받았으나 일부에서는 고의로 이 주장을 곡해 또는 모략함으로써 그 실현을 방해하려고 하는 경향도 없지 않음으로, 이 문제에 대한 일부 인사의 오해를 푸는 동시에 우리들의 주장의 정당성을 해명하여 모든 국민의 지지를 얻음으로써 조속한 시일 내에 우리들의 숙원인 민주주의 승리에 의한 남북통일의 성업(聖業)을 이룩하는 데 기여하고자 한다"고 하였습니다.

그러므로 이 논문의 중요 목적은 진보당의 정치적인 평화정책의 주장 과정을 문헌에 의하여 사적으로 고찰한 학술적인 성격을 지닌 것으로, 단순한 인도주의적 입장에서 평화주의를 제창한 것이 아니라는 것은 동 논문 속에도 명백히 한바와 여(如)히 진보당도 전쟁을 부인하는 것이 아니고 국가적 민족적 요청으로 필요하다고 인정되는 때에는 전쟁의 수단에 의하여야 한다고 한 것으로 보아도 알 수 있는 것과 같이 결코 평화론자가 되어 국가에 손해를 주려는 의도조차 없는 것입니다.

조봉암 피고는 이 논문 중에 통일의 필요성으로부터 시작하여 결론을 맺는 가운데 "예전 성현의 말과 같이 나라를 평안케 하는 데 있어서 총칼을 잡는다는 것은 만부득이(萬不得已)한 경우의 최하책(最下策)이라고 한 것과 마찬가지로 할 수만 있다면 피를 흘리는 것을 피하고 평화적인 방법으로 해야 된다는 것은 인정과 도리일 뿐만 아니라 정치적인 상식"이라고 하였고, "세계정세를 이해할 줄 알고 판단할 줄 아는 이는 휴전협정 이후 1954년 제네바회의 때부터 우리나라를 통일함에 있어서는 정치적 평화적 방법에 의할 수밖에 없다는 것을 알았을 것"이라고 하였습니다. "그 구체적인 통일방안에 있어서는 우리 대한민국은 대한민국의 입장에서 국가 민족의 백년대계를 위하여 우리가 더 자유롭고 행복스럽게 살기 위한 모든 방법을 연구하고 모색하여야 할 것이나, 이 문제는 너무나도 중대한 문제이기 때문에 누구나 경솔히 말할 수 없으며 정부 당국과 모든 정당 정파가 협의하고 정부를 지도하고 편달해서 최선의 안을 연구하여야 한다"고 하였으며 조 피고는 이어 "통일은 꼭 하여야 하나 민주주의가 승리할 수 있는 방법이라야 한다"라고 하였습니다.

이와 같은 사실은 유독 조 피고의 심정일 뿐만 아니라 온 겨레의 숙원이며 더욱이나 공산 치하에서 신음하는 1천만 동포의 아우성인 것입니다. 이와 같이 통일을 원하는 민족의 함성이 〈국가보안법〉의 대상이 되고 말하는 자유마저 없다면 이 나라는 누구를 위하여 존재한단 말입니까. 조 피고는 그 논문에서 지적하기를 우리 민족이 통일되어야 한다는 이유로서 첫째로 우리 민족은 단일민족이라는 사실과 둘째로 농업중심지인 남한과 공업중심지인 북한은 민족의 생존 상 분리될 수 없다는 사실, 셋째로 미소(美蘇) 양대 진영의 제1선으로서 한국의 평화는 전 세계의 평화를 가져온다는 것을 강조하였으며, 지금까지 통일이 되지 않고 있는 이유로서는 8·15해방을 우리의 힘으로 쟁취하지 못하였다는 사실 그것이었으며, 통일을 성취할 수 있는 방법으로서는 우리 자신의 역량을 기름과 동시에 통일을 위한 노력과 투쟁이 필요하다고 하였습니다.

그리고 무력통일이 불가능하다는 절대적인 이유로서 첫째로 자신의 군사력을 과신하고 불법 남침한 괴뢰집단의 예로서 반증하였고, 둘째로 한국의 평화적인 통일을 위한 UN의 노력과 권위를 들었으며, 셋째로 한미상호방위협정의 법적 효력을 설명하였고, 넷째로는 무력적인 방법에 의한 한국의 통일은 곧 세계전쟁을 유발할 가능성이 있음을 지적한 다음, 지금까지 시도된 바 있는 통일방안을 설명함에 있어서 앞에서도 말한 바와 같이 다섯 가지 통일방안 중 둘째, 넷째 안은 우리 대한민국과 이북 괴뢰를 동등시하였기 때문에 우리 대한민국으로서는 전혀 상대할 수 없는 안이라고 하였고, 셋째 안도 우리의 통일은 민주적 승리에 의한 통일이어야 하는 까닭에 문제가 안 되며, 첫째 안 즉 UN 감시하의 북한만의 선거안 이것은 우리 국회에서도 결의된 가장 이상적인 안이나 북한만의 선거가 실시되었다고 가정할 때에 현재 북한의 실정으로 보아 완전한 자유 분위기가 조성될 것은 기대할 수 없으므로, 선거 결과는 공산주의자 백 명이 국회에 진출할 가능성이 있는 위험한 일이라고 하였습니다.

만약 이와 같이 공산당원 다수가 우리 국회에 침투될 것을 예상할 때에 북한만의 선거가 반드시 우리 대한민국에 유리하다고 할 수는 없을 것이며, 차라리 진정한 민주적 환경을 만들어놓고 선거하는 경우라면 우리가 승리할 것임으로, 다섯째 안 즉 "UN의 결의와 같이 우리 대한민국이 이북 괴뢰와 동등한 위치에 서서 동일한 시간에 선거가 실시된다는 것은 좀 불유쾌하기는 하지만, 기왕에도 UN 감시하에서 몇 번씩이나 선거를 해왔으니 또 한 번 한다고 해서 그게 그렇게 나쁠 것도 없을 것 같다. 오히려 그렇게 되는 것이 북한에서만 맡겨서 하는 것보다는 더 좋은 결과를 초래하리라는 것도 고려되는 것이다"라고 하고, 이어서 "나는 거듭 말하거니와 그것이 중대한 국가적 외교 문제이니만큼 현행 정부의 주장과 정면충돌이 되어서 조금이라도 나라에 해를 끼칠 염려가 있을까 저어해서 현행 정부에서 제기하고 있는 문제 이외에 구체적인 안을 공개하기를 사양하겠다. 이는 국민으로서의 도의요 정치적인 상식이라고 믿기 때문이다"라고 하였습니다.

조 피고는 그 논문 가운데에서도 대한민국의 권위는 항상 존중하였고 현행 정부와 반대되는 주장으로서 정부와 충돌될 염려가 있는 발언은 삼가하는 것이 국민으로서의 의무요, 정치적인 상식이라고까지 하여 조 피고는 어디까지나 대한민국을 귀중히 여기고 정부의 견해까지 존중한 것입니다.

이와 같은 조 피고의 주장이 국시에 위반된다는 근거는 어디에 있습니까.

검사는 논문 중에서 조 피고가 UN 안을 설명하는 가운데 "대한민국이 이북 괴뢰와 동등한 위치에 서서"라는 구절을 끄집어서 막연히 대한민국을 부인한 것이라고 하고 있으나 그것은 전부에 대한 극히 일부에 해당하는 것으로, 이 논문 전체를 통하여 볼 때 그 구절만 가지고는 문제시할 수 없다는 것입니다. 그것은 마치 예를 들어 말하여 "공산주의가 좋다는 사람은 아직 공산주의의 잔해성(殘骸性)[216]을 모르기 때문이다"라는 구절 중에서 첫 구절인 "공산주의가 좋다"는 구절만 가지고 전체를 이해하려는 태도와 다른 것이 없는 것입니다.

조 피고가 그 구절을 쓴 이유는 다섯 가지 안을 순차로 설명하는 가운데 다섯째 안인 UN 안을 지지함에 있어서 UN 안의 내용을 자기는 그렇게 해석한다는 것에 지나지 않은 것이지 그것이 조 피고의 창안(創案)이 아니라는 것은 문면(文面)상 명백한 것입니다.

그 문면을 다시 한 번 소개하면 "다섯째 안 즉 UN의 결의와 같이 우리 대한민국이 이북 괴뢰와 동등한 위치에 서서" 운운으로 UN의 결의가 그렇다는 것이며, 조 피고는 단지 우리의 현실에 있어서는 다섯 개 안 중 그 안이 가장 적합하지 않은가 하는 자기 견해를 말하였을 뿐입니다.

이와 같은 사실을 곡해하여 사건에 대한 결론도 나기 전에 수사단계에서부터 대대적으로 취급하여 법률상 피의사실은 공표할 수 없음에도 불구하고 공식 발표까지 하여 국내외를 소란케 한 일부 법을 다루는 사람들의 심정은 이해할 수 없으며, 이 나라의 장래를 염려하는 젊은 세대로서 관(官)의 그러한 태도가 도리어 국가에 해를 가져왔다는 사실을 알 때에 분격한 마음 금치 못하는 것입니다.

육(六). 김기철의 선언문(초안)의 성격

본인은 김기철 피고가 쓴 본건 논문을 보고 위선(爲先) 감탄하였습니다. 우리 민족에게 절실한 통일문제를 취급함에 있어서 이와 같이 많은 자료를 수집하고 심각하게 연구한 것은 지금까지 없었을 것이며, 이 논문은 어디에다 발표하여도 손색이 없을 정도로 학술적인 가치가 있고 당면한 통일문제를 앞둔 우리에게 새로운 지식을 제공할 수 있는 자료인 것입니다.

「제네바 회담과 조국의 평화통일」이란 제목하에 200자 원고지로 180매에 달하는 이 논문은

---

[216] '잔학성(殘虐性)'의 오기로 보인다.

1. 서론으로부터 시작하여

2. 중요 제안에 대한 검토라 하고

　가. 북한 집단의 3개안 제안

　나. UN이 주장하는 1950년 10월 7일 UN총회 결의

　다. 영국 대표의 5개조 원칙 제안

　라. 한국의 14개조 제안

　마. 소련 대표의 5개조 원칙 제안

　바. 불국(佛國)[217) 대표의 5개조 원칙 제안

　사. 북한 집단 대표의 6개조 제의

　아. 참전 16개국 공동선언

3. 회담과 우리의 견해

　A. 회담의 전반적 동향에 대한 비판

　B. 중요 논쟁점에 대한 우리의 견해

　가. 6·25사변 도발 책임의 소재

　나. UN의 권위와 집단 안보군 그리고 민족자결 원칙에 대하여

　다. 통한(統韓) 선거 주관은 UN이냐 전한위(全韓委)냐

　라. UN 감시하의 북한만의 선거 주장

　마. 선거 자유 분위기 문제

　바. 평화보장은 UN이냐 강대국이냐

　사. 외국군의 철병문제(撤兵問題)에 대하여

4. 남북평화통일 선거 원칙에의 건의라고 하고

본건 「북한 당국의 평화공세에 대한 진보당의 선언문 초안」이라는 순서로 구성되어있는 것입니다. 강의의 형식으로 되어 있는 이 논문은 그 서두에서 1953년 7월 27일의 소위 휴전협정은 우리 민족의 치욕이며 세기의 비극이라고 하였고, 1954년 5월 22일 제네바회의 시까지 국제회의에서 논의된 한국의 통일문제에 대하여 사적으로 고찰한 것이며, 이 논문은 서론에 이어 2.에서 제네바회의에서 제기된 각국의 제안을 중심으로 찬부(贊否) 양론을 소개하였고, 3.에서는 동 회의에

---

217) '프랑스'이다.

임한 공산 측의 무성의함을 공박하고 그들은 평화통일의 의사도 없이 회담을 선전적 술책으로 이용하고 있다고 단정한 다음, 우리 대표가 여사(如斯)한 공산 측의 허위발언을 근본적으로 봉쇄하지 못하였음을 논란하였으며, 북한 집단의 위선적 행위는 민족에 대한 반역과 조국의 분할이라는 이중의 죄악을 범하는 소행이라고 하였습니다.

또한 김 피고는 동 논문에서 공산 측의 행위는 세계평화의 지주(支柱)인 UN의 권위에 대한 전면적인 도전이라고 하였고, 한국의 평화를 이룩하는 방법으로서는 공산 측이 여사(如斯)한 도전 행위를 철회하는 데 있다고 한 것입니다.

따라서 우리의 견해를 확립하는 것은 사면(四面)에서 진보당의 평화정책을 마치 북한 괴뢰와 통하고 있는 듯이 모략중상하는 것을 분쇄하고, 북한 괴뢰의 평화공세에 대항하며 나아가서는 우리의 우위성을 개척하는 것이라고 결론짓고 문제의 선언문(초안)에 들어간 것입니다.

이와 같은 논문의 전(全) 취지를 종합하여 볼 때에 동 논문의 일부 구절이 북한 괴뢰가 주장하는 평화제안 구절과 흡사하고 우리의 신경(神經)을 자극한다고 하야 곧 국가를 전복할 의사가 있었다고 할 수는 없는 것입니다.

김 피고의 본건 「제네바회담과 조국의 평화통일」이란 논문은 조 피고의 『중앙정치』 10월호에 게재한 「평화통일에의 길」이라는 논문과 아울러 훌륭한 학술적인 가치가 있는 연구 자료로써 이것은 학문의 자유에 속하는 것입니다.

칠(七). 국시와 학문의 자유

각도를 달리하여 이 사건에서 취급된 두 논문이 학문의 자유에 속하는 것이라면 어떠한 결과를 가져올 것인가, 이 학문의 자유라면 연구발표의 자유를 말하는 것입니다. 그러므로 학문의 자유는 근대 민주국가에서 인권이 보장됨에 따라 비로소 보장된 자유권의 하나로 전제주의나 독재정치 하에서는 물론 허용되지 않는 것입니다.

저 유명한 "갈릴레오 갈릴레이(Galieo, Galilei)가 지동설의 정당성을 주장하다가 이단자라고 유수(幽囚)의 몸이 된 사실이라던가, 소련과 같은 공산주의 국가에서는 공산주의에 반대되는 연구나 발표는 몽상(夢想)조차 할 수 없다는 사실" 등인 것입니다.

그러므로 우리 〈헌법〉상에 있어서도 신체의 자유, 언론출판의 자유, 통신비밀의 자유, 재산권의 제한, 거주이전의 자유 등은 법률로서 제한할 수 있으나 학문의 자유만은 법률로도 제한할 수 없는 절대적인 자유인 것입니다.

따라서 민주공화국인 우리나라는 민주주의를 국시로 하고 있지마는 전제주의 사상이나 독재주의 사상을 연구함도 국법에 저촉되지 아니하는 것입니다.

그런 까닭에 앞에서 말한 조 피고나 김 피고의 논문 중에 다소 불순한 구절이 있다 하더라도 그것이 행동으로 옮겨지지 않고 연구나 발표에 그치는 한, 형벌의 대상은 될 수 없는 것이며 국법으로도 제한할 수 없는 학문의 자유 영역을 국시 운운으로 처벌할 수는 더욱 없는 것입니다.

결과가 같다고 원인까지 같을 수는 없는 것입니다. 사람을 죽인 경우에 있어서도 고의범이 있고 과실범이 있고 전연 범의가 없는 경우가 있는 것과 같이, 공산집단의 평화통일이 표면상 우리가 주장하는 평화통일과 같다고 하여 원인까지 같다고 할 수는 없을 것이며, 논문의 집필자가 그 논문을 집필하게 된 원인도 모르고 결과만 보고 임의로 해석할 자유는 있을지언정 권한은 없는 것입니다.

팔(八). 〈국가보안법〉의 적용 한계

〈국가보안법〉은 목적죄인 것입니다. 따라서 〈국가보안법〉은 확고한 범죄 의식이 있고 기수범(既遂犯)에 한하여 처벌되는 것이며 과실범이나 또한 미수범은 형벌의 대상이 되지 않는 것입니다.

그러면 그 범죄 의식이란 어떠한 것이겠습니까. 우리 〈형법〉 제13조에 의하면 "죄의 성립 요소인 사실의 인식"이라 하였고, 그 인식의 실현을 범죄라고 하는 것입니다. 여기에서 범죄의 인식론에 대하여 구구히 말하지 않아도 현명하신 재판관께서는 알고도 남음이 있을 것이나, 적어도 범죄가 성립되자면 범인이 범죄사실의 전부를 인식하고 실천하는 것이며, 범죄의 본질이 정적(靜的)으로 범죄에 대한 인식과 동적(動的)으로는 그것을 실천하기 위한 행위가 있어야 하는 것입니다.

지금까지의 모든 사실을 종합하여 볼 때에 진보당의 주장이 북한 괴뢰의 주장과 원인이나 결과에 있어서 동일하다든가 내통하였다든가 UN의 통일정책과 다르다는 증거는 막대한 기록과 증거물 중에서도 발견할 수 없는 바인즉, 진보당이 불법단체가 될 수 없고 조봉암 피고나 김기철 피고의 논문이 문제시될 수 없다면 그 외에 피고인 개개인에게 과연 어떠한 책임이 있을 것인가 하는 것을 개별적으로 말씀드리고자 합니다.

구(九).

1. 조봉암 피고에 대하여

먼저 말하여둘 것은 모든 기소 사실에 대한 입증 책임은 검사에게 있으며 검사가 개개(箇箇) 기소 사실에 대한 적극적인 입증이 없는 한 피고인은 그에 대한 반증을 둘 필요가 없다는 것은 치언(蚩言)[218]을 요(要)치 않는 바이며, 또한 현행 〈형사소송법〉상 공판 내외를 통하여 피고인의 자백만 가지고는 유죄의 증거로 할 수 없는 것과 같이, 상호입장을 달리한 상고인의 진술 역시 증거능력이 없다는 것을 또한 말씀하여 두는 바입니다.

조봉암 피고에 대한 범죄사실 (1)의 ①은 "피고인이 진보당을 결성함에 있어서 북한 괴뢰집단에 호응하여 평화통일 방안을 주장함으로써 대한민국의 전복 수단으로 괴뢰집단과 야합하기로 하고, 4289(1956)년 5월 6일 시내 양동 소재 당시 진보당 추진위원회 사무실에서 간첩 박정호와 밀회하고 진보당의 평화통일이 북한 괴뢰의 주장과 동일함으로 상통하였다" 운운하는 것인바,

첫째, 박정호 자신은 검찰에서나 당 공판정에서 조 피고와 상면(相面)한 사실이 없다고 진술하고 그 외에 이를 인정할 하등의 자료가 없음에도 불구하고 검찰관은 어떠한 근거로 이와 같이 기록에도 없는 사실을 가지고 진보당이 북한 괴뢰와 야합하기로 하였다든가, 상통하였다든가 하는 허무한 사실을 소추(訴追)하지 않으면 안 되었으며 또한 당시 진보당은 결당도 되기 전이며 단순한 선거 구호로서 평화통일을 주장한 정도인데, 진보당의 통일론이 북한 괴뢰의 그 구체적 방안과 동일 운운하였음은 근거 없는 비약으로 이러한 사실은 범죄를 혼성(混成)하고자 하였다는 오해를 받게 되는 것입니다.

조 피고의 범죄사실 (1)의 ②는 피고인이 4289(1956)년 6월경 밀사를 김약수에

---

[218] '췌언(贅言)'의 오기로 보인다.

게 보내어 동 밀사가 북한 괴뢰와 진보당이 결합한 후 동일 내용의 평화통일을 강조하라는 지령과 1개월 반(半)의 밀봉교육을 받고 남하하여 그 내용을 조 피고에게 전달함으로써 간첩행위를 하였다는 데 있는바, 이와 같은 무근한 말이 나오게 된 동기는 괴뢰집단으로부터 남파되었다가 4290(1957)년 10월 18일 우리 육군 특무대에 체포된 간첩 조복재라는 자가 북한에서 밀봉교육을 받을 당시 그 지도원이었던 박모(某)라는 자가 조 피고의 밀사가 왔다 운운의 말을 1, 2차 하는 것을 들었다는데 근거한 것으로서, 그자는 체포된 후 전향하여 현재 특무대의 공작원으로 있는 자인바 진보당사건이 발생한 후 특무대에서 구공서(口供書)라는 것을 작성케 하여 이와 같은 사실을 인정하기에 이른 것입니다.

이러한 것이 범죄가 되고 안 되고는 고사하고 조 피고가 밀사를 보낸 사실은 물론 밀사로 간 사람도 없고 만났다는 사람도 없는 사실을 북한 괴뢰의 간첩이었던 자, 더욱이나 수개월 전 전향하여 현재 특무대의 공작원으로 있는 자가 지금에 와서 말하는 신빙성 없는 진술서 하나를 가지고 소추 자료로 한다는 것은 상식을 벗어난 일이며, 설사 그 진술이 신빙성이 있다고 하더라도 그자의 전언만으로 범죄가 구성될 수는 없는 것입니다.

범죄사실 (1)의 ③ "북한 괴뢰와의 야합을 반대하는 서상일 파와 결별하고 대한민국을 변란할 목적 하의 결사를 조직" 운운하는 점에 있어서는 이미 앞에서 말한 바와 여(如)히 서상일 일파가 진보당의 괴뢰와의 야합을 반대하여 이탈한 것이 아니고 영도권 문제로 이탈한 것이며, 진보당이 대한민국을 변란할 목적하에 조직된 결사가 아니라는 것도 명백히 된 것입니다.

범죄사실 (2)의 ①②③④⑤, 정태영 피고의 강평서(講評書) 문제에 있어서 그 내용에 다소 과격한 구절이 있음은 인정할 수 있으나 그것은 정 피고의 사상이나 사고방식이지 조 피고의 주장은 아니며, 조 피고가 정 피고로부터 그 메모를 받게 된 동기는 기(旣)히 진술된 바와 여(如)하거니와, 내용도 모르고 후일에 보고자 봉투에 넣은 채로 보관하여 두었던 정도의 것을 강평서라는 어마한 표제까지 부쳐서 조 피고에 대한 기소 자료로 한 것입니다.

범죄사실 (3) 정우갑의 간첩행위 방조의 점(點)에 있어서는 정우갑 자신이 간첩죄가 아니고 〈국가보안법〉 위반임에도 불구하고 조 피고에게는 간첩방조라는 모순된 죄목으로 기소하였으며 정우갑 자신은 인정도 아니 한 사실을 나열하여 범죄를 구성하고자 한 것입니다. 정우갑은 당 공판정에서 자기는 1950년에 조련을 탈퇴한 후 아무 단체에도 가담한 사실이 없고, 4290(1957)년 7월 6일 귀국한 이유는 자식들과 같이 여생을 보내기 위한 것 이외에는 아무것도 없다고 진술하고 있습니다. 정우갑의 법정 태도는 진실 그대로임을 발견할 수 있고 그자의 진술에도 하나의 거짓도 없음을 알 수 있는 것입니다.

가사(假使) 정우갑을 간첩이라고 가정하더라도 조 피고는 그것을 인식하지 못한 것이며, 가사(假使) 인식하였다 할지라도 공소장에 기재된 사실과 여(如)히 재일교포 7할은 좌익이라든가, 조 피고를 위대하다고 하였다든가, 진보당에 대하여 중대한 관심을 가지고 있다든가, 평화적 노선을 정책으로 선정한 것은 위대하다든가, 진보당에 가입할 의사가 있다든가 또한 누구나 가질 수 있는 진보당에 관한 책자를 주었다고 하여 간첩방조가 될 수는 없는 것입니다.

범죄사실 (5) 근민당 잔류파와 통일준비위원회를 구성하였다는 점에 대하여는 어느 점이 범죄가 되는지 납득할 수 없으며, 근민당 관계로 기소되었던 김성숙(金星淑), 김일수, 양재소 등은 1심에서 무죄가 되었음을 말씀하여 둡니다.

범죄사실 (6) 피고인이 『중앙정치』 10월호에 발표한 논문이 진보당이 대한민국과 북한 괴뢰를 동등(同等)히 취급하였다는 것인즉, 그 논문의 취지에 대하여는 이미 말한 바 있거니와 그것은 어디까지나 조 피고 개인의 연구결과이며, 당의 결의라던가 당의 공식조직을 통하여 발표되지 않은 한 당이 결정한 의사라고는 할 수 없는 것입니다.

범죄사실 (7) 김기철 피고가 작성한 선언문 초안에 대하여 신체의 일부에 지나지 않은 손과 다리만 가지고 신체 전부를 논하듯이, 유능하고 젊은 지성인으로서 존경을 받은 검찰관이 불가분인 학문의 일부를 분리하여 그 학문 전체를 평가하고 저자의 사상을 논(論)하려고 하는 태도에 대하여는 도저히 이해가 가지 않은 것입니다.

김기철 피고의 논문의 성격에 대하여는 이미 말하였거니와 만약 그것이 문제시된다면 180매 논문 전부를 단정한다는 것은 있을 수 없는 것입니다. 그러나 그 선언문만을 볼 때에도 모두(冒頭)에서 UN의 권위를 존중하고 북한 괴뢰의 평화공세를 공격하였으며, 2 내지 6항은 약간 우리의 신경을 자극하나 7 내지 14항은 우리 대표가 제네바에서 제시한 14개 조항 내용에 포함되어 있는 것과 다름이 없는 것입니다. 여하간 그 논문의 성격 여하를 불문하고라도 그 논문은 어디까지나 김 피고 자신의 연구 자료이며, 당의 정책이 아니라는 것은 명백하며 앞에서도 말한 바와 같이 현 단계에서는 어느 누구를 막론하고 대원칙 이외에 세부적 안을 논할 수 없는 것과 같이, 진보당도 그 통일정책에서 평화통일이란 원칙만 정하였고 구체적인 방안은 책정할 수 없다는 것은 명문으로 규정하고 있는 것입니다.

공소장에는 동 논문이 마치 당의 정책으로 결정된 듯이 말하고 있으나 그것은 정당의 조직을 모르는 자만이 할 수 있는 이야기로, 가사(假使) 기개인(幾個人)의 회합에서 논의되었다고 하여 그것이 당의 의사가 될 수 없으며, 정당이라는 것은 전당대회를 비롯하여 중앙위원회 중앙상무위원회와 같은 의결기관이 있어 거기에서 통과되어야 비로소 당의 의사로서 결정되는 것이라는 것을 이해하여야 합니다.

더욱이나 진보당은 김 피고의 통일방안에 대하여 전혀 토의 결정한 사실이 없는 것이며, 백보를 양보하여 기개인의 회합에서 결정되었다고 가정하더라도 공소 내용과 여(如)히 "제3세력 운운의 오해가 두려워서 발표되지 않았다"면 문제가 될 것이 무엇입니까. 대한민국을 전복할 목적으로 음모한 사실도 없고 피고인의 행위에는 〈국가보안법〉이 요구하는 바와 같은 목적의식이 전연 없었던 것입니다.

2. 박기출 피고에 대하여

박기출 피고의 범죄사실 (1)은 진보당에 가담하여 부위원장으로 있으면서 대한민국을 변란할 목적으로 평화통일을 선전하였다는 것이며, 동 범죄사실 (3)은 김기철 피고의 통일방안에 동조하였다는 것인바, 진보당의 통일정책이 국가를 변란할 목적이 아니었고, UN의 노선을 지지한 당의 최고정책에 불과하다는 것은 앞에서 말한 바와 같거니와, 김 피고의 논문에 대하여는 박기출 피고는 더욱 모르는 사실이며 동 안을 협의하였다고 되어 있는 4289(1956)년 11월 하순경에는 부산에 상재(常在)하고 있었던 것입니다. 범죄사실 (2) 정종학(鄭宗學) 외 18명을 비밀당원으로 포섭하였다는 것과 당 운영비용 도합 1천 30만 환을 제공하였다는 데있는바, 여사한 비밀당원이란 있을 수 없고 도대체 비밀당원이란 무엇을 말하는 것인지 이해할 수 없는 것입니다. 정당에 입당하였다고 신문에 광고하는 것도 아닐 터이고 입당하면 당원명부에 기록할 것이며, 우리의 현실에 있어서 입당하는 자의 환경상 자기의 이름을 공개하지 말아 달라고 하면 그렇게 할 수도 있는 것이지 무엇이 비밀이고 아니고 이유가 있습니까. 이와 같이 어느 단체에도 있는 사실이 비밀이란 이유로 처벌의 대상이 된다면 아마 정당치고 처벌을 안 받을 정당이 없을 것입니다. 더욱이나 본건에 있어서 그것이 사실이고 처벌 가치가 있는 것이라면 유독 박 피고가 책임져야 할 이유는 없을 것입니다.

그리고 당원으로서 자기 소속당의 자금을 제공하는 것이 범죄가 된다는 법률은 없을 것이며, 정당이라는 것이 영리단체가 아닌 이상 당원이나 당을 이해하는 유지(有志)의 후원으로 유지된다는 것은 초보적인 상식인 것입니다. 이러한 모든 사실을 무시하고 실행사항을 협의 내지 선동이란 문구를 부쳐 전체적인 행위를 불법화하고자 하였음은 유감히 여기지 않을 수 없습니다.

3. 윤길중 피고에 대하여

윤길중 피고의 범죄사실 (1)은 평화통일을 주장하는 불법결사인 진보당의 간사장이라는 것과 범죄사실 (2)는 정우갑의 간첩행위를 방조하였다는 것, 근민당 일파와 통일준비위원회를 구성하였다는 것, 조봉암 피고의 논문에 동조하였다는 것이며, 범죄사실 (3), (4)는 김기철 피고의 논문의 취지에 찬동하여 불법결사인 진보당의 목적사항을 협의하였다는 데 있는바, 평화통일을 주장하였다거나 정우갑의 간첩행위를 방조하였다는 점 또한 근민당 일파와 야합하였다는 점에 대하여는 이미 그것이 범죄가 될 수 없다는 것을 말하였거니와,

첫째, 조봉암 피고의 논문에 있어서는 그것이 범죄 구성 여부는 고사하고라도 순전히 개인 사상의 표현에 불과하다는 것은 수차 말한 바 있거니와, 그것이 진보당의 노선에 부합되든 안 되든 간에 일개 자연인의 견해를 그와 사고방식을 달리할 수 있는 타인의 견해로 강요할 수는 없을 것입니다. 따라서 그 논문은 집필자 개인만이 정확하게 판단할 수 있는 것이지 검찰관일지라도 좌우할 수 없는 문제인 것입니다.

둘째로 김기철 피고의 논문 역시 통일문제연구위원회의 연구과제에 지나지 않았음을 인정할 수 있는 한 가사(假使) 책임이 있다고 할지라도 개인 책임의 영역에 속할 것이며 앞에서도 말한 바와 같이 그것은 법률로도 제한할 수 없는 연구나 발표의 자유라는 것도 두말할 나위가 없는 것입니다. 그렇다면 윤 피고나 상

(相)[219]피고, 조 피고를 위시한 기타 전(全) 피고인은 본건에 있어서 사실 면이나 법률 면할 것 없이 원인이나 결과에 있어서 무죄가 되어야 할 것입니다.

십(十). 적용 법조의 착오

본건 공소장에 의하면 조봉암 피고에 대하여는 〈형법〉 제98조와 〈국가보안법〉 제1조 제1항 동 3조, 박기출 피고에 대하여는 〈국가보안법〉 제1조 제1항 동 3조, 윤길중 피고에 대하여는 〈형법〉 제98조와 〈국가보안법〉 제1조 제1항 동 3조를 각각 적용하고 있으나 이것은 법조(法條) 적용의 착오인 것입니다. 〈국가보안법〉 제1조를 볼 것 같으면 제1항에 1, 2, 3호까지 있는 것입니다. 따라서 본건 피고인들에 대한 적용법조는 〈국가보안법〉 제1조 제1항이 아니라 제1조 제1항 제1호가 되어야 할 것입니다.

공소장에 기재된 바와 여(如)히 제1조 제1항이면 처벌할 도리가 없는 것입니다. 따라서 검사가 적용 법조의 변경을 하지 않은 한 법원은 제1조, 제1항, 제1호를 적용할 수는 없는 것이며 더욱이나 지금은 변론 공판으로 적용 법조의 변경도 할 수 없음으로 공소기각의 판결이 있어야 할 것이라고 생각되는 것입니다.

십일(十一). 조봉암 피고는

12세 시 출생지인 경기도 강화보통학교 4년을 거처 동지(同地) 농업보습학교를 수료하고 강화군청에 근로할 당시 3·1운동에 가담하였다가 징역 1년의 언도를 받고 서대문형무소에 복형(服刑)한 사실이 있으며, 그 후 동경 중앙대학 정경과를 거처 동방노력자공산대학 2년을 수료한 후 반생을 감옥 생활과 독립운동에 바쳐왔으며, 해방 후에는 초대 농림부장관을 경력하고 제2대 민의원 부의장으로 60평생 이 나라 이 민족을 위하여 투쟁하여 온 혁명가임과 동시에 정치가이며,

박기출 피고는 16세 시 부산 공립보통학교를 거처 동래고보를 졸업한 후 일본국 동경의학전문학교를 졸업하고 구주대학 의학부에서 의학박사 학위를 받은 후 부산시에서 박외과 병원을 경영하여 온 온건한 학자로 해방 후에는 부산 건준 후생부장, 군정청 경상남도 후생부장 등을 경임(經任)한 바도 있는 우리나라 외과

---

[219] '박(朴)' 피고(박기출)의 오기로 보인다.

의학계의 제1인자이기도 합니다.

피고인 윤길중은 24세 시 일본대학 법과를 졸업하였으나 23세 시 이미 당시 조선 변호사시험, 일본 고등문관 행정과 동 사법과 시험에 각각 합격한 수재로서 24세 시 전남 당진 및 무안군수를 경임(經任) 총독부 사무관으로 있다가 해방 후에는 국민대학을 설립하고 이사 겸 교수로도 있었고, 입법의원 법제국 기초과장 동 총무과장과 제헌국회 중앙선거위원회 선전부장, 제헌국회 헌법기초위원회 전문위원, 제헌국회 법제조사국장을 거처 제2대 민의원 의원에 당선되어 법제사법위원장을 역임한 이 나라 건국에 지대한 공헌을 한 자 등인 것입니다.

정치는 일종의 도박입니다. 때에 따라서는 고난과 역경에서 헤매어야 한다는 것은 정치가라면 누구나 각오하는 것입니다. 진보당이 오늘날과 같은 역경에 처하였을 때 오직 하나의 희망은 재판관 제위(諸位)의 정확한 판단인 것입니다. 이 나라를 아끼고 사랑하는 모든 사람의 시선은 지금 이 법정에 집중되어있다는 사실을 명심하시고 정의에 입각하여 용기 있는 판단이 있기를 바라는 것입니다.

조 피고의 추가 공소 분(分)(양이섭과의 관계)

일(一). 양 피고는 간첩이 아니다.

먼저 본 변호인이 의아심을 가지게 된 것은 자기의 무덤을 파면서까지 삶에 대한 자신을 가지고 있는 양이섭 피고의 태도인 것이다. 양 피고도 인간이라면 보통의 경우에 있어서의 범죄인의 심리와 같이 자기의 행위가 죄가 되든 안 되든 간에 있는 사실도 없다고 부정하는 것이 원칙일 것인데, 하물며 사형에 해당되는 간첩이란 중대한 사건에 있어서 양 피고가 공판정에서 취한 태도는 이해가 가지 않은 것입니다.

19세 시부터 만주와 중국을 방황하면서 사업도 하고 애국운동으로 감옥살이도 한 양 피고인이고, 해방 후에는 북한 괴뢰집단에 아부하여 지옥과 같은 북한 땅에서 떳떳이 무역까지 하고 살아온 처지이며, 심지어는 공산집단의 후생사업 차 남한에 왔다가 한국기관에 체포된 경험까지 있는 자가 자기의 행동에 대한 보복이 어떠한 것이라는 것을 알면서 아무런 제한도 받음이 없이 스스로가 자기의 발로 무덤에 들어가리라고는 본 변호인은 생각되지 않은 것입니다.

더욱이나 조봉암 피고와의 관계를 볼 때에 양이섭 자신이 아직 나이 19세가 되던 연소한 시절에 이역 수만 리 중국 땅에서 나라를 위하여 서로 의지하고 고난을 겪어왔고, 양 피고 자신은 조봉암 피고를 선생으로 대하여 왔다는 처지에 있었던 자가 신의와 우의(友誼)를 저버리고 자신의 무덤에 조 피고를 끌고 가지 않으면 안 되었던 양 피고의 심정은 자기가 파놓은 무덤에 조 피고를 대신 매장하여 자신의 삶을 모색한 것으로 이해되는 것입니다. 양 피고가 특무부대에 출두한 것은 진보당사건이 발생하여 조봉암 피고가 체포된 약 1개월 후인 금년 2월 8일입니다.

그마저 체포나 특무대원의 동행이 아니고 자기 발로 걸어 들어간 것이며 양 피고는 당시 자기가 소속되어있던 HID에도 사전에 연락하였고, 자기는 수년 전 동대문서에서 취급된 김동혁의 아편사건 외에는 아무것도 의심받을 것이 없다고 명명하고 자신 있는 태도로 출두하였던 것입니다.

그러한 양 피고가 특무대에 출두한 지 2일 후인 2월 11일에 본건과 같은 어마어마한 내용의 진술서를 썼다는 사실과 그보다 약 1개월 후인 3월 26일에야 정식 구속이 되었다는 사실은 이해할 수 없는 것입니다. 그간에 양 피고는 사병 내무실이라든가 여관 등에서 가족과 만나고 가족이 주는 밥을 먹으면서 비교적 자유스러웠다는 사실 등을 볼 때에 양 피고가 과연 국가를 좀먹고 북한 괴뢰에 가담한 간첩이라고 보여지지는 않는 것입니다.

이(二). HID 첩자로서의 양이섭

양이섭 피고가 HID 첩자로서 대북 첩보 사업을 하게 된 것은 4289(1956)년 2월경부터였습니다.

양 피고는 그전에도 무역이라는 명목하에 남북을 왕래한 사실이 있으며 6·25 사변 당시에도 대중공 첩보 사업을 하기 위하여 남하하였던 사실과 HID 첩자가 되기 전에도 미군 첩보선(線)을 타고 김동혁과 수삼 차 내왕한 사실이 있는 단순치 않은 인물인 것입니다. 양 피고는 엄숙진의 소개로 인천 육군 HID에 소속되었을 때 상인이 되기 전에 먼저 대한민국에 충성을 다하는 HID 첩자가 되어야 하는 것이며 또한 되지 않으면 안 되는 것입니다. 이러한 사실은 우리 첩보기관의 사명으로 보아 양 피고에게 교역을 주로 시키고 첩보 사업을 등안시하였을 이유가 없는 까닭입니다.

양 피고는 전후 9차 이북을 왕래하면서 첩보 사업을 함에 있어서 엄숙진의 감시를 받았으며, 북한에 있어서 삼육공사의 감시가 있었던 것과 마찬가지로 남한에 있어서의 모든 행동은 HID의 감시하에 있었던 것입니다. 따라서 양 피고가 반출하는 물건은 HID 차로 운반되었고 HID의 합법적인 수속을 경유하였음은 물론 북한에서 반입하는 물건에 있어서도 괴뢰 첩보기관인 삼육공사의 물품계산서에 의하여 HID에 보고되었을 뿐만 아니라, 그 물건은 HID에서 처분되어 엄숙진의 손을 거쳐 양 피고에게 대금이 수도(手渡)되었던 것입니다. 이러한 사실은 우리 첩보기관이 북한 괴뢰집단 삼육공사 이상으로 철저하다는 증거이며 당연한 일인 것입니다.

그러므로 양 피고의 남한에 있어서의 물품 구입행위, 대인적 관계, 금전 소비 등 일체 행위는 HID의 감시의 대상이었으며, 양 피고가 만약 북한 괴뢰의 지령으로 대한민국을 파괴할 목적으로 조 피고에게 공작금을 전달한 사실이 있고 조 피고가 양 피고를 통하여 괴뢰와 내통한 사실이 있다면, 1년 6개월간이나 대한민국 수사기관은 이와 같은 중대한 사실을 알면서 방치하여 둘 이유가 없는 것입니다.

양 피고는 도리어 북한에 처자가 있는 처지에 대한민국에서 생을 영위하고자 괴뢰를 이용하여 이 나라에 봉사하였다는 사실은 전후 9차 북한의 군사정보를 수집하여 HID에 보고함으로써 첩자로서의 자기에게 부하(負荷)된 사명을 다하였다는 데에도 있는 것입니다.

삼(三). 양 피고의 남북교역

양 피고는 미군 첩보선을 이용하여 전후 3차, 한국군 HID선을 이용하여 전후 9차 남북을 왕래하면서 최초 무일푼의 자본으로서 반출물자 총액이 1,510만 환이고 반입물자 총액이 5,380만 환이나 되는 것입니다. 그러므로 자본 없이 시작한 양 피고의 입장으로 볼 때에 5,380만 환 전부가 이득금이 될 것이며, 거기에다가 양 피고가 주장하는 27,000불 중 7,000불이 800만 환에 대한 청산금(淸算金)이라고 한다면 무려 6,180만 환이란 막대한 이득을 본 것입니다,

그렇다면 그리한 막대한 이득금 중에서 양 피고 자신이 30년 전부터 존경하고

또한 평소에 선생으로 모셨다는 조 피고의 정치활동을 위하여 정치자금으로 1~2년간에 수차에 긍(亘)하여 2천만 환가량 줄 수도 있으며 주었다고 하여서 이상할 것은 추호도 없는 것입니다. 따라서 양 피고가 조 피고에게 준 돈은 괴뢰의 공작금이 아니고 양 피고 자신이 첩보 사업을 하는 일방(一方), 합리적으로 교역을 하여 취득한 금액 중에서 원조하여 준 것임을 알 수 있는 것입니다.

사(四). 간첩죄의 구성요건

간첩이라 함은 간단히 말하여 우리의 군사상의 기밀을 적국에 누설하는 것을 의미하는 것입니다. 그렇다면 조 피고가 양 피고를 통하여 북한 괴뢰에게 제공하였다는 여러 가지 정보라는 것이 과연 간첩죄에 해당되는 것이겠습니까. 그러면 양 피고가 북한에서 들은 말 중에서 조 피고에게 전하였다는 내용과 당시 조 피고가 취하였다는 태도 등을 양 피고의 진술 그대로와 그 중 조 피고가 인정하는 부분을 순차적으로 말씀드리고자 합니다.

양 피고가 조 피고 하고 처음 접촉한 것은 4289(1956)년 3월 중순경입니다. 당시 양 피고가 조 피고에게 하였다는 말은

(1) 북한에서 박일영을 만났는데 조 피고를 나쁘게 생각지 않더라는 것과

(2) 북한과 조 피고는 평화통일이라는 목표를 위하여 합작하자고 하더라는 것과

(3) 5·15정부통령선거에 출마하면 원조하겠다고 하더라는 등등의 말을 전하였다는 것이며

동년 4월 초순경 두 번째 만났을 시에는

(1) 앞으로 평화통일을 선전하여 대중에게 주입시키라든가

(2) 조 피고가 대통령으로 입후보하여도 당선은 못되나 정치적 투쟁은 된다든가

(3) 선거 자금은 북에서 원조하겠다는 등의 말을 하였다는 것이고

동년 7월 중순경 네 번째 만났을 시에는

(1) 선거가 끝났으니 창당을 빨리하라든가

(2) 일간지 판권을 얻도록 하라 자금은 원조하겠다 등의 말을 전하였다는 것이고

동년 9월 중순경 다섯 번째 만났을 시에는

(1) 창당을 빨리하라든가

(2) 속히 판권을 획득하라 판권비로 500만 환 주겠다는 것이었고

동년 11월 말경 여섯 번째 만났을 시에는

(1) "우리는 잘 있다. 우리의 사업도 잘되어간다. 사업이 잘되기 바란다. 앞으로 후원하겠다"는 편지를 전하였다는 것과

(2) "김종원(金宗元) 치안국장이 전국 경찰에 무전으로 진보당의 동태를 감시하라고 하였으니 조심하라"는 말을 전하였다는 것과

4290(1957)년 3월 중순경 일곱 번째 만났을 시에는

(1) 신문사를 속히 운영하라든가

(2) 당의 조직을 확대 강화하고 문호를 개방하라든가

(3) 혁신(革新) 세력을 규합하여 연합전선을 추진하라든가

(4) 미군 철수를 주장하라

등의 말로서 그것도 지령이 아니고 의견 정도였으므로 그 중 조 피고를 만나 이야기한 것도 있고 아닌 것도 있다는 것입니다.

그러나 조 피고는 제1회 시에는 선거 자금 2억 환을 요구하였다는 것이고, 4회 시에는 『대동신문』 판권을 얻을 수 있으나 500만 환이 필요하며 그 운영비로는 2천만 환이 소요된다는 말을 하였다는 것이고, 5회 시에는 백삼을 보내주어 감사하다는 말과 앞서 보낸 5백만 환은 결당비에 썼으니 판권비로 5백만 환을 더 보내달라고 하였다는 것이며,

6회 째는 (1) 진보당 중앙위원 명단과 (2) 동 상임위원 명단, (3) 선언문, 강령 등이 수록되어있는 소책자와 (4) 김종원 치안국장이 전국 경찰에 보낸 무전문 사본을 주더라는 것이고,

7회 째는 (1) 진보당 지방간부 명단 1매, (2) 대구시 당간부 명단, (3) 『중앙정치』 10월호와 (4) "녹용을 보내주어 감사하다 탕약대(湯藥代) 2만 환(2만 불을 말함)을

잘 받았다"는 영수증, (5) "사업이 잘되어가고 있으니 앞으로 잘 후원해 달라"는 편지와 (6) 진보당의 조직 명단 1매를 받아서 각각 괴뢰에 전하였다는 것입니다.

그중에서 조 피고가 인정하는 것은 양 피고가 선거 자금이 얼마나 드느냐고 묻기에 (1) 2억 환가량 든다는 말을 한 사실이 있고, 정당을 하자면 신문이 필요하지 않으냐고 묻기에 『대동신문』 판권을 얻을 수 있는데 판권비 500만 환 정도와 운영자금으로 2천만 환가량 소요된다는 말을 한 사실이 있고, 진보당에 관한 것을 좀 알고 싶다고 함으로 널리 공표되고 당의 선전상 누구에게나 줄 수 있는 ① 중앙위원 명단, ② 상임위원 명단, ③ 선언문, 강령 등이 수록된 소책자와 ④ 지방간부 명단, ⑤ 대구시 당간부 명단, ⑥ 『중앙정치』 10월호 등을 주었다는 것입니다.

이상과 같은 내용에 있어서 양 피고의 진술의 전부가 사실이라고 가정하더라도 그것이 간첩죄가 될 수 있는가 하는 것입니다.

양 피고가 북한을 왕래하면서 조 피고에게 전달하였다는 지령이 아닌 말의 내용은 전부가 진보당에 관한 것이고, 그것도 신문 또는 인쇄물을 통하여 공개된 사실이며, 그중 가장 검찰관이 중요시하는 평화통일론을 대중에게 선전하라는 점도 시기적으로 보아 진보당이 이미 '평화통일'이란 구호를 널리 선전하고 있을 때임으로, 북한 괴뢰의 지령에 의하여 평화통일을 주장하게 되었다고 할 수는 없는 것입니다.

이와 같은 양 피고의 말이 신뢰성이 있는 것이라고 가정할지라도 양 피고 자신의 진술과 같이 그것은 어디까지나 양 피고 자신의 일방적인 행위였고, 조 피고는 그 말대로 행동하여 대한민국의 법질서를 파괴한 사실이 없으며 조 피고가 양 피고에게 제공하였다는 진보당에 관한 문건은 앞에서도 말하였거니와 전부가 공표된 내용의 것임은 물론 가사(假使) 그것이 밀회에 속한다 할지라도 일개 정당에 관한 문서가 간첩죄의 대상이 될 수는 없는 것입니다.

오(五). 조 피고의 진술은 신뢰성이 있다

조 피고의 진술은 신뢰성이 있는 것입니다. 조봉암 피고가 만약 본건에 대하여 있는 사실을 부인할 의사가 있다면 철저하게 부인하였을 것입니다. 아무런 증거가 없는 사실로서 조 피고 자신에 가장 불리하다고 인정되는 부분을 인정할리 없는 것입니다.

그 구체적 사항을 말씀드리자면, 첫째로 양 피고가 조 피고에게 전달하였다는 금액 중 ① 제1차로 주었다는 500만 환 가운데서 조규진(趙圭鎭)을 통하여 받은 70만 환 이외에는 30만 환을 받은 사실과 일부 금액을 승인하고 있다는 점, ② 제3차로 500만 환을 받은 사실은 전연 증거가 없는 것임에도 불구하고 이를 인정하고 있는 점과 ③ 최종회에 미불(美弗) 620불을 받은 사실도 양 피고와의 단독행위임으로 부인할 수 있는 사실을 인정하는 점인 것입니다.

그러므로 결국 기록상 조 피고가 양 피고로부터 받았다는 금액은 제1차에 100만 환, 제2차에 500만 환, 제3차에 500만 환, 제4차에 620불과 보증수표 300만 환가량 및 마재하 개인수표 300만 환 합계 현금 및 수표가 1,700만 환에 미불 620불인바 그 외 약간의 금액하여 조 피고는 4289(1956)년도에 약 1천만 환, 4290(1957)년도에 약 1천만 환, 계 2천만 환가량 받았음을 인정하고 있는 것입니다.

또한 본건에 있어서 중요시하는 진보당에 관한 인쇄물과 간부명단을 양 피고에게 주었다는 사실 등은 부인할 수 있는 터인데 부인하지 않고 인정하는 점 등으로 미루어 조 피고의 진술에는 추호의 거짓도 없다는 것을 알 수 있는 것입니다.

육(六). 조 피고가 만약 공작금인 사실을 인식하였다면

예를 들어 조 피고가 만약 양 피고가 제공하는 돈이 괴뢰가 보낸 공작금인 사실을 인식하였다면 본건과 같은 줄거리에 있어서 범죄가 될 수 있는가 하는 것을 연구하여 볼 필요가 있는 것입니다. 과연 양 피고의 말이 진실이라고 가정하고, 양 피고 자신도 말하다시피 자기가 조 피고를 대하여 온 견해로서는 조 피고가 공작금을 받았다고 하여 북한 괴뢰의 지시에 따를 의사가 있는 것이 아니고, 단순히 그것을 이용하였을 뿐이라고 진술하고 있는 것입니다.

그렇다면 백보 천보를 양보하여 조 피고가 괴뢰의 공작금을 이용하여 대한민국에 유익한 정치활동을 하였다면 그것도 범죄가 될 수 있습니까. 정치의 이면에는 양 피고의 첩보활동과 같이 이용하고 이용당하는 체하는 묘미도 있을 수 있는 것입니다.

조 피고가 양 피고의 말과 같이 북한의 공작금을 역이용하여 우리나라 법률의 테두리 안에서 이 나라와 이 민족을 위하는 정치활동을 하였다면 그것은 범죄가 될 수는 없는 것입니다.

칠(七). 증거 문제

본건에 있어서 양 피고가 조 피고에게 수도(手渡)한 금품이 공작금이었다고 인정할 수 있는 유일한 증거는 양 피고 자신의 진술뿐인 것입니다. 그렇다면 양 피고의 진술만으로는 양 피고에 대한 유죄의 증거로 할 수 없음은 물론 공동 피고인인 조 피고에 대한 증거로도 할 수 없을 것입니다.

우리 〈형사소송법〉 제310조에는 "피고인의 자백이 그 피고인에게 불이익한 유일의 증거인 때에는 이를 유죄의 증거로 하지 못한다"라고 하여 우리 증거 법규상 자백의 증거능력을 부인하고 있는 것입니다.

따라서 이 사건에 있어서 가장 핵심을 이루고 있는 북한 괴뢰집단이 양 피고를 통하여 조 피고에게 전달케 하였다는 소위 지령 운운의 말과 양 피고가 조 피고에게 수도한 금품이 괴뢰의 공작금이었다는 것을 입증할 증거는 양 피고 자신의 진술 외에는 전연 없는 것인즉 이 점에 있어서도 유죄의 판결은 할 수 없는 것입니다.

팔(八). 양 피고는 애국자다

본 변호인이 보기에는 양 피고는 애국자임과 동시에 어느 면에 있어서는 조 피고에 대한 우의를 지킨 선량한 사람이올시다.

양 피고는 대한민국의 첩자로서 전후 9차나 북한을 왕래하면서 우리 국방에 필요한 첩보를 가져오는 훌륭한 역할을 하였고, 자기가 평소에 존경하고 선생으로 모시는 조 피고의 건설적인 정치활동을 위하여 자기의 노력의 결실인 사업의 이득금 중에서 2천여만 환이란 적지 않은 금액을 조 피고에게 후원하여주었다는 사실은 보통인으로서는 있기 드문 일인 것입니다.

그 점에 있어서 양 피고는 애국자이며 조 피고를 간첩죄로 희생시키기 위한 제물(祭物)로 사용한다는 것은 너무나 가혹한 일인 것입니다.

구(九). 본건은 〈국가보안법〉은 될지언정 간첩죄는 안 된다

이상의 모든 사실로서 본건이 범죄가 될 수 없다는 점에 대하여는 충분히 해명되었거니와 구태여 범죄가 된다고 할지라도 〈국가보안법〉은 될지언정 간첩죄는 될 수 없는 것입니다.

조 피고는 간첩죄의 요건인 군사상의 기밀을 적국에게 누설한 사실이 없음은 물론 양 피고에게 진보당에 관한 일반적인 책자를 준 이외 여하한 정보도 제공한 사실이 없다는 것은 1건 기록상 의심의 여지가 없는 것입니다.

현명하신 재판관 여러분, 여러분은 법률가입니다.

여러분의 본건에 있어서의 일거일동(一擧一動)은 역사가 기록할 것입니다.

본건 피고인들의 행위는 어느 모로 보나 범죄가 성립될 수 없으므로 무죄의 판결이 있으시기를 바라고 변론을 마칩니다.

[출전 : 17권 70~178쪽]

【별지】

진보당사건 변론 (요지) 기록

변호사 신태악

전에 김 변호사가 상세하고 구체적인 변론이 있었으니 본 변호인은 이에 간단히 중복되지 않는 범위에 내에서 될 수 있는 대로 간단하게 구절구절의 미비한 점, 혹은 좀 더 말씀 올려야 될 몇 가지 점을 들어서 말씀 올리겠습니다.

본 변호인은 조봉암, 조규희, 김기철 이 세 피고인을 위해서 변론을 하겠습니다.

이번 이 사건 내용을 보면 대체로 세 가지로 분류할 수 있는데, 그 첫째가 진보당 자체에 대한 관계요. 그 다음이 간첩 관계요. 그 다음이 간수와의 관계입니다. 이 세 가지가 다 조봉암 피고와는 관계되나 기타 피고인들은 진보당 관계에만 국한되어 있습니다. 이제 본 변호인은 우선 진보당 관계부터 말씀드리고자 합니다.

이 진보당 관계라고 하는 것은 소위 정치사범이라고 할까… 이러한 정치범에 대한 사건이라고 하는 것은 일반 사건과 달라서 다소 억지라고 할까. 정치적이라고 할까 그러한 면이 있다는 것을 늘 명심하면서 또 유의하면서 심판해 주셔야 되리라고 생각하는 것입니다.

물론 정치범이라고 하는 것이 우리나라에 있어서도 처음이 아니요, 과거에도 있고 또 우리나라뿐만이 아니라 동서고금(東西古今) 어느 나라에도 없었던 때가 없습니다. 그러나 소위 한국적인 정치사범이라고 할까 하는 그러한 특수성에 대해서 한두 가지 느끼는 점, 그 점에 대해서 감상이라고 할까, 견해라고 할까 그런 점을 우선 말씀드릴까 합니다.

과거 우리나라 역사상에는 여러 가지의 당쟁(黨爭) 또는 사화(士禍)가 있었는데 이 사실을 일일이 열거하여 우리나라의 소위 이러한 정치사범의 특수성을 규정짓는 것이 옳겠습니다만, 그러한 장황한 시간의 여유를 갖지 못했기 때문에 그 중 얼른 머리에 떠오르는 사화 중에서도 대표적인 사화라고 할 수 있는 무오사화(戊午士禍)와 기묘사화(己卯士禍) 같은 것을 예로 들어 말씀드릴까 합니다.

무오사화로 말하면 김종직(金宗直)이라고 하는 이가 죽은 연후에 살아있을 때 '조의제문(弔義帝文)'을 썼다고 해서 죽은 사람의 묘를 파헤치고 시체를 끌어내서 팔을 끊고 목을 자르고 하는 도대체 상상지도 못할 그러한 방법으로써 처단하는 이것이 우리네 좋지 못한 과거사였습니다만 우리나라의 정치사범의 특징이라고 하는 것이 이런 데에 있지 않은가 생각이 됩니다. 또 한 가지 기묘사화를 예로 들자면 조광조(趙光祖)라는 이가 굉장히 훌륭한 분으로서 종래에 내려오던 폐습을 고치고 가난한 사람을 보호하고 그때 특권을 가지고 많은 백성을 괴롭히던 사람들을 억눌러서 개혁하여 보려고 혁신정치를 시작하였는데, 이에 대하여 그때의 보수파인 남곤(南袞) 일파는 그를 역적으로 몰기 위해서 궁내의 나뭇잎에다가 감즙(甘汁)으로 '주초위왕(走肖爲王)'이라 써서 그것을 버러지가 먹게 하여 '주초위왕'이라는 글자가 나타나게 하는 일방(一方) 궁녀라든가 기타의 사람들을 잘 사주(使嗾)해서 일국(一國)의 인심(人心)이 조광조에게로 돌아갔다는 유언(流言)을 퍼 쳐놓고 이 '주초위왕'이라고 새겨진 나뭇잎을 따다가 왕에게 바쳤던 것입니다. 그래 가지고 조광조를 역적으로 몰아서 3족을 멸한다하던 그러한 무시무시한 참극이 머리에 떠오릅니다. 그럼 왜 그렇게 하였던가 그것은 두말할 것도 없이 파벌싸움으로써 반대파를 음모하고 모함하기 위해서였던 것입니다. 그때 제왕시대에는 반대파를 때리기 위해서는 역적이라는 이름을 씌우는 그러한 간악한 수단 방법을 사용했던 것입니다.

그런데 그 여러 가지 사화가 시기와 규모와 내용은 각각 다르나 그 성격은 일치하였는데 그것은 신진세력에 대한 구세력의 억압인 것입니다. 신진세력을 구세력이 억누르기 위해서는 늘 그러한 방법을 써오는 것입니다. 어느 때나 신진세력은 국가 민족의 장래를 위해서 이상적인 사회를 건설하기 위해서 분투하고 노력할 뿐만 아니라 거기에다 온갖 정력을 경주하고 몰두하고 있는 사이에, 부패세력들은 그러한 것은 생각지도 아니하고 다만 모략과 중상으로써 신진세력을 누르고 꺾어서 그 힘으로써 자기 정권만을 유지하려고 하는 그러한 방법 이외에는 아무것도 생각조차 하지 않는 것입니다. 이 특징은 어느 사화이고 간에 다 같습니다. 그러한 과거의 사화의 사실(史實) 머리에 넣어두고서 일제시대의 일을 회고해 본다고 하더라도 일제시대에 다소라도 사회운동에 관여해본 사람들은 잘 기억하고 있습니다만 일제에 아부해서 밀고해서 우리네 독립운동을 또는 사회운동을 하는 사람들을 구속하고 감금하고 하던 사람은 누구냐? 역시 우리 동포 가운데 있었다는 것을 우리는 잘 알고 있습니다.

그런데 그러면 해방 이후로는 어떻게 되었느냐? 나는 분명히 내 자신이 아는 일로서 여기서 자신 있게 말씀 올릴 수 있는 것은 해방 후에 있어서도 일제시대에 고관을 지내고 또 그들에게 아부해서 부귀영화를 누리기 위해서 그 사랑(舍廊)에 일본인 고관들을 초대하여 좋은 자리에 앉아서 좋은 음식을 먹고 일류 기생들을 끼고 흥청대던 그 사람들이 해방이 되니까 일인(日人)이 앉았던 그 자리에 그 기생들을 불러서 미국 고관들을 대접해서 미군정과 타협해 가지고 우리나라에서 권력을 장악하고 그 권력을 이용해서 일제가 남기고 간 막대한 재산을 농단했던 것입니다. 나는 구태여 지금의 민주당을 말하고 싶지는 않습니다. 현재의 민주당은 많은 탈피를 했고, 또 변경도 했습니다. 그러나 그 전신인 한민당(韓民黨)은 공산당과 투쟁한 그 공로에 대해서는 찬양할 바 있습니다만 그 반면에는 중대한 범과(犯過)가 있다는 것을 우리는 잘 알고 있습니다.

일제시대에 있어서는 비록 사상운동이라고 할지라도 그 이름이 공산당이지, 그 시대에 있어서는 민족주의자나 공산주의자나 다 같이 결속해서 일제의 기반(羈絆)에서 벗어나려고 노력하는 데는 일치했던 것입니다. 그런데 그런 사람들을 잡아다가 투옥하고 살육하던 그 일제의 주구(走狗)들이 우리가 독립했다는 오늘날에 있어서도 장관이 되고 국회의원도 되어서 행세하고 있다는 현실을 볼 때 우리 대한민국이 참말 독립한 것인지 안 한 것인지 모를 일입니다.

한편 일제시대에 아부할 줄 몰랐기 때문에 불행했던 사람들은 오늘날도 역시 아부할 줄을 모르기 때문에 때때로 사고를 일으키는 일이 있는데 지금 현재의 진보당사건도 그러한 종류의 것이 아닌가 생각됩니다. 비단 이 진보당사건뿐만 아니라 해방 이후에도 소위 여러 가지로 옛날식으로 말하면 사화라고 할 만한 사건이 여럿 있었습니다. 한두 가지 예를 들면 국회푸락치사건[220]이라든지 족청(族

靑)사건221) 같은 것이 있고, 또 요 얼마 전에 박정호사건222)에다가 관련시켜서 기소했다가 무죄가 되어버린 근민당재건운동사건223)이라든지 하는 이 모든 것이 다 아까 말씀드린 바 있는 역사에 나타난 제(諸) 사화의 성격과 일치하는 일이 아닌가 … 그렇게 생각해서 이번의 이 진보당사건도 그런 예에서 벗어나지 않는다. … 그러한 생각을 갖게 되는 것입니다.

아까도 말씀했습니다만 이런 모든 사건들은 신진세력과 보수세력의 충돌인 것입니다. 비록 그 규모는 다를지라도 그 성격은 동일한 것입니다. 과거에는 한민당이 군정시대에 너무 잘못했고, 지금 현재는 여당인 자유당이 너무도 잘못하기 때문에 이들에게 반대해서 우리 국가의 장래를 근심하는 진정한 애국인사들이 뭉쳐서 이것을 어떻게 하면 바로 잡을 수 있을 것인가 하는 생각으로 뭉친 분들을 이것을 가리켜 혁신세력이라고 할 것 같으면 이번 이 진보당사건은 혁신세력과 보수세력의 충돌인 것이 분명합니다. 본 변호인은 그렇게 보면서 이 사건의 본론으로 들어갈까 합니다.

검사는 본건의 공소사실을 이번 논고문으로써 자세히 설명했습니다. 그 논고문을 볼 것 같으면 그 가운데 (1) 진보당은 합법적인 토대를 기화(奇貨)로 하여 북한 괴뢰로 합작하여 막대한 자금을 받아가면서 대한민국의 전복을 기도했다는 것, (2) 평화통일이라는 구호를 내걸고 강령으로서 사회주의 초보인 사회민주주의를 내걸고 왔다는 것이 가장 중대한 점이라고 지적하고 있습니다.

다시 말씀할 것 같으면 진보당의 성격과 평화통일론 … 이것이 과연 어떤 것이냐 하는 것을 위주로 해서 대한민국을 전복할 목적으로 이북 괴뢰와 합작했다는

---

220) '국회프락치사건(國會프락치事件)'은 1949년 5월부터 1950년 3월까지 남조선로동당의 프락치 활동을 했다는 혐의로 현역 국회의원 10여 명이 검거되고 기소된 사건이다.

221) 1953년 9월 이승만이 "자유당 안에 구 민족청년단을 중심으로 하는 세력부식자들이 있어서, 내 의도에 대립하여 당내의 통일을 해치며 전 국민의 통일정신을 위험하게 하여 분열을 일삼고 있으니, 이는 '단지(斷指)의 아픔'을 당하더라도 숙청되어야 한다"는 담화를 발표하여 민족청년단 세력을 대한청년단으로 흡수한 사건을 가리킨다.

222) '박정호간첩사건(朴正鎬間諜事件)'을 말한다. 1953년 5월 남파 즉시 검찰에 위장자수하여 활동근거지를 얻고 정계에 침투, 암약하던 귀순간첩 박정호의 사건을 가리킨다.

223) 1957년 근로인민당에서 활동했던 장건상, 김성숙 등이 근로인민당을 재건하려고 했다는 혐의로 체포된 사건을 말한다. 근로인민당은 재건되지 못했다.

점에 대해서 치중한 것으로 보여집니다. 그런데 그중 진보당의 성격에 대해서 검사는 여러 가지 면으로 이에 대한 설명을 기도했습니다만 대체로 그것을 요약해서 말씀할 것 같으면 이런 것 같습니다.

진보당은 계급정당이다 하는 것, 검사는 마치 진보당을 맑스·레닌의 이론을 근본체계로 하는 공산당과 동일한 것으로 보았다는 것입니다. 그런데 근본적으로 진보당은 우리나라에서 도저히 용인할 수 없는 정당이다… 그렇게 결론을 내렸습니다.

원래 정당이 그 나라에서 용인될 수 있는 당이냐? 아니냐? 하는 것은 그 정당의 정강정책에 따라서 결정할 수밖에 없는 것입니다. 그래서 검사도 정강정책의 검토에 있어서 이 소단(小丹)[224]의 강령 전문 20항, 동 26항, 동 54항을, 그리고 다시 경제정책의 (4)(73 내지 75항) 이하의 여러 가지를 들어서 특히 문제가 됨직한 구절만을 끄집어내서 그것을 문제로 삼았습니다. 그리고 또 거기에다가 감행해서 맑스·레닌의 공산주의 이론을 전개해서 자기의 결론을 맞추도록 노력했습니다.

그 노력, 그 수고에 대해서는 본 변호인으로서도 대단히 경의를 표하는 바이지만 그 노력이 헛된 것이었다는 점을 한두 가지 말씀드리지 않을 수 없습니다. 왜냐하면 검사 자신이 논고문에서도 언급했지만, 더구나 본 공판정에서 검사는 "이러이러하게 추측한다" 또는 "그렇게 생각할 수도 있다…" 하는 등등의 말을 중복해 왔습니다. 그렇다면 검사의 추측만으로 곧 범죄라고 단정될 수는 없는 것이 아니겠습니까. 그런데 우리 조 검사는 솔직하게 사실 그대로 자기가 범죄라고 인정한 것은 추측에 의한 것이라는 것을 스스로 말하고 있는 것입니다.

또 그 논(論)을 전개하는 데 있어서 도저히 이해할 수 없는 억설로써 결론을 맺은 것은 논고문 그 자체만으로도 역력히 나타나 있습니다. 거기에 대해서 자세한 설명을 하려고 할 것 같으면 말이 길어지겠는데, 우리 현명하신 재판관 제위(諸位)께서는 이미 다 잘 알고 계시리라고 믿는 까닭에 얘기할 필요조차를 느끼지 않습니다만 강령 전문을 가지고 설명하는데 있어서도 전체 면을 보지 않고 부분 부분만을 뽑아내서 설명하고 있습니다.

---

[224] '소책(小冊)'의 오기로 보인다.

또 그 논법을 진전시키는 데 있어서도 이론의 비약이 대단히 심합니다. 그리고도 잘 안 되니까 그것을 강조하기 위해서 중복에 중복해서 조봉암 피고의「평화통일에의 길」이라는 논문이라든지 또는 윤길중 피고의「혁신정치의 주체세력」이라고 하는 논문들 가운데서 유사한 문구들을 뽑아서 이것을 보강하려고 하였습니다.

그래 가지고 거기에다가 관련시켜서 결론을 내기에 노력한 것입니다. 즉 검사는 이상 논조를 토대로 하여 "진보당은 민국정부(民國政府)를 '쯔아'[225] 정부와 유사한 전제제도로 규정하면서 부패 무능한 정치체제를 무원칙하게 비난하고, 자본주의 제도를 지양하는 동시에 사회주의 사회를 수립할 사명을 완수하기 위하여 근로대중을 기반으로 한 소위 피해대중의 전위대로서 조직 발족한 진보당의 정치적 성격이란 위선(爲先) 맑스주의당의 원칙에 입각한 혁명적이며 계급적인 정당이라는 사실을 지적하지 않을 수 없는 바이며, (중략) 합법성을 위장하여 전술 공산당의 혁명이론의 근본적 체계를 그대로 수행하고 있음을 수긍적으로 파악된다고 보는 바입니다" 이렇게 말하였습니다. 지금 말씀한 강령, 정책, 그리고 이 논문들을 보고서 어떻게 이런 결론을 낼 수 있느냐 하는 것의 문제입니다. 아까도 말씀 올렸습니다만 이 논법에는 대단한 비약이 있습니다. 이 진보당 강령을 볼 것 같으면 그 선언문 가운데 분명히 진보당의 성격에 대하여 사회적 민주주의 정당이라고 자기 자신들이 써 있습니다.

이 점에 대해서 이동화 교수가 말씀하던 가운데 사회민주주의라고 하는 용어를 의식적으로 피하고 그렇게 썼다고 했습니다. 사회민주주의라고 할 것 같으면 그 개념이 너무 광범하고 또 여러 가지로 해석됨으로 그래서 서구에 있어서의 사회민주주의와 혼돈될 우려가 있기 때문에 특히 사회적 민주주의라고 하는 용어를 썼다고 한 것으로 기억하고 있습니다. 사회적 민주주의라고 하는 것은 외국에서 그 전례를 찾아볼 수 있는 것입니다.

이것은 진보당에서만 쓴 용어라고 생각되는데, 그러면 이 사회적 민주주의란 무슨 말이냐? … 나는 해석하기를 검사도 우리 〈헌법〉에 대한 자신의 견해를 말씀했습니다만 대한민국의 〈헌법〉은 첫째 정치적 민주주의를 토대로 했고, 둘째

---

225) 러시아 황제의 호칭 짜르(Tsar)를 말한다. 본문에는 '쓰아'로 표기하기도 했다.

로는 경제적 민주주의 또는 사회적 민주주의를 기간으로 해서 제정되어 있는 것입니다. 이것을 등한히 했다고 할까. 모른다고 할까 해서 덮어놓고 '사회'라는 소리만 하면 못 쓰는 줄 알았는지 검사는 그저 간단하게 그 논고문 중에서 사회민주주의라는 용어를 사용하고 있습니다.

그러므로 검사의 논고문에 나타난 진보당은 사회민주주의 정당이라고 되어 있는데 그것은 동문서답 식의 논고 아니 어떠한 착오라고 하지 않을 수 없습니다. 사실상 문자로 나타난 것과 다른 표현을 해서 거기에다가 아무 설명이 없이 사회민주주의 정당이다 하는 것은 용인될 수 없는 논법이라고 생각하는 바입니다.

다시 간단히 이 시기에 한마디 더 하고 싶은 것은 요즘 우리나라에서는 지식인으로 자처하는 사람들 가운데도 우리 〈헌법〉의 성질을 잘 이해하지 못하고 있는 분이 상당히 있는 듯합니다. 우리나라 〈헌법〉을 자유주의적 자본주의 초기시대의 정치적 민주주의만을 기간으로 한 〈헌법〉인 것으로 논문(論問)하는 사람이 많은 듯합니다. 오늘날의 경제생활이라는 것은 옛날과 달라서 단순한 것이 아니기 때문에 근래에 〈헌법〉을 제정한 나라들은 대개가 이 경제적인 문제를 취급해서 균등경제, 즉 다 같이 살 수 있게 하자는 경제적인 문제도 취급해서 〈헌법〉에 규정하고 있는 것입니다.

그런데 아까도 말씀한 바와 같이 덮어놓고 그냥 '사회' 운운하면 사회주의 시(視)하는 경향이 우리나라의 지식인이라고 자처하는 분들 가운데에도 상당히 있으므로 그렇게 되었는지 모르나, 검사의 논법 가운데도 하등의 설명도 없이 '사회민주주의'와 '사회적 민주주의'를 구별함이 없이 한데 대해서는 심히 유감으로 생각하는 바입니다.

또 강령에 기(其) 이(二)를 보면 "우리는 공산독재는 물론 자본가와 부패분자의 독재도 이를 배격하고 진정한 민주주의 체제를 확립하여 책임 있는 혁신정치의 실현을 기한다"… 즉, 그 서두에 공산독재는 물론이라고 해서 이건 얘깃거리도 되지 않는 당연한 것으로 취급했습니다. 그런 것이 전제가 된 다음에 혁신정치의 실현을 기한다는 등 모든 문제가 취급되어 있는 것입니다. 그런데 이러한 문구에 대해서는 전혀 의식적인지 무의식적인지 등한(等閑)이 해서 빼어버리고, 문제도 되지 않는 문구를 뽑아서 문제를 삼자고 하는 흔적이 분명한 바 있습니다.

그리고 또 조봉암, 윤길중, 김기철 피고인의 논문에 대한 내용 검토에 관해서는 아까 김 변호사가 자세히 논급했으므로 나는 그만두기로 하고 다음 진보당이 계급정당이라는 점에 대해서 한 말씀할까 합니다.

진보당이 계급정당이다 하는 결론을 내리는 데 있어서 검사는 어떻게 했느냐 하면 진보당에서 피해대중이라는 용어를 사용하는 것으로 보아서 그런 것이라고 논단했습니다. 진보당을 피해대중의 전위당이라고 해서 그렇게 본 근거입니다. 또 이 논고문 제일 처음에 소련의 혁명사 또는 공산당사(共産黨史)를 들고서 그 공산당사에 진보당을 맞추어서 진보당이 이러이러하게 비슷하니까 공산당과 마찬가지의 정당이다. … 이렇게 논단했습니다. 그리고는 또다시 참 말하기도 어려울 정도로 그것을 논증하기 위해서 얼마나 고심했느냐 하는 것이 정태영 피고 관계의 소위 강평서 운운에 나타나 있습니다. 이것을 거기에 관련시켜서 조봉암 피고가 정태영 피고에게 교육이나 받은 것 같이 또 지령이나 받은 사람인 양 설명해서 공산당과 같다고 입증했습니다. 참 어불성설의 말입니다. 그렇게까지 하지 않고서는 도저히 입증될 수 없는 문제라고 할 것 같으면 검사의 입장도 그만큼 난처했을 것입니다.

이렇게까지 해서 진보당의 지도원리와 조직규율을 설명하려고 애썼습니다. "중앙집권제의 기초 위에서 당원은 상하를 막론하고 당 규약에 복종해야 한다는 근거에 입각한 일례로서, 평당원이며 연소(年少)한 정태영은 맑스·레닌주의에 입각한 당 이념의 지도원리를 책임지고 당위원장 조봉암에 대하여 (중략)[226] 엄숙한 당적 입장에서 위원장을 견제지도하고, 위원장 역시 연소배(年少輩)의 참람(僭濫)한 행위에서 한 불쾌감은 추호도 없을 뿐 아니라 (중략) 공산당의 조직적 훈련과 기계적인 규율 제도를 떠나서 자유진영의 보편적 규념으로서는 이해하기 곤란한 사실이라 아니할 수 없는 바입니다"이렇게 말했습니다. 그러나 나는 이 말 자체로 보아서 오히려 진보당은 공산당과는 반대다 하는 것을 느꼈습니다. 아닌게 아니라 공산당은 평당원이 감히 당 간부에게 뭐라고 말도 잘못하는 것입니다. 그러나 민주주의 정당은 간부가 아니라 간부 할아버지에게도 자기 주장을 애기할 수 있는 것입니다. 검사가 이 문제를 들어서 진보당은 공산당과 같은 정당이라 하기보다는 차라리 그대로 이것만은 공산당과 다른 점이라고 했다면 얼마나

---

226) 원문에 중략으로 기술되어 있다.

현명했겠습니다.[227] 그리고 더구나 여기서 당의 성격을 길게 설명할 것도 없이 당헌 가운데 '당의 성격과 당의 임무'라는 항목이 따로 설치되어 있는데 특히 이런 말이 있습니다. "우리는 이 변혁을 폭력적 방법에 의해서가 아니라 민주주의적이며 평화적 방식에 의해서 의회에서의 절대다수를 점함으로서 수행하려고 한다." 분명히 이렇게 쓰여져 있습니다. 이것은 무엇을 의미하느냐 하면 의회주의를 뜻하고 있는 것입니다. 문제는 소위 민주주의 사회에 있어서의 언론이라든지 이론이라고 하는 것은 자유일 것입니다. 이것은 우리 〈헌법〉이 보장하고 있는 것입니다. 만약에 이것을 나쁘다고 한다면 오히려 그것이 우리 〈헌법〉에 위배 될 것입니다. 문제는 다만 폭력에 의해서 무엇을 실현코자 할 때, 이것만이 민주주의 국가에서 용허(容許)될 수 없는 것입니다. 어떤 의견을 가진다든지 또 어떤 결론을 짓고 말하는 것은 자유이겠지만 그 의견을 실현하기 위해서 폭력 수단을 쓴다는 것은 확실히 안 될 일입니다.

그러면 자기 의견을 실현시키는 방법에 있어서 민주주의 국가에서는 어떻게 해야 하느냐? 하면 정치적으로는 의회에서의 결의에 의해서만 하는 것입니다. 의회의 법의(法議)에 의해서 실현된 때에는 어떠한 의사일지라도 그것은 합법적인 것입니다. 검사는 맑스나 레닌의 말을 수차에 긍(亘)해서 하고 있습니다만 맑스나 레닌은 폭력혁명을 주장한 사람입니다.

그렇기 때문에 이것이 대한민국의 국시나 〈헌법〉에 위배되는 것입니다. 그러나 진보당이 주장하는 것은 여기 분명히 쓰여진 바와 마찬가지로 폭력 방법에 의한 것이 아니라 의회에서 절대다수를 점함으로써 할 수가 있다는 것입니다. 이것이 어떻게 대한민국의 〈헌법〉으로 보아서 불법이라고 해석할 것인가, 만약 그런 것까지를 쥐어뜯고 핥고 허물고 하여 불법이라고 가정할 것 같으면 그런 불행은 다시없을 것입니다. 우리는 우리 〈헌법〉에 그러한 자유가 규정되어 있기 때문에 안심하고 그날그날을 살아갈 수 있는 것입니다. 만약에 〈헌법〉에 분명히 규정되어 있는 것마저를 집권자의 자의(恣意)로 뜯고 허물어서 범죄시할 것 같으면 우리 국민은 하루도 안심하고 살아갈 수가 없을 것입니다. 더구나 법을 운영하는 검찰이나 법원에서 법질서를 근본적으로 파괴하는 어떤 행동이 있다고 할 것 같

[227] '현명했겠습니까'의 오기로 보인다.

으면 참으로 대한민국의 장래는 암담할 따름이라고 아니할 수 없습니다.

지금까지 말씀드린 것은 진보당은 공산당과 같은 폭력을 그 수단방법으로 하는 그러한 정당이 아닌 것이 정강정책에 명문화되어 있으므로, 공산당과 같은 계급정당이 아님을 인정할 수 있다는 것을 말씀 올렸습니다. 그런데 아까도 말씀한 바와 같이 검사는 그처럼 명문으로 규정되어 있는 것은 아마 젖혀놓고 1~2개의 자구를 가지고 문제 삼았고, 또 그 문제 삼는 방법도 그 문의(文意) 그대로 따지려고 하는 것이 아니라 어의(語義)를 변개(變改)하고 왜곡해서 결론을 내고 있는 것입니다. 우리가 무슨 말이든지 한 어구(語句)를 가지고 '네가 한 말이 네 속으로는 딴생각을 한 것이지 하는 식으로 억누른다면, 그 밥을 먹고 힘을 길러서 나를 때리려고 하는 것이지?' 하는 식으로 시비한다면 시비를 받는 사람보다도 시비하는 사람이 무지몽매한 사람일 것입니다. 또 그러한 말이라는 것은 도저히 성립될 수 없는 것입니다.

그리고 그 다음으로는 이 평화통일 문제에 대해서 한두 가지 말씀 올려야겠습니다. 검사는 논고문에서 '평화'라는 이 용어에 대해서 우리가 쓰는 평화라는 말과 이북 괴뢰들이 쓰는 말이 다르다고 하는 것을 지적했습니다. 우리는 평화로운 상태를 말하지만, 이북 괴뢰나 공산당은 수단의 평화, 다시 말을 할 것 같으면 평화를 수단방법으로서만 사용하는 것이다.… 다시 말하면 입으로만 평화라고 하지 실상은 전쟁을 하자는 마음을 가진 것이다. 이 논고문에는 그런 취지로 논고되어 있습니다. 사실입니다. 그대로입니다. 그러기 때문에 우리는 이북 괴뢰가 말하는 소위 평화라는 것은 가장(假裝) 평화임을 일반이 다 잘 알고 있습니다. 일반 국민이 알고 있을 뿐만 아니라 진보당의 주요 간부들이 어느 때나 기회 있을 때마다 그러하다는 것을 논평했습니다. 제일 문제 되는 것이 조봉암 피고인의 논문과 윤길중 피고의 논문 또 김기철 피고의 논문, 그 논문들 가운데서 그것을 얼마나 역설하고 있는지 모릅니다. 이북 괴뢰가 평화, 평화 하는 것은 가장(假裝) 평화정책인데도 불구하고 이놈들 뱃속을 잘 모르는 민중이 그것을 정말 평화를 주장하는 것으로 오해할까봐 근심해서, 오히려 이 논문에서 그러한 점을 역설해서 이북에서 말하는 평화가 가장 평화이고 우리가 말하는 평화가 진정한 것이다라는 것을 알릴 필요가 있다고 해서 이 논문들을 쓰게 된 것 같습니다. 이북 괴뢰들이 거짓말 평화를 부르짖고 있는데 속을까 근심하는 구절이 어느 사람 논문에나 한 두 곳에는 반드시 있는 것입니다.

이러한 분명한 문구가 쓰여있는 책자가 있는데도 불구하고 덮어놓고 진보당의 평화통일론이 용어가 같다고 해서 이북 괴뢰들이 부르짖고 있는 것과 같다는 것입니다. 또 검사는 통일을 저해하는 요소라 하는 데 있어서 누누이 이것을 공박했습니다.

그러면 통일을 저해하는 요소란 어떤 것이냐? 간단히 말해서 이북에 있어서는 실존하는 김일성 정권이라고 얼른 말할 수 있습니다. 그리고 이남에는 어떤 것이 있느냐?… 이것이 아마 검사가 주목하고 관심을 가진 문제라고 생각합니다. 이남에도 진보당을 빼놓고 본 변호인이 보기에도 이러한 요소가 있습니다. 그것은 무엇이냐? 대한민국이 독립됨으로 말미암아서 의외의 행복을 누리는 족속들입니다. 이 사람네들은 통일이 되었다가는 큰일 나요. 그러니까 그렇게 됩니다. 또 더구나 이런 점도 있습니다. 이북에서 온 사람들은 남북통일에 대해서 직접적인 이해관계를 가진 사람이 많기 때문에 누구나 다 큰 관심을 가지고 있습니다. 그러나 이남에 살면서 권세나 쓰고 하는 사람들은 이북에서 쫓겨나온 사람들처럼 이 통일이 자기 자신의 문제라고 생각하는 사람은 적은 것 같습니다. 그처럼 이 통일에 대해서는 하루라도 속히 되기를 원하는 사람이 있고, 또 이것을 그렇게 크게 관심을 갖지 않는 사람도 있고, 또 관심을 가지기는 하되 오히려 통일이 속히 되었다가는 내 몸이 어떻게 될까 해서 꺼려하는 사람도 있는 줄로 나는 생각합니다. 그런 사람들이 혹은 이 평화통일에 대해서 정치적으로 그릇 해석하려고도 하고 또 딴 이론을 내세우고 하는 것들을 보기도 합니다.

그런데 평화통일과 반대되는 이 북진통일론에 대해서 처음에는 본 변호인도 대단히 환영을 했고 또 그렇게 하여야만 되는 것이라는 생각을 가졌던 것입니다. 그밖에는 전혀 길이 꽉 막힌 것으로 생각해 왔습니다. 왜냐하면 아무래도 공산당이 말을 잘 듣지 않을 것이니까! 그래서 얼른 생각하면 통일의 길은 북진통일의 길밖에 없는 것으로 생각되었던 것입니다. 그러나 이 도적놈을 도저히 우리 힘으로는 내쫓을 길이 없다고 할 때엔 다시 생각해 볼 필요가 있는 것입니다. 어떻게 했으면 좋겠느냐?… 어쨌든 통일은 해야겠다는 것이 민족의 비원(悲願)이니 말이라도 해보고 토의해보고 하는 것도 하나의 방법일 것입니다. 또 그런 갑갑하고 꽉 막힌 것을 그저 방치해두는 사람보다는 이와 같이 새로운 길을 개척하려고 애쓰는 사람이 있다고 할 것 같으면 오히려 그 사람이야말로 애국자요 진정으로 이 나라 민족을 위하는 사람이라고 해야 할 것입니다. 덮어놓고 여기에서 조봉암 피고나 윤길중 피고의 그리고 김기철 피고 논문을 비난한다는 것은 옳지 못한 태도인 것입니다. 본 변호인도 전에는 이분들의 논문을 읽어본 적이 없습니다. 그랬다가 이번에 처음 읽어보았는데 과연 이분들은 애국자라는 것을 느꼈습니다. 이 어려운 가운데서도 이러한 것을 생각하고 우리 민족의 나아갈 길을 개척하기 위해서 주야불철(晝夜不撤) 노력하고 그것을 발견해냈던 것입니다. 그래서 나는 그 논문이 옳다든지 그르다든지 하는 것은 차치하고 우선 존경하지 않을 수 없었던 것입니다.

그런데 검사는 이 진보당의 통일론이 범죄가 된다고 하면서 우리나라의 통일론 중에서 가장 합법적인 것을 골라서 두 가지를 들었습니다. 검사는 이렇게 보는 것 같습니다. 첫째 북진통일론, 이것이 제일이고 그 다음 가는 것으로는 제네바회의에 제출했던 14개 조항만이 합법적인 것이라고 하는 것입니다.

그러면 우리가 이것을 진정한 대한민국적 입장에서 이 문제를 취급한다고 할 것 같으면 어떻게 되겠는가 할 것 같으면 길게 설명할 필요도 없이 대한민국은 UN의 결정에 의해서 UN의 감시하에 가능한 지역에서 선거를 하여 가지고 국회가 성립되어서 그 국회서 결의한 〈헌법〉에 의해서 대한민국 정부가 수립되고 대한민국이 건립된 것입니다. 대한민국이 건립될 때까지는 UN 감시에 의한 그런 절차를 밟아야 했던 것입니다. 검사도 누누이 말씀했습니다만 본 변호인이 설명할 것도 없이 누구나가 다아 아는 상식으로 되어 있는 대한민국의 영역이라고 하는 것은 어디까지냐? 38선 이남만이냐? 결코 그런 것이 아닙니다. 제헌국회에서 제정된 〈헌법〉에 의하면 분명히 한국 영토는 이북까지를 포함한 것입니다. 또 대한민국이 수립되서 정부가 조직되고 국회가 구성되고 또 모든 기관이 정비되고 또 대한민국이 (   )[228]는 것입니다. 그럼 아까 말한 전제 즉 대한민국적인 견해로 본다면 우리 정부에서 관리해야 할 이북 선거를 UN 관리하에 양보한 것입니다. 이것은 대한민국의 애국자로선 용납될 수 없는 일입니다.

그 다음에 "다음 제 문제는 전한국위원회(全韓國委員會)가 결정할 문제이다"라

---

[228] 원문에 '대한민국이   는 것입니다'라고 기재되어 있어 공란 표기를 삽입했다.

고 해서 특히 이 다음 것은 새로 성립되는 전한국위원회에서 결정할 문제라고 했습니다. (1) '통일 대한(大韓)의 대통령을 새로 선거하는 여부', (2) '대한민국의 현행 〈헌법〉의 수정'이 그것인데 이 두 가지 말을 가지고 볼지라도 이 말 가운데 어떤 말이 복재(伏在)하여 있느냐 할 것 같으면, 입때까지 실재해오던 대한민국의 대통령을 새로 선거하겠느냐? 하는 것을 전한위원회(全韓委員會)에서 결정한다고 하니 그것은 대한민국의 대통령을 그대로 두고 우선 전한위원회가 조직된다는 것을 의미하는 것임이 분명합니다. 또 대한민국의 현행 〈헌법〉을 수정하느냐? 안 하느냐? 하는 문제도 전한위원회에서 한다고 하니 이 또한 전(全) 한국 국회가 성립되는 순간까지는 현 대한민국 정부가 남아있다는 것을 전제로 하는 것입니다. 대한민국의 〈헌법〉이 살아있지 않고서는 그런 일이 있을 수 없습니다. 그러한 의론이 용인된다면 진보당에서 말하는 통일론은 더욱 문제 삼을 문제도 못되는 것입니다. 우리 대한민국의 〈헌법〉이 엄존하고 또 정부가 시퍼렇게 살아있는데 전한위원회란 것이 어떻게 된다는 말인가 이런 반역자가 어디에 있겠습니까? 동 제안은 다시 "대한민국의 〈헌법〉이 전한국위원회에서 수정되지 않는 한 그 효력을 발생한다"고 고집한다면 모두 불법인 것이 틀림없습니다. 이것은 "대한민국에 반역하는 말이다" 그렇게 말하지 않을 수가 없는 것입니다.

검사는 마땅히 변 장관을 잡아다가 문초해야 했을 것입니다. 그러나 우리는 어째서 변 외무부장관이 그런 말을 하게 됐느냐? 하는 것을 고찰해 볼 필요가 있는 것으로 압니다. 이것도 일언(一言)으로 폐지해서 이 문제가 사실상 국내적인 문제이면서 내국적인 문제로만은 해결될 수 없는 문제이기 때문에 그렇게 된 것이라고 생각하는 바입니다. 이론이야 어떻게 되었든지 이북에는 현재 이북을 통할하고 있는 집단이 실존하고 있으니 이것을 이 UN 총회에서의 결의에 의해서 주권독립 국가임이 승인되었습니다.[229] 그리하여 현재 행정권을 행사하고 있는데 다만 이북 괴뢰의 절도(竊盜)적인 폭력에 의해서 대한민국의 행정권이 이북에까지 미치지 못할 따름인 것입니다.

---

229) 원본 문서 그대로 기재한 것인데, 문맥이 애매하다. 북에는 이미 집단이 있지만, 한국만 UN 총회에서 승인되었다는 의미로 보이는데, '실존하고 있으니 이것을 이 UN 총회'는 이라는 문구를 '실존하고 있으나, 우리는 UN 총회' 정도로 해석하는 편이 좋을 듯하다.

대한민국은 분명히 민주주의 국가로 독립된 국가입니다. 이것은 검사가 누누이 설명했습니다. 그렇다면 대한민국의 행정권이나 사법이나 입법권 행사에 대해서 금후(今後)에는 대한민국 이외의 어떠한 기관이라 할지라도 간섭할 수 없는 것입니다. 만약 대한민국 정부가 외세를 빌려서 이 문제를 해결시키려고 할 것 같으면 그 사람들은 대한민국의 반역자요 대한민국의 〈헌법〉을 위배하는 사람일 것입니다. 그런 전제하에서 생각한다고 할 것 같으면 대한민국에서 아직 국회의원이 나오지 못한 38선 이북 지역에서의 국회의원 선출은 어떻게 해야 하느냐?… 독립국가인 대한민국의 입장에서 볼 때 즉 대한민국적 견해에서 볼 때에는 어떻게 해야 하겠는가 우리는 냉정하게 생각해 볼 필요가 있습니다. 어떻게 해야 하느냐? 나는 이렇게 생각해요. UN의 힘을 빌린다든지 미국의 힘을 빌린다든지 소련의 힘을 빌렸다가는 큰일이에요. 대한민국 정부 관리하에서만 선거하는 것이 유일한 입장이다 하는 것입니다. 여기엔 UN 감시하에서 하자는 사람까지도 역적이에요. 이렇게 꼭 그대로 숨이 꽉 맥히도록 설명하여야 제일가는 일급 애국자란 그런 말입니다. 그런데 우리 정부 대표인 변 외무부장관은 제네바회의에 가서 14개 조항을 제안했는데 그것을 보면 UN 감시하에 자유선거를 실시한다고 했습니다. 검사는 김기철 피고의 논문 가운데서의 '관리'라는 말을 대단히 힘들여서 얘기했습니다. 우리 변 외무부장관도 '관리'라고 하는 말을 썼습니다. UN 관리라고 했습니다. 이것은 큰일 나는 말입니다. 마땅히 우리 정부 관리하에서 해야 될 것을 UN 관리하에 맡기자는 것은 큰일 날 말이 아니고 무엇이겠습니다. 또 거기에다가 이 자유선거는 지금까지 선거가 불가능하던 북한에서 실시하고, 남한에서는 대한민국의 〈헌법〉 절차에 따라서 실시한다 그렇게 되었습니다. 이것을 검사는 무엇이라고 말했느냐 하면 그것은 어디까지나 북한만의 선거를 의미하는 것이라고 했습니다. 그러나 이것은 이대로 보아서 결코 그런 것이 아닙니다. 여하간 이북의 선거는 UN 관리하에 맡기자. 어떻게 해결해야 하느냐? 이불 속에 누어서 "네 이놈! 나는 너를 부인한다" 해야 별수 없으니까… 실제에 존재하니까… 그래서 우리 정부의 대표인 변 외무부장관도 제네바회의에 가서 이 문제를 취급하는 데 있어서 불가피해서 그렇게 취급한 것이라고 생각합니다. 국제적인 성격을 띤 문제에 있어서는 이것이 법률문제인 것이 아니라 사실문제이기 때문에 이렇게 취급되는 것이 도리어 원칙으로 되어 있는 것입니다. 그렇기 때문에 UN에서 불법적인 침략자라고 결의한 중공을 상대로 하여 미국은 우리네가 원치도 않는 휴전협정까지 체결하는 실례도 생기게 되는 것입니다. 이것은 도리 없는 일입니다. 사실에 입각해서 일을 해야지 사실이 그런 것을 공연히 이론을 위한 이론으로서 어떤 목적을 만족하여 보라는 노력은 도저히 용인할 수 없는 것입니다. 영국의 예를 들자면 영국은 중공을 국제적으로 승인한 나라입니다. 그러면서 한국전쟁에 자기 나라 군인을 출병시켜서 중공과 전쟁을 하고 있습니다. 우리나라의 훌륭하신 이론가들이 만약 이걸 본다면 대경실색할 것입니다. 그러나 영국 국민들은 그것을 다 이해하고 있습니다. 내가 못 들었는지 몰라도 나 아직 영국 사람들이나 영국 국회에서 그런 문제를 가지고 떠들었다는 말을 듣지 못하였습니다. 왜냐? 그것은 사실에 입각해서 모든 일을 하는 것이 그 나라의 국민들의 순례(循例)로 되어 있고, 또 그런 것을 충분히 이해할 만한 지력(智力)을 구비하고 있기 때문입니다. 또 최근에 일어난 불란서의 일만 보더라도 북아(北阿)²³⁰⁾의 알제리아에서 주둔군들이 본국 정부에 항거하고 공안위원회가 조직되어 가지고 드골²³¹⁾이 집권하기를 희망한다고 하니까, 그러한 국제적인 위기에 처해서 드골이라는 노(老) 장군은 자기 사는 촌(村)집에서 어슬렁어슬렁 나타나서 지금은 불란서가 전후미상유(前后未常有)의 위기에 봉착하였다. 그러니 내게 정권을 인도하면 내가 맡겠다 하는 것을 신문기자들을 만나서 성명하였습니다. 우리나라에 이런 사람이 있다고 하면 그는 정신병자로 취급될 것입니다. 본국에서 드골이 그러는가 하면 아프리카에 있는 반란군들은 드골 만세를 부르고 환영하였습니다. 우리나라 같으면 이 드골이란 영감을 당장에 잡아 가두어야 할 것입니다. 그런데 그 드골은 조금도 관계함이 없이 신문기자들을 만나 가지고 내가 집권하면 이렇게 이렇게 하겠다고 할 뿐 아니라 알제리아의 반란군의 행동을 극찬하였습니다. 그러나 국민들은 그런 것을 다 이해하고 있습니다. 또 거기에다가 불란서의 많은 정당 가운데 대표적인 4개 정당의 전(前)에 수상도 지내고 하던 영수(領袖)들이 민중과 함께 거리에 다니면서 시위하여 드골 반대를 외치고 있습니다. 또 그런가

---

²³⁰⁾ '북아프리카'를 말한다.

²³¹⁾ '샤를 드골(Charles de Gaulle, 1890~1970)'은 프랑스의 레지스탕스 운동가, 군사 지도자이자 정치인, 작가이다. 1958년 6개월 동안 총리로 전권을 행사했고, 1959년 1월 프랑스 제18대 대통령으로 취임했다.

하면 드골을 지지하는 사람들은 또 그들대로 거리를 돌아다니면서 드골 만세를 외치고 다녔습니다. 그것이 아무런 문제도 되지 않았습니다. 그 나라 사람들은 그것이 당연한 국민들의 주장인 것으로 생각합니다. 그러니 그 후에 대통령이 드골을 지지하여 달라고 요청하자, 그 4개 대정당의 영수들은 드골을 찾아다니면서 대표들을 파견해서 일치해서 드골을 지지하게 되었던 것입니다. 그것은 과연 불란서의 위기라고 느꼈기 때문인 것입니다. 그래서 결국은 드골이 정권을 맡게 되었고, 그뿐만 아니라 국회에서는 6개월 동안에라는 장기휴회를 결의해서 드골에게 아주 도급(都給)으로 불란서 통치권을 떠맡겼습니다. 이것이 불란서입니다. 이것이 민주주의입니다. 어쨌든 드골은 의회를 통해서 정권을 인도받았기 때문에 합법적인 것입니다. 아까도 말씀했습니다만 진보당에서는 의회주의를 채택하겠다는 것으로써 민주주의를 지향하겠다는 그러한 정당인 동시에 이 평화통일론에 있어서도 어찌할 수 없는 이 난국을 타개하는데 있어서는 이 방법밖에 없다는 것입니다.

즉 '평화적인 방법', '정치적인 방법'이라고 어디에나 꼭 이렇게 거듭 표명하고 있습니다. 평화적이라는 말과 정치적이라는 말을 꼭 같이 썼습니다. 많은 동포를 희생시키면서 통일하는 방법, 또 그나마 가능하다면 모르겠는데 지금의 세계정세로 보아서는 도저히 그것이 불가능한 상태에 있으니 할 수 없이 정치적인 방법에 의해서 해결하는 수밖에 없다… 그렇게 생각해서 이 방법을 택했던 것입니다. 이것은 우리 동포 전체가 원하는 소원이기도 한 것입니다. 도저히 6·25사변과 같은 그러한 비참한 상태를 다시 반복해서는 안 되겠다 해서 이 문제를 해결하는 방법이 없을까 하고 모색하는 태도! 이 얼마나 진지한 태도입니까. 이것이 어째서 국헌에 위배되는 것인지 우리는 의심하지 않을 수 없는 것입니다. 아까도 말씀한 바와 마찬가지로 대한민국적 견해로 보아 가지고 회고해서 볼 때에는 변 외무부장관이 제네바에서 제출했던 14개 조항은 물론 조봉암, 윤길중, 김기철 피고 등의 논문도 문제 안 될 바는 아닙니다만 구태여 그런 것을 문제 삼을 필요도 없거니와 문제 삼아서도 안 되는 것입니다. 그리고 어째서 변 외무부장관이 제안한 14개 조항은 합법적이라면 그것보다 더 문제될 것 없는 조봉암 피고나 윤길중, 김기철 피고 등의 논문도 당연히 용인되어야 할 것입니다.

그리고 검사는 자유당이나 민주당의 통일 방안에 대해서는 북진통일이나 변 외무부장관이 제안한 그런 정도의 논(論)이다… 그렇게 단정해 버렸습니다만, 세상이 다 알다시피 민주당에서는 이번 총선거 때에 분명히 단독 북진은 절대 불가능한 것이다. 그리고 이(李) 대통령의 통일 방안에는 일관성이 없다. UN 감시하의 남북총선거로 통일하자… 그러한 것을 신문에 커다랗게 광고했습니다. 이것을 정말 자세히 검토할 것 같으면 진보당의 주장은 그것에 비하여 극히 초보적인 것에 지나지 않습니다. 민주당에서 내놓은 당면정책이라는 책자에 의할 것 같으면 이렇게 취급되어 있습니다. 남북총선거에 의해서 전(全) 한국 국회가 성립되고 거기서 〈헌법〉을 제정한 연후에 그 국회에서 모든 문제를 논의한다… 그렇게 되어 있습니다. 이것은 분명히 대한민국이 있는 위에 새로운 국회 같은 것을 둔다는 이론인 것입니다.

그럼 어째서 그러한 말들이 용인되느냐? 하는 것을 생각하여보면 국제적인 관계라고 할까 외래적인 관계라고 할까 그러한 관계에서 어떤 협정이 성립된다고 해서 그것이 곧 국내에서 효력을 발생하는 것은 아니고, 일단 우리 국회에서 국내적인 절차를 밟은 연후에라야만 가능한 것이기 때문에 용인되는 것입니다. 다시 말씀할 것 같으면 어떠한 결정을 대외적으로 했다고 하더라도 결국은 내국적인 절차로서 그것을 우리 국회에 제안을 해서 우리 국회에서 이것을 옳다고 가결한 때에 한해서만 합법적인 것이 되기 때문에 언제든지 무슨 의견을 가진다든지 또 의논하는 것까지는 아무 상관이 없는 것입니다. 이것이 결정을 해서 서로 합의할 것 같으면 정부에서 그것을 국회에 제출해서 통과시켜보아서, 만약에 그것이 통과되지 않는다면 정부가 했던 일이라도 대한민국은 그것을 거부할 수 있는 것입니다.

그럼으로 국내적으로는 아무 문제가 안 되는 것입니다. 이것을 꼬집어서 대한민국에 국회가 있고, 정부가 있는데 먼저 다른 국회를 만들자고 하는 것은 위헌이 아니냐? 하고 힐책한다면 이것은 문책하기 위한 문책이라고 아니할 수 없는 일입니다. 보충 심문 때에도 김기철 피고는 이때까지 자기가 주장하고 역설해온 것은 물론 국내적인 절차를 취한다는 원칙을 전제로 한 것이었다고 진술했습니다. 그러므로 진보당의 모든 주장은 보다, 결국은 국내적인 절차에 의할 것을 즉 우리 국회의 결의에 의해서 합법적으로 추진한다는 전제하에서 말하고 있는 것입니다. 진보당은 절대적으로 의회주의를 전제로 하는 정당이기 때문에 이것을 전제로 하여 모든 주장을 하고 있는 것입니다. 국회에 의해서 결의되고 정부에 의해서 집행된다고 하는 그런 절차를 밟을 것을 기본으로 하는 이상 그것을 민주주의 사회에 있어서 어떻게 합법적이 아니라고 할 수 있겠습니까. 그런 의미에서 진보당이 주장하는 남북통일론은 근본적으로 문제가 되지 않는 것입니다. 만약 이것이 문제가 된다고 하면 변 외무부장관도 문제가 되어야 하고 민주당도 문제가 되어야[232] 것입니다. 변 외무부장관도 문제가 되지 않고 민주당이 문제 되지 않는 오늘날 진보당만이 문제 된다는 것은 좀 괴이한 일이라고 아니할 수 없는 일입니다.

그 다음에 검사가 누누이 설명하는 가운데도 당의 책임은 공동책임이다… 당수가 말한 것은 당의 책임이기 때문에 그러한 의논에 참여한 사람이나 안 한 사람이나 다 공동책임을 져야 한다는 식의 이론을 전개했습니다. 나는 그대로 좋다고 생각합니다. 동지로서 당을 조직하고 다 같이 활동한 이상 당수나 간부만 책임을 질 것이 아니라 당원도 같이 질 것이다. 나는 오히려 이것을 찬동합니다. 과연 그렇다면 여기서 나는 다시 한 번 생각해서 그러면 그런 일을 한 간부, 조봉암 피고 외 윤길중 피고가 사형 또는 무기로 되어 있는데 당원들은 왜 사형을 안 하느냐? 이것을 검사에게 반문하고 싶습니다. 검사가 관대해서 그랬을까요? 검사의 이론대로라면 전부 사형을 해야 할 것인데, 그렇지 않으니 나는 이것을 도리어 의심치 않을 수 없습니다.

다만 문제는 그러한 점으로 미루어 생각하여보면 검사 자신의 이론에 맞지 않은 이런 구형을 한 것은 결국 조봉암 피고나 윤길중 피고에게 중점을 두고 이 문제를 야기시켰기 때문이 아닌가 하는 생각을 하게 됩니다. 그렇다면 차라리 두 사람, 이 두 사람만이 유죄로 하고 나머지 딴 사람들은 문제시하지 않는 것이 좋지 않을까 생각합니다. 그러므로 이 점에 대해서도 재판소에서 특별히 신중히 고려해 주시기를 바라마지 않습니다. 더구나 이 기회에 한 말씀 더 올리고 싶은 것은 김기철 피고의 논문에 대한 것인데 검사는 진보당이 그러한 구체적인 방안을 발표하지 않으면 안 될 사정이 있었다고 지적하면서도 그렇다고 어떤 사정이 있었다는 확실한 말은 하지 않았는데 그 이유는 무엇일까요? 생각건대 그것은 조봉

---

[232] '되어야 할' 혹은 '되어야 하는'의 오기로 보인다.

암 피고가 이북에서 돈을 받았으니 그러한 구체적인 안이라도 선물로 결정하지 않으면 안 되어서 그러한 뜻이라는 것을 암암리에 표시한 것으로 생각됩니다. 적어도 검찰관이 그러한 단정을 내리려고 할 것 같으면 확실한 증거를 잡아서 그것을 근거로 하여 확신을 가지고 논단하여야 할 것인데, 이 점에 대한 담당 검사의 논고를 들을 것 같으면 검사의 추측에 불과한 것이 분명하니 실로 유감(遺憾)됨이 한두 가지가 아닙니다.

더구나 조규희 피고는 이 김기철 피고의 논문이 위원회 석상에 제출되었을 때 그것을 반대했다고 하는 것은 1건 기록과 또 본 공판정에서의 진술이 일치한 데도 불구하고 반대한 사람도 협의죄(協議罪)가 성립되니 기소했다고 합니다. 이것이야말로 벌하기 위한 공소인 것이 그 말 자체에 의하여 명백한 일입니다.

그리고 또 검사는 평화통일이 실시되면 어떤 결과가 초래될 것인가를 누누이 논술했습니다만, 이것 역시 검사의 독단에 불과한 것이므로 그에 대한 자세한 말씀을 생략하기로 하겠습니다. 그리고 이에서 다시 검사의 진보당 자체가 계급당이요, 공산당과 같은 당이라는 단정과 또 평화통일론이 불법이라고 하는 그러한 견해는 도저히 성립될 수 없는 것이라고 함을 강조하여 두는 바입니다.

그리고 진보당의 성격을 규정함에 있어서는 정강정책, 선언문에 표시되어 있고 또 조봉암 피고나 윤길중, 혹은 김기철 피고가 쓴 논문에 표현되어있는 그대로다 하는 것을 말씀 올리고 이 말씀은 이 정도로 그치겠습니다.

그런데 지엽말단의 한두 가지 어구를 잡아가지고 전체를 논죄하여 보려는 것은 심히 부정(不正)한 태도인 것입니다. 말이 이런 정도에 도달하니 얼른 생각나는 일이 있습니다. 이것은 세상이 다 아는 얘기지마는 병자호란(丙子胡亂) 때에 청(淸) 태종(太宗)이 10만 대군을 거느리고 침입해오니, 우리 조정에서도 처음에는 비전즉화(非戰則和)니 주화자(主和者)는 참(斬)한다고 하여 일반의 주화론(主和論)을 억눌려놓고 대전(對戰)할 태세를 갖추더니, 정작 청병(淸兵)이 서울을 포위하게 되니 당시의 인조(仁祖)는 서울을 포기하고 왕자는 강화(江華)로 보내고 자신은 조신(朝臣)을 거느리고 남한산성으로 피난 갔는데, 그러한 난시(亂時)에도 조정에서는 주화론과 주전론(主戰論)이 분열되어 옥신각신하다가 결국은 사세 부득이 하여 항복을 하게 되었는데, 그 항서(降書)에 '신(臣)'이라고 쓰기가 싫어서 '신(臣)'자의 아래 위의 두 점을 빼고 '거(巨)'자를 썼습니다.

그랬으나 청 태종은 천행(天幸)으로 그것을 발견하지 못해서 용납이 되었는데, 그 후 이 '거(巨)'자를 쓰자는 묘안을 생각해낸 친구는 자기의 공로로 신(臣)치 않고 지낼 수 있다고 자랑같이 뽐내었다는 사록(史錄)이 있습니다. 이것은 얼마나 야비하고 천박한 태도입니까? 그 판국에 '거(巨)'라고 썼으면 어떻고 '신(臣)'이라고 썼으면 어떠냐 말이에요?

얘기꺼리 그래 '거(巨)'자를 써서 예신(隷臣)의 굴욕을 면하였다고 좋아 날뛴 대신들이 여러 사람 있었다는 것은 지금 가만히 생각하여보면 실로 기막힌 얘기입니다. 그러다가 필경(畢竟)에는 하는 수 없어서 좌상(左相) 홍서주(洪瑞周)[233]를 적진에 보내어 항복하고 인조는 청 태종의 송덕비(頌德碑)를 세웠습니다. 이것이 우리 선조들의 과거사이기도 합니다. 지금 우리들이 그때에 그 정상(情狀)을 회고하여 보면 우리들이 이러한 우리 선인(先人)들의 하여 나온 사실을 읽고서 통곡치 않을 수 없다면 우리는 다시 비루한 짓을 반복하여서는 안 될 것입니다.

지금 형편으로는 북진통일을 할 수 없는 것이 사실인데 이북 놈들이 평화통일을 말하고 있는데 어찌 우리들이 평화통일을 말할 수 있겠느냐? 하는 식의 애국자들이 지금 대한민국에 얼마나 많습니까? 그런 식의 애국자들이 우리나라를 그르치고 있는 것입니다. 과거 우리 선인(先人)들이 한 일에 대하여 우리 스스로가 부끄럽게 여기고 창피하게 생각한다면 심정 그대로 우리가 하는 일에 대해서도 또한 부끄러워하지 않으면 안 되리라고 생각합니다.

여기서 한 말씀 더 말씀드리고자 하는 것은 저 조 피고와 나는 젊었을 때부터 잘 아는 사이였습니다. 과거에 조 피고는 공산당에 관계를 했고, 나는 우익단체에 관계했기 때문에 일은 같이해 본 일은 없으나 나는 늘 그의 인격을 존경해왔습니다. 그러나 나는 조봉암이라는 인물에 대하여서 깊이 알 수는 없었던 것입니다. 저 조 피고가 공산주의자였다는 것은 누구나 다 잘 아는 사실입니다. 그러나 저 조 피고가 공산당 운동하고 있을 때에는 일제시대였습니다. 그는 일제에 대항하기 위한 방법으로서 공산당을 택했던 것입니다. 일제 때의 공산당은 확실히 민족주의자와 합작해 가지고 일제에 항거했습니다. 그럼 조봉암 피고가 해방 후에 얼마 동안이나 공산당 운동을 하였는가. 해방 후 그는 곧 박헌영과 갈려서 자유

---

233) '홍서봉(洪瑞鳳)'의 오기이다.

진영으로 돌아왔습니다. 그가 만약 지금도 공산당원이였다면 대한민국이 독립되기 직전의 그 역사적인 5·10선거에 참획(參劃)하지도 않았을 것입니다. 뿐만 아니라 조 피고는 전(全) 민족의 국부(國父)라고 존경하는 이(李) 박사 밑에서 초대 농림부장관을 지냈고 또 우리 국회에서 부의장도 지냈습니다.

검사는 그의 논고 가운데서 조 피고가 공산주의라는 것은 단정하고, 박헌영에게 보낸 공개장을 본다고 하더라도 공개장 자체 속에 자기가 공산주의자가 아니다 하는 말을 명기하지 않았고, 또 공산당에 대해서 특별히 공격한 일도 없었다… 또 그 후에 누구보다도 반공운동에 선봉을 서지 않으면 안 될 조봉암 피고에게 반공투쟁의 현저(顯著)한 역사가 없다… 그런 점으로 보아서 조 피고는 아직도 공산주의자다… 그러기 때문에 이번에 이북 괴뢰하고 합세한 것이다… 이런 식의 논법을 전개했습니다.

그러나 지금 말씀드린 바와 같이 조 피고가 과연 반공운동의 선두에 서지 않았느냐? 그럼 어떤 일을 해야만 반공운동의 선두에 섰다고 인정할 것인가 나는 이것을 반문하고 싶습니다. 철없는 분들이라고 할까 지혜가 옅은 분들이라고 할까, 그런 유(類)의 폭력을 사용하는 사람만이 반공운동을 하는 것이라 하면 그것은 잘못된 생각입니다. 영도적인 입장에서 대한민국 정부에 참여했고 정부 시책에 협력하고 국회 의사에 참여해서 모든 법률을 제정하고 다른 분들의 반공투쟁을 협력했습니다. 이 이상 반공투쟁을 한 사람이 과거 공산주의자였던 사람 중에 또 누가 있습니까?

나는 조 피고가 장관을 하고 부의장을 할 때엔 한 번도 만나 본 일이 없습니다. 그러다가 이번에 만나보았습니다. 어제 형무소에 갔다가 면회를 했는데 나는 조 피고가 어떤 사람인가 하는 것을 설명하기 위해서 그 면회 중에 있는 이야기를 하나 하겠습니다. 지금 조 피고는 사형의 구형을 받고 있는 몸입니다. 목이 언제 달아나느냐? 하는 상태에 놓여있는 몸입니다. 소위 변호인이라고 해서 면회를 갔습니다. 보통 그러면은 급급히 내 일이 어떻게나 되느냐? 하는 것을 묻는 것이 상례입니다. 그런데 조 피고는 이 변호인을 만나더니 개구(開口)하자 처음 하는 말이 "들으니 날이 가물어서 농사짓는 농민들이 큰일 났다던데 어떤 형편이냐?" 하는 것입니다.

자기 목이 왔다 갔다 하는 판에 농민이 지금 모를 내고 못 내고가 무슨 상관인가 얼른 생각하기에는 한심했었습니다. 지금 자기 일에 어떻게 될는지 모르는 이 마당에 농민이 농사를 못 지어서 흉년이 들면 어떻게 하느냐? 해서 농민 전체의 일을 근심하고 있는 조봉암입니다. 나는 요즘 내가 애국자로다 하는 사람들을 많이 만납니다마는 이 사람이야말로 진정한 애국자이구나! 그렇게 생각되었습니다.

이것이 조봉암 피고입니다. 그러므로 다른 설명은 필요 없습니다. 자기의 형편이 어떻게 된다든지 하는 것은 생각치도 않고 이 민족의 장래를 어떻게 하면 보다 잘 살 수 있게 하겠느냐?… 지금 현재 앞뒤가 꽉 막힌 대한민국을 어떻게 하면 발전적으로 더 훌륭한 나라로 통일된 대한민국을 만들 수 있겠느냐? 하는 것뿐입니다. 그러한 조 피고이기 때문에 본 법정에서의 조 피고의 태도를 볼지라도 참 그야말로 태연자약(泰然自若)이라고 할까. 명경지수(明鏡止水)라 할까. 도무지 생각이 없는 사람. 나쁘게 말하면 철없는 사람처럼 태연한 것입니다. 나는 재판관 여러분들도 그런 인상을 가졌으리라고 확신합니다. 조금도 자기 자신을 생각 않습니다. 조 피고는 검사가 '대한민국의 발전적 해소인가'라는 질문을 했을 때도 발전적 해소라고 하면 혹시나 해서 뜨끔했을 터인데 태연히 그렇다고 대답하는 것이었습니다. 현재의 대한민국도 이남만의 대한민국이 아니라 전체적인 대한민국이라는 확호(確乎)한 신념이 있기 때문인 것입니다.

그러한 점으로 본다고 하더라도 조 피고의 이 법정 진술이라고 하는 것은 조금도 의심할 여지가 없는 말 그대로를 신빙해도 조금도 틀림이 없다고 생각하는 것입니다. 그렇기 때문에 나는 이러한 것을 전제로 해서 한두 말씀 올리려고 합니다. 이전에도 말씀했지만 이 점에 대하여도 김 변호사가 이미 자세히 설명했기 때문에 다른 것은 말씀드리지 아니하고 그 증언의 신빙성 문제에 대해서만 말씀 드리겠습니다.

문제는 지금 양이섭 피고와 조봉암 피고의 증언이 서로 상반되는데 있는 것입니다. 돈을 얼마간 받았다는 사실만은 일치하지만 그 외는 전부가 상반됩니다. 상반되는 중에도 특히 문제되는 것은 양이섭 피고가 이북의 지령에 의하여 공작금을 주었다는 점입니다. 이 점에 대해서 완전히 상반된 증언을 하고 있습니다.

그럼 이 두 사람의 말 중에서 재판소가 과연 누구의 말을 신빙해야 옳으냐? 하는 것이 문제의 초점인 것입니다. 조 피고의 말을 신빙해야 할 것이냐? 양 피고의 말을 신빙해야 할 것이냐? 검사는 이 문제에 관해서 양 피고인은 아주 훌륭한 사람이라고 말했습니다. 절대로 거짓말을 하지 않는 사람으로 되어 있습니다. 그러나 양 피고는 본 법정에서 보충 심문을 할 때에 분명히 전에 거짓말을 했다는 것을 자백한 일도 있습니다. 기소 사실 중에서 양 피고는 인천 HID의 첩자로 이북 처음 갔을 때 조봉암을 만나본 일이 없다고 말하였다는 공소장 기재는 사실과 틀리지마는 특무대에서 그렇게 말하였노라고 분명히 대답하였습니다. 추일사이가지(推一事而可知)[234]인 것입니다. 그리고 그가 다시 4289(1956)년 4월에 이북에 갔을 때는 진보당이 조직되기 전인데 [진보당이 조직되기는 4289(1956)년 11월 10일] 그때 이미 조직된 것 같이 말한 것으로 공소장에 쓰여 있으니 이 또한 허위가 아니냐? 라는 보충 심문에 대하여 양은 후에 생각해서 대답한다고 했는데 아직 답도 하지 않고 저렇게 떠억 앉아있습니다. 검사는 논고 가운데서 양 피고인은 원래부터 양심적인 사람으로서 양심의 가책을 받게 되어 모든 것을 자백하게 되었다고 하면서 조봉암 피고로 말하면 양 피고가 존경하는 사람인데도 불구하고 사세부득이(事勢不得已)하여 자백한 것이라고 그 신빙성을 역설했습니다. 그러나 자기가 존경하는 사람이면 설혹 죄과(罪過)가 있는 경우일지라도 그 죄과를 비호하여 주는 것이 인정이요 도리일 텐데 어째서 저렇게 앉거나 자빠지는가 그것이 의문이라기보다도 도리어 그러한 불가해(不可解)의 양의 태도에 아니 그 표면에 어떤 음모가 복재(伏在)하지 않는가 의문 나는 바입니다. 상식에 벗어난 행동을 하는 자의 이면에는 반드시 어떤 까닭이 붙어 들어 다니는 것이 상례입니다.

그리고 들으니 양 피고는 분명히 토건업을 했습니다. 미군 공사를 많이 했다고 합니다. 여기서 양 피고가 분명히 토건업을 했다는 사실을 입증해서 더욱 분명히 해도 좋았습니다만, 돈을 대어준 친구가 그러한 문제가 너무 나타나면 자기의 입장이 곤란하다고 해서 중지하고 말았습니다만 양 피고는 분명히 남한에 있어서 미군 공사를 맡아 했습니다. 미불(美弗)도 많이 취급했던 사람입니다. 이남에서 많은 돈도 벌었다는 것도 들었습니다. 돈을 벌면 쓰기도 잘 쓴다는 사람입니다. 장성팔 증인도 와서 돈을 잘 쓰는 분이라고 했습니다. 또 기록에 의할 것 같으면 양 피고는 이전에 우리 사회를 위해서 학교도 많이 세웠습니다. 양 피고도 참 훌륭한 사람이에요. 이 훌륭한 사람이 어떻게 돼서 이번 이 문제만은 이렇게 됐는

---

234) "한 가지 일로 미루어서 다른 일을 모두 알 수 있다"는 뜻이다.

지 도무지 이해할 수 없는 수수께끼입니다.

　원래 피고인 심리라는 것은 증거가 분명한 것까지도 부인하려고 애쓰는 것이 상정인데 어떻게 된 셈인지 세계에 일찍 유례가 없는 유일한 열외의 인물로서 여기 양 피고가 있습니다. 당금(當今) 목이 달아날 일도 자진해서 자기가 했다고 합니다. 오히려 자기가 저지른 일이라고 자랑스럽게 얘기하고 있습니다. 참 괴상한 일입니다. 그리고 여기에 한마디 더 하고 싶은 것은 그 증거의 취기(取寄)를 신청했는데도 그 증거가 오지 않는 점에 대해서는 심히 유감입니다만 양 피고가 특무대에서 자살을 기도했다는 사실, 왜 자살을 기도했을까? 자기 발로 벌벌 걸어 들어간 사람이 왜 자살을 기도했을까? 하는 것입니다. 또 자기도 분명히 말했거니와 장성팔 증인도 말했습니다. 특무대로 들어갈 때는 자기는 조금도 양심에 거리낄 일이 없다. 김동혁 관계 이외에는 아무것도 없다고 하면서 근심하든 기색도 없이 명랑한 기분으로 들어갔다는 것입니다. 만약 양 피고가 지금 공소장에 쓰여 있는 것과 같은 어마어마한 반역의 죄를 진 사람이었다면 도저히 그렇게 태연하고 명랑한 기분으로 들어갈 수는 없었을 것입니다. 또 그뿐만 아니라 양 피고 자신이 본 법정에서 분명히 말했습니다만 양 피고는 이 진보당사건이 야기되어서 신문에 대서특필 되었을 때 그것을 알고 있었다는 것과 동시에 그때 자기는 어떤 선(線)을 타고든지 이북으로 도피하려면 도피할 수 있는 상태에 있었다는 것입니다. 그러면 도피할 수도 있었던 사람이 무엇 때문에 특무대에 자기가 사형될 죄를 자백하기 위하여 갔을까! 이것이 의문이 아닐 수 없습니다. 그리고는 자살을 기도했다… 이것 참 수수께끼가 아닐 수 없습니다. 그가 자살을 하려고 했을 때 유서를 남겨 놓았다는데 그것이 현품(現品)이 나오지 않아서 유감입니다만, 어쨌든 그 유서의 내용인 즉 "내가 이 세상에 없다고 하더라도 조봉암사건은 이만큼 되면 잘 될 수 있으니, 나는 사람이 한번 왔다가는 길을 가려고 합니다. 내가 죽은 뒤에 유가족이나 잘 돌보아 주세요…" 이런 것이라고 합니다. 조봉암사건은 잘 될 수 있다. 이 소리는 무슨 뜻인지 알 수 없는 일입니다. 또 국가에 반역해서 죽는 사람이 자기를 취조하는 관리에게 대해서 자기 유가족이나 잘 돌보아 주십시오. 부탁했다니 이것은 도저히 상식으로 이해되지 않습니다. 이 이해할 수 없는 점이 도리어 이 수수께끼를 푸는 요점이 되지 않을까? 생각합니다.

　그리고 공소장에 기재된 사실과 양 피고인의 본 법정에서의 진술이 상이한데 대해서 길게 말하지 않겠습니다만 양 피고인은 조서에 의해서 물으면 그저 "예! 예!" 하고 대답하는데 만약 조서를 떼어놓고 특무대에서 말한 것과 검찰에서 말한 것을 말하라 시킨다면 절대로 못 할 것입니다. "지금 당장이라도 물어보세요… 절대로 못 합니다. 그저 조서나 읽으면 덮어놓고 예! 예!" 하고 대답할 뿐입니다.

그리고 그 법정 태도란 실로 목불인견(目不忍見)입니다. 그래서 나만이 그렇게 보았는가 의심했더니 양 피고를 보는 사람은 다 그렇게 보았던 모양입니다. 여기 9회 공판 때의 『동아일보』가 있는데 동 기자는 '양 피고는 무표정하게 시인'했다. 이렇게 보도했습니다. 아마 신문기자 여러분도 나와 같이 보았던 모양이에요. 그럼 어째서 그렇게 무표정하게 시인하느냐? 그것은 극심한 마음의 고통이 있기 때문이 아닌가 생각됩니다. 이것이 역시 추단이라면 추단이겠지만 나로서는 확실히 그렇게 보여집니다. 그것과는 반대로 조 피고는 조금도 숨김없이 있는 그대로 모든 것을 부인할 것과 시인할 것을 하나하나 구별해서 진술하고 있습니다.

이것은 인격에 관한 문제라 말하기는 대단히 곤란합니다만 양 피고로 말할 것 같으면 이중첩자로서 이북을 왔다 갔다 하는 분이고, 조 피고로 말하면 과거에는 혁명투사 또 해방 이후에는 우리나라의 고관을 지냈던 사람이요. 또 지금은 적으나 크나 하나의 혁신정당을 영도하고 있는 분입니다. 인격적으로 보나 지위로 보나 여러 동지들 앞에서 거짓말을 해서 무엇을 모면해 보겠다는 생각을 할 사람이라고는 도저히 볼 수 없습니다. 그런 점으로 보더라도 누구의 말을 믿어야 할 것인가 하는 것은 스스로 명백한 줄로 압니다.

양 피고가 돈을 이북에서 가져왔다는 사실, 그리고 돈을 가지고 오는데 그것을 어떻게 가져왔을까?… 다른 것은 물건을 팔아주었다고 하더라도 27,000불이라고 미화는 배(腹)에다 숨겨서 가져왔다고 하는데, 전날 엄숙진 증인은 본 법정 증언대에서 분명히 말하기를 도저히 그런 것을 가져올 수 없다는 것이었습니다. 모든 것은 반드시 기관을 거쳐야 하고 일일이 감시를 받기 때문에 그런 것을 가져올 수 없다는 것이었습니다. 엄숙진은 양 피고와 똑같이 행동하여 기거를 같이 하던 사람입니다. 그런데 그 사람이 모르게 그렇게 부피가 큰 거액의 돈이 왔으리라고는 상상도 되지 않습니다. 뿐만 아니라 동 증인의 말에 의할 것 같으면 이남에서 가지고 가는 물건에 대해서도 꼭꼭 HID에서 검사해 보아서 이것은 가지고 가도 좋다는 범위 내의 물건이 아닐 것 같으면 도저히 가져갈 수 없다고 하는 것을 재판관 앞에서 분명히 말했습니다.

그렇다면 조 피고가 양 피고에게 주었다고 하는 물건은 이미 국내 각 신문에 발표되었고 활자로 인쇄된 당 간부들의 명단과 소책자, 그리고 그 외에 공공연히 파는 『중앙정치』라는 잡지 등인데, 될 수 있으면 안보겠다는 사람에게도 보라고 선전할 판인데 더구나 경제적으로 항상 후원하여 주는 사람에게 그것을 준 것이 무슨 문제가 되겠습니까? 조 피고가 그것을 주었다고 하는 양 피고는 이것을 가지고 갔다고 하니 그 사이에 무슨 관련이나 있는 듯하나 조 피고가 그것을 이북에 갖고 가라고 준 것이 아닌 이상 그것이 어째서 문제가 된단 말입니까? 설령 양 피고가 그것을 사실상 가지고 갔다고 하더라도 그가 가지고 갈 때에 HID가 그것을 몰랐을 리가 만무하며, 알면서 그것을 보내었다고 하면 그것은 하등의 정보가치가 없기 때문에 보낸 것이라고 생각됩니다. 이북에서 첩자를 엄중히 단속하는 것과 마찬가지로 우리 대한민국에서도 첩자에 대해서는 엄중한 감시를 한다는 것을 우리는 잘 알고 있습니다.

만약 양 피고가 자기 본대(本隊)에도 모르게 그러한 것을 가지고 간 것이라면 HID는 중대한 과오를 범한 것이니 이에 대한 엄중한 처단이 있어야 할 것입니다.

그러나 지금까지 아무런 문제가 일어난 것이 없습니다. 그 점으로 보더라도 양 피고는 그러한 역행동[235]을 한 것이 아니고 도리어 국가를 위해서 일한 공로가 있다는 것을 충분히 입증하고도 남음이 있는 것입니다. 그런데 양 피고가 공작금 27,000불을 가지고 왔다는 것은 도저히 상상할 수도 없는 일인데, 그러면 조 피고가 아주 미불(美弗)을 양으로부터 한 번도 받은 일이 전혀 없다면 문제는 간단할 터인데 620불만은 받은 일이 있다는 것이 문제입니다. 그러면 이 620불은 어디서 났느냐? 정말 이북에서 가져온 것이냐? 그렇지 않으면 이남에서 취득한 것이냐? 참 알고도 모를 일입니다. 그러나 그것은 아까 말씀한 바와 마찬가지로 증거로서 충분히 돼 있지 않습니다만 분명히 양 피고는 미군 부대의 토건사업을 해서 불(弗)을 많이 가진 적도 있습니다. 만약 이 문제로 해서 오해가 되는 일이 있다고 하면 후일 다른 기회에 밝힐 기회가 있으리라고 확신합니다.

---

[235] '반역행동'의 오기로 보인다.

그리고 양 피고가 조 피고에게 이북이 후원하겠으니 그 말을 전달해 달라고 하드라는 말을 전언(傳言)한즉 조봉암은 긴장한 얼굴로 약 30분간 침묵을 지키다가 양이 돈을 벌었다면 개인적으로 원조해달라고 했다고 하고, 또 4289(1956)년 4월에 남산 집에서 만나서 박일영의 말을 전달하자 조는 웃으면서 양이 돈을 벌었다면 원조해 달라는데 왜 다른 소리를 하는가 했다는 것입니다. 이런 정도의 말이 왔다 갔다 했다는 것이 양 피고의 공소장에 기재되어 있습니다. 그런 말 정도를 가지고 과연 승낙이라고 할 수 있을까? 하는 문제입니다. 그뿐 아니라 이 정도의 말이나 왔다 갔다 했다고 해서 이북에서 500만 환이라는 그런 대금을 몇 번씩 주고 또다시 27,000불이라는 대금을 무조건 양 피고에게 주어 조 피고에게 보낼 것이냐? 하는 것이 문제인 것입니다.

아무리 돈이 흔한 이북이라 할지라도 이것은 상식에 어그러지는 일입니다. 그리고 또 양이섭이가 얼마나 위대한 첩자인지는 몰라도 박일영이와 직접 거래할 수 있었겠느냐 하는 이것부터도 의문입니다. 또 이북에서 박일영이가 얼마나 위대한지는 몰라도 27,000불씩 그렇게 무조건 내준다는 그러한 권한이 있겠느냐? 생각할 때 도저히 우리의 상식으로는 닿지 않는 얘기입니다.

이런 점, 저런 점으로 미루어 보아 양 피고의 증언이란 도저히 믿을 수가 없는 것입니다. 본 변호인만이 그렇게 생각하는 것이 아니라 현명하신 재판관 여러분께서도 그렇게 생각해 주시리라고 확신합니다. 좀 더 자세히 말씀을 드리고 싶습니다만 이 정도로 본 변호인의 변론은 끝마치겠습니다.

끝으로 재판소에 말씀드리고 싶은 것이 몇 가지 있습니다.

진보당의 정강정책에 있어서 문제 되는 모든 점에 관하여는 증인으로 출두하였던 신도성 씨와 고정훈 씨의 증언에 의해서 검사의 의도와는 오히려 정반대라고 하는 것이 입증된 줄로 생각되며 또 조봉암, 윤길중, 김기철 등의 논문이라고 하는 것도 재판관 여러분께서 직접 그 전문(全文)을 통독하여 주시면 곧 판단될 줄로 생각됩니다.

그리고 지금 말씀한 양이섭 관계는 도저히 그의 증언이 신빙할 수 없는 것이다 하는 것을 다시 강조하면서 이 말씀은 이 정도로 그치기로 하고 최후로 검사가 얼마나 이 조봉암 피고가 초조(焦操)하였는가를 논증하기 위하여 형무관(刑務官)

두 사람의 관계를 들어서 입증하려고 한 데 대하여 간단히 말씀 올리겠습니다.

본 변호인은 자기 자신의 경험으로 잘 압니다만 대개 형무소에서 문초 받으러 나갔다 돌아오면 간수들이 물어봅니다. 오늘은 어떤 문초를 받았는가 하는 것을! 아아 조 피고도 그렇게 물어보니까 내게 이러이러한 것을 물어보더라고 응대(應對)하게 된 모양입니다. 그렇게 되면 간수들은 동정을 하게 됩니다. 그렇게 돼서 동정을 한 것까지는 좋으나 어째서 끝까지 동정을 하지 않고 조 피고가 쓴 쪽지를 주머니에 넣어 두었다가 경찰에 갖다 주었느냐? 하는 것입니다. 이 사실로 미루어 본다면 이것은 오히려 간수 자신이 자진해서 조 피고의 속을 뽑아서 조 피고의 입장을 곤란하게 만들자는 의식적인 행동이 아니었던가 그렇게 추측이 됩니다. 뿐만 아니라 조 피고인은 그 쪽지에 조금도 거기에 거짓말을 하라고 하는 부탁이나 청(請)을 한 일이 없습니다. 사실대로 말하라고 했을 뿐입니다. 그러므로 그 쪽지만 본다고 하더라도 조 피고가 거짓말을 해달라고 부탁을 한 것이 아니니 그것은 도리어 조 피고의 말이 사실 그대로라는 증거가 될 것입니다. 그것이 차라리 유익한 증거는 될지언정 결코 불리한 증거는 되지 않을 줄 생각합니다. 또한 간수가 말을 전해 주면 돈을 주기로 약속을 했다는 점입니다. 이것은 형무소에 들어간 경험이 없는 사람은 잘 모릅니다. 방안에서는 밖에서 하는 말이 잘 안 들립니다. 밥이나 드나드는 조그만 구멍이 있을 뿐입니다. 고함을 치기 전에는 안 들리는 것입니다.

이 십(拾) 메터[236]가 나중에는 오(五) 메터로 줄어들었습니다만 높은 소리가 아니고서는 방에서 들을 수가 없는 것입니다. 간수의 말대로 그렇게 해서 돈을 주겠다는 약속을 했다는 것은 도저히 있을 수가 없는 얘기입니다. 이것은 이렇게 해서 조 피고를 곤란한 입장에 빠트리려고 음모하는 무엇이 있지 않는가 그렇게 추측이 되는 것입니다. 그러니 그런 면 저런 면 여러 면으로 검사는 이를 논란(論難)해서 조 피고의 입장을 난처하게 만들려고 애를 쓰셨습니다만 결국 도로(徒勞)인 것입니다.

이번 이 사건은 어떻게 된 셈인지 양이섭 피고인 관계 이외에는 전부가 이론 문제입니다. 그러니 이 이론에 대해서 검찰관식 견해가 옳으냐 그렇지 않으면 지

---

[236] '미터(meter)'를 말한다.

금까지 말한 변호인의 이론이 옳으냐? 문제는 여기에 있으니 이 점에 대해서 다시 말씀하거니와 현명하신 재판관께서는 정당한 판단을 해서, 이런 일이 다시는 전례가 되지 않도록 남북통일을 의논하는 것이 범죄가 된다든지 하는 것을 공정히 판단해 주셔야 되겠습니다. 이현령비현령(耳懸領鼻懸領)식으로 이렇게 해석하면 이렇게 되고 저렇게 해석하면 저렇게 돼서 국민으로 하여금 도저히 일보의 전진도 하지 못하게 하는 일이 이 대한민국엔 다시 없도록 해야 되겠습니다. 이 나라를 어떻게 하면 좋은 방향으로 지향케 할 수 있느냐? 하는 것을 토의할 수 있는 자유로운 사회를 만드는데 이번이 중대한 계기가 될 줄로 생각합니다.

현재 대한민국에서 아직도 살아있는 관청(官廳)은 사법부뿐입니다.

아무쪼록 국민이 신뢰할 수 있는 재판소가 되어 주시길 바라고 우리 자손들이 안심하고 살 수 있는 법질서가 되도록 하여 주시기를 간절히 바라면서 이상으로써 본 변호인의 변론을 끝마치겠습니다.

이상(以上)

[출전 : 17권 179~239쪽]

공판조서(제18회) 1958년 6월 18일

피고인 조봉암 외 22명에 대한 간첩 및 〈국가보안법〉 위반 등 각 피고사건에 관하여 4291년(1958년) 6월 18일 오후 2시 서울지방법원의 공개한 법정에서

재판장 판사 유병진, 판사 이병용, 판사 배기호, 서기 홍사필 열석(列席)

검사 원종백 출석

피고인 등은 신체의 구속을 받음이 없이 출석하다.

변호인 변호사 김춘봉, 동 신태악, 동 김봉환, 동 전봉덕, 동 손완민, 동 한격만, 동 최순문, 동 유춘산, 동 임석무, 동 조헌식, 동 이상규, 동 김병희, 동 권재찬, 동 한근조, 동 윤용진, 동 박영휘, 동 김찬영 각 출석

재판장은 변론을 속행할 것을 고하고 피고인 등에 대하여 전회(前回) 공판심리에 관한 주요 사항의 요지를 공판조서에 의하여 고지하니

피고인 등은 순차로 종전 그대로 틀림없다고 진술하다.

변호인 변호사 이상규는 피고인 조봉암, 동 윤길중을 위하여 각 대단히 유리한 변론을 하다. 동 윤용진은 동 양이섭을 위하여 대단히 유리한 변론을 하다. 동 한근조는 동 이동화를 위하여 대단히 유리한 변론을 하다. 동 김봉환은 동 박기출, 동 김달호를 위하여 별지 변론 요지문 기재와 여(如)히 대단히 유리한 변론을 하다.

재판장은 금일 공판은 차(此) 정도로 마치고 속행할 것을 고하고 차회 기일을 내(來) 6월 19일 오전 10시로 지정, 고지하고 각 소송관계인의 출석을 명한 후 폐정하다.

4291년(1958년) 6월 18일
서울지방법원 형사 제3부
재판장 판사 유병진
서기 홍사필

[출전 : 17권 240~242쪽]

진보당사건 변론

변호사 김봉환

변론의 순서[237]

서(序)

일(一) 발단부터 현재까지의 경위(당국 발표와 양이섭사건)

이(二) 혁신세력 규합운동의 개황

  1) 혁신정치(강령 전문, 경제정책 전문)는 위법인가

  2) 진보당 창당과정

삼(三) 박(朴), 김(金), 양(兩) 피고의 당 조직 관여 정도

사(四) 평화통일문제(강령 정책)

오(五) 『중앙정치』 조 씨 논문

육(六) 김기철 씨 통일방안[공소사실 삼(三)]

칠(七) 박기출 공소사실[이(二)]

팔(八) 김달호 공소사실[이(二)]

구(九) 정상(情狀)

서(序)

김달호 피고인은 본 변호인과 동향(同鄕) 법조계 선배로서 또 3년간 한 사무소에서 조석(朝夕)으로 접촉하여 그분이 조탈(粗脫)하고 호매한 성격과 정의를 위하여는 수화(水火)를 가리지 않은 인품에 대하여 일상(日常) 존경하여 왔으며, 박

---

[237] 원본 문서에는 목차에 쪽수가 표기되어 있지만 여기서는 모두 삭제했다.

기출 피고인은 그분이 부통령까지 출마하신 분이나 금반(今般) 사건으로 지면(知面)하게 되었으며, 그 간 수십 차의 형무소 접견을 통하여 그 대범하고 아량 있는 지사적 기품에 대하여 흠모하여 마지않았으며 이제 양(兩) 피고인을 변론함에 있어 그 변호의 의무를 다할까 저어기 두려운 바 있습니다마는 상(相) 변호인이 보충하여 주실 줄 믿습니다.

본 변호인은 앞서 상(相) 변호인과의 중복을 될 수 있는 대로 피하고 사실에 즉(卽)하여 변론하고자 하나 똑같은 사실일지라도 보는 관점이 다름으로서 혹 중복될 점이 있을지 모르겠습니다마는 이 점 관용하여 주시기 바랍니다.

제1. 사건 발생 시부터 현재까지의 대략 경위

작년 11월에 소위 근민당, 한독당 잔류파 십수 인이 구속되더니 금년 10월 11일 돌연한 진보당 간부의 검거가 있었습니다. 그때 국민은 매우 놀랐습니다. 그 이유는 첫째, 선거를 목첩(目捷)[238]에 두고 혁신세력의 출마 방지의 정책적 검거이다. 또 하나는 공인된 정당의 정책이 〈보안법〉 위반의 수사대상이 어떻게 되느냐의 점에 대하여 의아심이 많이 생겼던 것입니다.

검거 당시의 구속 이유는 ① 『중앙정치』의 조 씨 평화통일 논문과 ② 진보당 강령·정책 중의 통일문제가 두 가지였습니다.

당국이 구속을 하였으나 공인된 정당의 정책이 어찌 수사의 대상이 되느냐의 여론이 비등(沸騰)함에 대하여 당시 수사고위층은 1월 15일자 도하(都下) 각 신문에 진보당사건의 윤곽을 담화 발표했습니다.

(1) 정순석 검찰총장은 『중앙정치』의 조 씨 평화통일론은 "대한민국과 괴집을 동등한 위치에서 동일한 시간에 실시된다는 것은 불유쾌한 일이지마는 기왕에도 UN 감시하에 몇 번씩이나 선거를 해왔으니 또 한 번 한다고 해서 나쁠 것이 없지 않느냐"고 용공정책을 써서 대한민국의 국시를 위배하는 평화통일을 내세웠

---

238) '목전(目前)'의 오기로 보인다.

다. 또 진보당의 평화통일을 내세운 것이 국시 위반이 아니라 평화통일 간판하에서 괴집과 규합함으로써 수사대상이 된 것이다. 하고 나서 조 피고인은 ① 박정호 간첩을 4289(1956)년 5월에 밀회하여 진보당의 평화통일이 괴집과 상합한다는 결론을 얻고 진보당 조직을 추진했고, ② 정우갑 간첩을 4290(1957)년 8월 신흥사에서 밀회하여 재일본 조련과 합세키로 논의 후 동인을 입당시키고, ③ 허봉희, 김동혁, 이태순(李泰淳) 간첩[소위 용중(龍中)사건239)]들의 괴집 지령내용은 진보당 확대 공작 지령을 수(受)하였다는 등등, 극구 조 씨가 여사(如斯)한 괴집 간첩과 내통하고 있다는 것을 강조한 바 있습니다.

(2) 동일 최(崔) 시경국장은 상술한 정 총장 담화 이외에 조 씨는 ① 박정호 간첩으로부터 평화통일 주장을 위하여 괴집과 협조할 수 있는 정당단체를 조직하라는 지령문을 받았다(또 그 얼마 후에 이 지령문을 조 씨가 소각했다고 발표했습니다), ② 또 불법화된 근민당 재건을 위하여 김성숙(金星淑)에게 금 4만 환을 주었다는 등 발표를 했습니다.

(3) 동일(同日) 치안국장 역시 상술한 내용을 말한 후 진보당 일반당원들은 자숙자계(自肅自戒)하라고 발표했습니다.

수사 당시의 여사(如斯)한 수사고위층 발표는 그 후 공소사실에 어떻게 나타났으며 당 법정에 어떻게 구현되었든가.

① 박정호간첩사건은 이것은 조 씨 검거 후 당 사무실 수색에서 5·15대통령선거 당시의 내객(來客) 명부를 압수하였는데, 거기에 우연히 박정호란 이름이 있어 이것을 밀회로 단정하고 밀회했으면 지령 받았을 것이라는 추측하에서 조 씨 공소사실 1(一)의 (1)로 기소되었으나, 당 법정에서 박정호 및 조 씨는 상봉한 사

---

239) 김동혁, 이태순, 허봉희, 임영찬 등이 연루된 간첩사건으로, 이들 중 이태순은 전 용산중학교 교감 혹은 전 용산고등학교 교감으로 전해지는데, 이 때문에 소위 용중교감사건(龍中校監事件)이라고 불렸다. 「前龍高校監事件도 反轉」, 『조선일보』 1958년 10월 29일, 2면; 「大法院서 上告棄却 世稱 龍中校監事件」, 『경향신문』 1959년 2월 28일, 3면.

실 없다는 진술이 있었고, 기타 검사의 입증이 전혀 없으며 논고도 없었으며 또 당시는 고(故) 해공 선생 서거 후라 조 씨가 신변 위험으로 피신 중에 있어 외객 (外客)을 상봉할 리 만무하고, 지령문을 받았다 소각했다는 등은 국민의 물의를 피하려는 당국의 변명으로 밖에 볼 수 없습니다.

② 정우갑간첩사건은 정우갑 검거 시 신문에도 보도되고, 조(曺)·윤(尹) 양(兩 氏)가 검사에게 소환되어 아무 일 없다고 판정된 것이 그 4개월 후에 조 씨 공소 사실 삼(三)으로 기소되었으나, 조 씨, 윤길중, 정우갑의 각 진술을 종합하면 조 련과 합세 운운은 하등 논급된 바 없으며 검사의 입증도 없고 논고도 없었을 뿐 아니라, 정우갑이 서울지방고등법원에서 〈보안법〉 위반으로 기소되고 언도된 이 상 정우갑간첩사건 관련을 당초부터 무(無)라는 결론을 얻고도 기소한 것입니다.

③ 허봉희, 김동혁, 이계순 간첩의 괴집 지령이 진보당의 확대 공작에 있다고 하나 그 간첩들이 진보당 간부와 평당원을 한 번 만났다는 사실도 없고 또 기소 도 없었으니 이 점도 허무한 사실입니다.

④ 불법화된 근민당 재건 공작에 관하여는 공소사실 오(五)로 기소되었으나 검 사 논고도 없었을뿐 아니라, 김성숙(金星淑) 등이 형사 1부에서 근민당 재건을 획 책한 사실이 없다는 이유로 무죄가 되었으니 이것도 허무한 사실로 귀착되었습 니다.

이상 말씀 올린 바와 같이 본건 검거 당시는 조 씨의 논문과 당 강령 정책 중 평화통일 문제만이 수사대상이 되고, 간첩 관련 운운은 진보당 불법화 정책의 음 폐책(陰蔽策)으로 하등의 증거 없이 당국이 발표한 데 불과하다는 것이 드러났습 니다.

기후(其後)에 신문 발표를 보면 당 간부를 검거한 후에 가택이나 당 사무실을 수색하여 ① 김기철 씨 통일방안 문건 및 유인물이 압수되어 진보당의 통일정책 이란 감(感)을 주고 기후에 통일연구위원회 전원이 검거된 바 있습니다. ② 정태영의 소위 강평서가 발각되자 당이 사회주의 지향의 계급당이다, 또 이중조직을 갖고 지하운동을 한다는 □□[240]을 주었고, ③ 전세룡의 검거로 은닉한 비밀문건이 압수되어 특수조직 준칙, 비밀 지하써클이 존재한다는 감을 주는 등 사건은 확대일로가 되고 조 씨 공소사실 2(二), 7(七)로 나타났으나, 당 공정에 나타난 관계 피고인들의 진술로서 그것들이 당 자체와는 하등 관련성 없음이 밝혀졌으니 최초 수사당국의 고장성세(鼓張聲勢)와는 그 거리가 매우 멀다는 것이 밝혀졌습니다. 『중앙정치』의 조 씨 논문과 김기철 씨 통일방안은 박(朴)·김(金) 양(兩) 피고인에 직접 관련이 있음으로 후에 변론하기로 하겠습니다.

본건 관련자의 기소 후에 나타난 즉, 3월 초순에 특무대에서 검사 발표한 양이섭사건이 발생하였는데 기타 피고인에게도 관련성이 있음으로 일응(一應) 검토하겠습니다.

당 법정에 나타난 바는 양이섭의 진술 중에서 이상하게도 단 두 사람만이 아는 사실을 조 씨는 약 3년간에 3천만 환을 수령한 사실과 백삼, 녹용 등을 수령한 사실 및 양에게 진보당 문건 및 『중앙정치』 등을 교부한 사실은 시인하나, 이북에 편지를 냈다거나 양이 괴집에 지령 받은 간첩이란 정(情)을 전연 부지(不知)였다고 진술하고 있으며, 한편 양이 미(美) 본토불 27,000불을 이정자가 중간에서 환환(換圜)해 주고 그 중의 일부가 조규진 명의로 예금되었다는 사실, 이것은 그 미불(美弗)이 과연 이북에서 지래(持來)하였는가는 모르지마는 그러한 사실이 있었던 것은 움직일 수 없고 또 엄숙진 기타의 증언으로 양이 12차나 남북교역을 합법적으로 한 점만은 입증이 되는 것 같습니다. 그러니 양이섭과 조 씨의 상반되는 진술을 어느 것에 신빙성을 둘 것인가 이것이 관건이라고 생각됩니다.

검사는 ① 양은 조 씨와 30년간의 지기요, 또 같이 옥중생활도 하여 조 씨를 모함하기 위한 필요성이 없고 또 특무대, 검찰, 법원을 통하여 진술이 일관되어있다, ② 양은 월남한 자로 이남에 재산이 없는 자이고 미 본토불은 간첩만이 받는 것이고, 양이 단계적으로 괴집의 신인(信認)을 얻어 금전에 눈이 어두워진 나머지 괴집 지령에 움직이게 되었다, ③ 간첩은 지령을 완수해야 다음 지령을 준다. 또 막대한 공작금 수수(授受) 있었는데 괴집이 그 수령 여부를 꼭 확인함으로서

---

240) 문맥상 '감(感)'으로 보인다.

조 씨의 영수증 등을 지북(持北)케 되었다, ④ 양은 정치에 별 관심 없는 자이고 조 자신이 인정했는데 어찌하여 당 문건과 중앙·지방 당부의 간부명단 심지어 4대 민의원 출마예상자 명단까지 주었느냐, ⑤ 조 씨는 왜 형무관에게 위증을 교사까지 하겠느냐, ⑥ 조 씨와 양이 금전 수수할 당시는 신의의 연결이 두텁고 괴집 지령 등도 상호 고백했을 것이다 등등을 지적하며 양의 진술이 신빙성이 있고 조 씨는 죄를 모면하려고 허위 진술한 것이라고 논고했습니다.

그러나 본 변호인은 1건 기록상으로 보아 본건 수사상에 의문점이 허다하다는 점과 양이 당 법정에서 허위 진술한 것이 한두 가지가 아님을 밝혀서 진술의 신빙성 여부의 자료로 제공코자 합니다.

(1) 본건 검거일인 1월 11일 날 특무대는 양 사건의 수사를 개시했습니다. 또 서울, 강릉 특무대에 각기 양의 소재를 조회한 흔적이 있습니다. 그러나 기록 79정 이면(裏面) (2)에는 "본건은 HID에서 대북 간첩공작에서 입수한 정보…"라고 개재되어 있는데 양이 합법선(合法線)인 HID을 통해서 남북교역한 것을 어찌 그 HID가 간첩 혐의 있다는 정보를 제공한 것인가.

(2) 2월 8일 양 검거보고서 (3) 조사 내용 3의 기재 내용을 보면, "양은 4289 (1956)년 3월부터 4290(1957)년 3월 간에 미 첩보기관의 선(線)을 타서 전후 4차 인천 HID 발동선(發動船)으로 단독 입북해서 남한의 정보와 각종 신문, 잡지 등과 특히 주사약 등을 제공하고, 마약 3kg, 700만 환 내외를 수령하여 남에 밀수입한 사실이 있음"이라 되어 있는데 HID의 4차 왕래를 후에 9차라고 정정한 것은 기록상 명백합니다.

양은 양심의 가책으로 자진 자수했다 하였고 장성팔 증인은 양이 특무대 가기 전, HID의 동의를 얻고 동대문서의 김동혁 아편사건밖에 걸릴 것이 없다고 하면서 특무대에 나갔었다라고 증언했는데, 양이 최초 특무대에 가서 HID 선(線)을 타고 4차로 또 아편 밀수입밖에 없다고 해서 상술 검거보고서가 작성되었으며 조 씨 관계는 언급이 없었음을 추찰(推察)할 수 있습니다. 또 HID 4차를 9차로 정정한 것은 기록 163정 내지 166정에서 HID가 양이 입북한 일시·기간의 보고서가 나와서 9차 왕래로 조사가 진행되었고, 그 후에 조(曺) 관계 진술이 있게 되었습니다. 그렇다면 양이 양심의 가책으로 자진 자수해서 특무대가 모르는 조 씨 범죄사실을 고백한 것처럼 진술한 것은 허위이라는 것이 명백합니다.

(3) 양을 검거한 날은 2월 8일입니다. 정식 구속영장이 3월 8일이고 구속영장에는 동일 제10헌병 중대에 구치하였다고 기재되어 있는데, 양의 진술은 검찰에 송청(送廳)될 때까지 태평양여관에 기거하였다고 진술하고 있습니다. 그러니 특무대에서는 양을 여관에 기거케 하고 각종 유도심문이 계속되었다고 봅니다마는 이 점이 보통 수사와는 판이합니다.

또 2월 11일자 취조 결과 중간보고는 양의 전(全) 기소 사실이 기재되어 있는데, 3월 11일 작성한 동 중간보고를 사후에 3월을 2월로 고쳤는데(잉크색이 판이합니다) 그 고칠 필요는 무엇이며, 2월 11일자 양 진술서는 일자(一字) 일구(一句) 틀린 점이 없는데 2월 9, 10, 11일에 과연 여사(如斯)한 진술서를 정서(淨書)할 수 있을 것인가, 또 양 피의자 신문조서가 2월 11일부터 매일 같이 계속된 양 기재되어 있으나 조서 말미의 일자(日字)나 우(右) 진술서는 3월 이후, 즉 가진 유도를 한 후에 작성하고 일자(日字)만 소급해서 기재하였다고 추찰(推察)됩니다. 또한 조 씨는 특무대에서나 검찰에서 양과의 대질을 요구했는데 불구하고, 특무대와 검찰은 여사(如斯)한 중대 사건 특히 상반되는 진술을 하는데 왜 대질심문을 하지 않았든가.

(4) 검사도 논고한 바와 같이 양은 조 씨와 상해 망명시대부터 30년래(來) 친지(親知)오,[241] 또 신의주 옥중에서도 약 1년간 동일 함방에 있었을 뿐 아니라 조 씨 검거 약 1주일 후 상당함 위험을 무릅쓰고 전화로 조규진을 약수동 로타리에 불러내 을지로 4가까지 택시로 데리고 가서 사건의 내용을 묻고, 조규진 요청으로 그 후 변호비 20만[242] 환까지 주어 조 씨를 극심히 생각하는 위인(爲人)이 3월 16일 특무대에서 "조(曺) 건은 제가 부재하여도 처리된 단계에 이르렀으니 인생이 한번 갈 길을 갑니다"는 유서를 남기고 자살을 기도하였는데, 이 유서는 양이

---

241) '요'의 오기로 보인다.
242) 원문 판독상 '20만 환'인지, '30만 환'인지 불분명함.

조 씨를 계획적으로 말살하는 주인공이 된 감을 주는데 여사(如斯)한 심적 변화 과정은 통상인(通常人)으로서 도저히 이해할 수 없습니다.

검사는 양이 결과의 중대성과 부인할 도리가 없어서 고민 끝에 자살을 기도했다. 양은 자진 자수해서 조(曺) 관계를 순순히 자백하고… 당 공정까지 일관해서 진술했으므로 신빙성이 있다 하나 그 고민은 과연 무슨 고민인가, 검사의 추리로 따진다면 허위자백을 했기 때문에 고민하여 자살을 기도했다고도 할 수 있을 것입니다.

(5) 인간은 자구(自救) 본능이 있습니다. 범행자도 자기 죄를 피하려고 부인함이 보통이요 우리의 경험법칙인데, 양은 간첩죄로 사형될 사건을 특무대나 검찰청에서는 모르거니와 당 공정에서까지 순순히 시인하는 그 심정과 그 죽어가는 자가 힛쭉힛쭉[243] 웃음을 띠고 진술하는 태도는 도저히 이해 곤란입니다.

(6) 본 변호인이 재판 경험상 알고 있는 첩보부대의 이중첩자를 쓰는 원칙과 양 피고의 진술의 허위 및 모순성을 살펴보겠습니다.

가. 남북교역의 이중첩자는 감금(이것은 순전히 첩보에만 종사합니다), 개방 (이것이 남북교역자입니다), 단 개방은 하나 항상 감시하에 둡니다. 개방되는 첩자는 남의 4, 북의 6 비율의 정보 수수(授受)를 원칙으로 하나 현재 실정상으로는 남의 8, 북의 2 비율의 정보 수수를 하고 있다고 합니다. 그러면 남의 정보 8을 북에 주고도 첩자를 왜 쓰느냐 하면은 첩보부대에서 기밀비(機密費) 염출(捻出) 상 부득이 쓰고 있다는 것입니다.

나. 입북 일시는 북에서 지정합니다. 귀환 시에 입북 일시를 HID에 보고하기로 되어 있습니다.

다. 물품 구입은 괴집이 요망하는 것을 첩자가 구입합니다. 본건에 있어서는 주로 의약품과 시계입니다.

라. HID에서 입북 일시 전에 짚차로 첩자와 물품을 공(共)히 싣고 HID 지정 숙

---

[243] '히쭉히쭉'의 오기이다.

소에서 1박케 합니다. 차시(此時)에 첩자 소지품은 공연(公然) 또는 비밀리에 조사를 합니다.

마. HID 안내로 발동선을 타고 휴전선 접경의 납도에 도착하여 자사 목선으로 야음(夜陰)을 타서 첩자와 선원 2명만이 물품을 싣고 연백군 돌개포구에 가서 전등(電燈) 신호를 하면 대안(對岸)에서도 신호가 있습니다. 이때 입북 일시나 신호가 상위(相違)하면 포격을 당합니다. 양 피고 진술은 밀항을 가장했다 하나 양이 밀항으로 12차나 괴집 기관을 속였을 리 만무하고, 또 밀항자는 괴집이 일정한 심사하에 석방 여부를 결정하는 것이니 허위진술입니다.

바. 괴집 삼육공사에 도착하면 첩자와 선원을 분리 수용하여 도서 간행물로 세뇌공작을 하고 또 철저한 감시하에 자유행동은 전혀 없습니다.

사. 괴집 삼육공사에서는 지북(持北)한 수령물품 목록과 지남(持南)할 물품목록을 항상 써줍니다. 왜냐하면 첩자의 왕래가 HID 기관이라는 것을 괴집이 여실하기 때문입니다. 양 피고의 진술은 청구하면서 주고 12차 내왕(來往) 시 3차 정도 동 물품목록을 받았다 하나, 엄숙진은 매번 받았으며 HID 귀환보고서에 제출한다고 증언했는데 여사(如斯)히 사소한 것을 왜 허위진술 하는지 그 이유를 모르겠습니다.

아. 첩자가 귀환하면 임무의 수행내용, 체북(滯北) 시의 면밀한 괴집 동태, 물품 왕래 및 괴집의 지령내용 등을 세세히 기재한 귀환보고서를 HID에 제출합니다. 또 지정숙소에서 1박케 하고 괴집 세뇌공작을 심사하는 한편 소지품도 조사합니다.

자. 첩자가 지남(持南)한 물품은 원칙상 HID가 판매합니다. 본건은 인삼은 HID에서 기외(其外)는 양이 처분했다 하는데, 엄숙진 증언을 들으면 물품판매는 HID의 엄중한 감시가 있다고 했습니다. 이것은 전술한 바와 여(如)한 첩보 기밀비 염출 상 이익금을 분할하는 까닭입니다.

차. 첩자가 귀남(歸南) 후에는 HID의 철저한 감시를 받습니다. 어쨌든 엄숙진이 증언한 바 있습니다. 그런데 양 피고는 감시당한 일 없다, 조(曺) 검거 후에도 HID 선 타고 월북할 수 있었으나 남한이 그리워 월북하지 않았다고 진술했는데, 14회 공판 시 재판부의 감시는 없던가의 질문에 대하여

8~9차 내왕 시부터 고통이 많았다고 진술하였습니다. 양은 왜 허위진술 합니까. 조(曺)의 편지, 진보당의 문건, 미 본토불의 내왕이 대개 8~9차 내왕 시일 때 감시가 심해서 고통했다는 것인지 또는 당국에서 사전에 알고 HID의 과업 임무는 수행하기 때문에 고통했는지 또한 의문입니다.

카. 첩자가 HID 모르게 물품을 가지고 내왕할 수 없습니다. 그것은 소지품 조사와 언제나 감시하에 있기 때문입니다. 양 피고는 진보당 문건 및 『중앙정치』지를 지북(持北)했다 하는데 이것은 HID가 첩보 가치 없다고 인정했기 때문에 가지고 간 것입니다.

미 본토불 27,000불을 지남(持南)했다 하는데, HID 원(員)을 매수해 HID 원이 본토까지 비공식으로 가지고 오지 않는 이상 HID 몰래 가지고 오지 못합니다. 검사는 간첩만이 미불을 받는다 하나 양이 27,000불을 지남할 때는 10불, 20불, 50불, 100불권 이외에 100환권 4만 환 묶음이 된다고 진술했는데, 지금까지 간첩이 100불권 이외에 미불을 지남한 사실은 전혀 없습니다. 이것은 검찰이나 재판소에서는 공지(公知)의 사실일 것입니다. 즉 변호인은 양 피고가 타인과 토건업을 하여 미군 부대와의 계약에서 미불을 소지한 말을 들었지만 확인을 얻지 못했다고 변론했는데, 피차 따져보니 27,000불이 과연 괴집이 준 것이냐 또는 남한 미군에서 나온 것이냐는 앞으로 시간을 얻어 입증이 될 것입니다.

양 피고는 HID 몰래 가지고 다니는 진보당 문건, 『중앙정치』지, 미 본토불(부피 4만 환 정도)은 옆구리에 넣어서 다녔다고 진술하는 일편(一便), 혁제절(革製折) 가방을 항시 가지고 다니나 한번도 HID의 조사받은 일이 없다고도 진술하고 있는데, 왜 조사 안 받으면 가방에 넣어서 정정당당히 다닐 것이지 옆구리에 차고 오는가. 또 미불 지래(持來)시는 6월 말의 하절인데 4만 환 묶음의 돈을 어찌 옆구리 찼다고 해서 발각되지 않는가 이것은 양 피고의 순연한 허위진술입니다.

타. 양 피고는 3차 내왕 시부터 괴집으로부터 선대(先貸) 형식으로 500만 환의 물자를 얻어서 3차에 긍(亘)하여 500만 환씩을 조 씨에게 전달했다 하고, 그 물자는 사향(麝香) 등을 HID 몰래 가지고 나왔다고 진술했는데, 사향은 노루 배꼽을 건조한 분말인데 그 1kg가 150만 환 상당 간다고 하니 500만

환씩이라면 3kg이고 소맥분 한 포대의 약 5분지 3 정도 부피의 물자를 어떻게 HID 비밀리에 지래(持來)한단 말인가.

파. 첩자가 검거되면 HID가 그 신분보장을 해주는 것이 원칙인데 본건은 어떻게 HID가 정보를 제공했는가. 양 피고는 HID에서 의심받은 일이 전혀 없었다고 진술하고 있습니다.

(7) HID는 왜 양 피고의 귀환보고서와 삼육공사 발행의 수령물품 목록 물품목록[244]을 제출하지 않는가. 또 HID는 부대 간의 협조로 양 피고의 내왕 일시 기간만 보고했을 뿐인데, 수색은 특무대가 여사(如斯)한 서류를 압수하였을 것임에도 불구하고 고의로 제출하지 않는 것이 아닌가.

(8) 본건과 같은 중대 사건을 모르고 야기시켰다면 어찌 인천 HID 대장 김일환 대령 및 공작책(工作責) 서민에 대하여 처벌은 고사하고 1건 기록상 증인 수사도 하지 않았나? 또 HID 대원도 아닌 엄숙진이가 어떻게 발동선을 타고 휴전 접경까지 왕래하였는가.

검사는 엄숙진 증인에게 보충심문하기를 원칙상 HID가 첩자의 감시나 소지품을 조사하겠지만 그 감시나 조사하는 것을 보았느냐고 문했는데, 엄 증인은 감시나 조사하는 것을 본 사실은 없으나, 그러나 감시 및 조사는 했을 것입니다고 증언했는데, 엄 증인은 미 정보기관에도 오래 있던 분이라 여사(如斯)한 제도를 잘 알 것입니다. 또 첩자는 상부 지령자의 명령만 들을 뿐, 횡적(橫的) 연결을 알면 아니 되고 항상 임무 수행은 감시받고, 또 상부 명령자들에게 적국의 지령을 받거나 받고도 보고 않을 때는 전시(戰時)에 있어 즉결처분(총살)까지 하는 원칙이 있음을 정보 검사로써 직무상 경험칙(經驗則)에 속한 것입니다. 그렇다면 여사(如斯)한 첩보사업의 원칙을 떠나서 본건이 발생했다면 그 예외적 사실을 수긍할 만한 증거를 검사는 제출해야 될 것입니다.

상술한 양 피고의 허위진술과 수사상의 허다한 의문점 및 양 피고의 유서와 조

---

[244] '수령물품 목록'의 오기로 보인다.

씨가 양 피고와 단 두 사람만 아는 사실 즉, 진보당 강령 정책 책자, 중앙당 지구 당 간부명단, 심지어 입후보 예상자 명단까지 수교(手交)한 사실과 690불 및 3년 간에 약 2천만 환의 금액을 받았다는 사실, 개인이 자기를 보조하는데 그와 같은 거액을 낸 자는 없다는 사실 등의 극히 불리한 진술을 서슴지 않고 하고 있는데, 조(曺)·양(梁) 양(兩) 피고의 진술 중 어느 것이 신빙성이 있는가는 자명지사실 (自明之事實)이라고 믿습니다.

따라서 양이섭사건은 ① 우리 기관이 여사(如斯)한 사건의 방지는커녕 조장하 지 않았나, ② 진보당사건을 만들기 위한 조작 사건이 아니냐, ③ 그렇지 않다면 양 피고가 이와 별개의 마약밀수 또는 간첩사건이 있는데 이와 바타[245]로 조 씨 사건을 부합시켜서 허위 모해한 것이 아닌가 하는 등등의 추측이 됩니다.

신(辛) 변호인이 변호한 것과 같이 우리 조상들이 반대파를 역적으로 몰아서 새남터 형장의 이슬로 처형한 옛날의 역사를 또 밟지 않게 엄정한 심판을 바랍니 다.

이상 변론한 것은 ① 본건 발단 즉 검거 당시 조 씨 논문과 당 강령 정책 중 평화통일 문제가 수사대상이 되었다는 점, ② 그 후 가택 및 당 사무실 수색으로 박정호 면접 건, 김기철 안, 정태영 강평서, 비밀써클 사건으로 확대시키었고, ③ 전부 기소한 후에 양이섭사건이 발생했는데 양 피고의 허위진술 및 수사의 의문 점이 허다한 것을 변론했습니다.

박기출·김달호 양(兩) 피고인과 상술한 여러 간첩 관련 사건은 전혀 증거가 없으며, 검사 논고에서도 조(曺) 이외의 여타 피고인이 간첩과 내통했다는 증거 가 없다고 논단했습니다. 또 조 씨가 양 피고와 관계성이 있다는 끔찍한 가정을 하더라도 조 씨를 제외한 여타 피고의 죄는 기소장의 변경이 없었으므로, 박 (朴)·김(金) 양(兩) 피고인은 조(曺)·양(梁) 피고 간의 공소사실로 인해서 형책 (刑責)을 좌우할 수 없음을 강조하는 바입니다.

---

[245] '바타(barter)'는 물물교환을 의미한다.

제2. 혁신정치의 내용과 혁신세력 규합운동의 개황(槪况)

1) 혁신정치의 내용(강령 정책이 위법인가)

검사는 논고하기를 진보당의 강령 전문과 경제정책 전문을 인용하여 "진보당의 혁신정치라는 것은 우리 〈헌법〉이 자유민주주의에 입각한 수정자본주의적 제(諸) 규정이 있는데 차(此)를 지양하고, 근로대중을 대표하는 혁신적 주체세력 즉 피해대중의 계급정당으로써 현 사회의 변혁으로 사회민주주의 국가 건설을 주장하고, 그 정치적 성격은 대한민국 정부를 쓰아 전제정부로 규정하고 그 방법은 공산당의 최저 강령인 합법적 기반을 이용해서 혁명 지향하고, 그 조직을 공산당과 같이 근로대중을 전위대로 대중과 연결 짓게 하는 기술을 쓰고 공산당의 근본 목표인 혁명 수행을 기도하고 있다"고 극구 공산당과 연결시키고 진보당의 강령 전문 등이 〈헌법〉 폐기를 기도하는 것인 양 논고했습니다.

그러나 진보당 강령 전문과 경제정책 전문을 읽고 과연 그러한 결론이 어떻게 도출됩니까. 이것은 검사의 신경과민이올시다. 검사는 현 세계에서 자본주의 수정 세력과 사회적 민주주의 세력과 공산주의의 삼자(三者)를 혼동한 감이 있습니다. 그것은 사회민주주의의 발전사와 국가기능의 변천과정을 이해치 못하거나, 또는 공산당과 진보당을 고의적으로 연결시키려는 목적에서 나온 이론이 아닌가 생각됩니다.

'미(美) · 불(佛) 혁명'[246]으로 이루어진 정치적(자유주의, 개인주의) 민주주의는 봉건국가 절대국가의 소수 특권계급의 지배에 항거하고 국민주권을 확립하여 대중이 정치에 참여하게 되었고, 법률적으로 국민의 자유와 평등이 보장받고 있으며 국가는 외교방어와 치안유지 외에는 국민생활에 관섭하지 못하게 하는 야경국가의 기능밖에 없었습니다. 소유권의 신성불가침, 경제활동의 자유 보장은 자본주의 생산방법의 급속한 발전을 초래했고, 국내적으로는 빈부의 격차, 사회문제의 대두, 대외적으로는 판로개척을 위한 제국주의 전쟁의 발발 등으로 근대 민주주의 본래의 자유평등을 법률상으로 형식적 보장만 받았다고 해서 실질적으로

---

[246] 18세기 미국독립혁명과 프랑스혁명을 가리킨다.

부자유, 불평등하게 되어 경제적 사회적 자유평등의 요구가 대두되었습니다.

불(佛)혁명을 체험한 바 있는 산 시몬247)은 제네바 서한에서 "법률상으로 자유·평등이 보장되었으나 인류의 불행은 여전하고, 나태부유(懶怠富裕) 계급과 빈곤·근면한 계급이 존재하니 모두 근로를 해야 한다"하고, 영국의 로바트 오엔248)은 경영자의 온정에 맡기지 않고 노동조합을 창설해야 한다고 논하였으나, 칼 맑스249)는 여상(如上)한 논(論)을 공상적 사회주의라 칭하고 "유물사관과 잉여가치설의 이지주(二支柱)로서 계급투쟁의 필연성과 자본가적 생산수단의 폐기만이 경제적 평등을 가져온다고 주장하고, 자본가적 생산방법은 일정 단계에 이르면 사회적 생산력 발전을 위하여 질곡된다"고 주장했습니다.

카우츠키250)는 사회민주주의를 창조하고 "정치적 자유민주주의 범위 내에서 합법적 점진적으로 경제적·사회적 민주주의 목적달성을 위하여 보통선거로 근로 인민이 의회의 다수를 획득하여 정치적 의사를 반영해야 한다"하고 "의회 다수석 획득이 최후 목표"라 했습니다.

레닌251)은 공산주의 이론을 전개하고 혁명으로 자본국가와 자본계급을 타파하고 무산자 독재정권의 수립을 주창하고 국가는 자본계급의 지배수단이고 자본가는 모든 권력기관 교육선전기관을 수중에 장악하고 있으니 근로자는 자기 이해를 자각하지 못하는 관계로 의회의 다수를 획득해도 각 기관이 자본가의 수중에

---

247) '생 시몽(Saint-Simon, 1760~1825)을 말한다. 프랑스의 사상가, 경제학자이다.

248) '로버트 오언(Robert Owen, 1771~1858)'을 말한다. 영국의 사회개혁가, 사상가, 사회주의자이다.

249) 칼 마르크스(Karl Marx, 1818~1883)는 독일의 철학자, 경제학자, 공산주의 혁명가다. 마르크스의 정치사상과 철학사상은 그 이후의 사상사, 경제사, 정치사에 거대한 영향을 남겼으며, 그의 경제학 저술은 오늘날의 노동과 자본의 관계에 대한 이해 대부분의 기초를 놓았다.

250) 카를 요한 카우츠키(Karl Johann Kautsky, 1854~1938)는 독일 및 제2인터내셔널의 사회민주주의 입장에 선 이론가, 역사가, 경제학자이다. 마르크스의 유고 『잉여가치학설사』를 편찬·간행했다.

251) 블라디미르 일리치 레닌(Влади́мир Ильи́ч Ле́нин, 1870~1924)은 러시아 제국과 소비에트 연방의 혁명가, 정치경제학자, 정치인, 노동운동가로 볼셰비키의 지도자였다. 공산주의자이면서도 특별히 마르크스의 과학적 사회주의 사상을 발전시킨 레닌주의 이념의 창시자이다.

있는 이상 사회적 경제적 자유평등은 얻지 못한다고 주창하여 방법론에 있어 카우츠키와 격렬한 대립 논쟁에 있었음은 우리가 잘 알고 있는 바입니다.

영국의 다이시이[252] 교수는 집산주의(集散主義)[253]를 창조하고, 국유방임[254] 자본주의가 노동·사회·경제 문제를 사인(私人) 간에 방임하지 말고, 국가는 사회·경제의 입장에서 개인생활에 간섭, 조정해야 하며 노동자의 단결 단체행동의 자유와 조정법의 제정, 교육 후생 사회보험 등 복리시설의 창설 등 소위 자본주의 수정(修政)을 주창했습니다. 이쯤 되면 국가기능이 국민 전체의 사람다운 생활을 할 수 있게 하기 위하여 국가가 국민생활 전 영역에 적극적으로 간섭 조정하는 문화국가로 옮아가고 국가의 사회적·경제적 기능이 증대되었습니다.

이와 같이 공산독재 세력과 자본주의 자체 간의 수정세력과 근로대중의 조직적 노력에 의한 반(反)자본주의, 반(反)공산주의(소위 사회민주주의) 세력의 3자로 대별(大別)할 수 있는데, 진보당 강령 전문 26면에도 여사(如斯)한 3세력의 존재를 긍정하고 진보당이 사회적 민주주의를 지향하고 있음을 규정하고 있습니다.

현재 세계 어떤 국가를 막론하고 사회적·경제적 민주주의가 가(可)냐 부(否)냐 별문제가 있는 것이 아니라 ① 그 달성 방법이 점진적·합법적 개혁(자본주의의 변혁)이냐 급진적 폭력적 혁명이냐, ② 정치적(자유평등) 민주주의와 사회적 경제적 민주주의를 여하(如何)히 조화시키느냐의 문제가 남아있을 뿐입니다.

제1차 세계대전을 전후해서 소련은 폭력적 혁명으로 무산자 독재의 〈헌법〉을 제정했고, 서구 각국은 사회적 경제민주주의 방향으로 〈헌법〉을 제정하거나 수정을 했으며, 제2차 세계대전 후에 독립국도 여사(如斯)한 조류로 〈헌법〉이 제정되었던 것입니다.

우리 〈헌법〉은 그 전문에서 국민 생활의 균등한 향상을 기하고 제5조에서 공공복리의 향상을 위하여 이를 보호 조정한다. 제15조 2항에서 재산권의 행사는

---

252) 앨버트 다이시(Albert Venn Dicey, 1835~1922)를 말한다. 그는 영국의 휘그주의 법관이자 헌법학자이다. 그는 저서 『헌법학 입문』으로 가장 유명하다. 법의 지배라는 표현을 19세기에 유행시켰다.

253) '집산주의(集産主義)'의 오기이다.

254) '자유방임'의 오기이다.

공공복리에 적합하도록, 제16조는 균등한 교육을, 제17조는 근로의 권리와 의무 및 근로조건의 기준 여자 소년 근로자의 보호를 규정하고, 제18조에서 근로자의 단결 단체교섭 단체행동의 자유 사기업이익균점권(私企業利益均霑權), 제19조에서 노동력 상실자의 국가보장, 제6장 경제조항에서 모든 국민에게 생활의 기본적 수요를 충족할 수 있게 하는 사회정의의 실현과 균형 있는 국민 경제의 발전을 기함을 경제질서로 하고, 각인의 경제적 자유는 이 한계 내에서 보장된다고 규정하여 정치적 민주주의와 사회민주주의의 성문상(成文上)의 조화를 기하고 있습니다.

검사는 "아국(我國) 환경이 자본주의의 맹아(萌芽)조차 미약한데 진보당이 자본주의 발전은 민주주의 가장(假裝)하에 사회주의 건설을 출발점으로 한다"고 논고했으나, 진보당은 서상(敍上) 우리 〈헌법〉의 사회적 · 경제적 민주주의 제 규정을 충실히 실천하려고 하는 정당임을 간취할 수 있고, 우리 〈헌법〉이 아국(我國) 환경상 자본주의 발전을 예상하는 것보다 자본가적 생산 방법의 제(諸) 피해를 숙지하고 있음으로, 그 발전을 국가가 간여하는 것으로 결코 자유민주주의를 묵수(墨守)하고 있지 않음을 간취할 수 있습니다.

그렇다면 ① 진보당의 강령이나 정책이 자본주의 수정세력에만 의존하지 않고 근로인민 기반으로 의회 다수를 획득하여, 사회적 · 경제적 민주주의를 실현하고자 하는 것이 우리 〈헌법〉의 무엇을 위배하고 있는가 묻고 싶습니다. ② 또 공산주의가 폭력적 혁명방법으로 전(全) 생산수단의 국유화 관료화하고 삼권을 귀일(歸一)하는 제도가 진보당이 점진적 합법적으로 의회 다수를 획득하여 사회적 경제적 민주주의를 실현코자 하는 것이 어디가 공산주의와 정치적 성격 조직 방법이 공통하단 말인가 묻고 싶습니다. ③ 우리 〈헌법〉의 상술 제(諸) 경제질서의 규정이 국민 각자의 사회적 경제적 민주주의의 실현을 도모하고 있는데, 이것이 공산적화를 위한 것인가 묻고 싶습니다. ④ 검사는 영국 노동당이 자본주의 테두리 안에서 모순 · 결함을 시정 극복하려는데 진보당은 자본주의 자체의 전복을 기도했다고 논고했는데, 영국 노동당이 집권하자 철도, 해운업, 국내 수송, 광산 등의 국유화를 단행했는데, 이 국유화 정책은 자본주의의 수정인가 또 노동당이 집권 후 영국은 사회주의 국가라고 수차 발표했는데 이것이 자본주의 수정국가입니까 묻고 싶습니다. 하물며 진보당의 강령 정책이 사회당 우파에 속한다고 하는데 어디가 국헌(國憲) 위배인가 묻고 싶습니다. ⑤ 진보당의 근본 임무가 근로 인민을 토대로 합법적 점진적으로 의회 다수를 획득하여 사회적·경제적 민주주의의 실현을 기하고 있는데, 어찌하여 헌법·법률의 절차에 의하지 아니하고 헌법·법률의 기능을 소멸케 하거나 국가기관을 강포(强暴)하게 전복 또는 기능 상실케 하는 국가변란·국헌변란을 목적하고 있는가 묻고 싶습니다. ⑥ 우리나라가 그간 동서를 통한 역사적 조류인 사회적 민주주의를 표방하는 또 근로인민을 조직적으로 규합하는 진정한 정당이 출현하지 못한 것은 국토양단(國土兩斷), 미소분점(美蘇分占), 양대진영의 냉전열전(冷戰熱戰) 시도장화(試圖場化)로 우리 한국은 최고 국시가 반공이요, 하시(何時) 침략해 올지 모르는 괴집에 대비해서 국민총력을 반공에 집중했기 때문에 국민의 사회적·경제적 민주주의 요구에 눈코 뜰 사이가 없어서 그랬을 뿐입니다.

상술 이유 상 진보당의 혁신정치에 관한 강령이나 정책이 전연 공산주의의 폭력적 혁명 방법과는 판이하고, 국가를 변란하거나 국헌을 변란케 하는 목적과 위법이 전혀 없음을 재언(再言), 부언(附言)하는 바입니다.

2) 혁신세력 규합운동의 개관(진보당의 창당 과정)

본건 공소사실은 마치 조봉암, 윤길중, 김기철, 이명하 등이 주동이 되어 혁신세력 규합을 도모하고 진보당을 결당함에 이르렀는 양 기재되어 있습니다마는 그러하지 않습니다.

4288(1955)년 제3대 국회에서 소위 개헌파동을 겪고 난 뒤에 금년 6월경부터 범야당 대동단결 운동이 대두되고, 금년 10월 민주당이 발당(發黨)되었으나 당시 민주당 완고파(頑固派)에서는 장건상, 이범석, 조봉암계를 제외함에 범야당의 대동단결을 추진해오던 민국당 영수 서상일 선생과 민국당 선전부장을 하던 신도성 의원이 민주당으로부터 이탈했고, 자유·민주 양당 보수당에 대립하는 혁신세력의 규합운동이 활발하게 전개되었던 것입니다.

(1) 광릉회합. 4288(1955)년 9월 말경 기독교계의 박용희, 통일사회당계(統一社會黨系)의 정화암(鄭華岩), 민련계의 김성주(金成疇), 민독계의 최익환, 근민계의

장건상, 한민계(韓民系)의 서상일, 한독계의 양우조(楊宇朝), 신한민족계(新韓民族系) 김경태, 민우사계의 안정용(安晶鏞), 무소속으로 조봉암, 윤길중, 김기철 등 20여 명이 회합하여 상호친목을 도모하는 한편 신당조직의 의견교환이 있었습니다. 그 당시는 현재 진보당의 3대 강령이 토론된 바 없고 통일문제에 있어서는 무력통일을 대체로 반대하는 정도의 논의가 있었을 뿐입니다.

(2) 대관원회합. 금년 10월 초순경 전술한 과거 각 정계를 대표하는 인사들이 집합하여 앞으로 유기적 조직체를 구성하자는 결론이 내리고 산회(散會)했고, 여기서 조 씨는 앞으로 있을 대통령 출마를 위한 신당조직 아님을 석명(釋名)했습니다.

(3) 소위원회. 그 후는 주로 서상일 가(家)에서 수차 회합했는데 각계 대표자로 소위원회를 구성하여 논의를 거듭해 오다가 당명을 사회통일당(社會統一黨)이라고 작정(作定)함에 장건상 계열은 근거 없이 당명 작명했다고 탈퇴했습니다.

(4) 금년 10월 중순경 소위원회에서 다시 진보당이라고 당명을 고침에 소위 민족계의 김경태 등이 탈퇴했습니다. 이때부터 서상일 씨 주도하에 가칭 진보당준비위원회를 구성한 후 의안부 윤길중, 선전부 신도성으로 각 부서를 결정했고, 윤길중은 서상일 씨로부터 간략한 4개 정강 원칙을 적은 쪽지를 받아서 이것을 풀어서 자유당, 민주당, 일본사회당(日本社會黨)의 각 강령을 참작하고 ① 공산독재 자본독재를 반대하고 진정한 민주정치를 기한다. ② 봉건 잔재를 일소하고, 책임 있는 혁신정치를 기한다. ③ 수탈 없는 사회경제 수립을 기한다. ④ 앞으로 민주세력의 대동단결을 기하고 밖으로 민주우방과 긴밀한 연결하에 민주세력의 온정적(穩定的)[255] 승리를 기하는 조국의 평화적 통일을 기한다는 4개 강령을 윤길중이 의안부 책임자로써 결정했습니다.

이때에 조 씨가 평화적 통일문제에 대해서 하등의 특별지시가 없었다는 것과 계획경제는 현실상 의혹 산다고 발언한 점은 윤길중 진술, 고정훈·신도성 증언

---

[255] '결정적(決定的)'의 오기로 보인다.

으로 명백합니다. 따라서 평화통일 문제는 결당 1년 전 즉 4288(1955)년 10월경에 이미 논의되고 강령으로 채택되었던 것입니다.

또 그 후 신도성 의원이 의안부서를 맡고 의견을 결합하여 진보당 정책을 작성했습니다. 그리고 금년 12월 22일 여사(如斯)한 강령과 정책을 토대로 진보당 창당발기문을 신문에 광고했던 것입니다. 또 강령 정책을 작성한 후 4289(1956)년 2월 초순경 서상일 씨는 "윤길중, 신도성 있는[256] 자가(自家)에서 이동화 교수에게 진보당 강령 정책의 이론적 배경을 주기 위하여" 지금 진보당의 강령 전문, 경제정책 전문의 작성을 위촉했던 것입니다.

(5) 진보당 창당추진 대표자대회. 4289(1956)년 3월 21일 서울 종로 중앙예식장에서 대표자 130명 참집(參集)한 가운데, 전술한 진보당 강령 정책, 강령 전문, 경제정책 전문 등을 채택 통과시켰습니다. 이때까지의 진보당 창당추진의 주요 조직책임을 맡은 서상일 선생의 주도하에 추진되었던 것입니다.

(6) 5·15정부통령 출마. 전술한 창당추진 대표자대회 전일 또는 그날에 정부통령선거를 공고했는데, 그 대표자대회에서 우리 당도 정부통령을 내자는 논의가 만장일치로 가결되어 동 추진대표자대회는 선거대책위원회로 급작히 개칭되고, 익일 양동(陽洞) 진보당 추진사무소에서 논의한 결과 조 씨를 대통령, 서상일 씨를 부통령후보로 하등 이의 없이 결정하였으나, 서 씨가 고령이고 정치지도자로써 감내할 수 없다고 한사고사(限死固辭)함에 그 3~4일 후에 의외에도 박기출 피고가 부통령후보 지명을 받고 박 피고는 하부(下釜)하여 차(此)를 거절하였는바, 그 후 당 간부가 하부(下釜) 권유함에 못 이겨 결국 당적 책임지겠다면 입후보하겠다고 출마한 것이고, 또 해공 선생 서거 후는 야당 단일후보를 위하여 박 피고는 부통령 입후보를 사퇴하였던 것입니다.

서상일 씨는 선거대책위원장으로써 신도성 씨와 조·박 씨와 함께 전국 각지를 순회 연설했던 것이고, 서상일 씨가 대통령후보 낙천으로 당시부터 불만이 있어 조 씨와 균열이 생겼다는 신도성 증언은, 윤길중·고정훈 증언으로 당시는 그

256) 원본 문서 그대로 기재한 것인데, 문맥상 '윤길중, 신도성이 있는' 정도로 보인다.

와 같은 조·서 씨 양씨(兩氏) 간의 균열이 생겼다는 것은 간취 못했다고 진술하고 있습니다.

(7) 재규합 운동. 조 씨는 낙선했으나 210만 표를 획득하여 정치적 기반이 공고화되어 진보당 내외에서 정계 압도하려면 비자유, 비민주의 재야세력을 총규합해야 한다는 논(論)이 대두되어, 4289(1956)년 7월 하순경 신태권(申泰權) 법률사무소에서 진보당계 서상일 윤길중, 공화당계(共和黨系) 신중목(愼重穆), 김영기(金英基), 근민계 김성숙(金星淑), 국민회(國民會) 조헌식, 사회당계 양우조, 한독계의 김경태, 국회 원내 김홍식(金洪植), 신태권, 육완국(陸完國) 등 11인이 집합하여, 비진보계의 연합조건이 진보당 명(名) 불고집(不固執), 진보당 강령·정책 무(無)로 하고 재책정하자, 조 씨는 2, 3선으로 물러앉을 것 등을 요구함에 규합운동은 좌절하고 말았습니다.

(8) 조·서 양씨(兩氏)의 결렬. 4289(1956)년 9월 하순경 7인 위원회[조 씨, 서 씨, 최익환, 김성주, 김성숙(金成璹), 조헌식, 김홍규(金洪珪) 등]에서 혁신세력 대동단결을 기하여 당명을 민주혁신당으로 개칭하기로 결정되었으나, 진보당 중앙지방 간부들이 극력 반대하여 조 씨는 서 씨와 결별하고 갱(更)히 진보당 결당을 준비하기로 했습니다. 조 씨 측은 서 씨를 제명 처분하는 이유로 "이념을 달리하기 때문에" 운운 기재했고, 서상일 씨는 검찰 증인신문에서 조 씨 측이 친공(親共)적이기 때문에 분열했다고 증언하고 있으나, 당 법정에 출두한 고정훈 씨 증언은 "그 명목이 어쨌든 간에 정치인이 분열할 때 대의명분 세우기 위해서 흔히 이념이 다르다는 문구를 쓰나 당시 조 씨 측이 친공적이었다는 사실은 없었다. 서 씨는 대동단결 후 결당하자 하고 조 씨를 결당 후 포섭하자는 이념 차로 분열되었습니다"고 증언하고 있는바, 앞서 말한 진보당의 강령 정책, 동 전문 등 모두 서상일 씨 손을 거쳐서 작성된 것인데 서 씨가 지금에 와서 조 씨는 친공적이라 하니 그 분열 이유를 모르겠습니다.

(9) 진보당 결당. 드디어 진보당은 4289(1956)년 11월 10일 시공관에서 결당을 하고 공보실에 등록을 필(畢)하고 이래(爾來) 합법적 지구당 조직 등 정당운동을

전개해왔습니다.

(10) 혁신세력 통일준비위원회. 4290(1957)년 9월 20일경 진보당 사무실에서 김성숙(金星淑), 양재소, 오중환(吳重煥), 김일우 등과 합작하려 했다고 조 씨 공소사실 (5)로 기소되었습니다마는 이 점을 이미 형사 1부에서 동일한 내용이 무죄에 귀착했습니다.

A. 한편 장건상 씨 계는 정화암 씨 계의 대중당(大衆黨)과 합당을 도모했고 그 후 군소정당 규합추진을 위하여 통일추진위원회를 조직하고 있었습니다.
B. 서상일 씨는 그 후 신숙, 박용희 등 인물을 보강하여 민혁당 발당을 준비했고 한때는 장건상 영도의 대중당과도 합작하려 했으나, 장씨(張氏)와 분열한 채 민혁당을 결당하더니, 제4대 민의원 선거에서 참패하자 근자에 노동당 전진한(錢鎭漢) 씨와 합당을 추진 중이라는 보도가 있었습니다.

서상(敍上) 우리나라 혁신세력 규합운동을 개관하고 진보당 결당 경위를 약술했습니다마는, 분합(分合)·이산(離散)을 일삼는 우리 정계에도 항상 기존 감투싸움만 하는 것 같은 우리 정계에도 위대한 영도자가 나와서 근로대중에 뿌리박고 노동조합 직장조합을 통할(統轄)할 수 있는 진정한 의미의 혁신정당이 출현하고야 말 것은, 동서 역사를 통하여 자명하고 또 진보당이 잘 육성되었다면 장차 여사(如斯)한 대정당이 되지 않을 줄 누가 단정하겠습니까.

제3. 박기출, 김달호 양(兩) 피고인의 조 씨와의 지면(知面)관계 및 당 조직 관여 정도

1) 박기출 피고에 대하여 공소장에는

(1) "1·4후퇴 당시 김산(金山)[257]에서 조 씨와 상봉하여 정치노선의 일치로서

---

257) 경상북도 김천 지역의 옛 지명으로, 1914년 행정구역개편에 따라서 개령군(開寧郡), 지례

친교를 계속하였다"하나 1·4후퇴 당시 조 씨는 국회부의장이고 박 피고는 한국의학협회 상무이사, 경남의사회장, 경남체육회장 등으로 있었던 까닭으로, 정부 외교사절단 지명인사 등의 공사(公私) 집회에 참석 기회에 그 석상에서 교제한 정도이고 별 친교는 없었으며, 정치노선의 일치한 것은 전(全) 기록에도 없을 뿐 아니라 조 씨 초대 대통령 입후보 시 같이 부산에 있으면서 하등 관계가 없었던 것으로 하등 정치노선은 논의한 사실조차 없었습니다.

(2) "4288(1955)년 10월 조 씨로부터 진보당 조직운동을 전개하고 있으니 협조하라는 내용의 서신과 인편 연락을 받고 차(此)를 응낙했으며, 4289(1956)년 3월 종로예식장에서 거행된 진보당 창당준비회에 참가하여 중앙위원으로 피선되고, 정부통령선거 시 동당 공천 부통령후보로 출마하여 전국 주요 도시를 순회하며 괴집 내용의 평화통일 구호를 강조했다"하나, 박 피고가 진보당 추진에 참가하라는 권유는 주로 당시 조직책임자인 서상일 씨로부터 서신 또는 인편으로 권유를 받았으나(물론 조 씨의 권고도 있었음), 박 피고는 거주가 부산이고 전업이 의사이고 정치운동에 가담할 의사가 없다고 거절하고 오던 중, 4288(1955)년 10월 말 경 동당 강령 정책 발기취지문 등을 서 씨로부터 우송(郵送)해오고 또 간곡한 권유가 있어 박 피고는 비로소 한국에 반공민주 혁신정당에 도움이 될 것이라는 신념하에 측면에서 협조하겠다고 승낙한바 있으나, 창당추진위원회 등 공적 회합에 하등 출석한 바 없다가 4289(1956)년 3월 31일 창당준비대표자대회에 서·조 양(兩) 선배에 보답하는 뜻으로 처음으로 상경 참가하였던바, 때마침 정부통령선거 공고가 나서 처음에 조·서 양씨(兩氏)가 우(右) 정부통령 공천을 받았으나 서 씨가 고사한 결과 의외에도 박 피고가 부통령 공천을 받고, 하부(下釜) 도피하며 결국 출마 승낙한 경위는 전술했으나 전국 각지로 순회하며 강연한 것은 선거위원장 서상일, 조 씨, 신도성 씨, 박 피고 등이 강연했는데, 당시 괴집 평화통일을 선전한 바 없고 원칙만 세운 강령 정책 중의 통일문제를 연설했을 따름이고, 압수된 증(証) 36호 즉 박 피고 자필의 부통령 출마 시의 강연 초고 9정 5 진보당은 무엇을 할 것인가 내용 중에 평화통일 과업 촉진에 있다 하고 특히 비공산·비협

군(知禮郡), 성주군의 신곡면(薪谷面)과 합쳐져 김천군(金泉郡)이 되었다.

상이란 기재까지 있으니 괴집의 평화통일 등과는 거리가 먼 것입니다.

또한 박 피고는 조·서 양씨(兩氏) 분열 후 서상일 씨에게 건민계[258]의 장건상 김성숙, 한독계의 김경태, 민우사계 안정용 등 과거의 정치 행장(行狀)이 복잡하니 관계를 끊고 조 씨와 합작하도록 서신 또는 직접 권고한 사실까지 있었으나 서 씨가 차(此)에 불응함에 김달호, 윤길중과 같이 과거 정치적 과오 전무한 조 씨 측에 참가하였다고 진술하는 것으로 보아, 박 피고의 사상이 매우 보수적임을 알 수 있고 그 후 부산에 거주하는 관계상 창당과정에는 전혀 관여한 바가 없습니다.

2) 김달호 피고인에 대하여 공소장에는

(1) "1·4후퇴 당시 조 씨를 지면(知面)하게 되어 친교를 맺어왔다" 하나 그 당시 고려흥업사장(高麗興業社長)의 소개로 마작할 때 상봉하였을 뿐 당시 조 씨는 국회부의장으로 정치인이요, 김 피고는 재야 법조인으로 공사(公私) 간에 친교를 맺어 본 일이 없었습니다. 본 변호인이 알기에는 김 피고가 정치와 관계한 것이 4287(1954)년 2월 초순경 제3대 민의원 출마 당시부터입니다. 그때도 1월말 경까지 국회 출마를 발표한 바가 없었고 또 전혀 정치문제에 논급하는 것을 본 사실이 없었습니다.

(2) 김 피고는 진보당 결당에 관여한 것이 전무함. 이 점은 공소장에도 기재된 바 없습니다. 김 피고가 진보당에 관여하게 된 것은 제3대 민의원 출마 당시 선거구민에게 평화적 통일(이것은 누구보다도 제일 먼저 주장했습니다), 대통령 종신제 개헌안 반대와 책임정치의 구현, 장래 정당은 사회당 같은 것을 만들어보겠다는 등의 공약에 따라 의회생활에서 활동했고, 4289(1956)년 9월경 신도성 의원 소개로 음식점에서 김기철 씨를 알게 되고 광범한 비자유, 비민주 혁신세력 규합에 동감하여 진보당 추위(推委)와는 별도로 장택상, 윤치영, 신흥우, 서상일 제씨(諸氏)를 혹은 방문하여 혹은 자택에 초청하여 개인적으로 합작을 추진해왔으나

---

[258] 근로인민당계인 '근민계'의 오기로 보인다.

모두 헤게모니 관계를259) 불응하게 되어, 결국 동년 11월 10일 창당대회에서 부위원장이란 감투를 쓰게 되었습니다. 김 피고가 진보당 창당추진위원이 아니면서 이상 제씨를 합작시키고자 노력한 것만 보아도 결당 전후를 통하여 국가변란의 목적이 없었음이 입증됩니다.

제4. 평화통일문제(강령 정책을 중심으로)

1) 진보당의 조직과 전술은 공산혁명과 과연 같은가

검사는 정보부 책임자로서 공산주의 해부(解剖)에 매우 조예가 깊은 점에 대하여 경의를 표합니다마는, 그 논고에서 멀리 ① 1903년의 로서아(露西亞) 사회민주노동당 2차 대회에서의 레닌의 푸로 독재 최고 강령이 폭력혁명 또 최저 강령이 민주주의 탈 쓰고 쓰아 전제 전복을 기하였다. ② 1904년 레닌의 『일보전진 이보후퇴』 저술에서 당 조직 원칙은 근로계급을 전위대로 한 대중 연결에 있고, 그 전술은 평화구호하에 의식적으로 전쟁을 도발하거나 또한 전쟁을 이용하여 혁명을 수행한다는 논(論)을 인용하고 나서, 일로(日露)260) 패전을 이용한 1905년 12월의 제1차 혁명인 무장폭동이 실패하자 공개적 투쟁(폭력)에서 우회적 투쟁으로 (합법행동과 연결) 전술을 전환하고 1917년 2월 제1차 세계대전의 패전을 이용하여 수(遂)261) 제2차 혁명에 성공함. 그 후 세계 제2차 대전을 이용하여 동구 위성국, 중공, 동남 아세아, 북한 등 세력을 팽창함으로서 공산당의 발전사와 전쟁을 이용한 혁명 과정을 상론(相論)하여, 우리나라의 6·25동란이 일로(日露) 전후(戰後)의 우회적 투쟁, 즉 정부와 한국을 협조하는 사회당 및 유사한 사회단체의 조직과 보수당에의 침투를 기하고 있다 한 후에 다시, 공산당사의 "평화란 사회민주주의의 단순한 사모(思慕)와 선전에 그치지 않고 제국주의 자본주의 국가를 전

---

259) '관계로'의 오기로 보인다.
260) '러일전쟁'을 의미한다.
261) '드디어'를 뜻한다.

복하는 수단이다"라는 문구를 인용하고, 또한 현재 후루시체프[262]가 여사(如斯)한 입장에서 공산주의와 자본주의의 평화적 공존을 선전하고 결국 제도의 우월이 승리한다고 하면서 공산주의와 자본주의가 경쟁하자고 제창함은 궤변에 불과한 것이다 한 후, 검사는 나아가 진보당이 공산주의의 세계적화 투쟁의 일익을 담당하고 있는 양 말씀이 있었습니다.

과연 공산세력이 전쟁만 있으면 팽창하는 것은 우리 경험 사실로서 지실(知悉)하고 있습니다마는 공산당의 전술이 과연 그러하고 또 공산당의 평화개념이 과연 그러한가. 또 각국의 사회적 민주주의 정당이 공산당과 연결하고 있는가의 제점(諸点)에 대하여는 본 변호인 과문(寡聞)인지 아직 모르며, 국민 대다수도 그것을 모르고 여기 피고인의 대부분도 그것을 모릅니다. 검사는 그것을 입증했어야 좋을 뻔했습니다. 우리가 알기에는.

(1) 사회적 민주주의가 정치적 자유민주주의 범위 내에서 합법적 점진적으로 사회적 경제적 민주주의 달성에 있고 그러기 위하여 근로 인민의 정치적 의욕을 보통선거로써 의회에 반영하여, 기(其) 본질상 공산주의가 폭력적 혁명을 전제로 하고 사회민주주의는 기(其) 본질이 평화적 합법적 개혁에 있어 상호 현저한 차이가 있으며, 과거에 유명한 레닌과 카우츠키의 논쟁은 고사하고 영국 노동당을 위시하여 미국 진보당, 서독, 일본, 기타 각국의 사회당이 소련 공산당과 어떠한 연결이 있고, 또 소련 공산당이 스스로 각국 사회당을 조직한 예가 있고 보수당에 침투한 사례가 있었습니다.[263] 검사의 여사(如斯)한 논고는 증거 없는 가공의 추측에 불과합니다.

(2) 각국 사회당은 공산당의 우회적 투쟁 방식 즉 합법적 의회투쟁을 통하여 혁명수행을 기한다 하나 합법적 의회투쟁으로는 신진적 개혁이 있을 뿐 혁명과는 그 성질이 판이한 것입니다. 소련이 폭력적 사명을 완수했고 2차 대전 후 동

262) '니키타 세르게예비치 흐루쇼프(Ники́та Серге́евич Хрущёв, 1894~1971)'를 말한다. 1953~1964년 소련공산당 서기장, 1958~1964년 소련정부 수반을 역임했다.
263) 문맥상 '까.'의 오기로 보인다. 소련 공산당이 각국 사회당과 보수당에 침투한 사례는 없다는 의미로 보인다.

구 위성국 및 괴집은 소군의 진주로 무력적 혁명을 달성한 것이고, 중국 및 북월남(北越南)은 각 무력으로 혁명을 달성했거늘 세계 어디에 무력·폭력 없이 합법적 의회투쟁을 통하여 공산주의 국가가 수립된 곳이 있는가 검사에게 반문하고 싶습니다.

2) 공소장 전문(前文) – 괴집 평화공세의 목적

검사는 공소장 전문에서 수부회담(首府[264]會談) 시의 괴집 통일방안 즉 ① 남북 대표로 전국위원단 구성 ② 중립국 감시 ③ 전국위원단은 〈선거법〉 제정과 남북 문화교류 등을 주장하는 데 그 목적이 6·25사변의 책임을 한국에 전가시키고 협상 방법으로 한국의 해방을 도모하고 UN의 권위를 무시하고 한국 전역의 공산화를 기도하는 위장 평화공세라고 단정했습니다. 괴집은 수부회담 후 소위 최고회[265] 8차 회의에서 남북협상 호소문을 제창하고 소위 조국통일민족전선 중앙위원회 명의로 평화통일 호소문을 제창하고, 월북 인사 공동성명으로 평화통일 호소문을 각각 제창하여 제주도까지 공산화할 목적하에 혹은 방송으로, 혹은 밀송(密送)으로 혹은 간첩 남파로 끊임없이 음흉한 위장 평화공세를 취하고 있다는 사실은 국민 전부가 전율을 금하지 못합니다.

우리가 과거를 회상할 때 ① 군정(軍政) 시 UN 감시로 선거할 때 단정(單政)·단선(單選)이라 감엄이설[266]로 남북협상을 제창하여 기개(幾個) 정치인이 월북했으나, 그것은 괴집의 선전 효과밖에 없었다는 점, ② 4281(1948)년 UN 감시하에 우리 정부가 수립되고 UN에서 합법 유일한 정부라 결의 받고 각국이 다투어 승인하여 국기(國基)가 공고화하자, 당시 피체(被逮)된 이주하(李周河), 김삼룡(金三龍)과 조만식(曺晩植) 선생을 교환하자는 38선 여현(勵峴)에 갔더니, 평화통일 호소문 전단을 우리 대표와 기자들에게 나누어 주더니 그 며칠 후 괴집은 대거 남

---

[264] 수(首)는 수(壽)의 오기이다. 수부(壽府)는 '제네바'의 음역어이다.
[265] 우리의 국회 격인 '최고인민회의'를 가리킨다.
[266] '감언이설(甘言利說)'의 오기이다.

침하였다는 사실, ③ 행인지 불행인지 6 · 25사변은 국비(國費)를 기(幾) 억환(億圜) 뿌려서 공산주의가 나쁘다고 선전하는 이상으로 대구, 부산 등지를 제외한 피점령지역에서 공산만행과 잔학행위를 몸소 체험한 국민들과 그들의 학정(虐政)이 싫어서 남부여대(男負女戴)로 월남한 국민은, 평화로운 자유대한에서 납치당한 다수의 동포들 또한 북한 땅 소수독재하에 신음하고 있는 다수 국민들은 공산당이 어떠한 것이란 것은 그들의 체험을 통하여 알게 되고 다시는 공산정치를 원하지 않으며, 또 괴집 평화선전 뒤에 숨은 목적과 흉계를 모르는 사람이 없을 것이고 경계하지 않는 자 없을 것입니다. 여기에 있는 피고인들도 괴집 평화선전의 목적과 흉계를 모르는 분이 없을 것입니다.

3) 진보당의 평화통일이 괴집과 상통하는가

조 씨 공소사실 일(一)에는 전술 괴집의 위장평화 공세의 목적을 단정한 다음, 소위 혁신세력의 규합과 진보당 추진위의 활동을 기재한 후 나아가 조 씨는 사회주의를 지향하는 일방(一方), 평화통일방안으로서 대한민국과 괴집은 동등한 위치에서 일대일로 취급 각각 해소시키고 통일정부 수립을 위한 남북총선거, 환언하면 괴집 평화공세안과 동일한 내용의 방안을 남한에서 주장함으로써 대한민국을 괴집과 호응하여 전복시켜야 한다는 철칙하에 진보당 결당을 추진하고, 4289(1956)년 5 · 15대통령선거 당시 평화통일을 선전하고 있던 중 ① 박정호 간첩과 내통하고, ② 이북 김약수에게 밀사를 보내고, ③ 4289(1956)년 11월 10일 괴집과 상통하는 평화통일을 강령정책으로 하는 진보당을 결당하고 국가변란을 도모했다고 기소했습니다.

박기출, 김달호 양(兩) 피고에 대한 기소사실 일(一)에는 조 씨의 전기(前記)한, 즉 국가변란 목적의 평화통일을 내용으로 하는, 진보당을 결당하고 각각 부위원장에 취임함으로써 〈보안법〉 위반이라 기소하였습니다. 또 검사는 상술과 같이 진보당을 4289(1956)년 11월 10일 결당 당시부터 국가변란의 목적이 있다는 단정을 내리고 있습니다. 그러나

(1) 조 씨가 박정호 간첩과 상봉한 사실이 없다는 것은 전술했으며, 성명불상의 청년을 이북 김약수에게 보냈다는 것은 입증과 논고도 없었습니다. 따라서 남은

것은 결당 당시의 진보당 평화통일이 과연 국가변란의 목적이 있었느냐의 문제입니다.

(2) 창당 과정에 있어서 평화통일 기타 강령의 골자를 서상일 씨가 당시 의안부 윤길중 피고에게 수사(手寫)[267]하니 그것을 풀어서 현재의 강령이 된 것이고, 조 씨가 특별히 강조했거나 지시한 사실이 전무하였음은 윤길중의 진술, 고정훈, 신도성의 증빙(證憑)에 의하여 명백해졌습니다.

또 검사가 지적하는 동등한 위치 운운의 말은 결당 1년 후인 4290(1957)년 10월호 『중앙정치』 조 씨 논문에서 나타난 것이지, 그전에는 여사(如斯)한 발설이 나온 사실이 없습니다. 89[268](1956)년 5·15총선(대통령)[269] 당시 괴집과 상통하는 평화통일을 선전했다 하나 박기출 피고의 당시 연설 초안을 보면 분명히 비협상·비공산이라 기재되어 괴집 안과 반대되는 연설을 한 사실은 전술한 바 있었습니다.

(3) 검사는 조 씨가 결당 10개월 전부터 양이섭 간첩을 통하여 괴집과 상통하는 평화통일을 주장했다고 하는 한편 조(曺)를 제외한 여타 피고인이 괴집과 상통했다는 증거는 없다고 단정했습니다. 만약 여기에서 조 씨가 괴집과 내통하여 국가변란 목적하에 평화통일 방안을 내세웠다는 실로 끔찍한 가정을 하더라도, 결당 전후를 막론하고 조 씨가 박, 김 피고는 물론 여타 피고인과 국가변란 목적의 평화통일 문제를 모의한 사실 그 내용, 그 일시, 그 장소 등등 범죄 구성요건에 관한 공소장 기재가 유탈(遺脫)되었을 뿐 아니라 당 법정에서도 이 점에 관한 공소장의 추가가 없었고 또 전혀 입증이 없었습니다. 따라서 조 씨가 국가변란 목적의 평화통일 주장을 했다는 끔찍한 가정을 한다손 치더라도 박기출, 김달호 및 여타 피고인이 공동정범(共同正犯)이 될 수 없는 것입니다.

---

[267] 손으로 베껴 쓴다는 의미이다.
[268] '4289'의 오기이다.
[269] 1956년 5월 15일에 실시된 제3대 대통령선거를 가리킨다.

(4) 강령 정책의 통일문제가 과연 위법인가. 정당이란 정강정책에 찬동하는 다수인의 결합체입니다. 따라서 정당에 있어 정강정책은 국가의 〈헌법〉이나 〈기본법〉과 매우 중요한 것입니다.

A. 정책 통일문제(61면)에는 "조국의 평화적 통일을 파괴한 책임은 6·25의 죄과를 범한 공산집단에 있다. 그들의 반성과 책임 구명은 평화통일의 선행조건이 아닐 수 없다"고 표현하고 있습니다. 민혁당의 고정훈 씨는 "진보당은 통일정책의 구체안이 없어 반공국가란 현시(現時)에 있어서 오해받기 쉽다. 민혁당은 이 점을 통일정책에서 구체화하여 ① UN을 통한 남북총선거, ② 선거 전(前)은 괴집 부인, ③ 6·25 전범자는 선거 참가 부득(不得), ④ 서독과 같이 자력(滋力)적 존재되게끔 남한에서 혁신정치 해야 한다"는 등을 삽입하였다고 증언했습니다. 진보당과 민혁당을 비교할 때 6·25 죄과의 책임 구명, 즉 전범자 처단이 평화통일의 선행조건이라고 규정한 진보당의 정책이 민혁당의 전범자 선거 참가 부득보다 더욱 강력한 구체적 표현이라고 보아야 할 것입니다.

B. 동 정책(62면)[270] "우리는 조국의 평화통일 방안이 결코 대한민국을 부인하거나 말살하는 데 있지 아니하고 도리어 그것을 육성하고 혁신하고 진실로 민주화하는 데 있음을 확신한다"고 표현하고 있습니다. 그 전단(前段) 즉 대한민국의 부인 말살은 괴집의 기도이나 그와는 정반대이다. 즉 민혁당의 선거 전 괴집 부인과도 상통하는 것입니다. 후단(後段)의 대한민국의 육성 혁신, 진실한 민주화란 문구는 정치적 자유평등과 더불어 사회적 경제적 자유평등을 기하는 혁신정치를 하여 실질적 민주화의 실현을 기한 것뿐입니다.

C. 강령 4, "안으로는 민주세력의 대동단결을 추진하고 밖으로는 민주우방과 긴밀히 제휴하며, 민주세력의 결정적 승리를 얻을 수 있는 평화적 방식에 의한 조국통일의 실현을 기한다"고 표현되어 있습니다.

① 강령 중 "밖으로 민주우방과 긴밀히 제휴하여"란 외교 국방 정책(62면)에

---

270) 문맥상 '에'가 삽입되어야 할 것으로 보인다.

서 "한국의 방위는 결코 한국의 과제일 수 없다. 이것은 자유세계 전체의 책임이며 대한민국은 국제적 집단안전보장 테두리 안에서만 능히 존립할 수 있다"하여 자유세계의 안전보장과 또 그 제휴를 구체화하고 있으며 공산권은 전혀 도외시했음을 알 수 있습니다.

② 강령 중 "안으로 민주세력의 대동단결을 추진하고"란 4290(1957)년 11월 25일 「국토통일 추진을 위한 행동통일체 구성에 관한 제안」(증12호)을 자유당 및 민주당에 발송하였습니다. 그 내용에 있어 종전에 자유당이 북진통일을 주장하다가 근자에는 북한만의 선거를 주장했고, 민주당은 화전(和戰) 양양(兩樣) 태세라 하더니 남북총선거를 주장하니, UN 감시 하의 자유선거란 원칙이 동일한 이상 민족 지상과업인 통일문제에 관해서는 초당파적으로 공동행동체를 구성하여 구체적 방안을 책정하여 국론을 통일하고, 우리가 평화통일의 주도권을 장악하고 대공 투쟁을 활발히 전개하자고 제창하고, 종래 진보당의 평화통일 구호까지 고쳐도 가(可)하며 여사(如斯)한 □□□□□□□□□당이 선도적 역할을 한다면 더욱 효과적이라고 진지한 제의를 하고 있습니다.

상술(上述)과 여(如)한 진보당의 강령정책 중의 통일문제와 공동행동체 구성의 제의 등의 어느 구절이 괴뢰와 상통하며 국가변란을 목적했으며 남북협상식 중립국 감시 등 괴집 주장과 같으냐고 묻고 싶습니다.

여사(如斯)한 강령정책에 찬동하여 결합한 피고인 등에게는 〈보안법〉의 특별구성요건인 국가변란의 목적이 전혀 없었습니다.

(5) 또 조 씨가 결당 전후를 막론하고 괴집 간첩과 내통하는 통일방안을 원했다고 가정하더라도, 그것이 당 강령이나 정책에 반영되어 수정·개변(改變)되지 않는 이상 가정(假定) 사실에 대하여 조 씨 개인의 범법행위요, 반당행위일 뿐이지 결코 타당원이 형책(刑責)을 질 수는 없을 것입니다. 4289(1956)년 3월 31일 진보당 창당추진대표자대회에서 강령정책, 강령 전문, 경제정책 전문이 이미 채택되고 동년 11월 10일 결당대회에서 정식으로 채택되어 기후(其後) 하등 변경 수정이 없습니다.

(6) 진보당은 합법적 정당입니다. 4289(1956)년 11월 10일 정계 각 당의 축사와 임석 경관 입회하에 800여 대의원 참집으로 평온 공연히 결당되었고, 결당문헌은 만천하에 공개되고 그 후 엄격한 심사를 경(經)하여 공보실에 등록되었고, 또 1년 유여(有餘) 간 시도당 결성 등 합법적 정당 활동을 계속하여 왔는데 지금에 와서 전술, 가정하는 조 씨 개인의 범죄행위로 인하여 진보당 전체가 불법화될 수 없을 것이며, 또 괴집과 상통한다는 정(情) 부지(不知)의 여타 피고인 등이 죄책을 받아야 한다는 법 이론은 서지 않습니다. 만일 그러한 논법으로 한다면 결당 시 축사한 인사, 임석 경관, 진보당원 전원, 등록 접수한 공보실장도 형책을 면하지 못할 것입니다. 과거 뉴데리사건[271]이라고 고(故) 해공 선생이 영국 여왕 대관식에 갔다가 뉴데리에서 이북 조소앙과 만나서 협상을 했다고 논쟁이 생겼었는데 그것이 사실이라고 가정한다면, 당시 민국당 간부는 전부 그 책임을 불면(不免)할 것인가 그와 같은 논리는 도저히 서지 않습니다. 따라서 박·김 양(兩) 피고가 4289(1956)년 11월 10일 불법결사인 진보당을 결당하고 각 부위원장에 취임했다는 공소사실 일(一)은 상술한 바로 당연히 무죄로 귀착된다고 생각하는 바입니다.

4) 검사 논고의 모순성

(1) 검사는 평화라는 개념이 자유진영에서는 진정한 평화, 평화로운 상태 즉 결과를 말하나 공산당은 계급투쟁의 수단 방법으로써의 평화를 사용하고 있고, 세계적화가 전반기는 폭력, 후반기는 평화이라 논단하고 이것을 진보당의 평화통일 문제에 결부시키고 있는데, 전술한 바와 같이 공산주의가 폭력, 무력 배경 없이 혁명을 이룬 나라가 세계에 없다는 사실과, 사회적 민주주의가 그 본질이 평화적 점진적으로 의회 다수를 획득하여 정혁(政革)[272]하는 것을 망각한 것이며 더구나 공산주의 전술을 진보당에 결부시킴은 논리의 비약입니다.

---

271) '뉴델리 밀회사건'을 말한다. 각주 54) 참조.
272) '개혁(改革)'의 오기로 보인다.

(2) 검사는 UN 감시하이든 대한민국 육성 목적이든 간에 남북총선거는 결과적으로 대한민국 해산을 전제하고 〈헌법〉 폐기와 제정을 조건으로 하는 것이니 법률상 위법이라 하는데, 그렇다면 수차의 UN 총회 한국문제 결의(이것은 남북 자유선거라 했지 남한을 우리 〈헌법〉 절차에 따라 선거한다고 결의한 바는 없습니다)와 민주당의 금차 선거 시의 공약인 남북총선거 주장과 대통령의 중공군 철수 후의 전국 총선거 담화 등도 모두 위법이란 말인가, 남북총선거가 어디에서 선거 전에 국가의 해산, 〈헌법〉 폐기를 조건으로 내세우고 있는가 묻고 싶습니다.

(3) 검사는 또 남북총선거 후 그것이 민주진영이 승리하느냐 공산진영이 승리하느냐의 문제는 법률상 논외이며, 요는 대한민국의 존립만 지키면 된다고 하였는데, 진보당의 강령정책이 반드시 민주진영의 승리를 예견하고 그 승산이 없으면 선거를 하지 않는 것이니 왜 이것이 법률적 평가에서 논외가 됩니까. 만약 UN 감시하 남북총선거를 해서 우리가 결정적으로 승리한다면 통일 국회에서 우리 〈헌법〉을 그대로 유지하고 수정할 필요조차 없을진대, 민주진영의 승산 없이 선거를 않겠다는 진보당의 강령정책 중의 평화통일은 하등 법률 위배가 없는 것입니다.

(4) 검사는 UN 감시하의 북한만의 선거 이것만이 합법적이라 합니다. 자유당이나 정부의 구체적 방안에 대한 제시가 없음으로 논평이 곤란하나, ① 우리 〈헌법〉이나 〈보안법〉을 개정하지 않고 UN 감시라 하더라도 북한만의 선거를 방임할 것인가. 환언하면 4281(1948)년 5·10선거 시에도 UN 감시단이 당시 군정하 입법의원 〈선거법〉을 제정했고, 선거위원을 임명해서 선거가 실시되었던 예가 있는데, UN 감시단이 북에 가서 누구를 상대로 〈선거법〉을 제정하고 어떻게 선거위원회를 구성하는가. 만약 괴집을 상대로 한다면 조 씨가 걱정하는바 북에서 공산당원 100명이 선출될 우려가 없을까 또 그것은 우리 현존 국법상 당연한 위법이 아닌가. ② 우리 국군과 경찰이 북한에 진주하여 치안을 확보하고 우리 중앙선거위원회가 북한 선거를 관리한다면 비록 합법적이겠으나 이것은 현 실정으로 전연 가능성이 없는 것입니다. 신(辛) 변호사가 변론하다시피 남에 앉아서 이불속에서 북진통일하자 혹은 통일하자는 것과 마찬가지라고 비유한 것과 다름없을

것입니다.

5) 최근의 평화통일에 관한 국내외의 움직임. 최근 중공군이 일방적 철수의 성명과 정상회담의 예비회담이 오고 가는데

① 『뉴스위크』지 3월 10일자 판(版)에 의하면 미 국무성 관리 일부는 중공이 UN 가입의 조건으로 대만의 중립화, 통일한국의 자유선거를 빠타[273]제로 희구하고 있을 것이다. 또 그것에 찬성하는 양(樣)의 보도가 있었습니다.

② 1954년 수부회담 시 우리 변 장관은 UN 감시하 남북 자유선거를 제창했습니다.

③ 동년 11월 9일 영국, 가나한(加奈佗)[274] 양국(兩國)이 혼성(混成) 위원국 감시하의 남북총선거 방안을 참전국 간에 합의되었다는 외전(外電)을 접한 국회는 당시 변 장관을 출석케 하고 비난한 끝에 'UN 감시하의 북한만이 선거'를 결의했고 그 후 이 안을 거듭 주장했던 것입니다.

④ 4291(1958)년 2월 27일 이 대통령은 (AP 보도) 만약에 중공군이 철수하고 또 들어오지 않는다면, 지금 당장이라도 UN 감시하에 한국 전체에서 자유선거를 실시해도 좋다는 담화 발표를 하여 UN 감시하의 전국 총선거를 시사했습니다.

⑤ 그 후 3월 8일 조(曺)[275] 외무부장관은 북한만의 선거를 강조했습니다.

한편 금반 선거에서 자유당은 북한만의 선거를 주장하고 나아가 이 이상 국토 분할이 계속된다면 북진통일도 감행해야 한다고 발표했고, 민주당에서는 진보당이 주창해 온 UN 감시하의 남북총선거를 공약했던 것입니다.

국민들은 진보당의 평화통일이 국법에 저촉된다고 기소된 후에도 과연 북한만의 선거가 가능한가 합법적인가 또 민주당의 남북총선거 주장, 대통령의 전국 총선거의 시사(示唆) 등으로 통일이 UN 감시하라는 원칙은 부동(不動)이나 북한만

---

273) '바터(barter)' 물물교환을 의미한다.
274) '가나다(加那陀)'의 오기이다. 캐나다를 가리킨다.
275) '변(卞)'의 오기이다.

선거냐 남북총선거냐 어느 것을 택해야 좋은지 갈피를 못 잡고 있습니다. 국토통일 방안은 여야를 초월하여 허심탄회로 행동통일체를 구성하고 국론(國論)의 실현 가능성 있는 방안을 책정해서 국론을 통일하여 강력한 추진을 해서 평화통일의 주도권을 우리가 잡아야 합니다.

제5. 『중앙정치』「평화통일에의 길」조 씨 논문

검사 논고의 결론은 피고인들이 결당 당시 국가변란의 정(情) 부지(不知)였다 하더라도 결당 후(後)의 두 가지 사실 즉 ①『중앙정치』의 조 씨 논문에 관하여 사전에 협의한 당원은 물론이요, 그 논문을 후에 읽고도 당적을 계속 유지한 자는 면책의 여지가 없다, ② 또 김기철 통일방안을 협의함에 있어 찬성 여부를 막론하고 〈보안법〉 3조의 협의 죄에 해당된다고 논고했는데, 박·김 양(兩) 피고에게도 관련이 있음으로 순차 변론하겠습니다. 정부가 북진통일을 부르짖는 소위(所爲)는 우방국가의 경제원조와 군사원조를 더 획득하고, 우방국가가 항상 한국 문제를 주관하여 방위권(防衛權) 외(外)라는 비극적 사태 발생을 방지하는데 있다고 생각하고 있습니다.

그러나 현실상 원수폭(原水爆) 핵무기의 발달과 대륙간 탄도 유도탄 및 인공위성 등 궁극(窮極) 무기의 발달, 미소 양 진영이 각기 보유하고 있다는 사실과 한국 휴전 후의 UN 총회의 평화적 통일에 관한 제 결의, 국내법적 효력 있는 한미방위조약의 전쟁금지 규정 등등으로 금일에 있어서는 무력통일을 하지 못하고 평화통일의 길만이 있다고 생각하고 있습니다.

또 그 평화통일은 UN 총회의 제 결의와 같이 UN 감시하의 남북총선거이다. 또 여사(如斯)한 선전이나 논술(論述)을 했다고 해서 국법에 저촉된다고 생각할 국민은 아마 진보당사건 이전에는 1명도 없었을 것입니다. 그런데 본건에서는 조 씨의 평화통일 논문이 문제시되었습니다. 본 변호인은 구속적부심 심사 시에 조 씨 논문의 어디가 위법인가 법률가로서의 주의(注意)로 1~2독(讀) 하였습니다마는 어느 구절이 위법이냐 의아했었습니다. 후에 알고 보니 동 논문의 전후 연결을 잘라버린 '동등한 위치'란 5자구(字句)가 괴집 인정, 한국 부인 해산, 1대 1 등 등으로 의혹을 샀다는 것입니다. 그러나 평화라는 자구를 공산당 발전사와 결부시켜 계급투쟁 수단으로 해석하는 그와 같은 깊은 주의로 읽었다면 혹 의심을 품었겠지마는, 그러나 보통 통상인의 수준으로서 특히 법률가적 소양에서 어디가 위법인가 주의하면서 논문의 전후를 1~2독 했을 때 그 위법 또는 의심을 갖지 못했던 것입니다.

김달호 피고인이 조 씨 논문을 조독(粗讀)[276]한 후 '왜 우리 주권 하(下)' 또는 '헌법절차 하(下)'란 문구를 넣지 않았느냐고 충고했다는 진술이 있었는데, 이것은 결코 '동등한 위치'란 문구를 발견하여 놀란 것이 아니고, 김 피고가 어느 좌석의 기회에 있어서도 항상 우리 헌법정신하 또는 절차하에 평화통일을 주장했기 때문에 여사(如斯)한 충고를 했을 뿐이지 법에 저촉된다는 생각은 추호도 없었습니다.

조 씨는 당 법정에서 총선거 결과로 한국의 발전적 해소를 초래한다고 진술했습니다. 조 씨는 법률가가 아니고 정치가이기 때문에 서슴지 않고 진술하나 동당 강령에 민주세력의 결정적 승산이 있어야 평화통일을 실현하는 것이니, 남북한을 통하여 민주진영이 결정적으로 다수를 점한다면 〈헌법〉을 새로 제정할 필요도 없고 또 수정할 필요도 없을 것입니다.

또 총선거 후에 통일 국회에서 새로운 〈헌법〉을 제정한다고 가정할 때 우리의 국시가 민주공화국인 고로 주권재민(특수계급만이 주권이 있어서는 불가), 삼권분립, 대의정치, 법치주의, 국민의 기본권 보장 등 현대 민주주의의 제(諸) 제도를 포함하는 〈헌법〉이라면 그것이 새로 제정한다 해도 〈헌법〉 폐기나 국가변란이나 국가의 발전적 해소가 아닙니다. 왜냐하면 형사법상 국헌이라 함은 결코 형식적 헌법전(憲法典) 또 그 몇몇 조문의 개폐가 문제가 아니라 전술한 민주공화국의 국시가 일관되고 민주주의 제 제도가 존속한다면, 그것은 헌법제정 권력에 변동이 없는 고로 통일국회에서 형식상 헌법을 제정한다손 치더라도 우리 〈헌법〉 즉 실질적 헌법 폐기가 될 수 없는 것입니다.

조 씨는 검사의 보충심문에서 1석이라도 더 많으면 민주진영의 승리이다라고

---

[276] '조독(粗讀)'은 대강(대충) 읽는다는 의미이다.

진술하고 있는데, 그것은 결코 조 씨의 원(願)이 아닐지며 공산당 100석의 획득을 우려하는 심정을 짐작할 수 있습니다. 그 1석 더 많다는 것은 전술한 바와 같이 6·25 공산학정을 체험한 남한에 있어서는 233석을 전부 민주진영이 획득할 것이라 확신하고, 또 북한선거에도 월남한 인사들이 다수 귀환하여 출마하면 북한 소수독재하에 신음하는 다수 국민이 민주진영을 지지할 것이라 확신하며, 만약 자유 분위기만 보장된다면 조 씨의 1석 승리보다 더 많은 승리는 할 것이 아닌가. 북에서 1석 더 차지한다면 민주진영 51석 공산당 49석인데 전술 남한 233석과 51석을 합한 280여 석만 확보한다면 헌법제정 개정의 필요조차 없을 것입니다.

검사는 남북동시 총선거했다고 자유 분위기가 보장될 수 있느냐 또 남북 문화교류하면 공산 합법침투를 방임하게 되니 군정시대로 환원한다고 논고했는데, 이것은 패배의식과 6·25의 국민체험을 도외시한 것입니다. 남북 문화교류 및 왕래가 있어야 자유 분위기 보장이 될 것이며, 만약 UN이 북한만 선거한다면 전술한 바와 같이 4281(1948)년 5·15선거 시와 같이 UN이 괴집 상대로 〈선거법〉 제정 선거위원회를 구성하는 고로 민주진영이 참여할 길이 전무해 질 것이고, 우리들은 언제나 6·25 체험을 남북선거만 하다면 우리 민주진영이 대승한다고 확신하고 있습니다. 때문에 대통령도 금년 3월 27일 중공군이 철수한다면 지금 당장 UN 감시하의 전국 선거를 해도 좋다고 담화 발표한 것은 여사(如斯)히 우리 민주진영의 대승을 확신하는 신념에 기초를 두고 있을 것입니다. 조 씨도 여사(如斯)한 심정에서 논했을 뿐입니다. 만약 조 씨가 진정으로 대한민국의 의석이 1석이 많아도 민주진영의 승리라 확신한다면 이것은 당 강령 및 정책에 정면으로 위배하는 것이니 개인 의사에 불가하며 당 전체의 의사는 못됩니다.

검사는 조 씨가 당위원장이다, 위원장은 당을 통솔한다, 그 의사 발표는 당의 의사표시이고 그것이 설사 대의원대회 중앙위원회 중앙당 상무위원회의 절차를 밟지 않았다 할지라도 그것은 내부 문제에 불과하고, 대외적으로는 어디까지나 당의 의사라고 논고했으나, 반문하노니 대통령이 UN 감시하의 전국총선거를 실시해도 좋다고 외국 기자에게 말했는데 자유당은 총재의 의사이니 정부는 행정수반의 의사이니 그것은 자유당 및 정부의 의사로 볼 것인가. 또 국회의장이 어떤 문제에 대한 해명이 있을 때에 국회의장은 대내적 문제이고 어디까지나 대외적으로는 국회 의사라 할 것인가. 여사(如斯)한 논리의 둔환(遁環)[277]이 어디에 있습니까.

다만 동 논문 중 "진보당의 주장을 만천하에 천명한다"라는 언구(言句)가 있으나 이것은 조 씨 원고에 있는 것이 아니라 편집자가 단독 기입했을 뿐입니다. 또 동 논문 내용에 '우리들', '우리'의 언구가 있으나 이것은 한국인 통유(通有)의 단복수(單複數)의 구별이 선명치 못한데 기인하는 것입니다. 그러니 동 논문은 조 씨 개인의 관찰에 의한 개인 의견에 불과합니다.

또 검사는 『중앙정치』는 당 기관지이다. 거기에 기재되는 논문이나 논설은 당연히 당을 대변한다고 논고했습니다. 그러나 『서울신문』이 민주당을 대변한다고는 볼 수 없습니다. 다만 편집위원의 구성 그 임명이 조 씨에 있는 점. 기관지를 갖고자 하는 욕망, 판권 소유가 실질적으로 조 씨께 있다는 것은 일반으로 하여금 기관지라 의심받기 쉬우나, 이것은 어디까지나 조(曺) 개인 운영에 불과하여 당헌에 여사(如斯)한 기구가 없을 뿐 아니라 결당대회의 특별 결의사항으로 설치된 통일연구위, 출판위와는 그 본질이 판이한 것입니다. 증 53호 당 선전부장 명의로 발송된 문서에도 『중앙정치』가 우리 당의 이념에 동조하는 인사들이 본격적 규모하에 발간한다 했지, 기관지다 당이 운영한다는 문구는 찾아볼 수 없습니다.

박기출 피고는 결당 시와 결의로 설치된 출판위원장입니다. 당초에는 일간신문을 발간하고자 주식회사 정진사의 명칭으로 주(株)를 모집했으나, 30만 환의 모금뿐으로 그 기도가 □□하였는데 『중앙정치』의 발간을 보고 출판위원장이 모르는 잡지가 어찌 나오느냐고 불쾌해서 힐난했을 때, 조 씨 개인이 운영한다고 위로를 받고 사장 취임을 부탁받았으나 차(此)를 거절한 후, 그 운영이 곤란하다 하여 조 씨를 후원하는 마음으로 2·3호 □판□ 50만 환, 30만 환을 각각 원조해 준 사실이 있었으나 이것 역(亦) 당 기관과는 하등 연관 없는 것입니다.

또 검사는 진보당이 강령정책 중에서 통일문제를 고의적으로 추상적 원직만 세운 후 주위를 살피면서 조(曺) 위원장, 윤(尹) 간사장의 권위로 각각 『중앙정치』를 통하여 당의 구체적 방안을 해설하였다고 논고했는데, 진보당의 통일방안이 조 씨·윤 씨 해설과 똑같다면 김달호 피고는 국회에서나 4개 정당 회담에서 발

---

277) '순환(循環)'의 오기이다.

언한 내용이 우리 헌법정신하에서 방공민주(防共民主) 평화통일을 주장했는데, 부위원장의 여사(如斯)한 통일방안이 조 씨의 구체적 방안과(국가변란 목적 외) 상치된다면 그것을 취소시키거나 제명 처분을 해야 될 것입니다.

도리어 각 피고인의 진술을 보면 진보당에는 강령정책에 통일의 원칙만 세웠지 구체적 방안이 없으며, 또 외교문제는 유동함으로 구체적 방안 세울 수 없고 야당으로서 방안 세울 필요성이 없어 백인백양(百人百樣) 다르다고 하는 것이 정확한 사실이 아닌가 생각합니다.

끝으로 검사가 논고한 조 씨 논문 위법의 최저선 즉 ① 동 논문 발표 전에 박기출, 김달호 피고와 협의한 사실이 없습니다. ② 박 피고는 동 논문을 독료(讀了)했다는 입증이 없고 김 피고는 독료 후 전술과 여(如)한 충고를 했습니다마는 그것을 위법으로 인식한 바는 전혀 없었음으로 형식적으로 따지더라도 박, 김 피고에 관해서는 『중앙정치』 조 씨 논문으로 인하여 하등 위법 된 점이 없습니다.

제6. 김기철 씨 통일방안[공소사실 삼(三)]

박(朴)·김(金) 양(兩) 피고에 대한 공소사실 삼(三)은 조 씨 공소사실 칠(七)을 의용(依用)하고 있는데, 그 실(實)은 김기철 씨의 「북한 당국의 평화공세에 대한 진보당의 선언문 초안」 14개조를 나열 기재한 후 조 씨는 김기철에게 통일연구위원회에 회부 가결토록 지시하고, ① 통일연구위원회에서 개최 토의 끝에 김기철은 동 위원장 자격으로 동 안의 통과를 결정짓고 4290(1957)년 11월 하순경 당 최고간부회의에 부의(附議)한 끝에 조 씨는 진보당의 통일방안으로서 가장 적합한 것이나 적당한 시기까지 발표를 보류하자 하였고, 박·김 양 피고는 소위 최고간부회의에서 토의함으로서 괴집 목적사항을 협의했다는 것입니다.

김기철 씨 통일방안 내용의 합법성에 관해서는 상(相) 변호인이 변론했으므로 여기서는 박·김 양 피고가 관련했다는 절차상의 문제에 국한해서 변론하였습니다.

(1) 김기철 씨가 4290(1957)년 9월경 통일연구위원회 위원장이 되어 기간(其間)

아무 활동이 없던 것을 진지한 연구를 하나 해보자는 열의에서 동년 9월 2일경 동 위원회를 소집하여 근거가 있어야 연구할 수 있으니 각자 자료를 수집하자는 논의에 끝맺고, 제2차로 동년 9월 10일경 동 위원회를 소집하여 기간(其間) 김기철 씨가 수집한 수부회담에서의 각국 대표 발언내용, UN총회 결의문 및 공소장 기재의 김기철 씨 방안을 원고지에 기록한 것을(압수됨) 토대로 토의하다가, 김기철 씨 원고를 기후(其後) 약 10일간 각 위원에게 윤번(輪番) 열람시키고(그 때 조 씨에 열람시킨바 있음), 제3차로 동 위원회를 소집할 때 김기철 씨가 동 원고 중의 진보당의 선언문(공소장 기재 14개조)만을 유인(油印)하여 각 위원에 교부하여 토의한 결과, 각자 이론(異論) 백출(百出)하며 통일연구위원회의 직능에 대하여 혹자는 자료 조사하는 것이지 구체안 논의 대상 할 수 없다, 혹자는 논의는 할 수 있으되 그 안의 내용이 불가하다는 등 11위원 중 단 1명도 이때 찬성한 자 없음은 각 피고인의 진술로서 명백합니다. 그 시(時) 김기철은 각자 대안을 작성해오고 매월 정기적으로 1회씩 집회할 것을 결정하고 산회했습니다.

그 후 동 위원회는 한 번도 정기소집이 안 되고 위원 출석도 없음으로 김기철은 윤길중, 최희규 등에게 동 위원회 집회를 고의적으로 방해했다고 비난한 사실까지 있다는 진술을 하고 있습니다.

검사는 기후(其後) 각자가 김기철 안의 대안을 제시하기로 하였는데 아무도 제출하지 아니함으로 김기철이 위원장 자격으로 동 위원회 통과를 결정지었다 하나, 이에 대한 증거가 없을 뿐 아니라 설사 동 위원 중 단 1인도 찬성한 자가 없거늘 또 김기철 단독 통과했다는 증거가 있다고 가정하더라도 이것은 절차상 불법입니다. 아무리 위원장이라도 전원 불찬성인 것을 어떻게 가결인 양 결정한다는 말입니까.

(2) 김기철 피고는 기후(其後) 통일연구위원회의 정기집회가 불성립한 데 초조한 나머지 박기출 씨 상경을 기회로 자기 안을 당 간부와 연석회의를 열고 활발히 동 연구위원회를 운영해보자는 열의에서 12월 중순경(기록상 11월 중순은 오류임) 집회 공고를 했다 하나, 이 점은 1건 기록상 전연 없으며, 매월 정기회가 있음으로 동 연구회 소집의 필요가 없을 것이며 연구위원 외의 당 간부 소집은 당무간사 최희규에게 부탁했다 하나 최 피고는 여사(如斯)한 부탁을 받은 일이

없다 합니다. 또 만약 2시 집회하자는 공고를 냈다면 5시경에야 조규희 피고(위원)만이 참석할 리 만무할 것입니다. 그러니 김기철 씨가 동 위원회와 간부들의 연대회의를 열어보자는 의욕은 있었을지 모르나 정식 집회 공고 낸 일이 없고, 사실은 박 피고가 우연히 상경하자 자기의 평소 지론을 개진하다가 격렬한 논쟁이 생겼을 뿐입니다.

그날은 비가 오고 난로를 때든 12월 중순경 박 피고가 상경하여 오시(午時)경 당위원장실에 갔더니 조규희, 김기철 2인이 있었습니다. 김기철이 먼저 자기 지론이라 "통일문제 구체안을 작성해서 괴집의 평화공세를 분쇄함이 좋지 않으냐"함에 박기출은 "통일문제는 국제정세의 추이에 따라 장차 어떻게 될지 모르는 사태를 가상하고 구체안을 세울 수 없다"하나, 김기철은 "박 박사는 김 동지의 초안을 못 보셨군요"함에 박 피고는 대노하여 "당신들이 그러한 수작을 하면 제명처분하든지 내가 탈당하겠오"하고 대언쟁(大言爭)이 벌어졌습니다. 그때 김달호 피고는 박 박사 상경의 전화를 받고 저녁이나 같이할 겸 나타나서 무슨 중대문제면 정식회의에 부의하지 "왜 이렇게 논쟁하는가"했고, 연이어 조 씨와 윤길중이 나타났는데 조 씨는 박 박사 의견이 옳다는 요지의 이야기가 있었습니다. 박 피고는 불쾌하여 분연(奮然) 퇴실하고 하부(下釜)하여 기후(其後) 당과 아무 연락이 없었습니다. 윤길중도 볼일이 있다 하여 퇴실했습니다. 조 씨, 김 피고, 조규희 등만 남았는데 김기철 씨는 박 피고로부터 꾸중만 듣고 자기의 노력을 몰라준다고 □□하면서 호소하였습니다. 조 씨는 연구는 많이 했다고 위로의 말을 했으며 그 자리에서 진보당의 통일방안으로서는 가장 적합하다느니 적당한 시기까지 발표를 보류하자느니 하는 말은 일언반구도 없었습니다. 또 분위기가 나빠서 산회하고 말았습니다.

이상이 통일연구위원회의 가결 및 최고간부회의의 토의했다는 기소사실에 대한 진정한 사실입니다. 그러니 박기출·김달호 양 피고인은 절차상에 있어서 연구위원이 아니라 동 위원회에 참석한 사실이 없고, 또 최고간부회의란 당 기구에 전무하며 박 피고 상경 편에 우연히 김기철이 말을 꺼냈다가 야단만 맞았을 뿐이고, 또한 연구위원에 나눠준 초안 유인물도 박·김 양 피고에 관해서는 절차상에 있어 공소사실 2(二) 또한 무죄로 귀착합니다.

제7. 박기출에 대한 공소사실 이(二)

박(朴) 피고는 ① 4290(1957)년 9월 부산시 동구 을구 당위원장에 피선되고 동당 간부를 동원하여 김재봉 외 약 100명을, 정경학 외 69명을 비밀당원으로 각각 입당케 하고 중앙당에 1,030만 환을 제공하여서 목적사항을 실천하였다고 기소하였습니다. 전술과 여(如)히 진보당이 합법적 정당으로서 국가변란 목적 인식 없이한 정당 활동 사항이 불법행위로는 규정할 수 없을 것입니다.

① 당원 가입에 대하여는 피고인 거주의 말단 구당(區黨)을 약 3개월 책임진 바 있으나 박 피고가 직접 관여한 것이 아니고, 조직간사 김재봉이 주로 한 것인데 당시 약 100명 가입시켰다는 말을 들었을 뿐 비밀당원 운운은 초문(初聞)이라 합니다. 증37호 노트 3권(당원명부)을 보면 박 피고가 추천, 가입시킨 자가 전무하고 직업과 성분상 비밀당원 된 자는 형사 김종철(金鍾鈇) 1명뿐이고 기타는 직공, 학생, 회사원 등입니다. 그러니 당원명부 표지에 비(泌)자를 썼다고 해서 모두 비밀당원으로 추정하는 모양이나, 약 100명 당원 가입시켰다는 말이 실제 정리된 것은 69명밖에 없었던 것이며 평당원명부가 별도로 없다는 것을 볼 때 능히 짐작할 수 있습니다.

② 당원용[278] 제공에 대해서는 89[279](1956)년 3월 중앙당 사무실 설비조 30만 환, 동년 11월 결당비조 100만 환, 90[280](1957)년 2월 당비조 30만 환 합계 160만 환을 정식으로 당에 납부한 것이고, 90[281](1957)년 10월 『중앙정치』 2·3호 발간후원금으로 70만 환과 5·15부통령 선거비 800만 환은 박 피고가 개인적으로 염출한 것입니다. 근자 민의원 출마에 4~5천만 환을 쓴다고 하는데 박 피고 자신의 출마 비용이 왜 범죄가 되겠습니다.

이상 사실은 어디까지나 공보실 취소 전의 합법정당 활동으로서 한 것이며 국가변란의 목적을 인식하지 못한 이상 무죄에 귀착할 것입니다.

---

[278] '당회비'의 오기로 보인다.
[279] '4289'의 오기이다.
[280] '4290'의 오기이다.
[281] '4290'의 오기이다.

제8. 김달호에 대한 공소사실 2(二)

김 피고는 ① 4290(1957)년 하절(夏節) 당 사무실에서 약 60명 당원 회합 석상에서 대한민국에서는 북한 괴집이 먼저 침략해온 것이라고 하는데 여기에 대하여는 모르는 일이다. ② 평화방법으로 상대방의 동의를 합법형식으로 성립시켜 통일하여야 한다는 등의 교양강의를 함으로써 목적사항을 협의했다고 기소했습니다.

여사(如斯)한 내용의 발언 자체가 어찌 〈보안법〉 위반이 될 것인가 의문일 뿐 아니라 압수된 증32호 "한국 통일에는 평화방법이 있을 뿐이다"라는 교양강의 속기록 중, 경찰은 연결된 문언(文言) 중에서 그 일부분만 고의적으로 떼어 열거하려는 심사에서 나온 것이고, 검찰은 방대한 증거품을 일일이 검토하지 못했거나 오독에 기인하여 무책임한 기소를 한 것입니다. 또 교양강좌 시에도 경관이 임석했고 당시 치안국에 보고되어 환영을 받았다는데, 지금에 와서 여사(如斯)한 내용을 기소했다는 기(其) 사실만 보아도 이 사건이 그 얼마나 정치적 사건인가를 짐작할 수 있습니다.

우선 교양강의 속기록(증32호) 44~45면을 볼 때 "과거 6·25를 돌이켜 생각할 때 당시 괴뢰들은 대한민국이 먼저 침략하려 했기 때문에 남침을 개시했다" 하고 대한민국에서는 괴집들이 먼저 침략해온 것이라고 합니다. 거기에 대해서 상세한 것은 모르겠습니다마는 "제 소견에는 역시 공산괴뢰가 먼저 아닌가 생각합니다"라고 분명히 김 피고 생각에는 북한 괴뢰가 먼저 침략했다고 생각한 것을 기소사실 바로 다음에 연(連)하여 말하고 있는데, 이것마저 고의적으로 떼서 문제할 필요가 무엇입니까. 동 속기록 그 다음에는 당시 괴집이 중국 장개석(蔣介石)[282] 정권과 같이 한국 정부를 부산까지 축출하고 그 기정사실을 이용해서 국제문제를 처리하려 했으나 UN군의 참가를 오산(誤算)을 했을 뿐 아니라, 괴집이 부산까지 점령했다면 필시 우리 머리 위에 원자탄 세례를 받았을 것이다. 그러니 우리가 지금 신의주까지 점령하여 그 기정사실을 국제문제에 이용하려고 해도

---

282) 장제스(蔣介石, 1887~1975)는 중화민국의 정치·군사 지도자이자, 중화민국 국민정부의 제2, 4대 총통이다.

반드시 승리가 온다고 누가 보장하겠는가. 소·중공 등이 원자세례를 안 하리라고 누가 단정하느냐. 미소 양대 진(陣)들의 냉전·열전 시도장(試圖場)인 한국의 현실은 옛날 제국들이 전쟁수단으로 국내를 통일하는 그러한 방식과 현저하게 달라졌으니, 반드시 상대방의 동의를 얻어 즉 평화적으로 통일을 해야 된다고 말하고 있습니다.

상대방의 동의를 합법형식으로 얻어 통일해야 한다는 문구 하나만을 분리하면 그것이 괴집을 직접 상대로 동의 얻는 것이 아니냐, 즉 협상이 아니냐의 의심도 생길 겁니다. 그러나 동 속기록 48정 내지 54정 및 73정 내지 75정에서의 논술을 보면, 영국 역사학자 토인비[283] 교수의 현대 원자시대에서 서독, 월남, 한국 등에는 반드시 상대방의 동의로서 통일해야 한다는 설(說)을 말하고, 이어서 김 피고 자신 의견으로 "그 동의 얻는 과정에 있어서 어느 과정을 밟든지 국제국내 문제를 관련해서 적용해야 하고"(52정), "과학적이고 현실적 문제인 상대방의 동의는 항상 UN과 결부시켜서 생각하고 있는 것입니다"(54정)라 했고, 결론으로 "원자력시대에 있어서는 전쟁을 할 수 없기 때문에 전쟁을 해서는 안 되기 때문에 평화적인 방법으로 상대방의 동의를 합법형식으로 구하여 통일해야 할 것이며"(80정)과, 논(論)하여 상대방 동의는 국제국내 문제와 관련해서 항상 UN과 결부시켜 생각해야 하며 그것은 어디까지나 합법형식으로 동의를 얻어야 한다고까지 논하고 있는데 어디가 불법입니까. 김 피고는 상대방의 동의문제에 대하여 경찰, 검찰, 법원 적부심사 시까지 일관하여 "그 동의는 UN의 승인 없는 괴집을 상대 못한다. UN을 통하여 소련에 압력을 가하여 그 동의를 얻어야 한다"고 진술하고 있습니다.

만일 국가변란의 구체적 통일방안이 있었다면 혹 대외적으로 국회에서나 좌담회에서 분식(粉飾)하여 말할 수 있지만, 대내적으로 당원을 상대하여 논술한 교양강의에서만은 불온한 통일방안이 나타나야 할 것인데 그 속기록을 일독하면, 그것이 방공, 민주, 평화통일로 일관되어 있음을 규지(窺知)할 수 있습니다. 이 점 속기록은 중요한 것입니다.

---

283) 아널드 조지프 토인비(Arnold Joseph Toynbee, 1889~1975)는 영국의 역사가이다. 문명의 흥망성쇠를 분석한 『역사의 연구』 12권을 저술했다.

기타 증거로 제출한 국회 속기록,『현대잡지』,『영남일보』,『대구일보』에 등재된 김 피고에 발언 내용은 괴집의 평화통일과 상위(相違)한 점에 있어 '신의주까지 민주화'(목적의 차), '헌법정신 절차에 따라서 UN 감시하 총선거, 협상 반대'(방식의 차), '한국만의 평화통일 주장할 자격이 있다'(주체성의 차)는 점을 항상 강조하고 있습니다. 그렇다면 만약 진보당이 괴집과 상통하는 평화통일 구체안이 있었다면 부위원장인 김 피고의 발언을 취소시키든지 혹은 제명 처분을 해야 할 것인데 그런 사실이 전혀 없습니다.

이상 변론한 여러 논점을 종합한다면 본건 발단이 조 씨 논문 중 동등한 가치란 문구와 강령정책 중 평화통일 문제만을 극히 추상적으로 입건하여 침소봉대(針小棒大)의 발표를 하였으나, 심리과정에 있어서 양이섭 간첩도 수사의 의문점 또는 허위진술이 허다하여 도저히 신빙성이 없다는 것과 강령 전문, 경제정책 전문 중에서 혁신정치에 관한 구절이 하등 위법이 없으며, 강령정책 중의 평화통일 문제도 합법적이며 조 씨『중앙정치』논문이 합법적인 것과 개인 의견이라는 점, 김기철 씨 통일방안이 기(其) 절차상 성립되지 않고 사안에 불가하며 하등 국가변란의 목적이 없었음을 말씀 올렸고, 또 박기출·김달호 양 피고는 여사(如斯)한 국가변란 목적 인식이 없었던 것이며 설사 조 씨가 간첩과 관련이 있었다 해도 그것은 조(曺) 개인의 범법 반당 행위일 뿐, 공모한 사실이 전무함으로 진보당은 어디까지나 합법적이었으니 박·김 양 피고의 전(全) 공소사실에 대하여는 무죄 언도가 있기를 바라는 바입니다.

제9. 정상(情狀)

양형에 대하여 – 검사는 본건에 대하여 사형, 무기, 20년 등의 구형을 하였는데 피고인들은 안색 하나 변치 않고 웃음으로 태연자약(泰然自若)합니다. 일정(日政) 때는 검사가 10년을 구형하면 똥을 쌌다고 하는데 이 무슨 현상입니까. 이것은 피고인들이 죄가 없다는 자부심에서 입니다.

검사는 박기출 피고인에 대하여 조사가 끝난 후 "걱정 마시오. 기소유예 될 것입니다. 박(朴) 박사에 대하여 옥중에서 성명서 내게끔 하지 않겠습니다"라까지

했다는데, 박(朴) 피고는 기소되는 것을 보고 대경(大驚)하였고 또 재판장에게 진정서를 낼 때 여사(如斯)한 문구를 기재했더니 형무소 당국에서 삭제하라 해서 뺐던 것입니다. 검사는 법률가로서 자기가 조사한 결과 기소유예 한다고까지 말하고서 기소까지 했는데, 또 지금 구형을 20년 하였으니 물론 검사 개인 의사가 아니겠으나 그 구형이 법률적 근거에서 나왔느냐, 정치적 정책면에서 나왔는가 심히 의아스럽고 여기에 본건의 본질이 숨어있지 않나 우려됩니다.

정치적 과오 무(無). 박기출 김달호 양 피고인은 하나는 직업이 의학박사로 의업에 종사하고, 또 한 분은 고검 차장검사 기후(其後) 변호사 또는 국회의원 등등에 종사하여 해방 후에 좌우대립 혼란 시 남북협상, 6·25사변 등등 사태에 있어 양 피고인은 지금까지 하등 정치적 과오를 범한 바 없으며 순수한 마음으로 국가의 번영과 민족의 행복을 도모하고자 진보당에 가입하여 정치활동을 했을 뿐입니다.

합법적 생활. 박기출 피고는 과거 소년시절에 부산에서 동래중학(東萊中學)에 통학 시 페스포드[284]가 있었는데 통학이 외에는 반드시 차표를 구입해서 다녔다는 말을 지금도 자제들에게 훈계하고 있는 분입니다. 그분은 법이 없어도 사는 분입니다. 김달호 피고는 본건 이후 진보당이 공보실에서 취소된다는 이야기를 형무소에서 듣고 그것이 합법이건 불법이건 악법이건 간에 법률명령 상 불법화되었으니 이 이상 당에 머물러있을 수 없다는 이유로 탈당 진정서를 냈습니다. 이것은 본 변호인도 권한 바 있습니다마는 김 피고가 그 얼마나 준법정신에 철저한가를 규지할 수 있을 것입니다.

가정환경. 박기출 피고는 노부모를 모시고 병원을 개업 중이고 우리 도규계(刀圭界)의 권위자입니다마는 지금 폐원상태로 가족이 곤란막심(困難莫甚)하며, 김달호 피고는 마침 장남 결혼식 초청까지 하고도 식을 연기했고 현재 주택은 차압되고 법률사무소를 다방으로 운영하더니 그것마저 타인에 양도하게 되어 생계가 곤란한 상태에 있습니다.

---

284) '패스포트(passport)'의 오기이다. 여권, 통행권을 의미한다.

법원에 용단(勇斷) 희구(希求). 단일민족인 한국에는 반드시 통일이 오고야 맙니다. 그것은 평화적 통일인 것입니다. 그 방안이 어떤 것인가 아직 우리도 모르겠으나, 진보당의 통일방안과 비(比)해서 연강(軟剛) 어느 쪽이 될지 예상치 못하겠습니다마는 우리 재판은 통일되었을 때 국민들이 비판할 것입니다. 또한 한국정부 수립 후 합법정당 취소는 이번이 처음인 중대 사건이요, 그 입건 경위가 누누이 말씀드린 바와 같이 매우 정책적이란 점을 양찰(諒察)하시고, 과거 우리 조상들이 반대파를 역적으로 몰아서 새남터 형장의 이슬로 보내고 삼족(三族)을 멸하던 역사를 반성하여, 민주주의 사회에서 〈헌법〉과 법률에 의한 공정한 재판을 받는 기본권을 보장하여 국민과 후세 자손에게 오점 남기지 않게 엄정과 용단을 희구하며 이상 변론을 마치겠습니다.

6월 18일 어(於) 대법정

[출전 : 17권 243~336쪽]

공판조서(제19회) 1958년 6월 19일

피고인 조봉암 외 22명에 대한 간첩 및 〈국가보안법〉 위반 등 각 피고사건에 관하여 4291년(1958년) 6월 19일 오전 10시 서울지방법원의 공개한 법정에서

재판장 판사 유병진, 판사 이병용, 판사 배기호, 서기 홍사필 열석(列席)

검사 원종백 출석

피고인 등은 신체의 구속을 받음이 없이 출석하다.

변호인 변호사 김춘봉, 동 신태악, 동 김봉환, 동 전봉덕, 동 손완민, 동 한격만, 동 최순문, 동 유춘산, 동 임석무, 동 조헌식, 동 이상규, 동 김병희, 동 권재찬, 동 한근조, 동 윤용진, 동 박영휘, 동 김찬영) 각 출석

재판장은 변론을 속행할 것을 고하고 피고인 등에 대하여 전회(前回) 공판심리에 관한 주요 사항의 요지를 공판조서에 의하여 고지하니 피고인 등은 순차로 종전 그대로 틀림없다고 진술하다.

변호인 변호사 한격만은 피고인 박기출을 위하여 대단히 유리한 변론을 하다.

동 임석무는 동 김달호를 위하여 대단히 유리한 변론을 하다.

동 유춘산은 동 김달호를 위하여 대단히 유리한 변론을 하다.

동 손완민은 동 김병휘를 위하여 대단히 유리한 변론을 하다.

동 전봉덕은 피고인 김달호, 동 윤길중, 동 김기철, 동 신창균, 동 정태영을 각 위하여 대단히 유리한 변론을 하다.

동 최순문은 동 김달호를 위하여 대단히 유리한 변론을 하다.

동 조헌식은 동 이동화를 위하여 대단히 유리한 변론을 하다.

동 권재찬은 동 이명하, 동 전세룡을 각 위하여 대단히 유리한 변론을 하다.

변호인 변호사 김병희는 피고인 안경득을 위하여 대단히 유리한 변론을 하다.

동 박영휘는 동 이동현(李東賢)을 위하여 대단히 유리한 변론을 하다.

동 김찬영은 동 임신환을 위하여 대단히 유리한 변론을 하다.

재판장은 피고인 등에 대하여 최종에 진술할 것이 있는가 문하니

피고인 조봉암은

검사에게 말한 일도 있지만 취조가 다 끝났으니 조사 결과로 보아 알게 되었을 것인즉, 취하하게 하시오 했더니 억지로 만들어 공소제기를 하고 논고까지 하고 있는데, 그때도 제가 이 사건을 억지로 만들어 유죄를 만든다면 국민이 다 아는 일이니 놀랠 것이요, 대한민국에도 유익한 것이 못 되고 손해가 될 것이라고 했으며 또 앞으로 무죄가 되도 억지로 하려 했다는 것을 알게 되니 또 손해가 되는 것이다. 그러니 이 이상 손해될 일은 하지 말아 달라고 부탁하였는데 검사는 듣지 않고 공소 후 논고를 하였습니다마는, 재판장께서 다 아시고 유죄판결 하실 리 만무하오나 검사의 잘못된 것을 듣지 마시고 공정한 판결이 있어야 할 것입니다. 그런 짓은 나라가 망할 것이요, 다른 나라에서 그런 짓 한다고 비판할 것이니 우리 자체에 손해가 돌아오는 것입니다. 우리가 어떻게 해서든지 공산당을 우리 밑에 넣어야 할 터인데 그런 일을 하는 것을 이적(利敵)하는 것이 된다. 공산당을

이롭게 하는 것이다 하니 참으로 통탄할 바입니다. 우리는 공산당이 하는 짓이 나쁘다는 것을 밝히느라고 노력해왔습니다. 저는 평화통일 하기 위해서 이런 생각을 하는 것은 당연하다고 생각합니다. 국민 대다수가 평화통일을 희원(希願)하고 지지하는 것을 대변한 것입니다. 지금 전쟁으로 통일을 바랄 수 없다는 것은 국민의 의사인데 정부에서 북진통일을 내세우고 있는 까닭에 다른 사람은 그것을 무서워해서 국민의 의사인데도 대변을 못 해오고 있던 것을 저희는 선거 때에 들고 나왔지요. 그것을 갖은 음모로 사건을 만들어서 형무소에 가두고 있으니 걱정입니다. 나 같은 사람은 형무소에서 있어도 좋지만 국민이 다 기억할 것입니다. 우리 민족이 상을 찌그리지 않을 공정한 판단 있기를 바랄 뿐입니다 라고 진술하다.

피고인 박기출은

재판장 여러분께서 진지하게 심리하여 주신 데 대하여 진심으로 감사를 드리고 이 나라 대한민국의 법질서를 문란시키는 일이 없도록 다시 말해서 국가안전을 위해서 본건도 처리하실 줄 믿어 바랍니다. 첫째, 진보당이 무엇인고 하니 우리 진보당은 대한민주공화국 공보실에 합법 등록한 정당으로서 첫째, 우리는 원자력혁명이 재래(齎來)할 새로운 시(時)의 출현에 대응하여 사상과 제도의 선구적 영도로서 세계평화와 인류복지의 달성을 기한다 하여 조화를 규정하고, 둘째, 우리는 공산독재는 물론 자본가와 부패분자의 독재도 이를 배격하고 진정한 민주주의 체제를 확립하여 책임 있는 혁신정치의 실현을 기한다고 해서 공산당을 반대하고 민주주의로 하겠다는 것이고, 다음에 계획성 있는 민족자본을 육성한다고 하고, 넷째에 민주세력이 결정적 승리를 거둘 수 있을 때에 평화통일을 하자는 것이고, 끝으로 교육 체제를 말해서 정강(政綱) 각 조에 뚜렷이 나타내고 있는 것입니다. 절대로 불순한 목적에서 결당된 정당이 아닙니다. 저는 결단코 진보당에서 용공(容共) 내통한 일이 없다고 생각하며 어디까지나 민주우방과 긴밀히 제휴하여 UN 감시하에 그것도 국내 민주세력의 힘을 합쳐서 승리를 이룩할 수 있을 때에 한해서 평화통일이 이루어져야 한다는 것입니다. 이북 괴뢰는 전쟁 도발 분자이니까 평화통일을 주장할 권리조차 없는 것으로 알고 있으며 통일은 공산당을 타도해서만이 있다는 원칙을 가지고 있는 것입니다. 국토통일은 민족의 염원이고 진보당의 평화통일은 민족의 염원에서 우러나온 것이지 결코 위법된 것이 아님을 만천하 국민 앞에 말씀드리고, 저 공산간첩과 조봉암 씨와 아무 일 없기를 바라며 우선 세상을 소란케 한 데 대하여 역(亦) 사과를 보냅니다 라는 지(旨)의 진술을 하다.

재판장은 금일 공판은 차(此) 정도로 마치고 속행할 것을 고하고 차회 기일을 내(來) 6월 21일 오전 10시로 지정, 고지하고 각 소송관계인의 출석을 명한 후 폐정하다.

4291년(1958년) 6월 19일
서울지방법원 형사 제3부
재판장 판사 유병진
서기 홍사필

[출전 : 17권 338~347쪽]

진정서 1958년 6월 일

피고인 양이섭(梁利涉)

우자(右者) 간첩 및 〈국가보안법〉 위반 등 피고사건에 관하여 좌기(左記)와 여(如)히 처로서 진정하나이다.

기(記)

ㅡ. 진정의 내용

진정인의 부(夫)인 상(相) 피고인 양이섭(梁利涉)은 원래 함남 출생으로 1·4후퇴 시 월남 이래 이남에 복(福)을 누리고 있던 중, 천만의외에도 간첩 죄명을 쓰고 수감 중(공판 진행 중)이나 상(相) 피고인은 용공사상(容共思想)이 없는 자로 진정인은 확신하고 있는 바이며, 상(相) 피고인 사건이 목하(目下) 공판 진행 도중이온데 재판장과 검사, 특무대 처장 외 고영섭, 엄숙진 등 이상 제현(諸賢)의 회석(會席)하에 상(相) 피고인의 공판 진행 건을 상의한 사실이 있다고 엄숙진이 말하나 진정인 견해로는 의심이 생기어 이상 사실을 듣고 개진하오며, 특무대 고영섭(고 문관)의 말이 피고인만은 유죄가 되어도 첩보원으로 무사히 채용할 수 있다 하며 국가를 위하여 고생하면 모르되 만약 국가를 배반하면 공산분자를 만들 것이라 한 사실이 있었던 것임.

연(然)이나 진정인은 피고인이 없는 죄를 가중(加重)히 쓰고 있음을 볼 때 통절한 비분을 못 이겨 차(此)에 진정하오니 재삼 통찰을 거듭 바라오며, 재판장께서도 합석하에 사전협의를 마치고 재판을 진행하시는지 진정인도 믿지는 않으나 엄숙진의 전언을 듣고 실색(失色)한 나머지 이상과 여(如)히 연극(演劇)인 이면

(裏面)을 진정하나이다.

4291년(1958년) 6월 일
우(右) 진정인 (피고인 처) 김귀동(金貴同)

서울지방법원장 귀하

[출전 : 17권 348~349쪽]

피고인 조봉암 외 22명에 대한 간첩 및 〈국가보안법〉 위반 등 각 피고사건에 관하여 4291년(1958년) 6월 21일 오전 10시 서울지방법원의 공개한 법정에서

재판장 판사 유병진, 판사 이병용, 판사 배기호, 서기 홍사필 열석(列席)

검사 원종백 출석

피고인 등은 신체의 구속을 받음이 없이 출석하다.

변호인 변호사 김춘봉, 동 신태악, 동 김봉환, 동 전봉덕, 동 손완민, 동 한격만, 동 최순문, 동 유춘산, 동 임석무, 동 조헌식, 동 이상규, 동 김병희, 동 권재찬, 동 한근조, 동 윤용진, 동 박영휘, 동 김찬영 각 출석

재판장은 변론을 속행할 것을 고하고 피고인 등에 대하여 전회(前回) 공판심리에 관한 주요 사항의 요지를 공판조서에 의하여 고지하니 피고인 등은 순차로 종전 그대로 틀림없다고 진술하다.

재판장은 피고인 조봉암, 동 박기출을 제외한 이여(爾餘)의 피고인 등에 대하여 "최후로 진술할 것이 있는가" 문(問)하니

피고인 김달호는

국민의 한 사람으로서 이제까지 억울하게 생각한 일을 가족의 박해가 있을지 몰라서 최후까지 말 안 하려고 했으나 진실을 파악하려고 애쓰시는 재판장 및 배석판사에게 진상을 밝히는 데 도움이 되고 사법부를 옹호하는 마음에서 말씀을

드려야 하겠는데, 제가 자유당 조직부장이며 나의 친지인 임철호(任哲鎬) 씨에게 누구의 취직을 부탁하려고 방문한 일이 있었는데, 그때 임철호 씨는 조봉암이가 있는 진보당을 때려잡아야겠는데 네가 있기 때문에 진보당을 때려잡지 못하고 있으니 네가 조(曺)를 치고 나오는 것이 어떻냐, 즉 낭산(朗山) 김준연 씨가 민주당을 치고 나온 모양으로 하고 나오면 선거 자금으로 1천만 환을 줄 터이니까 그리할 수 없느냐고 해서, 그런 소리가 어디 있느냐 하고 만 일이 있었던 것입니다마는 선거 전에 바람 불리라고 생각지는 못하고 선거 때 표 바꾸는 데 있을 것이라는 정도는 짐작하였으나 이렇게 큰바람이 불 줄은 몰랐습니다. 조봉암 씨는 반공한 분예요. 지금 제가 진보당을 나온 사람이니까 말이지, 이 대통령을 위시하여 이기붕 씨, 장면 박사, 조병옥 씨, 장택상 씨 이런 분들보다는 죽산 조봉암 씨가 제일 인격 있는 분이라고 생각합니다. 그 한 사람 치기 위해서 우리도 얻어맞고 있는 것입니다. 경찰에서 불법적인 고문을 옛날같이 형적(形蹟)을 나타내게 하는 것이 아니라 콩콩 머리를 쥐 박고 심적 고통을 받게 하여 공포에 떨게 하고 비인간적인 수단으로 해서 조서를 꾸미는 것입니다. 국법에 위반되는 문구가 나오면 무인(拇印)할 수 없다고 한즉 또 쥐 박는 것입니다. 제가 누구에게 합장(合掌)하며 빌 일은 없었습니다. 그런 조서이니 신빙력이 없는 것이라는 것을 말씀드립니다. 그리고는 본건은 타(他)에 유죄판결을 받을만한 증거가 없는 공소 제기인 것이오니 한국 사법의 엄정한 판단 있으시기를 바란다는 요지의 진술을 하다.

피고인 윤길중은

이미 변호인들이 상세하고 유리한 변론을 하셨고 상(相) 피고인 되는 분들의 최후 진술에 있어서도 제가 말하고 싶은 것을 진술한 바 있어서 재판관 여러분께 오히려 지루한 감을 끼칠까 하여 되도록 이번 말씀을 안 하려고 하나 본인은 정치인의 한 사람이요, 법조인의 한 사람인 동시에 본건에 있어서 무기징역이란 중형을 구형받은 피고인의 한 사람이니만치 본인으로서도 최종 기회에 말씀을 드려야 하겠습니다. 변호인들의 변론에 있어서의 미비한 점, 특히 국가학의 관한 문제, 그것과 관련된 공법(公法) 이론, 그리고 형사법학의 기초적인 문제, 그런 것과 관련해서 본건을 고찰해볼 때 아직도 본 피고인으로서는 하고 싶은 말이 많기 때문에 실상은 약 3시간 동안 말씀드려서 이해가 가시도록 하려고 했습니다마는, 이것이 현명하신 재판관 앞에 오히려 죄송되는 일이 될까 생각하여 할 수 있는 대로 한 시간 내에 제 말씀을 요약하려고 합니다. 말씀의 순서를 미리 요약해서 드리면 첫째로 검사의 본건 공소사실 및 논고의 요지가 민주주의의 초보적인 원리에 위배되었다는 것, 그리고 둘째로 〈형사법〉 등의 기본이념에 배치된다는 것, 다음 셋째로 경찰과 검찰 및 당 공정을 통하여 기소된 사실은 모두가 억지로 범죄를 구성시키려고 했다는 점, 넷째로 경찰이나 검찰은 본건 기소 사실에 있어서 〈형법〉이나 〈형사소송법〉을 위배해가지고 가장 무책임한 행동을 감행하였다는 것, 다섯째로 본건에 있어서 가장 문제가 되어 있는 평화통일의 문제와 본 피고인의 견해, 이러한 순서로써 본 피고인의 견해를 논리적으로 입증을 세워가면서 말씀드리고자 하오니 인내하시는 마음으로 끝까지 들어주셨으면 합니다.

먼저 본건 기소 사실과 검사의 논고는 민주주의의 초보적인 원리마저 짓밟고 팟쇼주의적인 국가관에 입각한 태도를 견지해온 데 대해서 그 모순성과 불법성을 지적치 않을 수가 없는 것입니다. 검사는 그 논고에서 누누이 말씀하기를 평화통일이 국시(國是)에 위반된다는 점과 또 이것을 입증하는 데 있어서 공산당사(共産黨史)를 발췌해 가지고 낭독하였으며, UN의 결의문을 쭉 읽고 하는 것으로써 그 논고의 대부분을 차지하게 하였던 것입니다. 그리고는 누누이 경고하기를 정치문제와 〈형법〉에 위반된다고 하는 법률문제와를 구분해서 판단해주시기 바란다는 식으로 말했던 것입니다. 말을 그렇게 표현해 놓고 그 실상에 있어서는 정치문제와 형사문제와를 전혀 구별하지 아니하고 즉, 정치적 견해가 검찰관 비위에 틀린다고 해서 그것을 곧 형사문제로 취급하는 거지(擧指)로 나온 것이 분명합니다. 그렇기 때문에 당 공판정에서 심리하고 있는 그 피의사실의 내용 자체부터 공판정에서 논의될 성질의 것이 못 되는 것임에도 불구하고 당 공정에서 심리케 하고 있는 것입니다. 진보당의 정강정책이 어째서 당 공정에서 논의되어야 하는 것입니까. 이는 마땅히 국민 앞에 즉, 주권을 가진 국민 대중의 판단에 맡겨야 옳은 것으로, 억지로 붙잡아다가 범죄를 다스리는 공판정에서 논의한다는 것은 분명코 정치문제와 형사문제를 혼동해 버린 것이 아니고 무엇입니까.

〈국가보안법〉에서 국가를 변란할 목적으로 범행을 행한다는 것은 무슨 뜻이냐

하면 그것은 〈헌법〉이나 법률 절차에 의거하지 아니하고 폭력적, 비합법적 수단으로 정부를 전복하는 목적 내지 그 행위를 가리켜 국가변란의 목적 또는 행위라고 말하는 것입니다. 물론 〈국가보안법〉 그 자체에는 그 정의가 뚜렷이 내려있지는 않지만, 〈형법〉 제91조를 볼 것 같으면 "국헌(國憲)을 문란할 목적"이라고 하는 용어의 정의에 이제 본 피고인이 말한 바와 같은 요지가 쓰여져 있는 것으로 알고 있습니다. 이것은 〈형법〉이 초안되어 국회에 상정될 때에 본 피고인이 기초하여 상정시켰던 것인바, 국가변란이라고 하는 추상(推想) 용어 밑에서 평화적, 민주적 방식으로 정강정책을 세웠을 때에도 국가변란 또는 국헌 문란 운운에 포함시키려고 하는 팟쇼적인 사고방식이 이 나라에서 감행될까 염려했기 때문에, 다른 〈형법〉 조문에서 전혀 유례가 없는 정의를 따른 한 개의 조문으로써 신설했던 것을 기억합니다.

그러니만큼 본건에 있어서도 진보당이 언제 폭력적·비합법적 방법으로 정부를 전복하려고 하는 음모를 했다든지 또는 그런 실천행동을 했다든지 하는 그 사실을 증명하지 아니하고, 그저 정강정책이 검찰관 비위에 맞지 않는다고 해서 아무리 논증해 보았자 그것은 주권을 가진 국민에게 물어볼 사실을 중간에서 권력을 남용해 가지고 이 형사 법정에 억지로 붙들어 앉힌 것으로서, 이는 앞서도 말한 바와 같이 형사문제와 정치문제를 근본적으로 혼동한 것이라고 생각하는 것입니다.

우리 진보당은 합법적인 정당으로서 대중에게 공개한 뒤에 창립되었고, 또한 공보실에 등록된 정당인 까닭에 어디까지나 평화적, 민주적 방법으로써 정강정책을 구현하여 대중의 지지를 받아가지고 국회 의석의 다수를 얻는다든지, 그렇지 않으면 집권당에 우리의 견해를 반영시켜서 정책을 구현시키는 그러한 합법적인 정당인 것입니다. 그러니만큼 폭력이나 비합법적 수단으로 정부를 전복한다는 그러한 음모를 한 사실이 전혀 없을 뿐 아니라 경찰이나 검찰에서도 그러한 사실에 관해서는 하등의 입증이 없는 것으로 볼 때에 본건은 정부의 시책이나 또는 경찰, 검찰의 비위에 맞지 않는다는 그것 뿐으로써 기소한 것이라고밖에 볼 수가 없습니다.

기소장이나 논고를 본다고 할지라도 자기네 비위에 맞지 않는 사실을 열거해 놓은 것에 불과합니다. 우리 진보당의 통일정책이라든지 경제정책이라든지 혁신 정치라는 정책이 경찰이나 검찰의 비위에 맞지 않을 뿐만 아니라 자유당이나 민주당의 의사와도 맞지 않는 것을 우리는 잘 압니다. 또 그럴 뿐 아니라 우리 진보당원 가운데도 정강정책의 표현방법에 있어서 서로 비위에 맞지 않는 점이 있는 것도 사실입니다. 자기가 쓴 글이라고 할지라도 자기의 표현 능력이라든지 지식 능력으로 보아서 그 표현된 문구에 불만이 있을 수 있는 것이 인간의 상정(常情)이거늘 정당이 다르면 정강정책이 다른 것이야 당연한 것이 아닙니까. 그런 것을 가지고 당 공정에서 논의된 것을 보면 무슨 문구의 표현이 이렇게 돼서 좋으니 나쁘니 하는 식의 논란과 또 정책에 있어서 진보당의 경제정책이 사회민주주의니 수정자본주의니 해 가지고 많은 논란이 되는 것을 볼 때, 본 피고인은 어째서 이런 문제가 당 공정에서 논의되어야 하느냐 하는 것을 의심하는 것이며, 또한 동시에 『중앙정치』라는 잡지가 진보당의 기관지냐 아니냐 하는 것을 가지고 논의하는 등의 사실이 도대체 범죄사실을 증명하는 것과 무슨 관계가 있는 것인지 도저히 이해되지를 않습니다.

　진보당의 경제정책이 기소장에는 하등 나타난 바가 없지만 논고에서는 진보당의 경제정책이 사회민주주의라는 것만을 증명하면은 국가변란을 목적한 것이 되는 것 같이 그것을 설명하려고 억지를 부렸고, 따라서 상(相) 피고인 가운데도 우리 진보당의 경제정책이 수정자본주의라고 말하였고 사회민주주의가 아니라는 것을 강력하게 주장하는 것을 보았습니다. 그러나 우리 진보당의 경제정책을 볼 것 같으면 본 피고인이 기초한 정강에는 무슨 주의라고 말한 것이 전혀 없을 뿐만 아니라 다만 "진정한 민주주의로써 혁신정치를 구현하고…"라는 말이 있을 뿐이고, 이동화 씨가 기초한 강령 전문(前文) 속에 '사회적 민주주의'라고 표현한 구절이 있고, 당 위원장인 조봉암 씨가 말한 가운데 '한국의 진보주의'라고 표현한 적이 있지만 어쨌든 우리는 그 경제정책에 있어서 무슨 주의라고 뚜렷이 박아 놓은 것이 없습니다.

　그것은 왜 그랬는고 하니 사회민주주의라고 말한다 할지라도 사회민주주의가 성장하고 발달해온 과정이 각 나라마다 다를 뿐만 아니라, 우리나라 사람들은 무슨 주의라고 하는 말을 붙여 놓으면 우리네 사회 현실에 적응하지도 않는 공식론에 사로잡히기 쉬운 까닭으로 해서였던 것입니다. 사회민주주의라고 할지라도 자본주의가 고도로 발달 된 다른 나라에서 그것을 지양하기 위해 일체 생산수단의 사회화를 기도하는 원리가 곧 우리나라에 적용될 수 없는 것이고, 또 수정자본주의라고 해도 자본주의가 고도로 발달 된 나라에서 그 피해를 교정하기 위해서 생긴 것인데, 우리나라는 아직 자본주의적인 발달이라든지 하는 것이 나타나 있지를 않습니다. 그러므로 우리는 공식적으로 무슨 주의라는 것을 내세우지 아니하고, 우리나라의 정치를 혁신하고 경제를 부흥시키기 위해서 경제정책에 있어서는 분배 문제에 중점을 두기보다 생산 문제에 중점을 둠으로써 후퇴 국가인 우리나라의 생산 형태를 급속적으로 발전시키기 위해 생산성을 가지고 있는 자본은 사자본이거나 국가자본이거나 간에 어디까지든지 보호, 육성하고 또 생산력을 고도로 발전시키기 위해 자본력과 노동력을 결집시키는 등, 순전한 모리자본(謀利資本)이라든지 매판자본(買辦資本)이라든지 하는 것은 우리 민족자본을 육성하는 데 있어서 해가 되는 만큼 그런 것은 견제하고, 어떤 경우에 있어서든지 생산성을 띤 이상은 비록 거부(巨富)가 된다고 할지라도 이를 보호, 육성한다는 것이 진보당 경제정책에 나타나 있는 것입니다.

그렇기 때문에 진보당의 경제정책에다가 그냥 사회민주주의라고 하는 관사를 붙이기가 알맞지 않는 것이기 때문에 이동화 씨는 '적(的)'이라고 하는 문자를 붙여서 '사회적 민주주의'라고 했던 것입니다. 선진자본주의 국가에 있어서의 자본의 횡포성을 억제하고 복지국가의 형성을 기도하는 의미의 수정자본주의를 희구한다는 것과 당분간의 과정, 형태에 있어서는 동일한 내용을 가진다고 하는 것이 이동화 씨의 주장인 것입니다. 그렇다고 해서 사회적민주주의가 수정자본주의와 동일하다는 것도 아닙니다. 요컨대 진보당은 무슨 주의라고 하는 관사를 붙여서 공식론에 흐르는 것보다 우리 후퇴 국가에 적용한 경제정책을 대중과 더불어 연구하고 구현해 나가는 과정에서 완성된 이론 체계를 형성해 나가려고 한 것입니다.
어쨌든 진보당이 사회적 민주주의를 주장했거나 수정자본주의를 주장했거나 간에 사회적 민주주의를 주장했으면 국가변란이 되고 수정자본주의를 주장했다고 하면 국가변란이 아니 된다고 하는 그러한 논리의 귀결이 어디서 나오는 것인지 알 수가 없습니다. 사회적 민주주의거나 수정자본주의거나 간에 평화적, 민주주의적 방법으로써 점진적으로 혁신해나가자고 하는 점에 있어서는 그 주의 자체가 공산주의 모양으로 계급독재를 형성해서 폭력적, 비합법적 수단을 주장하는 것과는 본질적으로 다르다는 것은 세계적인 상식이며, 더욱이나 진보당의 정강정책에 있어서는 폭력적·비합법적 방법은 일절 배제하고 있는 만큼 검찰이 진보당의 폭력적, 비합법적이라고 하는 것을 입증하지 못하고, 사회적 민주주의니, 수정자본주의니 하는 것을 가지고 당 공정에서 논란한다는 것은 앞서도 말한 바와 같이 정치적인 견해 문제를 가지고 형사 법정에서 심판한다는 것은 넌센스에 불과한 것입니다.

그런데 이 검찰이 본건을 다루는 출발점에 있어서 자꾸 국시(國是), 국시하는 말을 하는데 진보당의 평화통일론은 국시의 위반이다, 또는 진보당의 정강정책이 국시를 위반했다 … 하는 식으로 국시 국시해서 이 국시를 떠들고 있는데, 이 국시라고 하는 관념은 원래가 봉건 군주주의 시대에 그런 용어가 있었던 것으로서 일본 제국주의가 군국주의화해가지고 소위 대동아전쟁을 일으킨 말기에 있어서 국시, 국시하는 용어를 써 왔던 것입니다. 국시라고 하는 것은 영원불변해야 할 국가 정책을 국시라고 하는 것인데 이러한 국시 관념은 절대주의적 국가관, 즉 "국가가 절대인 것" …… 그래서 과거 영국의 어느 군주가 얘기한 바와 같이 "짐은 곧 국가다"하는 식의 국가 관념에서 나온 것인데, 민주주의 국가관에 있어서의 국가라고 하는 것은 국민의 이익을 옹호하고 국민이 어떻게 하면 더 잘 살 수 있고 번영해나갈 수 있느냐 하는 수단에 불과한 것이다. … 이것이 민주주의 국가관과 전체주의 국가관의 근본적인 차이인 것입니다.

그렇기 때문에 우리나라 〈헌법〉에도 제1조에 대한민국은 민주주의 공화국이라고 하였고, 제2조에 있어서는 대한민국의 주권은 국민으로부터 나온다고 했고, 또 7조의 2 같은 것을 볼 것 같으면 주권을 제약하거나 영토를 변경하는 그러한 결의를 했을 때에는 다시 국민투표를 해가지고 그 유권자의 3분의 2 이상의 찬성을 얻어야 한다는 조문이 되어 있는 것입니다. 이 조문으로 본다고 할지라도 주권을 제약한다든지 영토를 줄인다든지 하는 그런 어마어마한 행동일지라도 국민의 삼분지이(三分之二) 이상이 찬성하면 할 수 있는 것으로서, 이것은 국민 주권의 의사를 분명히 해놓은 것으로 주권을 제약하는 것까지도 국민일 것 같으면 할 수 있다는 것입니다. 또 국민을 대표하는 정당이면 그런 것까지도 주장할 수 있다는 것을 전제한 것인데, 하물며 진보당은 국토를 통일하는 방법에 있어서 민주주의가 승리할 수 있는 평화적 방법으로써 하자는 것을 주장한 것에 불과한 것인데 이것을 정치적인 문제로 삼지 않고 형사 법정에 끌어다가 국민의 주권을 중간에서 농단한다는 것은 일본 제국주의 말기의 소위 국수주의 사상과 상통되는 것입니다. 이것이 단적으로 표현된 것은 소위 국시론(國是論)을 들고나와서 반대 정당의 존립을 인정하지 아니하고 자기네들 비위에 맞지 않는 정강정책은 모조리 범죄 대상으로 삼으려고 하는 것입니다. 이 무서운 비민주주의적인 사상에서 본건이 취급되었다는 것을 생각할 때 본 피고인의 유죄, 무죄는 별문제로 하고, 이러한 절대주의적인 팟쇼주의적인 사상이 싹트기 시작하여 큰 권력을 가지고 민주 한국을 좀먹기 시작한다는 것은 참으로 몸서리치는 전율을 금할 길이 없습니다.

다음에 본건 기소 사실은 형사법학의 기본 원리를 근본적으로 무시하고 들어갔다는 데 대해서 말씀하려고 합니다. 『중앙정치』 10월호에 조봉암 씨가 발표한 「평화통일에의 길」이라는 논문 가운데 종전의 국제연합 결의인 UN 감시하의 남북총선거를 한다는 것이 대체로 지지할만한 것이라는 결론을 내는 동시에, 동안(同案)을 설명하는 데 있어서 이북 괴뢰와 대한민국이 동등한 위치에서 선거를 한다는 것에 불유쾌한 일이지만 통일을 하기 위해서는 그렇게 하는 것도 무방한 일이 아니냐 …… 그런 요지가 쓰여져 있는데, 그 문장 가운데서 '동등한 위치'라고 하는 그 구절만을 따가지고 그 방대한 논문의 전후에 연관된 논지를 전부 빼버렸으며, 또 '동등한 위치'라고 하는 그것에도 그 다음의 '선거'라는 문구는 아주 빼버리고, 단지 '동등한 위치'라고 하는 그것만을 흠잡아서 범죄 형태로 뒤집어씌우려고 했습니다.

이 문제는 내종(乃終)에 평화통일 문제와 연관해서 해명의 말씀을 드리겠거니와 여기서는 그 내용 자체 문제보다도 검사의 논고 요지에 대해서 말씀드리겠습니다. 검사는 이 논문을 진보당원으로서 읽어 본 자는 모두 〈국가보안법〉에 걸리는 것이라고 하여 본건 피고인들에게는 모두 10년 이상의 중형을 뒤집어써야 한다는 결론을 내렸던 것입니다. 또 소위 김기철 안에 있어서도 그 내용 검토에 있어서는 여기서 말하지 않겠거니와 그것을 반대한 사람일지라도 하여간 그것을 보기만 했으면 전부 〈국가보안법〉의 위반이고, 따라서 10년 이상의 징역을 해야 한다는 논고를 했습니다. 그런데 검사가 이것을 입증하려고 한 노력을 본다고 할 것 같으면 소위 『중앙정치』라고 하는 잡지가 진보당의 기관지라고 하는 것을 열심히 주장하고, 그 잡지가 진보당의 기관지라고 할 것 같으면 그 속에 실린 것은 전부 진보당의 것이다, 그러니까 거기에 실린 논문의 어떤 구절이 비위에 안 맞든지 간에 그 구절을 따가지고 그것은 전체 당원이 책임져야 한다는 식으로 문제를 이끌어 갔습니다. 위에서 말한 모든 사실은 형사책임과 민사책임 또는 정치적 책임의 한계를 근본적으로 몰이해하거나 또는 진보당의 정강정책이 하도 비위에 맞지 않으니까 그만 감정이 촉발되어서 이성이 상실되었거나 그 두 가지 중의 한 가지일 줄로 생각합니다.

본 피고인이 알기에는 민사책임에 있어서는 기계문명이 발달 되고 또 빈부의 차가 현격하게 되고 사회형상이 복잡하여 갈수록 어떤 기업가나 위험 사업을 하는 당사자가 남에게 손해를 끼쳤을 때는 비록 고의가 아니고 과실이 없다고 할지라도 민사적 책임을 져야 한다는 것이 현대 민사책임의 추세입니다. 대개 기업체를 운영하는 사람들이 가령 공장 연돌(煙突)에서 연기가 몹시 나와 가지고 그 주위에 사는 사람들에게 피해를 끼친다든지 또 어느 큰 자동차 회사를 운영하는 사람들이 아무런 과실 없이 사람을 치었다든지 할 때라도 대기업을 운영하는 사람은 그 기업을 운영함으로 말미암아 파생하는 피해 또는 위험 발생의 결과적 책임을 사업을 진행하는 사람이 책임져야 한다는 것입니다. 이것이 소위 이익자 부담, 위험 부담의 원리라는 것입니다. 그리하여 사회의 공평을 기하자는 것이 민사책임의 추세인 것은 잘 아는 바 그대로입니다.

그러나 형사책임에 있어서는 이와 정반대로 여하(如何)한 경우에 있어서도 범의(犯意), 즉 다시 말하면 고의 나가서는 과실 이러한 것이 없어 가지고는 책임을 지지 않는다는 것이 현대 형사책임의 아주 기본적인 원리인 것입니다. 다시 말하면 민사책임에 있어서는 이익공평 구현의 원리가 책임 관념의 기본적인 '저울대'가 되고, 형사책임에 있어서는 어디까지나 범인(犯人)의 개인적 주관 책임이 절대 요건으로서 그 주관 책임이라고 하는 것은 학자에 따라서 말하기를 '범인의 반사회성의 표현' 또는 '반규범성의 표현'이라고 해가지고 엄격한 주관 책임을 요구하고 있는 것입니다. 더구나 〈국가보안법〉에 있어서는 "국가를 변란할 목적으로" 하는 목적범(目的犯)으로 규정되어서 보통 범죄의 범의(犯意)나 과실 정도가 아니라 적극적으로 '국가변란의 목적'을 범죄 구성의 요건으로 해서 그 주관적 범죄 요건이 엄격히 되어 가지고 있는 것입니다.

일반 형법전(刑法典)의 목적범은 단순한 범의를 문구 표현상의 관계로 목적이라고 표현한 것이 있어서 종전의 학자들은 목적범이나 그냥 고의범이나 범죄사실을 인식한다고 하는 점에 있어서는 같다고 한 것이 대부분이었으나, 이 〈국가보안법〉과 같이 단순히 표현상의 문제로 목적을 규정한 것이 아니고 국가를 변란한다고 하는 어마어마한 의식이 내재되어 있고, 그 의식을 행동으로 표시됨을 말하는 것이므로 여기에 목적이라는 것은 단순한 범죄사실의 의식보다도 한 걸음 더 나가 그 범죄사실의 구현을 적극적으로 기도하고 의욕(意慾)하는 것이라고 해석하지 않을 수가 없는 것입니다. 따라서 소위 학자가 말하는 미필의 고의라든지 인식 있는 과실 등은 〈국가보안법〉에서 말하는 '목적' 의식에 포함될 수 없는 것이며, 더구나 다른 사람의 논문이라든지 정치적 견해만 가지고 도저히 〈국가보안법〉과 같이 엄격한 주관적 책임 요건을 요구하는 목적범에 쓸어 넣어 죄를 뒤집어씌울 수는 없는 것입니다.

또 정치적 책임에 있어서는 항용(恒用) 말하기를 국회는 전 국민을 대표한다고 말하고 또 국회의원은 10만 선량(選良)이라고 해서 그 선거구민의 의사를 대표한다고 합니다. 그것은 어디까지나 정치적인 효과 또 정치적인 의미에서의 책임에 터전해 가지고 그러한 논리를 전개하는 것이지, 그렇다고 해서 국회의원 한 사람이 국회에서의 발언이 잘못되었다거나 또는 형사적인 범죄를 구성할만한 일이 있었다고 할지라도 그 의원의 행동으로 해서 그 선거구민들이 범죄혐의자로 물리거나 하지는 않습니다. 마찬가지로 국회의 결의가 잘못되었다고 해서 3천만 국민이 다 형사책임을 뒤집어써야 한다는 이론도 서지 않는 것입니다. 이런 것은 삼척동자라도 알 수 있는 일임에도 불구하고 본건 기소 사실을 보면 민사적 책임이라든지 정치적 책임과 형사적 책임을 아주 뒤범벅을 해 가지고 조봉암 씨의 논문이 당위원장이라고 하는 자격을 가진 사람의 논문이니까 당원 전체가 형사책임을 져야 한다든지, 또 『중앙정치』가 기관지라고 해 가지고 기관지라는 것만을 증명하기만 하면 그 속에 있는 글 내용에 관해서는 전(全) 당원이 형사책임을 공동으로 져야 한다든지 하는 식으로 문제를 이끌어 간 것을 볼 수가 있는데, 이러한 어리석은 궤변은 참으로 가소롭지 않을 수가 없습니다.

과거에 있어서도 진시황 시대에는 소위 '갱유분서(坑儒焚書)'라 해서 선비를 잡아 죽이고 글도 태워버리고 한 일이 있고, 우리나라 연산군 시대에는 선비들이 주둥이만 까 가지고 임금에게 성가신 말을 많이 한다고 해서 책을 불살라버린 일은 있습니다만, 그때에도 홧김에 책을 불살라 책을 못 보게는 했을지언정 어느 책의 어느 구절을 보았으니까 죄가 된다. … 그런 일은 동서고금에 없었습니다. 하물며 민주사회라 일컫는 20세기 현대 국가에서 이런 해괴망측한 이론이 있을 수 있는 일입니까. 문제가 된 조봉암 피고인의 논문 구절인즉, '동등한 위치 운운' 한 그 문구 자체가 결코 대한민국과 이북 괴뢰를 그 주권을 동일하게 인정한 것이 아니고, 다만 통일선거를 하는 데 있어서 남한에 있는 주민이나 북한에 있는 주민이나 같은 표를 던질 수 있고, 또 같은 감시하에서 행하느니만큼 그 선거에 있어서 동등한 위치라는 것에 불과함에 불구하고, 이 구절을 무심히 낭독만 하였어도 10년 이상의 징역을 살지 않으면 안 된다니 그 논문과 그 책은 그냥 불살라버릴 정도의 문제가 아니라 … 뿔이 돋힌 논문이며 칼이 박힌 논문인 것 같습니다. 그렇듯 무서운 논문이니 아마 이것은 후세에 표본이 되게 하기 위해서라도 저기 국제박물관이나 국제전람회에 내보내서 보관해 두어야 할 것으로 생각합니다.

또한 기소장을 볼 것 같으면 형사법학의 원리라고 할 수 있는 인과관계 논리를 무시했습니다. 〈형법〉 제13조에 볼 것 같으면 범죄의 요소 되는 결과에 위험을 미치지 않는 행위는 범죄가 되지 않는 것이라고 해서, 종전에는 이것을 상당 인과관계라든지 또는 위험 인과관계, 직접 인과관계 등의 논(論)으로써 학자들 간에 인과관계 이론의 학설을 가지고 다투어 왔으나, 우리나라 신형법(新刑法)에서는 아주 인과관계의 범위를 엄격하게 명문(明文)을 규정하고 있습니다. 그런데 이 인과관계 원리를 무시하고 검사는 그 기소장에서 진보당 출입자 명부에 박정호라는 이름이 쓰여져 있는 그 한 가지 사실만을 가지고 모든 것을 상상대로 처리하여 가지고 어마어마한 간첩으로까지 만들어 냈던 것입니다.

이것은 우리가 학교에서 공부할 때에 인과관계를 말함에 있어서 서울에 많은 쥐가 들끓는 것은 서울에 바람이 불기 때문이다.… 하는 말과 같습니다. 즉, 바람이 불기 때문에 먼지가 일어나고 먼지가 일어나니 눈에 끼어 들어가게 되고 눈에 들어가니 눈병이 나서 병원에 가 가지고 치료를 받는데 고양이 가죽으로 만든 눈덮개를 씌어주더라 … 그러니 자연 고양이를 많이 잡게 되고 고양이를 많이 잡게 되니 고양이가 잡아먹을 쥐가 성(盛)하게 될 수밖에 없다. 그러니 서울에 쥐가 많은 원인은 서울에 바람이 많이 불기 때문이다. … 이런 무한정한 인과관계를 농(弄)해 가지고 범죄에다가 연결시키는 그러한 어리석은 논리를 전개해서는 안 된다는 것을 우리가 배웠는데, 이번에 검사가 박정호의 진보당 출입, 그것도 꼭 한 번 왔다 간 그 사실 하나만을 가지고 모든 것을 얽어매어 간첩에까지 몰고 가게 된 것은 위에서 말한 어리석은 인과관계론을 연상케 하는 것입니다.

다음으로 검사의 기소장 내지 논고 요지가 논리학의 기본 원리를 위반해서 일부 궤변을 농(弄)해 가지고 부지중(不知中)에 당 공정을 궤변의 도가니 속에 휩쓸어 넣었다는 것을 말하고자 합니다. 얼른 알기 쉽게 말씀드리자면 "사람은 동물이다. 개도 동물이다. 그러므로 사람은 개다"이런 식의 삼단논법을 말할 때 무식한 사람들은 그것이 틀린 줄은 분명히 알면서도 논리적으로 말할 때는 어떻게 어느 점이 틀린 줄은 설명하기 곤란하다는 것입니다. 그런데 검사의 논고를 볼 것 같으면 "이북 괴뢰가 평화통일을 주장했다. 진보당도 평화통일을 주장했다. 그러니 진보당은 이북 괴뢰다" 하는 식의 논법으로 뒤집어 씌우려고 했습니다.

"사람은 먹어야 산다. 개도 먹어야 산다. 그러므로 사람은 개다" 하는 식의 논리가 어째서 틀렸느냐 할 것 같으면 대전제와 소전제의 개념이 완전히 일치하지 않음에도 불구하고 결론에서만 일치하게 만들어 놓았기 때문인 것입니다. 이런 것을 가리켜 소위 궤변이라고 하는데 진보당에서 주장하는 평화통일과 이북 괴뢰가 주장하는 평화통일이 완전히 일치하지 않음에도 불구하고, 위에서 말한 바와 같은 결론만을 일치시켜서 대중을 현혹케 하려는 그런 논고야말로 궤변 중의 궤변이 아닐 수 없는 것입니다. 그렇기 때문에 검사는 교묘히 국가변란을 기도했다는 것을 문제 삼았음에도 불구하고 그것을 당 공정에서 입증하기를 회피하고, 또 사실이 그런 일이 없었으니까 할 수가 없어서 범죄사실과는 전혀 관계가 없는 정책 문제, 그렇지 않으면 방금 말한 바와 같은 평화통일 문제를 가지고 괴상한 궤변을 농(弄)하여 당 공정을 궤변의 도가니 속으로 몰아넣으려는 최면술을 썼던 것입니다.

옛날에 어떤 거짓말을 좋아하는 임금이 있어서 거짓말을 잘하는 사람을 각처(各處)로부터 구해 가지고 거짓말을 시키게 했는데 한 사람도 그 임금 앞에서 거짓말을 해낸 사람이 없었답니다. 그런데 어떤 거짓말 잘하는 자가 아주 그럴듯한 거짓말을 꾸며 가지고서 임금 앞으로 갔습니다. 때는 엄동설한인데 "내가 어저께 사발뎅이만한 앵도(櫻桃)를 먹었습니다"… 했더니 임금이 말하기를 "이 사람아, 그런 거짓말이 어디 있는가. 사발뎅이만한 앵도가 어디에 있단 말이냐" 그렇게 화를 내고 추궁하니까 "아, 접시뎅이만한 것을 먹었습니다" 하니 "이놈아, 접시뎅이만한 것이 어디에 있느냐"고 또 야단을 치니까 이번에는 "사과뎅이만한 것을 먹었습니다" "아무리 앵도가 크기로서니 사과뎅이만한 것이 어디 있느냐"고 다시 야단하니까 이 거짓말 잘하는 자는 하는 수 없이 '밤톨'만한 것을 먹었다고 했습니다. 그런 것도 없다고 하니까 평양률(平壤栗)만한 것을 먹었노라고 하니 그때사 임금이 만족해서 "그러면 그럴테지 어찌 감히 나한테 거짓말을 할까부냐"고 하더랍니다. 그랬으나 임금은 거짓말 잘하는 자의 최면술에 넘어가고 말았던 것입니다. 앵도의 크기를 가지고 싸우다 보니 겨울철에 앵도가 있겠느냐 없겠느냐 하는 대전제를 잊고 있었던 것입니다. 그와 같이 본건 기소 사실에 있어서도 국가변란의 목적이 있었느냐 없었느냐 하는 것은 전혀 차치해놓고, 정강정책의 평화통일 문제라든지 무슨 사회민주주의니 수정자본주의니 하는 문제를 가지고 시비(是非)하고 또 그것을 궤변으로 이끌어간 것입니다.

다음으로는 본건 기소 사실은 그 기소장 전체를 보아서 억지로 범죄를 구성하려고 한 것이 역연(歷然)히 드러나 있다고 하는 것을 말씀드리겠습니다. 한 개의 대정당을 불법화하려고 하는 그러한 무모한 반민주적 행동을 감행하려고 하면은 적어도 범죄혐의 사실을 과학적으로 수사해서 그래 가지고 기소한다든지 해야 할 것임에도 불구하고, 진보당의 정강정책이 비위에 안 맞는다고 해서 그저 덮어놓고 여러 사람들을 잡아다 놓고는 범죄를 구성시키려고 이렇게도 갖다 들어 맞춰보고 저렇게도 들어 맞춰보고, 또 간첩이란 간첩은 모조리 동원시켜 가지고 억지로 들어 맞추려고 애쓴 것이 사실입니다.

기소장에 볼 것 같으면 박정호라는 간첩이 지난 5 · 15정부통령선거 때 진보당에 온 일이 있었다는 사실 하나만을 가지고 추리를 해서 진보당 사무실에 왔었으니 그 자는 으레히 조봉암 씨를 만나 보았을 것이고, 또 이북 괴뢰의 지령을 전달했을 것이고 또 평화통일의 무엇을 지시했을 것이고, 또 진보당은 이북 괴뢰와 합작을 해서 그 지령대로 무엇을 했을 것이고 하는 식으로 아주 규정해 버렸습니다. 그런데 그 박정호가 진보당에 왔다 간 사실은 그것이 출입자 명부에서 있으니만큼 부인하는 것은 아니나 그 왔다 갔다고 하는 4289년(1956년) 5월 6일은 고(故) 해공 선생이 돌아가신 후 조봉암 씨는 사무실에 들어온 일이 없고, 일로(一路) 피신을 해서 …… 물론 테러 등의 염려를 했기 때문에 대통령선거가 끝날 때까지 전혀 사무실에 들린 일이 없었습니다. 이 사실은 경찰 자신이 항상 감시하고 있었던 만큼 잘 알고 있는 사실이며 또 당시 신문기자들이 인터뷰하려고 많이 찾아온 일이 있었으나 만나지를 못했던 것으로 이는 천하공지의 사실임에도 불구하고, 자기네 자신이 뻔히 알면서도 얌체 없이 간첩하고 접선해 가지고 이북 괴뢰의 지령을 받았다는 식으로 범죄사실을 날조했습니다. 또 그것이 하도 얌체가 없으니까 범죄사실 2항에다가 만고에 없는 괴상한 기소장을 꾸며 "성명미상의 자를 이북에 파견 운운"해서 공란을 남겨 가지고 누구든지 잡아서 그 공란을 메꾸기에 애쓴 흔적을 볼 수 있는 것입니다.

또 정우갑을 간첩이라고 해서 그를 만났다는 것을 가지고 무슨 지령이나 받은 듯이 기소를 했으나, 이 사실로 말할 것 같으면 정우갑 자신이 간첩죄로 기소된 사실이 없으며 또 정우갑은 노령(老齡)에 오래 일본에서 살다가 자기 아들과 같이 살려고 조국 땅을 찾아온 사람일 뿐 아니라, 본 피고인과 만나서 얘기한 사실도 당 공정에서 정우갑 증인신문 때 밝혀진 바와 같이 하등 간첩을 방조했다든지 하는 범죄 내용이 없는 것입니다.

이상의 여러 점을 본다고 할지라도 경찰이나 검찰에서 취해온 태도는 진보당의 평화통일론이라든지 정강정책을 가지고 〈국가보안법〉 1조 1항 위반으로 기소해야겠는데, 그것만 가지고는 암만해도 께름직해서 아니 그래도 일단의 양심은 남았기 때문에 미안한 생각도 있을 뿐 아니라 이(李) 대통령에게 보고하는데도 그렇고, 또 국제적 여론이 두려우니만큼 어쨌든지 간첩과 무슨 관계가 있다는 것을 뒤집어씌우려고 했던 것입니다. 그래서 이것으로 이렇게 뜯어 맞추어 보고 저리 뜯어 맞추어 보고 했으나 아무것도 없는데 검찰로 하여금 큰 다행으로 여기게 한 것이 소위 양이섭사건일 것입니다. 양이섭이가 북에 왔다 갔다 한 사실이 있고 또 조봉암에게 돈을 준 사실이 있는 것을 기화(奇貨)로 해서 양이섭 자체를 우리나라에서 이북으로 파견한 첩자로 하지 않고, 또 양이섭이가 HID선을 타고 이북으로 넘어가서 정보를 수집해온 사실, 이런 등등의 사실은 모두 비밀에 부쳐두고 다만 조봉암 씨와 만났다는 사실과 돈을 주었다는 사실, 그것만을 꺼내 가지고 마치 이북 괴뢰와 합작한 것 같이 꾸며낸 것이라고 생각합니다.

이것이 가령 박정호사건이라든지 정우갑사건, 또는 성명미상의 누구 운운한 기소 사실 같은 것이 전혀 없었다고 할 것 같으면 경찰이나 검찰에서 행한 양이섭사건에 관해서도 혹 그런 일이 있지 않았나 하는 의심도 살 수가 있겠지만, 자기네들이 번연히 알고 있는 사실까지도 앞서 말한 바와 같이 범죄사실을 단정하여 뒤집어씌었거든 하물며 양이섭이가 북에 왔다 갔다 했다는 사실과 조봉암 씨에게 돈을 주었다는 사실이 있는 이상, 그들로는 뒤집어씌우기에 천만의 원군(援軍)을 얻은 모양으로 감행했으리라고 하는 것은 사리상 으레히 추단되는 것입니다. 그렇기 때문에 검사는 공판심리에 있어서 양이섭이 하나만을 조심조심히 마치 달걀을 깨질까봐 두려워서 보자기에 싸가지고 위태한 길을 걸어가듯이 다른 일절의 방증을 내놓지 아니하고, 오히려 변호인들이 보충 신문을 한다든지 또는 자수 동기 같은 것을 추궁한다든지 하는 것을 심히 끄려 했고, 또 검사는 의식적으로 HID의 엄숙진 증인이라든지 또는 특무대에 안내했다고 하는 장성팔 증인까지도 부르기를 주저했던 것입니다. 사리로 보아서는 그 사람들은 검사의 유리한 증인이 될 수 있음에도 불구하고 그들을 신문한 결과에 있어서는, 아까도 말한 바와 같이 달걀이 깨질뻔하도록 불리한 증언을 했던 것입니다.

본 피고인이 지난날 신문지상에서 본 경험에 의할 것 같으면 소위 한강둑살인 사건이라고 하는 문제가 어떤 전(前) 육군대위인가 하는 사람이 피의자로 검거되어 가지고 여덟 시간 불과해서 한강둑살인사건에 자기가 관련했다고 하는 사실을 아주 객관적으로 그럴듯한 자백한 것이라고 하여 세상에 공표한 일이 있는데, 그것이 며칠 안 가서 경찰에 의한 그 자백이 허위였다고 하는 것이 진범이 잡힘으로써 밝혀졌던 것입니다. 그러한 허위자백이 이루어질 수 있다고 하는 우리나라의 현실을 바라보면서, 이 양이섭이가 판사의 정당한 영장도 없이 말하자면 불법구속으로 특무대에 근 1개월 동안이나 갇혔었다는 것을 생각할 때 여러 가지로 떠오르는 의심을 가실 길이 없습니다. 양이섭이가 당 공정에서 말하기는 고문을 당한 것이 아닌 것 같게 말하고 있지만 보아하니 양이섭은 건강한 체구임에도 불구하고 당 공정에서는 일어서지도 못하고 뭐 혈압이 높다느니 하고 전혀 굴신을 못 하는 형편인데, 본건 관계자 대부분이 모두 엄중한 고문을 당한 것과 아울러 고찰할 때 양이섭이가 굴신을 못 하도록 저렇게 되었다는 것은 필유곡절(必有曲折)이라고 생각되며, 따라서 그 강박관념이 취조당할 때만 있었던 것이 아니라 오늘날 이 공정에까지 연장되어 있는 것이 아닌가 생각합니다.

그것은 그가 자살을 기도했다고 하는 유서에서 조봉암에 대한 문제도 이제는 해결이 되었으니 나는 죽는다는 것과 자기를 감시하지 말아 달라는 애걸복걸이 쓰여져 있다는 것을 볼 때, 그가 얼마나 공포감에 잡혔더냐 하는 것을 추상(推想)할 수가 있는 것입니다. 그 공포감은 이 마당에 있어서도 계속되고 있다는 것을 알 수가 있으며, 또 검사는 변호사가 양이섭에게 보충 신문을 할 때에 대한민국의 첩자로서 북을 수차 왕래하는 동안에 이북에서 무슨 부탁을 받아 가지고 일을 해주었다는 것으로 되어 있는 만큼, 양이섭이가 특무대에 자수했다는 사실에 대해서 이중첩자인 양이섭이가 어느 때부터 애국심이 생겨서 그렇게 자수까지 했느냐고 추궁할 때에 검사는 행여 보자기에 싼 달걀이 터질까 염려한 나머지 격노해서 양이섭이 우리 편에 선 이중첩자인데 이중첩자에 대해서 그런 실례의 말을 왜 하느냐는 뜻으로 나온 일이 있습니다. 첩자라고 하는 것은 대개가 이중첩자인데 여기의 정보를 조금 주고 저쪽의 정보를 많이 받아 와야 하는 것입니다. 이를테면 살을 베어주고 뼈를 빼어오고 뼈를 주고 목숨을 가져오는 것이 첩자의 본질일진데, 이중첩자가 되지 않을 수 없음에도 불구하고 이 이중첩자를 모욕하는 변호사의 추궁은 이중첩자에 대한 즉, 다시 말하면 대한민국에서 이북으로 파견하는 첩자에 대한 사기를 저상(沮喪)시키고 모독하는 것이라고 하여 검사는 발연대노했던 것입니다. 그래 가지고 변호사의 발언을 취소하라고 노발대발했으며 그러자 재판장이 적당히 무마하자 변호사의 발언을 기록해달라고 반위협적인 형태로 나온 것이 우리 기억에 생생합니다. 그럼에도 불구하고 검사는 그 논고에 있어서 돌연히 그 태도를 변경해 가지고 양이섭은 이중첩자가 아니고 이북의 첩자다. … 이렇게 생잽이로 떼를 써서 규정을 지워버렸으니, 전하심(前何心) 후하심(後何心)인지 참으로 알 수 없는 일이 아닐 수 없습니다. 그런 것은 요컨대 어쨌든지 본건 사실에 있어서 진보당사건에만 죄를 뒤집어씌우려고 하는 주관적 의사가 그렇게 이성을 상실케 한 것이 아닌가 생각합니다.

다음은 본건 기소 사실을 통해서 경찰이나 검찰은 전혀 무책임하였다는 것을 말씀드리려고 합니다. 모든 공무원은 국민의 수임자(受任者)로서 국민에 대하여 책임을 져야 한다는 것이 〈헌법〉 제21조에 명문화되어 있음에도 불구하고 어떠한 목적의식하에 공무원의 본분을 망각하고 무책임한 행동으로 나오게 됐으며, 그것은 앞서 말한 바와 같이 억지로 범죄사실을 구성했다는 것은 물론이려니와 이 피의사실을 자기네에게 유리하게 하기 위해서 엉터리없이 상부보고하고, 더구나 〈형법〉 제125조 또는 126조 …… 125조에는 잔학한 행동을 하지 말라는 것인데 이를 위반해 가지고 고문같은 것을 감행하고, 더구나 쪽지를 전달했다고 하는 이(李) 간수부장 같은 이를 본다고 할 것 같으면 쪽지 연락만으로써 〈국가보안법〉위반이다, 마치 이것은 강도(強盜)한 사람이 형무소에 들어가 있는데 그 사람을 동정해서 쪽지를 연락했으면 강도 방조다 하는 식의 논리를 전개하였습니다. 주범(主犯)을 방조하는 것이 종범(從犯)인데 〈국가보안법〉 위반 피고인으로서 형무소에 갇혀있는 사람을 도와주었다고 해서 그것이 곧 〈국가보안법〉 위반의 종범이 될 수 없는 것입니다. 그것은 마치 강도한 사람을 동정해서 쪽지 연락을 해주었다고 해서 그를 강도 종범이라고 할 수 없는 것과 같은 것입니다. 마땅히 이 문제는 그렇게 다루었어야 했을 것임에도 불구하고 〈국가보안법〉을 적용해야겠다고 하는 의도하에 고문을 해 가지고 돈을 받기를 하고 쪽지를 주었다고 자백케 했다는 것 등을 볼 때 이는 확실히 무책임한 행동이라 하지 않을 수 없습니다. 이것은 〈형법〉 제125조를 범(犯)했다고 할지라도 누가 그것을 꺼내서 문제 삼을 사람도 없고, 또 피고인들이 여기에 나와서 죽게 되었다고 할지라도 당 공정에 있어서도 너는 어떻게 고문을 당했느냐 하는 것을 심문해 주어서 그것을 밝힐만한 계제(階梯)가 되어 있지 않고 하기 때문에 그와 같이 하등의 책임 없는 형태로 나온 것입니다.

또 〈형법〉 126조를 볼 것 같으면 기소 전에는 누구든지 범죄 피의사실을 공표할 수가 없게 되어 있음에도 불구하고 검사는 자기가 논고 구형하기 이전에 구형을 지상(紙上)에 공표하는 등의 무책임한 행동까지를 감행했던 것입니다. 구형 이전에 신문에 공표했다는 사실은 다행히 드러났으므로 말썽이 된 것이지만 그 이전의 본건 피의사실에 관련해서 침소봉대하게 신문을 통하여 혹은 라디오를 통해서 발표한 것을 알 수가 있는데, 여사(如斯)한 행동을 하고서도 〈형법〉 126조의 책임을 지지 않는다는 것은 마치 미친 사람에게 망치나 칼자루를 준 것 같은 결과를 초래했는데, 이는 우리나라 민주주의를 위하여 참으로 통탄치 않을 수 없는 것입니다.

다음은 평화통일 문제와 본건 기소 사실의 관계를 좀 해명해 보고자 합니다. 검사는 그 논고에 있어서 UN의 결의문을 주욱 연도별마다 낭독하고 그 가운데서 특히 대한민국을 유일한 합법적 정부라고 인정한 것을 재삼 강조해서 낭독했던 것입니다. 우리가 우습게 생각하는 것은 UN의 결의문을 자꾸 낭독하고 이제 말한 바와 같이 대한민국이 한국에 있어서의 유일한 합법적 정부라고 인정받았다고 하는 것을 강조했는데, 진보당에 있어서는 어느 한 사람도 이것을 모르거나 인정하지 않는 사람이 없습니다. 그것은 진보당의 정강정책을 본다고 할지라도 언제든지 우리는 UN의 노선에 입각하고 UN을 통해서 통일한다고 했을 뿐만 아니라, 문제가 되어 가지고 있는 조봉암 씨의 논문이라든지 김기철 씨의 사안이라든지 또 아무 기소장에도 나타나 있지 않고 당 공정에서 심리되지도 않았지만 검사 논고에 나오는 본 피고인이 참석했던 각 정당 좌담회에서의 발언, …『중앙정치』 10월호를 본다면 UN 감시하의 남북총선거를 지지한다는 데서도 어느 때 어느 구절을 막론하고 우리가 UN 노선에 입각하고 있다는 것을 밝혔습니다.

UN의 민주우방과 잘 협력해서 통일방안을 모색하자는 것이 진보당의 기본 주장인데 이는 이북 괴뢰의 주장에는 완전히 대치되는 주장으로서, 이북 괴뢰는 UN에 도전하고 UN을 무시하고 6·25사변으로 해서 UN군이 경찰 행동으로 우리나라에 와서 공산(共産) 침략을 막아준 그 자체에 대해서 그들은 오히려 반대 행동으로 나오고 있는 이 마당이니만큼, 우리 진보당이 어디까지나 UN의 노선에서 UN의 권위를 존중해 가지고 통일을 이룩하자고 하는 것이니 아무리 검사가 그렇게 입에 거품이 나도록 논고에서 UN의 결의문을 낭독한댔자 그것은 도리어 우리의 뜻을 밝혀준 것에 지나지 않지, 결코 우리네 범죄사실을 입증한 것이 못 되는 것입니다.

이것은 마치 옛 얘기에 어떤 일꾼이 아침을 먹고 샛밥을 먹고 또 점심을 먹고 샛밥을 먹고 또 저녁을 먹고 그렇게 여러 차례를 먹는 것을 보고, 주인이 무슨 밥을 그렇게 자주 많이 먹느냐고 말하니까 일꾼이 주인을 보고 하는 얘기가 "그럴 수밖에 없습니다. 왜 그런고 하니 저희들은 아침을 먹고는 한참 일하다가 샛밥을 먹고는 또 한참 있다가 점심을 먹고, 그리고 또 얼마동안 오래오래 일하다가 저녁 샛밥을 먹고는 또 한참 일하다가 저녁을 먹지 않습니까. 그렇니 배가 고플 수밖에 더 있겠습니까. 그런데 주인마님은 아침 먹고 조금 있다가 점심 먹고 또 조금 있다가 저녁 먹고 하시니 배가 고프지 않을 수밖에 없지 않습니까" 이렇게 말을 하니 무엇이 틀린지 모르고 조금 있다 먹고 조금 있다 먹고 하는 소리에 그럴

듯하게 속아 넘어갔다는 얘기가 있는데, 그것과 마찬가지로 검사는 어디서 베껴왔는지는 모르지만 공산당사(共産黨史)를 주욱 내려 읽고, 또 UN의 결의문을 주욱 내려 읽어서 말의 표현으로 마치 일꾼의 말과 같은 식으로 설명하려고 했습니다.

다음에 검사는 말하기를 우리 대한민국의 대표로 나갔던 변영태 외무장관의 제네바회의에서의 14개 조항이 마치 북한만의 선거, 정확하게 말하면 북한만의 보궐선거를 말한 것 같이 얘기하고, 신도성 증인에게 대해서 이 자명한 북한만의 보궐선거를 이해 못 했느냐고 추궁하는 것을 들었습니다만, 도대체 검사는 변 대표의 14개 항목을 읽어보았는지 안 읽었는지 또 읽어보았다고 할지라도 그 문구에 표현된 내용을 고의로 그대로 보지 않고 자기 주관에 의해서 그랬을 것이라고 판단했는지는 모르지만, 분명히 본 피고인이 기억하기로는 14개 조항 제1항에 있어서 "통일되고 독립한 민주 한국을 수립할 목적으로 이에 관한 종전의 국제연합 결의에 의거하여 국제연합 감시하에 자유선거를 실행한다" 이렇게 말했는데, 그속에는 분명히 통일되고 독립한 민주 한국을 수립할 목적 … 이렇게 "수립한다"는 용어를 쓴 것은 우리가 법적으로 볼 때에는 이미 대한민국이 수립된 이상 "대한민국의 주권을 북한까지 확대할 목적으로" 이렇게 표현하면 몰라도 어찌 감히 "통일되고 독립한 민주 한국을 수립한다"고 하는 표현을 할 수 있느냐 말입니다. 이는 현재 수립된 대한민국을 무시하는 언동이었거나 그렇지 않으면 통일하기 위해서는 대한민족과 국토가 기반이 되는 만큼 대한민국이 발전적으로 통일하는 것을 그렇게 표현한 것으로 봅니다. 본 피고인은 분명히 대한민국이 통일을 구한 것이기 때문에 문구 표현에 있어서 "대한민국의 주권을 북한에 미치기 위해서" 하는 식으로 표현하지 않았다고 생각하는 것입니다. 그러므로 김기철 씨 안의 "통일된 국회가 통일된 한국의 〈헌법〉에 관한 문제를 논의할 수 있다"고 한 것을 가지고 논란한다는 것은 모순된 논란이라고 할 수밖에 없습니다. 그것은 국가 공법(公法)의 이론상으로 우리나라가 아직 통일되어 있지 않은 만큼 민주주의적 승리를 전제로 해서 볼 때에 주권이 전국민에게 있다는 것을 생각할 때 UN 감시하에서 전국민 투표로써 국토를 통일한다. … 이렇게 해서 국회가 형성되고 정부가 형성된다고 하면 이것은 현 대한민국의 발전은 될지언정 결코 대한민국을 부인하는 것은 되지 않을 것입니다.

그리고 변영태 씨 안이 동 제1항을 볼 것 같으면 종전의 국제연합 결의에 의해서 국제연합 감시하에 자유선거를 시행한다는 것인데, 이것은 결코 북한만의 보궐선거를 하는 것이 아니고 남북한을 통틀어서 국제연합 감시하에서 총선거를 한다는 것을 뜻하는 것입니다. 북한만의 보궐선거를 대한민국의 주권을 확장하기 위해서 하는 것이라면 그냥 "북한만의 자유선거를 시행한다" 했어야 할 것입니다. 그렇기 때문에 이 변영태 씨의 제1항 안은 종전의 국제연합 결의를 존중해가지고 남북한의 자유선거를 한다는 뜻이 명백한 것입니다. 제2항에는 "여사(如斯)한 자유선거는 종전에 선거가 가능하지 못했던 북한에서 시행하고 대한민국 〈헌법〉 절차에 의거하여 남한에서도 시행한다" 이렇게 했는데, 여기에 "남한에서도" 시행한다는 것은 북한은 물론이려니와 남한도 한다는 것인 까닭에 이거야말로 총선거를 의미하는 것이 아니고 무엇이겠습니까.

그런데 검사라든지 또는 자유당이나 민주당에서는 겁이 나니까 그럴는지 모르지만, 무슨 전가(傳家)의 보도(寶刀)처럼 내 휘두르는 것은 대한민국 〈헌법〉 절차에 의해서 북한에서 선거를 시행한다는 "대한민국 〈헌법〉 절차에" 하는 말을 내놓고 그것을 주장해야만 이 대한민국을 존중하는 것이 되고, 그것을 꺼내 들지 않으면 대한민국을 무시하는 것이 된다고 하는 괴상한 논리를 전개하고 있는 것입니다. 이것은 본 피고인이 보기에는 이것을 당연한 규정으로 통일문제를 결정한 이상 우리 국내의 법 절차를 합법적으로 밟아 나간다고 하는 것은 혁명을 하지 않는 이상 당연한 것입니다. 그러므로 이 문구를 여기에다 집어넣게 된 것은 민주우방 국가들이 하도 통일문제에만 관심을 두고 대한민국이라고 하는 주권에 대한 표현에 있어서 너무 등한히 하는 것 같으니까 안타까운 심정에서 그것을 강조하기 위해서 그러한 문구를 삽입한 것으로 생각되는 것입니다. 그 문구를 삽입했다고 해서 남북한의 총선거가 아니라고 하는 논증이 되는 것은 결코 아닙니다. 이러한 문구는 마치 우리 진보당 정책에서 "우리는 결코 통일을 □한다고 해서 대한민국을 부인하거나 말살하는 데 있지 아니하고 오히려 이것을 육성하고 강화하는 것이 통일의 길을 촉진하는 것이다"고 하였는데, 그런 문구를 써넣었으니까 대한민국을 부인하는 것이 안 되고 또 그 문구를 써넣지 않았다고 해서 대한민국을 부인하는 뜻이 되는 것은 아닙니다. 그것은 어디까지나 주의적(注意的)·강조적(强調的)인 의사로써 그렇게 표현한 것인데, 그렇게 주의적·강조적으로 의사를 표현한 것임에도 불구하고 검사는 억하심정으로 우리 진보당이 대한민국을 부인하고 이북 괴뢰와 호응한 것처럼 뒤집어 씌우려고 하는지 알 수 없는 노릇입니다. 더구나 검사는 우리 당이 분명히 대한민국을 부인하는 것이 아니라고 저책에서 명문(明文)으로 썼음에도 불구하고, 그저 덮어놓고 부인하려 한다고 억지를 쓰면서 그와 반대로 변영태 씨 안에는 '대한민국 〈헌법〉 절차'라는 말이 쓰였으니 합법적이고 그 문구를 안 쓰면 곧 대한민국을 부인하는 것이 된다고 강변하니, 주의적, 강조적 문구를 집어넣어도 안 되고 안 집어넣어도 안 된다고 하면 역시 전하심(前何心)·후하심(後何心)의 논리적 모순이 되는 동시에 공법 이론에 비추어 보아서 무식한 결론이라고 생각되는 것입니다.

그리고 『중앙정치』 10월호의 조봉암 씨의 논문, 소위 문제가 되어 가지고 있는 "북한 괴뢰와 대한민국이 동등한 위치에서 선거를 한다"는 내용을 말씀드리면, 동 논문에 있어서 이북 괴뢰 안이라든지 소련 안이라든지 중립화 안이라든지 하는 것은 전부가 다아 대한민국과 이북 괴뢰정권과를 동등한 것으로 인정을 해가지고 연립적인 정부 형태를 구상하는 것이기 때문에, 우리로써는 절대 반대한다는 것이 동 논문에 분명히 기재되어 있습니다. 그러면 대한민국과 이북 괴뢰가 동등한 위치에서 선거를 한다는 것은 무엇이냐 … 여기서 말하는 것은 결코 이북 괴뢰의 정권 자체를 현 대한민국의 정권과 동등한 정권으로 인정한 것이 아니고 또 인정할 수도 없는 것입니다. 그것은 마치 "대한민국에는 옛날부터 호랑이가 많았다 …" 그런 말을 누가 하면 거기에 대한민국은 국토를 말하는 것과 같은 것입니다. 또 "대한민국에는 옛날부터 당파 싸움이 많았다"는 그런 얘기를 누가 한다면 그것은 대한민국을 통해서 상징된 우리나라의 국민 사이에 당파 싸움이 많았다는 것을 의미하는 것으로써 그 주민을 지칭하는 것입니다. 그것과 마찬가지로 대한민국과 이북 괴뢰가 동등한 위치에서 UN 감시하에 자유선거를 한다는 뜻은 결코 정권 자체를 동등하게 인정한다는 말이 아니고, 사실상의 국토와 주민을 전제로 해서 이남에 거주하는 우리 국민이나 이북에 거주하고 있는 우리 국민이나 간에 표를 던질 수 있는 권리가 같다. … 또 같은 분위기 보장하에서 자유선거가 시행되어야 한다는 것을 설명하기 위해서 동등한 위치에서 선거가 시행된다고 하는 것을 표현하려고 한 것입니다. 글을 읽을 수 있는 사람이면 누구나 다아 당연히 그렇게 해석되어야 할 것이고 또 그렇게 해석될 것입니다.

만일 현 대한민국 영역하에 있는 우리 국민의 표와 북한 괴뢰 치하에 있는 국민의 표의 가치가 다르고 또 감시하는 기관이 다르고 그렇게 해서 통일을 한다고 하게 될 것 같으면, 다시 말하면 동일한 형태하에서 선거를 시행하지 아니하고 이질적인 형태하에서 선거가 시행되어 가지고 통일이 된다고 할 것 같으면 그야말로 연립정권의 형태밖에 되지 않는 것입니다. 그렇게 볼 때 이 동등한 위치에서 "선거를 한다"는 것은 지극히 당연한 얘기라고 하지 않을 수 없는 것입니다. 이것을 그렇게 꼬집어 뜯어 가지고 형사 문제를 삼아서 이 법정에서 논란한다는 것은 국가학이나 공법 이론상에서 법률의 단계를 무시하는 어리석은 일이라고 말하지 않을 수 없습니다. 다시 말해서 정당의 정강정책이라고 하는 것은 입법자의 의사를 말하는 것으로서 언론자유에 관한 영역 문제인 것입니다.

정치적인 경우에 있어서의 형사 문제는 폭력적, 비합법적인 방법으로써 정부를 전복하는 경우, 그리고 일반 범죄에 있어서는 〈형법〉 구성 요건에 해당하는 경우에 한할 것으로 평화통일론 그 자체가 범죄행위는 될 수가 없는 것이고, 또 무력통일론 그 자체도 범죄행위가 될 수 없는 것입니다. 지금 정부가 비록 무력통일을 주장한다 할지라도 그 무력북진통일이 언제실현될지 모르니까 안타까운 심정에서 어떤 북진통일론자들이 집합을 해 가지고 아, 정부는 미지근하니까 안되겠다고 해서 폭력적, 비합법적 수단으로 이 정부를 전복하고 북진통일을 한다고 할 것 같으면 그것은 〈국가보안법〉 위반이 되는 것입니다. 즉, 정강정책이 〈국가보안법〉에 위반되는 것이 아니라 폭력적, 비합법적으로 쿠데타를 일으키자고 하는 그 음모라든지 그 행동이 〈국가보안법〉에 위반되는 것이라고 하는 것을 우리는 민주주의를 하려고 하는 이상 분명히 알아야 될 줄로 생각합니다.

이것은 한스 켈젠[285]의 법률단계론에서 아는 바와 같이 통치 권력의 형성, 다시 말하면 제헌 권력의 창설이라는 문제와 그 통치 권력이 창설되고 제헌 권력이 형성된 이후에 생긴 법률의 문제와는 계단(階段)이 다르니까, 속히 말하면 차원이 다르니까 이것을 한데 얼버무려서 말한다는 것은 국가학이나 국가 형성에 관한 공법 이론에 무식한 까닭이라고 생각합니다. 그렇기 때문에 통일을 하기 위해서 가령 우리 〈헌법〉의 어떤 조항이 없는 것이 좋겠다든지 또는 〈국가보안법〉 자체까지라도 이를 폐기해가지고 통일해야겠다든지 하는 것을 어느 정당이 주장한다고 할지라도 상관없는 것입니다. 모든 정당은 어떤 의미에서든지 간에 〈헌법〉을 고치거나 또 현재의 〈헌법〉을 폐지 또는 수정하거나 요컨대 현 법질서로 개혁해나가고 수정해나가는 것, 그러한 의사의 자유를 가지고 있는 것이 정당의 본질인 것입니다. 그들의 의사는 언론자유에 속하는 영역으로서 폭력적, 비합법적으로 법질서를 파괴하지 않는 한, 본건 사건과 같이 정당 자체를 두들겨 부수려고 하는 것은 비민주적 팟쇼적 폭거라고 말하지 않을 수 없습니다.

다음에 김기철 사안에 대해서 〈헌법〉 제정이라고 하는 문제를 가지고 많은 논란이 되었는데, 여기서 한 가지 밝힐 것은 변영태 씨 안의 "통일되고 독립된 한국을 수립…" '수립'한다고 하는 말과 〈헌법〉을 제정한다는 말과는 거의 동일한 것이라고 생각하는데, 재판장도 아시다시피 원래 〈헌법〉이라는 것은 실질적인 의미의 〈헌법〉과 형식적인 의미의 헌법이 있지 않습니까. 실질적인 의미의 헌법은 국가에는 반드시 〈헌법〉이 있어서 통치하고, 그 통치하는 권력의 조직 또는 통치 권력의 행사에 관한 규율이 섰으면 그로써 국가가 형성되는 것이고, 또한 〈헌법〉이 선 것이라고 보는 것입니다. 그렇기 때문에 가령 신라시대라든지 이조시대에는 지금과 같은 〈헌법〉 규정이 안 되었어도 그것을 국가로 보는 것이고, 또 현대에 있어서도 우리가 본받을만한 민주국가인 영국이라 할지라도 성문화(成文化)된 〈헌법〉은 없습니다만, 통치 권력의 형성 또는 행사에 관한 관습법이라든지 각개 법률이 형성되어 있어서 실질적인 〈헌법〉이 형성되고 있는 것입니다. 이러한

285) '한스 켈젠(Hans Kelsen, 1881~1973)'을 말한다. 오스트리아의 법학자로 빈대학에서 교직을 맡고 있었는데 나치스의 박해를 피하여 국외로 탈출하여 미국 켈리포니아대학에서 교수를 역임했다. 민주주의론, 국제법이론, 이데올로기비판 등에서도 예리한 분석능력을 발휘하고 세계의 학계에 상당한 영향을 끼쳤다.

실질적인 의미의 〈헌법〉의 형성으로써 〈선거법〉이라든지 〈정부조직법〉이라든지 〈국회법〉이라든지 〈법원조직법〉이라든지 하는 것이 역시 국가 통치 권력의 구조에 관한 법률이니만큼, 〈헌법〉에 속하는 것입니다.

지난날 〈선거법〉을 전면적으로 개정을 해서 종전의 〈선거법〉을 폐기하고 새로운 〈선거법〉을 제정했는데, 그 새로운 〈선거법〉을 만들 때에는 종전의 〈선거법〉은 폐기한다. 그리고 경과규정으로써 연관된 문제도 이 〈선거법〉에서 모든 것이 계승이 되도록 되어 있는 것과 마찬가지로 〈헌법〉을 통일 후에 제정한다든지 수정한다든지 하는 문제는, 그 제헌 권력의 동일성, 통치 권력의 동일성…… 이것은 정치학적으로 말해서 통치 권력이라고 할지, 정치세력이라고 할지, 그것이 동일한 이상 형식적 의미의 조문 전체를 새로 제정하거나 일부 수정의 형식을 취하거나 간에 큰 문제가 아닌 것입니다. 그것이 국가의 동일성을 해하는 것은 되지 못합니다. 자유당정권을 민주당이 계승한다고 해서 그것이 곧 국가의 동일성이 변경되는 것이 아니고, 자유당정권이 진보당으로 옮아간다고 해서 국가의 동일성이 변경되는 것이 아닌 것과 같이 우리가 통일을 함에 있어서 전세계 자유진영 편에 서서 민주주의가 결정적으로 승리할 수 있는 통일이 된다고 하면, 〈헌법〉을 개정하거나 제정하거나 그 형식을 어떻게 취하든지 간에 국가의 동일성은 변경이 되는 것은 아니라고 하는 것을 명심해야 될 줄로 생각합니다. 그렇기 때문에 변영태 씨 안에 있어서도 통일되고 독립된 한국을 수립하려고 한다는 문구를 쓰게 된 것입니다. 통일된 한국과 현 대한민국과를 구분해서 표현하였는데 그렇게 표현되었다고 해서 결코 대한민국을 부인하거나 대한민국을 말살하려고 하는 의도가 아닌 것과 같이, 우리가 실질적인 의미의 〈헌법〉과 형식적인 의미의 〈헌법〉의 의미를 알고 우리 〈헌법〉이 형성되는 저초(底礎)가 되는 통치 권력의 동일성을 유지하는 한, 국가의 동일성을 부인할 수 없는 것입니다.

이상 두서없는 말씀을 많이 하였는데 본 피고인들의 유죄, 무죄를 막론하고 우리 대한민국 안에서 민주주의 정당을 말살하고 공무원이 무책임한 형태로 이와 같은 폭거를 감행할 수 있다는 그 자체가 대공투쟁에 있어서 승리를 거두어야 할 운명적인 위치에 놓인 우리 민족의 입장으로 볼 때 참으로 뼈아프고 눈물질 현상이라 아니 할 수 없습니다. 본 피고인이 이상에서 말씀드린 것은 국민은 상식적으로 알고 있는 사실이고, 또 현명하신 재판장 및 배석법관 두 분께서는 당 공정에서의 엄정한 심리와 또한 풍부하신 경험과 지식에서 충분히 이해하시고도 남음이 있을 줄로 생각함에도 불구하고, 본인이 중언부언 말씀드린 것은 아직도 이 나라에 비민주적인 요소가 독소처럼 들끓고 있는 마당이니만큼 안타까운 심정에서 부처님 앞의 설법이 되는 것 같은 외람한 생각이 들면서도 본 피고인의 고충을 말씀하게 된 것이니 널리 양해해주시기 바랍니다.

끝으로 본 피고인의 심경을 말씀드리면 그리스도는 십자가에 못 박히면서도 "내가 세상을 이겼노라" 말씀하셨고, 석가는 수십 년 고행을 하신 끝에 하루아침에 보리수에서 활연대오(豁然大悟)해 가지고 육욕번뇌(六慾煩惱)에서 해탈을 하여 벌떡 일어나면서 "천하지하[286]에 유아독존이라" 말했습니다. 공자님은 "조문도(朝聞道)면 석사(夕死)라도 가의(可矣)"라 하였으니 "아침에 도(道)를 들으면 저녁에 죽어도 가(可)하다" 그런 말씀을 하셨는데, 본 피고인 같은 범인(凡人)으로서는 그 말씀들을 잘 이해할 수 없었는데 오늘 이 법정에서 무기 구형을 받고 나니 그 성현들의 말씀이 뼈에 사무치도록 이해가 되는 것 같습니다. 결코 그리스도나 석가나 공자가 독선적인 입장에서 그런 말씀을 하신 것이 아니고 그리스도의 사람, 석가의 자비, 공자님의 인의, 그러한 것이 세상을 덮고도 남음이 있어서 죽는 마음에 가서도 태연자약(泰然自若)하게 설 수 있었던 것인데, 본 피고인이야 어찌 그 성현들의 발뒤꿈친들 따라 갈 수 있으리오만 우리를 잡아다가 억지로 죄를 만들어서 이렇게 세워놓았지만, 본 피고인으로서는 그 사람들이 불쌍하면 불쌍했지 원망하는 생각은 없습니다. 다만 민주주의 앞날을 위해서 본 피고인이 거름이 되어서라도 이 나라의 민주주의가 성장될 수 있으면 하는 것뿐입니다. 지루한 최후 진술을 끝까지 들어주시니 진정으로 감사하면서 이로써 최후 진술을 마친다고 진술하다.

---

286) '천상천하(天上天下)'의 오기이다.

피고인 조규택은

먼저 상(相) 피고인들이 진술한 바와 같다고 하다.

피고인 조규희는

솔직하게 말해서 조봉암 위원장이 현저하게 틀리는 것도 있다고 말한 일이 있는데, 그것은 양이섭 피고인에게 대구시당 명단 그런 것 다 줬다고 하였는데 대구시당은 천하에 없는 것을 위원장도 있는 줄 알고 대답하시고, 또 양이섭은 결당일자, 정부통령 출마 여부 등 그럴듯하게 말하고 있지만 차이나는 것을 그런 식으로 어물어물 해버리는 것입니다. 양이섭은 본건 재판장 신문에 쥐소리 같이 "네. 네" 하고 말았는데 과거 독립운동 등 이야기할 적에는 말소리가 크게 온 정(廷) 안 사람이 다 듣도록 말하고 있지 않습니까. 암만 생각해도 이상한 점이 있사오니 특히 조용한 곳에서 신문해주시면 새로운 진술이 나오지나 않을까 생각됩니다. 아무쪼록 본건을 공명정대하게 판단하여 주심을 바랍니다라고 진술하다.

피고인 신창균은 할 말은 많으나 생략하겠다고 진술하다.

피고인 김기철은 제가 작성한 선언문 때문에 상(相) 피고인에게까지 연(延) 2백 년 이상의 구형을 받게 하였다는 것은 심히 죄송스러운 일인데 저의 오장육부가 그 논문 속에 다 쓰여져 있는 것입니다. 그것은 당 최고간부회의에서 통과된 일이 없고 당으로서는 구체안(具體案)을 가질 수 없다는 데에서 연구 부결되어 사안으로 돌아간 것입니다. 어디까지나 연구자료로서 나갔다나 끝인 것이오니 유의해주시기 바라오며, 조(曺) 위원장과 양이섭이가 접촉한 과정을 측근자의 한 사람으로서 말씀드리면 위원장 댁에는 늘 경찰관 두어 사람씩 나와 감시가 철저하고 전화 연락은 도중에서 도청하고 차를 타고 다녀도 추격해올 정도로 늘 감시의 대상으로 되어 있는 까닭에, 차를 타서도 운전수에게 빨리 몰도록 하시고 또 무슨 조그마한 일을 하시려 해도 중국집, 남한산성이라든지, 절간 등 한적한 곳을 택하시게 되는 것입니다. 그래서 그와 만날 적에도 그런 장소를 택하신 것으로 안다고 진술하다.

피고인 김병휘는 할 말이 없다고 진술하다.

피고인 이동화는 본 피고인은 이제까지 이론적으로 공산주의를 문필(文筆)로써 반대해온 사람입니다. 저의 사상적인 변천을 말해 달라고 하면 사회적 민주주의로 옮아왔다고 할 것입니다. 민주주의가 최대로 발전해야 한다는 것이지, 결코 대한민국을 부인하거나 전복을 꿈꾼 일도 없습니다. 앞으로도 정치학도로서 더 연구, 검토코자 하오니 내가 아끼고 필요한 서적 전부를 돌려 보내주시기 바란다로 진술하다.

피고인 이명하는 5·2총선거[287]를 앞두고 정치적인 음모로서 혁신세력을 탄압하는 것이라고 생각했는데 이토록 얽어 넣어서 중형을 구형하니 억울하기 짝이 없는 노릇입니다. 사필귀정이라 용기는 잃지 않고 있으나 어디까지 엄정한 판단 있으시기를 빕니다라고 진술하다.

피고인 최희규는 할 말은 많으나 생략하겠다고 진술하다.

피고인 안경득은 억울한 사람 구해주시기 바란다고 진술하다.

피고인 박준길, 동 권대복은 순차로 먼저 상(相) 피고인들이 진술한 것을 원용(援用)한다고 진술하다.

피고인 정태영은 저는 결코 공산주의자가 아니고 사회민주주의를 지향한다고 할 것입니다. 조금도 대한민국을 부인하는 마음이 있어서가 아니고 오히려 육성, 발전을 위하는 마음뿐입니다라고 진술하다.

피고인 전세룡, 동 김정학, 동 이상두, 동 양이섭, 동 이동현, 동 임신환, 동 이정자는 순차로 할 말이 없다고 진술하다.

---

[287] 1958년 5월 2일에 실시된 제4대 국회의원 선거를 말한다.

재판장은 합의한 후 변론을 종결하고 판결 선고는 내(來) 7월 2일 오전 10시로 지정, 고지하고 각 소송관계인의 출석을 명한 후 폐정하다.

4291년(1958년) 6월 21일
서울지방법원 형사 제3부
재판장 판사 유병진
서기 홍사필

[출전 : 17권 352~451쪽]

피고인 **조봉암** 외 **22명**에 대한 간첩 및 〈국가보안법〉 위반 등 각 피고사건에 관하여 4291년(1958년) 7월 2일 오후 2시 서울지방법원의 공개한 법정에서

재판장 판사 유병진, 판사 이병용, 판사 배기호, 서기 홍사필 열석(列席)

검사 원종백 출석

피고인 등은 신체의 구속을 받음이 없이 출석하다.

변호인 등은 각 불출석

재판장은 판결을 선고할 것을 고하고 주문(主文)을 낭독하고 구두(口頭)로서 기(其) 이유의 요령을 설시(說示)하며 판결을 선고한 후, 차(此) 판결에 대하여 공소 또는 비약(飛躍) 상고할 자는 각 7월 내에 기(其) 공소장 또는 상고장을 당원(當院)에 제출하여야 된다고 고지하다.

4291년(1958년) 7월 2일

서울지방법원 형사 제3부
재판장 판사 유병진
서기 홍사필

[출전 : 17권 456~457쪽]

제1심 판결문

4291(1958)년 형공 제524, 980, 752, 1440, 772, 2168, 907, 2235호

판결

본적　경기도 강화군 강화읍 관청리
주소　서울특별시 성동구 신당동 353번지의 44호
　　　진보당 중앙당 위원장
　　　진보당 서울특별시당 위원장
　　　무직 조봉암
　　　[별명 조봉암(曺鳳岩), 호 죽산]
　　　60세

본적　경상남도 부산시 부용동 2가 65번지
주거　경상남도 부산시 초량동 919번지
　　　진보당 중앙당 부위원장
　　　의사 박기출
　　　50세

본적　경상북도 상주군 상주읍 서문리(西門里) 80번지
주거　서울특별시 성동구 신당동 340번지의 53호
　　　진보당 중앙당 부위원장
　　　변호사 김달호 [호 단제(端斉)288)]
　　　47세

288) '단재(端齋)'의 오기이다.

본적   강원도 원성군 문막면 문막리 251번지
주거   서울특별시 마포구 아현동 495번지의 19호
       진보당 중앙당 간사장
       진보당 통일문제연구위원회 위원
       진보당 전남도당 위원장
       변호사 윤길중(호 청곡)
       43세

본적   서울특별시 성북구 돈암동 산11번지의 81호
주거   우동(右同)
       진보당 중앙당 재정부 부간사
       무직 조규택
       36세

본적   함경남도 북청군 속후면 오매리
주거   서울특별시 종로구 신교동 66번지
       진보당 중앙당 선전부 간사
       진보당 통일문제연구위원회 위원
       무직 조규희
       45세

본적   충청북도 음성군 음성읍 내리[289] 486번지
주거   충청남도 대전시 인동(仁洞)[290] 85번지
       진보당 중앙당 재정위원장
       무직 신창균
       51세

---

[289] '읍내리'의 오기이다.
[290] '충인동(忠仁洞)'의 오기이다.

본적   함경남도 함흥시 중앙동 2가 14번지
주거   서울특별시 서대문구 대현동(大峴洞)291) 33번지의 11호
       진보당 중앙통제위원회 부위원장
       진보당 통일문제연구위원회 위원장
       진보당 경기도당 위원장
       무직 김기철
       48세

본적   평안북도 용천군 외상면 정차동 113번지
주거   서울특별시 영등포구 흑석동 95번지의 11호
       진보당 중앙당 교양부 간사
       진보당 통일문제연구위원회 부위원장
       진보당 중앙위원
       무직 김병휘
       38세

본적   평안남도 강동군 승호면 화천리 500번지
주거   서울특별시 종로구 가회동 11번지의 107호
       민혁당 정책위원
       성균관대학교 교수 이동화
       52세

본적   전라북도 익산군(益山郡) 춘포면(春浦面) 신동리(信洞里) 360번지
주거   서울특별시 종로구 와룡동(臥龍洞) 1번지의 4호
       진보당 서울특별시당 상임위원
       동양통신사 외신부 기자 정태영[일명 정동화(鄭同和)]
       28세

---

291) '아현동'의 오기이다.

본적   함경남도 북청군 신창면(新昌面) 신창리(新昌里) 132번지
주거   서울특별시 성동구 충현동(忠峴洞) 산 24번지
        진보당 중앙상무위원
        진보당 부간사장
        진보당 조직부 간사
        진보당 통일문제연구위원회 위원
        무직 이명하[호 해암(海岩)]
        46세

본적   함경북도 학성군(鶴城郡) 학성면(鶴城面) 업억리(業億里) 1198번지
주거   서울특별시 동대문구 창신동(昌新洞) 649번지
        진보당 당무부장
        진보당 중앙상무위원
        진보당 통일문제연구위원회 위원
        무직 최희규
        39세

본적   함경남도 함흥시 황금정(黃金町) 2정목[292]
주거   서울특별시 서대문구 홍은동(弘恩洞) 산1번지의 8호
        진보당 중앙당 상무위원
        진보당 통일문제연구위원회 위원
        진보당 서대문을구당 위원장
        진보당 서울특별시당 간사장
        약종상(藥種商) 안경득
        37세

[292] "아래의 2건의 본적은 '1정목(丁目)'으로 되어 있음" 각주내용이 이해가 안간다.

본적   충청북도 보은군(報恩郡) 내북면(內北面) 산성리(山城里) 220번지

주거   서울특별시 중구 을지로 3가 32번지의 8호

　　　진보당 통일문제연구위원회 위원

　　　진보당 중앙위원

　　　진보당 재정간사

　　　진보당 중구을구당 위원장

　　　무직 박준길[일명 박재영(朴在英)]

　　　47세

본적   서울특별시 서대문구 북아현동(北阿峴洞) 산 18번지의 3호

주거   서울특별시 영등포구 도림동(道林洞) 212번지

　　　진보당 통일문제연구위원회 위원

　　　진보당 영등포구을구당 위원장

　　　진보당 중앙위원

　　　진보당 서울특별시당부 상임위원

　　　진보당 사회간사

　　　무직 권대복

　　　27세

본적   함경북도 명천군 남면(南面) 내포리(內浦里) 2번지

주거   서울특별시 성동구 신당동 353번지의 44호

　　　진보당 중앙상무위원

　　　진보당 특수지하조직 전국위원장

　　　진보당 조직부 부간사

　　　진보당 서울시당 상무위원

　　　진보당 서울 성동구갑구당 부위원장

　　　무직 전세룡[일명 전경열(全炅烈)]

　　　41세

본적　함경북도 명천군 남면 내포리 59번지
주거　서울특별시 성북구 하월곡동 88번지의 5호
　　　무직 김정학(가명 朴일)
　　　37세

본적　경상북도 안동군(安東郡) 일직면(一直面) 송리(松里) 258번지의 1호
주거　경상북도 대구시 삼덕동 140번지의 1호
　　　경북대학교 정치학과 강사 이상두
　　　27세

본적　평안북도 강계군(江界郡) 강계읍(江界邑) 명륜동(明倫洞) 45번지
주거　서울특별시 중구 회현동 28번지
　　　무직 양이섭
　　　[별명 양장우(梁壯宇), 양명산, 양동세(梁東洗), 김사장(金社長)]
　　　51세

본적　평안북도 용천군 외산면(外山面)293) 신용동(信龍洞) 249번지
주거　서울특별시 서대문구 현저동(峴底洞) 101번지
　　　서울형무소 간수부장 이동현
　　　33세

본적　평안북도 철산군(鉄山郡) 참면(站面) 월안리(月安里) 98번지
주거　서울특별시 용산구 용문동(龍門洞) 32번지의 29호
　　　서울형무소 간수부장 임신환
　　　44세

293) '외상면(外上面)'의 오기이다.

본적 충청북도 영동군(永同郡) 황윤면(黃潤面) 수월리(水月里) 15번지
주거 서울특별시 중구 남창동1가 210번지의 4호
      상업 이정자
      36세

우(右) 피고인은 조봉암에 대한 간첩, 간첩방조, 〈국가보안법〉 위반 및 〈법령〉 제5호 위반, 동 박기출, 동 김달호에 대한 〈국가보안법〉 위반, 동 윤길중에 대한 간첩방조, 〈국가보안법〉 위반, 동 조규택, 동 조규희, 동 신창균, 동 김기철, 동 김병휘, 동 이동화, 동 정태영, 동 이명하, 동 최희규, 동 안경득, 동 박준길, 동 권대복, 동 이상두에 대한 〈국가보안법〉 위반, 동 양이섭에 대한 간첩 및 간첩방조, 동 전세룡, 동 김정학에 대한 〈국가보안법〉 위반 및 증거 인멸 등, 동 이동현에 대한 〈국가보안법〉 위반, 수뢰, 증거 인멸 및 〈법령〉 제5호 위반, 동 임신에 대한 〈국가보안법〉 위반, 동 이정자에 대한 〈법령〉 제93호 위반, 각 피고사건에 관하여 본원은 검사 조인구 관여로 병합심리를 마치고 다음과 같이 판결한다.

주문(主文)

피고인 조봉암, 동 양이섭을 각 징역 5년에, 동 김정학, 동 이동현을 각 징역 1년에, 동 전세룡을 징역 10월에, 동 이정자를 징역 6월에 각 처한다.

판결 선고 전, 구금 일수 중 피고인 조봉암에 대하여 150일을, 동 양이섭에 대하여 100일을, 동 김정학에 대하여 120일을, 동 이동현에 대하여 60일을, 동 전세룡에 대하여 120일을 우 각 본형에 산입한다. 단, 본 재판확정일로부터 피고인 김정학에 대하여는 3년간, 동 전세룡에 대하여는 2년간, 동 이정자에 대하여는 1년간 우 형의 집행을 유예한다. 압수한 4291(1958)년 압(押) 제146호의 증(証) 제5호(권총1정) 및 동 제6호(동 실탄 49발)는 피고인 조봉암으로부터, 4291(1958)년 압제1024호의 증(証) 제1호(권총 1정) 및 동 제2호(동 실탄 46발)는 피고인 이동현으로부터 각 차(此)를 몰수한다.

본건 공소사실 중, 피고인 조봉암에 대한 하기 판결 이유 중 무죄 부분에 게기 (揭記)한 제1의 (1)의 ① 및 ② 기재의 각 간첩의 점, 동 제1의 (3) 기재의 간첩방 조의 점, 동 제1의 (1)의 ③ 내지 ⑤, 동 제1의 (2) 및 (4) 기재의 각 〈국가보안법〉 위반의 점, 피고인 전세룡에 대한 〈국가보안법〉 위반의 점 및 하기(下記) 판결 이 유 중 무죄 부분에 게기한 제17의 (18) 기재의 증거 인멸의 점, 피고인 김정학에 대한 〈국가보안법〉 위반의 점, 피고인 이동현에 대한 증거 인멸 및 〈국가보안법〉 위반의 점은 각 무죄.

피고인 박기출, 동 김달호, 동 윤길중, 동 조규택, 동 조규희, 동 신창균, 동 김 기철, 동 김병휘, 동 이동화, 동 이명하, 동 최희규, 동 안경득, 동 박준길, 동 권대 복, 동 정태영, 동 이상두, 동 임신은 각 무죄.

이유(理由)

유죄 부분

제1. 피고인 양이섭은 4260(1927)년 3월 중국 천진 남계중학교 3년을 졸업하고 동년 10월부터 상해 임정 산하에서 약 5년간 독립운동에 가담하여 오던 중, 4264(1931)년 4월 왜경(倭警)에게 피검되어서 신의주형무소에서 4년간 복역하고 출옥 후 만주 통화, 중국 천진 등지에서 농장경영, 곡물상 등을 영위하여 오던 중 8·15해방으로 귀국하여 신의주에서 건국무역사를 경영하고, 4279(1946)년 8월 노 동당 평양시당 후생사업으로 대남 교역 차 남하하였다가 인천경찰서에 피검되었 고, 다시 미군 CIC에 피검되었으나 각 석방되어 동년 12월 월북한 후 평양에서 건 국무역사를 경영하였고, 6·25 후 남하하여 대구, 부산 등지를 전전하다가 강원도 속초에서 해산물상(海産物商)을 경영하여 오던바, 4288(1955)년 3월경 과거 평양 에서 지면(知面)케 된 남북교역 상인 공소외(公訴外) 김동혁으로부터 북한 괴뢰 집단의 대남교역사인 선일사(일명 삼육공사) 책임자인 김난주가 1차 상봉할 것을 청한다는 전언을 듣자, 피고인은 동 김난주와는 과거부터 친교인지라 당시 피고 인은 동인의 후원을 받아 남북교역이라도 할 것을 기도하여, 동년 5월 중순경 당시 미군 첩보기관 공작으로 남북을 내방(來訪)하는 우 김동혁을 따라 이북 지역인 황해도 연백군 돌개포에 도착하여, 동소(同所) 소재 우(右) 선일사 김난주를 만난 후 동인의 알선으로 남북교역 사업을 하게 되었으며 그 후 4289(1956)년 2월 이래 인천 HID 공작원으로서 전후 12차에 궁(亘)하여 남북한을 내왕하던 중

1. 4289(1956)년 2월경 우 돌개포에서 당시 자칭 노동당 중앙당 정보위원회 부위원장인 박일영으로부터 "금차 월남하면 조봉암을 만난 후 북에서는 조봉암을 나쁘게 생각해 왔으나 박헌영사건이 일어났을 때 박헌영 자신이 조봉암을 출당시킨 것은 자기의 잘못이었음을 고백하였고 현재 이북에서는 조봉암과 합작할 용의가 있다"고 전언함과 동시에 박일영 자신의 인물을 조봉암에게 소개한 후 "조봉암에게 평화통일이란 공동목표 밑에서 북한과 합작하라. 또한 5·15정부통령선거 시, 대통령으로 입후보하면 이북에서 재정적으로 후원하겠으니 전달하라"는 내용의 제의를 받자, 피고인은 북한 괴뢰집단이 대한민국을 변란하기 위한다는 정(情)을 충분히 지실함에도 불구하고 이에 응낙하여, 동년 3월 10일경 서울특별시 중구 남산동 소재 옥명불상(屋名不詳) 음식점에서 상(相) 피고인 조봉암에게 동 제의를 전달하고

2. 동년 3월 하순경 우 돌개포에서 우 박일영과 상봉한 후 우 전달 사실을 보고하자 동인이 다시 "앞으로 평화통일을 널리 선전하여 일반 대중에게 주입시키도록 하라. 현 남한정세로 보아 조봉암이 대통령으로 당선될 것 같지 않으나 그의 정치투쟁을 강화하는데 가치가 있으니 출마하라. 그에 대한 선거자금을 북에서 원조하겠으니 그 뜻을 전달하라"는 내용의 제의를 받은 후 동년 4월경 우 남산동 음식점에서 우 조봉암에게 차(此)를 전달하고

3. 동년 4월경 우 돌개포에서 우 박일영과 상봉한 후 우 전달 사실을 보고하고 동인으로부터 "조봉암에게 선거운동을 강력히 추진하고 평화통일을 적극적으로 선전하라. 동 선거자금의 일부로서 금 500만 환을 우선 선대(先貸)하여 전달하라"는 내용의 제의를 받은 후, 동시경(同時頃) 동시내(同市內) 을지로 소재 음식점 아서원에서 조봉암에게 우 제의를 전달한 후, 우 선대조(先貸條)로서 동 약 1주일

후 동인에게 동시내(同市內) 양동 소재 진보당 사무소 부근에서 액면 130만 환의 보증수표 1매를 동 2~3일 후 태평로 노상 찦차 내에서 총액 70만 환의 보증수표 3매를, 동시경(同時頃) 우 아서원에서 총액 230만 환의 보증수표 2매 내지 3매를 직접 수교(手交)하고, 동년 5월 12~3일경 시내 사직공원에서 동 조봉암의 사자(使者)인 동인의 생(甥) 조규진에게 현찰 금 70만 환을 전달하고

4. 동년 6월 하순경 우 돌개포에서 우 박일영과 상봉한 후 우 조봉암에게 금 500만 환을 전달하였다는 사실 및 선거 결과는 신익희가 사망한 관계로 동정표를 많이 얻어 약 200만 표를 얻었다. 창당 추진 운동에 있어서는 조봉암이 서상일파와 대립하여 알력을 양성하고 있다는 사실 등을 보고하고, 동인으로부터 "창당을 빨리하도록 하라. 정당으로서 기관지가 필요하니 일간 신문사 판권을 속히 얻도록 하여 평화통일노선을 적극 선전 추진하도록 하라. 그 운영자금은 전적으로 원조하겠으니 전달하라"는 내용의 제의를 수(受)한 후 동시경(同時頃) 우 아서원에서 조봉암에게 차를 전달하고

5. 동년 8월경 평양시 소재 아지트에서 우 박일영에게 동 전달 사실을 보고하고 동인으로부터 "금번(今番) 월남하면 선대(先貸)형식으로 조봉암에게 판권획득비 금 500만 환을 지불하라. 그 외 운영비용도 일체 책임지겠으니 빨리 판권을 획득케 하도록 전달하라"는 내용의 제의를 받은 후, 동년 9월 중순경 시외 광릉에서 우 조봉암에게 동 제의를 전달하고 동소(同所)에서 동인에게 액면 금 100만 환 보증수표 1매를 직접 수교하고, 동경(同頃) 신당동 약수동 로타리에서 현금 50만 환 및 액면 금 50만 환의 보증수표 1매를 동 조봉암의 사자(使者)인 그 장녀 조호정에게 전달하고, 다시 동년 10월 초순경 동소(同所)에서 동인(同人)에게 현금 50만 환 및 액면금 50만 환의 보증수표 1매를 교부하였으며 동시경(同時頃) 우 약수동 로타리에서 조봉암의 찦차 운전수 이재윤 편에 현금 80만 환을 전달하고, 동시경 우(右) 아서원에서 동 조봉암에게 액면 120만 환의 보증수표 1매를 직접 수교하고

6. 동년 11월 하순경 우 평양시 소재 아지트에서 신임된 노동당 중앙당 정보위

원회 부위원장인 임호에게 "진보당이 11월 10일에 결당되어 조봉암이가 동 위원장에 취임하였으며 평화통일을 당 구호로 내걸고 있다, 신문사 판권획득은 현재 운동 중에 있다"는 등 보고를 하고 동인으로부터 "진보당 조직상황을 알고 싶으니 그에 관한 문건을 다음 기회에 가지고 오라. 신문사를 빨리 경영토록 하라. 우리가 무전으로 도취(盜取)한 바에 의하면 김종원 치안국장이 진보당 동향을 엄중 감시하라는 무전을 전국 경찰국장에게 했으니 그 점 가거든 주의하라고 전언하고, 다시 신문사 판권획득비 조로 금 500만 환을 선대형식으로 전달하라"는 내용의 제의를 받은 후 동시경(同時頃) 시외 우이동에서 동 조봉암에게 동 제의를 전달하고, 동시경부터 4290(1957)년 2월 초순경까지의 수차에 긍하여 동인에게 보증 수표로서 금 500만 환을 직접 수교하고

7. 4290(1957)년 2월경 아서원에서 조봉암으로부터 진보당 중앙위원 명단, 동 상임위원 명단 및 선언서 강령 등 소책자를 수취한 후 월북하여, 우 평양시내 아지트에서 우 정보부 대남정당 책임자라는 최모(崔某), 조모(趙某), 강모(姜某) 등 회합 장소에서 동인 등에게 우 명단 등을 수교하고, 동인 등으로부터 "신문사를 조속히 운영하라, 진보당의 조직을 확대 강화하고 문호를 개방하여 혁신세력 규합 연합전선을 추진토록 하라고 전달하라"는 내용의 제의를 받은 후, 동시경(同時頃) 아서원에서 우 조봉암에게 동 제의를 전달하자 동인으로부터 "미군 철수주장은 진보당의 토대가 아직 공고하지 못하니 시기상조이며 야당 연합은 잘못하면 민주당에 넘어갈 우려가 있으니 앞으로 시기를 보자"고 하였으며, 신문 획득에 있어서는 "『대동신문』 판권획득은 실패로 돌아갔으므로 앞으로는 『중앙정치』 판권을 획득할 예정"이라는 내용의 의견을 듣고

8. 동년 5월 하순경 아서원에서 우 조봉암으로부터 진보당 지방 당부 간부명단 1매를 받은 후 동시경(同時頃) 월북하여 평양시 우 아지트에서 우 임호에게 우 조봉암의 의견을 전달함과 동시에 동 명단을 수교한 후, 동인으로부터 "기관지는 다른 방면으로 알아보라. 『중앙정치』가 발간되면 차기(次期)에 보내라. 계속하여 평화통일론을 선전하라. 야당 연합운동과 미군 철수운동을 추진토록 하고 지방 당부 발전상황에 대하여 문건을 보내라"는 내용의 제의를 함과 동시에, 동인으로

부터 자금조로서 2만 불을 교부받고 동시경 남한산성에서 우 조봉암에게 동 제의를 전달한 후, 동소(同所)에서 동인에게 미 본토불 620불을 직접 수교하고 동년 7월 초순경부터 동 8월 초순까지의 간(間) 불상(弗商) 상(相) 피고인 이정자로부터 환화하여 아서원, 회룡사, 우이동, 동구릉, 진관사 등에서 수차에 긍(亘)하여 동 전액을 교부하고

9. 동년 9월 중순경 진관사에서 동 조봉암으로부터 『중앙정치』 10월호 1부를 받고 동시경 퇴계로에서 동인으로부터 지방당 발전상황을 적은 진보당 조직명단 1매를 수령한 후, 동시경 월북하여 우 평양시 아지트에서 우 조모(趙某), 강모(姜某)에게 우 명단을 수교하고 동인 등으로부터 "북한에서는 반미민족연합전선을 구호로 하고 있으니 남한에서도 반미민족연합전선을 세우라. 진보당 조직을 확대하고 제4차 총선거에 있어서의 진보당의 대책이 수립되면 그 내용을 자세히 알리고, 북에서는 적극적으로 후원하겠으니 그 말을 전하라"는 내용의 제의를 받은 후 동시경 서울특별시내 북경루에서 우 조봉암에게 우 제의를 전달하고, 동인으로부터 "반미운동에 대하여는 진보당의 지위가 확고하지 못하므로 주장하기 어렵다. 지방조직은 잘 되어가고 있다. 자기는 인천에서 출마 예정이며 진보당의 선거 대책은 12월 하순경이면 수립되니 그 시(時)에 알려주겠다며 자금을 많이 가져다 달라"는 등의 의견 등을 듣고

10. 4291(1958)년 1월 초순경 조봉암으로부터 진보당 선거 대책을 보내주겠다는 연락을 받은 후 신당동 약수동 로타리에서 동인의 사자인 우 조규진으로부터 선거출마자 명단 1매와 자금요청서 1매를 수취하였으나, 동 자금요청서는 그 내용이 너무나 막연하기에 동 조규진에 도로 반려하였든바, 동 2~3일 후 동 조봉암이 남산동 소재 피고인 가(家)를 내방하였으므로 피고인은 동인에 대하여 동 자금요청서에 관하여 "그것은 이름만 나열되어 있으니 좀 구체적으로 써야 많은 자금을 얻을 수 있는 것이 아닌가. 이 정도라면 나만 미친놈이 되지 않는가. 그럴 바에는 차라리 그만두겠다"고 강력히 말하자 동 조봉암은 다시 구체적으로 쓰겠다고 하므로 이를 대기하여서 북한 괴뢰집단의 제의로서 대한민국 변란의 실행을 협의하다.

제2. 피고인 조봉암은 4288(1955)년 6월경부터 소위 혁신세력을 규합한 정당을 결성하기 위하여 수차 회합을 거쳐 노력하여 오던 중 4289(1956)년 11월 10일 진보당 결당을 보게 되었으며 피고인이 동당 중앙위원장에 취임하였든바

1. 피고인은 우 창당 준비과정 시인 4289(1956)년 3월 10일경 서울특별시내 남산동 소재 옥호불상 음식점에서 일제 시 상해에서 같이 독립운동을 하였으며 같은 신의주형무소에서 독립운동 관계로 복역까지 한바 있는 친지인 상(相) 피고인 양이섭으로부터 북한 노동당 중앙당 정보위원회 부위원장 박일영의 말인데 "북에서는 종전에 조봉암을 나쁘게 생각하였는데 박헌영사건이 일어났을 때 박헌영 자신이 과거 조봉암을 출당시킨 것은 자기의 잘못이었음을 고백하였으므로 현재 북에서는 조봉암과 합작할 용의가 있다"라는 말을 전한 후, 다시 박일영으로부터 "평화통일이라는 공동목표 밑에서 북한과 합작하라. 5·15정부통령선거 시 대통령으로 입후보하면 이북에서 재정적으로 후원하겠다"고 한다는 전언을 하자, 피고인은 평소에 UN군 측이 주장하는 1950년 10월 7일 UN 통한결의안(統韓決議案)은 북한 괴뢰집단이 주장하는 소위 6개조 제의와 같이 대한민국을 일응(一應) 무(無)에 부(付)한다는 전제임을 지실함에도 불구하고 동안을 찬성하여 오던 차인지라 이에 호응하여 위 제1 기재 피고인 양이섭의 범죄사실 중 2 내지 9 기재와 여히 그 제의를 받고 또는 금품의 수수를 하여서 북한 괴뢰집단의 제의로서 대한민국 변란의 실행을 협의하고

2. 4290(1957)년 8월경부터 당국의 허가 없이 미제 45구경 권총 1정 및 실탄 50발을 소지하다.

제3. 피고인 전세룡은 진보당 중앙상무위원 조직부 부간사(서무책), 동당 서울시당 상무위원 및 성동갑구당 부위원장인바, 4291(1958)년 1월 14일 진보당이 아국(我國)을 변란한다는 혐의로 동 중앙위원장인 우 조봉암 등 중요 간부가 검거되자 서울특별시 성북구 하월곡동 88번지의 5호 거주 상(相) 피고인 김정학 가(家)에 은신한 후, 피고인이 우 조직부 서무책으로서 동시 중구 충무로 3가 38번지 김영범 가(家)에 보관 중이던 진보당의 일련번호 당원명부, 입당원서, 성명 당

원명부, 도별 당원명부, 비밀당원명부 등이 동 사건의 증거가 될 것을 염려하여 동월 15일 동 김정학으로 하여금 동 장부를 자가(自家)에 운반케 한 후, 동가 천장 및 굴뚝 등에 은닉하여서 타인의 형사범 사건에 관한 증거를 은닉하다.

제4. 1. 피고인 김정학은 4291(1958)년 1월 14일 동향이며 외6촌 되는 상(相) 피고인 전세룡이가 진보당의 지도적 지위에 있는 자로서 전시 진보당사건이 피검됨으로 인하여 도피 중임을 인식함에도 불구하고 동인의 청에 의하여 동일부터 동년 2월 4일 아침까지의 간(間) 피고인 가(家)에 피신시켜서 범인을 은닉하고

2. 동월 15일 피고인 가에서 우 전세룡으로부터의 의뢰에 의하여 동인이 서울특별시 중구 충무로 3가 38번지 김영범 가(家)에 임치(任置) 중의 행리(行李)를 자택에 운반한 사실이 있는바, 당시 피고인은 동 행리 내의 물품 중 서류 책자의 포장 3개가 피검 중의 진보당 비밀문건임을 인식하였음에도 불구하고 우 전세룡의 청에 의하여 그중 1개는 피고인 가전(家前) 공장 보일러 굴뚝 속에, 잔여 2개는 피고인가 천장에 각각 은닉하여서 타인의 형사사건에 관한 증거를 은닉하다.

제5. 피고인 이동현은 4283(1950)년 3월 20일 서울형무소 간수로 임명되었고 4285(1952)년 1월경 동 간수부장으로 승진하였으며, 4291(1958)년 1월경부터 동 형무소 구치과 계호계(戒護係)에 근무하여 오는 자인바

1. 4291(1958)년 3월 23일 오후 6시 30분경 우 형무소 구치과 2사(舍) 간수 근무 중 동 2사 상(上) 함방에 구금 중인 간첩 및 〈국가보안법〉 위반 피고인 조봉암으로부터 "양명산에게 가서 자기가 나에게 준 돈이 북에서 가져온 공작금이 아니고 사재(私財)를 준 것이라고 말하여 달라"고 전언하여 달라는 청탁을 받았던바, 당시 동 조봉암은 피고인이 부채 관계로 고뇌 중임을 알고 동 전언을 하여주면 접견금지 해제가 되는대로 동 부채를 변제(辯濟)[294]하여 줄 것을 제의하자 피고인은 이에 응낙함으로써 그 직무에 관하여 뇌물을 약속한 후, 동 오후 6시 40분경

---

[294] '변제(辨濟)'의 오기이다.

동 형무소 4사 하(下) 3방에 가서 동 소에 수감 중인 양이섭에 대하여 동지(同旨) 전달함으로써 직무상 부정한 행위를 하고

2. 4283(1950)년 5월경부터 당국의 허가 없이 미제 45구경 권총 1정 및 동 실탄 46발을 소지하다.

제6. 피고인 이정자는 당국에 면허 또는 공인 없이

1. 4290(1957)년 6월 초순경 상(相) 피고인 양이섭으로부터 미불(美弗) 1,200불의 환화 의뢰를 받은 후 서울특별시 중구 자유시장에서 성명불상 여자로부터 920 대 1 비율로 환화하고

2. 동시경(同時頃) 동 양이섭의 의뢰에 의하여 동 자유시장에서 미불 8,300불을 성명불상자 7~8명으로부터 900 대 1로 환화하고

3. 동년 6월 중순경 동 양이섭의 의뢰에 의하여 서울특별시 중구 명동 및 우 자유시장에서 미불 1만 불을 성명불상자 10여 명으로부터 900 대 1로 환화하고

4. 동년 7월 초순경 양이섭의 의뢰에 의하여 우 명동 및 자유시장에서 미불 7,000불을 성명불상자 5~6명으로부터 920 대 1 또는 900 대 1로 환화하여서 거래 하다.

증거를 안(按)컨대

제1. 피고인 조봉암, 동 양이섭에 대한 〈국가보안법〉 위반사실은
一. 당심 공판조서 중 동 양이섭, 동 조봉암의 각 판시사실에 부합되는 진술 기재
一. 당심 공판조서 중 상(相) 피고인 이정자의 판시사실에 부합되는 진술 기재
一. 피고인 등이 당 공정에서 진정(眞正) 성립을 인정하는 검사의 동 양이섭, 동 조봉암에 대한 각 피의자 신문조서 중 각 판시사실에 부합되는 진술 기재

一. 피고인 등이 당 공정에서 진정 성립을 인정하고, 검사의 증인 엄숙진에 대한 증인 진술조서, 조문자, 조규진, 조호정, 이정자에 대한 피의자 신문조서 중 판시사실에 부합되는 진술 기재

一. 피고인 등이 당 공정에서 진정 성립을 인정하고, 사법경찰관의 증인 김영애(金永愛), 동 정옥실, 동 이정자, 동 마재하, 동 전수봉(全受奉), 동 엄숙진, 동 김동혁, 동 조문자, 동 이재윤, 동 조규진, 동 조정희(趙丁姬), 동 우인평(于仁枰)에 대한 각 증인 진술조서 중 각 판시사실에 부합되는 진술 기재

一. 압수한 증(証) 제1 내지 3호, 제60호 내지 78호의 현존 사실을 종합하면 판시사실은 그 증명이 충분하고

제2. 피고인 전세룡, 동 김정학에 대한 범인은닉 및 증거인멸 사실은
一. 당심 공판조서 중 동 피고인 등의 판시사실에 부합되는 진술 기재
一. 피고인 등이 당 공정에서 진정 성립을 인정하는 검사의 피고인 등에 대한 피의자 신문조서 중 판시사실에 부합되는 진술 기재
一. 피고인 등이 당 공정에서 진정 성립을 인정하는 사법경찰관의 증인 한순자(韓順子), 동同) 한학영(韓鶴泳)의 각 진술조서 중 판시사실에 부합되는 진술 기재를 종합하면 판시사실은 그 증명이 충분하며

제3. 피고인 이동현에 대한 수뢰사실은
一. 당심 공판조서 중 피고인의 판시사실에 부합하는 진술 기재
一. 피고인이 당 공정에서 진정 성립을 인정하는 검사의 피의자 신문조서 중 판시사실에 부합되는 진술 기재
一. 피고인이 당 공정에서 진정 성립을 인정하는 사법경찰관의 증인 이덕신(李德信), 동 조봉암, 동 이광옥(李光玉), 동 이화옥(李花玉), 동 김성도(金成道)에 대한 진술조서 중 판시사실에 부합되는 진술 기재
一. 압수한 증(証) 제1 내지 제4호의 현존 사실을 종합하면 판시사실은 그 증명이 충분하고

제4. 피고인 이정자의 〈법령〉 93호 위반사실은

一. 당심 공판조서 중 판시사실에 부합되는 진술 기재

一. 피고인이 당 공정에서 진정 성립을 인정하는 검사의 피고인에 대한 피의자 신문조서 중 판시사실에 부합되는 진술 기재

一. 압수한 증(証) 제60호 내지 74호의 현존 사실을 종합하면 판시사실은 그 증명이 충분하다.

법률에 비추어 보건대

피고인 등에 대한 판시 소위 중 피고인 조봉암 및 동 양이섭의 판시 각 〈국가보안법〉 위반의 점은 〈국가보안법〉 제3조에, 동 조봉암, 동 이동현의 무기불법소지의 점은 〈법령〉 제5호 2조(유기징역형 선택)에, 동 전세룡, 동 김정학의 증거인멸의 점은 〈형법〉 제155조 제1항(징역형 선택)에, 동 김정학의 범인은닉의 점은 〈형법〉 제151조 제1항(징역형 선택)에, 동 이동현의 수뢰의 점은 〈형법〉 제131조 1항, 동 제129조 1항에, 동 이정자의 미불(美弗) 거래의 점은 〈법령〉 제93호 제1조 (3), 동 제8조(유기징역형 선택)에 각 해당하는바 동 조봉암, 동 양이섭의 각 〈국가보안법〉 위반죄 및 동 조봉암의 동죄와 〈법령〉 제5호 위반죄, 동 김정학의 우 범인은닉죄와 증거인멸죄, 동 이동현의 수뢰죄와 〈법령〉 제5호 위반죄, 동 이정자의 각 〈법령〉 제93호 위반죄는 모다 〈형법〉 제37조 전단(前段)의 경합범이므로 동법 제38조 1항 2호, 동 제50조에 의하여, 동 조봉암에 대하여는 중한 〈법령〉 제5호 위반죄, 동 이동현에 대하여는 중한 수뢰죄, 동 김정학에 대하여는 중한 증거인멸죄의 각 형에 경합 가중을 하고, 각 그 소정 형기 범위 내에서 피고인 조봉암, 동 양이섭을 각 징역 5년에, 동 김정학, 동 이동현을 각 징역 1년에, 동 전세룡을 징역 10월에, 동 이정자를 징역 6월에 각 처하기로 하고, 〈형법〉 제57조 1항에 의하여 판결, 선고 전 구금일수 중 동 조봉암에 대하여는 150일을, 동 양이섭에 대하여는 100일을, 동 김정학에 대하여는 120일을, 동 이동현에 대하여는 60일을, 동 전세룡에 대하여는 120일을 우(右) 각 본형에 산입하기로 하고 단, 우(右) 김정학, 동 전세룡, 동 이정자에 대하여는 그 범정(犯情)에 참작할 만한 사유가 있다고 인정되므로 〈형법〉 제62조에 의하여 본 재판 확정일부터 동 김정학은 3년간, 동 전세룡은 2년간, 동 이정자는 1년간 우(右) 형의 집행을 유예하기로 하여

압수한 증(証) 제5 및 1호(권총) 및 동 제6 및 2호(동 실탄)는 모두 우(右) 조봉암 [증(証) 제5·6호]나 동 이동현[증(証) 제1, 2호]의 판시 무기불법소지 행위로 인하여 생(生)한 것으로 모두 범인 이외의 자의 소유에 속하지 아니하므로 〈형법〉 제48조 제1항 2호에 의하여 동 각 피고인으로부터 각 차(此)를 몰수한다.

무죄 부분

제1. 피고인 조봉암에 대한 본건 공소사실 중

1. 피고인은 4288(1955)년 11월경부터 시내 관철동 소재 대관원을 비롯한 수 개처에서 10여 차에 긍한 회합을 상(相) 피고인 윤길중, 동 조규희, 동 신창균, 동 김기철, 동 김병휘, 동 이명하 등과 함께 진보당결성당추진위원회를 조직하고, 동 결당을 추진함에 있어서 사회주의를 지향하는 일방(一方), 남북의 평화통일방안으로서는 현 대한민국이 북한 괴뢰와 동등한 위치에 서서 양측을 1대 1로 간주하여 각 해소시키고 통일정권을 수립하기 위한 남북 자유총선거를 주장하는 4287(1954)년 4월 24일자 북한 괴뢰집단의 남북한의 통일방안과 동일한 내용의 방안을 남한에서 주장함으로써, 동 괴뢰집단과 호응하여 동 방안을 반대하는 대한민국을 전복할 것을 목적하여 동 진보당 결당을 추진하였으며, 4289(1956)년 5·15정부통령선거 당시 대통령으로 입후보함에 있어서도 우와 같은 평화통일을 선전하였던바, 피고인은 대한민국의 전복을 기도하는 수단으로서 우 평화통일 방안을 주장함으로써 북한 괴뢰집단과 야합하기로 한 후

① 4289(1956)년 5월 6일 서울특별시 내 양동 소재 진보당추진위원회 사무실에서 김일성으로부터 남파된 대남간첩 박정호와 밀회하여 피고인이 영도하는 진보당의 평화통일의 구체적 방안이 북한 괴뢰의 주장과 동일함을 상통하고

② 동년 6월 초순경 동당에 대한 북한 괴뢰집단의 동태 및 동 집단과의 야합의 방법을 검토하기 위하여 밀사 성명미상자 당 37세가량을 북한 괴뢰집단 산하의 조국통일구국투쟁위원회 김약수에게 파견하여, 동 밀사로 하여금 북로당 연락부로 인계된 박모(朴某) 지도원에게 남한의 제반 정치정세 및 진보당의 평화통일방

안을 설명함으로써 동 북로당으로부터의 영합(迎合)을 받아, 앞으로 대한민국을 전복시키기 위하여 동 괴뢰집단과 진보당이 결합한 후 동일 내용의 평화통일을 강조하라는 지령과 함께 약 1개월 반 평양에서의 밀봉교육을 수하게 하고, 동년 7월 20일경 동 남하한 동 성명미상자로부터 동지(同旨)의 전달을 들어서 간첩행위를 감행함과 동시에 동 집단의 지령하는 대한민국에 대한 국가변란을 협의 내지 실천하고

③ 동년 10월경 북한 괴뢰집단과의 야합을 반대하는 서상일 일파와 주도권 구실하에 결별한 후 단독적으로 상(相) 피고인 등과 함께 동 결당에 급급하여 동년 11월 10일 피고 이동화를 제외한 상(相) 피고인 등은 서울특별시 시공관에 회합하여 전기 내용의 평화통일을 정강정책으로 하는 진보당의 결당을 봄으로써 대한민국을 변란할 목적하에 결사를 조직함과 동시에 동당 중앙위원장에 취임함으로써 수괴에 임하고

④ 4290(1957)년 9월경 동당 통일문제연구위원회 동 위원장 김기철에게 동당 노선에 입각한 구체적인 통일방안을 작성할 것을 지시한 후, 동인으로부터 별지와 여(如)한 「북한 당국의 평화공세에 대한 진보당의 선언문(초안)」이라는 내용의 통일방안을 제시받자, 피고인은 동안을 채택할 것을 말하여 동 연구위원회에 회부 가결키로 지시하여 동 김기철로 하여금 그 이후 수차에 긍하여 동 위원회를 개최 토의케 한 후, 동 위원회 위원장의 자격으로 동 위원회 통과를 결정짓게 하고, 다시 동당 최고간부회의의 통과를 얻기 위하여 피고인은 동년 11월 하순경 동당 사무실에서 동당 부위원장인 피고인 박기출, 동 김달호, 동당 간부인 조규희, 동 윤길중 및 위 김기철 등 최고간부와 합의를 거친 후 피고인은 동당 노선에 입각한 평화적 통일의 구체적 방안으로서는 가장 적합하다는 최종적 단안을 내리었으나, 단 이와 같은 안을 발표하면 제3세력 운운하여 항간으로부터 오해받을 우려가 많으니 발표만은 적당한 시기까지 보류하기로 하여 동당의 목적사항을 협의하고

⑤ 4290(1957)년 10월경 피고인은 동당 중앙위원장의 자격으로 동당 정강정책

에서 주장하고 있는 전시(前示) 취지의 평화통일 방안의 일각을 발표함으로써 대한민국을 변란할 것을 선전할 목적하에 우(右) 김기철의 우(右) 선언문 초안을 토대로 하는 평화통일방안 논문을 동당 기관지인 『중앙정치』 10월호에 「평화통일에의 길」, 「진보당의 주장을 만천하에 천명한다」라는 제목하에 게재함에 있어서, 동당 기구인 『중앙정치』 편집위원회에 제기하여 동 위원인 우 윤길중, 동 조규희, 동 김병휘 및 공소외 안준표 등으로부터 동 게재에 대한 동의를 얻고, 다시 동월 하순경 완성된 논문의 원고를 동당 사무실에서 조규희 외 십여 명의 당원에게 낭독시켜 그 안의 지지를 받은 후 동 논문을 게재한바, 피고인은 동 논문에 있어서 평화통일 방법으로서 첫째 UN 감시하의 북한만의 총선거, 둘째로는 협상에 의한 방법으로서 연립정부가 있고 남북 양(兩) 국회의 대표에 의한 전국위원회 안, 셋째로 중립화에 의한 방안, 넷째로 국가연합에 의한 방안, 다섯째로 UN 감시하의 남북통일 총선거에 의한 방안 등이 있는데, 첫째 안은 대한민국안인즉 이는 북한 괴뢰나 소련 측에서 반대하고 있으므로 국제적으로 편협된 것이라는 전제하에 북한 괴뢰나 소련의 동의를 얻을 수 있을 것이라야 한다는 점을 예기(豫期)시키면서, 그러나 진보당으로서는 남북총선거를 감행하되 대한민국을 북한 괴뢰와 동등한 위치에서 선거하는 방안 즉, 통일정권을 수립하기 위하여 북한 괴뢰와 함께 대한민국을 해산한 연후에의 선거방식의 평화통일 방안의 일각을 노출시키는 일방(一方), 구체적 방안의 발표는 현 정부와의 정면적 충돌을 피하여 사양하겠다고 함으로써 국가변란을 선전하였다.

라는 점에 관하여 안(按)컨대 우 공소사실 부분은 요컨대 진보당이 첫째, 사회주의를 지향하였으며, 둘째, 북한 괴뢰집단과 호응 또는 야합하여 남북한을 동등한 입장에서 1대 1로 간주함으로써 북한 괴뢰집단과 대한민국 정권을 해소시키고 통일정권을 수립하기 위한 남북 자유총선거를 시행하려는 평화통일 방안을 주장함으로써, 대한민국의 변란을 기도하였다고 함에 있다고 인정되는 바이므로, 우선 그중 진보당이 사회주의를 지향하였다는 점에 관하여 안(按)컨대 원래 이에 대한 별단(別段)의 사유를 주장하는 공소사실이 없는 본건에 있어서 본건과 같은 정당의 성격은 동 정당의 강령정책에 의하여 결정할 것인바, 증(証) 제2호인 진보당의 선언, 강령, 정책, 당헌에 의하면 경제정책에 있어서 사회적 민주주의를 지향하였다고 볼 수 있으나 순전한 사회주의를 지향하였다는 하등의 증좌가 없으며, 타(他)에 차를 인정할 자료가 없는바 도리어 증(証) 제2호 진보당 강령 전문 (3) 자본주의의 수정과 변혁의 항목에 의하면 "자본주의 변혁은 폭력적 독재주의인 볼쉐뷔즘의 경우와는 반대로 민주적 평화적 방식에 의하여 수행되고 있다"고 기재되어 있다는 사실이나, 또는 동 사회적 민주주의는 아국(我國) 헌법 전문에서 기도하는바 경제의 균등성이나 또는 동 헌법 경제조항에서 기도하는바 "전 국민에 대한 생활의 기본적 수요의 충족성"이나 "균형있는 국민경제 발전성" 등에 비추어 보더라도 그 자체가 필연적으로 민주공화제나 주권재민을 부인하고, 또 국가기관에 대한 강압수단을 수반한다든가 기타 동 실현이 헌법 또는 법률에 정한 절차에 의하여 할 수 없다고 볼 수는 없는 것이므로(이상 〈형법〉 제91조 참조), 따라서 아국을 변란한다고 인정하기는 곤란하며 다음 상기한바 북한 괴뢰집단과 야합하여 평화통일을 주장하였다는 점에 관하여 우선 이에 대한 공소사실 부분을 개별적으로 안(按)컨대

우 공소사실 ① 사실에 관하여 안(按)컨대 피고인은 동 4289(1956)년 5월 초순경 호남지방에 선거운동차 여행 중 동월 5일(신익희 선생 사망일) 밤에 출발하여 익(翌) 5월 6일 새벽에 서울에 도착하였던바, 당시 신변의 위험을 우려하여 동 도착 즉시로 당시 서상일 댁에 직행, 체류하고 있다가 5월 15일 선거가 끝난 후에야 비로소 귀가하였은즉, 동 5월 6일에는 동당 사무소에 있은 일조차 없을 뿐 아니라 도대체 박정호는 전연 모른다고 변소(辯疏)하는바, 증(証) 제10호 중의 1(접수부)의 제1면의 기재에 의하면 동 5월 5일 주소 태평로 2가 252번지 성명 박정호가 사용으로 동당 중앙당 사무소에 왔다 갔다는 사실을 인정할 수는 있으나 증인 박정호의 증언에 의하면 이는 동 증인이 일제 시 마포형무소에서 같이 복역한바 있는 최익환이 진보당 간부로 있는 줄로 알고 동인을 찾아 동 사무소를 방문하였다는 사실을 인정할 수 있으며 타(他)에 차(此)를 인정할 만한 하등의 증좌가 없으며

우 공소사실 ② 사실에 관하여 안(按)컨대 피고인은 차를 부인하는바 검사의 증인 조복재(대남 공작대원)에 대한 진술조서의 기재 내용에 의하면, 동 증인이 4289(1956)년 6월경 당시 평양에서 밀봉교육을 받을 시 동 지도원인 박모(朴某)로

부터 동 취지의 말을 들은 일이 있다는 지(旨)의 진술기재가 있으나, 타(他)에 차(此)를 입증할만한 하등의 증좌가 없는 본건에 있어서 이 전문 증거만으로써 동 범죄사실을 인정하기가 곤란하고

우 공소사실 ④ 사실에 관하여 증(証) 제35호 제1면 기재 내용에 제2회 공판조서 중 피고인 조봉암, 동 김기철의 진술 기재 내용을 종합하면, 통일문제연구위원회는 진보당 결당 시 동 대회의 결의에 의하여 조직한 특별위원회로서 4290(1957)년 9월경의 동 위원회의 임원은 위원장 피고인 김기철, 부위원장 동 김병휘, 동 위원 안경득, 동 최희규, 동 권대복, 동 박준길, 동 이명하, 동 윤길중, 동 조규희 및 공소 외 정중경(鄭重径),295) 김안국 등 11명이라는 사실, 동 김기철의 공소사실과 여(如)한 「북한 당국의 평화공세에 대한 진보당의 선언문 초안」을 작성하였다는 사실은 차(此)를 인정할 수 있는 바이며, 당심 공판조서 중 하기(下記) 각 관계 피고인 등의 진술 기재를 종합하면 동 연구위원회는 단순히 통일문제를 연구하는 연구기관일 뿐 당책을 책정하는 결정기관은 아니라는 사실 및 우(又) 김기철은 자신이 동 위원회의 책임자이므로 동 9월 11일경 동인이 이미 작성한 평화적인 통일방안에 관한 논문(증33호)을 동 중앙당 사무소에서 각 위원에게 차(此)를 순회 회람시킨 후 이에 대한 기탄없는 의견 내지 수정 또는 대안을 제출할 것을 종용하고, 약 10일 후 다시 토의하려 하였으나 동 논문의 내용을 기억하는 위원이 별로 없으므로 다시 우 선언문 초안을 프린트하여 각 위원에게 배부한 후, 1차 동 토의를 하려고 하였든바 동 위원이 잘 출석치도 않고 또 대안 등도 제출하지 않으므로 별 진전이 없었던바, 대체로 그간 동 초안에 대하여 우 조봉암은 동안(同案)에는 찬성하나 현 실정에서 이 방안을 내놓으면 제3세력이라는 비난을 받게 될 염려가 있으니 당분간 보류하라는 의견이었고, 우 윤길중은 동 문제에 대하여는 당 강령대로 하고 더 이상 논의할 시기가 아니므로 연구자료나 더 조사하여 두라는 의견이었고, 동 이명하는 이에 대하여 동 문제는 연구하여 볼 필요는 있지만 북한 괴뢰집단에 보낸다는 것을 전제로 하여 연구할 필요는 없다는 의견이었고, 동 최희규는 1차 회합 시에 이미 동 문제연구는 불가하다고 반대하였으며,

---

295) 앞에서는 '정중(鄭重)'으로 표기되어 있다.

동 조규희는 동 문제를 연구하는 것은 당연하나 동안(同案)은 그 내용에 있어서 오해받을 염려가 있으니 감시위원을 미·소 양국에서 임명하는 국가로 하는 것이 좋지 않느냐의 의견을 진술한 바 있고, 동 안경득, 동 김병휘, 동 권대복 및 기여(其餘)의 위원 등도 대체로 동 토의는 반대하였는바 전(全) 위원들은 동 토의에 무성의하였으므로, 피고인 김기철은 이는 위원장을 불신임하는 것이 아니냐고 내심 유감히 여기고 동 토의를 포기상태에 두고 있던 중, 약 1개월여가량 후인 동년 11월 하순경 당시 동당 부위원장인 상(相) 피고인 박기출이 상경하였으므로, 동 김기철은 동 기회에 위원장 부위원장 입회하에 한번 토의하여 보려고 동 위원들을 소집(동 토의소집은 항시 중앙당 사무소 게시판에 게시하는 것임)하였던바, 동일 동 위원들이 출석하지 아니하였으므로 당시 상경한 우 박기출에게 노변담식(爐邊談式)으로 동 초안에 대한 의견을 타진한바, 동 피고가 "당헌에 의하면 평화통일의 구체적 방법은 결정할 수 없는데도 불구하고 차(此)를 토의 운운함은 당헌 위반이니 그 안을 철회하라. 그러지 아니하면 나 자신이 탈당하련다"라고까지 말하며 격분하였으므로(당시 우 김달호도 그 직후 동소(同所)에 왔으나 동 피고에 대하여는 그 의견을 타진도 하지 아니하였음), 이후 동안(同案) 토의는 단념하였든 것이라는 사실 등을 인정할 수 있고,

다시 증(證) 제12호인 4290(1957)년 11월 25일자 진보당 명의의 자유당 및 민주당에 대한 「국토통일추진을 위한 행동통일체 구성에 관한 제의」의 기재 내용에 의하여 인정하는 바인 "진보당은 통일방안의 어느 하나만을 고집하지 아니하니 정부의 여야 정당을 초월하여 확호한 단일 방안을 협의 책정하고 행동통일체를 구성할 것을 제의하였다"는 사실이나, 또한 우 증(證) 제2호의 기재 내용에 의하여 인정하는 바인 진보당은 그 정책 면에 있어서 그 강령에서 책정한 평화적 통일방안은 민주주의적 승리를 얻기 위하여 진보당 자신이 대한민국의 정치권력을 획득한 후에 또 국제정세의 진운에 발맞추어. 결정하여야 한다는 점, 또는 동당 당헌 제10조에 의하면 정책의 결정 및 개정은 전국대의원대회의 직능에 속하며 동 제11조에 의하면 전국대의원대회 폐회 중에는 중앙위원회가 그 직능을 대행한다는 규정 등에 비추어 볼 때 검사의 동 김기철에 대한 피의자 신문조서 중 본 공소사실에 일부 부합되는 듯한 기재 부분은 조신(措信)[296]하기 곤란하고, 타(他)

에 동 선언문안이 동당의 평화적 통일에 대한 구체적 방안이라고 인정할만한 하등의 증명이 없으므로 결국 본 범죄사실은 그 증명이 없고

우 공소사실 ⑤ 사실에 관하여 안(按)컨대 동 사실에 있어서 문제되는 증(証)제1호『중앙정치』10월호 중 동 조봉암의「평화통일에의 길」이라는 논문 중 "그러니 다섯째 안 즉 UN 결의와 같이 우리 대한민국이 이북 괴뢰와 동등한 위치에서서 동일한 시간에 선거가 실시된다는 것은 좀 불유쾌하기는 하지만, 기왕에도 UN 감시하에서 몇 번씩이나 선거를 해왔으니 또 한 번 한다고 해서 그게 그렇게 나쁠 것도 없을 것 같다"는 구절을 검토컨대, 동 논문은 원래 동 조봉암이가 진보당 중앙위원장의 자격으로서 쓴 것이라고 인정되는 것이므로 동 구절 역시 일견 동 자격으로서 쓴 것 같기도 하나, 이를 상세히 관찰할 때 동 논문에 있어서 동 조봉암은 동 위원장 자격으로 그 전반부에서 평화통일의 필연성 등을 설명한 후 평화통일의 몇 가지 방법론을 시도하여 "첫째 UN 감시하의 북한만의 선거안, 둘째로는 협상에 의한 방법으로서 연립정부안에 있고 남북 양(兩) 국회의 대표에 의한 전국위원회안이 있으며, 셋째로는 중립화에 의한 방안, 넷째로 국가연합에 의한 방안297) 그리고 다섯째로는 UN 감시하에 남북통일 총선거에 의한 방안 등이 있다"고 하여 그 여러 가지 방안을 기재한 후 이에 대한 비판을 하여, 즉 "우리들 입장에서 볼 때는 둘째, 넷째 안은 우리 대한민국과 이북 괴뢰를 동일 정부로 인정하는 데서부터 논의된 것이기 때문에 우리 대한민국으로서는 전혀 상대할수 없는 안인 것이고, 또 셋째 안도 지금 우리가 통일을 하기는 해야 하되 민주적 승리에 의한 통일을 염원하기 때문에 관념적 유희를 일삼을 수가 없으니 그 역시 문제할 것이 못된다. 그럼 첫째 안은 어떠한가. 물론 우리 대한민국으로서는 마땅히 UN에 향해서 싸울 수 있는 안이기도 하다. UN 감시하에서 대한민국이 수립되었고 UN의 승인을 얻어 합법적인 정부가 되었으니 이제는 UN의 권위를 세워 가지고 북한에서도 선거를 시켜서 우리 국회에 남은 백석의 의석을 채우게만 하면 된다는 것이다. 물론 당연한 논리이다. 그러나 우리는 지금 그것만을 지지하

296) '조신(措信, そ-しん)'의 오기로 보인다. 신뢰의 의미이다.
297) 원문에는 넷째 안이 누락되어 있어, 다른 자료와 비교해서 첨가했다.

고 앉아 있을 때가 못 된다. 왜 그러냐 하면 이 안은 이북 괴뢰나 소련 측에서 반대할 뿐 아니라 한 개의 통일안으로서는 국제적으로 편협된 것이라 인정되어[298] UN 각국에서 적극적으로 추진하는 나라가 없기 때문이다. 그러니 역시 실현성이 희박하지 않을까 생각되는 것이다"라고 하여, 동 위원장 자격으로서의 모든 방법론에 대한 비판을 하였음으로 따라서 다섯째 안(UN안)도 대한민국으로서는 상대할 수 없다는 것을 명백히 한 것이다. 그러나 동 조봉암 개인적으로 볼 때에는 우 첫째 안인 대한민국안조차 제일 좋은 것이라고 할 수 없다는 이유를 설명한 끝에 그러니까 전시한 바와 같이, 다섯째 안도 … 그렇게 나쁠 것도 없을 것 같다고 설명한 것으로 보는 것이 타당할 것이요, 따라서 우 문제점은 동 조봉암의 개인 의견임이 명백하다고 인정하는 바이며 동 논문 중 타(他)에 별단의 증거 재료가 없은즉, 동 부분이 당의 견해 또는 당위원장으로서의 견해임을 전제로 하는 본 범죄사실은 결국 그 증명이 없음에 귀착된다.

원래 추상적인 평화통일의 주장이 국헌에 위배한다는 것은 북한 괴뢰집단이 대한민국을 변란하기 위하여 책정한 평화통일 방안을 토대로 한 평화통일의 구호를 그 정(情)을 알면서 이에 야합하여 주장하는 경우에 해당될 것이며, 또 구체적인 평화통일 방안의 주장이 국헌에 위배되는 여부는 원래 구체적 통일안 자체가 동 방안에 따르는 법률 절차를 경유함을 전제로 할 것이므로, 결국 동 방안의 실현이 헌법 또는 법률의 절차를 취하여 수행할 수 있느냐의 여부(〈형법〉 91조 참조)에 의하여 결정할 문제라고 볼 것이나, 본건에 있어서는 위에서 이미 판단한 바와 여히 진보당이 아직 그 구체적 통일방안을 결정하였다는 하등의 증명이 없다고 인정하는 바인즉, 본 전단인즉 진보당의 평화통일 구호가 북한 괴뢰집단의 그것에 야합하였는가의 여부만이 문제될 것이므로 이 점에 관하여 안(按)컨대 전단 판단에 비추어 동 야합에 관한 하등의 증좌가 없고 도리어 제8회 공판조서 중 우 윤길중의 진술 기재 부분 및 제14회 공판조서 중 증인 신도성의 증언 기재 부분을 종합하여 보건대 원래 진보당 창당과정은 4288(1955)년 6월경부터 비자유당, 비민주당의 혁신세력 규합 정당운동이 대두되어, 동년 8월경에 광릉에서 우 조봉암, 서상일, 장건상 등 20여 명이 회합하여 신당조직에 관한 대체 협의가 있은 후, 동년 10월 24일 대관원회합을 하여 신당조직에 있어서의 3원칙을 수립함과 동시에 신당조직을 위한 가칭 진보당발기준비주비위원회를 결성하여 동 발기준비에 대한 취지문 및 강령 초안 작성을 한 후 동년 12월 22일 동 조봉암, 서상일 외 9명의 대표 명의로 가칭 진보당 발기 취지를 발표하였고, 4289(1956)년 1월 12일 다시 가칭 진보당추진준비위원회를 설치하고 동년 3월 31일 가칭 진보당추진대표자회의를 거쳐 동년 11월 10일 동결당에 이르렀던바,

평화통일 원칙 자체는 우 대관원회합 당시에 우 윤길중 사회하에 이미 ① 혁신세력의 규합 ② 정치의 혁신, 계획성 있는 경제정책의 구현과 함께 ③ 민주주의 승리 하의 평화적 남북통일의 구절하(句節下) 신당조직 3원칙의 하나로 내세웠으며, 우 대관원회합 후 윤길중의 가칭 진보당발기준비주비위원회 의원부 책임자로서 초안한 4개 항목의 강령 초안에서 그 한 항목으로서 "우리는 안으로 민주세력의 대동단결을 추진하고 밖으로 민주우방과 긴밀히 제휴하여 민주세력이 결정적 승리를 기할 수 있는 방식에 의한 조국통일의 실현을 기한다"는 방식으로 표현되었으며, 그 후는 의안위원회에 의하여 평화통일이라는 구절로 수정되었고, 그것이 기초가 되어서 가칭 진보당추진준비위원회 의안부 책임자 신도성에 의하여 진보당 정책 통일문제가 초안되었고, 그것이 진보당 결당 시 동당 정책으로서 채택된 것인바 동 평화통일의 원칙은 그 최초부터도 어느 개인의 주장에 의하여 채택된 것이 아니고 서상일 등 그 당시의 회합 인원의 공통된 분위기에서 나온 원칙이라는 사실을 인정할 수 있을 뿐만 아니라 우 증(証) 제2호(진보당의 선언 강령 소책자) 증(証) 제12호(국토통일 추진에 관한 제의) 및 증(証) 제33호(우 김기철의 원고)의 각 기재 내용에 당심 공판조서 중 관계 피고인의 진술을 종합하면, 진보당이 주장하는 평화통일의 구호내용은 민주세력이 결정적 승리를 얻을 수 있는 평화통일이며 또한 조국의 평화적 통일을 파괴한 책임은 6·25의 죄과를 범한 북한 공산집단에게 있다고 단정하고, 그들의 반성과 책임규명은 평화통일의 선행조건이 아닐 수 없다는 등 내용을 주장한다는 사실을 인정할 수 있는바, 이는 북한 괴뢰집단이 주장하는 위장된 평화통일과는 판이하다고 인정함이 타당할 것이요 따라서 우 공소사실 ③ 사실도 그 증명이 없음에 귀착될 것이다.

잉이(仍而) 진보당은 대한민국을 변란할 목적으로 조직된 결사라고 볼 수는 없다고 인정하는 바이다.

2. 4289(1956)년 12월 피고인 자택에서 동당 전북도당 간부인 김창을의 소개로 정태영과 밀회한 후 동인을 동당 비밀당원으로 가입시키는 한편, 당을 위하여 투신 노력하겠다는 약속을 받고 4290(1957)년 5월경 동인(同人)으로부터 「실천적 제 문제」라는 강평서라 하여 그 내용인즉,

① 당의 이념은 사회주의 실현에 있다.

② 인류의 역사는 계급투쟁의 역사이다. 국가는 피착취계급을 억압하기 위한 수단이다. 무계급 사회에서는 국가는 필연적으로 소멸하고 인간은 더욱 더욱 자유 천국에 가까워진다. 종국의 세계평화는 세계적화(世界赤化)에 있다.

③ 집권한 후 해결해야 할 문제는 그 하나로서 노조, 협조(協組)의 조직강화 즉 우리의 정치적 기반은 노동조합과 협동조합에 두어야 한다. 그리고 노동계급이 충분히 성장치 못하고 있는 우리나라로서는 농민, 어민의 푸로레타리아적 성격에 주목하면서 협동조합 강화에 특히 힘써야 한다.

④ 남북통일에 있어서 가능한 통일방법에 있어서는 남북 군경해산, 국제감시 하(주로 경비·치안 담당) 총선, 남북 연립정부 수립 그에 의한 총선 후 다시 내각 구성, 남북의회의 통합 그에 의한 정부수립

⑤ 당 조직 강화와 확대책에 관하여는 당원의 생계에 대한 당국의 압박으로부터 피하기 위하여 그로 인하여 곧 생활의 직접적 위협을 받게 될 당원의 존재 및 가능한 테로 행위를 피하기 위하여 당은 이중조직을 가진다. 표면 활동을 자유롭게 할 수 있는 요소를 지닌 인사들을 많이 포섭한다. 그들의 교화는 점차적으로 행한다. 현재 소극적 투쟁기이나 점차 사회주의라는 말이 민주주의라는 말처럼 현 사회의 하나의 상식의 용어가 됨에서부터는 점차 그 논점도 사회주의 이론의 핵심에 들어가야 한다. 진보당이 현재 이상의 대 수난기가 있을 것으로 예상하고 지하조직에 일층(一層) 힘써야 한다. 우리는 모든 활동에 있어 가능한 장해를 고려하여 행동의 제1, 제2, 제3 등등 방안을 미리 세워 신속히 대처해야 된다. 당원 명부는 당의 심장이다. "어느 때 어떠한 사태가 발생할지 모른다", "그 명부를 함부로 굴린다는 것이 말이 아니다", "당 위원장 집에 양담배가 굴러다닌다는 것은

이유 여하를 막론하고 좋지 못한 일이다" 등 요지의 문서를 받아 항시 차(此)를 소지 검토함으로써 동당 노선의 재료로 하여 동당이 목적하는 대한민국 국가변란이라는 실행사항을 협의하였다는 점에 관하여 안(按)컨대

우 정태영이 4290(1957)년 1월 중순경 동당 전북도당 조직책임자 김창을의 안내로 서울특별시 성동구 신당동 소재 우 조봉암 가(家)에 동인을 심방한 사실, 동인이 진보당에 입당하였다는 사실 및 동인으로부터 「실천적 제문제」라는 서면을 받았다는 사실은 모두 피고인이 인정하는바, 이는 우 정태영이 동당 위원장인 피고인에 대하여 당원으로서 어떠한 일을 하는 것이 좋겠느냐고 묻기에 동인에 대하여 동인이 생각하는 것을 써 오라고 하였든바, 동 「실천적 제문제」를 써 왔기에 한 번 읽었으나 좀 과격하기에 봉투 속에 넣어 두었을 뿐 그 이상의 의미는 없다고 변소(辨疎)하고, 한편 동 정태영은 이에 대하여 4290(1957)년 1월 중순경 우 조봉암을 심방한 사실, 동 「실천적 제문제」라는 서면을 동 조봉암에게 수교한 사실은 인정하나 이는 우 최초 심방 시에 양인 간에 진보당의 이념과 노선 이야기 및 시국에 관한 이야기 끝에 동 정태영은 동 조봉암에게 당에 관한 의견을 더 개진하려 하였으나 동인이 바빠서 시간이 없었으므로 그 익일 다시 심방케 되었던바, 동 「실천적 제문제」는 동 의견 개진의 편의를 위하여 순서 없이 메모한 것에 불과한바 재차 방문 시도 동 조봉암이 분주하여 동 의견을 말할 수 없었던바, 동 조봉암이 "써 가지고 온 것이 있으면 두고 가라"고 하기에 차를 두고 왔던 것에 불과하며 그 내용에 있어서도 당시 생각난 바를 기재하였을 뿐 별다른 주장도 아니었으며, 그중 ④ 통일방안에 관하여서도 평소에 생각하여 오던 바를 메모하였을 뿐이라고 변소(辯疎)하는 바, 타(他)에 국가변란의 목적사항을 협의하였다는 하등의 증좌가 없으므로 본 범죄사실은 결국 그 증명이 없음에 귀착되고

3. 4290(1957)년 8월 12일 서울특별시 성북구 돈암동 소재 신흥사 승려 송백선 가(家)에서 피고인 윤길중, 동 조규택 등과 함께 조총 병고현 조직부장 겸 공산주의 집단체인 소위 민주크럽 병고본부 지도책 전쾌수로부터 진보당에 가입하여 평화통일 선전을 촉진시키라는 지령하에 잠입한 조총 병고현 이단시지부 위원장인 간첩 정우갑과 밀회하여 동인으로부터 동인이 간첩이라는 정(情)을 알면서,

재일교포는 60만 명인바 그중 2할은 우익진영이고 잔여 8할은 공산 좌익계열인 조선인총연합회원이다. 재일교포 대다수는 북한 괴뢰집단이 선전하는 평화통일을 염원하고 있다. 자기는 재일(在日) 시에 조봉암의 위대한 존재를 인식하였으며 또 자기는 재일 조총에서 개인이 아니고 공적으로 파견되었으며, 30년간 볼세뷔크[299] 노선에 서 있었다. 자기는 원래 진보당에 대하여 중대한 관심을 가지고 있으며 진보당에서 정강으로 조국의 평화적 노선을 택한 것은 위대한 일이라고 말하고, 앞으로 진보당의 노선을 지지하고 동당에 입당하겠으니 잘 지도하여 달라는 요청 등을 받자, 피고인은 이에 응한 후 동년 8월 21일 동 시내 종로구 소재 진보당 중앙당 사무실에서 동 정우갑을 재회하고 동인의 동당 입당을 종용하는 동시에, 우 윤길중으로 하여금 동인에게 동당의 선언, 강령, 정책, 규약 등 인쇄물 1책을 수교케 하여 동인의 간첩행위를 방조하였다는 점에 관하여 안(按)컨대, 피고인은 우와 여(如)히 정우갑을 만난 사실 및 동 윤길중이 동인에게 동당의 선언, 강령, 정책 등의 인쇄물 1책을 수교하였다는 사실은 인정하나, 동 회합은 우 조규택이가 일본에서 살다가 귀국한 나이 지긋한 사람이 피고인을 만나보고 이야기를 듣고 싶어 한다고 하기에 이루어진 것인바, 당시 동 정우갑이가 재일(在日) 조총에서 개인 아닌 공적으로 파견되었으며 30년간 볼세뷔크 노선에서 있었다는 사실 등은 동인이 말한 바 없으므로 동인이 간첩이라는 정(情)을 부지(不知)하였다고 변소(辯疎)하는바, 제14회 공판조서 중 증인 정우갑의 증언 내용 및 당원이 압수한 증(証) 제59호(판결문 사본)의 기재 내용에 의하면, 동 정우갑은 일본국 거주 시에 조총 병고현 이단시지부 위원장에 있다가 4290(1957)년 7월에 귀국한 자인바, 동 사실과 본건 피고인 등과 회합 관계 등으로 인하여 그 후 서울지방검찰청으로부터 〈국가보안법〉 위반사건으로 기소되었으며 서울지방법원으로부터 동 죄로서 처형되었다는 사실을 인정할 수 있으며, 타(他)에 간첩임을 인정할 만한 하등의 증좌가 없으므로 본 범죄사실은 그 증명이 없음에 귀착되고

4. 4290(1957)년 9월 우 진보당을 확대시킬 목적으로 동당과 노선을 동일히 하는 근민당 재남(在南) 잔류파인 김성숙(金星淑), 양재소, 김일우 등 10여 명과 합

---

299) '볼셰비키'를 말한다.

세할 것을 기도하고, 동월 20일 시내 종로 2가 진보당 사무실에서 진보당 측 대표로서 우 조봉암, 동 윤길중, 동 김달호, 동 이명하, 동 김기철, 동 조규희, 동 최희규가 근민당 대표로서 김성숙(金星淑), 양재소, 김일우 외 7명 도합 17명으로 통일준비위원회를 구성하는 동시에, 미구(未久)에 대회를 개최하여 결정을 짓기로 합의를 봄으로써 동 목적 사항을 협의하였다는 점에 관하여 안(按)컨대, 이는 진보당이 대한민국을 변란하는 집단임을 그 전제로 하는 것이나 우 제1 (1)에서 이미 판단한 바와 같이 동당이 여사(如斯)한 집단임을 인정할 수 없으므로 따라서 본건 공소사실은 범죄의 증명이 없다고 인정하는 바이다.

제2. 피고인 박기출에 대한 본건 공소사실은

1. 피고인은 4288(1955)년 10월 우 조봉암으로부터 진보당 조직운동을 전개하고 있으니 협조하라는 내용의 서신 또는 인편의 연락을 수(受)하자 차(此)를 응낙하고, 4289(1956)년 3월 서울특별시 종로구 공평동 소재 종로예식장에서 개최된 진보당창당준비위원회에 참가하여 동당 중앙위원으로 선출되고, 다시 동년 3월 정부통령선거 당시 동당 공천 부통령후보로 출마하여 전국 각 주요 도시를 순회하면서 대통령 입후보자인 조봉암과 동조하여 전시(前示)와 여(如)한 내용의 평화통일이라는 구호를 강조하여 오다가, 동년 11월 10일 대한민국을 변란할 목적하에 동당을 조직함과 동시에 동당 중앙당 부위원장에 취임하여 동당 간부에 취임하고

2. 4290(1957)년 9월 동당 부산시 동구 을구당 위원장에 피선하여 차(此)를 겸임함과 동시에, 동당 간부를 동원하여 김재봉 외 약 100명을 표면화한 당원으로 하고, 정경학 외 68명을 동당 비밀당원으로 각각 포섭 입당케 하는 일방, 4289(1956)년 3월경 동당 사무실 설비조로 금 30만 환을 위시하여 5·15정부통령선거 비용으로 일금 800만 환을, 동년 11월 결당비조로서 금 100만 환을 4290(1957)년 2월에 동 당비조로 금 30만 환을, 동년 10월에『중앙정치』발간자금으로 금 70만 환 등 도합 1,030만 환을 당에 제공함으로써 동당의 목적하는 실행사항을 협의 내지 선동하고

3. 우 "제1. (1) ④ 기재 범죄행위를 감행함으로써 동 목적사항을 협의하였다"라

고 함에 있으므로, 안(按)컨대 그중 우 (1) 및 (2) 사실관계는 모두 1건 기록에 의하여 인정할 수 있으나, 이는 동당이 대한민국을 변란하는 집단임을 전제로 하는 것인바 우 제1 (1)에서 이미 판단한 바와 여히 그러한 집단임을 인정할 수 없으므로 따라서 당적(黨的) 행위로서 행할 본건 행위는 적법함에 귀착될 것인즉, 동 공소사실은 범죄가 성립하지 아니할 것이며 우 (3) 사실은 우 제1 (1)에서 판단한 바와 여(如)히 차(此)를 인정할 만한 증거가 없고

제3. 피고인 김달호에 대한 본건 공소사실은

(1) 4289(1956)년 11월 10일 우 조봉암과 함께 동 진보당을 조직하여 동당동당 부위원장에 취임하고

(2) 4290(1957)년 하절(夏節)에 진보당 사무실에서 동 조봉암 윤길중 외 약 60명의 당원이 회합한 석상에서 대한민국에서는 북한 괴뢰가 먼저 침략하여 온 것이라고 하나 이에 대하여는 상세한 것은 모를 일이다. 평화적 방법으로 상대방의 동의로 합법 형식에 의하여 성립시켜서 통일을 하여야 한다는 등등의 교양강의를 함으로써 동당의 목적하는 실행사항을 협의 내지 실천하고

(3) 우 "제1 (1) ④기재 범죄행위를 감행함으로써 동 목적 사항을 협의하였다"라고 함에 있는바, 안(按)컨대 우 (1) 기재 범죄행위는 동 당이 대한민국을 변란함을 목적하는 집단임을 전제로 하나 우 제1 (1)에서 이미 판단한 바와 여히, 동당은 그러한 집단임을 인정할 수 없으며 우 (3) 사실은 우 제1 (1)에서 이미 판단한 바와 여히 차를 인정할 만한 증좌가 없고, 우 (2) 사실에 관하여는 증(証) 제32호 기재 내용에 의하면 피고인이 공소사실과 여히 동 당원에게 "한국 통일에는 평화적 방법만이 있을 뿐이다"라는 제목하에 교양강좌를 함에 있어서, 6·25남침의 책임을 북한 괴뢰에 문책한 끝에 평화적 통일방법은 상대방의 동의를 얻어 합법 형식에 의하여 성립시켜야 한다고 한 사실을 인정할 수 있는바 동 사실 자체 만으로서는 국헌에 위배하여 국가를 변란하는 것이라고 볼 수 없고

제4. 피고인 윤길중에 대한 본건 공소사실은

(1) 4288(1955)년 6월경부터 상(相) 피고인 김기철, 동 조규희 등과 함께 우 조봉암을 당수로 하여 북한 괴뢰에서 주장하는 평화통일론에 호응하는 평화통일을 주창할 정당을 조직할 것을 획책하여 동당 결당을 추진하여 오던 중, 4289(1956)년 11월 10일 대한민국을 변란할 목적하에 진보당을 조직하여 동 간사장에 취임함으로써 동당 간부에 위치하고

(2) 우 제1 (3)기재 범죄사실과 여히 정우갑의 간첩행위를 방조하고

(3) 우 제1 (4)기재 범죄사실과 여히 동당의 목적사항을 협의하고

(4) 우 제1 (1) ⑤ 기재 범죄사실과 여히 동당의 목적 사항을 협의 내지 선동 선전하고

(5) 4290(1957)년 9월 초순경 피고인은 동당 통일문제연구위원회 위원으로 임명되어 동월 10일까지 통일방안을 연구 제출키로 한 후, 동월 10일 동 김기철이가 「북한 당국의 평화공세에 대한 진보당의 선언문(초안)」을 동안으로 동 위원회에 제출하자 동일은 차 회의 시까지 그 안을 프린트하여 각각 배부키로 하여 깊이 검토키로 하자는 정도로 그치고, 동월 17일 동당 사무실에 동 연구위원 전원이 회합한 후 수정론자도 있었으나 대안을 제시하지 않는 한 이 안으로 결정하자는 위원장 김기철의 제안에 의거하여 결국 동안은 동 위원회안으로 가결하되, 다시 최고간부회의에 회부하여 최후 결정을 내리자고 결의하여서 우 "제1 (1) ④ 기재 범죄사실과 여히 동당의 목적 사항을 협의하였다"라고 함에 있는바, 동 사실은 모두 우 제1 (1) (3) 및 (4)에서 이미 판단한 바와 여히 결국 그 증명이 없고

제5. 피고인 조규택에 대한 본건 공소사실은

(1) 4288(1955)년 12월 피고인은 조봉암을 지지하고 동년 12월 23일 가칭 진보당발기추진위원회에 가입하여 기획 상임위원으로 종사하던 중, 동 진보당 결당과 동시에 대한민국을 변란할 목적하에 조직된 결사인 정(情)을 알면서 동 당 재정부간사로 취임하여 지도적 임무에 종사하고

(2) 우 "부간사로서 당 운영경비조로 매일 1회식300) 정기적으로 정·부위원장

은 10만 환, 각급 위원장은 1만 환, 부위원장은 5,000환, 각 간사는 2,000환, 각 상임위원은 1,000환식으로 정하여 이에 의하여 수납되는 약 60만 환을 당 운영비에 충당함으로써 동당 목적사항을 실천하였다"라고 함에 있는바, 안(按)컨대 동 범죄사실도 동 당이 대한민국을 변란함을 목적하는 집단임을 전제로 하는 것이므로, 전시 판단에 비추어 우 (1) 사실은 그 증명이 없고 따라서 동 (2) 사실은 범죄가 성립되지 아니함에 귀착된다고 인정하는 바이며

제6. 피고인 조규희에 대한 본건 공소사실은

(1) 피고인은 대한만국을 변란할 목적으로 4289(1956)년 11월 10일 진보당을 결당하고 동당 선전간사에 취임함으로써 지도적 임무에 종사하고

(2) 4290(1957)년 3월 서울특별시내 시공관에서 또 동년 8월에 전남대학 강당에서 각 연설회를 개최하여 "우리 당의 정책을 말한다"라는 연제하에 우 평화통일을 추상적으로 주장함으로써 동당의 목적하는 실행사항을 선전하고

(3) 전시 "제1의 (4) 동 제1의 (1)의 ④ 및 ⑤기재 범죄사실을 감행함으로써 동당의 목적사항을 협의하였다"라고 함에 있는바, 그중 우 (1) (2) 및 (3) 중 제1의 (4) 사실은 동 당이 대한민국을 변란함을 목적으로 하는 집단임을 전제로 하는바, 이는 판시 제1의 (1)에서 이미 판단한 바에 비추어 또 우 (3) 중 제1의 ④ 및 ⑤ 사실은 우 제1의 ④ 및 ⑤에 이미 판단한 바에 의하여 차를 인정할 만한 증좌가 없고 따라서 동 공소사실은 결국 범죄의 증명이 없음에 귀착하며

제7. 피고인 신창균에 대한 본건 공소사실은

(1) 4281(1948)년 4월 19일 한독당 연락부장으로 재임시 동 당원 조소앙, 조완구, 최석봉, 엄항섭, 조일문 등과 함께 평양에서 개최된 소위 남북협상에 참가코저 동월 20일경 서울을 출발하여 여현(礪峴)을 경유, 입북하여 동 협상회의 및 김구, 김규식, 김일성, 김두봉으로 구성한 소위 4김회의에 참가하였다가 동년 5월

---

300) '식(式)'과 '씩'이 혼재되어 있으며, 이후 원본대로 '식'과 '씩'을 혼용한다.

5일 남하하였는바, 그 후 조봉암과 친교하여 오다가 4289(1956)년 4월 정부통령선거 당시 조봉암을 대통령으로 당선시킬 목적하에 서상일로부터 300만 환, 당 수입금 500만 환으로 조봉암의 재정 조달 및 경리의 임무에 종사하고, 진보당 결당을 추진하여 오다가 동년 11월 10일 진보당 결당이 되자 동당이 대한민국을 변란할 목적으로 조직된 결사인 정(情)을 알면서 동당 재정위원장에 취임하여 지도적 임무에 종사하고

(2) "4289(1956)년 12월 말경 서울특별시 중구 무교동 소재 모(某) 음식점에서 동당 재정 부위원장 홍순범 및 위원 이수근, 선우기준, 성낙준 등과 회합하여 당비 거출문제를 토론한 결과 당위원장 및 부위원장은 매월 3만 환, 통제위원장 및 부위원장은 매월 2만 환, 간사장 및 각급 위원장은 매월 1만 환, 간사는 매월 5,000환, 중앙상무위원은 매월 2,000환, 중앙위원은 매월 1,000환, 일반 당원은 매월 200환식 거출키로 협의하고, 4290(1957)년 2월 우 조봉암 가(家)에서 조봉암, 박기출, 이광진, 윤길중, 조규희, 이명하, 김기철, 조기하, 장지필, 원대식 및 이영옥 등 22명이 회합하여 진보당 기관지 발간처인 정진사 창립발기인회를 개최하고, 동 발기인 위원장 박기출 부위원장 이광진 등을 선출하고 동사의 자본 총액을 1억 환으로 결정한 후 제1회 주금(株金)으로 금 5,000만 환을 모집하는데 합의하는 등 동당의 목적사항 실행을 협의하였다"라고 함에 있는바, 동 진보당이 우 제1의 (1)에서 이미 판단한 바와 같이 하등 대한민국을 변란할 목적으로 구성된 결사 아님이 인정되는 이상 우 (1) 사실은 범죄의 증명이 없음에 귀착되고 따라서 동 (2) 사실은 동 공소사실 자체가 범죄 성립되지 아니한다고 인정하며

제8. 피고인 김기철에 대한 본건 공소사실은
(1) 4279(1946)년 서울에서 원세훈의 주선으로 소위 좌우합작위원회에 가입함과 동시에 민련 교도 및 조사부장, 민독 선전부장 등에 취임하여 활동하여 오던 중, 4281(1948)년 4월 민독 대표로 소위 남북협상 회의에 참가한 사실이 있은 후, 6·25사변이 발생하자 괴뢰 치하 서울인민위원회에 민련을 공인단체로 등록하고 동 연맹 조사부장으로 활약하는 한편, 동 인민위원회 위원장 이승엽의 지령에 의하여 구성된 군사위원회에 가입하여 동 조사부장으로서 괴뢰군에 대한 원호사업

을 하던 중, 1·4후퇴 시 남하하여 부산서 조봉암과 재봉(再逢), 제1차 대통령선거 시 조봉암의 선거위원으로 종사하고 그 후 동인(同人)의 심복으로서 진보당 결당에 활약하는 일방 5·15정부통령선거 당시 조봉암을 위하여 사재 550만 환을 투입하는 등 열렬히 지지하다가, 4289(1956)년 11월 10일 상(相) 피고인 등과 함께 대한민국을 변란할 목적으로 진보당을 결당함과 동시에 동당동당 중앙당 통제위원회 부위원장에 취임하고 그 후 동당 경기도당 위원장에, 4290(1957)년 9월에 통일문제연구위원회 위원장으로 각 취임하여 간부의 위치에 있었고

(2) 전시 제4의 (5) 우 제1의 (4) 및 동 (1)의 ④, ⑤기재 범죄사실과 여(如)히 동당의 목적 사항을 협의 선전하고

(3) "4290(1957)년 9월 15일 동당 위원장실에서 피고인의 처제 오성덕을 시켜「북한 당국의 평화공세에 대한 진보당의 선언문」15부를 등사케 하여 각 봉투에 넣어서 전시 동 통일문제연구위원회 위원 전부에 배부함으로써 동 목적사항을 협의하였다"라고 함에 있는바, 그중 우 (1) 및 (2) 기재 범죄사실은 동 진보당이 대한민국을 변란할 것을 목적으로 한 결사임을 그 전제로 하는 것이나, 이는 우 제1의 (1)에서 이미 판단한 바와 같이 그 증명이 없은즉 따라서 본건 공소사실은 범죄성립이 되지 아니한다고 인정하며, 우 (3) 사실에 관하여 피고인은 동 사실관계는 인정하나 동 협의의 점은 부인하는바 동 선언문 자체가 대한민국을 부인하는 것이냐의 여부에 관한 판단은 차치하고, 우 제1의 (1)에서 이미 판단한 바와 여(如)히 동 선언문은 피고인이 단순히 통일문제연구위원회의 연구자료로서 동 각 위원에게 배포한 것이라고 보며, 증(証) 제33호의 기재 내용에 의하더라도 피고인은 북한의 평화공세에 대하여는 그것이 위장일지라도 이에 대하여는 역시 평화공세로서 대항하여야 한다는 신념하에, 피고인으로서는 가장 애국애족적인 평화적인 통일방안을 구상한 것으로 인정함이 상당할 것인즉, 따라서 피고인의 동 선언문 자체가 대한민국을 부인하는 것이라는 하등의 목적의식이 없었다고 보는 바이므로 동 선언문의 배부 자체가 국가변란을 협의(또는 선전)하였다고 할 수는 없다고 인정하며

제9. 피고인 김병휘에 대한 본건 공소사실은

(1) 진보당 결당을 추진하였으며 4289(1956)년 11월 10일 동당이 결당되자 동당이 대한민국을 변란할 목적으로 조직된 결사인 정을 알면서 동 결당과 동시에 동당 교양간사에 취임하고, 그 후 4290(1957)년 9월에 통일문제연구위원회 위원을 동시경(同時頃) 『중앙정치』 편집위원회 위원 등을 겸임하여 지도적 임무에 종사하고

(2) 4290(1957)년 9월 우 조봉암으로부터 잡지사 판권구입의 의뢰를 받고 동경(同頃) 김석봉으로부터 『중앙정치』 판권을 금 18만 환에 이양받은 후 동 조봉암에게 차를 인계하고, 동인의 지시에 따라 명목상 동 편집사무를 담당하여 오다가 동 조봉암 집필의 전시 「평화통일에의 길」 등을 이에 게재함으로써 동당의 목적사항을 실천하고

(3) 전시 "제1의 (1)의 ④기재 범죄행위를 감행함으로써 동 목적 사항을 협의하였다"라고 함에 있는바, 우 제1의 (1)에서 이미 판단한 바와 여(如)히 동 진보당은 대한민국을 변란할 목적으로 결사하였다든가 또는 동당이 공소사실과 같은 평화통일 방안을 결정하였다고는 인정하기 곤란할 뿐 아니라, 동 「평화통일의 길」 논문 자체도 하등 국헌에 위배되었다고 볼 수 없으므로 동 불법임을 전제로 하여 행한 우 공소사실은 결국 범죄의 증명이 없음에 귀착되고

제10. 피고인 이동화에 대한 본건 공소사실은

(1) 4288(1955)년 11월 서상일이가 우 조봉암과 함께 진보당창당준비위원회를 발족하게 되자 그에 참가하여 동당 추진에 협력하여 오던 중 4289(1956)년 3월경 우 조봉암, 동 윤길중으로부터 동당 강령 초안 작성의 의뢰를 수하자 전시와 여(如)히 국헌을 위배하는 내용의 평화통일을 토대로 한 강령 전문을 작성한 후, 동당 결당에 있어서 차(此)를 채택케 함으로써 우 피고인 등과 같이 대한민국을 변란할 목적하에 진보당을 결당케 하고

(2) 국내외문제연구소는 4289(1956)년 7월 10일자로 등록법 제55호 위반에 의하

여 동 등록이 취소되었음에도 불구하고 동 소장인 피고인은 정치경제 방면의 연구를 한다는 구실하에 계속 동 단체를 유지하였든바, 당시 학생 등 기타 수십 명이 동소(同所)를 출입하게 되자 피고인은 북한 괴뢰집단이 그 선전과업으로서 발행한 『김일성선집』 1권, 2권, 3권, 보권, 김일성 저(著) 『조국의 통일독립과 민주화를 위하여』라는 책자를 동소(同所) 서책(書柵)[301]에 나열, 독서케 함으로써 동 괴뢰집단의 목적하는 사항을 의식적으로 선전하고

(3) 4285(1952)년 5월경부터 4289(1956)년 11월 초까지의 간(間) 전후 8회에 긍하여 피고인의 경북대학 교수 시의 제자인 대구시 삼덕동 140번지 거주 상(相) 피고인 이상두로부터 "억압자의 해골 위에서만이 인민의 자유는 구축되고 억압자의 피만이 인민의 자치를 위한 토지를 비옥케 한다. 푸로혁명기에는 이론을 캐는 것보다는 실천운동에 참가해야 한다" 등 그 내용에 있어서 현 사회제도를 변혁하고 사회민주주의를 수립하자는 서신을 수하는 한편, 동 이상두를 선동하여 대한민국 변란을 목적으로 하는 북한 괴뢰집단의 목적사항을 협의 선동하였다"라고 함에 있는바,

우선 우 (1) 사실에 관하여 안(按)컨대 우 제1의 (1)에서 이미 판단한 바와 여(如)히 동 강령 전문 자체가 하등 국헌에 위배된다고 인정할 수 없으며,

우 (2) 사실에 관하여 안(按)컨대 피고인은 동 책자 등은 피고인이 정치문제연구용에 사용하기 위하여 동소(同所) 소장실 캬비넷[302] 속에 비장(秘藏)하였든 것이라고 변소(辯疎)하는바, 타(他)에 동소 서가에 진열하였다거나 또는 공산주의 의식을 고취시킬 목적이었다는 하등의 증명이 없고,

우 (3) 사실에 관하여 안(按)컨대 증(証) 제45호의 1 내지 5에 의하면 피고인이 상(相) 피고인 이상두로부터 공소장 기재와 여한 내용이 포함된 편지를 받았다는

---

301) '서붕(書棚)'의 오기이다.

302) '캐비닛(cabinet)'을 말한다.

사실은 인정할 수 있으나, 피고인이 동 이상두에 대하여 국헌을 위배하게 선동하였다는 하등의 증명이 없으므로 본건 공소사실은 그 증명이 없음에 귀착하고

제11. 피고인 이명하에 대한 본건 공소사실은

(1) 4288(1955)년 8월경부터 조봉암, 장건상, 서상일 외 30여 명과 수시로 회합하여 소위 혁신정당을 조직할 것을 논의하여 오다가, 동년 12월 20일 동인 등과 함께 혁신정당조직에 대한 성명서를 발표함과 동시 동 조직추진위원회 사무위원에 취임하여 동 추진운동을 전개하다가, 4289(1956)년 1월 중순경 진보당으로 발족할 것을 결의하고 동년 6월 중순경 시내 종로구 소재 종로예식장에서 가칭 진보당 추진위원 전국대표자대회의를 개최하고 당명은 진보당으로 당헌, 선언문, 강령, 정책 및 결당대회를 조속한 시일 내에 결정할 것, 진보당추진준비위원회의 추천으로 대통령 입후보 조봉암, 부통령 입후보 박기출로 할 것, 당책으로 평화통일을 주장할 것 등을 결의하였는바, 동 평화통일이란 기실 내용에 있어 북한 괴뢰집단의 술책인 평화공세에 호응하는 것으로서, 구체적 방안은 대한민국을 북한 괴뢰집단과 동등시하고 양측을 모두 해산한 연후 중립국 감시하에 남북총선거를 실시하여 제헌국회를 이룩하자는 것으로서, 대한민국을 부인하는 것일뿐더러 공산주의자들의 남침방안으로서 부르짖고 있는 북한 측에 자진 호응하여 대한민국에 무혈적인 혁명을 기도하는 것인즉, 동 피고인은 동당에서 주장하는 평화통일론이 위와 같은 내용의 것이라는 점을 충분히 알면서 동 선전에 몰두하고 오다가, 동년 11월 10일 동 내용의 평화통일을 당책으로 하는 진보당이 결당되자 동당이 대한민국을 변란할 목적으로 이루어진 결사라는 정(情)을 알면서 자진 동당 중앙당 부간사장 및 조직 간사에 취임함으로써 지도적 임무에 종사하고

(2) 동년 12월 중순경 부산시 소재 새한중학교 교정에서 동 당원으로 성낙준 외 2백여 명을 포섭하여 동당 중앙위원장 조봉암, 부위원장 김달호, 간사장 윤길중, 조규희, 박준길 등과 같이 경남도당을 결성케 함을 비롯하여, 4290(1957)년 4월 시내 중구 명동 소재 시공관에서 당원 이광진 외 약 5백여 명을 집합시켜 동당 서울시당을 결성, 동년 5월 동당 사무실에서 당원 최진자(崔鎭字) 외 3십여 명을 집합시켜 경기도당을 결성, 동경(同頃) 대구시 중앙동 소재 경북도당 사무실

내에서 당원 이영국 외 20여 명을 집합시켜 경북도당을 결성, 동년 7월 전주시 고대동(高大洞)[303] 소재 동당 전북도당 사무실에서 당원 조병용(趙秉用) 외 30여 명을 집합시켜 전북도당을 결성, 동년 10월 광주시 충화로(忠花路)[304] 소재 동당 전남도당 사무실에서 당원 조중환 외 20여 명을 집합시켜 전남도당을 결성하고, 동경(同頃) 당원 전세룡, 성낙준 등을 인솔하고 강원도 충청남북도당을 각 결성코져 추진함으로써 동당의 목적하는 실천사항을 협의 선동하고

(3) 4290(1957)년 9월 전기 남북 평화통일 방책을 실현키 위하여 창당시 조직된 소위 통일문제연구위원회 부서를 개편할 시 피고인은 김기철, 김병휘, 안경득, 최희규, 정중, 권대복, 김안국, 박준길, 윤길중, 조규희 등과 함께 동 연구위원으로 피임되어, 동월 10일 진보당 사무실에서 전기 위원 전원이 회합하여 김기철로부터 「북한 당국의 평화공세에 대한 진보당의 선언문」이라는 통일방안을 설명받자 초안 일부만으로서는 충분한 검토가 불가능하니 차기 회의 시까지 프린트로 하여 각 1부식 배부한 연후 재검토하자는 결의를 하고, 동월 17일 재차 위원 전원이 동 사무실에 회합하여 김기철로부터 전기 초안 프린트한 것을 1부식 배부 토의한 결과 일부 수정론자도 있었으나 당의 통일방안으로 채택하자는 의사에 귀결을 보고, 다시 최종적인 결정은 최고간부회에 회부하여 결정하도록 결의함으로써 동당이 목적하는 실천사항을 협의하고

(4) "동년 11월 25일 시내 성동구 신당동 353의 44호 조봉암 가(家)에서 동인 및 윤길중, 조규희 등과 회합하여 평화적으로 「국토통일 추진을 위한 행동통일체 구성에 관한 제의」를 각 보수정당에 발송할 것을 토의 결정하고, 진보당의 명의로 자유당 및 민주당, 민혁당 등에 각각 1통식을 송달하여 전기 불법성을 내포한 평화통일에 대하여 국론통일을 구실로 그 목적사항의 귀일(歸一)을 선전, 선동하고"라고 함에 있는바 안(按)컨대, 우 제1의 (1)에서 이미 판단한 바와 여(如)히 진보당은 하등 국헌에 위배된 바 없다고 인정하는 바이므로 동 위배임을 전제로 한

---

303) '고사동(高士洞)'의 오기이다.
304) '충장로(忠壯路)'의 오기이다.

본건 공소사실은 결국 범죄의 증명이 없음에 귀착되고

제12. 피고인 최희규에 대한 본건 공소사실은

(1) 4288(1955)년 12월 하순경 시내 종로구 청진동 소재 대륙원에서 서상일, 조봉암, 윤길중 외 10여 명과 회합하여 진보당 추진위원을 포섭할 것 등을 토의한 후 그 결과를 서상일에게 보고키로 하고, 동경부터 4289(1956)년 3월 하순경까지의 동 추진위원으로 한영조 외 10여 명을 포섭하여 그 결과를 서상일에게 보고하고, 동년 3월 31일 시내 종로구 소재 희망예식부에서 전국추진위원인 대표자 약 50여 명이 회합하여 추진위원회를 개최하고 김두한의 입당문제, 대통령 입후보자로 조봉암을 부통령 입후보자로 박기출을 각 추천할 것을 토의한 연후, 동년 4월 15일경부터 동년 5월 5일경까지의 사이 조봉암, 박기출, 신도성 등의 수행원으로 각지로 순회하면서 선거 강연을 실시하고, 또한 동년 6월 시내 중구 양동 소재 진보당추진위원회 사무실에서 동당 조직위원회를 개최하여 피고인은 청년과 학생 관계 특수조직책을 담당하여 활약하고 오던 중, 동년 11월 10일 시내 시공관에서 대한민국을 변혁할 목적으로 전기 평화통일을 당책으로 하는 진보당이 결당됨과 동시 피고인은 동 중앙당무부장, 중앙상무위원으로 취임하여 지도적 임무에 종사하고

(2) 동년 11월 16일 전 동당 사무실에서 조봉암, 윤길중, 박기출, 김달호 외 8명과 회합하여 상무위원회를 개최하고 부차장(部次長) 선임에 관한 발표, 당무부장에 피고인 최희규의 선임을 인준함으로써 동당의 목적하는 실행사항을 협의하고

(3) "상(相) 피고인 이명하 범죄사실 (3)과 여(如)히 감행함으로써 동 목적 사항을 협의하고" 라고 함에 있는바, 안(按)컨대 우 제1의 (1)에서 이미 판단한 바와 여히 진보당은 하등 국헌에 위배된 바 없다고 인정하는 바이므로 동 위배임을 전제로 한 우 (1) 및 (2) 사실은 결국 범죄의 증명이 없음에 귀착되고, 우 (3) 사실은 우 제1의 (1)의 ④에서 이미 판단 한 바와 여히 그 증명이 없고

제13. 피고인 안경득에 대한 본건 공소사실은

(1) 4288(1955)년 11월 상순경 서상일을 심방하고 동인으로부터 혁신정당의 조직운동을 전개 중이라는 정치이념을 청취하고 차에 공명하여 조봉암, 윤길중 외 10여 명과 함께 서상일 가(家)에서 회합하여 진보당발기추진위원회를 구성키로 하고 활약 중, 4289(1956)년 11월 10일 전기 대한민국을 변란할 목적으로 조직된 진보당이 결당됨과 동시 동 중앙상무위원, 통일문제연구위원회 위원, 동당동당 서대문을구당 위원장, 서울특별시당 간사장에 취임하여 지도적 임무에 종사하고

(2) "동 이명하 범죄사실 (3)과 여(如)히 감행함으로서 동당의 목적하는 실행사항을 협의하고"라고 함에 있는바, 우 제1의 (1)에서 이미 판단한 바와 여히 진보당은 하등 국헌에 위배된 바 없다고 인정하는 바이므로 동 위배임을 전제로 한 우 (1) 사실은 결국 범죄의 증명이 없음에 귀착되고, 우 (2) 사실은 우 제1의 (1)의 ④에서 이미 판단한 바와 여히 그 증명이 없고

제14. 피고인 박준길에 대한 본건 공소사실은

(1) 4289(1956)년 4월 진보당의 창당 취지에 찬동하여 동당의 추진위원회에 가담하고 5·15정부통령선거 당시 대통령 입후보자인 조봉암의 충북지구 선거사무장으로 취임하여 동당의 구호인 평화통일을 선전하고 오던 중, 동년 11월 10일 전기 취지의 진보당이 창당되자 중앙당 재정간사로 취임하여 지도적 업무에 종사하고

(2) 4289(1956)년 11월 10일부터 4290(1957)년 6월경까지의 간(間) 중앙당 유지비조로 중앙당 위원장 금 10만 환, 부위원장 각(各) 금 10만 환, 통제위원장 1만 환, 재정위원장 1만 환, 기획위원장 1만 환, 각급 간사 7만 환을 각 책정하고 조봉암으로부터 7개월분 70만 환, 부위원장 박기출로부터 2개월분 20만 환, 계 90만 환을 징수하여 재정유지에 활동하고, 4290(1957)년 9월경부터 동 경상비 예산을 개정하여 위원장 조봉암 3만 환, 부위원장 박기출 3만 환, 동 김달호 5,000환, 간사장 5,000환, 각 간사를 포함한 예산 액면을 10만 환으로 책정하여 동당 재정 유지에 적극 활동함으로써 동당의 목적하는 실행사항을 협의하고

(3) "차 전기 이명하 범죄사실 (3)과 여(如)히 감행함으로써 동 실행사항을 협의하고"라고 함에 있는바, 우 제1의 (1)에서 이미 판단한 바와 여히 진보당은 하등 국헌에 위배된 바 없다고 인정하는 바이므로 동 위배임을 전제로 하는 우 (1) 및 (2) 사실은 결국 범죄의 증명이 없음에 귀착되고, 우 (3) 사실은 우 제1의 (1)의 ④ 에서 이미 판단한 바와 여히 그 증명이 없고

제15. 피고인 권대복에 대한 본건 공소사실은

(1) 4289(1956)년 11월 10일 전기 진보당 결당과 동시 동 중앙당 사회간사로 취임하여 지도적 임무에 종사하고

(2) 4289(1956)년 12월 동당 사무실에서 동 중앙기획위원회 주최로 김안국, 안우석, 정중, 김병휘 등과 회합하여 동 위원회의 운영방법 및 경제정책 등을 토의하고

(3) 4290(1957)년 7월 동 사무실에서 동 중앙기획위원회 위원장인 김안국 외 동회 위원 전원이 회합한바, 동 석상에서 김안국으로부터 동당 발전을 위하여 농업정책을 연구 수정하자는 의견이 제의되었으나 앞으로 동 정책은 연구 성안(成案)된 후 검토키로 하고

(4) 4290(1957)년 1월 상순경 동당 부위원장인 김달호 법률사무실 내에서 동 중앙당 직속으로 시내 각 대학교 내에 비밀 써클을 구성케 하고 사회주의 이론을 연구시킬 목적하에 동당 특수부를 조직키 위하여 안준표, 김용기, 권태창, 김덕휘, 조용진, 황둔민, 원일상, 박종오, 최희규 등과 회합하여 안준표로부터 전기 특수부를 조직하려는 목적 및 취지를 설명 듣자 전원 찬동하고, 즉석에서 여명회를 조직하는 동시 피고인은 동 회장에 선임되고

(5) 동년 1월 17일 이후 시내 각 대학교 내에 여명회를 조직키 위하여

| 서울대학교 문리과대학 | 세포책에 | 김주태 |
| 국민대학 | 세포책에 | 김용기 |

신흥대학교	세포책에	원일상
홍익대학	세포책에	신은섭
성균관대학교	세포책에	이상두
고려대학교	세포책에	김덕휘
중앙대학	세포책에	황둔민
동국대학	세포책에	김환문
국민대학	세포책에	김칠영
연세대학	세포책에	김석영
외국어대학	세포책에	박원규
동양한의대	세포책에	정용주
서울대학교 의과대학	세포책에	한보상

등 14개 대학 내에 세포책을 포섭하고, 동책으로 하여금 회원을 포섭케 하여 도합 54명을 포섭하여 계속 동 포섭에 노력하고

(6) 전기 "이명하 범죄사실 (3) 사실을 감행함으로써 각 동당의 지령으로서 목적하는 실행사항을 협의, 선전, 선동한 자임"이라고 함에 있는바, 우 제1의 (1)에서 이미 판단한 바와 여(如)히 진보당은 하등 국헌에 위배된 바 없다고 인정하는 바이므로 동 위배임을 전제로 하는 우 (1) 내지 (5) 사실은 결국 범죄의 증명이 없음에 귀착되고, 우 (6) 사실은 우 제1의 (4)에서 이미 판단한 바와 여히 그 증명이 없고

제16. 피고인 정태영에 대한 본건 공소사실은

"피고인은 국가를 변란할 목적으로 대한민국을 부인하고 북한 괴뢰집단과 동등한 위치에서 통일정권을 수립할 것을 정강정책으로 하는 진보당에 그 정(情)을 알면서 4290(1957)년 1월 중순경 가입하는 동시 동당 서울특별시당 상임위원에 취임하여 동당의 발전과 육성에 지도적 임무에 종사한 자이다"라고 함에 있는바, 우 제1의 (1)에서 이미 판단한 바와 여(如)히 진보당은 대한민국을 변란함을 목적으로 하는 결사는 아니라고 인정하는 바이므로 진보당이 국헌 위배의 결사임을 전제로 하는 본건 범죄사실은 결국 범죄의 증명이 없음에 귀착하고

제17. 피고인 전세룡에 대한 공소사실 중

(1) 4289(1956)년 3월 전기 진보당이 발당 대회를 개최할 당시 서울시 대표로 참가하여 동 추진위원으로 취임하여 활약하고 오던 중, 동년 11월 10일 동당이 결당됨과 동시 동당이 대한민국을 변란할 목적으로 조직된 결사라는 정(情)을 지실하면서 동당 중앙상무위원 및 조직 부간사로 취임하여 지도적 임무에 종사하고

(2) 4289(1956)년 3월 31일경부터 피검 시까지 전기 위치에서 진보당 추진위원 명부, 창당위원명부, 창립위원명부, 평당원명부, 비밀당원명부 등을 관장하면서, 일반 당원으로서 서울시당 747명을 비롯하여 계(計) 2641명과 비밀당원으로서 서울시당 128명을 비롯하여 계 381명을 각각 포섭 접수정리 등을 함으로써 동당이 목적하는 실행사항을 협의 선동하고

(3) 4289(1956)년 3월 서울특별시 중구 양동 소재 진보당 사무실에서 당원 안경득으로부터 창당 추진 공작의 활동원 수첩이라는 인쇄물을 접수하고

(4) 동년 4월 5 · 15정부통령선거에 진보당 선거대책위원회 조직부 위원에 취임, 동당 사무실 내에서 선거에 관한 벽보, 선전문 등 발송 임무를 담당하고

(5) 동년 6월 동당 사무실 내에서 조직부 특수책인 최희규로부터 당 조직부 특수조직 사업계획을 접수하고

(6) 동년 12월 2일경 진보당 창당 이후 조직 확대책으로 당 조직계획서를 기안 작성하여 이를 조직간사 이명하에게 당 사무실에서 보고하고

(7) 4290(1957)년 4월 당 지시에 의하여 조봉암 가(家)에서 지방당 조직에 관한 준칙을 당헌에 의거 기안 작성, 조직간사 이명하에게 보고, 상무위원회에 회부 통과케 하고

(8) 동년 6월 동 조봉암 가(家)에서 특수당원 포섭에 관한 조직준칙으로서 특수

당부 조직준칙을 작성, 이를 조직간사 이명하에게 보고하고

(9) 동년 7월 동가(同家)에서 입당자에 대한 성분 등을 사전 파악키 위한 기초 심사자료로써 찰인요도(察人要図)와 당원 신상조사서 등을 기안하여 동년 10월 주영숙으로 하여금 이를 정서(整書) 보관케 하고

(10) 동년 5월경 정태영 일명 동화(同和)와 접선, 동인(同人)으로부터 사회주의 경제이념과 유물사관적 이론에 입각한 「실천적 제문제」라는 원고를 수취, 차(此) 를 조봉암에게 수교하고 다시 동인을 비밀당원으로 추대함과 동시에 서울시당 상무위원으로 취임케 하고

(11) 4290(1957)년 9월 28일 오후 2시경 시내 중구 장충단공원에서 정태영 및 비 밀당원 황명수, 동 손석규, 동 박윤수 등과 회합하여 동당의 목적사항을 실천키 위하여 비밀결사 조직을 기도하고
가. 지하 비밀당을 전국적으로 조직할 것
나. 유사시에 수단 방법을 불허하는 실천적 행동대 발동을 할 것
다. 정치의식의 배양을 위하여 매주 토요일 오후 2시 조봉암 가(家)에서 밀회, 토론회를 정기적으로 개최할 것
라. 지하 비밀당의 영도를 위하여 비밀중앙 7인 써클을 구성할 것
마. 진보당에 대한 외부의 탄압을 비밀조직에서 대비하는 동시 비합법적으로 미연 방지할 것
바. 동 비밀조직은 당의 핵심적 지주역할을 담당할 것 등을 토의 결정하고

(12) 동년 10월경 조봉암 가(家)에서 정태영, 황명수, 손석규, 박윤수, 김태문, 박희영, 주영숙과 교양법칙 등을 작성 연구할 것을 토의하고

(13) 동년 10월 9일 오후 2시경 역시 조봉암 가(家)에서 전기 8명이 밀회하고, 피고인은 진보당 선언문과 당 취지문을 낭독하여 당이 계급적 혁명정당임을 인 식시키는 동시, 정태영은 국제정세보고에서 소련의 인공위성 발사 성공은 소련

사회 체제의 우위성에 기인한 것이며 동 인공위성 발사 성공으로 인하여 전쟁은 불가능하며 필연적으로 소련의 사회제도에 의한 평화적인 한국 통일을 하여야 한다고 강조하여 선동 선전을 하는 동시에, 동석에서 전기 써클의 부서를 세포책 전세룡, 부책(副責) 정태영 등을 선출 결의하고 또한 동 써클을 전국적인 조직체로서, 7인 써클 전국위원장 전세룡, 부위원장 정태영, 서울지구책 전세룡, 충북지구책 박희영, 충남지구책 박윤수, 전북지구책 정태영, 경북지구책 손석규, 경남지구책 주영숙, 전남지구책 박광원, 함북지구책 박대실, 함남지구책 김용성, 특수지구책 황명수, 동 김태문 등으로 각 선출 결의하고

(14) 동년 10월 하순경 전기 조봉암 가(家)에서 7인 써클을 조직 추진에 있어 진보당 핵심체로서 명심하여야 할 교양재료로서 30항목에 긍한 수신요강(修身要綱)을 작성 초안하여, 이를 전기 7인 써클 당원 각자에 침투시키기 위하여 전기 주영숙으로 하여금 정서하여 이를 보존케 하고

(15) 동년 11월경 전기 조봉암 가(家)에서 전기 8명이 밀회하고 정태영으로부터 자본주의는 필연적으로 사회주의제도로 이행하고 공산주의는 폭력혁명에 의하여 달성된다는 등 교양을 수(受)함으로써 진보당 폭력혁명을 부정하고 의회를 통한 평화적 방식의 혁명을 기하려 한다고 강조하고305)

(16) 동년 11월 진보당 사무실에서 정태영과 회합하고 근로 대중들이 처해 있는 생활상을 기고, 게재할 수 있게끔 『중앙정치』에 피해대중란을 설치하고 기고자에게 『중앙정치』를 일일이 배본하여서 당세 확장을 기하라는 내용을 조봉암에게 건의 실천토록 하라는 등을 밀약하고

(17) 동년 9월경부터 과거 동향(同鄕) 친분관계가 있는 김명국, 방관득, 김덕환,

---

305) 이 문단은 의미가 통하지 않는다. 『죽산 조봉암 전집』 5, 115쪽의 내용도 동일하다. 이 문단은 공산주의 폭력혁명에 반대하여 진보당은 의회를 통한 평화적 방식의 혁명을 기한다는 의미이다. 문맥으로 봐서 '진보당'을 '진보당은'이나 '공산당'으로 바꾸어야 할 것으로 보인다.

박장동(朴長東),[306] 문재각, 김용성, 박대실, 조남기(曺南基),[307] 임광원 등을 전기 비밀 써클의 포섭 대상으로 선출 기도하고

(18) 4291(1958)년 1월 8일 조봉암 가(家)에서 동인으로부터 모종 사태가 예기(豫期)되니 당의 일체 비밀문건을 타처에 소개(疏開) 은닉하라는 지시를 받고 동월 9일 오전 9시경 일련번호, 당원명부, 입당원서, 성별 당원명부, 도별 당원명부, 비밀당원명부, 지방당에서 보고된 서류철, 정진사 모주권(募株券) 관계서류 등을 시내 중구 충무로 3가 38번지 거주 동향인인 김영범 가(家)에 운반 은닉하여서 증거를 인멸하고

(19) "4291(1958)년 1월 14일 진보당 간부가 피검되자 서울특별시 중구 충무로 3가 38번지 김영범 가(家)에 보관 중이던 당원명부 등을 동시(同市) 성북구 하월곡동 88의 5, 상(相) 피고인 김정학 가(家)에 은닉함으로써 동 진보당의 목적하는 실행사항을 협의 선전 선동한다"라는 점에 관하여, 안(按)컨대 우 제1의 (1)에서 이미 판단한 바와 여(如)히 진보당은 대한민국을 변란함을 목적으로 하는 결사가 아니라고 인정하는 바이므로 진보당이 국헌 위배의 결사임을 전제로 한 우 (1) 내지 (17) 사실은 결국 범죄의 증명이 없음에 귀착하고, 우 (18) 사실에 관하여는 피고인도 동 사실관계 자체는 인정하는 바이나, 동 행위가 당시 본건 진보당사건이 검거되었다는 즉 범죄 수사 중에 있다는 인식하에 감행하였다는 점에 대한 하등의 입증이 없고, 우 (19) 사실에 관하여는 동 증거은닉 자체가 국가변란에 관련 있다고 인정할 수 없을 것이요, 따라서 본건 범죄사실은 그 증명이 없다고 인정하며

제18. 피고인 김정학에 대한 본건 공소사실 중

4291(1958)년 1월 16일 오전 8시경 상(相) 피고인 전세룡으로부터 서울특별시 성동구 신당동 후생주택 71호 거주 김장헌 및 동시(同市) 중구 충무로 3가 38번지

---

306) 앞에는 '박장래(朴長來)'로 표기되어 있다.
307) 앞에는 '이남기(李南基)'로 표기되어 있다.

김영범에게 서신 전달의 의뢰를 받자, 피고인은 동인이 진보당의 목적 사항의 실행을 협의 내지 선동한다는 사실을 지실함에도 불구하고 차(此)를 즉시 전달하여 동 김장헌으로부터 금 3,000환, 동 김영범으로부터 금 4,000환을 받아 동 전세룡에게 전달함으로써 동 전세룡의 국헌 위배행위를 자진 방조하였다라는 점에 관하여, 피고인도 동 사실관계만은 차(此)를 인정하는 바이나 동 서신 내용에 관하여는 전연 부지(不知)한 채 전달한 것이며, 동 당원도 동 전세룡이가 그중 5,000환은 피고인에게 쌀값으로 주었으며 나머지 2,000환은 동인이 담배 대금에 소비한 것이라고 변소(辯疏)하는 바이며, 타(他)에 별단의 사유가 없은즉 피고인의 동 행위로 하여금 우 자진 방조로 할 수 없을 것이요, 따라서 본 행위는 범죄 성립되지 않는다고 인정한다.

제19. 피고인 이상두에 대한 본건 공소사실 중

(1) ① 사회주의 실현을 위하여서는 우선 현 대한민국의 붕괴를 전제로 하여야 한다는 신념하에 그 실현에 노력하여 오다가, 4289(1956)년 1월 24일 대구시 삼덕동 140의 1호 피고인 자택에서 서울특별시 종로구 제동 112의 1호 한국내외문제연구소 내 전기(前記) 이동화에게 서신으로 "진보와 혁신이 없는 굳어진 이 사회는 억압자의 해골 위에서만이 인민의 자유는 구축되고 억압자의 피만이 인민의 자치를 위한 토지를 비옥케 한다. 민주적 평화적 방식은 의미를 상실케 하고 있다"라는 요지의 편지를 하여 유혈적인 혁명을 감행하여 대한민국을 변란시킬 것을 도모하여 북한 괴뢰와 동조하고 동 목적사항을 협의하고

② 동년 3월 10일 이동화에게 동일한 방법으로 "선생님은 모르시겠지만 저는 작년 6월에 선생님을 '나의 님'이라고 불렀습니다. 그 점은 성명 세 자 대신 '12XX'란 딱지를 갖고 계실 때였습니다. 「고궁의 연못가에서」란 제목으로 수필을 써서 『경대신문』에 실었던 것입니다"라고, 당시 이동화가 〈국가보안법〉 위반 피의사건으로 서울지방검찰청에 구속되어 있을 때 면회한 광경을 동인이 석방된 후 「고궁의 연못가에서」라고 제목을 단 수필의 내용 즉, 이동화를 구속한 정부에 저주한 내용을 『경북대학신문』에 게재함으로써 대한민국을 변란시킬 반국가적 사상을 학생들에게 고취함으로써 전기 목적 사실을 선전 선동하고

③ 동년 8월 22일 이동화에게 동일한 방법으로 "현재 사회에 대한 증오가 앞서는 것입니다. 망할 놈의 세상 반드시 때려 엎어야 하겠습니다"라는 요지의 편지를 하여 선동 협의하고

④ 동년 9월 9일 동 이동화에게 동일 방법으로 "가을은 결실과 수확의 계절이다. 이제부터라도 거둠의 희열을 느낄 수 있도록 씨를 뿌리고 북돋우어야 하겠다. 내내(來來) 올 사회를 믿는 젊은이의 서로 굳은 다짐을 하고 전향 히스테리를 집필하고자 합니다", "가난한 사람의 지붕에도 골고루 빠짐없이 비가 내리고 있습니다. 자연은 평등한데 그 속에 사는 인간은 사회의 복지도 골고루 누려야 할 것이겠지요" 등 내용의 편지를 함으로써 동 목적사항을 협의 선동하고

⑤ 동년 12월 24일 동 이동화에 동일 방법으로 "적과 동지의 구별이 가장 필요하고 시급하다", "인간은 언제나 해결할 수 있는 문제만을 문제로 하고 있는 것입니다. 답답한 명제가 아닐 수 없습니다", "푸로혁명기엔 이론을 캐는 것보다 실천운동에 참가하는 것이 더 뜻있고 즐거울 것이다. 답답한 가슴을 털어놓고 이야기할 곳이 없습니다. 그래서 선생님께 이렇게 가슴에 울분을 호소한 것입니다", "하상조(河上肇)308)의 자서전을 읽었습니다. 다시 노농당(勞農黨)을 결성하였다가 해체하고 55세나 되어서 공산당원이 되었다. 이것을 나쁘게 말하는 자는 절조가 없다고 운운하겠으나 이것이야말로 변증법적인 자기 발전이 아니겠습니까. 자기주의(自己主義)에 순(殉)할 생각입니다" 등 요지의 내용으로 편지를 함으로써 현 정부를 적이라고 규정함과 동시, 맑스의 혁명적 문구를 사용하고 또한 이론보다도 푸로레타리아 혁명을 위한 계급투쟁에 직접 참가하여야 할 것을 역설하고, 다시 하상조가 노령임에도 불구하고 공산당에 입당한 것을 찬양하고 피고인 역시 공산주의를 위하여 헌신할 것을 말함으로써 전기 목적사항을 협의 선동하고 라는 점에 관하여 안(按)컨대,

---

308) 가와카미 하지메(河上肇, 1879~1946)는 일본 마르크스주의 경제학의 선구자로 손꼽힌다. 교토대학 교수를 역임했다. 그가 쓴 『가난 이야기』(1917), 『경제학 대강』(1928), 『자본론 입문』(1932) 등은 일제강점기 조선 지식인들의 필독서였다.

피고인은 경북대학교 법정대학 정치학과 1학년 재학 당시 동 대학 정치학 교수인 우 이동화로부터 1년간 매주 한두 시간씩 정치학개론의 강의를 받은 일이 있었으며 이래(以來) 동인의 학문에 대한 깊은 연구에 탄복하고 무한히 숭배하여 왔던 바 그 후 동인이 서울특별시에 전거(轉居)하게 되자 가끔 편지를 하게 되었으며, 그중 우 공소사실과 같은 구절의 편지를 보낸 사실도 모두 인정은 하나 이는 하기(下記)와 여(如)히 그때그때의 피고인의 감상을 적어 보냈을 뿐 타의가 있는 것은 아니라고 변명하며 즉

우(又) ① 사실에 관하여는 당시 동 이동화가 잡지 『사상계』에 「정치학을 공부하는 학사에게」라는 제목하의 정치에 관한 평화적 민주적 방식을 주장하는 내용의 논문을 읽고 피고인은 배우는 입장에서 오른쪽으로 가라면 왼쪽으로 가보는 것과 같이 반대하여 보느라고 편지 중에 일본국의 이노기 마사미찌[309]가 쓴 『정치의 변동론』 중에서 동 구절을 인용하여 본 것이며

우(又) ② 사실에 관하여 이것도 서울지방검찰청에서 당시 구속 중의 동 이동화를 면회한 후 덕수궁 연못가에 간 일이 있는바 동소(同所)에서 느낀 바를 수필로 쓴 데 불과하며

우(又) ③ 사실에 관하여 그것은 다른 용건 끝에 과거 상이군인이 죄인시 취급을 당하는 것을 목도하고 심각한 충격을 받은 바 있었던 관계로 그러한 구절을 첨가하였을 뿐이며

우(又) ④ 사실에 관하여 그것은 피고인이 현 사회의 불평등한 데 대하여 옳지 못한 것을 느끼고 평등하여야 한다는 것과 또 당시 경북대학장이던 박관수(朴寬洙)[310]는 일제 시에는 친일파로 알려져 있었는데 8·15해방이 되자 누구보다도

---

[309] 1953년 『정치 변동론』을 출간한 '이노키 마사미치(猪木正道, 1914~2012)'로 보인다.

[310] 박관수(朴寬洙, 1897~1980)는 일제강점기 조선총독부 학무국 시학관, 경기공립고등여학교 교장 등을 역임한 교육자이자 친일반민족행위자이다. 1952년 이후 경북대학교 교수, 학장을 역임했다.

일본을 욕하는 것을 보고 교육가로서 그렇게 180도로 돌 수 있을까 하여 「전향자의 히스테리」라 제(題)하여 글을 써볼까고 하였다는 것과 그 후반은 일본국 하천풍언(賀川豊彦) 저(著)의 『사선(死線)을 넘어』라는 책자 중에서 인용한 것이며

우(又) ⑤ 사실에 관하여 그것은 피고인이 4289(1956)년 세모(歲暮)에 동년 1년을 회고하여 느낀 바를 종합적으로 써서 보내는 내용 끝에 독일의 칼 슈밋트[311]의 말과 일본 시내원충웅(矢內原忠雄)[312]의 『기독교와 맑스주의』라는 책자에서 별 의미 없이 전단(前段)에 인용하였든 것이며, 후단(後段)은 일본인 하상조가 대학교수를 지내고 50이 넘어서 일개 평당원으로 가입한 인간으로서 겸손한 점에 끌려서 쓴 것이다라고 하는바, 타(他)에 별단의 사유가 없는 본건에 있어서 이로써 피고인이 대한민국을 변란하기 위한 협의 선전 또는 선동 등을 하였다고 볼 수는 없을 것이므로 결국 범죄의 증명이 없음에 귀착되고

(2) ① 4290(1957)년 2월 상순경 시내 중구 을지로 1가 이하 미상(未詳) 김달호 변호사 사무실에서 진보당원인 권대복, 동 안준표, 오경세, 성명미상자 9명 도합 13인이 회합하여, 대한민국을 변란할 목적으로 조직된 결사인 진보당 산하 특수 제2선 조직체인 여명회를 구성하고 동회(同會) 연구위원회 위원장에 취임함으로써 지도적 임무에 종사하고

② "동년 2월 하순 시내 중구 양동 소재 진보당 중앙당부 사무소에서 전기 권대복 외 12인이 회합하여 동당 위원장 조봉암으로부터 국제정세라는 제목하에 진보당의 평화통일노선 평화적 공존 등에 대한 교양 수(受)함으로써 동당의 지령으로서 목적하는 실행사항을 협의하고"라는 점에 관하여 안(按)컨대, 우 제1의 (1)에서 이미 판단한 바와 여(如)히 진보당은 대한민국을 변란함을 목적으로 하는 결사는 아니라고 인정하는 바이므로 진보당이 국헌 위배의 결사임을 전제로 하

---

311) 카를 슈미트(Carl Schmitt, 1888~1985)는 나치에 협력한 독일의 법학자이자 정치학자이다.
312) 야나이하라 다다오(矢內原忠雄, 1893~1961)는 일본의 경제학자·식민정책 학자이다. 우치무라 간조(內村鑑三)와 함께 일본의 무교회파 기독교 지도자로도 알려져 있다. 전후 1951~1957년 도쿄대학 총장을 역임했다.

는 본건 범죄사실은 결국 범죄의 증명이 없음에 귀착하고

제20. 피고인 이동현에 대한 본건 공소사실 중 피고인이 4291(1958)년 3월 23일 오후 6시 30분경 피고인이 근무하는 서울형무소 구치과 2사(舍) 상(上) 감방의 간수 근무, 동소(同所)에 구금 중인 간첩 및 〈국가보안법〉 위반사건의 피고인 조봉암으로부터 "양명산에게 가서 자기가 나에게 준 돈이 북에서 가져온 공작금이 아니고 사재(私財)를 준 것이라고 말하여 달라고 전언하여 달라"는 청탁을 받자, 차(此)를 응낙한 후 동소(同所) 4사 하 3방(房)에 구금 중인 양이섭(양명산)에게 면담하여 본 결과 그 돈은 이북에서 전달된 공작금이라는 사실을 확인하였음에도 불구하고 금월 30일 오후 2시경 재차 동인에게 "당신 개인 돈을 주었다고 하여야 되지 저기(이북)에서 가져온 돈을 주었다면 영감 큰일나요"라고 하여 동 청탁을 전달함으로써 조봉암의 간첩 피고사건의 증거를 인멸할 것을 방조함과 동시에, 〈국가보안법〉 위반 피고인인 동 조봉암의 실행행위를 그 정(情)을 알면서 자진 방조하였다라는 점에 관하여 안(按)컨대, 1건 기록에 의하면 피고인의 우 사실관계는 차(此)를 인정할 수가 있으나 동 사실 자체가 타인의 형사사건에 관한 증거를 인멸하였다고 할 수 없을 것이요, 또한 동 사실 자체가 국헌 위배행위 즉 〈국가보안법〉 위반행위와 하등 관련성이 없다고 볼 것이요, 따라서 그 자진 방조라고 인정할 수가 없으므로 결국 증거인멸 또는 우 자진방조죄는 성립되지 아니한다고 인정하며

제21. 피고인 임신환에 대한 본건 공소사실은 피고인은 4291(1958)년 3월 22일 오후 6시 30분경 서울형무소 구치과 2사 상(上) 감방의 간수 근무 중 동소(同所)에 구금 중인 간첩 및 〈국가보안법〉 위반 피고사건의 피고인 조봉암으로부터 동 형무소 구금자인 간첩 피고사건의 피고인인 양명산에게 가서 "동인이 자기에게 준 돈은 사재를 준 것이라고 하고 또 특무대에서는 고문에 못 이겨서 그렇게 말하였다고 부인하라고 전하여 달라"는 청탁을 받았는바, 피고인은 감내(監內)에는 잡범도 있고 하니 써서 달라고 하면서 피고인이 소지 중이던 수첩용 연필을 주자 동인이 변소용 휴지 1매에 "검사장 변소에서 보시오, 나와 관계는 단순히 개인적으로 능력 있는 대로 도와주었을 뿐이고 김이 이북 왕래한 사실을 모른다. 무슨

물건 거래 쪽지 운운한 것은 모두 거짓이다 만년필도 한 개다", "특무대에서 고문에 못 이겨서 한 말은 공판정에서 깨끗이 부인하시오, 당신의 말, 한마디 말이 나와 우리 진보당 만여 명 동지들의 정치적 생명에 관계가 되오. 결사적으로 부인하시오. 그것이 당신의 의무이기도 합니다. 변소에서 처치하시오"라는 내용의 연락 편지를 써 줌으로 차(此)를 수취하여 전달할 시기를 규시(窺視)하고 있음으로써 동 조봉암의 〈국가보안법〉 위반 사실을 자진 방조하였다라고 함에 있는바, 일건 기록에 의하면 사실관계는 차(此)를 인정할 수 있으나, 동 사실 자체는 국헌위배행위 즉 〈국가보안법〉 위반행위와 하등 관련이 없다고 볼 것이요, 따라서 그 자진 방조로 인정할 수가 없다.

따라서 〈형사소송법〉 제325조에 의하여 우 각 피고인에 대하여 무죄를 선고한다. 자(慈)에 주문과 여(如)히 판결한다.

4291(1958)년 7월 2일
서울지방법원 형사 제3부
재판장 판사 유병진
판사 이병용
판사 배기호

[출전 : 44권 1~95쪽]

▌진보당사건 관계자 인명사전 ▌

강명현(康明賢, 생몰연대 미상) 1958년 당시 육군 특무부대 특무처장에 있으면서 2~3월 국방경비법 위반 혐의로 양이섭을 조사한 후, 조봉암의 간첩 혐의에 연루시켰다.

고시현(高時賢, 1921~미상) 진보당 추진위원회 조직부 간부로 제주지구 위원을 지냈다. 1957년 서상일이 주도하는 민주혁신당 제주도당의 총책을 맡았고, 1960년 제5대 총선에서는 제주지역 민의원선거에 무소속으로 입후보하였다.

고영섭(高永燮, 생몰연대 미상) 함경북도 청진 출생으로, 일제강점기 고등계 형사로 활동하였다. 진보당사건 당시 육군 특무부대 문관으로 양이섭과 장성팔을 조사하여, 조봉암과 양이섭의 간첩죄 혐의와 연루시켰다.

고재호(高在鎬, 1913~1991) 전라남도 담양 출생으로 1937년 경성제국대학 법문학부 법학과를 졸업하고 판사로 활동하였으며, 1954년 41세에 최연소 대법관에 임명되었다. 1951년 조봉암의 대법원 판결 재심 청구에 대해 기각결정을 내렸다. 제2공화국 시기에는 중앙선거관리위원회 위원장과 중앙노동위원회 위원장을 지냈다.

고정훈(高貞勳, 1920~1988) 평안남도 출생으로, 미소공동위원회 미국 대표단에서 러시아어 통역관으로 활동하였다. 1948년 육군사관학교 제7기 특별반을 졸업하고 육군본부 정보국 등에서 근무하다 1950년 육군중령으로 전역하였다. 이후 신문사 기자로 활동하며, 1960년 구국청년당을 창당하고, 1961년 통일사회당 선전국장을 지냈다. 5·16군사정변 후에는 '특수범죄처벌에 관한 특별법' 위반혐의로 복역하였다. 1981년 민주사회당을 창당하고, 제11대 국회의원에 당선되었다.

곽현산(郭玄山, 1923~미상) 혁신정당운동이 대두되어 민주혁신당 촉진협의회가 개최되고 김성숙, 김경태 등과 함께 회합에 참여하였다.

권대복(權大福, 1932~2000) 서울 출생으로, 진보당 학생조직인 여명회(黎明會)

회장과 진보당 영등포을구당(永登浦乙區黨) 위원장, 서울시당 상임위원, 사회부 간사 등을 지냈다. 진보당사건에 연루되어 복역하였다. 4·19혁명 후 사회대중당 청년국장을 지냈으며 사회대중당이 흩어진 후에는 장건상의 혁신당에서 정책위원장을 지냈다. 이후 신민당에 참여하였다가 양일동이 통일당을 만들자 통일당 정치국원 겸 조직국장을 지냈다. 1980년대에는 고정훈이 만든 신정사회당 대표를 지내기도 하였다.

권재찬(權載瓚, 생몰연대 미상) 이명하의 변호인이며 1960년 제5대 국회의원 선거를 앞두고 김병로, 신태악, 이인, 한격만 등과 함께 자유법조단에 참여하였다.

김갑수(金甲洙, 1912~1995) 경기도 안성 출생으로, 일제강점기에 경성제국대학 법문학부 법과를 졸업하고 판사로 활동하였다. 해방 후에는 경성대학 법문학부 교수, 미군정청 사법부 조사국장, 법무부 차관, 내무부 차관 등을 역임하였다. 1959년 진보당사건 대법원 재판에서 주심판사로 조봉암과 양이섭에게 사형을 언도하였다.

김경태(金景泰, 생몰연대 미상) 해방 후 신한민족당에서 활동하고, 1955년 9월 혁신정당 건설을 위한 논의가 이루어진 광릉회합(光陵會合)과 진보당 창당준비위원회에도 참여하였다.

김기철(金基喆, 1910~1984) 함경남도 함흥 출생으로, 진보당 통일문제연구위원회 통일방안연구위원장, 중앙당부 통제위원회 부위원장, 경기도당위원장 등을 역임하였다. 이후에도 민주한독당 당무위원, 민족자주연맹 조사부장으로 활동하였다. 1958년 진보당사건 당시 검찰이 진보당의 이적성을 주장하며 증거로 제시하였던 이른바 '진보당 통일방안'(「북한당국의 평화공세에 대한 진보당의 선언문」)의 작성자이기도 하였다. 4·19혁명 혁신계의 활동 공간과 기회가 확보되자 사회대중당, 통일사회당 등에 참여하였다. 5·16군사정변 후 군사정부가 실시한 혁명재판에서 중앙통일사회당사건으로 복역하였으며 1971년 신민당에 입당하고 당내에서 통일문제를 담당하였다.

김난주(金蘭柱, 생몰연대 미상) 해방 직후 평안북도 신의주에 있는 무역업에 종사하면서 양이섭과 친분을 쌓았다. 이후 황해도 연백군 돌개포에 있는 선일상사(鮮一商社, 일명 삼육공사)의 책임자로 있으면서 대남무역에 종사하였다. 육군 특무부대에서는 양이섭을 조사하면서 김난주가 양이섭을 재정적으로 지원하고 그를 통해서 첩보활동을 벌인 것으로 판단하였다.

김달호(金達鎬, 1912~1979) 경상북도 상주 출생으로, 일제강점기 일본 주오(中央) 대학 법학부를 중퇴하고 고등문관시험 사법과에 합격하여 판사로 근무하였다. 해방 후 서울고등검찰청 차장검사를 지냈으며, 검사를 그만둔 후에는 변호사로 활동하였다. 1954년 제3대 총선에서 경북 상주 선거구에 무소속으로 출마하여 당선되었다. 1956년 조봉암과 함께 진보당 창당을 추진하고, 1958년 진보당사건에 연루되었으나 대법원 판결에서 무죄로 석방되었다. 제2공화국 시기에는 사회대중당에 참여하며 제5대 민의원 선거에 당선하였다. 그러나 5·16군사정변 이후 사회대중당의 통일방안이 평양정권에 호응·동조한 혐의로 기소돼 복역하였다. 1970년대 '김달호 법률상담소'라는 간판을 내걸고 인혁당사건 관계자 및 국가보안법 위반자 등에 대해 법률자문을 하였다. 2018년 5·16군사정변 직후 혁명재판소로부터 받은 실형선고에 대해 무죄판결을 받았다.

김대희(金大熙, 1900~미상) 1901년 전라북도 익산 출생으로, 1923년 일본 와세다(早稲田)대학을 중퇴하였다. 1946년 독립촉성중앙협의회 간부로 활동하며 1948년 5·10총선에 출마하였으나 낙선하였다. 1957년 진보당 이리시 당위원장과 전북도당 부위원장을 지냈으며, 4·19혁명 이후에는 사회대중당과 민족자주통일중앙협의회의에 참여하였다가, 5·16군사정변 후 일명 사회대중당 지방당부사건으로 징역형을 선고받았다.

김덕휘(金德彙, 생몰연대 미상) 진보당 여명회의 고려대 세포책으로 활동하였다. 1957년 1월 진보당 서울특별시당부 학생부장이던 권대복을 중심으로 안준표, 김용기, 권태창, 김덕휘, 조용진, 황현민, 원일상, 박종오, 최의규 등이 회합하여 여명회를 조직하였다.

김동혁(金東爀, 생몰연대 미상) 1948년 6월 대북공작을 시작한 이래 군에서 선무공작 및 첩보활동을 하였다. 1958년 9월 25일 진보당사건 2심 제6회 공판 당시 증인심문에서 "1948년 국방부 정보국 제3과에 있을 때 평양의 친구 집에서 양이섭과 처음 인사하고, 1951년 속초에서 고철상을 할 때 양이섭을 우연히 만났다"고 진술하였다.

김병휘(金炳輝, 1921~1994) 평안북도 용천군 출생으로, 일제강점기에 일본에서 공부하였다. 해방 직후 38선 이북에서 백의청년동맹을 조직하여 활동하다 1946년 4월 월남하였다. 독립신문 사회부장, 홍익대학 국제법 교수, 대전여자고등기술학교장 등을 지냈다. 진보당에서 교양부 간사, 통일문제연구위원회 부위원장, 국방외무분과위원 등을 역임하였으며, 주로 진보당 당원 및 학생들에 대한 정치교육을 담당하였다. 4·19혁명 이후 1960년 한국사회당 국제부장, 사회대중당 정책위원장을 지냈다.

김봉환(金鳳煥, 1921~2020) 경상북도 선산 출생으로, 일제강점기 보통문관시험에 합격하여 관료로 근무하였다. 해방 후 서울대학교 법과대학을 졸업하고 변호사 시험에 합격하여 법조인으로 활동하였다. 진보당사건 당시 조봉암과 양이섭을 변호하였고, 이후 민주공화당과 유신정우회에서 4선 국회의원을 지냈다.

김성도(金成道, 생몰연대 미상) 서울형무소 간수부장, 이동현(李東賢)의 집안 형님으로 이동희(李東熙)에게 돈을 빌려주었다. 이동현은 당시 서울형무소에 수감 중이던 조봉암이 양이섭에게 메모를 전달할 수 있도록 형무소의 통방을 도왔던 인물이다.

김성숙(金成璹, 1896~1979) 제주 출생으로, 일본 와세다대학 정경학부 경제과를 졸업하였다. 1955년 조봉암, 서상일 등과 함께 진보당창당추진위원회에 이름을 올렸으나 1960년 전진한과 함께 한국사회당을 창당하고 7·29총선에서 제5대 민의원에 당선하였다. 당선 이후 민정구락부를 거쳐서 통일사회당에 참여하였으나, 5·16군사정변 직후 일명 통일사회당사건으로 기소되었다. 이후 통일사회당 재건과 민주사회당 창당 추진, 대중당에 참여하는 등 혁신계 정치활동을 이어 나갔다.

김성숙(金星淑, 1898~1969) 평안북도 철산 출생으로, 1919년 3·1운동에 참여, 1922년 불교 승려로 출가하였으며 조선무산자동맹과 조선노동공제회에서 활동하기도 하였다. 1923년 중국으로 망명한 후에 민국대학과 중산대학에서 수학하고, 조선의열단, 조선민족해방동맹, 조선의용대, 대한민국임시정부에서 활동하였다. 해방 후에는 민주주의민족전선과 근로인민당에 참여하였다. 1955년 진보당추진준비위원회에 가담하였으나 진보당에 참여하지는 않았으며, 이후 근로인민당재건사건과 진보당사건에 연루되었다. 1960년 4·19혁명 이후 사회대중당과 통일사회당에 참여하였으며 1961년 5·16군사정변 직후 통일사회당사건에 연루되어 복역하였으며 1966년에는 신민당에서 활동하였다.

김수선(金壽善, 1911~1972) 경상남도 울산 출생으로, 일제강점기 언양보통학교와 진주공립사범학교를 졸업하고 교사로 근무하였다. 1948년 5·10총선에서 무소속 후보로 경남 울산 선거구에 출마하여 당선하였으며, 1954년 제3대 총선에서 재선하였다. 1955년 9월에 광릉회합에 참여하였으나, 같은 해 11월 자유당에 입당하였다. 자유당 입당 후에는 의원내각제를 주장하다가 제명되었으며, 평화통일, 남북 간 교역과 통신교류, 주민교류 등을 주장하였다. 1960년 4·19혁명 이후 사회대중당에 참여하고, 1971년 7대 대선에서는 박정희를 지지하였다.

김안국(金安國, 생몰연대 미상) 함경북도 명천 출생으로, 진보당에 참여하여 진보당 기획위원장과 통일문제연구위원을 지냈다.

김용기(金用基, 1935~2016) 전라북도 익산 출생으로, 국학대학과 성균관대 대학원에서 정치학을 공부하였다. 국학대학 재학 중이던 1957년 여명회 조직부장을 지냈으며 국학대학 조직 세포책을 맡았다. 이후 고려대 정치외교학과 교수를 지냈으며, 한국중동학회장과 조봉암기념사업회장을 역임하였다.

김용민(金龍旼, 생몰연대 미상) 1956년 3월 진보당추진위원회 조직부 간부 경북지구 위원에 이름을 올렸다.

김용보(金容晋, 생몰연대 미상) 진보당사건 2심 재판장으로, 1심에서 무죄선고로 풀려났던 윤길중 등 18명의 진보당 관련자들에 대한 재구속을 집행하였다. 조봉암과 양이섭에 대한 원심을 파기하고 간첩 및 국가보안법 위반죄를 적용하여 사형을 언도하였으며, 진보당 간부들에게도 유죄를 선고하였다.

김용성(金龍星, 생몰연대 미상) 진보당의 7인 서클 서클원으로 함남지구책으로 활동하였다.

김용진(金容晋, 생몰연대 미상) 진보당사건 2심 재판을 주재한 서울고등법원 재판장이다. 1960년대 전주지방법원장과 단국대 대학원장을 지냈다.

김위제(金偉濟, 생몰연대 미상) 가명은 김위하(金偉荷)이며, 진보당의 통제위원회 위원장을 지냈다.

김이옥(金以玉, 1905~1932) 강화 출생으로, 경성여자고등보통학교와 이화여자전문학교를 졸업하였다. 어린시절부터 조봉암과 친분이 있었다. 중국 상하이에서 활동 중이던 조봉암을 찾아가는데, 이때 딸 호정(滬晶)이 태어났다. 조봉암이 1932년 상하이에서 체포되어 신의주형무소에 수감 중 일 때 결핵으로 사망하였다.

김재봉(金在奉, 생몰연대 미상) 김재봉(金在鳳)으로 기록되어 있기도 하다. 진보당 부산시 동구을구당 당무조직간사로 조직책임자이다. 진보당과 사회대중당, 사회당 등에서 활동하였다.

김재화(金在和, 생몰연대 미상) 여명회 국학대학 세포원으로 활동하였다.

김정학(金正鶴, 생몰연대 미상) 가명은 박일(朴一)이다. 1946년 북조선로동당에 가입하였으며 농민동맹, 조소문화협회, 조선신민당 등에서 활동하였다. 6·25전쟁 중 간첩활동을 위해 월남하였으며 미군 첩보기관에서 군사첩보 및 통신교육을 받았다. 진보당 경기도당 당무부장을 지냈다.

김조이(金祚伊, 1904~미상) 경상남도 창원 출생으로, 조봉암이 김금옥과 사별한 뒤에 재혼한 부인이자 공산주의 운동가였다. 일제강점기 모스크바 동방노력자공산대학에서 공부하였다. 1931년 코민테른의 지시로 귀국한 뒤에는 김복만(金福萬)과 재혼하였다. 같은 해 8월 태평양노동조합 계열의 운동가들과 함께 활동하던 중 일본경찰에 검거되어 징역 3년형을 선고받았다. 해방 후 1945년 11월에 열린 전국인민위원회 대표자대회에 인천대표로 참석하였으며 같은 해 12월 조선부녀총동맹에 가입하였다. 1946년 2월 민주주의민족전선 결성대회에 조선부녀총동맹 대의원으로 참석해 중앙위원으로 선출되었다. 6·25전쟁 시기 남동생 김송학과 함께 납북되었다.

김주태(金主太, 생몰연대 미상) 서울대학교 문리과대학 정치과 4년, 여명회 부회장, 서울대 문리대 조직 세포책이었다.

김창을(金昌乙, 생몰연대 미상) 진보당 전북도당 간부로 정태영을 조봉암에게 소개하였다.

김춘봉(金春鳳, 생몰연대 미상) 1956년 이승만 대통령 저격음모사건 공범자로 구속기소된 강문봉과 김창룡 암살사건의 배후로 지목된 육군중장 강문봉의 변호를 맡은 바 있다. 진보당사건에서는 조봉암과 윤길중을 변호하였다.

김춘휘(金春輝, 생몰연대 미상) 진보당 기관지 『중앙정치』를 발간하는 중앙정치사의 사장으로, 진보당 교양간사 김병휘의 여동생이다.

김치열(金致烈, 1921~2009) 경상북도 달성 출생으로, 일제강점기 일본 주오대학 법학과를 졸업하고 고등문관시험 사법과에 합격하였으며 일본변호사 시험에 합격하였다. 해방 이후 검사로 활동하였으며 진보당사건 당시 서울지방검찰청장이었다. 1970년대 중앙정보부 차장에, 검찰총장, 내무부 장관, 법무부 장관을 지냈다.

김칠영(金七永, 생몰연대 미상)　여명회 국민대학 세포원 세포책으로 활동하였다.

김태문(金泰文, 생몰연대 미상)　진보당 비밀조직원이다. 1957년 10월, 조봉암의 집에서 정태영, 황명수, 손석규, 박윤수, 박희영, 주영숙 등과 함께 교양법칙 등에 대해서 논의하였다. 10월 9일 전기 써클의 부서로 세포책 전세룡, 부책 정태영 등을 선출하였다. 전국적인 조직체로 7인 써클을 조직하였는데 여기서 황명수와 함께 특수지구책으로 각각 선출되었다.

김태희(金太熙, 생몰연대 미상)　서울특별시 경찰국 사찰과에서 파악한바에 따르면 김태희는 진보당 전북도당 부당책이자 6·25전쟁 중 부역자이며, 50명 정도를 전쟁 중 진보당 전북도당에 가입시키고, 전 공산주의자인 신당원을 입당시켰다고 한다.

김하돈(金河敦, 생몰연대 미상)　진보당 추진위원회 조직부 간부 전북지구 위원에 이름을 올렸다.

김학룡(金鶴龍, 생몰연대 미상)　여명회 국학대학 세포원으로 활동하였다.

김홍식(金洪植, 1912~1991)　경상북도 고령 출생으로, 대구사범학교를 졸업하고 교사로 있다가 이후 사업가로 전업하였다. 1954년 제3대 국회의원 선거에서 자유당 소속으로 고령군에 출마하여 당선하고, 이후 자유당을 탈당하였다. 서상일 등과 함께 민주혁신당 추진준비위원회에 참여하였다.

김환문(金煥文, 생몰연대 미상)　여명회 동국대학 세포책으로 활동하였다.

류림(柳林, 1898~1961)　경상북도 안동 출생으로, 일제강점기 대표적인 아나키스트 항일운동가로 부흥회, 자강회, 서로군정서, 조선무정부주의자연맹, 한중항일연합군, 대한민국임시정부 등에 참여하였다. 해방 후에는 비상국민회의 부의장, 대한국민의회 의장을 역임하였으며, 아나키즘 이념정당인 독립노농당의 당수를 지냈다. 1955년 8월 혁신계 정당 조직을 논의하기 위해서 소집된 경기도 광릉회합에 참여하였으나 진보당에 가입하지는 않았다.

류한렬(柳漢烈, 생몰연대 미상)　1957년 서울대학교 문리과대학 정치학과 4학년이던 당시 신진회(新進會)라는 학생단체의 간사로 활동하였다. 신진회에서 활동하던 류근일이 교내 동인지에 게재한 글이 국가보안법 위반 혐의로 기소되어 필화를 겪게 된다. 1957년 12월 수사기관으로부터 신진회가 북한과 연결되어 있는 비밀결사단체로 지목되었으며 신진회 간사 류한열과 류근일이 구속되었으나 류한열은 무혐의로 불기소 처분되었고 류근일은 기소되었다.

문희중(文熙中, 1906~미상) 해방정국에서 부산지역 건국준비위원회와 근로인민당에 참여한 인물이다. 1957~1958년 박정호의 지령을 받아서 근로인민당을 재건하여 혁신세력을 규합하려고 하였다는 혐의로 구속되었으나 무죄 선고를 받았다. 4·19혁명 이후에는 통일민주청년회 당무위원장을 맡았다.

민복기(閔復基, 1913~2007) 서울 출생으로, 대한제국 궁내부 대신과 중추원 부의장을 지낸 민병석(閔丙奭)의 아들이다. 일제강점기 경성제국대학 법문학부를 졸업하고 일본 고등문관시험 사법과에 합격하여 판사로 활동하였다. 미군정기 사법부 법률기초국장 및 법률심의국장으로 근무하였으며 1947년 8월 검찰로 자리를 옮겨 법무부 검찰국장 겸 대검찰청 검사로 활동하였다. 1950년대 대통령비서관, 법무부 차관, 서울지방검찰청장, 외자구매처 차장, 해무청장, 검찰총장 등을 지냈다. 박정희 정부에서 대법관, 법무부 장관을 지냈으며, 1968년부터 1978년까지 대법원장으로 재직하였다.

박기출(朴己出, 1909~1977) 경상남도 부산 출생으로, 일제강점기 일본에서 의학을 공부하였으며 1942년 규슈(九州)제국대학에서 의학박사 학위를 받았다. 해방후에는 민족자주연맹 경남위원장과 민주독립당 경남도당위원장, 건민회 경남지부장 민주중보 사장을 역임하였다. 1956년 진보당 창당에 참여하여 진보당 중앙당 부위원장을 지냈으며, 제3대 대통령선거에서 진보당 부통령 후보로 출마하였다가 야당 후보 단일화를 촉구하며 사퇴하였다. 진보당사건에 연루되었으나 1심에서 무죄선고를 받았다. 5·16군사정변 이후 민정당, 국민당, 신민당에 참여하였으며, 제7대 국회의원 총선거에서 신민당의 공천으로 부산갑구에 출마하여 국회의원에 당선하였다. 1971년 국민당 대통령후보로 출마하였으나 낙선하였다. 이후 대한의학협회 회장, 경남의사회 회장, 경남체육회 회장, 한글동학회 회장, 새한학회 이사장, 민족통일문제연구원 이사장 등을 지냈다.

박노봉(朴魯奉, 생몰연대 미상) 여명회 고려대학 세포원으로 활동하였다.

박노수(朴魯洙, 생몰연대 미상) 진보당발기추진위원회 조직담당 등에 이름을 올렸으나 이후 서상일과 함께 민주혁신당에 참여하였다.

박대실(朴大實, 생몰연대 미상) 진보당 7인 서클 써클원으로, 함북지구책으로 활동하였다.

박영관(朴永觀, 생몰연대 미상) 여명회 국학대학 세포원으로 활동하였다.

박용철(朴容喆, 생몰연대 미상) 진보당 추진위원회 조직부 간부 강원지구 본부 상임위원을 역임하였다.

박원규(朴元圭, 생몰연대 미상) 여명회를 구성할 때 주동적 역할을 하였으며 외국어대학 세포책이었다.

박윤수(朴潤秀, 생몰연대 미상) 진보당의 비밀당원으로 충남지구책이었다.

박일영(朴日英, 생몰연대 미상) 함경남도 출생으로, 일제강점기 김일성과 함께 활동하였으며 해방 후 평양정권 수립에 참여하였다. 조선로동당 중앙위원과 평북도당 위원장을 거쳐서 내무성 제1부상, 조선로동당 중앙당정보위원회 부위원장, 주알바니아대사, 주몽골대사 등을 지냈다.

박정호(朴正鎬, 미상~1959) 북한에서 밀파한 위장간첩으로 알려져 있다. 서울지방검찰청에서는 박정호가 공작금을 살포하여 혁신세력을 규합하는 공작을 벌였다고 파악하였다. 검찰에서는 박정호의 공작활동이 진보당이 주장하는 평화통일론과 장건상, 김성숙(金星淑) 등 혁신계 정치인들과 연관되어 있다고 보았다. 이른바 박정호간첩사건은 조봉암을 비롯한 진보당 간부들에 대한 수사로 이어졌고 그 과정에서 평화통일론 문제가 불거졌다. 박정호는 국가보안법 위반혐의로 체포되어 재판을 거쳐 1959년 5월 6일 서울교도소에서 사형되었다.

박종수(朴鍾守, 생몰연대 미상) 여명회 국학대학 세포원으로 활동하였다.

박준길(朴俊吉, 1912~미상) 충청북도 보은 출생으로, 박재영(朴在英)으로 불리기도 하였다. 일제강점기 만주에서 독립운동을 하였으며, 해방 후 전재동포구제회 간부, 한중협회 중앙위원, 후행협회 상임이사 등을 지냈다. 진보당에서 재정간사, 중앙위원을 지내고, 사회대중당과 통일사회당에서도 활동하였다.

박지수(朴智帥, 1924~1973) 경상북도 대구 출생으로, 일제강점기 일본에서 공부하였으며 해방 후에는 현실참여적 경향의 시를 발표하는 문인으로 활동하였다. 진보당 교양부 부간사와 중앙정치 편집위원을 지냈다. 4·19혁명 후에는 혁신당에서 활동하였으며 사회대중당 통합위원회 간사장을 지냈다. 1961년 대구에서 2대악법 반대 투쟁을 하다가 투옥되기도 하였다. 이후 신민당에 입당하였다.

박진목(朴進穆, 1918~2010) 경상북도 의성 출생으로, 일제강점기 형 박시목과 함께 독립운동을 하다가 치안유지법 위반으로 수감되었다. 해방 후 건국준비위원회, 인민위원회에서 활동하였으며 6·25전쟁 시기에는 종전운동을 벌여 육군 특무부대의 조사를 받기도 하였다. 조봉암과 교류하며 혁신계 연합을 실현하고자 하였다. 4·19혁명 이후에는 민족일보 창간에 참여하였으며, 영남일보 상무이사를 지내기도 하였다. 민족자주통일중앙협의회, 민족건양회 등의 통일단체를 만드는데도 힘을 보탰다.

박희영(朴喜永, 생몰연대 미상) 부산철도운수사무소 기관사, 진보당 비밀당원, 충북지구책으로 활동하였다.

박희용(朴熙容, 생몰연대 미상) 여명회 국학대학 세포원으로 활동하였다.

방재기(方在暿, 1918~미상) 서울고등검찰청 검사로 진보당사건을 담당하였다. 1960년 9월 대구고등검찰청 차장검사로 있으면서 사표를 제출하였다.

백영규(白永逵, 생몰연대 미상) 진보당 추진위원회 조직부 간부 서울지구 위원으로 활동하였다.

백한성(白漢成, 1899~1971) 충청남도 논산 출생으로, 일제강점기 판사로 활동하였으며 해방 후에는 대전지방검찰청장, 법무부 차관, 서울고등법원장, 대법관, 내무부 장관 등을 역임하였다. 1955년 4월 다시 대법관에 임명되었고, 5·16군사정변이 일어나자 1961년 6월 사임하였다.

서동욱(徐東旭, 생몰연대 미상) 여명회 외국어대학 세포원으로 활동하였다.

서상일(徐相日, 1887~1962) 경상북도 대구 출생으로, 보성전문학교를 졸업하였다. 일제강점기 대동청년당, 광복단 등과 같은 비밀결사를 조직하여 항일운동을 하였으며, 조선국권회복단 중앙총부에서 활동하였다. 1920년 3월 만주에서 무기를 반입해 일제 관서를 습격할 계획을 세우다가 일본 경찰에 붙잡혀 투옥되었고, 다음해 1921년 워싱턴회의에 독립청원서를 보내기도 하였다. 해방 후 한국민주당 창당에 참여하였으며 비상국민회의 의원, 남조선과도입법의원 민선의원 등을 지냈다. 1948년 5·10총선에서 국회의원에 당선하여 헌법기초위원으로 활동하였다. 1950년대에는 조봉암과 함께 진보당 창당을 추진하였으나 이탈하여 민주혁신당을 만들었다. 4·19혁명 이후에는 사회대중당 창당을 주도하고 7·29총선에 출마하여 당선되었다. 이후 통일사회당을 조직하였으나 5·16군사정변으로 해산되었다.

서인환(徐仁煥, 생몰연대 미상) 여명회 세포원으로 활동한 인물로, 신흥대학을 중퇴하였다.

서정학(徐廷學, 1917~2005) 경기도 연천 출생으로, 일본 간사이(關西)대학 법학과를 졸업하고, 제1공화국 시기에는 국회특별경비대장, 경무대 경찰서장, 치안국 경무과장, 서울시청 경찰국장, 내무부 치안국장, 강원지사 등을 역임하였다. 진보당사건 당시 내무부 치안국장이었다. 유년시절부터 검도를 가까이 하였으며 오랫동안 대한검도회 회장을 역임하였다.

서진걸(徐進杰, 생몰연대 미상) 진보당 전남도당 준비위원, 총제부위원장을 지냈다. 1963년 민정당 소장파 정치인 및 구 민주당계 인사들이 만든 보수당 후보로 전남 함평 선거구에 입후보 하였다.

선우기준(鮮于基俊, 생몰연대 미상) 진보당 재정위원회 위원에 이름을 올렸다.

선우봉(鮮于鳳, 생몰연대 미상) 진보당 중앙상무위원과 기획위원회 내무분과위원에 이름을 올렸다.

성낙준(成樂俊, 생몰연대 미상) 진보당 조직부 부간사, 중앙당부위원, 진주시당위원장 등을 역임하였다. 전세룡과 함께 강원도당, 충남도당, 충북도당 결당을 추진하였다.

성창환(成昌煥, 생몰연대 미상) 여명회 총무부장, 여명회 홍익대학 세포원으로 활동하였다.

손석규(孫錫奎, 생몰연대 미상) 손석규(孫錫圭)로 표기된 경우도 있다. 진보당 비밀당원으로 7인서클 중 한 사람이며 경북지구책이었다.

송건(宋建, 1928~미상) 전라북도 익산 출생으로, 송재규, 송건일(宋建一) 등으로 불리기도 하였다. 성균관대 동양철학연구원에서 공부하였으며 전북연합대 강사를 지냈다. 진보당에서는 사회부장, 사회부 간사, 중앙상무위원, 기획위원회 상공분과위원 등을 역임하였다.

송남헌(宋南憲, 1914~2001) 경상북도 문경 출생으로, 일제강점기 대구사범학교를 졸업하고 교사로 근무하였다. 1943년 경성방송국 라디오 단파방송사건으로 치안유지법 위반이라는 혐의를 받아 복역하였다. 해방 후에는 한국민주당에 참여하였으며, 남조선과도입법의원 의장을 지낸 김규식의 비서로 활동하며 1948년 김규식과 함께 남북협상에서 민족자주연맹 대표단으로 참가하였다. 4·19혁명 이후 사회대중당 총무위원 겸 당무위원장, 통일사회당 당무위원장, 1961년 중립화조국통일총연맹 발기준비위원 등을 지냈다. 1970년대에는 민족통일촉진회 운영위원장, 독립동지회 이사를 지냈고, 1989년 국토통일원 고문을 지냈다. 한편, 현대사 연구자로 활동하며 『해방 3년사』, 『한국 현대정치사 1』 등과 같은 저작을 남겼다. 김규식의 생애와 사상을 연구하는 우사연구회 회장도 역임하였다.

송두환(宋斗煥, 생몰연대 미상) 진보당 전 통일문제연구위원회 위원장, 중앙상무위원회 위원장을 지냈으며 이후 탈당하였다.

신도성(愼道晟, 1918~1999) 경상남도 거창 출생으로, 도쿄(東京)제국대학 정치학과를 졸업하고 연희전문학교 조교수, 서울대학교 정치학과 교수, 이화여자대학교 정치외교학과장을 지냈으며, 1954년 대한민국학술원 회원이 되었다. 동아일보 논설위원과 국방부 전사편찬위원, 제3대 민의원, 제7대 경남 도지사, 제4대 국토통일원 장관 등을 역임하였다. 1955~1956년 진보당 창당과정에서 발기취지문·강령·정책 등의 작성에서 중요한 역할을 담당한 것으로 알려져 있다. 진보당사건 당시 검찰의 기소에 반대하였다. 4·19혁명 이후에는 경남지사 시절 3·15부정선거에 연루되었다 하여 구속되었다. 이후 김대중의 대북정책 자문역으로 활동하며, 평화민주당 고문을 지냈다.

신동렬(申東烮, 생몰연대 미상) 여명회 국학대학 세포원이었다.

신동진(申東振, 생몰연대 미상) 여명회 성균관대학 세포원이었다.

신동헌(申東憲, 생몰연대 미상) 여명회 동국대학 세포원이었다.

신언한(申彦瀚, 1910~1998) 평안북도 의주 출생으로, 일본에서 유학하여 교토(京都)제국대학 법학과를 졸업하고 검사로 활동하였다. 해방 후에도 서울지방검찰청 부장검사, 서울고등검찰청 차장검사 등을 역임하고 귀속재산소청심사위원장, 법무부 검찰국장, 형정국장을 지냈다. 1958~1960년 법무부 차관을 지냈다.

신은섭(申殷燮, 생몰연대 미상) 여명회 선전부장, 여명회 홍익대학 세포책으로 활동하였다.

신일양(申一陽, 생몰연대 미상) 진보당 창당 자금 70여만 환을 지원하였다.

신창균(申昌均, 1908~2005) 충청북도 영동 출생으로, 1919년 3·1운동에 참가하였다가 일본 경찰에 체포되었다. 충주사범학교를 졸업하고, 1940년 중국으로 망명하여 충칭임시정부 마카오 연락책으로 활동하였다. 1945년 해방 직전 입국하였다가 일본 당국에 체포되었다. 1946년 한국독립당 재정부장 및 중앙집행위원을 지냈고, 1948년 4월 남북협상 한국독립당 대표단 일원으로 방북하였다. 1949년 김구의 국민장 장례 실무 총책임을 맡기도 하였다. 진보당 재정부장을 지냈으며, 진보당사건으로 복역하였다. 1961년 통일사회당 총무 및 정책심리의장, 1988년 민족자주통일협의회 고문, 1990년 전국민주민족운동연합 공동의장, 범민련 공동의장을 지냈다. 2001년 6·15남북공동선언 1주년 기념 민족통일대축전 주석단 공동대표를 지냈다.

신태악(辛泰嶽, 1902~1980) 함경북도 부령 출생으로, 1919년 경성공업학교 재학 중 3·1운동에 참여하였다가 복역하였으며 1921년 신의주설화사건으로 처벌되기도 하였다. 일본에서 유학한 후, 1931년 일본 고등문관시험 사법과에 합격하여 변호사로 활동하였다. 1940년대 임전대책협의회 상무위원, 조선임전보국단 이사 등을 지내는데, 이 때문에 해방 후 반민특위에 체포되어 조사 대상이 되지만 1949년 8월 특별검찰부에서 기소유예처분을 받았다. 1954년 총선에서 무소속으로 서울 중구 갑 선거구에 출마하였으나 낙선하고, 이후 자유당에 참여하여 감찰위원장을 지냈다. 진보당사건 당시 조봉암을 비롯한 진보당 관계자들의 변호인이었다. 대한변호사협회 제9대 회장을 맡았으며, 민정당 전당대회의장, 신민당 운영위원장, 국민당 정무위원 등을 역임하였다.

안경득(安慶得, 생몰연대 미상) 함경남도 함흥 출생으로, 약종상(藥種商)으로 활동하다가 해방 이후 월남하였다. 해방 정국에서는 반탁운동에 참여하였으며, 진보당 상무위원, 통일문제연구위원회 위원, 서대문을구당 위원장, 서울시당 간사장, 기획위원장, 총무위원 등을 지냈다. 1960년 7·28총선에서 사회대중당 후보로 경기도 김포 선거구에 출마하였으나 낙선하였다.

안도명(安道明, 생몰연대 미상) 진보당 정식 창당 이전, 1956년 8월 지방선거에서 진보당 지방선거대책위원회 대변인, 연락담당을 맡았다. 진보당 결당 추진에 참여하였으나 서상일 등과 함께 민주혁신당 창당으로 방향을 바꾸었다. 이에 진보당에서는 제명되었다. 이후 민주혁신당에 참여하였으나 1959년 8월 제명처분을 받았다.

안동수(安東壽, 생몰연대 미상) 여명회 국학대학 세포원으로 활동하였다.

안우석(安禹錫, 생몰연대 미상) 진보당 중앙기획위원회 부위원장을 역임하였다.

안정용(安晸鏞, 1915~1970) 안재홍의 장남으로, 보성전문학교를 졸업하였다. 1955년 혁신정당 결성을 논의하기 위한 광릉회합에 참여하였다. 민주혁신당 당무국장 등을 지냈으며, 이후 한국사회당과 민족통일당에서 간사장을 지냈다. 대중당에 참여하였으며 대중당 후보로 1967년 총선에 경기도 평택 선거구에 출마하기도 하였다. 윤봉길의사기념사업 활동 등을 통해 정치외 사회활동도 하였다.

안준표(安浚杓, 1927~1999) 함경남도 북청 출생으로, 1944년 만주에 있는 심양법정대학을 졸업하였으며 해방 후 월남하였다. 진보당 사회부 차장, 중앙정치편집위원 등을 지냈으며, 이후 사회대중당에 참여하였다. 박정희정부 시기에는 혁신계 인사들과 함께 한일협정 반대투쟁을 하였다. 1970년 정화암, 윤길중, 권대복, 정태영 등과 함께 신민당에 입당하였으며 1971년 신민당 정책연구실장을 지냈다. 1980년에는 민주정의당 창당에도 참여하였다.

양우조(楊宇朝, 1897~1964) 평안남도 평양 출생으로, 1915년 상하이로 망명하였다가 1916년 미국 샌프란시스코로 건너가 수학하였다. 1921년 흥사단에 가입하고 1929년 다시 상하이로 건너가 대한민국임시정부에서 일하였다. 한국독립당과 한국국민당에서도 활동하였으며, 한국광복군 총사령부 참사 겸 정훈처장, 대한민국임시정부 임시의정원 예산결상위원장 등을 지냈다. 1946년 5월 귀국하여 1948년 조소앙이 만든 사회당에 참여하였다가 이후 민주혁신당과 한국사회당과 연결되기도 하였다.

양이섭(梁利涉 또는 梁履涉, 1906 혹은 1907~1959) 평안북도 희천 혹은 강계 출생으로, 일제강점기에는 김동호라는 이름을 사용하였다. 육군 첩보부대(HID) 측 교역상인으로 북한을 왕래할 때에는 양명산(梁明山)으로, 때로는 양장우(梁壯宇)로 활동하였다. 일제강점기 상하이에서 사업할 때 조봉암을 만났으며, 치안유지법 위반 혐의로 신의주형무소에 복역할 때에는 조봉암과 1년여간 같은 교도소에 재소한 적이 있었다. 1955년부터 미군첩보기관과 북한의 대남교역 및 첩보기관인 선일상사에 소속되어 대북교역을 담당하면서 이중간첩 역할을 수행하였다. 1956년 정부통령 선거에서 조봉암에게 선거자금을 제공하였는데, 수사기관으로부터 양이섭이 제공한 자금이 북한정권의 자금이라는 혐의가 적용되었다. 이로 인해 조봉암과 양이섭 모두 간첩죄로 사형에 처해졌다.

양호민(梁好民, 1919~2010) 평안남도 평양 출생, 1949년 서울대학교 정치학과를 졸업, 대구대학에서 교수로 재직하였으며 사상계 주간을 역임하였다. 4·19혁명 이후 사회대중당에 참여하여 1960년 7·29총선에서 경북 대구 선거구에 출마하였으나 낙선하였다. 1961년에 통일사회당 정책심의회 부의장을 지냈으며, 서울대 법과대학 교수로 봉직하기도 하였다. 1965년부터 1984년까지 조선일보 논설위원을 지냈으며, 1972~1976년에는 중앙대 교수를 지냈다. 1972~1982년 조선일보사 통한문제연구소 초대소장을 지냈으며, 1988년 방송공사 이사장을 역임하였다. 북한과 남북관계, 공산권 국가, 한국현대사에 대한 연구에 매진하였다. 『공산주의 이론과 역사』, 『북한의 이데올로기와 정치』, 『한반도 분단의 재인식』, 『현대공산주의의 궤적』, 『38선에서 휴전선으로』, 『남과 북 어떻게 하나가 되나』, 『한반도의 격동 1세기 반 (上)·(下)』 등과 같은 저서를 남겼다.

엄숙진(嚴淑鎭, 생몰연대 미상) 육군첩보부대(HID) 소속 공작원으로, 1956년 2월부터 1957년 9월까지 총 9회 양이섭을 입북시켰다. 육군 특무부대 기록과 엄숙진의 양이섭재판 증인심문 기록에 의하면 주한 미국대사관 계통의 정보기관 또는 미 육군 주한첩보기관의 정보원으로 채용되어 첩보공작에 복무한 적이 있었다. 양이섭의 입북과 귀환 과정을 감시하고 그를 통해서 첩보수집 임무를 수행하였다. 해방 이전에는 일본군에서 복무하였으며, 해방 후에는 서북청년회, 주한연락처(KLO)에서 활동하였다. 간첩혐의로 기소된 양이섭의 공판 증인심문에서 양이섭의 간첩행위를 부정하는 취지의 진술을 하였다. 이후 2006년 진실화해위원회에서 행한 진보당사건 진실규명 조사에서 양이섭과 인연에 대해 회고하고 양이섭은 북한공작원 출신이 아닐 뿐더러 절대로 공산당이 될 수 없는 사람이라고 말하였다.

여운홍(呂運弘, 1891~1973) 경기도 양평 출신으로, 여운형의 동생이다. 1919년 신한청년당 대표로 파리강화회의에 파견된 김규식을 도와 '한국독립항고서'를 제출하였다. 대한민국임시정부 임시의정원 의원과 상하이 인성학교 교장 등을 지냈다. 해방정국에서 건국준비위원회, 조선인민당, 근로인민당, 민족자주연맹 등에 참여하였으며 사회민주당을 창당하기도 하였다. 1948년 남북협상에 참석하기 하였다. 1950년 제2대 국회의원 선거에 무소속으로 경기도 양평군 선거구에 출마하여 당선하였으며 자유당에 입당하였다. 1960년 제5대 국회의원 선거에서 경기도 참의원 선거에 출마하여 당선하였다. 이후 자유민주당, 민주공화당에 입당하였다.

오양(吳養, 생몰연대 미상) 진보당 사무실에서 윤길중, 김달호, 이명하, 김기철 등과 회합하고 혁신세력 대동통일 준비위원회 조직에 참여하였다.

오승근(吳承根, 1908~2002) 서울 출생으로, 일제강점기 일본 주오대학 법과를 졸업하고 고등문관시험 사법과에 합격하여 판사로 재직하였다. 미군정기에도 판사로 근무하다가 변호사 개업을 하였으며, 정판사위조지폐사건 피고인들의 담당 변호인을 맡기도 하였다. 진보당사건 당시에는 윤길중의 변호를 맡았다.

오제도(吳制道, 1917~2001) 평안남도 안주 출생으로, 일본 와세다대학을 졸업하고 1940년부터 신의주지방법원 검사국에서 판임관 견습을 시작하여 해방 이전까지 서기 겸 통역으로 일하였다. 해방 후 월남하였으며 1946년 판검사 특별임용시험을 통해 검사생활을 시작하였다. 좌익전력자들을 전향하도록 한 보도연맹 결성을 선우종원과 함께 주도하였으며, 남조선로동당의 김삼룡과 이주하를 체포하였다. 국회프락치 사건, 여간첩 김수임 사건, 진보당사건 등 당시 대표적인 공안 사건을 담당하였다. 1960년 이후 변호사로 활동하였다. 1977년 서울 종로구·중구 보궐선거에 무소속으로 출마하여 당선하고, 1981년에는 민주정의당 소속으로 전국구 국회의원을 지냈다.

온삼엽(溫三燁, 생몰연대 미상) 진보당 조직부 부간사이며 전북도당 부위원장을 지냈다. 4·19혁명 이후 혁신총연맹 조직담당을 맡았다.

원대식(元大植, 생몰연대 미상) 진보당 강원도당 추진위원회 위원장을 지냈다.

원우관(元友觀, 생몰연대 미상) 진보당 간부로 활동하며 통일문제연구위원회 위원을 지냈다.

원일상(元一常, 생몰연대 미상) 1957년 1월, 김달호의원 사무실에서 진보당 특수조직 여명회를 조직하기 위하여 이상두, 김주태, 김용기, 권태창 등과 함께 12인 회합을 진행하였다. 진보당 여명회 신흥대학 세포책으로 활동하였다.

유도여(儒道余, 생몰연대 미상) 5·15 정부통령선거 이후, 진보당에 참여하여 근민당계, 민우신계과 함께 범야혁신세력 규합을 위한 회합을 이끌었다.

유병진(柳秉震, 1914~1966) 함경남도 함주 출생으로, 1933년 일본 메이지대학 법과를 졸업 후, 1946년 사법요원양성소 입소시험 합격하여 서울지방법원, 고등법원 판사를 역임하였다. 1958년 7월 진보당사건 1심에서 피고인 조봉암과 양이섭에게 국가보안법 위반만을 적용하여 징역 5년을 선고하고, 나머지 피고인 17명에게는 무죄를 선고하였다. 진보당이 사민주의를 지향, 국헌을 위배하였다는 공소사실은 미인정하여 '용공판사'로 낙인 찍혔다. 1958년 법관에서 연이어 탈락한 후 변호사 활동을 시작하였다.

유영언(俞永彦, 생몰연대 미상) 헌병대 문관을 지낸 진보당 비밀당원이었다.

유춘산(劉春産, 생몰연대 미상) 서울변호사회 소속 변호사. 김달호 변호.

윤기호(尹基浩, 생몰연대 미상) 진보당 여명회 연희(세)대학 세포원으로 활동하였다.

윤길중(尹吉重, 1916~2001) 함경남도 북청 출생으로, 호는 청곡(靑谷)이다. 1939년 일본대학 전문부 법과 졸업하고, 보통문관시험, 조선변호사시험, 일본 고등 문관시험 행정과와 사법과에 합격하였다. 1941년 전남 강진군수, 1943년 전남 무안군수를 지냈으며, 해방 후 국민대학 교수로 재직하였다. 남조선과도 입법의원 총무과장 겸 법률기초과장, 국회 법제조사국 국장, 법전편찬위원회 위원 등을 역임하였다. 무소속으로 강원 원주에서 제2대 민의원에 당선한 것을 시작으로 1956년 진보당 창당에 참여하여 진보당 선거사무장, 간사장, 통일문제연구위원회 위원, 전남도당 위원장으로 활동하였다. 1960년 사회대중 당 결성에 참여하고, 제5대 민의원을 지냈다. 혁신계 활동으로 투옥으로 7년을 복역 후, 1970년 신민당에 입당하였다. 서울 영등포에서 신민당 소속으로 제8대 국회의원에 당선, 1980년 민주정의당의 발기인 참여한 후, 민주정의당 소속으로 제11~13대 국회의원 역임하였다. 국회 부의장과 민주자유당 상임 고문으로도 활동하였다.

윤동명(尹東明, 생몰연대 미상) 일명 윤방우(尹邦佑)로 알려져 있고, 부인은 고명 자다. 근민당 계열로, 해방 직후 조봉암이 『삼천만 동포에게 격함』이라는 소책자를 발행하는데 후원하였다. 1957년 장건상, 서상일 계열과 조봉암 계열의 혁신계 통합을 위한 중개 역할을 하였다.

윤명환(尹明煥, 생몰연대 미상) 이원복(李元福)이라는 가명으로 남파간첩 및 정치 공작원 활동을 하였다. 당시 진보당 부위원장인 박기출을 포섭하기 위해 월남하였다.

윤복덕(尹福德, 생몰연대 미상) 진보당 사회부 간사, 중앙상무위원을 역임하였다.

윤용진(尹龍鎭, 생몰연대 미상) 서울변호사회 소속 변호사로 조봉암을 변호하였다.

윤의진(尹意鎭, 생몰연대 미상) 서울변호사회 소속 변호사로 양이섭을 변호하였다.

윤제술(尹濟述, 1904~1986) 전라북도 김제 출생으로, 호는 운재(芸齋)이다. 도쿄 고등사범학교 영문과를 졸업하고, 귀국 후 중동중학, 보성중학, 성남중학에서 학생들을 가르쳤고, 1946~1954년 전북 이리시 남성중고등학교 교장을 역임하였다. 무소속 혹은 민주당 소속으로 전북 김제군 을에 출마하여 제3, 4,

5대 민의원에 당선되었다. 진보당 추진회 및 신당 조직 활동에 참여하였고, 4·19 직후 민주당 분열로 민정당 부총재를 역임하였다. 신민당 소속으로 서울 서대문구 을에 출마하여 제6, 7대 국회의원에 당선되고, 제7대 국회부의장을 맡았다. 신민당 서울 서대문구 병으로 출마하여 제8대 국회의원에 당선되어 6선 국회의원이 되었다. 1973년 통일당 최고위원의 자리에도 올랐다.

윤죽경(尹竹卿, 생몰연대 미상) 진보당 경남도당 간사장을 역임하였다.

윤지화(尹志和, 생몰연대 미상) 진보당 경북도당 부위원장 겸 대구시 갑구 위원장을 지냈다.

이강두(李康斗, 생몰연대 미상) 성균관대학 대학원 2학년생으로, 한국내외연구소(韓國內外研究所)에서 활동하였다.

이강래(李康來, 생몰연대 미상) 성균관대학 대학원 2학년생으로, 한국내외연구소에서 활동하였다.

이경석(李景錫, 생몰연대 미상) 건민회 및 민주주의독립전선 참여하였다.

이광진(李光鎮, 생몰연대 미상) 진보당 서울시당 결성 참여하였고, 1960년 혁신동지협의회 발기인으로 나섰다.

이규석(李圭奭, 생몰연대 미상) 진보당 중앙상무위원, 서울시당 부위원장 및 종로을구 위원장을 역임하였다.

이기원(李基元, 생몰연대 미상) 진보당 여명회 신흥대학 세포원으로 활동하였다.

이덕명(李德明, 생몰연대 미상) 진보당 부산 동구 을구 통제위원장을 지냈다.

이동원(李東元, 생몰연대 미상) 1958년 22세에 진보당 비밀당원으로 활동하였다. 부산에 거주하며 직업은 교사였다.

이동하(李東廈, 생몰연대 미상) 진보당 경북도당 위원장을 역임하였다.

이동현(李東賢, 1926~미상) 1958년 당시 33세로, 서북청년회 종로구 회원으로 활동하였다. 서울형무소 간수부장으로 있을 당시 조봉암이 서울형무소에 수감 중 자신의 부채를 대신 갚아준다는 조건으로 외부와 연락을 취해주었다.

이동화(李東華, 1907~1995) 평안남도 강동 출생으로, 호는 두산(斗山)이다. 도쿄제국대학 법문학부 정치학과를 졸업하고 1938년 혜화전문학교에 재직하였다. 좌익지하운동사건으로 투옥되기도 하였다. 해방 이후 건국준비위원회 중앙집행위원회 서기국 서기, 평양민보 주필 및 조·소 문화협회부위원장을 역임하였다. 김일성대학에서 정치학을 강의하고, 6·25전쟁 때 월남하여 대한민국 육군본부 정보국에 재직하였다. 1952~1953년 경북대학교 교수로 재직 및 한국 내외문제연구소 소장으로 취임하였으며, 1954년 성균관대학교 교수 재직, 1955년 국방대학원 고문교수를 겸임하였다. 진보당 창당준비위원회 위원, 민주혁신당 정치위원 및 정책위원장을 지냈다. 진보당사건으로 구속되지만, 무죄로 방면 되었다. 이후 동국대학교 도서관장, 동국대학교 교수, 통일사회당 위원장으 로 취임하였다. 혁신계 사건으로 구속되나 형집행정지로 석방되었다. 대중당 대표최고위원 권한대행, 민족통일촉진회 최고위원, 민주사회당 고문, 독립동 지회 지도위원, 민주사회주의연구회 창립 및 의장으로 활동하였다.

이만규(李萬珪, 1889~1978) 강원도 원성 출생으로 대한의원부속의학교를 졸업하 였으나 의사보다는 주로 교육자로 활동하였다. 1938년 흥업구락부 사건과 1942년 조선어학회 사건에 연루되었다. 일제강점기부터 해방정국에 이르기 까지 여운형과 정치적 활동을 함께 하였으며,『여운형선생투쟁사』와『조선 교육사』(상·하)를 집필하였다. 여운형이 암살된 후 월북하였으며, 북한에서 최고인민회의 대의원, 조선문자개혁위원회 위원장, 조국통일사 사장 등을 지 낸 것으로 알려져 있다.

이명원(李明遠, 생몰연대 미상) 진보당 여명회 서울대학교 문리과대학 세포원으로 활동하였고, 충청북도 충주에서 교사 생활을 하였다.

이명하(李明河, 1913~1996) 함경남도 북청 출생으로, 호는 해암이다. 동아일보, 조선일보 함흥지국장을 역임하였다. 해방 이후 조선청년동맹위원장, 기독교 청년 전국연합회 문화선전부장, 반탁투쟁위원회 중앙위원과 좌우합작위원회 조직부 차장, 민족자주연맹 조사부장으로 활동하였다. 진보당 부간사장 겸 조직부 간사 역임 이후 사회대중당 통제위원장, 통일사회당 당무 부위원장, 신한당 전당대회 부위원장을 지냈다. 제5대 민의원 선거에서 부산 중구에 출 마하였으나 낙선하였다. 5·16군사정변 이후 군사재판에 회부되어 3년형을 언도받았다.

이문규(李文奎, 1934~미상) 1958년 서울대 문리대 정치학과 3년 재학 중, 이동화 의 국가보안법 위반 피의사건 증인으로 나갔다. 서울대 문리과학대학 정치 학과 학생 조직체인 신진회의 회원으로 활동하였다. 신진회가 주최한 이동 화의 유물사과 강의를 청강하였다.

이문필(李文必, 생몰연대 미상) 진보당 서울시당 중구 갑구 위원장을 지냈다.

이병용(李炳勇, 생몰연대 미상) 서울형무소 간수부장 이동현 피고사건 재판장 판사였다.

이상규(李相圭, 생몰연대 미상) 진보당사건 담당 변호사로, 윤길중과 조봉암을 변호하였다.

이상두(李相斗, 1932~1987) 경상북도 안동 출생으로 경북대학교 법정대학 정치학과를 졸업하고 성균관대학교 대학원에서 공부하였다. 이동화의 제자이며 윤길중의 사위이다. 진보당사건과 『민족일보』 사건으로 옥고를 치렀다. 출옥한 후에는 서울시립대 행정학과 교수로 재직하며 정치학자로 활동하였다. 『매일신문』, 『영남일보』, 『민족일보』, 『중앙일보』 등에서 논설위원을 지내기도 하였다.

이성림(李聖林, 생몰연대 미상) 진보당 여명회 신흥대학 세포원으로 활동하였다.

이성주(李成周, 생몰연대 미상) 진보당 여명회 신흥대학 세포원으로 활동하였다.

이성진(李成鎭, 생몰연대 미상) 진보당 선전부 부간사, 중앙상무위원으로 활동하였다. 통일문제연구위원회 부위원장으로 내정되지만 본인 사망으로 인해 김병휘로 변경되었다.

이수근(李秀根, 생몰연대 미상) 일명 이수근(李守根, 李穗根)으로, 진보당 통일문제연구위원 위원, 중앙위원, 재정부 위원을 지냈다. 북한 사회안전성 일원으로도 활동하였다. 1951년 간첩 혐의로 기소되었으나 증거불충분으로 석방되었다.

이수열(李壽烈, 생몰연대 미상) 진보당 여명회 국민대학 세포원으로 활동하였다.

이영국(李榮國, 생몰연대 미상) 진보당 경북도당 결성에 참여하였다.

이영근(李榮根, 1919~1990) 충청북도 청원 출생으로, 호는 창정(蒼丁)이다. 연희전문학교 문과 졸업하고, 이보합명회사(以保合名會社)를 설립하여 독립운동을 전개하였다. 해방 이후, 건국준비위원회 보안대 창설에 참여하고, 사회민주당 선전국장을 역임하였다. 초대 농림부 장관 조봉암의 부탁으로 비서실장 겸 비서관으로 활동. 1951년 12월 '대남간첩단 사건'으로 체포되어 투옥되었으나, 무죄판결을 받았다. 진보당사건 이후 일본으로 망명하여 조봉암 구명운동을 주도하고, 조선통일문제연구소를 설립하였으며 조선신문을 창간하였다. 조선민족통일회의 발족도 추진하였다. 1965년 민족자주통일동맹 일본본부를 결성하여 대표위원으로 활동하였고, 1966년 통일운동 간부 양성기관인 통일학원을 설치하였다. 1990년 국민훈장 무궁화장에 추서되었다.

이영옥(李榮玉, 1901~미상) 대구고등보통학교 4년에 중퇴하였다. 3·1만세운동
으로 3년 복역하고, 일본대학 상학부를 졸업하였다. 해방 이후 미군정청 신
한공사 총무이사, 농림부 귀속농지관리국장, 국방부 영관급으로 근무하였다.
1957년 진보당 경북도당 결성 참여하였고, 혁신당에서도 활동하였다. 민자통
중앙협의회 총무위원장을 역임하였다. 5·16군사정변 이후 징역 5년을 선고
받았다.

이은종(李殷鍾, 생몰연대 미상) 진보당 여명회 서라벌대학 세포책으로 활동하였다.

이인식(李仁植, 생몰연대 미상) 1957년 진보당 경북도당 결성에 참여하였다.

이인식(李寅植, 생몰연대 미상) 진보당 대구시 병구 위원장을 지냈다.

이재윤(李載允, 1931~미상) 이재원(李載元)으로 불리며 조봉암의 운전수로 활동하
였다.

이정자(李貞子, 생몰연대 미상) 이정신(李貞信), 이정자(李貞子)라는 본명을 해방
후에는 정신(貞信)으로 개명하였다. 자유시장에서 달러암상을 하며 대구 아주
머니로 불렸다. 정옥실의 소개로 11,000달러를 매수하여 양이섭에게 전달하였다.

이종률(李鍾律, 1905~1989) 경상북도 영일 출생으로, 와세다대학 재학 중 1928년
우리말연구회 사건으로 퇴학당하였다. 1929년 성진회 사건으로 구속, 형평사
운동으로 2년 6개월 복역하였다. 조선학술원과 민족건양회를 창립하였으며
1950년 부산대학 정치학과 교수가 되었다. 민자통 통일방안 심의위원회 정치
분과 위원, 민족일보 편집국장으로 활동하던 중 민족일보사건으로 구속되었
으나 무죄로 풀려났다. 이후 민족자주통일 방안 심의위원회 사건으로 구속
되기도 하였다.

이주식(李柱植, 생몰연대 미상) 서울지방검찰청 검사를 역임하였다. 최희규, 김창
수, 정구엽 등 국가보안법 위반 피의사건에 대해 구속영장을 신청하였다.

이창호(李昌鎬, 생몰연대 미상) 윤길중, 조규희, 최희규, 이창호 등 평화통일 안을
집합 정례 간사회의에서 진행하였다.

이창호(李昌浩, 생몰연대 미상) 진보당 노동부 부간사, 노동차장, 기획위원회 노농
분과에서 활동하였다.

이충영(李忠榮, 생몰연대 미상) 6·25전쟁 중 납북되었다. 법조프락치사건 때 김영
재 검사를 변호하였다.

이태순(李泰淳, 1907~미상) 1956년 수도여자중학 교감 재직 당시 김동혁의 안내

로 월북하여 남파간첩 교육과 진보당 접선 및 지지 활동을 하였다. 1958년 용산중학 교감을 역임하였다.

이태희(李太熙, 생몰연대 미상) 검사로, 김달호에게 찾아와 지방검찰청장 관련 담소를 나눈 인물이다.

이택수(李澤秀, 생몰연대 미상) 진보당 여명회 동국대학 세포원으로 활동하였다.

이흥렬(李興烈, 생몰연대 미상) 진보당 중앙상무위원, 기획위원회 노농분과에서 활동하였다.

이희재(李希宰, 생몰연대 미상) 집합 간부회의에 참여하였으며 통일문제연구위원회 위원, 총무위원회 위원을 역임하였다.

임갑수(林甲守, 1920~1981) 부산 출생으로, 1939년 선린상업학교를 졸업하였다. 한성고 학생회 사건으로 검거되기도 하였다. 1943년 건국동맹 인천시 조직책으로 활동하였다. 해방 이후 조선일보 인천지사장, 건국준비위원회 인천지부 총무부장, 인천노동조합 원호회 재정부장, 민족자주연맹 중앙집행위원 겸 인천연맹 재정위원장으로 활동하였다. 진보당 중앙당 농림부 간사 및 경남도당 준비위 부위원장, 사회대중당 경남도당 결성 준비위원회 상임의장, 통일사회당 경남도당 결성준비위원회 총무위원을 역임하였다. 경상남도통일사회당사건으로 기소, 군사법정에서 5년형을 언도 받았다. 출옥 후, 신민당과 공화당에서 활동하며 기업가로 변모하였다.

임건영(林建榮, 생몰연대 미상) 진보당 전북도당 간사장을 지냈다.

임광원(林廣遠, 생몰연대 미상) 임기봉의 아들이다. 7인 서클 전남지구책이었다.

임기봉(林基奉, 1903~1982) 전라남도 목포 출생으로, 일본 동지사 대학을 중퇴하고, 평양 신학교를 졸업하였다. 신사참배를 거부하기도 하였다. 대한노총 철도연맹 위원장, 대한노총 부위원장, 전남 목포에서 제2대 국회의원, 진보당 전남도당 부위원장, 노동부 간사로 활동하였다. 1960년 사회대중당 창당 준비위원을 역임하였다.

임기택(任基澤, 생몰연대 미상) 진보당 노무부 간사로 활동하였다.

임석무(林碩茂, 생몰연대 미상) 서울변호사회 소속 변호사로, 김달호의 변호를 맡았다.

임신환(任信煥, 1913~미상) 일명 임일(林一)은 만주 화교중을 졸업하고, 일본군 헌병대 통역을 맡았다. 해방 이후 서북청년회 회원으로 활동하였다. 서울형무소 간수부장을 지내던 시기, 서울형무소 내에서 조봉암과 양명산의 통방 사건의 주요 인물로 거론되었다.

임춘호(林春虎, 생몰연대 미상) 진보당 전남도당 준비위원회 위원, 전남도당 간사 장을 지냈다.

임한경(林漢璟, 생몰연대 미상) 1958년 당시 서울지방법원장을 역임하고 있었다.

임호(林虎, 생몰연대 미상) 함경북도 출생으로, 임해라는 이명을 사용하였다. 소련 대사 출신으로, 북한 노동당 검열위원회 위원장, 중앙위원회 상무위원, 북한 최고인민회의 제2기 대의원, 조국통일민주주의전선 중앙위원을 역임하였다. 1961년 종파사건으로 소련으로 망명하였다.

장건상(張建相, 1883~1974) 경상북도 칠곡 출신으로, 호는 소해(宵海)다. 미국 인 디애나주립대학 법학과를 졸업하고, 대한민국임시정부 외무차장을 역임하였 다. 1920년대 이르쿠츠크 고려공산당대회 정치부위원으로 선출되어 코민테 른과 이르쿠츠크 고려공산당 사이의 연락업무를 담당하였다. 1922년 극동인 민대표대회의 한국대표단으로 참석하고, 1941년 임시정부의정원의원, 1942년 학무부장을 지냈다. 의열단에서도 활동하였다. 해방 후 조선인민당, 근로인 민당 부위원장, 1950년 부산에서 제2대 국회의원에 당선되었다. 박정호간첩 사건에 연루되어 구속되었고, 5·16군사정변 이후 혁신당사건으로 검거되어 징역 5년을 선고받았다. 노령이라는 이유로 곧 석방되었다.

장경근(張憬根, 1911~1978) 평안북도 용천 출생으로, 1936년 도쿄제국대학 법학 부를 졸업하였다. 재학중이던 1935년 일본 고등문관시험 사법과에 합격하여 경성지방법원 판사, 경성복심법원 판사로 근무하였다. 해방 후 미군정 경성 지방재판소 수석판사를 거쳐 서울지방법원장, 내무부차관, 국방부차관, 한일 회담 대표로 활동하였다. 자유당소속으로 경기도 부천에서 제3, 4대 민의원에 당선되었다. 1957년 내무부장관, 1959년 자유당 정책위원회 위원장을 지냈 다. 4·19혁명 이후, 3·15부정선거 사건으로 체포되었으나 이후 일본으로 밀항하였고, 1974년 브라질로 이민을 갔다가 1977년 귀국하였다.

장동호(張東湖, 생몰연대 미상) 진보당 추진위원회 조직부 강원지구 본부 상임위원 을 지냈다.

장영목(張永穆, 생몰연대 미상) 변호사로, 6·25전쟁 중 인민군 치하에서 법조인 행진단으로 활동하였다.

장지필(張志弼, 1882~미상) 경상남도 의령 출생으로, 일본 메이지대학 법학과 3년에 중퇴하였다. 일제강점기 진주에서 형평사를 창립하고 백정해방운동을 전개하였다. 진보당 추진 준비 대표, 진보당 총무위원회 의장을 지냈다.

장택상(張澤相, 1893~1969) 경상북도 구미 출신으로, 호는 창랑(滄浪)이다. 영국에든버러대학을 중퇴하고, 일제강점기 경일은행 상무 및 청구회(靑丘會) 회장을 역임하였다. 해방 이후 수도경찰청장, 제1관구 경찰청장 및 초대 외무부장관, 칠곡군 제2대 민의원, 국회부의장 및 국무총리를 역임하였다. 제3~5대 민의원, 원내국민주권옹호투쟁위원장, 한일협정반대투쟁위원회로 활동하였으며, 신민당 고문을 지냈다. 장택상은 조봉암과 제2대 국회에서 함께 활동하였으며 1954년 호헌동지회 결성에 조봉암이 참여하는 것을 찬성하였다. 이와 같은 인연으로 진보당사건 당시에는 조봉암을 위한 구명운동을 펼치기도 하였다.

장후영(張厚永, 생몰연대 미상) 일제강점기 김달호와 함께 광주지방법원 판사를 지냈다. 1958년 당시에는 변호사로 활동하고 있었다.

전동화(田同和, 생몰연대 미상) 일명 전동흥(田同興)으로, 진보당원이었다. 조봉암이 소지하고 있던 참고원고의 출처인이기도 하다.

전명복(田命福, 생몰연대 미상) 진보당 여명회 연희(세)대학 세포책이었다.

전봉덕(田鳳德, 1910~1998) 평안남도 강서군 출생으로, 경성제국대학 법문학과 법과를 졸업하였다. 평북 경찰부 보안과장, 경기도 경찰부 수송보안과장을 역임하였다. 해방 이후 미군정 경무부 공안과장, 경찰전문학교 부교장, 국회프락치사건 수사본부장, 국무총리 비서실장을 거쳐 대한변호사협회 회장을 역임하였다. 서울변호사회 소속 변호사로 활동하던 시기 진보당사건에서 김기철, 김달호, 윤길중, 신창균, 정태영을 변호하였다.

전세룡(全世龍, 1918~미상) 함경북도 명천 출생으로, 보성고등보통학교를 졸업하였다. 명천 고급 인문중학 교원으로 근무하였다. 1·4후퇴 때 월남하여 방위군으로 입대하고, 1952년 상공일보 업무국장 업무를 시작하였다. 조봉암의 개인비서, 진보당 중앙상무위원, 진보당 특수지하조직 전국위원장, 진보당 조직부 부간사로도 활동하였다.

전의용(全義容, 생몰연대 미상) 민혁당 내에서 제명 당한 근민계 인사이다. 혁신세력 통일 준비위원회에 참여하였고, 박정호간첩사건에 연루되어 구속되었다.

전진한(錢鎭漢, 1901~1972) 경상북도 문경 출생으로, 호는 우촌(牛村)이다. 1928년 와세다대학 정경학부 경제과를 졸업하고, 독립촉성회 전국청년연맹 위원장 및 민족통일본부 노동부장을 역임하였다. 제1, 2, 3, 5, 6대 국회의원 및 초대 사회부장관, 농림위원장, 혁신연맹 준비위원, 한국사회당 발기인, 민정당 최고위원 및 부총재를 거쳐 1966년 한독당 대통령 후보로 추대되었다.

전흥문(全興文, 생몰연대 미상) 진보당 여명회 중앙대학 세포원으로 활동하였다.

정갑(鄭甲, 생몰연대 미상) 진보당 김제군당 위원장을 역임하였다.

정경학(鄭京學, 생몰연대 미상) 부산지구 헌병대 문관으로, 진보당 비밀당원이었다.

정구삼(鄭求參, 1893~1979) 충청북도 옥천 출생으로, 한성외국어학교를 졸업하였다. 충북 옥천에서 대한촉성국민회 소속 제헌의원이 되었고, 중국 텐진 신중신문사 기자 및 한국교민회 사무국장을 역임하였다. 진보당 추진준비대표로도 활동하였다.

정구희(鄭九喜, 생몰연대 미상) 진보당 여명회 국학대학 세포원으로 활동하였다.

정규엽(丁奎葉, 1916~미상) 일본 제국고등학원 2년을 졸업하고, 삼화빌딩운영조합 이사를 지냈다. 진보당 자금으로 50여만 원 지원하였고, 5·15 정부통령 선거 시, 본인의 자가용을 조봉암에게 대여하기도 하였다.

정동억(鄭東億, 생몰연대 미상) 진보당 추진위원회 조직부 경북지구 본부 상임위원을 지냈다.

정명환(鄭明煥, 생몰연대 미상) 진보당 전북도당 부위원장, 정읍군당 위원장을 역임하였다.

정성업(鄭成業, 생몰연대 미상) 근민당원으로, 진보당 통제위원회 위원으로 활동하였다. 통합 논의과정에서 근민당의 요구 쪽지를 조봉암에게 전달하였다.

정순석(鄭順錫, 1900~1979) 1956~1958년 대한민국 제6대 검찰총장을 지냈다.

정시마(鄭時麿, 생몰연대 미상) 본명은 정봉강으로, 양이섭과 함께 월북하였다. 조봉암이 강릉에 있었을 때, 김동혁의 소개로 정시마의 집에 20여 일 유숙하였다. 정시마는 양이섭에게 양명산이라는 이름으로 서울시민증을 만들어주기도 하였다.

정영삼(鄭永三, 생몰연대 미상) 진보당 추진위원회 조직부 충북지구 본부 상임위원을 역임하였다.

정예근(鄭禮根, 1915~미상) 중국 하얼빈 YMCA 전문학교 졸업하고, 하얼빈 제5중학에서 영어강사로 활동하였다. 해방 이후 신성무역회사 대표, 진보당 통제위원 및 진보당 시도당 추진위원회 용산 갑구 위원장을 역임하였다. 1960년 사회대중당 통제위원을 시작으로 혁신당 중앙위원, 통일문제연구위원회 부위원장을 지냈다.

정용주(鄭用鑄, 생몰연대 미상) 진보당 여명회 동양한의대 세포책이었다. 1958년 당시 군입대 중이었다.

정우갑(鄭禹甲, 생몰연대 미상) 위장 공작대원, 일명 대한정치공작대원으로 활동하였다. 조련계로 1957년 정우갑 간첩사건의 장본인이다.

정우습(鄭우습, 생몰연대 미상) 김의, 홍민표, 이영근 등과 함께 간첩피고사건으로 기소되었을 당시 김달호의 변호를 받았다.

정중(鄭重, 1906~미상) 서울 경신학교 졸업하고, 조선일보 해주지국장을 역임하였다. 일제강점기 치안유지법 위반으로 5년여 복역을 하기도 하였다. 해방 이후 조선민주당, 민국당 황해도당 조직부장, 총무부장으로 활동하였으며, 한국전쟁 이후 민국당 서울시당 재건사업에도 참여하였다. 진보당 총무위원, 통일문제연구위원회 위원, 동대문 갑구 위원장을 지냈다.

정태영(鄭太榮, 1931~2008) 전라북도 익산 출생으로, 정동화(鄭同和)라는 이명을 사용하였다. 전북 이리농림학교 졸업하고, 서울대학교 문리과대학 이학부 수학과에 입학 후, 6·25전쟁으로 중퇴하였다. 1954년 복교하여 1956년 졸업하였다. 이후 이리여자고등학교 수학과로 약 6개월 간 근무하지만, 이듬해 상경하여 균명중학교 수학교원으로 근무하였다. 진보당 서울특별시당 상임위원, 동양통신사 외신부 기자, 사회대중당 조직차장, 통일사회당 통일촉진위원회 부위원장, 신민당 노농국장을 역임하였다.

정화암(鄭華岩, 1896~1981) 전라북도 김제 출신으로, 본명은 정현섭(鄭賢燮), 호는 화암(華岩)이다. 1919년 고향에서 3·1운동에 참가하고, 1920년 중국으로 망명하였다. 1928년 이회영, 신채호, 리스쳉[李石曾], 우중후이[吳鍾暉] 등과 제휴하며 동방자유혁명자연맹(東方自由革命者聯盟)을 조직하였다. 1930년 4월 남화한인청년연맹(南華韓人青年聯盟)과 11월 흑색공포단(黑色恐怖團)을 조직하였으며, 1933년 이강훈, 원심창 등과 규합하여 상하이해방연맹(上海解放聯盟)을 결성하고 별동대 맹혈단(猛血團)도 편성하였다. 중국과 연합해 중한청년

연합회(中韓靑年聯合會)를 조직하고, 항쟁시보(抗爭時報)를 발간하였다. 1940년 푸젠성[福建省]에서 광복 때까지 광복군 활동의 현지 책임자로 역할을 하였고, 해방과 6·25전쟁 때까지 상하이, 홍콩, 타이완에서 교민단과 교육활동을 계속 이어나갔다. 4·19혁명 후 통일사회당 정치위원으로 활동하였다.

조규대(曹圭大, 1924~2019) 진보당사건 관련 서울고등법원 2심 배석판사이다.

조규진(曹圭鎭, 생몰연대 미상) 인천상업보수학교를 졸업 후, 숙부인 조봉암의 주선으로 국회특별경비대 경사로 근무하였다. 조봉암의 호위경관 역할을 하였다. 진보당 기관지 중앙정치사의 사원, 사회대중당 결성준비 중앙상무위원, 민족일보사 기획부 사원으로도 활동하였다.

조규택(曹圭澤, 1923~미상) 황해도 신계 출신으로, 단국대학 정치과를 졸업하였다. 애국동지수호회, 3·1정신선양회, 진보당 발기추진위 기획상임위원, 진보당 재정부 부간사 및 중앙상임위원회 부위원장을 역임하였다. 1960년 혁신동지 총연맹 간부 활동을 비롯하여 1961년 중립화 조국통일 총연맹 발기 준비위원, 1966년 민주사회당 간부로 활동하였다.

조규희(曹圭熙, 1914~미상) 함경남도 북청 출생으로, 일본 주오대학 법과를 중퇴하였다. 건국준비위원회 선전위원, 신조선보 기자, 한성일보와 한국매일신문 편집국장, 진보당 선전부 간사 및 선전부장, 통일문제연구위원회 위원, 중앙정치사 편집위원을 역임하였다. 진보당 대변인으로도 활동하였으며, 사회대중당 창당위원 및 인천시당 추진대표총무위원을 맡았다.

조기원(趙基元, 생몰연대 미상) 진보당 여명회 신흥대학 세포원이었다.

조기하(趙棋賀, 1896~미상) 서울중동학교 2년에 중퇴하였다. 조선일보 김제, 중앙일보 이리지국장을 역임하였다. 해방 이후 민주주의민족전선 전북 의장단, 진보당 중앙당 총무위원 및 통일문제연구위원회 위원, 전북도당 위원장, 사회대중당 전북도당 준비위원회 대표총무위원, 선거대책위원장, 민족자주통일중앙협의회 의장단 및 반민주악법반대 공동투쟁위 총무부장을 지냈다.

조문태(趙文台, 생몰연대 미상) 민혁당의 제명 당원이다. 근민블럭 대표 김성숙과 등과 함께 진보당과 합당을 위해 혁신세력 통일 준비위원회 구성을 논의하고, 진보당과 노농당과 합당을 추진하였다.

조병갑(趙秉甲, 생몰연대 미상) 진보당 전북도당 결성 참여하였다.

조병용(趙秉用, 생몰연대 미상) 진보당 전북도당 결성 참여하였다.

조봉암(曺奉岩, 1899~1959) 강화 출생으로, 호는 죽산(竹山)이다. 3·1운동 참여하여 투옥되었다. 일본 주오대학 정경학부에 중퇴 후, 흑도회, 조선노동총동맹 문화부장, 조선공산당, 코민테른 원동부 대표로 활동하였다. 해방 이후 건국준비위원회 인천지부로 활동하면서 조선공산당을 탈퇴하였다. 제헌국회의원, 제1공화국 초대 농림부 장관, 제2대 국회의원 및 국회부의장을 역임한 후, 1952년 정부통령선거에 입후보, 1956년 정부통령선거 무소속으로 입후보하였다. 1956년 진보당 창당준비위원회를 발족시키고, 1957년 진보당을 창당한 후, 당 위원장과 서울시당 위원장을 겸임하였다. 1958년 1월 간첩죄 및 국가보안법 위반으로 검거되어 대법원에서 사형을 확정하고, 1959년 7월 사형이 집행되었다. 2007년 진실화해를위한과거사정리위원회에서 진보당사건에 대해 유가족에 대한 사과, 국가의 사과와 독립유공자 인정, 판결에 대한 재심 등을 권고하였다. 2011년 1월 대법원 전원합의체에서 국가변란 및 간첩 혐의에 대한 전원 일치 무죄 선고로 복권되었다.

조영환(曺泳煥, 생몰연대 미상) 최진우, 황민암과 함께 진보당 경기도당을 조직하였다.

조용진(趙鏞晋, 생몰연대 미상) 진보당 여명회 발기 회합에 참여하였으며, 중앙대학 세포원으로 활동하였다.

조익호(曺益鎬, 생몰연대 미상) 진보당 여명회 중앙대학 세포원으로 활동하였다.

조인구(趙寅九, 생몰연대 미상) 서울지방검찰청 부장검사를 지냈다. 조봉암이 발표한 '평화통일에의 길'을 빌미로 조봉암과 진보당을 국가보안법 위반으로 기소하였다.

조중찬(趙中燦, 1909~미상) 서울 출생으로, 서울보성고등보통학교 졸업 후 상업과 저술업에 종사하였다. 진보당 재정부 부간사, 중앙상무위원, 서울특별시당 상임위원, 사회대중당 창당준비위원 겸 조직위원장으로 활동하였다.

조중환(曺重煥, 생몰연대 미상) 진보당 전남도당 부위원장을 지냈다.

조진만(趙鎭滿, 1903~1979) 인천 출생으로, 경성법학전문학교를 졸업하였다. 조선인 최초로 일본고등문관시험 사법과 합격한 후, 해주지방법원 판사, 평양복심법원 판사, 대구복심법원 판사, 대구지방법원 부장판사를 역임하였다. 해방 이후 제5대 법무부장관, 제3, 4대 대법원장을 지냈다. 김달호와 함께 조선변호사회 추진위원회를 결성하고 회장에 취임하였다.

조헌구(趙憲九, 생몰연대 미상) 전세룡, 김정학 관련 주임 검사로 활동하였다.

조헌식(趙憲植, 생몰연대 미상) 경성법학 전문학교를 졸업하고, 조선변호사시험에 합격하였다. 신간회 서울지부장, 국민당 기획부 차장, 한국독립당 중앙상무위원, 민주독립당, 민주혁신당 중앙상무위원을 비롯하여 사회대중당 총무위원 겸 선거대책 위원장, 통일사회당 통제위원회 위원장을 지냈다.

조호정(曺滬晶, 1928~2022) 조봉암의 장녀로 중국 상하이에서 태어났다. 이화여대 영문과를 졸업하고, 조봉암의 비서로 활동하였다.

조홍모(曺弘模, 생몰연대 미상) 혁신정당운동이 대두되어 민주혁신당 촉진협의회가 개최되고 김성숙, 김경태 등과 함께 회합에 참여하였다.

주기영(朱基瑩, 생몰연대 미상) 朱基瑩, 朱基亨, 朱基瀅, 朱基英이라는 이명을 사용하였다. 민주혁신당의 조직국장을 역임했으며 민주통일당 추진준비위원회 준비위원으로 활동하였다.

주돈하(朱敦夏, 생몰연대 미상) 당비 350만 환을 제공하였다.

주영숙(朱榮淑, 생몰연대 미상) 진주 해인대학 법정학부 정경학과를 졸업하고, 진보당 창당 추진위원회 위원과 서울시당 조직부 간사로 활동하였다. 진보당 중앙특수세포회에도 참여하였다.

차재원(車載員, 생몰연대 미상) 조봉암은 진보당 조직 참여에 가담한 사실이 없다고 진술하였다.

최근우(崔謹愚, 미상~1961) 경기도 개성(현재 황해도 개성) 출생으로, 도쿄(東京) 상과대학을 졸업하였다. 조선청년독립단에서 활동하였으며 동경 2·8독립선언서 대표 11인에 참여하였다. 임시정부 의정원 의원을 역임하기도 하였다. 해방 이후 건국준비위원회 총무부 업무 담당, 조선인민공화국 중앙인민위원회 후보위원 및 외무부장 대리 선임, 사회대중당 창당에 참여하였다.

최기영(崔基永, 생몰연대 미상) 정우갑과 함께 성북구 돈암동 소재 신흥사(新興寺)에서 조봉암, 윤길중, 조규택과 신일양 등과 함께 회합하였다.

최대교(崔大敎, 1901~1992) 전라북도 익산 출생으로, 경성제1고등보통학교, 일본 법정대학 예과, 법문학과 법률학과를 졸업하였다. 일본 고등문관시험 사법과에 합격한 후, 조선총독부 사법관시보로 평양지방법원 검사국에서 근무하였다. 부산, 함흥, 광주, 정읍지청에서도 검사로 근무하였으며, 해방 이후 전주와 서울지방검찰청 검사장을 역임하였다.

최병찬(崔柄讚, 생몰연대 미상) 진보당 대전시당 당원이었다.

최보현(崔普鉉, 생몰연대 미상) 진보당사건 관련 서울고등법원 형사 제2부 배석 판사로, 이동화와 양이섭에게 질의하였다.

최봉래(崔鳳來, 1921~미상) 1957년 당시 37세로 진보당에 대한 공작 지령을 받고 남파된 간첩이었다.

최순문(崔淳文, 생몰연대 미상) 서울변호사회 소속 변호사로 진보당사건을 변호하였다.

최양기(崔良基, 생몰연대 미상) 진보당 경남도당 부위원장 및 부산 영도 갑구 위원장을 역임하였다.

최운기(崔雲基, 생몰연대 미상) 진보당 중앙상무위원을 지냈다.

최익환(崔益煥, 1889~1959) 충남 홍성 출생으로, 동학 및 일진회에서 활동하였다. 서울 광무일어학교 2년을 수학하고, 충남 서천군 재무주사로 근무하였다. 대동단을 조직하고, 조선민흥회, 신간회, 광복단에서도 활동하였다. 해방 이후 한국독립당 중앙상무위원, 신한민족당 창당 및 대표, 1957년 민주혁신당 통제위원장을 역임하였다.

최진우(崔鎭宇, 생몰연대 미상) 서울중동중학 4년에 중퇴하고, 해방 이후 민족청년단 인천시당 총무부장 및 선전부장, 진보당 경기도당 간사장, 사회대중당 인천시당 총무위원 겸 간사장으로 활약하였다.

최희규(崔熙圭, 1920~미상) 함경북도 학성 출생으로, 경성농업학교 재학 중 치안유지법 위반으로 투옥되었다. 니혼(日本)대학 척식과를 졸업하였고, 북해도 제국대학 농학부에서 수학하였다. 서울특별시 부흥 건설단 단장, 3·1정신선양회 청년부장, 진보당 간사장, 중앙당 공무부장, 중앙상무위원, 통일문제 연구위원회 위원, 진보당 당무국장, 진보당 선전위원장을 역임하였다.

한격만(韓格晩, 1899~1985) 함경남도 정평 출생으로, 호는 동암(東嵒)이다. 경성법학전문학교를 졸업하고, 고등문관시험 사법과 합격하였다. 대법원 대법관 및 검찰총장을 역임하였다. 조봉암의 농림부 장관 시절 배임 혐의 건에 대해 재판정에 무죄선고한 판사이다. 서울변호사회 소속 변호사로, 진보당사건 당시 김달호를 변호하였다.

한명수(韓明洙, 생몰연대 미상) 진보당 정읍군당 부위원장을 역임하였다.

한명희(韓明熙, 생몰연대 미상) 여명회 국학대학 세포원으로 활동하였다.

한병도(韓秉道, 생몰연대 미상) 진보당 대전시당 당원이었다.

한병욱(韓秉郁, 생몰연대 미상) 진보당 중앙상무위원, 진보당 추진위원회 조직위원 및 특수조직을 담당하였다.

한보상(韓輔相, 생몰연대 미상) 진보당 특수조직 여명회 서울대학교 의과대학 세포책으로 활동하였다.

한영조(韓榮助, 생몰연대 미상) 진보당 추진위원을 지냈다.

한탁수(韓鐸洙, 생몰연대 미상) 대법원 판사부 서기로 활동하였다.

허명(許銘, 생몰연대 미상) 진보당 농민차장 및 농민부 부간사를 역임하였다.

허철(許哲, 생몰연대 미상) 진보당 서울시당 조직부장 겸 성북구위원회 위원장을 지냈다.

홍민표(洪民杓, 1921~1992) 본명은 양한모(梁韓模)이다. 황해도 봉산 출생으로 조선공산당과 남조선로동당에서 활동하던 시기에는 홍민표라는 이름을 사용하였다. 일제강점기 경성제2고등보통학교를 졸업하고 해방정국에서 남로당 간부로 활동하였다. 남로당 활동을 그만두고 서울시경 경찰관으로 근무하였다. 이후 천주교 세례를 받고, 신앙 활동 및 신학 공부에 매진하였다.

홍사필(洪思必, 생몰연대 미상) 이동현, 임신환의 국가보안법 위반 사건 서울지방법원 1심 배석 판사이다.

홍순일(洪淳一, 생몰연대 미상) 진보당 서울시당 마포구위원회 위원장을 역임하였다.

홍승만(洪承滿, 생몰연대 미상) 김달호가 피의자 신문조서에서 6·25전쟁 시기 자신의 법률사무소에서 교류하였던 변호사이다.

홍원일(생몰연대 미상) 홍원일을 1953년 혁신지도위원회 사건으로 구속되었으나 구제되어 치안국 자문의원으로 근무하였다.

황명수(黃命守, 생몰연대 미상) 黃命水, 黃明洙라는 이명을 사용하며, 진보당 7인 서클 특수지구책이었다.

황민암(黃民岩, 생몰연대 미상) 진보당 선전차장을 지냈다.

황석하(黃碩夏, 1926~미상) 김달호의 처조카로, 조선법학과동맹의 맹원으로 활동하다 납북되었다.

황철민(黃鐵敏, 생몰연대 미상) 여명회 연구위원회 부위원장 및 중앙대학 세포책으로 활동하였다.

❚ 찾아보기 ❚

【ㄱ】

강명현(康明賢) 673, 704

강모(姜某) 159, 161, 162, 319, 323, 329,
　　458, 629, 630

고명자(高明子) 689

고시현(高時賢) 673

고영섭(高永燮) 35, 587, 673

고재호(高在鎬) 673

고정훈(高貞勳) 32, 397, 399, 400, 422,
　　426, 429, 430, 431, 532, 554, 555, 556,
　　564, 565, 673

곽현산(郭玄山) 673

권대복(權大福) 27, 28, 35, 37, 122, 202,
　　207, 232, 275, 276, 616, 623, 625, 626,
　　640, 641, 657, 660, 669, 673, 675, 686

권재찬(權載瓚) 126, 168, 192, 214, 237,
　　238, 239, 240, 251, 266, 288, 328, 365,
　　379, 389, 399, 444, 469, 471, 535, 583,
　　584, 589, 674

권태석(權泰錫) 55

권태창(權泰昌) 233, 660, 675, 688

김갑수(金甲洙) 674

김경태(金景泰) 92, 554, 556, 559, 673,
　　674, 701

김구(金九) 70, 194, 651, 685

김귀중(金貴重) 291

김규식(金奎植) 70, 194, 198, 222, 369,
　　651, 683, 684, 687

김기철(金基喆) 24, 25, 27, 28, 29, 31, 34,
　　35, 36, 37, 38, 45, 48, 49, 50, 55, 60,
　　64, 65, 67, 69, 71, 74, 80, 83, 84, 86,
　　89, 97, 98, 99, 100, 105, 110, 121, 122,
　　123, 124, 127, 128, 136, 137, 145, 146,
　　147, 148, 149, 150, 166, 167, 170, 171,
　　175, 177, 179, 180, 182, 183, 184, 186,
　　188, 190, 192, 196, 198, 202, 206, 207,
　　208, 210, 211, 212, 213, 223, 228, 230,
　　232, 235, 277, 284, 285, 286, 289, 290,
　　369, 401, 405, 471, 479, 487, 491, 493,
　　494, 495, 506, 512, 515, 517, 519, 521,
　　522, 523, 524, 532, 537, 540, 541, 548,
　　553, 554, 559, 570, 574, 575, 576, 580,
　　584, 597, 607, 608, 612, 615, 621, 625,
　　626, 636, 637, 638, 640, 641, 644, 648,
　　650, 652, 657, 674, 687, 696

김난주(金蘭柱) 154, 155, 156, 292, 296,
　　297, 299, 300, 301, 302, 626, 627, 674

김달호(金達鎬) 23, 24, 25, 34, 35, 36, 39,
　　45, 48, 49, 50, 52, 64, 67, 68, 74, 77,
　　85, 92, 98, 104, 109, 110, 111, 112, 114,

116, 117, 118, 123, 124, 145, 147, 149,
151, 175, 177, 179, 180, 201, 206, 207,
224, 227, 231, 233, 275, 285, 289, 290,
405, 535, 537, 548, 557, 559, 563, 564,
571, 573, 574, 576, 578, 580, 581, 583,
584, 589, 619, 625, 626, 637, 641, 648,
649, 656, 658, 659, 660, 669, 675, 687,
688, 689, 694, 696, 698, 700, 702, 703

김대희(金大熙) 141, 242, 675

김덕휘(金德彙) 233, 234, 660, 661, 675

김동혁(金東赫) 153, 154, 155, 156, 292,
294, 295, 297, 298, 301, 302, 303, 304,
396, 414, 415, 416, 417, 418, 456, 498,
529, 539, 540, 542, 626, 627, 634, 675,
694, 697

김두봉(金枓奉) 70, 194, 651

김두한(金斗漢) 226, 227, 658

김명국(金明國) 258, 664

김병휘(金炳輝) 25, 35, 37, 48, 49, 50, 56,
60, 64, 69, 71, 105, 110, 119, 120, 121,
122, 172, 174, 202, 206, 211, 233, 289,
290, 583, 616, 621, 625, 626, 636, 638,
640, 641, 654, 657, 660, 675, 678, 692

김병희(金秉熙) 126, 136, 168, 192, 214,
240, 266, 288, 328, 365, 379, 389, 399,
444, 469, 471, 535, 583, 584, 589

김봉한(金奉翰) 381, 385, 386

김봉환(金鳳煥) 25, 34, 35, 85, 103, 107,
126, 136, 168, 180, 184, 192, 211, 214,
240, 266, 285, 288, 328, 365, 375, 379,
389, 394, 396, 399, 408, 431, 441, 444,
465, 469, 471, 535, 537, 583, 589, 676

김붕준(金朋濬) 369

김석봉(金夕峯) 72, 119, 212, 654

김석영(金錫英) 234, 661

김성도(金成道) 634, 676

김성수(金性洙) 110

김성숙(金成璹) 60, 278, 556, 676

김성숙(金星淑) 63, 64, 92, 145, 146, 190,
207, 396, 450, 493, 539, 540, 556, 557,
647, 648, 676, 681

김성주(金成疇) 553, 556

김세길(金世吉) 248

김수선(金壽善) 676

김안국(金安國) 121, 122, 233, 252, 640,
657, 660, 677

김약수(金若水) 58, 61, 80, 139, 491, 563,
636

김영기(金英基) 556

김영범(金泳範) 258, 259, 260, 262, 263,
267, 268, 270, 631, 632, 665, 666

김영선(金永善) 189

김영애(金永愛) 634

김영재 693

김용기(金用基) 233, 234, 660, 675, 677,
688

김용민(金龍旼) 677

김용보(金容普) 677

김용성(金龍星) 257, 258, 664, 665, 677

김용진(金容晋) 102, 677

김위제(金偉濟) 677

김의정(金義正) 175

김이옥(金以玉) 677

김익주(金翼周) 52

김인숙(金仁淑) 366

김일성(金日成) 57, 60, 70, 129, 138, 155, 157, 194, 220, 306, 335, 345, 434, 516, 636, 651, 655, 681

김일수(金一守) 493

김일환(金一煥) 396, 436, 547

김장헌(金長憲) 252, 270, 665, 666

김재봉(金在奉) 68, 150, 151, 396, 577, 648, 677

김재화(金在和) 678

김정학(金正鶴) 27, 29, 35, 36, 260, 261, 262, 266, 268, 269, 616, 624, 625, 626, 631, 632, 634, 635, 665, 678, 701

김조이(金祚伊) 59, 108, 678

김종원(金宗元) 161, 323, 324, 501, 629

김종철(金鍾鉄) 577

김주태(金周太) 234, 660, 678, 688

김준연(金俊淵) 110, 590

김찬(金燦) 58, 59, 252, 253, 308

김찬영(金讚英) 328, 365, 379, 389, 399, 444, 469, 471, 535, 583, 584, 589

김창수(金昌水) 693

김창을(金昌乙) 61, 140, 141, 242, 645, 646, 678

김춘봉(金春鳳) 33, 34, 46, 47, 76, 102, 103, 107, 126, 135, 168, 184, 192, 214, 230, 240, 266, 284, 286, 288, 328, 365, 373, 379, 389, 399, 407, 418, 431, 439, 442, 444, 466, 469, 471, 473, 535, 583, 589, 678

김춘휘(金春輝) 119, 173, 678

김치열(金致烈) 678

김칠영(金七永) 234, 661, 679

김태문(金泰文) 247, 256, 257, 663, 664, 679

김태희(金太熙) 679

김하돈(金河敦) 679

김학룡(金鶴龍) 679

김홍식(金洪植) 556, 679

김환문(金煥文) 234, 661, 679

【ㄴ】

남상철(南相喆) 278

노갑룡(盧甲龍) 358

【ㄹ】

류림(柳林) 679

류한렬(柳漢烈) 679

【ㅁ】

마재하(馬在河) 163, 339, 351, 366, 387, 392, 393, 396, 397, 446, 447, 503, 634

문재각(文在珏) 258, 665

문치연(文致然) 358

문희중(文熙中) 680

민복기(閔復基) 680

【ㅂ】

박관수(朴寬洙) 668

박기출(朴己出) 24, 25, 26, 33, 34, 35, 36, 38, 39, 45, 48, 49, 50, 51, 67, 74, 90, 100, 101, 104, 109, 110, 111, 112, 113, 116, 117, 118, 122, 123, 124, 136, 147, 148, 166, 171, 173, 174, 183, 184, 196,

201, 205, 206, 224, 227, 231, 278, 280, 285, 286, 289, 290, 351, 370, 406, 408, 448, 471, 494, 496, 535, 537, 548, 555, 557, 563, 564, 573, 574, 575, 576, 577, 580, 581, 583, 585, 589, 619, 625, 626, 637, 641, 648, 652, 656, 658, 659, 680, 689
박노봉(朴魯奉) 680
박노수(朴魯洙) 680
박대실(朴大實) 258, 664, 665, 680
박도영(朴道永) 397
박모(朴某) 61, 139, 396, 397, 399, 492, 636, 639
박상철(朴商哲) 85, 101
박열(朴烈) 108
박영관(朴永觀) 680
박영휘(朴榮徽) 328, 365, 379, 389, 399, 444, 469, 471, 535, 583, 584, 589
박용래(朴用來) 57, 219
박용철(朴容喆) 681
박원규(朴元圭) 234, 661, 681
박윤수(朴潤秀) 256, 257, 663, 664, 679, 681
박일영(朴日英) 30, 155, 156, 157, 158, 159, 160, 299, 300, 301, 302, 303, 304, 305, 306, 307, 312, 313, 314, 315, 317, 318, 319, 320, 322, 367, 383, 384, 458, 500, 532, 627, 628, 631, 681
박장동(朴長東) 665
박정호(朴正鎬) 32, 33, 60, 80, 138, 139, 168, 227, 396, 397, 399, 400, 431, 466, 491, 509, 539, 548, 563, 600, 602, 603, 636, 639, 680, 681, 695, 697
박종수(朴鍾守) 681
박종오(朴鍾午) 233, 660, 675
박주성(朴周成) 51
박준길(朴俊吉) 27, 28, 35, 37, 122, 201, 207, 224, 231, 232, 616, 623, 625, 626, 640, 656, 657, 659, 681
박지수(朴地洙) 681
박지수(朴智帥) 120, 681
박진목(朴進穆) 681
박헌영(朴憲永) 51, 59, 156, 157, 229, 305, 307, 362, 367, 383, 452, 525, 526, 627, 631
박희영(朴喜永) 256, 257, 663, 664, 679, 682
박희용(朴熙容) 682
방관득(方官得) 258, 664
방재기(方在曔) 682
배기호(裵基鎬) 23, 103, 107, 126, 168, 192, 214, 240, 251, 266, 288, 328, 365, 379, 389, 399, 444, 462, 469, 471, 535, 583, 589, 618, 671
백남운(白南雲) 145
백영규(白永逵) 682
백인엽(白仁燁) 57
백한성(白漢成) 682
변영태(卞榮泰) 78, 79, 180, 185, 204, 280, 396, 407, 410, 466, 479, 483, 608, 609, 610, 612, 613

【ㅅ】

서동욱(徐東旭) 682

서민(徐民) 385, 396, 397, 399, 436, 437, 438, 439, 547

서상일(徐相日) 27, 32, 33, 37, 56, 59, 60, 61, 70, 72, 91, 92, 110, 111, 112, 113, 114, 115, 138, 140, 145, 148, 149, 156, 159, 170, 175, 181, 193, 194, 195, 198, 199, 215, 216, 217, 223, 224, 226, 228, 229, 230, 233, 277, 278, 279, 303, 317, 396, 397, 399, 401, 402, 404, 405, 406, 407, 422, 423, 424, 425, 429, 430, 447, 448, 449, 451, 476, 492, 553, 554, 555, 556, 557, 558, 559, 564, 628, 637, 639, 644, 652, 654, 656, 658, 659, 673, 676, 679, 680, 682, 685, 689

서인환(徐仁煥) 682

서정학(徐廷學) 683

서진걸(徐進杰) 683

선우기준(鮮于基俊) 166, 195, 652, 683

선우봉(鮮于鳳) 683

성낙준(成樂俊) 166, 195, 224, 225, 652, 656, 657, 683

성창환(成昌煥) 683

손도심(孫道心) 396

손석규(孫錫圭, 孫錫奎) 256, 257, 663, 664, 679, 683

손완민(孫完敏) 103, 107, 126, 168, 192, 214, 240, 266, 288, 328, 365, 379, 389, 399, 444, 469, 471, 535, 583, 589

송건(宋建) 683

송남헌(宋南憲) 683

송두환(宋斗煥) 171, 684

송백선(宋白善) 62, 142, 420, 646

신도성(愼道晟) 32, 92, 114, 117, 132, 133, 162, 175, 215, 217, 227, 235, 277, 278, 289, 329, 382, 396, 397, 399, 400, 405, 407, 408, 409, 424, 448, 449, 532, 553, 554, 555, 558, 559, 564, 608, 643, 644, 658, 684

신동렬(申東烈) 684

신동진(申東振) 684

신동헌(申東憲) 684

신숙(申肅) 278, 425, 450, 557

신언한(申彦瀚) 684

신은섭(申殷燮) 234, 661, 684

신익희(申翼熙) 53, 81, 110, 138, 159, 227, 317, 382, 628, 639

신일양(申一陽) 144, 420, 684, 701

신중목(愼重穆) 556

신창균(申昌均) 24, 25, 27, 28, 35, 37, 45, 48, 49, 50, 54, 60, 70, 74, 105, 109, 166, 192, 193, 197, 289, 290, 584, 615, 620, 625, 626, 636, 651, 684, 696

신태권(申泰權) 556

신태악(辛泰嶽) 34, 46, 103, 107, 126, 168, 192, 214, 240, 266, 285, 288, 328, 365, 377, 379, 383, 389, 399, 405, 417, 430, 444, 469, 471, 506, 535, 583, 589, 674, 685

신흥우(申興雨) 112, 425, 559

【ㅇ】

안경득(安慶得) 26, 27, 37, 86, 88, 89, 121, 122, 202, 207, 230, 254, 584, 616, 622, 625, 626, 640, 641, 657, 658, 662,

685

안광천(安光泉) 59

안도명(安道明) 685

안동수(安東壽) 685

안우석(安禹錫) 233, 660, 685

안재홍(安在鴻) 92, 223, 369, 685

안정용(安晸鏞) 92, 554, 559, 685

안준표(安浚杓) 25, 64, 120, 233, 234, 235, 275, 638, 660, 669, 675, 686

양송학(梁松鶴) 291

양여섭(梁汝涉) 291

양우조(楊宇朝) 554, 556, 686

양이섭(梁利涉) 27, 30, 31, 32, 33, 34, 35, 36, 38, 39, 153, 157, 158, 164, 165, 290, 307, 308, 309, 310, 311, 312, 314, 315, 316, 317, 319, 320, 321, 322, 324, 325, 326, 328, 333, 334, 335, 336, 337, 338, 339, 340, 341, 343, 345, 346, 347, 348, 349, 350, 351, 353, 356, 357, 360, 363, 364, 365, 366, 368, 370, 373, 374, 375, 376, 377, 379, 382, 383, 385, 386, 387, 390, 391, 392, 394, 395, 396, 397, 413, 414, 415, 416, 417, 418, 435, 436, 437, 438, 439, 440, 441, 442, 443, 444, 450, 451, 452, 453, 458, 462, 463, 464, 465, 497, 498, 527, 532, 533, 537, 541, 548, 564, 580, 587, 603, 604, 605, 615, 616, 624, 625, 626, 631, 633, 635, 670, 673, 674, 675, 676, 677, 686, 687, 688, 689, 693, 697, 702

양일동(梁一東) 674

양재소(楊在韶) 63, 64, 145, 146, 190, 207, 493, 557, 647, 648

양호민(梁好民) 686

엄숙진(嚴淑鎮) 32, 33, 35, 156, 304, 372, 380, 381, 396, 397, 399, 400, 434, 439, 441, 442, 443, 498, 499, 530, 541, 545, 547, 587, 604, 634, 687

엄항섭(嚴恒燮) 70, 194, 651

여운형(呂運亨) 52, 57, 145, 295, 687, 691

여운홍(呂運弘) 397, 687

오경세(吳經世) 275, 669

오성덕(吳聖德) 167, 207, 653

오승근(吳承根) 688

오양(吳養) 687

오영진(吳泳鎮) 219, 397

오제도(吳制道) 688

오중환(吳重煥) 557

온삼엽(溫三燁) 688

왕상은(王相殷) 366

우인평(于仁平) 634

원대식(元大植) 166, 196, 652, 688

원세훈(元世勳) 55, 71, 199, 222, 369, 652

원우관(元友觀) 688

원일상(元一常) 233, 234, 660, 661, 675, 688

유도여(儒道余) 688

유병진(柳秉震) 23, 39, 77, 85, 101, 103, 106, 107, 125, 126, 152, 168, 191, 192, 213, 214, 236, 240, 265, 266, 287, 288, 327, 328, 364, 365, 378, 379, 388, 389, 398, 399, 443, 444, 467, 469, 470, 471, 472, 535, 536, 583, 586, 589, 617, 618, 671, 688

유영언(俞永彦)　689

유춘산(劉春産)　103, 107, 126, 168, 192,
　　214, 240, 266, 288, 328, 365, 379, 389,
　　399, 444, 469, 471, 535, 583, 589, 689

육완국(陸完國)　556

윤기섭(尹琦燮)　369

윤기호(尹基浩)　689

윤길중(尹吉重)　23, 24, 25, 29, 31, 33, 34,
　　35, 36, 38, 39, 45, 47, 48, 49, 50, 53,
　　60, 63, 64, 67, 68, 69, 70, 71, 72, 74,
　　92, 98, 104, 109, 110, 111, 112, 114,
　　116, 117, 118, 119, 120, 121, 122, 123,
　　124, 132, 135, 142, 143, 144, 145, 147,
　　149, 166, 175, 180, 182, 184, 185, 189,
　　190, 196, 201, 206, 207, 208, 215, 216,
　　224, 226, 227, 230, 277, 280, 288, 290,
　　382, 401, 402, 405, 420, 421, 447, 450,
　　471, 495, 496, 497, 511, 512, 515, 517,
　　521, 523, 524, 532, 535, 540, 553, 554,
　　555, 556, 559, 564, 575, 576, 584, 590,
　　620, 625, 626, 636, 637, 638, 640, 643,
　　644, 646, 647, 648, 649, 652, 654, 656,
　　657, 658, 659, 677, 678, 686, 687, 688,
　　689, 692, 693, 696, 701

윤동명(尹東明)　689

윤명환(尹明煥)　689

윤병후(尹炳厚)　53

윤복덕(尹福德)　689

윤용진(尹龍鎭)　34, 328, 365, 370, 379,
　　387, 389, 399, 418, 442, 444, 453, 469,
　　471, 535, 583, 589, 689

윤의진(尹意鎭)　689

윤제술(尹濟述)　689

윤죽경(尹竹卿)　690

윤지화(尹志和)　690

윤치영(尹致暎)　112, 559

이강두(李康斗)　690

이강래(李康來)　690

이경석(李景錫)　690

이광옥(李光玉)　634

이광진(李光鎭)　166, 196, 224, 652, 656,
　　690

이규석(李圭奭)　690

이극로(李克魯)　59

이기붕(李起鵬)　85, 590

이기원(李基元)　690

이덕명(李德明)　690

이덕신(李德信)　634

이동원(李東元)　690

이동하(李東廈)　690

이동현(李東賢)　30, 35, 36, 352, 354, 355,
　　357, 584, 616, 624, 625, 626, 632, 634,
　　635, 670, 676, 690, 692, 703

이동화(李東華)　24, 25, 28, 29, 34, 37, 39,
　　48, 49, 50, 56, 61, 72, 106, 110, 114,
　　117, 140, 214, 221, 228, 230, 271, 272,
　　273, 274, 276, 278, 282, 286, 402, 511,
　　535, 555, 584, 593, 594, 616, 621, 625,
　　626, 637, 654, 666, 667, 668, 690, 692,
　　702

이만규(李萬珪)　57, 691

이명원(李明遠)　60, 691

이명하(李明河)　26, 27, 28, 29, 35, 37, 64,
　　107, 122, 145, 166, 196, 201, 206, 207,

222, 237, 238, 239, 254, 255, 259, 277,
395, 401, 553, 584, 616, 622, 625, 626,
636, 640, 648, 652, 656, 658, 659, 660,
661, 662, 663, 674, 687, 691

이문규(李文奎)　691

이문필(李文必)　692

이범석(李範奭)　112, 553

이병용(李炳勇)　23, 103, 107, 126, 133,
168, 177, 192, 208, 214, 240, 249, 266,
280, 288, 328, 363, 364, 365, 369, 379,
389, 399, 409, 444, 452, 458, 464, 469,
471, 535, 583, 589, 618, 671, 692

이상규(李相圭)　34, 103, 107, 126, 168,
192, 214, 240, 266, 288, 328, 365, 379,
389, 399, 444, 469, 471, 535, 583, 589,
692

이상도(李相燾)　57

이상두(李相斗)　27, 28, 29, 35, 37, 73,
126, 220, 221, 234, 271, 395, 616, 624,
625, 626, 655, 656, 661, 666, 688, 692

이성림(李聖林)　692

이성주(李成周)　692

이성진(李成鎭)　171, 692

이수근(李壽根)　88

이수근(李秀根, 李守根)　166, 195, 652 692

이수열(李壽烈)　692

이승만(李承晩)　39, 169, 179, 202, 509,
678

이승엽(李承燁)　71, 199, 652

이영(李英)　58, 145

이영국(李榮國)　225, 657, 692

이영근(李榮根)　692, 698

이영옥(李榮玉)　166, 196, 652, 693

이은종(李殷鍾)　693

이인(李仁)　674

이인식(李仁植)　693

이인식(李寅植)　693

이재원(李載元)　693

이재윤(李載允)　63, 145, 160, 162, 226,
321, 326, 328, 349, 366, 628, 634, 693

이정자(李貞子)　31, 32, 35, 36, 163, 338,
339, 340, 366, 389, 394, 395, 462, 471,
541, 616, 625, 630, 633, 634, 635, 693

이종률(李鍾律)　693

이주식(李柱植)　693

이창호(李昌浩)　693

이창호(李昌鎬)　693

이충영(李忠榮)　693

이태순(李泰淳)　539, 694

이태희(李太熙)　694

이택수(李澤秀)　694

이화옥(李花玉)　634

이활(李活)　366

이흥렬(李興烈)　694

이희재(李希宰)　694

임갑수(林甲守)　694

임건영(林建榮)　694

임광원(林廣遠)　258, 665, 694

임기봉(林基奉)　694

임기택(任基澤)　694

임석무(林碩茂)　46, 103, 107, 126, 136,
168, 179, 192, 214, 240, 266, 285, 288,
328, 365, 379, 389, 399, 408, 444, 469,
471, 535, 583, 589, 694

임신환(任信煥) 30, 35, 37, 352, 353, 358, 584, 616, 624, 670, 694, 703

임철규(林喆圭) 397

임춘추(林春秋) 159, 160, 319, 320, 321

임춘호(林春虎) 695

임한경(林漢璟) 695

임호(林虎) 160, 161, 162, 163, 323, 324, 336, 337, 629, 695

【ㅈ】

장건상(張建相) 60, 92, 145, 224, 277, 450, 509, 553, 554, 557, 559, 644, 656, 674, 681, 689, 695

장경근(張憬根) 695

장동호(張東湖) 695

장면(張勉) 110, 590

장성팔(張星八, 張盛八) 32, 332, 372, 374, 396, 397, 399, 400, 413, 417, 418, 456, 528, 529, 542, 604, 673

장영목(張永穆) 695

장지필(長志弼) 166, 196, 278, 652, 696

장택상(張澤相) 112, 175, 559, 590, 696

장후영(張厚永) 696

전동화(田同和) 696

전명복(田命福) 696

전봉덕(田鳳德) 103, 107, 126, 137, 168, 192, 197, 210, 214, 240, 251, 266, 288, 328, 365, 379, 389, 399, 407, 444, 469, 471, 535, 583, 584, 589, 696

전수봉(全受奉) 634

전용국(全龍國) 396

전의용(全義容) 696

전준(田畯) 373, 435

전진한(錢鎭漢) 557, 676, 697

전쾌수(田快秀) 63, 142, 419, 420, 646

전흥문(全興文) 697

정갑(鄭甲) 697

정경학(鄭京學) 68, 151, 577, 648, 697

정구삼(鄭求參) 278, 697

정구희(鄭九喜) 697

정규엽(丁奎葉) 697

정동억(鄭東億) 697

정명환(鄭明煥) 697

정민성(鄭敏盛) 291

정성업(鄭成業) 697

정순석(鄭順錫) 85, 538, 697

정시마(鄭時磨) 697

정영삼(鄭永三) 697

정예근(鄭禮根) 698

정옥실(鄭玉實) 390, 391, 392, 396, 462, 634, 693

정용주(鄭用鑄) 234, 661, 698

정우갑(鄭禹甲) 32, 63, 69, 142, 143, 144, 396, 397, 399, 400, 419, 466, 492, 493, 495, 539, 540, 603, 646, 647, 650, 698, 701

정우습(鄭禹習) 698

정일형(鄭一亨) 110

정중(鄭重) 121, 122, 233, 640, 657, 660, 698

정태영(鄭太榮) 26, 27, 29, 35, 37, 57, 61, 107, 140, 141, 171, 240, 248, 249, 251, 255, 256, 257, 258, 395, 492, 513, 540, 548, 584, 616, 621, 625, 626, 645, 646,

661, 663, 664, 678, 679, 686, 696, 698

정홍성(鄭洪盛) 291

정화암(鄭華岩) 553, 557, 686, 698

조규대(曺圭大) 102, 699

조규진(曺圭鎭) 120, 158, 164, 317, 343, 344, 345, 348, 351, 366, 503, 541, 543, 628, 630, 634, 699

조규택(曺圭澤) 24, 25, 35, 37, 45, 48, 49, 50, 53, 63, 69, 74, 104, 109, 142, 143, 144, 186, 196, 197, 207, 232, 289, 290, 420, 421, 615, 620, 625, 626, 646, 647, 650, 699, 701

조규호(曺圭豪) 108

조규희(曺圭熙) 24, 25, 26, 34, 35, 37, 45, 48, 49, 50, 54, 60, 64, 67, 69, 70, 74, 98, 105, 109, 120, 121, 122, 123, 145, 147, 149, 150, 166, 174, 188, 190, 196, 197, 201, 206, 207, 224, 226, 233, 235, 261, 267, 277, 289, 290, 471, 506, 524, 576, 615, 620, 625, 626, 636, 637, 638, 640, 641, 648, 650, 651, 652, 656, 657, 693, 699

조기원(趙基元) 699

조기하(趙棋賀) 166, 196, 652, 699

조남기(曺南基) 665

조동우(趙東祐) 59

조만식(曺晩植) 562

조모(趙某) 159, 162, 319, 329, 629, 630

조문자(趙文子) 396, 634

조문태(趙文台) 699

조병갑(趙秉甲) 699

조병옥(趙炳玉) 110, 179, 198, 590

조병용(趙秉用) 657, 700

조복재(趙福在) 396, 397, 399, 492, 639

조성환(曺成煥) 54, 186

조소앙(趙素昂) 70, 81, 194, 567, 651, 686

조순환(曺淳煥) 396

조영환(曺泳煥) 700

조완구(趙碗九) 70, 194, 651

조용진(趙鏞晋) 233, 660, 675, 700

조익호(曺益鎬) 700

조인구(趙寅九) 23, 25, 32, 34, 37, 45, 48, 50, 85, 86, 103, 107, 126, 153, 165, 166, 168, 177, 192, 214, 240, 266, 267, 288, 328, 365, 379, 389, 399, 444, 468, 469, 625, 700

조일문(趙一文) 70, 194, 651

조재천(曺在千) 396

조정희(趙丁姬) 634

조중찬(趙中燦) 700

조중환(曺重煥) 225, 657, 700

조진만(趙鎭滿) 700

조헌구(趙憲九) 701

조헌식(趙憲植) 103, 107, 126, 168, 192, 214, 240, 266, 288, 328, 365, 379, 389, 397, 399, 444, 469, 471, 535, 556, 583, 584, 589, 701

조호정(曺滬晶) 160, 321, 349, 628, 634, 701

조홍모(曺弘模) 701

주기영(朱基營) 114, 211, 701

주기형(朱基瀅) 701

주돈하(朱敦夏) 701

주영숙(朱榮淑) 255, 256, 257, 269, 663,

664, 679, 701

【ㅊ】

차재원(車載員) 701

최근우(崔謹愚) 701

최기영(崔基永) 420, 421, 701

최모(崔某) 144, 159, 162, 319, 329, 336, 629

최병찬(崔柄讚) 702

최보현(崔普鉉) 102, 702

최봉래(崔鳳來) 702

최상진(崔尙珍) 46

최석봉(崔錫鳳) 70, 194, 651

최순문(崔淳文) 46, 103, 107, 126, 168, 192, 214, 240, 266, 288, 328, 365, 379, 389, 399, 444, 469, 471, 535, 583, 584, 589, 702

최양기(崔良基) 702

최운기(崔雲基) 702

최익환(崔益煥) 60, 110, 278, 396, 432, 433, 450, 553, 556, 639, 702

최진우(崔鎭宇) 224, 700, 702

최희규(崔熙圭) 26, 27, 28, 35, 37, 64, 86, 87, 122, 145, 201, 207, 226, 231, 254, 277, 575, 616, 622, 625, 626, 640, 648, 657, 658, 660, 662, 693, 702

【ㅌ】

탁일청(卓一淸) 381

【ㅎ】

한격만(韓格晩) 103, 107, 126, 168, 192, 214, 240, 266, 288, 328, 365, 379, 389, 399, 444, 469, 471, 535, 583, 589, 674, 702

한광(韓光) 157, 159, 160, 162, 301, 306, 319, 322, 329, 336, 458

한근조(韓根祖) 34, 110, 192, 214, 240, 266, 328, 365, 379, 389, 399, 444, 469, 471, 535, 583, 589

한명수(韓明洙) 702

한명희(韓明熙) 703

한병도(韓秉道) 703

한병욱(韓秉郁) 703

한보상(韓輔相) 234, 661, 703

한순자(韓順子) 634

한영조(韓榮助) 226, 658, 703

한탁수(韓鐸洙) 703

한학영(韓鶴泳) 634

허명(許銘) 703

허봉희(許鳳熙) 539, 540

허철(許哲) 703

홍민표(洪民杓) 698, 703

홍사필(洪思必) 23, 107, 125, 126, 152, 168, 191, 192, 213, 214, 236, 240, 265, 266, 287, 288, 327, 328, 364, 365, 378, 379, 388, 389, 398, 399, 443, 444, 467, 469, 470, 471, 472, 535, 536, 583, 586, 589, 617, 618, 703

홍순범(洪淳範) 166, 195, 652

홍순일(洪淳一) 703

홍승만(洪承滿) 703

홍원일 703

황둔민(黃鈍敏) 233, 234, 660, 661

황명수(黃命守, 黃命水, 黃明洙) 247, 256,
257, 663, 664, 679, 703
황민암(黃民岩) 700, 703
황석하(黃碩夏) 703
황철민(黃鐵敏) 703
황현민 675

276, 660, 669, 673, 675, 677, 678, 679,
680, 681, 682, 683, 684, 685, 688, 689,
690, 691, 692, 693, 694, 696, 697, 698,
699, 700, 703
진보당 비밀당원 27, 682, 683, 689, 690,
697

【기타】

▶러시아 인물

맑스(마르크스) 274, 510, 514, 550, 667
블라디미르 레닌 59, 510, 514, 550, 560,
561
이오시프 스탈린 283
흐루시초프(흐루쇼프) 561

▶중국 인물

진독수(陳獨秀) 59

▶일본 인물

가가와 도요히코(賀川豊彦) 274
가와카미 하지메(河上肇) 667
야나이하라 다다오(矢內原忠雄) 669
이노키 마사미치(猪木正道) 668

▶미국－영국 인물

토인비 82, 177, 579

▶회합, 단체

광릉회합 60, 92, 110, 111, 181, 277, 401,
422, 448, 553, 674, 677, 679, 685
여명회 28, 29, 233, 234, 235, 246, 275,

편저자 | 전현수(田鉉秀)

역사학박사
경북대학교 인문대학 사학과 교수(2001 현재)
성균관대학교 사학과 문학사(1983)
서울대학교 국사학과 문학석사(1991)
러시아과학원 동방학연구소 박사과정 수료(1996)
모스크바국립대학교 아시아아프리카대학 역사학박사(1998)
정부기록보존소 학예연구관(1998-2001)
Visiting Scholar at University of Pennsylvania(2008)
경북대학교 평화문제연구소장(2012-2017)
민주평화통일자문회의 상임위원(2015-2017)
대통령직속북방경제협력위원회 전문위원(2017-2018)

■ 논저

『한국근현대 민족문제와 신국가건설』(공저, 지식산업사, 1997)
『소련군정 시기 북한의 사회경제개혁』(모스크바국립대학출판부, 1997)
『한국전쟁사의 새로운 연구』(공저, 국방부 군사편찬연구소, 2001)
『북한현대사 문헌연구』(공저, 백산서당, 2001)
『북한현대사』(공저, 한울아카데미, 2004)
『쉬띄꼬프일기』(편저, 국사편찬위원회, 2004)
『한국전쟁, 문서와 자료, 1950-1953』(번역, 국사편찬위원회, 2006)
『KOREA: HISTORY AND PRESENT』(편저, 나모커뮤니케이션, 2008)
『동아시아의 농지개혁과 토지혁명』(공저, 서울대학교출판문화원, 2014)
『소련공산당과 북한 문제: 소련공산당 정치국 결정서』(경북대학교출판부, 2014)
『경북대학교 의과대학 내과학교실사』(진성C&S, 2018)
- "The Soviet Blueprint for the Postwar Korean Provisional Government: A Case Study of the Politburo's Decisions," *ASIAN PERSPECTIVE*, Oct.-Dec.2015
- 「解放直後の北韓研究とロシア資料」, 現代韓國朝鮮研究, 2008.11
- "The Shitykov Diaries," *Cold War International History Project Bulletin*, Winter 1996